JN392803

상윳따 니까야

주제별로 모은 경[相應部]

제4권

육처를 위주로 한 가르침

상윳따 니까야

Saṁyutta Nikāya

주제별로 모은 경

4

육처를 위주로 한 가르침

초기불전연구원

∴

그분

부처님

공양 올려 마땅한 분

바르게 깨달으신 분께 귀의합니다.

Namo tassa Bhagavato Arahato Sammāsambuddhassa

목차

제4권 해제 29

제35주제 육처 상윳따(S35) 85

I. 처음 50개 경들의 묶음 88

제1장 무상 품 88

안의 무상 경(S35:1) 88

안의 괴로움 경(S35:2) 91

안의 무아 경(S35:3) 91

밖의 무상 경(S35:4) 92

밖의 괴로움 경(S35:5) 93

밖의 무아 경(S35:6) 93

안의 무상 경(S35:7) 95

안의 괴로움 경(S35:8) 95

안의 무아 경(S35:9) 96

밖의 무상 경(S35:10) 96
밖의 괴로움 경(S35:11) 97
밖의 무아 경(S35:12) 98

제2장 쌍 품 99
깨닫기 전 경1(S35:13) 99
깨닫기 전 경2(S35:14) 101
달콤함 경1(S35:15) 102
달콤 경2(S35:16) 103
이것이 없다면 경1(S35:17) 105
이것이 없다면 경2(S35:18) 106
기뻐함 경1(S35:19) 108
기뻐함 경2(S35:20) 108
일어남 경1(S35:21) 109
일어남 경2(S35:22) 110

제3장 일체 품 111
일체 경(S35:23) 111
버림 경1(S35:24) 112
버림 경2(S35:25) 114

철저하게 앎 경1(S35:26) 115
철저하게 앎 경2(S35:27) 118
불타오름 경(S35:28) 120
짓눌림 경(S35:29) 123
뿌리 뽑는데 어울림 경(S35:30) 125
뿌리 뽑는데 도움이 됨 경1(S35:31) 128
뿌리 뽑는데 도움이 됨 경2(S35:32) 130

제4장 태어나기 마련인 법 품 134
태어나기 마련인 법 경(S35:33) 134
늙기 마련인 법 경 등(S35:34~42) 135

제5장 무상 품 137
무상 경 등(S35:43~52) 137

II. 두 번째 50개 경들의 묶음 138
제6장 무명 품 138
무명 경(S35:53) 138
족쇄 경1(S35:54) 139
족쇄 경2(S35:55) 140

번뇌 경1/2(S35:56~57) 141
잠재성향 경1/2(S35:58~59) 142
철저하게 앎 경(S35:60) 142
종식 경1(S35:61) 144
종식 경2(S35:62) 145

제7장 미가잘라 품 148
미가잘라 경1(S35:63) 148
미가잘라 경2(S35:64) 150
사밋디 경1(S35:65) 152
사밋디 경2(S35:66) 153
사밋디 경3(S35:67) 154
사밋디 경4(S35:68) 154
우빠세나 경(S35:69) 154
우빠와나 경(S35:70) 157
여섯 감각접촉의 장소 경1(S35:71) 159
여섯 감각접촉의 장소 경2(S35:72) 160
여섯 감각접촉의 장소 경3(S35:73) 162

제8장 환자 품 164

환자 경1(S35:74) 164
환자 경2(S35:75) 167
라다 경1(S35:76) 171
라다 경2(S35:77) 172
라다 경3(S35:78) 173
무명을 제거함 경1(S35:79) 173
무명을 제거함 경2(S35:80) 175
많은 비구 경(S35:81) 176
세상 경(S35:82) 178
팍구나 경(S35:83) 179

제9장 찬나 품 182
부서지기 마련임 경(S35:84) 182
공한 세상 경(S35:85) 183
간략한 법 경(S35:86) 184
찬나 경(S35:87) 187
뿐나 경(S35:88) 195
바히야 경(S35:89) 200
동요 경1(S35:90) 204
동요 경2(S35:91) 205

쌍(雙) 경1(S35:92) 207
쌍(雙) 경2(S35:93) 208

제10장 여섯 품 211
길들이지 않고 보호하지 않음 경(S35:94) 211
말룽꺄뿟따 경(S35:95) 214
쇠퇴 경(S35:96) 224
방일하여 머묾 경(S35:97) 226
단속 경(S35:98) 228
삼매 경(S35:99) 229
홀로 앉음 경(S35:100) 230
그대들 것이 아님 경1(S35:101) 231
그대들 것이 아님 경2(S35:102) 232
웃다까 경(S35:103) 233

III. 세 번째 50개 경들의 묶음 237
제11장 유가안은을 설하는 자 품 237
유가안은을 설하는 자 경(S35:104) 237
취착 경(S35:105) 239
괴로움 경(S35:106) 241

세상 경(S35:107) 242
뛰어남 경(S35:108) 244
족쇄 경(S35:109) 246
취착 경(S35:110) 247
철저하게 앎 경1(S35:111) 247
철저하게 앎 경2(S35:112) 248
유심히 들음 경(S35:113) 248

제12장 세상과 감각적 욕망의 가닥 품 251
마라의 덫 경1(S35:114) 251
마라의 덫 경2(S35:115) 252
세상의 끝에 도달함 경(S35:116) 254
감각적 욕망의 가닥 경(S35:117) 260
삭까의 질문 경(S35:118) 264
빤짜시카 경(S35:119) 266
사리뿟따 경(S35:120) 267
라훌라 경(S35:121) 270
족쇄 경(S35:122) 275
취착 경(S35:123) 276

제13장 장자 품 277
웨살리 경(S35:124) 277
왓지 경(S35:125) 279
날란다 경(S35:126) 280
바라드와자 경(S35:127) 281
소나 경(S35:128) 286
고시따 경(S35:129) 287
할릿디까니 경(S35:130) 289
나꿀라삐따 경(S35:131) 291
로힛짜 경(S35:132) 292
웨라핫짜니 경(S35:133) 299

제14장 데와다하 품 304
데와다하 경(S35:134) 304
기회 경(S35:135) 306
형색을 즐거워함 경1(S35:136) 308
형색을 즐거워함 경2(S35:137) 311
그대들 것이 아님 경1(S35:138) 311
그대들 것이 아님 경2(S35:139) 312
안의 무상의 원인 경1(S35:140) 312

안의 무상의 원인 경2(S35:141) 313
안의 무상의 원인 경3(S35:142) 313
밖의 무상의 원인 경1(S35:143) 314
밖의 무상의 원인 경2/3(S35:144~145) 314

제15장 새로운 것과 오래된 것 품 315
업 경(S35:146) 315
열반에 도움이 됨 경1(S35:147) 316
열반에 도움이 됨 경2/3/(S35:148~149) 317
열반에 도움이 됨 경4(S35:150) 317
제자 경(S35:151) 320
무슨 목적 경(S35:152) 322
방법이 있는가 경(S35:153) 323
감각기능을 구족함 경(S35:154) 326
설법자 경(S35:155) 327

IV. 네 번째 50개 경들의 묶음 329
제16장 즐김의 멸진 품 329
즐김의 멸진 경1(S35:156) 329
즐김의 멸진 경2(S35:157) 330

즐김의 멸진 경3(S35:158) 330
즐김의 멸진 경4(S35:159) 331
지와까의 망고 숲 경1(S35:160) 331
지와까의 망고 숲 경2(S35:161) 333
꼿티따 경1(S35:162) 334
꼿티따 경2/3(S35:163~164) 335
삿된 견해를 제거함 경(S35:165) 335
유신견을 제거함 경(S35:166) 337
자아가 있다는 견해를 제거함 경(S35:167) 337

제17장 60가지의 반복 품 338
안의 무상에 대한 욕구 경(S35:168) 338
안의 무상에 대한 탐욕 경(S35:169) 338
안의 무상에 대한 욕탐 경(S35:170) 339
안의 괴로움에 대한 열망 경 등(S35:171~173) 339
안의 무아에 대한 열망 경 등(S35:174~176) 339
밖의 무상에 대한 열망 경 등(S35:177~179) 339
밖의 괴로움에 대한 열망 경 등(S35:180~182) 340
밖의 무아에 대한 열망 경 등(S35:183~185) 340
과거/현재/미래의 안의 무상 경 등(S35:186~188) 340

과거/현재/미래의 안의 괴로움 경 등(S35:189~191) 341
과거/현재/미래의 안의 무아 경 등(S35:192~194) 341
과거/현재/미래의 밖의 무상 경 등(S35:195~197) 342
과거/현재/미래의 밖의 괴로움 경 등(S35:198~200) 342
과거/현재/미래의 밖의 무상 경 등(S35:201~203) 343
과/현/미 안의 무상 경 등(S35:204~206) 343
과/현/미 안의 괴로움인 경 등(S35:207~209) 344
과/현/미 안의 무아인 경 등(S35:210~212) 344
과/현/미 밖의 무상 경 등(S35:213~215) 345
과/현/미 밖의 괴로움인 경 등(S35:216~218) 346
과/현/미 밖의 무아인 경 등(S35:219~221) 347
안의 감각장소들의 무상 경 등(S35:222~224) 347
안의 감각장소들의 무상 경 등(S35:225~227) 348

제18장 바다 품 349
바다 경1(S35:228) 349
바다 경2(S35:229) 351
어부 비유 경(S35:230) 352
유액을 가진 나무 비유 경(S35:231) 354
꽃티따 경(S35:232) 358

까마부 경(S35:233) 361
우다이 경(S35:234) 362
불타오름에 대한 법문 경(S35:235) 365
손발의 비유 경1(S35:236) 370
손발의 비유 경2(S35:237) 371

제19장 독사 품 372
독사 경(S35:238) 372
마차 비유 경(S35:239) 378
거북이 비유 경(S35:240) 381
나무 더미 비유 경1(S35:241) 383
나무 더미 비유 경2(S35:242) 387
오염원들이 흐름에 대한 법문 경(S35:243) 388
괴로움을 일으키는 법 경(S35:244) 397
낑수까 나무 비유 경(S35:245) 403
류트 비유 경(S35:246) 409
여섯 동물 비유 경(S35:247) 415
보릿단 경(S35:248) 419

제36주제 느낌 상윳따(S36) 425

제1장 게송과 함께 품 427

삼매 경(S36:1) 427

행복 경(S36:2) 428

버림 경(S36:3) 430

바닥없는 구렁텅이 경(S36:4) 432

보아야 함 경(S36:5) 433

화살 경(S36:6) 434

간병실 경1(S36:7) 438

간병실 경2(S36:8) 444

무상 경(S36:9) 446

감각접촉에 뿌리박음 경(S36:10) 447

제2장 한적한 곳에 감 품 449

한적한 곳에 감 경(S36:11) 449

허공 경1(S36:12) 451

허공 경2(S36:13) 453

객사(客舍) 경(S36:14) 453

아난다 경1(S36:15) 454

아난다 경2(S36:16) 457
많은 비구 경1(S36:17) 457
많은 비구 경2(S36:18) 458
빤짜깡가 경(S36:19) 458
비구 경(S36:20) 467

제3장 백팔 방편 품 468
시와까 경(S36:21) 468
백팔 방편 경(S36:22) 472
어떤 비구 경(S36:23) 474
이전 경(S36:24) 475
지혜 경(S36:25) 475
많은 비구 경(S36:26) 477
사문/바라문 경1(S36:27) 477
사문/바라문 경2(S36:28) 478
사문/바라문 경3(S36:29) 479
간단한 경(S36:30) 480
출세간 경(S36:31) 480

제37주제 여인 상윳따(S37) 487

제1장 첫 번째 반복 품 489
마음에 들고 마음에 들지 않음 경1(S37:1) 489
마음에 들고 마음에 들지 않음 경2(S37:2) 490
특별함 경(S37:3) 490
세 가지 법 경(S37:4) 491
분노 경(S37:5) 492
원한 경 등(S37:6~13) 493
오계 경(S37:14) 494

제2장 두 번째 반복 품 495
분노 없음 경(S37:15) 495
원한 없음 경 등(S37:16~23) 496
오계 경(S37:24) 497

제3장 힘 품 498
무외 경(S37:25) 498
이끎 경(S37:26) 498
통제 경(S37:27) 498

하나 경(S37:28) 499
측면 경(S37:29) 499
쫓아냄 경(S37:30) 500
원인 경(S37:31) 502
경우 경(S37:32) 502
무외 경(S37:33) 504
증장 경(S37:34) 504

제38주제 잠부카다까 상윳따(S38) 507
열반 경(S38:1) 509
아라한됨 경(S38:2) 511
설법자 경(S38:3) 512
무슨 목적 경(S38:4) 513
안식(安息) 경(S38:5) 514
최상의 안식(安息) 경(S38:6) 515
느낌 경(S38:7) 516
번뇌 경(S38:8) 517
무명 경(S38:9) 518
갈애 경(S38:10) 519

폭류 경(S38:11) 520
취착 경(S38:12) 521
존재 경(S38:13) 522
괴로움 경(S38:14) 523
자기 존재 경(S38:15) 524
행하기 어려움 경(S38:16) 525

제39주제 사만다까 상윳따(S39) 527
열반 경 등(S39:1~16) 529

제40주제 목갈라나 상윳따(S40) 531
초선(初禪) 경(S40:1) 533
제2선 경(S40:2) 535
제3선 경(S40:3) 536
제4선 경(S40:4) 538
공무변처 경(S40:5) 539
식무변처 경(S40:6) 540
무소유처 경(S40:7) 541

비상비비상처 경(S40:8) 542
표상 없음 경(S40:9) 543
삭까 경(S40:10) 546
짠다나 경(S40:11) 562

제41주제 찟따 상윳따(S41) 565
족쇄 경(S41:1) 567
이시닷따 경1(S41:2) 570
이시닷따 경2(S41:3) 573
마하까의 기적 경(S41:4) 577
까마부 경1(S41:5) 580
까마부 경2(S41:6) 583
고닷따 경(S41:7) 589
니간타 나따뿟따 경(S41:8) 594
나체수행자 깟사빠 경(S41:9) 599
병문안 경(S41:10) 603

제42주제 우두머리 상윳따(S42) 607

짠다 경(S42:1) 609

딸라뿌따 경(S42:2) 611

요다지와 경(S42:3) 614

핫타로하 경(S42:4) 617

앗사로하 경(S42:5) 617

아시반다까뿟따 경(S42:6) 617

들판 비유 경(S42:7) 621

소라고둥 불기 경(S42:8) 625

가문 경(S42:9) 633

마니쭐라까 경(S42:10) 637

바드라까 경(S42:11) 639

라시야 경(S42:12) 644

빠딸리야 경(S42:13) 659

약어

A.	Aṅguttara Nikāya(앙굿따라 니까야, 증지부)
AA.	Aṅguttara Nikāya Aṭṭhakathā = Manorathapūraṇī(증지부 주석서)
AAṬ.	Aṅguttara Nikāya Aṭṭhakathā Ṭīkā(증지부 복주서)
ApA.	Apadāna Aṭṭhakathā(아빠다나(譬喩經) 주석서)
Be	Burmese-scrip ed. of S.(미얀마 육차결집본)
BG.	Bhagavadgīta(바가왓 기따)
BHD	Buddhist Hybrid Sanskrit Dictionary
BHS	Buddhist Hybrid Sanskrit
BL	Buddhist Legends(Burlingame)
BPS	Buddhist Publication Society
BvA.	Buddhavaṁsa Aṭṭhakathā
CBETA	CBETA Chinese Electronic Tripitaka Collection: CD-ROM
CMA	A Comprehensive Manual of Abhidhamma(아비담맛타 상가하)
CPD	Critical Pāli Dictionary
C.Rh.D	C.A.F. Rhys Davids
D.	Dīgha Nikāya(디가 니까야, 장부)
DA.	Dīgha Nikāya Aṭṭhakathā = Sumaṅgalavilāsinī(장부 주석서)
DAṬ.	Dīgha Nikāya Aṭṭhakathā Ṭīkā(장부 복주서)

Dhp. Dhammapada(법구경)

DhpA. Dhammapada Aṭṭhakathā(법구경 주석서)

Dhs. Dhammasaṅgaṇi(담마상가니, 法集論)

DhsA. Dhammasaṅgaṇi Aṭṭhakathā = Aṭṭhasālinī(법집론 주석서)

DPL A Dictionary of the Pali Language(Childers)

DPPN. G. P. Malalasekera's *Dictionary of Pali Proper Names*

Dv. Dīpavaṁsa(島史), edited by Oldenberg

DVR A Dictionary of the Vedic Rituals, Sen, C. Delhi, 1978.

Ee Roman-script ed. of S. (PTS본. 제1권의 Ee1: 1884년, Ee2: 1998년.)

EV1 Elders' Verses I(장로게 영역, Norman)

EV2 Elders' Verses II(장로니게 영역, Norman)

GD Group of Discourse(숫따니빠따 영역, Norman)

It. Itivuttaka(如是語)

ItA. Itivuttaka Aṭṭhakathā(여시어 경 주석서)

Jā. Jātaka(本生譚)

JāA. Jātaka Aṭṭhakathā(본생담 주석서)

KhpA. Khuddakapātha Aṭṭhakathā(쿳다까빠타 주석서)

KS Kindred Sayings(상윳따 니까야 영역, Rhys Davids, Woodward)

Kv. Kathāvatthu(까타왓투, 論事)

KvA. Kathāvatthu Aṭṭhakathā(까타왓투 주석서)

LBD Long Discouurse of the Buddha(디가 니까야 영역, Walshe)

M. Majjhima Nikāya(맛지마 니까야, 중부)

MA.	Majjhima Nikāya Aṭṭhakathā(맛지마 니까야 주석서)
Mil.	Milindapañha(밀린다왕문경)
MLBD	Middle Length Discouurse of the Buddha(중부 영역, Ñāṇamoli)
Mvu.	Mahāvastu(북전 大事, Edited by Senart)
Mhv.	Mahāvaṁsa(大史), edited by Geiger
MW	Monier-Williams′ Sanskrit-English Dictionary
Nd1.	Mahā Niddesa(大義釋)
Nd1A.	Mahā Niddesa Aṭṭhakathā (대의석 주석서)
Nd2.	Cūla Niddesa(소의석)
Netti.	Nettippakaraṇa(指道論)
NMD	Ven. Ñāṇamoli′s *Pali-English Glossary of Buddhist Terms*
Pe.	Peṭakopadesa(藏釋論)
PED	*Pāli-English Dictionary* (PTS)
Pm.	Paramatthamañjūsā = Visuddhimagga Mahāṭīkā(청정도론 복주서)
Ps.	Paṭisambhidāmagga(무애해도)
Ptṇ.	Paṭṭhāna(發趣論)
PTS	Pāli Text Society
Pug.	Puggalapaññatti(人施設論)
PugA.	Puggalapaññatti Aṭṭhakathā (인시설론 주석서)
Pv.	Petavatthu (아귀사)
Rv.	Ṛgveda(리그베다)
S.	Saṁyutta Nikāya(상윳따 니까야, 상응부)
SA.	Saṁyutta Nikāya Aṭṭhakathā = Sāratthappakāsinī(상응부 주석서)
SAṬ.	Saṁyutta Nikāya Aṭṭhakathā Ṭīkā(상응부 복주서)
Se	Sinhala-scrip ed. of S.(스리랑카본)
Sk.	Sanskrit

Sn.	Suttanipāta(숫따니빠따, 경집)
SnA.	Suttanipāta Aṭṭhakathā(숫따니빠따 주석서)
SS	Ee에 언급된 S.의 싱할리어 필사본
Thag.	Theragāthā(테라가타, 장로게)
ThagA.	Theragāthā Aṭṭhakathā(장로게 주석서)
Thig.	Therīgāthā(테리가타, 장로니게)
ThigA.	Therīgāthā Aṭṭhakathā(장로니게 주석서)
Ud.	Udāna(감흥어)
UdA.	Udāna Aṭṭhakathā(감흥어 주석서)
Uv	Udānavarga(북전 출요경, 出曜經)
VĀT	Vanarata, Āananda Thera
Vbh.	Vibhaṅga(위방가, 分別論)
VbhA.	Vibhaṅga Aṭṭhakathā = Sammohavinodanī(분별론 주석서)
Vin.	Vinaya Piṭaka(율장)
VinA.	Vinaya Piṭaka Aṭṭhakathā = Samantapāsādikā(율장 주석서)
Vis.	Visuddhimagga(청정도론)
v.l.	variant reading(이문, 異文)
VRI	Vipassanā Research Institute
VṬ	Abhidhammaṭṭha Vibhavinī Ṭīkā(위바위니 띠까)
Vv.	Vimānavatthu(천궁사)
VvA.	Vimānavatthu Aṭṭhakathā(천궁사 주석서)
Yam.	Yamaka(쌍론)
YamA.	Yamaka Aṭṭhakathā = Pañcappakaraṇa(야마까 주석서)
Ybhūś	Yogācārabhūmi Śarirārthagāthā(범본 유가사지론)

보디 스님 *The Connected Discourses of the Buddha*(상윳따 니까야 영역본)
냐나몰리 *The Middle Length Discourses of the Buddha*(맛지마 니까야 영역본)
아비담마 길라잡이 대림스님/각묵스님 옮김, 초기불전연구원, 7쇄 2009년.
우드워드 *The Book of the Kindred Sayings*(상윳따 니까야 영역본)
육차결집본 Vipassana Research Institute(인도) 간행 육차결집 본
청정도론 대림 스님 옮김, 초기불전연구원, 2004, 3쇄 2009.

일러두기

(1) 심장(Tipitaka)과 주석서(Aṭṭhakathā)들은 별다른 언급이 없는 한 모두 PTS본(Ee)임.
『디가 니까야 복주서』(DAṬ)를 제외한 모든 복주서(Ṭīkā)들은
미얀마 육차결집본(Be, 인도 Vipassana Research Institute 간행)이고,
『디가 니까야 복주서』(DAṬ)는 PTS본이며,『청정도론』은 HOS본임.
S12:15는『상윳따 니까야』제12 상윳따(S12)의 15번째 경을 뜻하고
S.ii.234는 PTS본(Ee)『상윳따 니까야』제2권 234쪽을 뜻함.
S12:15/ii.17은『상윳따 니까야』제12 상윳따(S12)의 15번째 경으로
『상윳따 니까야』제2권 17쪽에 나타남을 뜻함.

(2) 본문에 나타나는 문단번호는 PTS(Ee)본의 문단번호를 존중하여 역자가 임의로 붙인 것임.

(3) 『청정도론 복주서』(Pm)의 숫자는 미얀마 6차결집본(VRI)의 문단번호임.

(4) [ ] 안의 숫자는 제1권은 Ee1, 나머지는 모두 Ee의 페이지 번호임.

(5) { } 안의 숫자는 제1권은 Ee2, 나머지는 모두 Ee의 게송번호임.

(6) 빠알리어는 정체로 표기하였고 영어는 이탤릭체로 표기하였음.

상윳따 니까야 제4권 해제

1. 들어가는 말

『상윳따 니까야』는 부처님이 남기신 가르침을 주제별로 모아서(saṁyutta) 결집한 것이다. 『상윳따 니까야』는 이러한 주제를 모두 56개 상윳따로 분류하여 결집하고 있다.[1)]

이들 56개 상윳따 가운데 「숲 상윳따」(S9)와 「비유 상윳따」(S20) 등 2개의 기타 상윳따를 제외하면, 「인연 상윳따」(S12)를 비롯한 26개 상윳따는 교학적인 주제를 중심으로 모은 것이고, 「꼬살라 상윳따」(S3) 등의 15개 상윳따는 특정한 인물과 관계된 가르침을 모은 것이며, 「천신 상윳따」(S1) 등 8개는 특정한 존재(비인간)에게 설하셨거나 혹은 이러한 특정한 존재와 관계된 가르침을 모은 것이고, 「비구니 상윳따」(S5) 등 5개의 상윳따는 특정한 부류의 인간에게 설하셨거나 이들과 관계된 가르침을 모은 것이다.

한편 특정한 인물과 관계된 상윳따들 가운데 「라훌라 상윳따」(S18) 등의 9개 상윳따는 모두 오온 등의 특정한 주제를 각 상윳따에서 하나씩 다루고 있다. 그러므로 이들 9개 상윳따도 교학적인 주제 중심의 상윳따에 포함시킬 수 있다. 그러면 교학적인 주제 중심의 상윳따는 모두 35개로 늘어난다.

주석서에 의하면 『상윳따 니까야』는 일차결집에서 결집(합송)되어서

---

1) 56개 주제는 본서 제1권 역자서문 §8을 참조할 것.

마하깟사빠(대가섭) 존자의 제자들에게 부촉되어 그들이 함께 외워서 전승하여 왔다고 한다.(DA.i.15)

『상윳따 니까야』 제4권은 주제별로 모은 이러한 부처님의 말씀 가운데서 육처(六處, 여섯 가지 감각장소)를 위주로 한 10개의 주제들(saṁyutta)을 모은 것인데 이 가운데 첫 번째 상윳따가 「육처 상윳따」(S35)이다. 이것은 『청정도론』 등의 주석서 문헌들에서 초기불교의 교학에 관한 여섯 가지 주제로 언급하고 있는 온·처·계·근·제·연 가운데 처[處]에 해당하는 여섯 가지 안팎의 감각장소[六內外處]의 가르침을 담고 있는 경들을 모은 것이다. 경의 개수도 248개가 되고, 그 분량도 본서의 저본이 되는 Ee를 기준으로 살펴보면 204쪽에 해당하는 방대한 분량이며, 제4권 403쪽 가운데 절반이 넘는다. 그래서 『상윳따 니까야』 제4권은 전통적으로 아야따나 왁가(Āyatana Vagga, 감각장소 품), 즉 육처를 위주로 한 가르침이라고 전승되어 왔다. 제4권의 중심에 제4권의 첫 번째 상윳따인 「육처 상윳따」(S35)가 있기 때문이다.

한편 역자는 본서를 번역하면서 Ee, Se, Be에서 공히 제4권에 포함되어 나타나는 「무위 상윳따」(S43)와 「설명하지 않음 상윳따」(S44)를 여기 제4권에 포함시키지 않고 제5권에 포함시켜 번역하였다. 그것은 전적으로 책의 분량을 균등하게 하기 위해서이다. Ee, Se, Be 등에서 전통적으로 전승되어오는 대로 번역하여 출판하게 되면 제4권은 750쪽에 이르게 되고, 특히 37보리분법과 사성제 등의 가르침을 담고 있는 제5권은 1150쪽에 달하게 된다.

그래서 초기불전연구원에서는 전통적으로 다섯 권으로 전승되어오는 빠알리어 『상윳따 니까야』의 제4권과 제5권을 세 권으로 나누어서 모두 여섯 권으로 출판하고 있는데, 제4권에는 S35부터 S42까지의 여덟 개의 상윳따를 담고, 제5권에는 S43부터 S50까지의 여덟 개의 상윳따를, 제6권에는 나머지 S51부터 S56까지의 여섯 개 상윳따를 싣고 있다.

2. 제4권의 구성

『상윳따 니까야』 제4권에는 모두 10개의 상윳따가 포함되어 있는데, 여기에 포함된 상윳따들과 각 상윳따에 포함된 경들의 개수는 다음과 같다.

	명칭	경전 수	품 수
S35	육처	248	19
S36	느낌	31	3
S37	여인	34	3
S38	잠부카다까	16	1
S39	사만다까	16	1
S40	목갈라나	11	1
S41	찟따	10	1
S42	우두머리	13	1
S43	무위	44	2
S44	무기(無記)	11	1
합계	10개 상응	423	33

도표에서 보듯이 이 가운데 육처, 느낌, 여인, 무위, 무기 상윳따는 주제별로 모은 것이고 잠부카다까와 사만다까와 목갈라나와 찟따와 우두머리는 특정 인물 중심으로 모은 것이다.

본서에도 20개가 넘는 경들을 포함하고 있는 상윳따는 이 경들을 각각 열 개씩으로 나누어서 품(vagga)이라는 명칭으로 분류하고 있으며 품이 10개가 넘을 경우에는 다섯 개의 품을 50개 경들의 묶음이라는 명칭으로 묶고 있다. 본서의 처음에 나타나는 「육처 상윳따」(S35)도 이 편집원칙을 잘 따르고 있다. 「육처 상윳따」(S35)에는 248개의 경들이 포함되어 있기 때문에 S35:1부터 S35:52까지의 52개의 경들을 「처음

50개 경들의 묶음」(Mūla-paññāsa)이라는 이름으로 묶고 있으며, S35:53부터 S35:103까지의 51개의 경들은 「두 번째 50개 경들의 묶음」(Dutiya-paññāsaka)으로, S35:104부터 S35:155까지의 52개의 경들은 「세 번째 50개 경들의 묶음」(Tattiya-paññāsaka)으로, S35:156부터 마지막인 S35:248까지의 93개의 경들을 「네 번째 50개 경들의 묶음」(Catuttha-paññāsaka)으로 분류하고 있다.

그러면 먼저 제4권에 포함되어 있는 10개의 상윳따를 개관해 보자.

제35주제 「육처 상윳따」(Saḷāyatana-saṁyutta, S35)에는 여섯 가지 안의 감각장소[六內處]나 여섯 가지 밖의 감각장소[六外處]와 관계된 248개의 경들이 포함되어 있다. 그래서 본 상윳따를 「육처 상윳따」라 부른다.

제36주제 「느낌 상윳따」(Vedanā-saṁyutta, S36)에 포함된 31개의 경들은 모두 괴로운 느낌이나 즐거운 느낌이나 괴롭지도 즐겁지도 않은 느낌을 주제로 하고 있기 때문에 본 상윳따에 포함된 것이다.

제37주제 「여인 상윳따」(Mātugāma-saṁyutta, S37)에 포함된 34개의 경들은 여러 부류의 여인들을 주제로 하고 있다.

제38주제 「잠부카다까 상윳따」(Jambukhādaka-saṁyutta, S38)는 사리뿟따 존자의 조카(bhāgineyya)인 잠부카다까 유행승(Jambukhādaka paribbājaka)과 관계된 16개의 경들을 포함하고 있는데, 각각의 경들은 하나의 주제를 두고 사리뿟따 존자와 나눈 대화를 담고 있다.

제39주제 「사만다까 상윳따」(Sāmaṇḍaka-saṁyutta, S39)에 포함된 16개의 경들은 사만다까 유행승과 사리뿟따 존자와의 대화를 담고 있다. 그런데 이 경들은 앞의 「잠부카다까 상윳따」(S38)의 16개의 경들과 꼭 같은 내용을 담고 있다. 그래서 여러 판본에도 이 부분을 생략하여 편집하고 있다. 역자도 이를 따라 번역을 생략하였다.

제40주제 「목갈라나 상윳따」(Moggalāna-saṁyutta, S40)는 마하목갈라나 존자와 관련된 11개의 경을 담고 있다. 이 가운데 처음의 여덟 개 경들은 각각 초선부터 비상비비상처까지의 삼매에 관한 것이고, 아홉 번째 경은 표상 없는 삼매에 관한 것이며, 열 번째는 신의 왕 삭까(인드라)와의 문답을 담은 것이고, 열한 번째는 신의 아들 짠다나와 신의 아들 수야마와 신의 아들 산뚜시따와 신의 아들 수님미따와 신의 아들 와사왓띠와의 대화를 담은 경인데 내용은 바로 앞의 「삭까 경」과 같다.

제41주제 「찟따 상윳따」(Citta-saṁyutta, S41)에는 찟따 장자(Citta gahapati)와 관계된 10개의 경들이 들어 있다. 이 경들을 통해서 찟따 장자가 몇몇 초기불전에서 왜 본받아야 할 대표적인 남자 신도로 거명되고 있는지를 알 수 있다 하겠다.

제42주제 「우두머리 상윳따」(Gāmaṇi-saṁyutta, S42)에는 각계각층의 지도자들(특히 이 가운데 6명은 촌장들임) 10명과 세존께서 나눈 대화를 담은 13개의 경들이 포함되어 있다. 본 상윳따에 포함된 경들은 그 길이가 긴 것이 특징이다.

제43주제 「무위 상윳따」(Asaṅkhata-saṁyutta, S43)에는 44개의 경들이 포함되어 있다. 이 가운데 처음의 12개 경들은 무위를 탐욕의 소멸, 성냄의 소멸, 어리석음의 소멸로 설명하고 있고 무위에 이르는 길로는 37보리분법의 각 항목 등 모두 45가지를 들고 있다. 그리고 S43:13~44까지의 32개 경들은 무위의 동의어를 나열하고 있다. 역자는 본 상윳따를 제5권에 포함시켜서 번역하고 있다.

제44주제 「설명하지 않음[無記] 상윳따」(Avyākata-saṁyutta, S44)에는 모두 11개의 경이 포함되어 있다. 이 가운데 S44:6까지의 여섯 경들은 모두 '여래는 사후에도 존재한다.'라거나, '여래는 사후에 존재하지 않는다.'라거나, '여래는 사후에 존재하기도 하고 존재하지 않기도 한다.'라거나, '여래는 사후에 존재하는 것도 아니요 존재하지 않는 것도 아니다.'라는 여래의 사후에 대한 네 가지 관심이 주제로 나타난다. 그리고 S44:7부터 마지막까지의 5개 경들은 '세상은 영원한가?'부터 '여래는 사후에 존재하기도 하고 존재하지 않기도 하는가?'까지의 소위 말하는 10사무기(十事無記)가 주제로 나타나고 있다. 본 상윳따도 제5권에 포함시켜서 번역하고 있다.

이제 각각의 상윳따에 대해서 조금 자세하게 살펴보자.

3. 「육처 상윳따」(S35)

(1) 육처란 무엇인가

먼저 강조하고 싶은 것은, 오온이 '나는 누구인가?'에 대한 부처님의 대답이라면 육처의 가르침은 '존재란 무엇인가, 세상이란 무엇인가, 일체란 무엇인가?'에 대한 부처님의 대답이라는 점이다. 그래서 오온을 불교의 인간관이라 한다면 육처는 불교의 세계관을 담고 있는 가르침이라 할 수 있다.

'육처 상윳따'는 Saḷāyatana-saṁyutta를 옮긴 말이다. 여기서 육처(六處, saḷāyatana)는 여섯 감각장소로 직역이 되며, 이것은 다시 눈·귀·코·혀·몸·마노의 여섯 가지 안의 감각장소(ajjhattika āyatana)와 형색·소리·냄새·맛·감촉·법의 여섯 가지 밖의 감각장소(bāhira āyatana)로 구성되어 있다. 본 상윳따에는 이 두 가지 감각장소가 모두 다 포함되어 있다. 세존께서는 이 안의 감각장소와 밖의 감각장소(대상)를 일체라고 정의하고 계시며, 이 12가지 외에 다른 일체는 세울 수 없다고 하신다.(「일체 경」(S35:23)) 그리고 「세상 경」(S35:82)과 「세상의 끝에 도달함 경」(S35:116) §12에서는 이 12가지야말로 세상이라고 말씀하시고 계신다.

여기서 육처(六處, 여섯 감각장소)로 옮긴 원어는 saḷāyatana인데, 이것은 여섯을 뜻하는 saḷ과 장소[處]를 뜻하는 āyatana가 합성된 술어이다.

'saḷ-'은 숫자 여섯을 뜻하는 산스끄리뜨 ṣaṣ/ṣat가 합성어의 처음에 올 때 saḷ-로 바뀐 것이다. 산스끄리뜨 ṣaṣ(여섯)는 빠알리에서는 cha로 정착이 되었지만 이 경우만 특별히 'saḷ-'로 정착이 되었다. 예를 들면 육신통은 chaḷ-abhiññā이지 saḷ-abhiññā가 아니다.

그리고 처(處) 혹은 감각장소로 옮긴 원어 āyatana는 ā(이리로) + √yat(*to strech*)에서 파생된 것으로 이해되기도 하고 ā + √yam(*to move*)에서 파생된 것으로 이해되는 중성 명사이다. 불교 이전부터 인도 바라문교의 제의서(祭儀書, Brāhmaṇa) 문헌에 많이 나타나는 단어인데 거기서는 주로 제사지내는 장소를 아야따나라 부르고 있다. 물론 동물들의 서식지를 아야따나로 부르기도 하였다. 『청정도론』 XV.5에 의하면 아야따나에는 ① 머무는 장소(nivāsa-ṭṭhāna) ② 광산(ākara) ③ 만나는 장소(samosaraṇa) ④ 출산지(sañjāti-desa) ⑤ 원인(kāraṇa)의 다섯 가지 의미가 있다고 한다.

중국에서는 이쪽으로 온다는 문자적인 의미를 중시하여 入으로 번역하기도 하였고, 이 단어가 장소(*base, sphere*)의 의미로 쓰이므로 處라고 옮기기도 하였다. 예를 들면 12연기의 다섯 번째 구성요소인 saḷ-āyatana는 六入으로 옮겼으며, 눈의 감각장소[眼處, cakkhu-āyatana] 등과 형색의 감각장소[色處, rūpa-āyatana] 등의 육내·외처(12처)와, 공무변처(空無邊處 ākāsanañc-āyatana)부터 비상비비상처(非想非非想處, neva-saññānāsaññ-āyatana)까지의 4처는 處로 옮겼다. 초기불전연구원에서는 감각작용과 관계된 6입이나 12처는 '감각장소'로 옮기고 있으며 4처는 '장소'로 옮기고 있다.

안의 감각장소[內處, ajjhattika āyatana]와 밖의 감각장소[外處, bāhira āyatana]에서 '안[內]'은 ajjhattika를 옮긴 것이다. 이 술어는 adhi+atta

+ika로 분석되는데 자신(atta)에 관계된(adhi) 것(-ika)이란 뜻이다. ajjhattika는 예외 없이 눈·귀·코·혀·몸·마노의 여섯 가지 안의 감각장소 혹은 감각기관[六內處]을 지칭하는 술어로만 쓰인다. 반대로 '밖[外]'은 bāhira를 옮긴 것이다. 이것은 '밖에'를 뜻하는 부사 bāhi(Sk. bahir, bahis)의 2차곡용어이다. 곡용이 되어 산스끄리뜨 bahir의 -r가 살아난 형태로 된 것이다. 이 술어는 예외 없이 형색·소리·냄새·맛·감촉·법의 여섯 가지 밖의 감각장소 혹은 감각대상[六外處]을 지칭하는 술어로만 쓰인다. 물론 여기서 법(dhamma)은 모든 의식의 대상과 모든 심소법들을 말하지만 마노의 대상이 된다는 의미에서 밖의 감각장소로 불린다.

여기서 여섯 감각장소[六處]로서의 ajjhattika-bāhira와 일반적인 안과 밖(나와 남)을 뜻하는 ajjhatta-bahiddhā는 구분되어야 한다. 예를 들면 다른 존재들의 눈 등의 감각기관은 안의 감각장소(ajjhattika)이지만 그것은 남의 것 혹은 밖의 것(bahiddhika)이고, 내 몸의 색깔, 목소리, 냄새 등은 밖의 감각장소(bāhira)이지만 그것은 나의 것 혹은 안의 것(ajjhatta)이다.

한편 주석서는 왜 안이라고 밖이라고 하는지를 다음과 같이 설명하고 있다.

"'안의 감각장소들[內入處, ajjhattikā āyatanā]'을 '안'이라고 하는 이유는 이것들에 대한 욕탐이 현저하게 강하기 때문이다. 왜냐하면 사람들은 여섯 가지 안의 감각장소들을 집의 내부로 여기고 여섯 가지 '밖의 감각장소들[外入處, bāhirā āyatanā]'을 집의 부근으로 여기기 때문이다.

마치 사람들이 집안에 있는 아들이나 아내나 재산이나 재물이나 공덕과 같은 것에 대한 욕탐이 아주 강하기 때문에 모르는 사람이 집 안으로 들어오는 것을 막고 나누어 가지자는 말만 들어도 거부하는 것처럼, 여섯 가지 안의 감각장소들에 대해서도 마찬가지이다. 그래서 이것들은 안의 것이라 불린다.

마치 사람들이 집의 부근에 있는 것에 대해서는 욕탐이 그렇게 강하지 않고 다른 사람들이 지나 다니는 것도 억지로 막지 않는 것처럼 여섯 가지 밖의 감각장소들에 대해서도 그러하다. 그래서 이것들은 밖의 것이라 불린다."(SA.ii.356)

(2) 「**육처 상윳따**」(S35)의 개관

본 상윳따에는 모두 248개의 경들이 포함되어 있는데, 이것은 모두 19개의 품으로 나누어져 있고, 이 19개의 품은 다시 네 개의 50개 경들의 묶음으로 분류되어 있다. 이것을 적어보면 다음과 같다.

I. 「처음 50개 경들의 묶음」
 ① 「무상 품」 - 12개 경 ② 「쌍 품」 - 10개 경 ③ 「일체 품」 - 10개 경 ④ 「태어나기 마련인 법 품」 - 10개 ⑤ 「무상 품」 - 10개 경
II. 「두 번째 50개 경들의 묶음」
 ⑥ 「무명 품」 - 10개 경 ⑦ 「미가잘라 품」 - 11개 경 ⑧ 「환자 품」 - 10개 경 ⑨ 「찬나 품」 - 10개 경 ⑩ 「여섯 품」 - 10개 경
III. 「세 번째 50개 경들의 묶음」
 ⑪ 「유가안은을 설하는 자 품」 - 10개 경 ⑫ 「세상과 감각적 욕망의 가닥 품」 - 10개 경 ⑬ 「장자 품」 - 10개 경 ⑭ 「데와다하 품」 - 12개 경 ⑮ 「새로운 것과 오래된 것 품」 - 10개 경
IV. 「네 번째 50개 경들의 묶음」
 ⑯ 「즐김의 소멸 품」 - 11개 경 ⑰ 「60가지의 반복 품」 - 60개 경 ⑱ 「바다 품」 - 10개 경 ⑲ 「독사 품」 - 10개 경

여기서 보듯이 제17장 「60가지의 반복 품」 에는 「안의 무상에 대한

욕구 경」(S35:168)부터 「안의 감각장소들의 무아 경」(S35:227)까지의 비슷한 구문이 반복적으로 나타나는 짧은 분량의 60개 경들이 포함되어 있다. 그 외의 품은 다른 상윳따의 품들처럼 대부분 10개의 경들이 포함되어 있고 드물게 11개나 12개를 포함한 것도 있다. 이렇게 하여 모두 4개의 50개 경들의 묶음 속에 19개의 품이 들어 있고, 이들에는 다시 248개의 경들이 포함된 것으로 구성되어 있는 것이 「육처 상윳따」의 기본 구성이다.

(3) 248개 경들의 분류

「육처 상윳따」의 248개 경들은 모두 안의 감각장소와 밖의 감각장소에 대한 가르침을 담고 있다. 이것은 크게 다음의 셋으로 분류할 수 있다.

① 안의 감각장소만을 설하고 있는 경: 79개.
② 밖의 감각장소만을 설하고 있는 경: 64개.
③ 안팎의 감각장소를 다 설하고 있는 경: 105개.

역자는 이들 248개 경들을 다시 다음의 기준으로 정리해보았다.

첫 번째 기준은 "태어남은 다했다. 청정범행(梵行)은 성취되었다. 할 일을 다 해 마쳤다. 다시는 어떤 존재로도 돌아오지 않을 것이다."로 정형화되어 있는 구경해탈지의 정형구가 나타나는가 아닌가 하는 것이다. 부처님 가르침은 근본적으로 해탈·열반을 실현하기 위한 것이다. 이미 제2권과 제3권에서 살펴보았듯이 불교의 기본 교학인 연기의 가르침과 오온 등의 가르침에서도 이 '태어남은 다했다. …'라는 구경해탈지의 정형구는 강조되어 나타났다. 본 「육처 상윳따」도 예외는 아니다. 그래서 첫 번째로 이런 기준을 정한 것이다.

두 번째 기준은 무상·고·무아다. 이미 제3권 「무더기 상윳따」(S22) 등에서도 살펴봤지만 오온의 가르침은 무상·고·무아를 드러내기 위한 것이라고 해도 과언이 아닐 정도로 강조되고 있다. 이것은 본 「육처 상윳따」(S35)에서도 예외가 아니다. 그래서 무상·고·무아를 포함하고 있는 가르침이 몇 개나 되는가를 조사해 본 것이다.

이런 기준에서 248개 경들을 분류해 보면 다음과 같다. 물론 이러한 분류는 서로 중복되기도 한다. 예를 들면, 아래 분류에서 보듯이 ③ '내 것'·'나'·'나의 자아' 아님을 설하는 39개의 경들과 ④ 무상·고·무아를 설하는 경 43개와 ⑤ 무상만 설하는 38개 속에는 구경해탈지의 정형구가 나타나는 것도 포함되어 있다.

① 구경해탈지의 정형구를 설하는 경들: 118+2(이 정형구가 조금 다른 것) = 120 개

㉠ 염오-이욕-해탈-구경해탈지의 정형구: 62개

Ⓐ 무상·고·무아를 통한 염오-이욕-해탈-구경해탈지: 30개 -2(구경해탈지의 정형구만 다름) =28개.

Ⓑ 무상·고·무아의 문답을 통한 염오-이욕-해탈-구경해탈지: S35:32, 62, 73~75, 86,89, 105, 108, 121, 150의 11개.

Ⓒ 무상·고·무아 없는 염오-이욕-해탈-구경해탈지: 23개. 이 가운데 S35:28, 29, 154, 155, 186~203, 235의 23개는 무상·고·무아 가운데 하나만 나타나고 있음.

㉡ 사랑 없음과 취착 없음을 통한 구경해탈지: S35:30~31, 90~91의 4개.

㉢ '내 것'·'나'·'나의 자아' 아님을 통한 구경해탈지: S35:74~75, 204~221의 20개.

㉣ 바로 구경해탈지을 설함: 32개 = S35:64, 140~145(무상·고·무아 가운데 하나만 나타나고 바로 구경해탈지로), 153, 204~221(무상·고·무아 가운데 하나와 '내 것'·'나'·'나의 자아' 아님이 나타난 뒤에 바로 구경해탈지로), 222~227(무상·고·무아 가운데 하나만 나타나고 바로 구경

해탈지로) = 1+6+1+18+6=32개.

② 위의 정형구 없이 해탈을 설하거나, 바른 견해-염오-이욕-즐김의 소멸-해탈을 설하는 경들: 12개 = S35:15~20, 60~61, 156~159

③ '내 것'·'나'·'나의 자아' 아님이 나타나는 경들: 39개 = S35:1~12, 30~31, 71~72, 74~75, 87, 90~91, 204~221

④ 무상·고·무아를 설하는 경들: 43개 = S35:1, 4, 7, 10, 32~52, 60~62, 73~75, 86, 89, 105, 108, 121, 150, 204~206, 213~215

⑤ 무상만을 설하는 경들: 38개 = S35:53, 54, 56, 58, 76, 79, 93, 99, 100, 140, 143, 147, 156~162, 165~170, 177~179, 182, 186~188, 195~197, 222, 225, 235

⑥ 괴로움만을 설하는 경들: 33개 = S35:19~22, 26~27, 67, 77, 81, 88, 94, 106, 111~113, 141, 144, 148, 152, 163, 171~173, 180~181, 189~191, 198~200, 223, 226

⑦ 무아만을 설하는 경들: 31개 = S35:3, 6, 12, 55, 57, 59, 78, 142, 145, 149, 164, 174~176, 183~185, 192~194, 201~203, 210~212, 219~221, 224, 227

⑧ 괴로움과 무아만을 설하는 경들: 11개 = S35:2, 5, 8, 9, 11, 207~209, 216~218

⑨ 6내처-6외처-6식-6촉-6수에 바탕한 세 가지 느낌으로 나타나는 경들: 71개 = S35:28~62, 76~86, 89~91, 99~102, 121, 129~130, 147~152, 160~167, 235

⑩ 여섯 가지 안팎의 감각장소가 바로 일체라고 설하는 경들: 29개 = 「일체 경」(S35:23), 「버림 경」 1/2(S35:24~25)와 「불타오름 경」(S35: 28)부터 「무상 경」 등(S35:43~52)까지를 합한 29개 경들

⑪ 여섯 가지 안팎의 감각장소를 세상이라고 설하는 경들: 6개 = 「사밋디 경」 4(S35:68), 「세상 경」 (S35:82) 등

⑫ "눈과 형색을 조건으로 눈의 알음알이가 일어난다. …"로 나타나는 경들: 7개 = 「통달하여 철저하게 앎 경」 (S35:60), 「종식 경」 1(S35:61), 「쌍(雙) 경」 2(S35:93), 「괴로움 경」 (S35:106), 「세상 경」 (S35:107), 「유심히 들음 경」 (S35:113), 「우다이 경」 (S35:234)

⑬ 여섯 가지 안팎의 감각장소의 달콤함·위험함·벗어남을 설하는 경들: 6개 = S35:13~18

⑭ 여섯 가지 안팎의 감각장소의 일어남·사라짐·달콤함·위험함·벗어남을 설하는 경들: 4가지 = S35:71~73, 103

(4) 각 분류의 특징

① 구경해탈지의 정형구

118+2=120개 경은 다시 태어나지 않음(키나자띠, khīṇa jāti)을 선언하는 구경해탈지2)의 정형구가 포함되어 있다. 제3권의 해제에서 살펴봤

2) 본서 전체에서 '구경해탈지(究竟解脫知)'로 표기하고 있는 술어는 '해탈했다는 지혜'로 직역할 수 있는 vimuttamiti ñāṇa를 옮긴 것이다. 이 구경해탈지 혹은 해탈했다는 지혜는 "해탈하면 해탈했다는 지혜가 있다. '태어남은 다했다. 청정범행(梵行)은 성취되었다. 할 일을 다 해 마쳤다. 다시는 어떤 존재로도 돌아오지 않을 것이다.'라고 꿰뚫어 안다."로 정형화 되어 본 『상윳따 니까야』와 초기불전의 도처에 나타나고 있다. 한편 본서 제2권 「수시마 경」 (S12:70) §6과 「깔라라 경」 (S12:32) §4 등에서는 이 해탈했다는 지혜를 '구경의 지혜(aññā)'라 부르고 있다. 그리고 주석서는 이 구경의 지혜는 다름 아닌 아라한과(arahatta)를 뜻한다고 밝히고 있다.("구경의 지혜(aññā)란 아라한과(arahatta)의 이름이다."(SA.ii.126; SA.ii.62; SA.ii.199; SA.ii.402; AA.iv.200 등)
이런 점들을 고려해서 역자는 '구경해탈지'로 정착시키고 있다. 물론 이것은 해탈지, 혹은 해탈지혜 등으로도 표기할 수도 있지만 이렇게 되면 초기경의 여러 곳에서 나타나고 있는 해탈지견(解脫知見, vimutti-ñāṇa-dassana)과 혼동할 우려가 있어서 '구경해탈지'로 정착시킨 것이다.
구경해탈지와 해탈지견은 둘 다 반조의 지혜이긴 하지만 그 내용이 다르다.

듯이 이 구경해탈지의 정형구는 "해탈하면 해탈했다는 지혜가 있다. '태어남은 다했다. 청정범행(梵行)은 성취되었다. 할 일을 다 해 마쳤다. 다시는 어떤 존재로도 돌아오지 않을 것이다.'라고 꿰뚫어 안다."이다. 그리고 「통달하여 철저하게 앎 경」(S35:60)과 「종식 경」1(S35:61)의 두 경은 염오·이욕·해탈까지는 같고 다만 위 정형구 대신에 "해탈하면 '나는 취착을 통달하여 철저하게 알았다.'라고 꿰뚫어 안다."라고 나타나는 것만이 다르다. 그래서 이 두 개 경들도 여기에 포함시켰다.

② 무상·고·무아의 정형구

한편 안과 밖의 감각장소의 무상·고·무아 셋 다 나타나는 경은 43개이며, 무상만이 나타나는 것은 38개, 괴로움만이 나타나는 것은 33개, 무아만이 나타나는 것은 31개, 그리고 괴로움과 무아만 나타나는 것이 11개이다. 이렇게 하여 156개 정도의 경이 안의 감각장소나 밖의 감각장소의 무상이나 괴로움이나 무아를 천명하고 있다.

『청정도론』(XX.19~21)의 설명에서 보듯이 해탈지견은 19가지 반조의 지혜(paccavekkhaṇa-ñāṇa)를 뜻한다. 『청정도론』 XX.19~21에 의하면 반조에는 ① 도에 대한 반조 ② 과에 대한 반조 ③ 버린 오염원들에 대한 반조 ④ 남아있는 오염원들에 대한 반조 ⑤ 열반에 대한 반조의 다섯 가지가 있다. 아라한에게는 남아있는 오염원들에 대한 반조가 없기 때문에 예류부터 아라한까지의 성자들의 반조의 지혜에는 모두 5×4-1=19가지가 있는 것이다. 이처럼 반조의 지혜인 해탈지견은 예류자와 일래자와 불환자와 아라한 모두에게 다 적용되는 것이다. 이처럼 예류자 등이 되고나서 도와 과 등을 반조해보는 것이 해탈지견인 것이다. 구경해탈지도 반조이기는 하지만 (MA.ii.115 등) 이것은 오직 아라한에게만 적용되는 구경의 지혜이다. 내용상 예류자부터 불환자에게는 적용되지 않는다. 이것이 이 둘의 차이점이다.
염오-이욕-해탈-구경해탈지에 대해서는 본서 제1권 역자서문 §11-(3)-① 과 제3권 해제 §3-(4)-② 등도 참조할 것.
구경해탈지의 정형구처럼 아라한과를 통한 해탈에 대한 지혜를 담고 있는 정형구로는 '부동해탈지견(不動解脫知見, akuppa-vimutti-ñāṇa-dassana)'의 정형구가 있다. 여기에 대해서는 본서 제2권 「깨달기 전 경」(S14:31) §7의 주해를 참조할 것.

③ 무상・고・무아를 통한 염오-이욕-해탈-구경해탈지의 정형구

이 가운데 무상・고・무아를 통한 염오-이욕-해탈-구경해탈지의 정형구가 포함되어 나타나는 경은 모두 28개 정도가 있다. 경들에 나타나는 이 정형구는 다음과 같다.

"비구들이여, 이렇게 보는 잘 배운 성스러운 제자는 눈에 대해서도 염오하고 형색에 대해서도 염오하고 눈의 알음알이에 대해서도 염오하고 눈의 감각접촉에 대해서도 염오하고 눈의 감각접촉을 조건으로 하여 일어나는 즐겁거나 괴롭거나 괴롭지도 즐겁지도 않은 느낌에 대해서도 염오한다. …

마노[意]에 대해서도 염오하고 [마노의 대상인] 법에 대해서도 염오하고 마노의 알음알이에 대해서도 염오하고 마노의 감각접촉에 대해서도 염오하고 마노의 감각접촉을 조건으로 하여 일어나는 즐겁거나 괴롭거나 괴롭지도 즐겁지도 않은 느낌에 대해서도 염오한다.

염오하면서 탐욕이 빛바래고, 탐욕이 빛바래기 때문에 해탈한다. 해탈하면 해탈했다는 지혜가 있다. '태어남은 다했다. 청정범행(梵行)은 성취되었다. 할 일을 다 해 마쳤다. 다시는 어떤 존재로도 돌아오지 않을 것이다.'라고 꿰뚫어 안다."

그리고 위의 정형구 앞에 "비구들이여, 눈은 무상하다. … 괴로움이다. … 무아다. 귀는 … 코는 … 혀는 … 몸은 … 마노[意]는 무상하다. … 괴로움이다. … 무아다."라는 등으로 안과 밖의 감각장소의 무상・고・무아와 무상이나 고나 무아를 설하는 경들이 S35:222를 위시하여 모두 28개 정도가 된다.

물론 이 정형구는 본서 제3권 「무더기 상윳따」(S22)의 도처에 나타나는 오온의 무상・고・무아를 통한 염오-이욕-해탈-구경해탈지의 정형구와도 같다. 다만 그곳에서는 오온이 나타나고 여기서는 육내외처가 나타나는 것만이 다르다.

④ 무상·고·무아 문답 통한 염오-이욕-해탈-구경해탈지의 정형구

무상·고·무아의 문답을 통한 염오-이욕-해탈-구경해탈지의 정형구는 모두 11개 경들에서 나타난다. 이 정형구도 이미 본서 제3권 「무더기 상윳따」(S22)의 「소나 경」 1(S22:49 §5 이하) 등의 여러 곳에서 오온에 대한 무상·고·무아의 문답을 통한 염오-이욕-해탈-구경해탈지의 정형구로 많이 나타났다. 여기서는 육처에 대해서 적용되고 있는데 경을 인용해 보면 다음과 같다.

"비구들이여, 이를 어떻게 생각하는가? 눈은 … 형색은 … 눈의 알음알이는 … 눈의 감각접촉은 … 눈의 감각접촉을 조건으로 하여 일어나는 즐겁거나 괴롭거나 괴롭지도 즐겁지도 않은 느낌은 …

마노[意]는 … [마노의 대상인] 법은 … 마노의 알음알이[意識]는 … 마노의 감각접촉은 … 마노의 감각접촉을 조건으로 하여 일어나는 즐겁거나 괴롭거나 괴롭지도 즐겁지도 않은 느낌은 항상한가, 무상한가?"

"무상합니다, 세존이시여."

"그러면 무상한 것은 괴로움인가, 즐거움인가?"

"괴로움입니다, 세존이시여."

"그러면 무상하고 괴로움이고 변하기 마련인 것을 두고 '이것은 내 것이다. 이것은 나다. 이것은 나의 자아다.'라고 관찰하는 것이 타당하겠는가?"

"그렇지 않습니다, 세존이시여."

"비구들이여, 이렇게 보는 잘 배운 성스러운 제자는 눈에 대해서도 염오하고, 형색에 대해서도 … 눈의 알음알이에 대해서도 … 눈의 감각접촉에 대해서도 … 눈의 감각접촉을 조건으로 하여 일어나는 즐겁거나 괴롭거나 괴롭지도 즐겁지도 않은 느낌에 대해서도 … 귀에 대해서도 … 코에 대해서도 … 혀에 대해서도 … 몸에 대해서도 … 마노[意]에 대해서도 … [마노의 대상인] 법에 대해서도 … 마노의 알음알이[意識]에

대해서도 … 마노의 감각접촉에 대해서도 … 마노의 감각접촉을 조건으로 하여 일어나는 즐겁거나 괴롭거나 괴롭지도 즐겁지도 않은 느낌에 대해서도 염오한다.

염오하면서 탐욕이 빛바래고, 탐욕이 빛바래므로 해탈한다. 해탈하면 해탈했다는 지혜가 있다. '태어남은 다했다. 청정범행(梵行)은 성취되었다. 할 일을 다 해 마쳤다. 다시는 어떤 존재로도 돌아오지 않을 것이다.' 라고 꿰뚫어 안다."(「환자 경」1(S35:74) §7 이하 등)

⑤ 무상·고·무아 없는 염오-이욕-해탈-구경해탈지의 정형구

한편 본 상윳따의 여러 경들에는 무상·고·무아가 없는 염오-이욕-해탈-구경해탈지의 정형구가 나타나고 있다.

부처님께서 행하신 세 번째 설법이요 가섭 삼형제의 제자들이었다가 가섭 삼형제와 함께 부처님 제자가 된 1000명의 비구들에게 설하신 가르침으로 잘 알려진 본서「불타오름 경」(S35:28)을 인용한다.

"비구들이여, 일체는 불타오르고 있다. 비구들이여, 그러면 어떤 일체가 불타오르고 있는가?

눈은 불타오르고 있다. 형색은 불타오르고 있다. 눈의 알음알이는 불타오르고 있다. 눈의 감각접촉은 불타오르고 있다. 눈의 감각접촉을 조건으로 하여 일어나는 즐겁거나 괴롭거나 괴롭지도 즐겁지도 않은 느낌은 불타오르고 있다. 그러면 무엇에 의해서 불타오르고 있는가? 탐욕과 성냄과 어리석음으로 불타오르고 있다. 태어남과 늙음과 죽음과 근심과 탄식과 육체적 고통과 정신적 고통과 절망으로 불타오르고 있다고 나는 말한다. …

마노[意]는 … 법은 … 마노의 알음알이는 … 마노의 감각접촉은 … 느낌은 불타오르고 있다. …

비구들이여, 이렇게 보는 잘 배운 성스러운 제자는 눈에 대해서도 염

오하고 … 마노의 감각접촉을 조건으로 하여 일어나는 즐겁거나 괴롭거나 괴롭지도 즐겁지도 않은 느낌에 대해서도 염오한다.

염오하면서 탐욕이 빛바래고, 탐욕이 빛바래기 때문에 해탈한다. 해탈하면 해탈했다는 지혜가 있다. '태어남은 다했다. 청정범행(梵行)은 성취되었다. 할 일을 다 해 마쳤다. 다시는 어떤 존재로도 돌아오지 않을 것이다.'라고 꿰뚫어 안다."(「불타오름 경」(S35:28) §§3~5)

⑥ 사랑 않음과 취착 않음을 통한 구경해탈지의 정형구

"그는 일체를 사랑하지 않고, 일체에서 사랑하지 않고, 일체로부터 사랑하지 않고, '일체는 나의 것이다.'라고 사랑하지 않는다.

그는 이와 같이 사랑하지 않기 때문에 세상에 대해서 어떤 것도 취착하지 않는다. 취착하지 않으면 갈증내지 않는다. 갈증내지 않으면 스스로 완전히 열반에 든다. '태어남은 다했다. 청정범행은 성취되었다. 할 일을 다 해 마쳤다. 다시는 어떤 존재로도 돌아오지 않을 것이다.'"(「뿌리 뽑는데 어울림 경」(S35:30) 등)

⑦ '내 것' · '나' · '나의 자아' 아님을 통한 구경해탈지의 정형구

"비구들이여, 과거의 눈은 무상하였다.(S35:204) … 미래의 눈은 무상할 것이다.(S35:205) … 현재의 눈은 무상하다.(S35:206) … 과거의 귀는 … 코는 … 혀는 … 몸은 … 마노[意]는 무상하였다. … 미래의 귀는 … 코는 … 혀는 … 몸은 … 마노[意]는 무상할 것이다. … 현재의 귀는 … 코는 … 혀는 … 몸은 … 마노[意]는 무상하다. 무상한 것은 괴로움이요, 괴로움인 것은 무아다. 무아인 것은 내 것이 아니고 그것은 내가 아니고 그것은 나의 자아가 아니라고 있는 그대로 바른 통찰지로 봐야 한다.

비구들이여, 이렇게 보는 잘 배운 성스러운 제자는 눈에 대해서도 염오하고, … 염오하면서 탐욕이 빛바래고, 탐욕이 빛바래므로 해탈한다. 해탈하면 해탈했다는 지혜가 있다. '태어남은 다했다. 청정범행(梵行)은

성취되었다. 할 일을 다 해 마쳤다. 다시는 어떤 존재로도 돌아오지 않을 것이다.'라고 꿰뚫어 안다."(S35:204~206)

⑧ 벗어남, 해탈 등으로 나타나는 경들

이것은 위 (3)의 ⑬에서 열거한 경들에 해당한다.

"비구들이여, 그러나 중생들이 이와 같이 여섯 가지 안의 감각장소들[六內入處]의 달콤함을 달콤함이라고 위험함을 위험함이라고 벗어남을 벗어남이라고 있는 그대로 최상의 지혜로 알 때 중생들은 신과 마라와 범천을 포함한 세상으로부터, 사문·바라문과 신과 사람을 포함한 무리로부터 벗어나고 풀려나고 해탈하며 한계가 없는 마음으로 머물게 될 것이다."(「이것이 없다면 경」1(S35:17))

"비구들이여, 그러나 내가 이와 같이 여섯 가지 밖의 감각장소들[六外入處]의 달콤함을 달콤함이라고 위험함을 위험함이라고 벗어남을 벗어남이라고 있는 그대로 최상의 지혜로 알았기 때문에 나는 신과 마라와 범천을 포함한 세상에서, 사문·바라문과 신과 사람을 포함한 무리 가운데에서 내 스스로 위없는 바른 깨달음을 실현하였다고 인정되었다.

그리고 나에게는 '나의 해탈은 확고부동하다. 이것이 나의 마지막 태어남이며, 이제 더 이상의 다시 태어남[再生]은 없다.'라는 지와 견이 일어났다."(「달콤함 경」2(S35:16))

⑨ 6내처-6외처-6식-6촉-6수로 나타나는 경들

앞의 ④에서 인용한 「환자 경」1(S35:74)과 ⑤에서 인용한 「불타오름 경」(S35:28) 등에서 보았듯이 본 상윳따의 71개 경들은 6내처-6외처-6식-6촉-6수의 순서로 여러 가지 법들을 설하고 있다. 이처럼 본 상윳따에는 안과 밖의 감각장소에 대한 가르침만 나타나는 것이 아니라, 6내처-6외처-6식-6촉-6수를 설하고 있는 경들도 무려 71개가 나타난다. 이들은 12처의 가르침이 그대로 18계(즉 6내처-6외처-6식)의 가르침과 연결되어 있음을 보여주는 좋은 보기이다.

⑩ 여섯 가지 안팎의 감각장소가 바로 일체다

"비구들이여, 그러면 무엇이 일체인가? 눈과 형색, 귀와 소리, 코와 냄새, 혀와 맛, 몸과 감촉, 마노[意]와 [마노의 대상인] 법, 이를 일러 일체라 한다."라고 설하시는 「일체 경」(S35:23)을 위시하여 「버림 경」 1/2(S35:24~25)와 「불타오름 경」(S35:28)부터 「무상 경」 등(S35:43~52)까지의 28개 경들에서는 여섯 가지 안의 감각장소와 여섯 가지 밖의 감각장소를 일체라 부르고 있다.

⑪ 여섯 가지 안팎의 감각장소가 바로 세상이다

「사밋디 경」 4(S35:68)와 「세상 경」(S35:82) 등의 여섯 개 경들에서는 여섯 가지 안팎의 감각장소를 세상이라 부르고 있다. 이러한 경들은 세상은 영원한가 등에 대한 부처님의 답변이라 할 수 있다. 이러한 경들도 세상을 12가지 등의 법들로 해체해서 보면 세상이란 자체는 개념[施設, paññatti]일 뿐이라고 강조하고 있다.

한편 본서 제3권의 「들어감 상윳따」(S25)와 「일어남 상윳따」(S26)와 「오염원 상윳따」(S27)에 포함되어 있는 30개 경들도 6내처와 6외처와 6식을 주제로 한 경들을 담고 있기 때문에 이 「육처 상윳따」(S35)와 같은 주제를 담고 있다고 할 수 있다. 그렇게 되면 육처를 주제로 한 경들은 모두 278개로 늘어난다고 할 수 있다.

그리고 본서 제2권의 「라훌라 상윳따」(S18)의 22개 경들 가운데서 처음 10개의 경들에서는 차례대로 6근, 6경, 6식, 6촉, 6수, 6상, 6의도, 6갈애(S18:1~8)와 6대(S18:9)와 오온(S18:10)의 무상·고·무아와 염오-이욕-해탈-구경해탈지를 설하고 계신다. 그리고 같은 순서의 가르침이 11~20에도 그대로 나타나고 있다. 그러므로 이들 20개 경들도 육내처와 육외처의 무상·고·무아와 염오-이욕-해탈-구경해탈지를 중점적으로 설하는 본 상윳따에 포함시킬 수 있다.

거듭 말하지만 결국 육처의 가르침도 나와 세상을 각각 안과 밖의 여섯씩으로 해체해서 보는 것을 강조하고 있고, 이렇게 해서 나와 세상이 무상·고·무아임을 체득하여 이들에 대해서 염오-이욕-소멸 혹은 염오-이욕-해탈-구경해탈지를 일으켜 해탈·열반을 실현하는 것으로 귀결된다. 뭉쳐두면 개념(paññatti)에 속고 법(dhamma)으로 해체하면 깨닫는다는 말은 이 「육처 상윳따」(S35)에도 그대로 적용된다.

(5) 육처에 대한 가르침의 특징

이러한 분류를 바탕으로 본 상윳따에 나타나는 육처에 대한 가르침의 특징을 간단하게 살펴보자.

① 12처는 일체에 대한 부처님의 대답이다

오온이 나는 누구인가에 대한 부처님의 대답이라면 육처의 가르침은 존재란 무엇인가, 세상이란 무엇인가, 일체란 무엇인가에 대한 부처님의 대답이다. 그래서 오온을 불교의 인간관이라 한다면 육처는 불교의 세계관을 담고 있는 가르침이라 할 수 있다.

부처님께서는 세상이란 그리고 존재하는 모든 것(일체)이란 모두 안과 밖이 만나는 것 – 즉 눈이 형색과, 귀가 소리와, 코가 냄새와, 혀가 맛과, 몸이 감촉과, 마노가 법과 조우하고 부딪히는 것 – 을 떠나서는 존재할 수 없다는 것을 육처의 가르침을 통해서 강조하고 계신다. 세상이니 존재니 일체니 하는 것도 결국은 나의 문제를 떠나서는, 나라는 조건을 떠나서는 아무런 의미가 없다는 말씀이기도 하다. 세존께서는 일체 존재와 세상을 이렇게 안과 밖의 감각장소로 해체해서 간단명료하게 제시하시고 무아를 천명하신다.

그래서 본 상윳따의 여러 경들에서 세존께서는 육내외처가 일체라고 강조하신다.

"비구들이여, 그러면 무엇이 일체인가?

눈과 형색, 귀와 소리, 코와 냄새, 혀와 맛, 몸과 감촉, 마노[意]와 [마노의 대상인] 법 – 이를 일러 일체라 한다.

비구들이여, 어떤 사람이 말하기를, '나는 이런 일체를 버리고 다른 일체를 천명할 것이다.'라고 한다면 그것은 단지 말로만 떠벌리는 것일 뿐이다. 만일 질문을 받으면 대답하지 못할 뿐만 아니라 나아가서 더 큰 곤경에 처하게 될 것이다. 그것은 무슨 이유 때문인가? 비구들이여, 그것은 그들의 영역을 벗어났기 때문이다."(「일체 경」(S35:23) §§3~4)

주석서는 이렇게 덧붙이고 있다.

"'단지 말로만 떠벌리는 것일 뿐이다.'라는 것은 말로만 말하게 되는 토대가 될 뿐이라는 말이다. 이 12가지 감각장소들을 떠나서 또 다른 고유성질을 가진 법(sabhāva-dhamma)이 있다고 설할 수 없다는 뜻이다." (SA.ii.358)

즉 일체란 것은 단지 말로만 존재하는 개념적인 존재(paññatti)일 뿐이라는 것이다. 그러므로 일체라는 것은 따로 존재하는 것이 아니고, 이러한 일체라는 개념을 구성하고 있는 고유성질을 가진 법인 육내외처 곧 12가지 감각장소들만 존재할 뿐이라는 것이다.

다시 적어보면, 12가지 감각장소[十二處]는 (1) 눈의 감각장소 (2) 귀의 감각장소 (3) 코의 감각장소 (4) 혀의 감각장소 (5) 몸의 감각장소 (6) 마노의 감각장소 (7) 형색(색)의 감각장소 (8) 소리의 감각장소 (9) 냄새의 감각장소 (10) 맛의 감각장소 (11) 감촉의 장소 (12) 법의 감각장소이다.

이러한 12가지 감각장소는 일체(sabba)라는 단어로 표현되는 존재일반을 나타내는 법들을 총칭하는 것이다. 세존께서는 이처럼 일체를 구성하고 있는 법들을 문(dvāra)과 마음의 대상의 측면에서 조망하고 계신다.

아비담마적으로 보자면 (1)~(5)의 감각장소는 다섯 가지 물질의 감성(pasāda)과 일치하고 (7)~(11)의 감각장소는 다섯 가지 물질의 대상(gocara)과 일치한다. 그러나 (6) 마노[意]의 감각장소는 마노의 문(dvāra)보다는 더 큰 범위를 나타낸다. 이것은 89가지 형태의 마음 모두를 포함하는 알음알이의 무더기[識蘊] 전체와 일치한다. (12) 법의 감각장소[法處]는 법이라는 대상(dhamma-ārammaṇa)과 완전히 합치하지는 않는다. 이것은 처음의 다섯 가지 대상(gocara, (7)~(11))과 다섯 가지 감성(pasāda, (1)~(5))과 마노의 감각장소[意處, (6)]와 일치하는 마음(citta)을 제외한다. 그리고 이것은 개념(paññatti)도 제외한다. 감각장소[處, āyatana]라는 것은 오직 구경법, 즉 본성(sabhāva)을 가진 것들에게만 적용되고 개념의 구조를 통해서만 존재하는 것들(paññatti)에 대해서는 적용되지 않기 때문이다. 그러므로 법의 감각장소[法處]는 52가지 마음부수법들과 16가지 미세한 물질(sukhuma-rūpa)과 열반으로 구성된다.(『아비담마 길라잡이』 §36의 해설을 참조할 것.)

② 12처가 바로 세상이다

아울러 육내외처는 세상(loka)이란 무엇인가에 대한 부처님의 대답이기도 하다.

주석서에 의하면 초기불전에는 세상이라는 단어가 세 가지 의미로 쓰이고 있다. 『디가 니까야 주석서』는 "[눈에] 보이는 세상, 중생 세상, 형성된 세상의 세 가지 세상이 있다."(DA.i.173)고 설명한다.

여기서 ① 보이는 세상은 보통 우리가 말하는 세상으로 눈에 보이는 이 물질적인 세상 즉 중국에서 기세간(器世間)으로 이해한 것을 말한다. ② 본서 제3권 「꽃 경」(S22:94 §3)에서 "비구들이여, 나는 세상과 다투지 않는다. 세상이 나와 다툴 뿐이다."라고 하신 세상은 바로 중생으로서의 세상을 뜻한다. 중국에서는 중생세간(衆生世間)으로 정착이 되었다. ③ 모든 형성된 것을 형성된 세상이라 한다. 물론 형성된 세상은 모든 유위법을 뜻하며 오취온으로 정리된다. 그리고 오취온은 고성제의 내용이기도 하다. 물론 본 상윳따에서는 모두 형성된 세상의 측면에서 세상을 설명하고 있다.

본 상윳따의 「세상 경」(S35:82)에서 어떤 비구와 세존께서는 이렇게 문답을 나누고 있다.

"세존이시여, '세상, 세상'이라고들 합니다. 도대체 왜 세상이라고 합니까?"

"비구여, 부서진다고 해서 세상이라 한다.

그러면 무엇이 부서지는가? 눈은 부서진다. 형색은 … 눈의 알음알이는 … 눈의 감각접촉은 … 눈의 감각접촉을 조건으로 하여 일어나는 즐겁거나 괴롭거나 괴롭지도 즐겁지도 않은 느낌은 부서진다. 귀는 … 코는 … 혀는 … 몸은 … 마노는 … [마노의 대상인] 법은 … 마노의 알음알이는 … 마노의 감각접촉은 … 마노의 감각접촉을 조건으로 하여 일어나는 즐겁거나 괴롭거나 괴롭지도 즐겁지도 않은 느낌은 부서진다.

비구여, 부서진다고 해서 세상이라 한다."

그리고 「세상의 끝에 도달함 경」(S35:116 §12)에서는 이렇게 설하신다.

"비구들이여, 나는 세상의 끝을 발로 걸어가서 알고 보고 도달할 수 있다고 말하지 않는다. 비구들이여, 그러나 나는 세상의 끝에 도달하지 않고서는 괴로움을 끝낸다고 말하지도 않는다."

한편 이 문단은 본서 제1권 「로히땃사 경」(S2:26)에도 나타나는데 「로히땃사 경」의 핵심 내용이다. 이런 측면에서 볼 때 본경은 「로히땃사 경」(S2:26)의 주석이라고 할 수 있다. 세존께서 이렇게 말씀하시고 들어가시자 비구들의 간청에 의해서 아난다 존자가 다음과 같이 설명하고 있다.

"도반들이여, 이 세상에서 세상을 인식하는 자와 세상을 지각하는 자는 그 어떤 것을 통해서 [인식하고 지각]합니다. 이런 것을 일러 성자의 율에서는 세상이라 말합니다."

즉 여섯 감각장소를 통해서 인식되고 지각되는 것이 세상이지 다른 세상은 없다는 말씀이다. 달리 말하면 세상이란 경험된 세상일 뿐이다. 여기에 대해서는 특히 본서 제1권 「로히땃사 경」(S2:26) §4의 주해를 참조할 것. 아난다 존자는 계속해서 말한다.

"도반들이여, 그러면 어떤 것을 통해서 이 세상에는 세상을 인식하는 자가 있고 세상을 지각하는 자가 있습니까?

도반들이여, 눈을 통해서 이 세상에는 세상을 인식하는 자가 있고 세상을 지각하는 자가 있습니다. 귀를 통해서 … 코를 통해서 … 혀를 통해서 … 몸을 통해서 … 마노를 통해서 이 세상에는 세상을 인식하는 자가 있고 세상을 지각하는 자가 있습니다.

도반들이여, 이것을 일러 성자의 율에서는 세상이라 말합니다."

여기에 대해서 주석서는 다음과 같이 부연하고 있다.

"눈은 세상에서 거부할 수 없는 것이다. 범부는 중생의 세상[衆生世間, satta-loka]과 우주로서의 세상[器世間, cakkavāḷa-loka]만을 두고 세상이라고 인식하고 지각한다. 그러나 눈 등의 12가지 감각장소를 떠나서 [세상이라는] 인식이나 지각은 일어나지 않는다. 그래서 '도반들이여, 눈을 통해서 이 세상에는 세상을 인식하는 자가 있고 세상을 지각하는 자가 있습니다.'라고 한 것이다. [세상의 끝을 향해서] 가는 것을 통해서 이 세상의 끝을 알거나 보거나 얻거나 할 수 없다. 무너진다는 뜻에서 눈 등의 부서짐인 세상의 끝 – 이것을 열반이라 부름 – 이것을 얻지 못하고서는 윤회의 괴로움을 끝내는 것은 존재하지 않는다고 알아야 한다." (SA.ii.389)

"눈이 있기 때문에 세상을 인식하는 자가 있다. 그것이 없으면 인식하는 자도 없다. 안의 감각장소가 없으면 세상이라는 명칭도 없기 때문

이다."(SA.iii.25)

③ 세상이든 일체든 모두 조건발생[緣起, 緣而生]이다

「세상 경」(S35:107)에서 세존께서는 세상의 일어남과 사라짐 즉 발생과 소멸을 이렇게 말씀하신다.

"비구들이여, 그러면 무엇이 세상의 일어남인가?

눈과 형색을 조건으로 눈의 알음알이가 일어난다. 이 셋의 화합이 감각접촉이다. 감각접촉을 조건으로 하여 느낌이, 느낌을 조건으로 갈애가, 갈애를 조건으로 취착이, 취착을 조건으로 존재가, 존재를 조건으로 태어남이, 태어남을 조건으로 늙음·죽음과 근심·탄식·육체적 고통·정신적 고통·절망이 생긴다. 비구들이여, 이것이 세상의 일어남이다. 귀와 소리를 조건으로 … 코와 냄새를 조건으로 … 혀와 맛을 조건으로 … 몸과 감촉을 조건으로 … 마노와 법을 조건으로 마노의 알음알이가 일어난다. 이 셋의 화합이 감각접촉이다. 감각접촉을 조건으로 하여 느낌이, 느낌을 조건으로 갈애가, 갈애를 조건으로 취착이, 취착을 조건으로 존재가, 존재를 조건으로 태어남이, 태어남을 조건으로 늙음·죽음과 근심·탄식·육체적 고통·정신적 고통·절망이 생긴다.

비구들이여, 이것이 세상의 일어남이다."

그리고 같은 방법으로 세상의 사라짐을 설하신다. 이처럼 세상은 조건발생[緣起, 緣而生]임을 말씀하신다.[3)]

④ 해체해서 보면 무상·고·무아가 보인다

그러면 왜 세상을 이렇게 설명하시는가? 「공한 세상 경」(S35:85)에서 세존께서는 이렇게 강조하고 계신다.

---

3) 조건발생 혹은 연기(緣起)는 본서 제2권 「인연 상윳따」(S12)의 주제이다. 제2권의 해제(특히 해제 §3-(3)-⑤)와 「괴로움 경」(S12:43)과 「조건 경」(S12:20)을 중심으로 살펴볼 것을 권한다.

"아난다여, 자아나 자아에 속하는 것이 공하기 때문에 공한 세상이라 한다.

아난다여, 그러면 무엇이 자아나 자아에 속하는 것이 공한 것인가? 아난다여, 눈은 자아나 자아에 속하는 것이 공한 것이다. 형색은 … 눈의 알음알이는 … 눈의 감각접촉은 … 눈의 감각접촉을 조건으로 하여 일어나는 즐겁거나 괴롭거나 괴롭지도 즐겁지도 않은 느낌은 자아나 자아에 속하는 것이 공한 것이다. 귀는 … 코는 … 혀는 … 몸은 … 마노는 … [마노의 대상인] 법은 … 마노의 알음알이는 … 마노의 감각접촉은 … 마노의 감각접촉을 조건으로 하여 일어나는 즐겁거나 괴롭거나 괴롭지도 즐겁지도 않은 느낌은 자아나 자아에 속하는 것이 공한 것이다.

아난다여, 자아나 자아에 속하는 것이 공하기 때문에 공한 세상이라 한다."(「공한 세상 경」(S35:85) §4)

세존께서 세상을 12처로 간단명료하고 명쾌하게 설명하시는 것은 세상이란 고정불변하는 실체가 없음을 천명하시기 위해서이다. 12처로 해체해서 보면 세상은 공한 것이고 실체가 없는 것이다.

그래서 본 상윳따의 절반이 훨씬 넘는 156군데나 되는 경들에서 세존께서는 6내외처의 무상·고·무아와 혹은 무상이나 고나 무아를 강조하시고 극명하게 드러내고 계신다. 육내외처로 해체해서 보면 세상이란 무상한 것이고 괴로운 것이고 무아인 것이고 공한 것이기 때문이다.

무상·고·무아뿐만 아니라 위에서 이미 살펴보았듯이 38개의 경들은 내것·나·나의 자아 아님을 역설하고 있으며 10군데 경들에서는 육내외처의 달콤함·위험함·벗어남 등을 설하고 있기도 한데, 이 모든 가르침은 결국 육내외처로 해체해서 보면 세상이란 무상한 것이고 괴로운 것이고 무아인 것이고 공한 것이고 내 것·나·나의 자아가 없는 것이고 그래서 위험한 것이라는 것을 강조하고 있는 것이다.

⑤ 무상·고·무아와 염오-이욕-해탈-구경해탈지

이처럼 세상이나 일체를 육내외처로 해체해서 살펴보면 무상·고·무아가 보이고 이렇게 되어야 세상이나 일체에 대해서 염오-이욕-해탈-구경해탈지가 생겨서 해탈·열반을 성취하게 되는 것이다. 결국 육처의 가르침도 오온의 가르침에서처럼 무상·고·무아와 내 것·나·나의 자아 아님을 통해서 염오-이욕-해탈-구경해탈지를 설하시여 해탈·열반을 실현하는 분명한 도구로 말씀하신 것이다.

본 니까야의 첫 번째 가르침인 「안의 무상 경」(S35:1)과 「밖의 무상 경」(S35:4)을 인용한다.

"비구들이여, 눈은 무상하다. 무상한 것은 괴로움이요, 괴로움인 것은 무아다. 무아인 것은 내 것이 아니고 그것은 내가 아니고 그것은 나의 자아가 아니라고 있는 그대로 바른 통찰지로 봐야 한다.

귀는 … 코는 … 혀는 … 몸은 … 마노[意]는 무상하다. 무상한 것은 괴로움이요, 괴로움인 것은 무아다. 무아인 것은 내 것이 아니고 그것은 내가 아니고 그것은 나의 자아가 아니라고 있는 그대로 바른 통찰지로 봐야 한다.

비구들이여, 이렇게 보는 잘 배운 성스러운 제자는 눈에 대해서도 염오하고, 귀에 대해서도 염오하고, 코에 대해서도 염오하고, 혀에 대해서도 염오하고, 몸에 대해서도 염오하고, 마노에 대해서도 염오한다.

염오하면서 탐욕이 빛바래고, 탐욕이 빛바래므로 해탈한다. 해탈하면 해탈했다는 지혜가 있다. '태어남은 다했다. 청정범행(梵行)은 성취되었다. 할 일을 다 해 마쳤다. 다시는 어떤 존재로도 돌아오지 않을 것이다.' 라고 꿰뚫어 안다."(「안의 무상 경」(S35:1) §§3~4)

"비구들이여, 형색은 무상하다. 무상한 것은 괴로움이요, 괴로움인 것은 무아다. 무아인 것은 내 것이 아니고 그것은 내가 아니고 그것은 나의 자아가 아니라고 있는 그대로 바른 통찰지로 봐야 한다.

소리는 … 냄새는 … 맛은 … 감촉은 … [마노의 대상인] 법은 무상하다. 무상한 것은 괴로움이요, 괴로움인 것은 무아다. 무아인 것은 내 것이 아니고 그것은 내가 아니고 그것은 나의 자아가 아니라고 있는 그대로 바른 통찰지로 봐야 한다."

"비구들이여, 이렇게 보는 잘 배운 성스러운 제자는 … 다시는 어떤 존재로도 돌아오지 않을 것이다.'라고 꿰뚫어 안다."(「밖의 무상 경」(S35:4) §§3~4)

이처럼 존재를 12가지로 한정짓고 이 열두 가지 각각이 무상·고·무아임을 천명하여 이들 각각에 대해서 염오-이욕-소멸 혹은 염오-이욕-해탈-구경해탈지를 성취하게 하려는 것이 12처 가르침의 핵심이다.

⑥ 12처와 18계의 특징 몇 가지

위 (3)의 ⑨에서 살펴보았듯이 본 상윳따에는 6내처-6외처-6식-6촉-6수로 나타나는 경들이 무려 71개나 된다. 이처럼 본 상윳따에는 여섯 가지 안과 밖의 감각장소에 대한 가르침만 나타나는 것이 아니라, 6내처-6외처-6식-6촉-6수의 순서로 설하고 있는 경들도 71개나 된다. 이들 12처의 가르침은 그대로 18계(즉 6내처-6외처-6식)의 가르침과 연결되어 있음을 보여주는 좋은 보기이다.

12처와 18계의 가르침의 중요성은 다음의 몇 가지로 요약할 수 있다.

첫째, 존재를 나를 중심으로 안과 밖으로 나누어서 살펴보신다. 법(dhamma)의 관점에서 보자면 안으로는 6내처, 밖으로는 6외처뿐이라고 하신다. 그 외의 세상이니 일체니 하는 것은 다 개념적 존재(paññatti)일 뿐이다.

둘째, 18계는 6내처에서 다시 6식을 독립시킨 것이다. 안의 감각장소 가운데서 마노의 감각장소 즉 의처(意處)를 나라고 영원한 마음이라고 자칫 집착할까봐 이를 다시 6식과 의(意)의 7가지로 분류해낸 것이다.

셋째, 이처럼 12처에서는 여섯 가지 알음알이[六識]가 마노(mano, 意)에 포함되어서 나타나고 18계에서는 마노와 여섯 가지 알음알이는 구분이 되고 있다. 물론 마노[意]는 여섯 번째 알음알이인 마노의 알음알이[意識]가 발생하는 토대나 감각장소의 역할을 하지만 마노는 물질이 아니고 정신이다. 그러므로 마음(심)이나 알음알이(식)와 같이 대상을 아는 것으로 설명될 수 밖에 없고 그래서 이미 초기불전에서부터 이 셋 즉 심·의·식은 동의어로 여겨지고 있다.[4)]

그러면 알음알이(식)와 마노(의)의 차이는 무엇인가? 마노와 알음알이의 차이는 그 역할에 의해서 구분된다. 특히 아비담마는 그 역할에 따라서 이 둘을 정확하게 구분하고 있다. 아비담마에서 마노의 역할은 두 가지이다. 첫째, 색·성·향·미·촉 외의 대상을 인지하는 정신적인 기관이다. 둘째, 전오식과 의식을 연결시켜주는 역할을 한다. 예를 들면 안식이 받아들인 대상이 무엇인지를 알려면 의식이 일어나서 이를 판단해야 하는데, 안식과 의식을 연결시켜주는 역할을 하는 것이 마노다. 아비담마의 인식과정에서 분명히 밝히고 있다.(『아비담마 길라잡이』 제4장 <도표 4.1>을 참조할 것)

넷째, 이렇게 살펴봄으로써 절대적이고 영원한 세상이라든지 절대적이고 영원한 우주라든지 절대적이고 영원한 존재라는 고정관념을 극복할 수 있다. 그렇지 않으면 세계라든지 우주라든지 일체라든지 존재라든지 하는 개념에 속게 된다. 이처럼 존재하는 모든 것을 안과 밖으로 해체해서 보는 것이 12처와 18계이다.

다섯째, 이처럼 존재하는 모든 것을 육내외처로 18계로 해체해서 보면 일체 모든 존재의 무상·고·무아가 명백하게 드러난다. 그리고 이러한 삼특상을 철견하면 염오-이욕-소멸이나 염오-이욕-해탈-구경해탈지를 성취하게 된다. 이것이 궁극적인 목적이다. 사실 「육처 상윳따」의

4) 여기에 대해서는 제3권 해제 §3-(2) 오온이란 무엇인가의 ⑤를 참조할 것.

248개 경들 가운데 반 이상이 되는 156개 경들이 무상·고·무아를 설하고 있으며 39개 경들이 내 것·나·나의 자아 아님을 설하여 거의 80%에 해당하는 경들이 이것을 역설하고 있다. 그리고 그렇지 않은 경들도 존재일반이나 육내외처를 실재한다고 집착하는 것을 경계하기 위한 것이다.

(6) 어떻게 해탈·열반을 실현할 것인가

① 세 가지 과정

이쯤에서 『상윳따 니까야』의 도처에서 특히 본 「육처 상윳따」(S35)와 제3권 「무더기 상윳따」(S22) 등에서 강조하고 있는 해탈·열반을 실현하는 방법에 대해서 다시 한 번 정리해보려 한다. 해탈·열반의 실현이야말로 불자들이 추구하는 궁극적 행복이요 본서 도처에서 강조되고 있기 때문이다. 니까야에 나타나는 해탈·열반과 깨달음을 실현하는 과정을 세 가지로 정리해보면 이러하다.

첫째, 부처님께서는 '나'라는 존재나 세상이라는 존재 등의 존재일반(paññatti)을 법(dhamma)이라는 기준으로 해체해서(vibhajja) 설하신다. 이 법은 초기경의 도처에서 설해지고 있을 뿐만 아니라 『청정도론』에서 정리하고 있고 4부 니까야의 주석서들의 서문에서 강조하고 있는 온·처·계·근·제·연의 여섯 가지 주제이다.

이것을 본서에 대입해보면 본서 제3권의 기본주제인 오온과 제4권의 기본주제인 12처와, 본서 제2권 「요소 상윳따」(S14)와 본 「육처 상윳따」(S35)의 도처에 나타나는 18계 등의 여러 요소들[界]과, 제2권의 기본주제인 12연기와 본서 제6권에서 대미를 장식하는 「진리 상윳따」(S56)의 근본주제인 진리[諦]의 여섯 가지가 된다. 이것이야말로 초기불교 교학의 근본주제이다.

둘째, 이렇게 존재일반을 법들로 해체해서 보면 드디어 무상이 보이고 괴로움이 보이고 무아가 보인다. 이것이 두 번째 단계이다.

셋째, 이렇게 무상이나 고나 무아를 봄으로써 존재일반에 염오하게 되고 존재일반에 대한 탐욕이 빛바래게 되고 그래서 해탈[5]하게 되고 혹은 소멸로 정의되는 열반을 실현하게 되고 이렇게 되어서 "태어남은 다했다. …"로 정형화되어 나타나는 구경해탈지가 생기면서 생사문제라는 장부일대사가 해결되는 것이다.

이것이 초기경의 도처에서 설해지는 해탈·열반을 실현하는 세 가지 교학적인 단계이다. 좀더 부연해서 설명하면 다음과 같다.

② 고유성질(自相)

첫 번째 단계에서 존재일반을 해체해서 보는 기준이 법(法, dhamma)인데 이 법을 아비담마에서는 고유성질(自性, sabhāva)을 가진 것라 부른다.[6] 아비담마의 가장 큰 성과는 이처럼 고유성질을 기준으로 개념적 존재[施設, paññatti]를 법들로 해체해서 그것을 분명히 드러낸다는 것이다. 중국에서는 이러한 고유성질을 가진 개별적인 법들의 특징을 자상(自相, sabhāva-lakkhaṇa)이라고 옮겼으며 이 자상은 아비담마를 바탕으로 하고 있는 주석서들에서도 자주 나타나고 있다.(본서 「삼켜버림

---

5) '해탈(vimuti, vimokkha)'에 대한 종합적인 설명은 본서 제6권 「병 경」(S55:54) §13의 마지막 주해를 참조할 것.

6) "자신의 고유성질(自性)을 가졌다고 해서 법들이라 한다(attano sabhāvaṁ dhārenti ti dhammā)."(DhsA.39 등)
『아비달마 구사론』은 "能持自相 故名爲法(고유성질을 가졌기 때문에 법이라 한다."라고 설명하고 있다.(권오민, 『아비달마 구사론』 제1권 4쪽 참조할 것.)
여기에 대해서 『구사론기』는 "位釋法名有二. 一能持自性. 謂一切法各守自性. 如色等性常不改變. 二軌生勝解. 如無常等生人無常等解　此文且據能持以釋。軌生勝解略而不存."라고 설명하고 있다.(위의 책, 4쪽 주해를 참조할 것.)

경」(S22:79) §4의 주해 참조)

물질과 정신이 왜 다른가? 탐욕과 성냄이 왜 다른가? 느낌과 인식이 왜 다른가? 그것은 한 마디로 각각의 법들 즉 물질, 정신, 탐욕, 성냄, 느낌, 인식 등등의 각각의 법들의 고유성질이 다르기 때문이다. 이것은 아주 합리적이고 과학적인 해석이다. 탐욕과 성냄이 둘이 아니라거나 탐욕과 성냄은 본래 없다는 등의 무책임한 말로는 현실을 설명해내지 못할 뿐만 아니라 해탈·열반의 도정도 절대로 밝히지 못한다.

현실을 설명해내지 못하고 열반을 실현하는 구체적인 방법을 드러내지 못하면 그것은 구세대비의 종교는 되지 못한다. 그리고 무엇보다도 자기 이론이나 주장이 없는 떠돌이 신세가 되기 마련이고 떠돌이는 곧 망하게 될 수밖에 없지 않겠는가? 교학과 수행체계를 튼튼히 갖춘 초기불교와 아비담마와 유식이라는 불교가 있기 때문에 불교는 2600여년을 빛을 발하고 있다고 역자는 판단한다. 이것은 직관만 다그치는 반야·중관 때문이 결코 아닐 것이다. 아무튼 아비담마에서는 자상 혹은 고유성질이라는 방법론을 도입해서 이렇게 멋지게 법들의 차이를 설명해내고 있다.

무엇보다도 부처님께서는 선법·불선법의 판단을 수행의 요체로 말씀하고 계신다는 점을 잊으면 안된다. 37보리분법 가운데 포함되어 있는 일곱 가지 깨달음의 구성요소(칠각지) 가운데 두 번째 구성요소가 바로 법을 간택하는 깨달음의 구성요소[擇法覺支]이다. 경은 택법각지를 이렇게 설명하고 있다.

"비구들이여, 유익하거나 해로운 법들, 나무랄 데 없는 것과 나무라야 마땅한 법들, 받들어 행해야 하는 것과 받들어 행하지 말아야 하는 법들, 고상한 것과 천박한 법들, 흑백으로 상반되는 갖가지 법들이 있어 거기에 지혜롭게 마음에 잡도리하기를 많이 [공부]지으면 이것이 아직 일어나지 않은 법을 간택하는 깨달음의 구성요소를 일어나도록 하고 이미 일어난 법을 간택하는 깨달음의 구성요소를 늘리고 드세게 만들고 수행을 성취하는 자양분이다."(본서 제5권 「몸 경」(S46:2) §12)

그리고 이러한 택법은 네 가지 바른 노력[四正勤]과 직결되고 이것은 팔정도의 여섯 번째인 정정진(正精進)의 내용이기도 하다. 부처님께서는 이렇게 말씀하신다.

"비구들이여, 네 가지 바른 노력[四正勤, sammappadhāna]이 있다. 무엇이 넷인가?

비구들이여, 여기 비구는 아직 일어나지 않은 사악하고 해로운 법[不善法]들을 일어나지 못하게 하기 위해서 열의를 생기게 하고 정진하고 힘을 내고 마음을 다잡고 애를 쓴다. 이미 일어난 사악하고 해로운 법들을 제거하기 위해서 열의를 생기게 하고 정진하고 힘을 내고 마음을 다잡고 애를 쓴다. 아직 일어나지 않은 유익한 법[善法]들을 일어나도록 하기 위해서 열의를 생기게 하고 정진하고 힘을 내고 마음을 다잡고 애를 쓴다. 이미 일어난 유익한 법들을 지속시키고 사라지지 않게 하고 증장시키고 충만하게 하고 닦아서 성취하기 위해서 열의를 생기게 하고 정진하고 힘을 내고 마음을 다잡고 애를 쓴다."(본서 제5권 「동쪽으로 흐름 경」(S49:1) §3)

이처럼 법을 내안에서 정확하게 구분하여 아는 것이 바로 바른 노력이다. 이러한 노력도 없이 해탈·열반이 가능하다고 한다면 그것은 로또 복권의 논리일 뿐이다.

물론 아비담마는 고유성질(sabhāva)이라는 새로운 용어를 도입하여 제법을 엄정하게 분석하고 분류하고 있지만, 법들의 성질의 차이에 따라 제법을 온·처·계·근·제·연 등으로 해체해서 설하신 것은 바로 우리 세존 부처님이시며, 위에서 지적했듯이 본 니까야의 도처에서 나타나고 있다. 아비담마의 이러한 방법론은 초기불교에 그 뿌리를 튼튼히 내리고 있고 합리적이었기 때문에 불교 2600년사의 모든 학파에서 그대로 채용되었다. 북방 아비달마에서, 반야부에서, 유식에서 그리고 화엄에서도 강조하고 강조하는 법들의 분류 기준이다. 반야부에서도 자상은 강조되고 있다. 이것은 역자가 CBETA로 확인한 것이다.[7]

③ 해체해서 보기

초기불교 교학과 수행의 핵심을 한 마디로 말해보라면 역자는 주저없이 '해체해서 보기'라고 말한다. 해체라는 용어는 이미 초기불전 여러 곳에서 나타나고 있는데 부처님 제자들 가운데 영감이 가장 뛰어난 분으로 칭송되는 왕기사 존자는 부처님을 "부분들로 해체해서(bhāgaso pavi-bhajjaṁ) 설하시는 분"(S8:8) {742}이라고 찬탄하고 있다. 여기서 해체는 위밧자(vibhajja)를 옮긴 것이다. 그리고 이 위밧자라는 술어는 빠알리 삼장을 2600년 동안 고스란히 전승해온 상좌부 불교를 특징짓는 말이기도 하다. 그래서 그들은 스스로를 위밧자와딘(Vibhajjavādin, 해체를 설하는 자들)이라 불렀다. 게다가 초기불교의 기본 수행용어인 위빳사나야 말로 해체해서(vi) 보기(passanā)이다.

그러면 무엇을 해체하는가? 개념[施設, paññatti]을 해체한다. 나라는 개념, 세상이라는 개념, 돈이라는 개념, 권력이라는 개념, 신이라는 개념을 해체한다. 이런 것들에 속으면 그게 바로 생사이기 때문이다. 그래서 명칭이나 언어 즉 개념에 속게 되면 죽음의 굴레에 매이게 된다고 부처님께서는 초기불전 도처에서 강조하셨다. 나라는 개념적 존재는 5온으로 해체해서 보고, 일체 존재는 12처로 해체해서 보고, 세계는 18계로 해체해서 보고, 생사문제는 12연기로 해체해서 보게 되면, 온·처·계·연 등으로 설해지는 조건 지어진 법들의 무상·고·무아가 극명하게 드러

---

7) 自相謂一切法自相。如變礙是色自相。領納是受自相。取像是想自相。造作是行自相。了別是識自相。如是等。若有爲法自相。若無爲法自相。是爲自相。共相謂一切法共相。如苦是有漏法共相。無常是有爲法共相。空無我是一切法共相。－『대반야바라밀다경』

나게 된다. 이처럼 존재를 법들로 해체해서 무상이나 고나 무아를 통찰하여, 염오(厭惡)하고 탐욕이 빛바래고[離慾] 그래서 해탈·열반·깨달음을 실현한다는 것이 초기불전들의 일관된 흐름임을 이미 본서 도처에서 보아왔다.

한국불교에는 초기불전에서 가장 절실하게 말씀하시는 이 해체해서 보기가 빠져버린 듯하여 실로 유감이다. 우리불교는 법으로 해체해서 보라는 부처님의 명령(sāsana)은 분별망상으로 치부하면서도, 초기불전 어디에도 나타나지 않는 불성과 여래장을 세우기에 급급하고, 본성자리를 상정한 뒤 그것과 하나 되려고 생짜배기로 용을 쓰고 있다. 해체하지 않고 무엇을 세우는 것은 비불교적인 발상이라 할 수밖에 없다. 설혹 해체해서 보지 않고 직관만으로 나와 세상을 공이라 보았다 하더라도 그것을 드러내기 위해서는 결국 해체를 설하지 않을 수 없다. 그렇지 않으면 그것은 외도의 자아이론(아상)이나 진인이론(인상)이나 영혼이론(수자상)이 되고 말기 때문이다. 그러기에 부처님께서는 그토록 해체를 강조하신 것이다.

그러므로 아비담마/아비달마와 유식처럼 분석을 강조하던, 반야중관처럼 직관을 강조하던, 화엄처럼 종합을 강조하던, 그것은 불교적 방법론인 해체에 토대해야 할 것이다. 해체의 토대를 튼튼히 한 뒤에 직관과 종합을 해도 늦지 않다. 해체의 기본기에는 아예 무지한 채 법계장엄부터 하려드는 것은 아직 아이도 낳지 않았는데 장가부터 보내려는 조급하고도 어처구니없는 발상 아닌가. 위에서 밝혔듯이 직관을 강조하는 반야부의 여러 경들조차 해체 끝에 드러나는 법의 자성(自性) 혹은 자상(自相)을 강조한다. 이런 토대위에 그들은 법의 무자성과 공의 직관을 다 그치는 것이다. 어느 대통령은 '뭉치면 살고 흩어지면 죽는다.'고 했다. 부처님 말씀의 핵심은 '뭉쳐두면 속고 해체해야 깨닫는다. 법들로 해체

해서 보라.'이다. 뭉쳐두면 개념(paññatti)에 속고 법(dhamma)으로 해체하면 깨닫는다.[8)]

④ 무상·고·무아가 드러남

그런데 중요한 것은, 이렇게 법들로 해체해서 보면 드디어 법들의 무상이나 고나 무아가 보인다는 점이다. 이것이 해탈·열반을 실현하는 두 번째 단계이다. 개념적 존재(빤냣띠)로 뭉뚱그려두면 이것이 보이지 않는다. 예를 들어 자아니 진인이니 영혼이니 중생이니 하는 개념적 존재로 그대로 두고 보면 영원불변하는 자아나 진인이나 영혼 등이 있는 것으로 보이지만 이들을 색·수·상·행·식이나 안·이·비·설·신·의와 색·성·향·미·촉·법과 안식·이식 … 등으로 해체해서 보면 무상이나 고나 무아가 보인다는 것이다.

어떤 법이든 유위법들은 모두 다 이 무상·고·무아라는 세 가지 공통되는 특징을 가진다는 것이 초기불교와 아비담마의 특징 중의 특징이다. 그래서 "모든 형성된 것은 무상하다[諸行無常, sabbe saṅkhārā aniccā]. 모든 형성된 것은 괴로움이다[諸行皆苦, sabbe saṅkhārā dukkhā]. 모든 법들은 무아다[諸法無我, sabbe dhammā anattā]."라고 『법구경』(Dhp.40 {277~279})과 『앙굿따라 니까야』「출현 경」(A3:134)과 『맛지마 니까야』「짧은 삿짜까 경」(M35) 등은 강조하고 있으며, 괴로움 부분을 제외한 구절이 본서「찬나 경」(S22:90)과「자신을 섬으로 삼음 경」(S22:43)에도 나타나고 있다.

한편 이러한 법들의 무상·고·무아를 아비담마에서는 보편적 성질(sāmañña-lakkhaṇa)이라 부르고 이것을 중국에서는 공상(共相)으로 옮겼다. 그리고 북방아비달마, 반야·중관, 유식과 화엄에서도 그대로 다 채용해서 즐겨 사용하고 있다는 것은 주지의 사실이다.

---

8) '③ 해체해서 보기'는 역자가 불교신문 2472호(2008년 11월1일자)에 기고한 글을 조금 수정한 것임을 밝힌다.

그리고 이러한 제법의 보편적 성질 즉 공상(共相)인 무상이나 고나 무아를 봄으로써 해탈·열반을 실현하고 깨달음을 실현한다는 것이 또한 모든 불교사 흐름의 공통되는 입장이기도 하다.

그러면 어떻게 해서 무상·고·무아를 볼 것인가? 초기불전에서는 팔정도를 위시한 37보리분법(조도품)을 강조한다. 이것은 본서 Ee, Be, Se의 제5권 즉 본 한글 번역의 제5권과 제6권에 S45~S51로 나타나고 있다. 그리고 이것은 수행의 전문적 방법에 따라서 사마타[止]와 위빳사나[觀]로도 나눌 수 있고, 염·정·혜(念·定·慧, 마음챙김·삼매·통찰지)로도 나눌 수 있고, 계·정·혜 삼학으로도 나눌 수 있고, 더 확장하면 계·정·혜·해탈·해탈지견의 5법온으로도 나눌 수 있다. 이것이 초기불전에서 강조하고 강조하는 구체적인 수행법들이다.

⑤ 자상(自相)을 통한 공상(共相)의 확인

초기불전에서 세존께서 강조하고 계신 교학과 수행체계는 아비담마의 용어를 빌어서 설명하자면 자상-공상-해탈의 세 가지 단계로 정리가 된다. 거듭 강조하지만 자상-공상-해탈의 이러한 세 가지는 이미 초기불전의 중심 교학으로 튼튼히 자리잡고 있다. 아비담마에서부터 시작된 것이 결코 아니다. 오히려 이것을 빼버리면 초기불전에 남는 것은 덕담이나 도덕적인 삶이나 천상에 태어나는 등의 가르침 외에는 아무 것도 없다고 할 정도로 초기불교 교학의 대부분을 차지하고 있다. 그리고 수행법으로는 37보리분법으로 도처에서 정리되어 나타난다. 이런 가르침이 있기 때문에 불교가 불교인 것이다. 그렇지 않으면 불교는 이미 인천교(人天敎)에 지나지 않을 것이다. 후대의 불교들도 강조점에는 차이가 나지만 모두 이런 교학과 수행 체계를 받아들여 계승하고 있기 때문에 그들을 불교라 부르는 것이기도 하다.

이 가운데 특히 남북방 아비담마·아비달마는 '자상(自相)을 통한 공상(共相)의 확인'이라 정리된다. 고유성질의 특징(자상)에 따라서 법들을 분류하고 이들 가운데 특정 법의 무상이나 고나 무아(공상)를 통찰할 것을 강조하기 때문이다. 물론 아비담마·아비달마는 현장스님이 『구사론』에서 대법(對法)이라 번역하였듯이 '법에 대해서'를 강조하기 때문에 제법의 자상에 따른 분류를 중시하고 강조한다. 그러나 이렇게 분류하는 것은 무상·고·무아의 공상을 확인하기 위한 것이라는 것을 기본에 깔고 있다. 그렇지 않으면 불교교학을 하는 이유와 목적이 없어져버리기 때문이다. 특히 상좌부 아비담마는 여기에 투철하다.

물론 북방 아비달마 체계 가운데 가장 강력하였던 설일체유부(說一切有部, Sarvāstivādin)는 '모든 것은 존재한다[一切有, sarvāsti].'는 부파의 명칭이 보여주듯이 제법의 자상(고유성질)을 확인하는 것을 엄청나게 강조하였다. 북방 아비달마 체계뿐만 아니라 모든 북방 대승불교 교학의 도구서적이 되는 『아비달마 구사론』은 고·집·멸·도의 사성제의 입장에서 제법을 심도 깊게 설명하고 있는데, 특히 제법의 모습과 성질을 여실히 드러내는 고성제와 그 원인이 되는 집성제에 초점을 맞추어 제법의 자상 혹은 고유성질의 입장을 강조하고 있다. 그렇다고 해서 그들이 무상·고·무아의 보편적 성질 즉 공상(共相)을 무시했다고 한다면 이것은 천부당만부당한 말이다. 열반과 열반을 실현하는 도닦음(각각 멸성제와 도성제)도 매우 강조하고 있기 때문이다.

이처럼 강조점의 차이일 뿐이지 남북 아비담마·아비달마는 모두 자상을 통한 공상의 확인으로 정리할 수 있다. 해탈·열반의 실현을 강조하지 않는 불교가 이 세상 어디에 존재할 수 있겠는가? 만일 이렇게 인정하지 않으려 한다면 그 사람은 무식한 사람이거나, 자기 학파의 논리만을 내세우는 옹졸한 사람일 뿐이고 상대를 형편없는 사람으로 보는, 정말 상식이 없는 무뢰배에 지나지 않는다고 한다면 역자가 너무 심한 표현을 한 것일까?

아비담마·아비달마 특히 『아비달마 구사론』에서 보듯이 북방 아비달마가 이처럼 제법의 자상의 입장을 너무 많이 강조했기 때문에 반야부 특히 용수의 『중론』은 제법무아로 특징지어지는 공상(共相)을 치우쳐서 강조하고 있는 것이 분명하다. 그러나 위에서 살펴보았듯이 반야부의 경들에도 제법의 자상은 여러 곳에서 나타나고 있다. 자상을 말하지 않으면 우리는 법들의 구분이나 차이나 분류에 대해서는 입도 벙긋하지 못하기 때문이다. 반야·중관은 단지 공상을 훨씬 더 강조하고 있을 뿐이다. 특히 용수의 『중론』은 공상의 입장을 엄청나게 강조하고 있다. 자상을 이야기하면 실유(實有)를 이야기하는 것이 되어 외도의 가르침이라는 듯이 극단적으로 말하고 있다. 이것은 아비달마가 자상을 많이 강조하고 있기 때문에 이를 비판하기 위함일 뿐이다.

중요한 것은 상좌부 아비담마에서는 자상을 실유라고는 절대로 이야기하지 않는다는 것이다. 그리고 초기불전 어디에도 법을 실유라고 설하지 않는다. 중관학파들이 초기불교와 아비담마·아비달마를 비하하고 스스로를 큰 가르침으로 격상시키기 위해서 자기들이 임의로 지어낸 이론일 뿐인 셈이다.

⑥ 가유(假有)라거나 실유(實有)라는 방법론으로 봐서는 안된다

초기불교부터 아비담마에 이르기까지 부처님이나 직계제자들은 법을 가유니 실유니 하는 기준으로는 절대로 살펴보지 않았다. 아비담마에서는 법의 찰나생·찰나멸을 강조하였다. 오히려 찰나생이기 때문에 단견(斷見, 단멸론)이 아니고 찰나멸이기 때문에 상견(常見, 상주론)이 아니다. 이처럼 유위법들을 일어남과 사라짐의 입장에서 관찰하였지 결코 있다 없다는 관점에서 관찰하지 않았다. 본서 제2권 「깟짜나곳따 경」(S12:15)에서 세존께서는 이렇게 말씀하셨다.

"깟짜야나여, 세상의 일어남을 있는 그대로 바른 통찰지로 보는 자에게는 세상에 대한 없다는 관념이 존재하지 않는다. 깟짜야나여, 세상의 소멸을 있는 그대로 바른 통찰지로 보는 자에게는 세상에 대한 있다는 관념이 존재하지 않는다."

이처럼 일어남과 사라짐으로 세상과 제법을 보지 않으면 있다거나 없다는 유·무의 상견이나 단견에 빠지고 만다.

그리고 찰나생·찰나멸은 상속(相續, santati)한다. 제법의 상속을 말하지 않으면 이것은 또한 엄청난 단견이 되고 만다. 한 순간에 멸하고(찰나멸) 다시 일어나지 않는데 세상은 왜 존재하고 있는가? 이것은 어떻게 설명해야 하는가? 세상은 본래 존재하지 않는 것이라고? 허망한 것이라고? 부처님께서는 세상을 법으로 해체해서 보실 것을 강조하셨지 세상이 존재하지 않는다거나 허망하다고는 말씀하시지 않으셨다. 일부 초기 불전들을 이상하게 들이댈 수도 있겠지만 그것은 문맥을 무시한 인용일 뿐이다. 오히려 부처님께서는 본서 「육처 상윳따」(S35)의 「일체 경」(S35:23)과 「세상 경」(S35:82) 등의 도처에서 12처라는 법들을 일체(sabbe)라고 세상(loka)이라고 강조하고 계시지 않는가? 이 일체로 표현되는 혹은 온·처·계·근·제·연으로 설명되는 존재나 세상은 찰나생멸의 상속(흐름)이 아니고서는 불교적인 설명이 불가능하다. 이렇게 찰나생·찰나멸과 상속은 너무도 상식적인 것이고 과학적인 것이다. 그렇기 때문에 남북방 아비담마·아비달마와 대승의 아비달마인 유식은 찰나와 상속을 강조하고 강조하는 것이다. 물론 이 기준은 무위법(열반)에는 적용되지 않는다.

거듭 강조하지만, 무위법에 적용되지 않는다고 해서 가법(假法)이나 가유(假有)라는 논리를 세워서 부정해버리면 그것은 현실을 설명해내지 못하고 현실을 설명해내지 못하면 구세대비의 종교는 되지 못한다. 무엇보다도 자기 이론이나 주장이 없는 떠돌이 신세가 되기 마련이고 떠돌이는 곧 망하게 될 수밖에 없을 것이다.

법으로 해체된 상태는 결코 가유라거나 실유라는 방법론으로 봐서는 안된다. 그러나 대승에서는 법에다 아공법유(我空法有)니 아공법공(我空法空)이니 하는 기준과 잣대를 들이대서 법을 바라보고 이전 불교를 비판한다. 이것은 일부 대승에서 자신들의 입지를 구축하기 위해서 독창적으로 만들어낸 기준일 뿐이다. 만일 이런 기준을 가지고 이전 불교를 비판한다면 대승은 불교가 아니라고 할 수밖에 없다. 왜? 부처님이 말씀하시지도 않은 기준을 자기들 멋대로 만들어서 부처님까지도 소승이나 외도로 비판하는 우를 범하기 때문이다.

아무튼 중관학파를 비롯한 일부 대승에서 중도를 빙자하여 극단적인 이론을 전개하자 다시 유식이 등장하여 자상(고유성질)을 포용하고 있다. 이 입장은 아비담마의 입장과 같다. 물론 유식에서는 제법의 개별성과 독자성을 인정하기보다는 시대정신의 반영이겠지만 제법을 아뢰야식이라는 마음의 현현으로 설명하고 그래서 아뢰야식의 찰나생·찰나멸을 통한 전변(轉變, parināma)과 흐름을 통해서 무상·고·무아 특히 무아를 확인하려 한다. 그 확인방법으로 자량위(資糧位) 등의 다섯 단계의 수행법[9]을 제시하고 있음은 주지의 사실이다. 그러나 자상을 통한 공상의 확인이라는 아비담마의 입장은 잘 계승하고 있다.

거듭 강조하지만 법의 고유성질(자상)을 인정하지 않으면 불교는 전개되지 않는다. 오온의 서로 다른 점, 12처의 서로 다른 점, 12지 연기의 서로 다른 점, 제법의 서로 다른 점은 고유성질이 서로 다르기 때문인데 이것을 인정하지 않으면 법들을 명쾌하게 드러낼 수 없기 때문이다. 이런 상식적인 태도를 버려버린다면 그것은 너무 곤란하지 않은가?

그리고 누가 뭐라면 쁘라상기까(Prasaṅgika), 좋게는 귀류논증(歸謬論

---

9) 『주석 성유식론』 853쪽 이하 참조

證)이지만 속된 말로 하자면 상대의 말꼬리를 잡고 물고 늘어지는 그런 논법으로 상대의 의견을 부정할 수밖에 없을 것이다. 그렇게 상대의 의견을 부정하면 내가 해탈이 되는가? 아니다. 괴로움을 말하면 중관적인 입장에서는 괴로움은 본래 없다고 말할 수밖에 없다. 부처님은 분명 괴로움을 강조하셨고, 고성제 안에 오온을 말씀하셨고, 모든 유위법들은 여기에 포함된다. 그런데 괴로움이 본래 없다는 말만 되풀이하면 괴로움이 없어지는가? 그러면 얼마나 좋겠는가? 역자부터 밖에 나가서 덩실덩실 춤이라도 출 것이다. 괴로움의 원인인 갈애와 무명을 말하면 이것도 본래 없다고 한다. 본래 없다는 말로 갈애와 무명이 해결되는가? 아니다.

할 말은 너무 많지만 이것으로 줄이려 한다. 강조하고 싶은 것은 부처님은 분명히 고·집·멸·도를 불교의 진리라고 말씀하셨다는 것이다. 이것이 방편설이라는 말씀은 초기불전 어디에도 나타나지 않는다. 개념적 존재(paññatti)가 아닌 법(dhamma)을 두고 방편이니 승의제(勝義諦)니 공(空)이니 가(假)니 중(中)이니 가유(假有)니 실유(實有)니 하는 희론(papañca)은 『중론』이나 반야부 스스로가 지어낸 정말 희론에 지나지 않는 관점이 아닐까 염려해 본다. 부디 이러한 후대의 오히려 편협한 입장으로 초기불전을 대하지 말라고 역자는 감히 말하고 싶다.

⑦ 찰나란 무엇인가

마지막으로 찰나는 상주론도 아니고 단멸론도 아님을 살펴보자.

아비담마·아비달마 특히 상좌부 아비담마에서는 찰나를 고유성질을 드러내는 최소단위의 시간으로 이해한다. 이미 찰나는 일어남[生, uppāda]과 머묾[住, ṭhiti]과 무너짐[壞, bhanga]의 세 부분으로 이루어져 있다고 주석서들은 말하고 있다.(『아비담마 길라잡이』 제4장 §6과 해설 참조) 서양에서는 이것을 *sub-moment*라고 옮기고 있고 초기불전연구원에서는 '아찰나(亞刹那)'라고 옮겼다.

그러나 이 아찰나라는 술어는 주석서의 그 어디에도 나타나지 않는다. 아찰나는 전문술어로 인정하지 않기 때문이다. 『아비달마 구사론』도 이러한 찰나의 일어남과 머묾과 무너짐을 인정하지 않는다. 왜? 이것은 고유성질이 없기 때문이다. 찰나를 아찰나로 쪼갤 수는 있고, 아찰나를 다시 아아찰나로 아아찰나는 다시 아아아찰나로 … 이렇게 쪼갤 수는 있겠지만 이렇게 아찰나로 쪼개버리면 법이 가지는 고유성질을 드러낼 수 없기 때문에 이것을 전문술어로 표현하지 않는 것이다.

이것은 아주 중요한 관점이며 아비담마 논사들이 법을 대하는 엄정하고 치열한 자세이다. 그러므로 불교사의 적통이라고 자부하는 상좌부에서의 찰나는 절대로 상주론이 아니다. 찰나도 이미 흐름일 뿐이다. 이렇게 되면 아마 중관학파의 가유나 가법의 입장과 거의 같은 입장이겠지만 상좌부에서는 이런 찰나생·찰나멸의 법들을 두고 가유니 실유니 하는 관점에서는 관찰하지 않는다. 그것은 무의미하기 때문이다.

그리고 이 찰나는 당연히 조건발생 즉 연이생(緣而生)이다. 그리고 전 찰나의 법이 멸하면 바로 다음 찰나의 법이 조건발생한다. 그러므로 단멸론도 절대로 될 수 없다. 이것을 남북 아비담마·아비달마와 유식에서는 등무간연(等無間緣)이라 하여 아주 강조하고 있다. 이처럼 전찰나가 멸하면 후찰나로 흘러간다. 그러니 법은 단멸론도 상주론도 아니다. 아비담마는 이렇게 법들을 찰나와 흐름으로 멋지게 설명해낸다.

이런 것을 상주론이니 단멸론이니 하는 양도논법으로 왈가왈부하려는 것은 초기불교부터 전개되는 불교교학의 기본입장에 대해서 전혀 무지한 오히려 극단적이고 외도들이나 좋아할 만한 방법론이라고 밖에는 할 수 없지 않을까 생각한다.

⑧ 한국불교에 거는 기대

역자가 반야·중관의 입장을 조금 비판했다고 해서 역자가 일방적으로 반야·중관을 폄하한다고 생각하지는 말아줄 것을 당부하고 싶다. 역자는 반야·중관의 직관을 좋아하고 존중한다. 무아의 천명이 없으면 그것은 불교가 아니기 때문이며, 지금 논의하고 있듯이 무상·고·무아를 통찰해야 염오-이욕-해탈-구경해탈지가 이루어져 해탈·열반을 성취하고 깨달음을 실현하기 때문이다.

그러나 불교교학의 기본전제를 무시한 '오직 직관'은 곤란하다고 본다. 역자는 오히려 초기불교의 맥을 그대로 계승하고 있는 상좌부 아비담마의 '자상을 통한 공상의 확인'을 불교의 교학체계와 수행체계에 대한 더 멋진 설명으로 본다. 한국불교가 이러한 자상의 입장을 더 분명히 수용할 때 반야·중관에 토대한 직관이 더욱 빛을 발하게 될 것이라고 역자는 확신한다.

4. 「느낌 상윳따」(S36)

서른여섯 번째 주제인 「느낌 상윳따」(Vedanā-saṁyutta, S36)에는 느낌과 관계된 31개의 경들이 세 개의 품에 포함되어 있다. 제1장 「게송과 함께 품」에는 게송을 포함하고 있는 10개의 경들이 들어 있고, 제2장 「한적한 곳에 감 품」에는 10개의 경들이, 제3장 「백팔 방편 품」에는 11개의 경들이 담겨 있다.

느낌[受, vedanā]은 오온의 두 번째로도 나타나며 우리의 감정적·정서적·예술적인 단초가 되는 심리현상이다. 느낌에 바탕을 두고 있는 심리현상들 예를 들면 탐욕이나 성냄이나 희열 등은 느낌의 영역에 속하지 않는다. 이들은 오온의 심리현상들[行]에 속한다. 그래서 느낌을 감정적·정서적인 '단초(端初)'가 되는 심리현상이라 표현한 것이다.

경들에 의하면 느낌에는 괴로운 느낌, 즐거운 느낌, 괴롭지도 즐겁지도 않은 느낌의 세 가지를 들고 있다. 그래서 본 상윳따에 포함된 경들에는 모두 이렇게 나타난다.

"비구들이여, 세 가지 느낌이 있다. 무엇이 셋인가?
즐거운 느낌, 괴로운 느낌, 괴롭지도 즐겁지도 않은 느낌이다.
비구들이여, 이것이 세 가지 느낌이다."(「삼매 경」(S36:1) §3 등)

본 상윳따의 몇몇 경에 의하면 이 가운데 괴롭지도 즐겁지도 않은 느낌은 수승한 느낌이다. 그래서 본서 「버림 경」(S36:3)은 이렇게 읊고 있다.

"그리고 저 괴롭지도 즐겁지도 않은 느낌
광대한 통찰지를 가진 자 그것을 평화롭다 가르치지만
그것 또한 맛들여 매달린다면
결코 괴로움으로부터 벗어나지 못하리."(「버림 경」(S36:3) §5)

그리고 여러 경에서 이 괴롭지도 즐겁지도 않은 느낌은 "여기 비구는 행복도 버리고 괴로움도 버리고, 아울러 그 이전에 이미 기쁨과 슬픔이 소멸되었으므로 괴롭지도 즐겁지도 않으며, 평온으로 인해 마음챙김이 청정한[捨念淸淨] 제4선(四禪)에 들어 머문다."(S36:19 §15 등)라고 하여 제4선의 특징으로 나타나고 있다. 이렇게 보자면 삼매체험이 없는 일반사람들이 괴롭지도 즐겁지도 않은 느낌을 느끼기란 쉽지 않은 것으로 보인다.

그래서 본 상윳따의 「빤짜깡가 경」(S36:19)에 의하면 목수 빤짜깡가는 세존께서는 괴로운 느낌과 즐거운 느낌의 두 가지만을 설하셨다고 주장하고 있으며(§4), 세존께서는 "방편에 따라 느낌들을 두 가지로 설했고, 느낌들을 세 가지로 설했으며, 다섯 가지로, 여섯 가지로, 열여덟 가지로, 서른여섯 가지로, 때로는 백여덟 가지로 설하기도 했다."(§10)고 말씀하고 계신다.

그런데 아비담마에서는 이들 각각의 느낌에 육체적인 것과 정신적인 것을 구분하여 육체적 즐거움[樂, sukkha], 육체적 괴로움[苦, dukkha], 정신적 즐거움[喜, somanassa], 정신적 괴로움[憂, domanassa], 평온[捨, upekkhā]의 다섯으로 분류하고 있다.(『아비담마 길라잡이』 제3장 §2를 참조할 것.)

한편 이 다섯은 「백팔 방편 경」(S36:22 §6)에도 나타나고 있고, 본서 제5권 「기능 상윳따」(S48)의 제4장 「즐거움의 기능 품」에 담겨있는 열 개의 경들(S48:31~40)에서 22가지 기능들 가운데 다섯 가지로 포함되어 나타난다. 이들의 차이점은 본서 제5권 「분석 경」 1/2(S48:36~37)에서 설명되고 있다.

세존께서는 어떤 느낌이든 그것을 괴로움으로 알아서 느낌에 대한 탐욕이 빛바래야 한다고 말씀하고 계신다. 세존께서는 게송으로 말씀하신다.

"즐거움이든 괴로움이든
괴롭지도 즐겁지도 않음마저도
안의 것이든 밖의 것이든
그 어떤 느낌에 접하든 간에
그 모두를 괴로움으로 아나니
거짓되고 부서질 수밖에 없는 것,
그것들이 부딪치고 또 부딪쳐왔다가
사라져 가는 양상을 지켜봄으로써
거기서 탐욕이 빛바래도다."(「행복 경」(S36:2) §4)

그리고 본서 「간병실 경」 1(S36:7) 등에서 세존께서는 마음챙기고 분명히 알아차리며, 방일하지 않고 열심히, 스스로 독려하며 머물 것을 간곡하게 당부하신다. 이렇게 머물면 몸과 즐거운 느낌에 대한 탐욕의 잠재성향이 사라지고, 몸과 괴로운 느낌에 대한 적의의 잠재성향이 사라지고, 몸과 괴롭지도 즐겁지도 않은 느낌에 대한 무명의 잠재성향이 사라진다고 말씀하신다.

한편 「아난다 경」 1(S36:15)에서는 4禪-4처-상수멸의 아홉 가지 차례대로 증득하는 삼매[九次第定]를 언급하신 뒤, 이러한 삼매를 통해서 진행되는 '형성된 것들[行]이 차례로 소멸함(nirodha)', '형성된 것들이 차례로 가라앉음(vūpasama)', '형성된 것들이 차례로 고요해짐(passaddhi)'을 설하고 계시는데 일독을 권한다.

그리고 「빤짜깡가 경」(S36:19)에서 세존께서는 '앞의 것을 능가하는 한결 수승한 다른 즐거움'으로 역시 초선부터 제4선까지의 4선과 공무변처부터 비상비비상처까지의 4처와 상수멸의 아홉 가지를 들고 계신다. 이 아홉 가지 삼매의 경지는 차례대로 앞의 삼매의 경지보다 더 뛰어나고 수승한 즐거움이라는 말씀이다.

이렇게 말씀하신 뒤에 세존께서는 스스로, "그런데 아난다여, 다른 외도 유행승들이 이렇게 말하는 경우가 있을 것이다. '사문 고따마는 인식과 느낌의 소멸을 설한다. 그리고서는 그것을 다시 즐거움이라고 말하고 있다. 그런 것이 도대체 어디에 있으며, 어떻게 그것이 가능하단 말인가?'라고." 문제를 제기하신다.

이렇게 문제를 제기하신 뒤에, 그에게는 "도반들이여, 세존께서는 즐거운 느낌만을 즐거움이라고 말씀하신 것은 아닙니다. 오히려 여래는 즐거움이면 그것은 언제 어디서 얻어지건 간에 즐거움이라고 천명하십니다."라고 말해 주어야 한다고 결론지으신다.(§21)

5. 「여인 상윳따」(S37)

서른일곱 번째인 「여인 상윳따」(Mātugāma-saṁyutta, S37)에는 34개의 짧은 경들이 세 개의 품에 포함되어 있다. 이들은 제1장 「첫 번째 반복 품」과 제2장 「두 번째 반복 품」과 제3장 「힘 품」으로 나누어져 있고, 각각의 품에는 14개, 10개, 10개의 경들이 들어 있다.

본 상윳따의 경들 가운데 세 가지 성질을 가진 여인을 언급하는 「세 가지 법 경」(S37:4)을 제외한 33개의 경들은 모두 여인이 가진 요소나 특질이나 성질이나 힘 등을 다섯 가지로 분류해서 언급하고 있다. 이런 의미에서 본 상윳따의 33개의 경들은 숫자별로 경을 결집하고 있는 『앙굿따라 니까야』 「다섯의 모음」(A5)의 특징을 잘 간직하고 있다고 하겠다.

그리고 이 가운데 S37:5~24의 20개 경들은 세존께서 아누룻다 존자에게 설하신 경들을 모은 것이다. 여기서 S37:5~14까지의 열 개의 경들은 "다섯 가지 법을 가진 여인이 몸이 무너져 죽은 뒤에 처참한 곳, 불행한 곳, 파멸처, 지옥에 태어나는" '어두운 면'에 대해서 설하신 것이고, S37:15~24까지의 열 개의 경들은 반대로 "몸이 무너져 죽은 뒤에 좋은 곳[善處], 천상에 태어나는" '밝은 면'에 대해서 설하신 것이다.

6. 「잠부카다까 상윳따」(S38)

서른여덟 번째인 「잠부카다까 상윳따」(Jambukhādaka-saṁyutta, S38)에는 사리뿟따 존자의 조카인 잠부카다까 유행승(Jambukhādaka paribbājaka)과 관계된 16개의 경들이 담겨있다. 이들 각각의 경은 특정한 하나의 주제를 두고 사리뿟따 존자와 나눈 대화를 담고 있다. 16개 경에 나타나는 주제는 ① 열반 ② 아라한됨 ③ 설법자 ④ 무슨 목적 ⑤ 안식(安息) ⑥ 최상의 안식 ⑦ 느낌 ⑧ 번뇌 ⑨ 무명 ⑩ 갈애 ⑪ 폭류 ⑫ 취착 ⑬ 존재 ⑭ 괴로움 ⑮ 자기 존재 ⑯ 행하기 어려움이다.

잠부카다까 유행승은 사리뿟따 존자에게 이들 주제에 대해서 "'열반, 열반'이라고들 합니다. 도반이여, 도대체 어떤 것이 열반입니까?"(S38:1)라거나, "'폭류, 폭류'라고들 합니다. 도반이여, 도대체 어떤 것이 폭류입니까?"(S38:11)라는 등으로 부처님 가르침에 나타나는 중요 술어들의 정확한 정의를 질문 드리고, 사리뿟따 존자는 정확하게 이들 용어에 대한 정의를 내린다.

그러면 그는 이러한 경지를 실현하거나 제거하기 위한 방법을 질문드리고, 사리뿟따 존자는 "도반이여, 그것은 바로 여덟 가지 구성요소로 된 성스러운 도[八支聖道]이니, 바른 견해, 바른 사유, 바른 말, 바른 행위, 바른 생계, 바른 정진, 바른 마음챙김, 바른 삼매입니다. 도반이여, 이것이 ~하기 위한 도이고 이것이 도닦음입니다."라고 팔정도로서 답변하고 있다.

그러면 유행승은 "도반 사리뿟따여, ~하기 위한 이러한 도는 참으로 경사로운 것이고 이러한 도닦음은 참으로 경사로운 것입니다. 참으로 그대들은 방일하지 말아야겠습니다."라고 말하는 것으로 경은 끝이 난다.

16개의 경들은 모두 이런 방법으로 구성되어 있는데, 모든 경에서 팔정도가 강조되고 있다. 그렇기 때문에 본 상윳따는 본서 제5권의 「도 상윳따」(S45)의 하나의 품으로 포함시켜도 된다.

7. 「사만다까 상윳따」(S39)

서른아홉 번째 주제인 「사만다까 상윳따」(Sāmaṇḍaka-saṁyutta, S39)에 포함된 16개의 경들은 사만다까 유행승과 사리뿟따 존자와의 대화를 담고 있다. 그런데 이 경들은 앞의 「잠부카다까 상윳따」(S38)의 16개의 경들과 꼭 같은 내용을 담고 있다. 그래서 여러 판본에서도 이 부분은 생략하여 편집하고 있다. 역자도 이를 따라 번역을 생략하였다.

물론 본 상윳따의 경들도 모두 팔정도가 강조되고 있기 때문에 본 상윳따도 본서 제5권의 「도 상윳따」(S45)의 하나의 품으로 포함시켜도 된다.

8. 「목갈라나 상윳따」(S40)

마흔 번째인 「목갈라나 상윳따」(Moggalāna-saṁyutta, S40)는 마하목갈라나 존자와 관련된 11개의 경을 담고 있다.

마하목갈라나 존자는 부처님의 상수제자들 가운데 신통제일이라 불리는 분이다. 불교의 신통은 모두 삼매 특히 제4선을 토대로 하여 나타난다.[10] 그러다보니 마하목갈라나와 관계된 경을 모은 본 상윳따에서도 처음의 여덟 개 경들은 각각 초선부터 비상비비상처까지의 삼매에 관한 것을 담고 있으며, 아홉 번째 경도 표상 없는 삼매에 관한 것이다.

한편 열 번째와 열한 번째 경은 신들과의 문답을 담은 경이다. 초기불전의 몇몇 군데에서 마하목갈라나 존자가 천상의 신들을 방문하여 그들을 경책하는 장면이 묘사되어 나타난다. 이것도 마하목갈라나 존자가 신통제일이기 때문에 가능한 일일 것이다.

이 가운데 「삭까 경」(S40:10)은 목갈라나 존자가 신통력으로 삼십삼천에 가서 신들의 왕인 삭까(인드라)와 나눈 대화를 담고 있는 경이다. 불・법・승 삼보에 귀의하고 삼보에 흔들림 없는 믿음을 가지고 계를 구족한 자들은 몸이 무너져 죽은 뒤에 좋은 곳[善處], 천상에 태어난다는 내용을 담고 있는데, 이러한 내용이 여러 문맥에서 반복해서 나타나고 있다.

열한 번째는 신의 아들 짠다나와 신의 아들 수야마와 신의 아들 산뚜시따와 신의 아들 수님미따와 신의 아들 와사왓띠와의 대화를 담은 경인데 내용은 바로 앞의 삭까 경과 같다. 내용상 이 경은 다섯 개의 경으로 즉 S40:11~15로 편집되어도 무방하겠지만 Ee, Be, Se에 모두 하나의 경으로 편집되어 나타난다. 수야마(Suyāma)와 산뚜시따(Santusita)와 수님미따(Sunimmita)와 와사왓띠(Vasavatti)는 각각 야마천, 도솔천, 화락천, 타화자재천을 관장하는 신이다.

짠다나(Candana)는 본서 제1권 「짠다나 경」(S2:15)에도 나타나고 있다. 그리고 『디가 니까야』 「대회경」(D20 §11)에는 사대왕천의 약카로

---

10) 여기에 대해서는 『청정도론』 XII.57 이하에 상세하게 설명되고 있으므로 참조할 것.

나타나고 있으며, 「아따나띠야 경」(D32 §10)에는 '약카들과 큰 약카들과 약카들의 장군들과 대장군들'로 언급되고 있는 40명의 신들 가운데 인드라와 함께 포함되어 나타나기도 한다. 그러므로 이 짠다나는 사대왕천의 유력한 신으로 보는 것이 문맥상 타당하다. 왜냐하면 삭까(인드라)가 삼십삼천을 관장하는 신이므로 짠다나가 사대왕천에 속하는 신이 되어야 S40:11~12는 여섯 욕계 천상(육욕천)을 관장하는 신들이 모두 삼보에 귀의하는 것을 찬탄하는 것으로 되기 때문이다.

9. 「찟따 상윳따」(S41)

마흔한 번째 주제인 「찟따 상윳따」(Citta-saṁyutta, S41)에는 찟따 장자(Citta gahapati)와 관계된 10개의 경들이 들어 있다. 『앙굿따라 니까야』 「하나의 모음」(A1:14:6-3)에서 세존께서는 찟따 장자를 재가자들 가운데서 "법을 설하는 자들 가운데서 으뜸"이라고 언급하고 계신다.

본서 제2권 「외동아들 경」(S17:23) §3에서 세존께서는 "내 청신사 제자들의 모범이고 표준"이라고 칭찬하고 계시며 『앙굿따라 니까야』 제1권 「발원 경」 3(A2:12:3)과 제2권 「포부 경」(A4:176 §3)에서도 본받아야 할 대표적인 남자 신도로 거명되고 있다. 본 상윳따에는 그가 여러 장로 비구들과 나눈 대화를 담고 있는데, 여기에 포함되어 있는 경들은 왜 부처님께서 그를 두고 법을 설하는 자들 가운데서 으뜸이라고 칭찬하셨는지를 보여주는 좋은 보기가 된다.

특히 자이나교의 창시자로 알려진 니간타 나따뿟따와 나눈 대화를 담고 있는 「니간타 나따뿟따 경」(S41:8)에서 니간타가 "장자여, 그대는 사문 고따마가 '일으킨 생각이 없고 지속적인 고찰이 없는 삼매가 있다. 일으킨 생각과 지속적인 고찰의 소멸은 존재한다.'라 하는 것을 믿습니까?"라고 하자 "존자시여, 저는 세존께서 '일으킨 생각이 없고 지속적인 고찰이 없는 삼매가 있다. 일으킨 생각과 지속적인 고찰의 소멸은 존재한다.'라고 하신 것을 믿음으로 다가가지 않습니다."라고 대답한 뒤에 그는 네 가지 선을 모두 증득하였기 때문에 믿음으로 다가가는 것이 아니라 직접 체득한 것이라고 대답하고 있다.

그리고 「나체수행자 깟사빠 경」(S41:9)에서 자신의 오랜 친구였으며 나체 수행자가 된 나체수행자 깟사빠와의 대화를 통해서 그를 부처님의 제자로 다시 출가하도록 인도하였고 그리하여 나체수행자 깟사빠는 아라한이 되었다.

10. 「우두머리 상윳따」(S42)

마흔두 번째인 「우두머리 상윳따」(Gāmaṇi-saṁyutta, S42)에는 각계각층의 지도자들 10명과 세존께서 나눈 대화를 담은 13개의 경들이 포함되어 있다. 그것은 ① 짠다 ② 딸라뿌따 ③ 요다지와 ④ 핫타로하 ⑤ 앗사로하 ⑥ 아시반다까뿟따 ⑦ 들판 비유 ⑧ 소라고둥 불기 ⑨ 가문 ⑩ 마니쭐라까 ⑪ 바드라까 ⑫ 라시야 ⑬ 빠딸리야이다.

이 가운데 「딸라뿌따 경」(S42:2)은 연극단장인 딸라뿟따와의 대화를 담은 경이며, 「요다지와 경」(S42:3)은 용병 대장 요다지와와, 「핫타로하 경」(S42:4)은 코끼리 부대의 우두머리 핫타로하와, 「앗사로하 경」(S42:5)은 기마부대의 우두머리인 앗사로하와의 대화를 담은 경이다. 그리고 「아시반다까뿟따 경」(S42:6), 「들판 비유 경」(S42:7), 「소라고둥 불기 경」(S42:8)과 「가문 경」(S42:9)의 넷은 니간타의 제자인 아시반다까뿟따 촌장과의 대화를 담고 있다. 그 외 「짠다 경」(S42:1)부터 「마니쭐라까 경」, 「바드라까 경」, 「라시야 경」, 「빠딸리야 경」의 나머지 다섯 경들은 각각 다른 촌장들과 대화를 나눈 경인데 이 경들의 제목이 그 촌장들을 나타낸다. 한편 「딸라뿌따 경」(S42:2)에 나타나는 딸라뿌따라는 연극단장은 부처님의 말씀을 듣고 출가하여 아라한이 되었다고 한다.

그리고 본 상윳따에 포함된 경들은 그 길이가 긴 것이 특징인데, 특히 「라시야 경」(S42:12)과 「빠딸리야 경」(S42:13)은 상대적으로 길이가 아주 길다.

「라시야 경」은 감각적 욕망을 즐기는 자를 ① 어떤 방법으로 재산을 모았는가 ② 자신의 이익을 위해서 사용하는가, 아닌가 ③ 남의 이익을 위해서 사용하는가, 아닌가하는 세 가지 기준을 가지고 나눈다. 그리고 다시 이 세 가지 기준 모두에 긍정적인 사람은 다시 그 재산에 집착하는가, 아닌가로 분류하고 있다. 이렇게 하여 10가지 부류의 사람으로 나눈다. 그리고 다시 이를 토대로 비난 받는가, 비난 받지 않는가라는 기준으로 10가지 부류의 사람으로 나누어 모두 20가지로 분류하고 있다.

그리고 난행고행의 삶을 사는 고행자도 ① 유익한 법[善法]을 증득했는가, 증득하지 못했는가 ② 지와 견의 특별함을 실현했는가, 실현하지 못했는가하는 기준을 가지고 셋으로 나누어 설명하고 있다. 그리고 마지막으로 탐욕, 성냄, 어리석음이라는 세 가지 기준으로 스스로 보아 알 수 있는 세 가지 풀려남을 설명하고 있다.

11. 맺는 말

『상윳따 니까야』 제4권에는 423개의 경들이 10개의 상윳따로 분류되어서 나타나고 있다. 『상윳따 니까야』 제4권은 전통적으로 육처를 위주로 한 책 혹은 가르침이라 불려왔다. 육처(여섯 감각장소)의 가르침은 상좌부불교의 부동의 준거가 되는 『청정도론』에서 초기불교의 6개 기본 교학으로 강조하고 있는 온・처・계・근・제・연(蘊・處・界・根・諦・

緣)가운데 두 번째와 세번째의 가르침이기도 하다.

「육처 상윳따」(S35)에는 248개나 되는 경들이 포함되어 있고 길이가 긴 경들도 다른 상윳따들에 비해서 많이 들어 있다. 그러면 왜 부처님께서는 육처의 가르침을 이처럼 많이 설하셨을까?

육처는 '세상이란 무엇인가?'라거나 '어떤 것이 존재하는 모든 것(일체)인가?'라는 인간들이 가지는 또 다른 의문에 대한 부처님의 대답이기 때문이다. 부처님께서는 세상이란, 존재하는 모든 것(일체)이란 모두 안과 밖이 만나는 것 – 즉 눈이 형색과, 귀가 소리와, 코가 냄새와, 혀가 맛과, 몸이 감촉과, 마노가 법과 조우하고 부딪히는 것을 떠나서는 존재할 수 없다는 것을 육처의 가르침을 통해서 강조하고 계신다. 세상이니 존재니 일체니 하는 것도 결국은 나의 문제를 떠나서는 나라는 조건을 떠나서는 아무런 의미가 없다는 말씀이기도 하다. 그러나 인간들은 이러한 세상과 이러한 일체 존재를 무시하고, 저 밖으로 세상을 만든 자나 세상의 기원을 찾아서 헤매고 있거나, 안으로 침잠해서 불변하는 영원한 실체 – 그것이 자아(아뜨만)든 개아든 영혼이든 불성이든 여래장이든 그 무엇이든 간에 – 를 상정하고 그것을 일체로 삼고 근원적인 존재로 여기고 있다.

세존께서는 존재와 세상을 이렇게 안과 밖의 감각장소로 해체해서 간단명료하게 제시하셨고 이렇게 해서 무아를 천명하셨다. 본서 제2권이 나라는 존재를 12연기로 대표되는 연기의 흐름으로 해체해서 무아를 천명하신 가르침을 중심에 두고 있고, 제3권이 나라는 존재 자체를 다섯 가지 무더기(오온)로 해체해서 무아를 천명하시는 가르침을 근본으로 하고 있는 반면에, 여기 제4권은 나라는 존재를 안과 밖의 감각장소들(육내외처, 12처)이 만나고 부딪혀서 전개되어가는 것으로 파악하여 이것을 통해서 무아를 천명하는 가르침들을 중심에 두고 있다.

나라는 존재를 안과 밖의 부딪힘으로 파악하여, 눈·귀·코·혀·몸·

마노와 형색·소리·냄새·맛·감촉·법의 12가지 감각장소들이나, 마노에서 다시 안식·이식·비식·설신·신식·의식을 분리해서 18가지 요소들로 해체해서 보면, 무상이 보이고 괴로움이 보이고 무아가 보이고, 그래서 이를 발판으로 존재에 대해서 염오하고 탐욕이 빛바래고 그래서 해탈하고, 해탈하면 태어남이 다했다는 구경해탈지가 생긴다고 본서의 도처에서 부처님께서는 강조하고 계신다. 이처럼 육내외처 혹은 여섯 가지 안팎의 감각장소 혹은 12처의 무상·고·무아를 통한 염오-이욕-소멸 혹은 염오-이욕-해탈-구경해탈지가 제4권의 핵심 가르침이다. 물론 여기서도 염오-이욕-해탈-구경해탈지는 각각 강한 위빳사나-도-과-반조를 뜻한다고 주석서들은 강조하고 있다.

부처님께서는 본서 「무명 경」(S35:53) 등에서 눈·귀·코·혀·몸·마노의 안의 감각장소와, 형색·소리·냄새·맛·감촉·법의 밖의 감각장소와, 이들을 통해서 일어나는 여섯 가지 알음알이와 여섯 가지 감각접촉과 여섯 가지 느낌이 무상하고 괴로움이고 무아라고 알고 보면, 무명이 제거되어 명지가 일어나고(S35:53) 족쇄들이 제거되고(S35:54) 번뇌들이 뿌리 뽑히고(S35:55) 잠재성향들이 뿌리 뽑힌다(S35:54)고 말씀하고 계신다.

『상윳따 니까야』 제4권을 읽는 모든 분들도 이처럼 세상과 존재와 일체를 모두 여섯 가지 안과 밖의 감각장소들로 해체해서 알고 보아서 무명이 남김없이 빛바래어 소멸하고 족쇄를 제거하고 번뇌와 잠재성향을 모두 뿌리 뽑기를 발원한다. 그래서 본서를 읽는 모든 분들이 이를 통해서 금생에 해탈·열반의 튼튼한 발판을 만드시기를 기원하면서 제4권의 해제를 마무리한다.

제35주제

육처 상윳따(S35)

그분 부처님 · 아라한 · 정등각자께 귀의합니다.

상윳따 니까야

제4권 육처를 위주로 한 가르침

Saḷāyatana-vagga

제35주제(S35)

육처 상윳따

Saḷāyatana-saṁyutta[11)]

---

11) 여기서 육처(六處)는 saḷāyatana를 옮긴 것인데, 이것은 여섯을 뜻하는 saḷ과 장소[處]를 뜻하는 āyatana가 합성된 술어이다.
'saḷ-'은 숫자 여섯(6)을 뜻하는 Sk. ṣaṣ/ṣat가 합성어의 처음에 올 때 saḷ-로 바뀐 것이다. Sk. ṣaṣ(여섯)는 빠알리에서는 cha로 정착이 되었지만 이 경우만 saḷ-로 정착이 되었다. 예를 들면 육신통은 chaḷ-abhiññā이지 saḷ-abhiññā가 아니다.
그리고 처(處)로 옮긴 원어 āyatana는 ā(이리로) + √yat(*to stretch*)에서 파생된 것으로 이해되기도 하고, ā + √yam(*to move*)에서 파생된 것으로 이해되기도 하는 중성 명사이다. 불교 이전부터 인도 바라문교의 『제의서』(祭儀書, Brāhmaṇa) 문헌에 많이 나타나는 단어인데 거기서는 주로 제사 지내는 장소를 아야따나라 부르고 있다. 물론 동물들의 서식지를 아야따나로 부르기도 하였다.
『청정도론』 XV.5에 의하면 아야따나에는 ① 머무는 장소(nivāsa-ṭṭhāna) ② 광산(ākara) ③ 만나는 장소(samosaraṇa) ④ 출산지(sañjāti-desa) ⑤ 원인(kāraṇa)의 다섯 가지 의미가 있다고 한다.
중국에서는 이쪽으로 온다는 문자적인 의미를 중시하여 入으로 번역하기도 하였고, 이 단어가 장소(*base, sphere*)의 의미로 쓰이므로 處라고 옮기기도 하였다. 예를 들면 12연기의 다섯 번째 구성요소인 saḷ-āyatana는 六入으로 옮겼으며, 눈의 감각장소[眼處, cakkhu-āyatana] 등과 형색의 감각장소[色處, rūpa-āyatana] 등의 6내 · 외처(12처)와, 공무변처(空無邊處 ākāsanañc-āyatana)부터 비상비비상처(非想非非想處, nevasaññā-na-asaññ-āyatana)까지의 무색계 4처는 處로 옮겼다. 초기불전연구원에서는

I. 처음 50개 경들의 묶음

Mūla-paññāsa

제1장 무상 품

Anicca-vagga

안의[12] 무상 경(S35:1)

Ajjhatta-anicca-sutta[13]

감각작용과 관계된 육입이나 12처는 '감각장소'로 옮기고 있으며 무색계 4처는 '장소'로 옮기고 있다.

12) 여기서 '안[內]'은 ajjhattika를 옮긴 것이다. 이 술어는 adhi+atta+ika로 분석 되는데, 자신(atta)에 관계된(adhi) 것(-ika)이란 뜻이다. ajjhattika는 예외 없이 눈·귀·코·혀·몸·마노의 여섯 가지 안의 감각장소 혹은 감각기관[六內處]을 지칭하는 술어로만 쓰인다.
반대로 '밖[外]'은 bāhira를 옮긴 것이다. 이것은 '밖에'를 뜻하는 부사 bāhi (Sk. bahir, bahis)의 2차곡용어이다. 곡용이 되어 산스끄리뜨 bahir의 -r가 살아난 형태로 되어 있다. 이 술어는 예외 없이 형색·소리·냄새·맛·감촉·법의 여섯 가지 밖의 감각장소 혹은 감각대상[六外處]을 지칭하는 술어로만 쓰인다. 물론 여기서 법(dhamma)은 모든 의식의 대상과 모든 심소법들을 말하지만 마노의 대상이 된다는 의미에서 밖의 감각장소로 불린다.
여기서 여섯 감각장소[六處]로서의 ajjhattika-bāhira와 일반적인 안과 밖(나와 남)을 뜻하는 ajjhatta-bahiddhā는 구분되어야 한다. 예를 들면 다른 존재들의 눈 등의 감각기관은 안의 감각장소(ajjhattika)이지만 그것은 남의 것 혹은 밖의 것(bahiddhā)이고, 내 몸의 색깔, 목소리, 냄새 등은 밖의 감각장소(bāhira)이지만 그것은 나의 것 혹은 안의 것(ajjhatta)이다.
안과 밖에 대한 주석서적인 의미에 대해서는 본서 「깨닫기 전 경」 1(S35:13) §4의 주해를 참조할 것.

13) 여기 「육처 상윳따」의 처음에 나타나는 22개의 경들(S35:1~22)은 판에 박힌 정형구로 되어 있는데, 마치 주형(鑄型)으로 찍은 것처럼 정형화되어 나타나고 있다.

1. 이와 같이 나는 들었다. [1] 한때 세존께서는 사왓티에서 제따 숲의 아나타삔디까 원림(급고독원)에 머무셨다.

2. 거기서 세존께서는 "비구들이여."라고 비구들을 부르셨다. "세존이시여."라고 비구들은 세존께 응답했다. 세존께서는 이렇게 말씀하셨다.

3. "비구들이여, 눈14)은 무상하다. 무상한 것은 괴로움이요, 괴

---

14) 주석서는 초기불전에 나타나는 여러 종류의 '눈[眼, cakkhu]'을 언급하고 있다. 그것을 요약하면 다음과 같다.
눈은 크게 둘로 나누어지는데 하나는 지혜의 눈[智眼, ñāṇa-cakkhu]이요 다른 하나는 육체적인 눈[肉眼, maṁsa-cakkhu]이다.
지혜의 눈은 다시 다섯 가지가 있다. 첫째는 부처님의 눈[佛眼, buddha-cakkhu]이요, 둘째는 법의 눈[法眼, dhamma-cakkhu]이요, 세 번째는 보편적인 눈[普眼, samanta-cakkhu]이요, 네 번째는 신성한 눈[天眼, dibba-cakkhu]이요, 다섯 번째는 통찰지의 눈[慧眼, paññā-cakkhu]이다.
이 가운데 불안(佛眼)은 [중생들의 – SAṬ] 성향과 잠재성향을 아는 지혜(āsaya-anusaya-ñāṇa)와 그들의 정신적인 기능의 성숙을 아는 지혜(indriya-paropariyatta-ñāṇa)를 말한다. 법안(法眼)은 예류도부터 일래과까지의 도와 과에 대한 지혜이다. 보안(普安)은 부처님의 일체지지(一切知智, sabbaññuta-ññāṇa)이다. 천안(天眼)은 광명이 넘쳐흘러서(āloka-pharaṇa) 생긴 지혜로 중생들의 죽고 다시 태어남을 아는 것이다. 혜안(慧眼)은 사성제를 철견하는 지혜(catu-sacca-paricchedaka-ñāṇa)이다.
육체적인 눈은 두 가지가 있으니 물질들이 혼합된 눈(sasambhāra-cakkhu, 즉 안구)과 형색에 민감한 물질(감성의 물질, pasāda-rūpa)로 된 감성의 눈(pasāda-cakkhu)이다.
본 「육처 상윳따」(S35) 전체에서 세존께서 설하시는 눈·귀·코·혀·몸의 감각장소는 모두 이 감성의 물질(pasāda-rūpa)로 구성된 눈 등을 뜻한다. (감성의 물질에 대해서는 『아비담마 길라잡이』 제6장 §3의 해설을 참조할 것.) 한편 마노[意, mano]의 감각장소는 명상(sammasana, 복주서는 위빳사나(vipassanā)를 뜻한다고 설명함)을 통해서 탐구를 하는 삼계에 속하는 마음(tebhūmaka-sammasana-cāra-citta)을 말한다.(SA.ii.354~355)
'감각장소[處, āyatana]'에 대한 주석서적인 설명은 『청정도론』 XIV.36~53을 참조할 것.
그런데 경에서 마노를 제외한 다섯 감각장소들이 물질[色, rūpa]의 정의에

로움인 것은 무아다. 무아인 것은 '이것은 내 것이 아니고, 이것은 내가 아니고, 이것은 나의 자아가 아니다.'라고 있는 그대로 바른 통찰지로 봐야 한다.

귀는 … 코는 … 혀는 … 몸은 … 마노[意]는 무상하다. 무상한 것은 괴로움이요, 괴로움인 것은 무아다. 무아인 것은 '이것은 내 것이 아니고, 이것은 내가 아니고, 이것은 나의 자아가 아니다.'라고 있는 그대로 바른 통찰지로 봐야 한다."

4. "비구들이여, [2] 이렇게 보는 잘 배운 성스러운 제자는 눈에 대해서도 염오하고, 귀에 대해서도 염오하고, 코에 대해서도 염오하고, 혀에 대해서도 염오하고, 몸에 대해서도 염오하고, 마노에 대해서도 염오한다.

염오하면서 탐욕이 빛바래고, 탐욕이 빛바래므로 해탈한다. 해탈하면 해탈했다는 지혜가 있다. '태어남은 다했다. 청정범행(梵行)은

서 언급되지 않기 때문에 이들은 물질의 영역에 포함되지 않는다고 주장하는 학자도 있다.(Hamilton, Identity and Experience, pp.14~22) 여기에 대해서 보디 스님은 같은 논리로 형색·소리·냄새·맛·감촉도 물질의 정의에서 언급되지 않기 때문에 이들도 물질이 아니라고 해야 하는 모순이 발생한다고 논박한다. 경에서는 물질을 "네 가지 근본물질과 네 가지 근본물질에서 파생된 물질"(본서 제2권 「분석 경」(S12.2) §12, 제3권 「취착의 양상 경」(S22:56) §6 등)이라고만 정의하고 있다. 이러한 파생된 물질에 대한 구체적인 언급은 아비담마의 몫이다.

실제로 니까야에서는 5온(무더기), 12처(감각장소), 18계(요소)의 상호관계는 전혀 명시되고 있지 않다. 이들의 상호관계는 아비담마 즉 『논장』에서 논의되고 있다. 이들의 상호관계는 『아비담마 길라잡이』 제7장 IV. 일체의 길라잡이에서 논의되어 나타난다.(『아비담마 길라잡이』 제2권 「638쪽 <도표 7.4>를 참조할 것.) 아비담마에 의하면 다섯 가지 감각장소와 네 가지 감각대상(형색·소리·냄새·맛)은 네 가지 근본물질[四大, 지·수·화·풍]에서 파생된 물질[所造色, upādā-rūpa]에 속하며, 몸의 감각장소의 대상인 감촉은 지·화·풍 삼대로 구성된 것이라고 한다.(『아비담마 길라잡이』 제6장 §3의 몸의 감성에 대한 해설을 참조할 것.)

성취되었다. 할 일을 다 해 마쳤다. 다시는 어떤 존재로도 돌아오지 않을 것이다.'라고 꿰뚫어 안다."

안의 괴로움 경(S35:2)

Ajjhatta-dukkha-sutta

3. "비구들이여, 눈은 괴로움이다. 괴로움인 것은 무아요, 무아인 것은 '이것은 내 것이 아니고, 이것은 내가 아니고, 이것은 나의 자아가 아니다.'라고 있는 그대로 바른 통찰지로 봐야 한다.

귀는 … 코는 … 혀는 … 몸은 … 마노[意]는 괴로움이다. 괴로움인 것은 무아요, 무아인 것은 '이것은 내 것이 아니고, 이것은 내가 아니고, 이것은 나의 자아가 아니다.'라고 있는 그대로 바른 통찰지로 봐야 한다."

4. "비구들이여, 이렇게 보는 잘 배운 성스러운 제자는 … 다시는 어떤 존재로도 돌아오지 않을 것이라고 꿰뚫어 안다."

안의 무아 경(S35:3)

Ajjhatta-antta-sutta

3. "비구들이여, 눈은 무아다. 무아인 것은 '이것은 내 것이 아니고, 이것은 내가 아니고, 이것은 나의 자아가 아니다.'라고 있는 그대로 바른 통찰지로 봐야 한다.

귀는 … 코는 … 혀는 … 몸은 … 마노[意]는 무아다. 무아인 것은 '이것은 내 것이 아니고, 이것은 내가 아니고, 이것은 나의 자아가 아니다.'라고 있는 그대로 바른 통찰지로 봐야 한다."

4. "비구들이여, 이렇게 보는 잘 배운 성스러운 제자는 … 다시는 어떤 존재로도 돌아오지 않을 것이라고 꿰뚫어 안다."

밖의[15] 무상 경(S35:4)

Bāhira-anicca-sutta

3. "비구들이여, 형색은 무상하다. 무상한 것은 괴로움이요, 괴로움인 것은 무아다. 무아인 것은 '이것은 내 것이 아니고, 이것은 내가 아니고, [3] 이것은 나의 자아가 아니다.'라고 있는 그대로 바른 통찰지로 봐야 한다.

소리는 … 냄새는 … 맛은 … 감촉은 … [마노의 대상인] 법[16]은 무상하다. 무상한 것은 괴로움이요, 괴로움인 것은 무아다. 무아인 것은 '이것은 내 것이 아니고, 이것은 내가 아니고, 이것은 나의 자아가 아니다.'라고 있는 그대로 바른 통찰지로 봐야 한다."

4. "비구들이여, 이렇게 보는 잘 배운 성스러운 제자는 … 다시는 어떤 존재로도 돌아오지 않을 것이라고 꿰뚫어 안다."

---

15) '밖[外, bāhira]'에 대해서는 본서 「안의 무상 경」(S35:1)의 경제목에 대한 주해를 참조할 것.

16) "'[마노의 대상인] 법[法, dhamma]'이란 삼계에 속하는 법이라는 대상(te-bhūmaka-dhamm-ārammaṇa)을 말한다."(SA.ii.355)
"여기서 '법(dhamma)'은 대상(ārammaṇa)을 말한다."(SA.ii.258)
아마 초기불전에서 가장 많이 나타나는 술어를 들라면 중국에서 법(法)으로 통일해서 옮긴 담마(dhamma, Sk. dharma)일 것이다. 부처님의 가르침도 Dhamma라 하며 온・처・계로 대표되는 물질적 정신적인 현상을 통틀어서 dhamma라고도 한다. 원인을 dhamma라고 칭하기도 하며 여기서처럼 마노[意]의 대상도 dhamma라 불린다. 나름대로 이들을 구분하기 위해서 역자는 마노[意]의 대상이 되는 법을 '[마노의 대상인] 법'으로 풀어서 옮기도 하였고, 문맥상 분명한 곳에서는 그냥 '법'으로 옮기기도 하였다.
아비담마와 주석서들에 의하면 [마노의 대상인] 법 즉 법의 감각장소[法處, dhamm-āyatana]에는 마노의 감각장소[意處, man-āyatana]의 대상들만 포함되는 것이 아니라, 느낌, 인식, 심리현상들, 미세한 물질, 열반도 포함된다. 여기에 대한 설명은 『위방가』(Vbh.72)와 『청정도론』 XV.14와 『아비담마 길라잡이』 제7장 §36의 해설을 참조할 것.

밖의 괴로움 경(S35:5)

Bāhira-dukkha-sutta

3. "비구들이여, 형색은 괴로움이다. 괴로움인 것은 무아요, 무아인 것은 '이것은 내 것이 아니고, 이것은 내가 아니고, 이것은 나의 자아가 아니다.'라고 있는 그대로 바른 통찰지로 봐야 한다.

소리는 … 냄새는 … 맛은 … 감촉은 … [마노의 대상인] 법은 괴로움이다. 괴로움인 것은 무아요, 무아인 것은 '이것은 내 것이 아니고, 이것은 내가 아니고, 이것은 나의 자아가 아니다.'라고 있는 그대로 바른 통찰지로 봐야 한다."

4. "비구들이여, 이렇게 보는 잘 배운 성스러운 제자는 … 다시는 어떤 존재로도 돌아오지 않을 것이라고 꿰뚫어 안다."

밖의 무아 경(S35:6)

Bāhira-anatta-sutta

3. "비구들이여, 형색은 무아다. 무아인 것은 '이것은 내 것이 아니고, 이것은 내가 아니고, 이것은 나의 자아가 아니다.'라고 있는 그대로 바른 통찰지로 봐야 한다.

소리는 … 냄새는 … 맛은 … 감촉은 … [마노의 대상인] 법은 무아다. 무아인 것은 '이것은 내 것이 아니고, 이것은 내가 아니고, 이것은 나의 자아가 아니다.'라고 있는 그대로 바른 통찰지로 봐야 한다."

4. "비구들이여, 이렇게 보는 잘 배운 성스러운 제자는 눈에 대해서도 염오하고, 귀에 대해서도 염오하고, 코에 대해서도 염오하고, 혀에 대해서도 염오하고, 몸에 대해서도 염오하고, 마노에 대해서도 염오한다.

염오하면서 탐욕이 빛바래고, 탐욕이 빛바래므로 해탈한다. 해탈하면 해탈했다는 지혜가 있다. '태어남은 다했다. 청정범행(梵行)은 성취되었다. 할 일을 다 해 마쳤다. 다시는 어떤 존재로도 돌아오지 않을 것이다.'라고 꿰뚫어 안다."17)

---

17) 이상 여섯 개 경들(S35:1~6)은 모두 눈·귀·코·혀·몸·마노 즉 육내처(六內處, 여섯 가지 안의 감각장소)와 색·성·향·미·촉·법의 육외처(六外處, 여섯 가지 밖의 감각장소)에 대한 무상·고·무아를 통찰해서 염오-이욕-해탈-구경해탈지가 일어나게 하기 위해서 도를 닦는다고 강조하고 있다. 그리고 아래의 여섯 개 경들(S35:7~12)은 같은 방법으로 육내처와 육외처에 대한 무상·고·무아를 통찰해서 염오-이욕-소멸이 일어나게 하기 위해서 도를 닦는다고 강조하고 있다.
우리는 이미 「무더기 상윳따」(S22) 등을 통해서 여기서 염오는 강한 위빳사나에, 이욕은 도에, 해탈은 과에, 구경해탈지는 반조에, 소멸은 [아라한]과에 해당한다는 것을 보았다. 여기에 대한 주석서적인 설명은 본서 제3권 「무상 경」(S22:12) §3의 주해 등과 제2권 「연기 경」(S12:1) §4의 주해와 「설법자[法師] 경」(S12:16) §5의 주해를 참조할 것.
그리고 염오-이욕-소멸에서 소멸은 본서 제2권 「인연 상윳따」(S12)의 여러 경의 12연기의 환멸문(paṭiloma)에 나타나는 "무명이 남김없이 빛바래어 소멸함(asesa-virāga-nirodhā)"의 소멸과, "의도적 행위들이 소멸하기 때문에 알음알이가 소멸함(행멸즉식멸)" 등의 소멸과 같은 경지로 아라한과를 뜻한다고 주석서는 설명하고 있다.(여기에 대해서는 본서 제2권 「연기 경」(S12:1) §4의 주해를 참조할 것.) 그러므로 본경 등에 나타나는 염오-이욕-소멸의 소멸과, 다른 여러 경에 나타나는 염오-이욕-해탈-구경해탈지의 해탈과, 12연기의 정형구에 나타나는 무명이 남김없이 빛바래어 소멸함과 12연기의 구성요소들의 소멸은 같은 의미이다.
거듭 강조하지만 불교교학의 기본 법수인 5온(S22), 12처(S35), 12연기(S12)는 궁극적으로 무상·고·무아의 통찰을 통한 염오-이욕-해탈-구경해탈지의 증득과 염오-이욕-소멸의 증득을 설하기 위해서 조직된 가르침이다. 나와 존재를 이처럼 무더기(온)와 감각장소(처)와 조건발생(연)으로 해체해서 보면 무상이 보이고 괴로움이 보이고 무아가 보이며, 이렇게 무상·고·무아에 사무칠 때 염오(넌더리, 구토)가 일어나는데 이것이야말로 강력한 위빳사나이다. 그리고 이러한 염오가 일어날 때 탐욕이 빛바래게 되는데(이욕) 이것이야말로 네 가지 도(예류도부터 아라한도까지)이다. 이처럼 이욕이 될 때 해탈이 일어나거나 소멸이 일어나는데 이것이야말로 과(예류과로부터 아라한과까지, 혹은 아라한과만)이다. 이렇게 될 때 여기서처럼 '태어남은 다했다. …'로 정형화되는 해탈했다는 지혜(구경해탈지)가 생기는데 이

안의 무상 경(S35:7)

Ajjhatta-anicca-sutta

3. "비구들이여, [4] 과거와 미래의 눈은 무상하나니 하물며 현재는 말해서 무엇 하겠는가? 비구들이여, 이렇게 보는 잘 배운 성스러운 제자는 과거의 눈에 대해서 무관심하고, 미래의 눈을 즐거워하지 않으며, 현재의 눈에 대해서 염오하고 탐욕이 빛바래게 하고 소멸하기 위해서 도를 닦는다.18)

비구들이여, 과거와 미래의 귀는 … 코는 … 혀는 … 몸은 … 마노[意]는 무상하나니 하물며 현재는 말해서 무엇 하겠는가? 비구들이여, 이렇게 보는 잘 배운 성스러운 제자는 과거의 마노에 대해서 무관심하고, 미래의 마노를 즐거워하지 않으며, 현재의 마노에 대해서 염오하고 탐욕이 빛바래게 하고 소멸하기 위해서 도를 닦는다."

안의 괴로움 경(S35:8)

Ajjhatta-dukkha-sutta

3. "비구들이여, 과거와 미래의 눈은 괴로움이니 하물며 현재는 말해서 무엇 하겠는가? 비구들이여, 이렇게 보는 잘 배운 성스러운 제자는 과거의 눈에 대해서 무관심하고, 미래의 눈을 즐거워하지 않

것이야말로 반조의 지혜인 것이다.

부처님은 왜 온·처·연 혹은 온·처·계·근·제·연의 교학체계를 조직하셨는가? 나와 존재를 해체할 때 드러나는 이러한 법들을 통해서 무상·고·무아를 통찰하여 염오-이욕-소멸을 이루어서 깨달음을 실현하게 하기 위한 것이다. 이러한 근본 목적을 잠시라도 잊어버리면 불교교학은 단순한 암기의 대상으로 전락해버리고 말 것이다.

18) 여기에 대해서는 본서 제2권 「설법자[法師] 경」(S12:16) §5의 주해를 참조하고, '소멸(nirodha)'에 대한 여러 논의는 본서 제3권 「할릿디까니 경」2(S22:4) §4의 주해를 참조할 것.

으며, 현재의 눈에 대해서 염오하고 탐욕이 빛바래게 하고 소멸하기 위해서 도를 닦는다.

비구들이여, 과거와 미래의 귀는 … 코는 … 혀는 … 몸은 … 마노[意]는 괴로움이니 하물며 현재는 말해서 무엇 하겠는가? 비구들이여, 이렇게 보는 잘 배운 성스러운 제자는 과거의 마노에 대해서 무관심하고, 미래의 마노를 즐거워하지 않으며, 현재의 마노에 대해서 염오하고 탐욕이 빛바래게 하고 소멸하기 위해서 도를 닦는다."

안의 무아 경(S35:9)

Ajjhatta-anatta-sutta

3. "비구들이여, 과거와 미래의 눈은 무아이니 하물며 현재는 말해서 무엇 하겠는가? 비구들이여, 이렇게 보는 [5] 잘 배운 성스러운 제자는 과거의 눈에 대해서 무관심하고, 미래의 눈을 즐거워하지 않으며, 현재의 눈에 대해서 염오하고 탐욕이 빛바래게 하고 소멸하기 위해서 도를 닦는다.

비구들이여, 과거와 미래의 귀는 … 코는 … 혀는 … 몸은 … 마노[意]는 무아이니 하물며 현재는 말해서 무엇 하겠는가? 비구들이여, 이렇게 보는 잘 배운 성스러운 제자는 과거의 마노에 대해서 무관심하고, 미래의 마노를 즐거워하지 않으며, 현재의 마노에 대해서 염오하고 탐욕이 빛바래게 하고 소멸하기 위해서 도를 닦는다."

밖의 무상 경(S35:10)

Bāhira-anicca-sutta

3. "비구들이여, 과거와 미래의 형색은 무상하나니 하물며 현재는 말해서 무엇 하겠는가? 비구들이여, 이렇게 보는 잘 배운 성스러운

운 제자는 과거의 형색에 대해서 무관심하고, 미래의 형색을 즐거워하지 않으며, 현재의 형색에 대해서 염오하고 탐욕이 빛바래게 하고 소멸하기 위해서 도를 닦는다.

비구들이여, 과거와 미래의 소리는 … 냄새는 … 맛은 … 감촉은 … [마노의 대상인] 법은 무상하나니 하물며 현재는 말해서 무엇 하겠는가? 비구들이여, 이렇게 보는 잘 배운 성스러운 제자는 과거의 [마노의 대상인] 법에 대해서 무관심하고, 미래의 [마노의 대상인] 법을 즐거워하지 않으며, 현재의 [마노의 대상인] 법에 대해서 염오하고 탐욕이 빛바래게 하고 소멸하기 위해서 도를 닦는다."

밖의 괴로움 경(S35:11)

Bāhira-dukkha-sutta

3. "비구들이여, 과거와 미래의 형색은 괴로움이니 하물며 현재는 말해서 무엇 하겠는가? 비구들이여, 이렇게 보는 잘 배운 성스러운 제자는 과거의 형색에 대해서 무관심하고, 미래의 형색을 즐거워하지 않으며, 현재의 형색에 대해서 염오하고 탐욕이 빛바래게 하고 소멸하기 위해서 도를 닦는다.

비구들이여, [6] 과거와 미래의 소리는 … 냄새는 … 맛은 … 감촉은 … [마노의 대상인] 법은 괴로움이니 하물며 현재는 말해서 무엇 하겠는가? 비구들이여, 이렇게 보는 잘 배운 성스러운 제자는 과거의 [마노의 대상인] 법에 대해서 무관심하고, 미래의 [마노의 대상인] 법을 즐거워하지 않으며, 현재의 [마노의 대상인] 법에 대해서 염오하고 탐욕이 빛바래게 하고 소멸하기 위해서 도를 닦는다."

밖의 무아 경(S35:12)

Bāhira-anatta-sutta

3. "비구들이여, 과거와 미래의 형색은 무아이니 하물며 현재는 말해서 무엇 하겠는가? 비구들이여, 이렇게 보는 잘 배운 성스러운 제자는 과거의 형색에 대해서 무관심하고, 미래의 형색을 즐거워하지 않으며, 현재의 형색에 대해서 염오하고 탐욕이 빛바래게 하고 소멸하기 위해서 도를 닦는다.

비구들이여, 과거와 미래의 소리는 … 냄새는 … 맛은 … 감촉은 … [마노의 대상인] 법은 무아이니 하물며 현재는 말해서 무엇 하겠는가? 비구들이여, 이렇게 보는 잘 배운 성스러운 제자는 과거의 [마노의 대상인] 법에 대해서 무관심하고, 미래의 [마노의 대상인] 법을 즐거워하지 않으며, 현재의 [마노의 대상인] 법에 대해서 염오하고 탐욕이 빛바래게 하고 소멸하기 위해서 도를 닦는다."[19]

제1장 무상 품이 끝났다.

첫 번째 품에 포함된 경들의 목록은 다음과 같다.

① 안의 무상 ② 안의 괴로움 ③ 안의 무아
④ 밖의 무상 ⑤ 밖의 괴로움 ⑥ 밖의 무아
⑦ 안의 무상 ⑧ 안의 괴로움 ⑨ 안의 무아
⑩ 밖의 무상 ⑪ 밖의 괴로움 ⑫ 밖의 무아다.

---

19) 본서 「안의 무상 경」(S35:7)부터 본경까지의 여섯 개의 경에서는 눈·귀·코·혀·몸·마노 즉 육내처와 색·성·향·미·촉·법의 육외처에 대한 무상·고·무아를 통찰해서 염오-이욕-소멸이 일어나게 하기 위해서 도를 닦는다고 강조하고 있다.
이렇게 해서 본품에 포함된 12개의 경을 통해서 육내외처(=12처)에 대한 염오-이욕-해탈-구경해탈지를 일으키는 정형구(S35:1~6)와 염오-이욕-소멸을 일으키는 정형구(S35:7~12)를 살펴보았다.

제2장 쌍 품

Yamaka-vagga

깨닫기 전 경1(S35:13)

Pubbesambodha-sutta

2. “비구들이여, 내가 깨닫기 전, [7] 아직 완전한 깨달음을 성취하지 못한 보살이었을 때 이런 생각이 들었다.

‘무엇이 눈의 달콤함이며 무엇이 위험함이며 무엇이 벗어남인가? 무엇이 귀의 … 코의 … 혀의 … 몸의 … 마노[意]의 달콤함이며 무엇이 위험함이며 무엇이 벗어남인가?’라고.”

3. “비구들이여, 그러자 나에게 이런 생각이 일어났다.

‘눈을 반연하여 일어나는 육체적 즐거움과 정신적 즐거움이 눈의 달콤함이다. 눈이 무상하고 괴로움이고 변하기 마련인 것이 눈의 위험함이다. 눈에 대한 욕탐을 길들이고 욕탐을 제거하는 것이 눈으로부터 벗어남이다.

귀를 … 코를 … 혀를 … 몸을 … 마노를 반연하여 일어나는 육체적 즐거움과 정신적 즐거움이 마노의 달콤함이다. 마노가 무상하고 괴로움이고 변하기 마련인 것이 마노의 위험함이다. 마노에 대한 욕탐을 길들이고 욕탐을 제거하는 것이 마노로부터 벗어남이다.’라고.”

4. “비구들이여, 만일 내가 이와 같이 여섯 가지 안의 감각장소들[六內入處][20]의 달콤함을 달콤함이라고 위험함을 위험함이라고 벗

---

20) “‘안의 감각장소들[內入處, ajjhattikā āyatanā]’을 ‘안(ajjhatta)’이라고 하는 이유는 이것들에 대한 욕탐(chanda-rāga)이 현저하게 강하기 때문

어남을 벗어남이라고 있는 그대로 최상의 지혜로 알지 못하였다면, 나는 신과 마라와 범천을 포함한 세상에서, 사문・바라문과 신과 사람을 포함한 무리 가운데에서 내 스스로 위없는 바른 깨달음을 실현하였다고 결코 천명하지 않았을 것이다."

5. "비구들이여, 그러나 내가 이와 같이 여섯 가지 안의 감각장소들[六內入處]의 달콤함을 달콤함이라고 위험함을 위험함이라고 벗어남을 벗어남이라고 있는 그대로 최상의 지혜로 알았기 때문에, 나는 신과 마라와 범천을 포함한 세상에서, 사문・바라문과 신과 사람을 포함한 무리 가운데에서 내 스스로 위없는 바른 깨달음을 실현하였다고 천명하였다."

6. "그리고 [8] 나에게는 '나의 해탈은 확고부동하다. 이것이 나의 마지막 태어남이며, 이제 더 이상의 다시 태어남[再生]은 없다.'라는 지와 견이 일어났다."21)

(adhimatta-balavatā)이다. 왜냐하면 사람들은 여섯 가지 안의 감각장소들을 집의 내부(anto-ghara)로 여기고 여섯 가지 '밖의 감각장소들[外入處, bāhirā āyatanā]'을 집의 부근(ghar-ūpacāra)으로 여기기 때문이다. 마치 사람들이 집안에 있는 아들이나 아내나 재산이나 재물이나 공덕과 같은 것에 대한 욕탐이 아주 강하기 때문에 모르는 사람이 집 안으로 들어오는 것을 막고 나누어 가지자는 말만 들어도 거부하는 것처럼, 여섯 가지 안의 감각장소들에 대해서도 마찬가지이다. 그래서 이것들은 안의 것(ajjhattikā-ni)이라 불린다.

마치 사람들이 집의 부근에 있는 것에 대해서는 욕탐이 그렇게 강하지 않고 다른 사람들이 지나 다니는 것도 억지로 막지 않는 것처럼 여섯 가지 밖의 감각장소들에 대해서도 그러하다. 그래서 이것들은 밖의 것(bāhirāni)이라 불린다."(SA.ii.356)

21) 본 정형구에 대해서는 본서 제2권 「깨닫기 전 경」(S14:31) §7의 주해들을 참조할 것.

깨닫기 전 경2(S35:14)

2. "비구들이여, 내가 깨닫기 전, 아직 완전한 깨달음을 성취하지 못한 보살이었을 때 이런 생각이 들었다.

'무엇이 형색의 달콤함이며 무엇이 위험함이며 무엇이 벗어남인가? 무엇이 소리의 … 냄새의 … 맛의 … 감촉의 … [마노의 대상인] 법의 달콤함이며 무엇이 위험함이며 무엇이 벗어남인가?'라고."

3. "비구들이여, 그러자 나에게 이런 생각이 일어났다.

'형색을 반연하여 일어나는 육체적 즐거움과 정신적 즐거움이 형색의 달콤함이다. 형색이 무상하고 괴로움이고 변하기 마련인 것이 형색의 위험함이다. 형색에 대한 욕탐을 길들이고 욕탐을 제거하는 것이 형색으로부터 벗어남이다.

소리를 … 냄새를 … 맛을 … 감촉을 … [마노의 대상인] 법을 반연하여 일어나는 육체적 즐거움과 정신적 즐거움이 [마노의 대상인] 법의 달콤함이다. [마노의 대상인] 법이 무상하고 괴로움이고 변하기 마련인 것이 [마노의 대상인] 법의 위험함이다. [마노의 대상인] 법에 대한 욕탐을 길들이고 욕탐을 제거하는 것이 [마노의 대상인] 법으로부터 벗어남이다.'라고."

4. "비구들이여, 만일 내가 이와 같이 여섯 가지 밖의 감각장소들[六外入處]의 달콤함을 달콤함이라고 위험함을 위험함이라고 벗어남을 벗어남이라고 있는 그대로 최상의 지혜로 알지 못하였다면, 나는 신과 마라와 범천을 포함한 세상에서, 사문·바라문과 신과 사람을 포함한 무리 가운데에서 내 스스로 위없는 바른 깨달음을 실현하였다고 결코 천명하지 않았을 것이다."

5. "비구들이여, 그러나 내가 이와 같이 여섯 가지 밖의 감각장소들[六外入處]의 달콤함을 달콤함이라고 위험함을 위험함이라고 벗어남을 벗어남이라고 있는 그대로 최상의 지혜로 알았기 때문에, 나는 신과 마라와 범천을 포함한 세상에서, 사문·바라문과 신과 사람을 포함한 무리 가운데에서 내 스스로 위없는 바른 깨달음을 실현하였다고 천명하였다."

6. "그리고 나에게는 '나의 해탈은 확고부동하다. 이것이 나의 마지막 태어남이며, 이제 더 이상의 다시 태어남[再生]은 없다.'라는 지와 견이 일어났다."

달콤함 경1(S35:15)

Assāda-sutta

3. "비구들이여, 나는 눈의 달콤함을 찾기 위해 유행하였다. 나는 눈의 달콤함을 알았고 눈의 달콤함이라고 알려진 것을 통찰지로 분명하게 보았다.

비구들이여, 나는 [9] 눈의 위험함을 찾기 위해 유행하였다. 나는 눈의 위험함을 알았고 눈의 위험함이라고 알려진 것을 통찰지로 분명하게 보았다.

비구들이여, 나는 눈으로부터 벗어남을 찾기 위해 유행하였다. 나는 눈으로부터 벗어남을 알았고 눈으로부터 벗어남이라고 알려진 것을 통찰지로 분명하게 보았다."

4. "비구들이여, 나는 귀의 …"

5. "비구들이여, 나는 코의 …"

6. "비구들이여, 나는 혀의 …"

7. "비구들이여, 나는 몸의 …"

8. "비구들이여, 나는 마노[意]의 달콤함을 … 위험함을 … 벗어남을 … 통찰지로 분명하게 보았다."

9. "비구들이여, 만일 내가 이와 같이 여섯 가지 안의 감각장소들[六內入處]의 달콤함을 달콤함이라고 위험함을 위험함이라고 벗어남을 벗어남이라고 있는 그대로 최상의 지혜로 알지 못하였다면, 나는 신과 마라와 범천을 포함한 세상에서, 사문·바라문과 신과 사람을 포함한 무리 가운데에서 내 스스로 위없는 바른 깨달음을 실현하였다고 결코 천명하지 않았을 것이다."

10. "비구들이여, 그러나 내가 이와 같이 여섯 가지 안의 감각장소들[六內入處]의 달콤함을 달콤함이라고 위험함을 위험함이라고 벗어남을 벗어남이라고 있는 그대로 최상의 지혜로 알았기 때문에, 나는 신과 마라와 범천을 포함한 세상에서, 사문·바라문과 신과 사람을 포함한 무리 가운데에서 내 스스로 위없는 바른 깨달음을 실현하였다고 천명하였다."

11. "그리고 나에게는 '나의 해탈은 확고부동하다. 이것이 나의 마지막 태어남이며, 이제 더 이상의 다시 태어남[再生]은 없다.'라는 지와 견이 일어났다."

달콤함 경2(S35:16)

3. "비구들이여, 나는 형색의 달콤함을 찾기 위해 유행하였다. 나는 형색의 달콤함을 알았고 형색의 달콤함이라고 알려진 것을 통

찰지로 분명하게 보았다.

비구들이여, 나는 [10] 형색의 위험함을 찾기 위해 유행하였다. 나는 형색의 위험함을 알았고 형색의 위험함이라고 알려진 것을 통찰지로 분명하게 보았다.

비구들이여, 나는 형색으로부터 벗어남을 찾기 위해 유행하였다. 나는 형색으로부터 벗어남을 알았고 형색으로부터 벗어남이라고 알려진 것을 통찰지로 분명하게 보았다."

4. "비구들이여, 나는 소리의 …"

5. "비구들이여, 나는 냄새의 …"

6. "비구들이여, 나는 맛의 …"

7. "비구들이여, 나는 감촉의 …"

8. "비구들이여, 나는 [마노의 대상인] 법의 달콤함을 … 위험함을 … 벗어남을 … 통찰지로 분명하게 보았다."

9. "비구들이여, 만일 내가 이와 같이 여섯 가지 밖의 감각장소들[六外入處]의 달콤함을 달콤함이라고 위험함을 위험함이라고 벗어남을 벗어남이라고 있는 그대로 최상의 지혜로 알지 못하였다면, 나는 신과 마라와 범천을 포함한 세상에서, 사문・바라문과 신과 사람을 포함한 무리 가운데에서 내 스스로 위없는 바른 깨달음을 실현하였다고 결코 천명하지 않았을 것이다."

10. "비구들이여, 그러나 내가 이와 같이 여섯 가지 밖의 감각장소들[六外入處]의 달콤함을 달콤함이라고 위험함을 위험함이라고 벗어남을 벗어남이라고 있는 그대로 최상의 지혜로 알았기 때문에, 나

는 신과 마라와 범천을 포함한 세상에서, 사문·바라문과 신과 사람을 포함한 무리 가운데에서 내 스스로 위없는 바른 깨달음을 실현하였다고 천명하였다."

11. "그리고 나에게는 '나의 해탈은 확고부동하다. 이것이 나의 마지막 태어남이며, 이제 더 이상의 다시 태어남[再生]은 없다.'라는 지와 견이 일어났다."

이것이 없다면 경1(S35:17)
Nocetena-sutta

3. "비구들이여, 만일 눈에 달콤함이 없다면 중생들은 눈에 집착하지 않을 것이다. 비구들이여, 눈에는 달콤함이 있다. 그래서 중생들은 눈에 집착한다.

비구들이여, 만일 눈에 위험함이 없다면 중생들은 눈을 염오하지 않을 것이다. 비구들이여, 눈에는 위험함이 있다. 그래서 중생들은 눈을 염오한다.

비구들이여, 만일 눈에 벗어남이 없다면 중생들은 눈으로부터 벗어나지 못할 것이다. 비구들이여, 눈에는 벗어남이 있다. 그래서 중생들은 눈으로부터 벗어난다."

4. "비구들이여, 만일 귀에 달콤함이 없다면 … 위험함이 없다면 … 벗어남이 없다면 …"

5. "비구들이여, [11] 만일 코에 달콤함이 없다면 … 위험함이 없다면 … 벗어남이 없다면 …"

6. "비구들이여, 만일 혀에 달콤함이 없다면 … 위험함이 없다

면 … 벗어남이 없다면 …"

7. "비구들이여, 만일 몸에 달콤함이 없다면 … 위험함이 없다면 … 벗어남이 없다면 …"

8. "비구들이여, 만일 마노[意]에 달콤함이 없다면 … 위험함이 없다면 … 벗어남이 없다면 …"

9. "비구들이여, 만일 중생들이 여섯 가지 안의 감각장소들[六內入處]의 달콤함을 달콤함이라고 위험함을 위험함이라고 벗어남을 벗어남이라고 있는 그대로 최상의 지혜로 알지 못하면, 중생들은 신과 마라와 범천을 포함한 세상으로부터, 사문·바라문과 신과 사람을 포함한 무리로부터 벗어나지 못하고 풀려나지 못하고 해탈하지 못하며 한계가 없는 마음으로 결코 머물지 못할 것이다."

10. "비구들이여, 그러나 중생들이 이와 같이 여섯 가지 안의 감각장소들[六內入處]의 달콤함을 달콤함이라고 위험함을 위험함이라고 벗어남을 벗어남이라고 있는 그대로 최상의 지혜로 알 때, [12] 중생들은 신과 마라와 범천을 포함한 세상으로부터, 사문·바라문과 신과 사람을 포함한 무리로부터 벗어나고 풀려나고 해탈하며 한계가 없는 마음으로 머물게 될 것이다."

이것이 없다면 경2(S35:18)

3. "비구들이여, 만일 형색에 달콤함이 없다면 중생들은 형색에 집착하지 않을 것이다. 비구들이여, 형색에는 달콤함이 있다. 그래서 중생들은 형색에 집착한다.

비구들이여, 만일 형색에 위험함이 없다면 중생들은 형색에 염오하지 않을 것이다. 비구들이여, 형색에는 위험함이 있다. 그래서 중생들은 형색에 염오한다.

비구들이여, 만일 형색에 벗어남이 없다면 중생들은 형색으로부터 벗어나지 못할 것이다. 비구들이여, 형색에는 벗어남이 있다. 그래서 중생들은 형색에서 벗어난다."

4. "비구들이여, 만일 소리에 달콤함이 없다면 … 위험함이 없다면 … 벗어남이 없다면 …"

5. "비구들이여, 만일 냄새에 달콤함이 없다면 … 위험함이 없다면 … 벗어남이 없다면 …"

6. "비구들이여, 만일 맛에 달콤함이 없다면 … 위험함이 없다면 … 벗어남이 없다면 …"

7. "비구들이여, 만일 감촉에 달콤함이 없다면 … 위험함이 없다면 … 벗어남이 없다면 …"

8. "비구들이여, 만일 [마노의 대상인] 법에 달콤함이 없다면 … 위험함이 없다면 … 벗어남이 없다면 …"

9. "비구들이여, 만일 중생들이 여섯 가지 밖의 감각장소들[六外入處]의 달콤함을 달콤함이라고 위험함을 위험함이라고 벗어남을 벗어남이라고 있는 그대로 최상의 지혜로 알지 못하면, [13] 중생들은 신과 마라와 범천을 포함한 세상으로부터, 사문·바라문과 신과 사람을 포함한 무리로부터 벗어나지 못하고 풀려나지 못하고 해탈하지 못하며 한계가 없는 마음으로 결코 머물지 못할 것이다."

10. "비구들이여, 그러나 중생들이 이와 같이 여섯 가지 밖의 감

각장소들[六外入處]의 달콤함을 달콤함이라고 위험함을 위험함이라고 벗어남을 벗어남이라고 있는 그대로 최상의 지혜로 알 때, 중생들은 신과 마라와 범천을 포함한 세상으로부터, 사문·바라문과 신과 사람을 포함한 무리로부터 벗어나고 풀려나고 해탈하며 한계가 없는 마음으로 머물게 될 것이다."

기뻐함 경1(S35:19)

Abhinandana-sutta

3. "비구들이여, 눈을 기뻐하는 자는 괴로움을 기뻐하는 자이다. 괴로움을 기뻐하는 자는 괴로움으로부터 해탈하지 못한다고 나는 말한다.

비구들이여, 귀를 … 코를 … 혀를 … 몸을 … 마노[意]를 기뻐하는 자는 괴로움을 기뻐하는 자이다. 괴로움을 기뻐하는 자는 괴로움으로부터 해탈하지 못한다고 나는 말한다."

4. "비구들이여, 눈을 기뻐하지 않는 자는 괴로움을 기뻐하지 않는 자이다. 괴로움을 기뻐하지 않는 자는 괴로움으로부터 해탈한다고 나는 말한다.

비구들이여, 귀를 … 코를 … 혀를 … 몸을 … 마노[意]를 기뻐하지 않는 자는 괴로움을 기뻐하지 않는 자이다. 괴로움을 기뻐하지 않는 자는 괴로움으로부터 해탈한다고 나는 말한다."

기뻐함 경2(S35:20)

Abhinandana-sutta

3. "비구들이여, 형색을 기뻐하는 자는 괴로움을 기뻐하는 자이

다. 괴로움을 기뻐하는 자는 괴로움으로부터 해탈하지 못한다고 나는 말한다.

비구들이여, 소리를 … 냄새를 … 맛을 … 감촉을 … [마노의 대상인] 법을 기뻐하는 자는 괴로움을 기뻐하는 자이다. 괴로움을 기뻐하는 자는 괴로움으로부터 해탈하지 못한다고 나는 말한다."

4. "비구들이여, [14] 형색을 기뻐하지 않는 자는 괴로움을 기뻐하지 않는 자이다. 괴로움을 기뻐하지 않는 자는 괴로움으로부터 해탈한다고 나는 말한다.

비구들이여, 소리를 … 냄새를 … 맛을 … 감촉을 … [마노의 대상인] 법을 기뻐하지 않는 자는 괴로움을 기뻐하지 않는 자이다. 괴로움을 기뻐하지 않는 자는 괴로움으로부터 해탈한다고 나는 말한다."

일어남 경1(S35:21)

Uppāda-sutta

3. "비구들이여, 눈의 일어남과 지속함과 생김과 나타남은 바로 괴로움의 일어남과 병의 지속함과 늙음·죽음의 드러남이다.

비구들이여, 귀의 … 코의 … 혀의 … 몸의 … 마노[意]의 일어남과 지속함과 생김과 나타남은 바로 괴로움의 일어남과 병의 지속함과 늙음·죽음의 드러남이다."

4. "비구들이여, 눈의 소멸과 잦아듦과 사라짐은 바로 괴로움의 소멸과 병의 잦아듦과 늙음·죽음의 사라짐이다.

비구들이여, 귀의 … 코의 … 혀의 … 몸의 … 마노[意]의 소멸과 잦아듦과 사라짐은 바로 괴로움의 소멸과 병의 잦아듦과 늙음·죽음의 사라짐이다."

일어남 경2(S35:22)

Uppāda-sutta

3. "비구들이여, 형색의 일어남과 지속함과 생김과 나타남은 바로 괴로움의 일어남과 병의 지속함과 늙음·죽음의 드러남이다.

비구들이여, 소리의 … 냄새의 … 맛의 … 감촉의 … [마노의 대상인] 법의 일어남과 지속함과 생김과 나타남은 바로 괴로움의 일어남과 병의 지속함과 늙음·죽음의 드러남이다."

4. "비구들이여, 형색의 소멸과 잦아듦과 사라짐은 바로 괴로움의 소멸과 병의 잦아듦과 늙음·죽음의 사라짐이다.

비구들이여, 소리의 … 냄새의 … 맛의 … 감촉의 … [15] [마노의 대상인] 법의 소멸과 잦아듦과 사라짐은 바로 괴로움의 소멸과 병의 잦아듦과 늙음·죽음의 사라짐이다."

제2장 쌍 품이 끝났다.

두 번째 품에 포함된 경들의 목록은 다음과 같다.

두 가지 ①~② 깨닫기 전, 두 가지 ③~④ 달콤함
두 가지 ⑤~⑥ 이것이 없다면, 두 가지 ⑦~⑧ 기뻐함
두 가지 ⑨~⑩ 일어남이다.

제3장 일체 품

Sabba-vagga

일체 경(S35:23)

Sabba-sutta

3. "비구들이여, 그대들에게 일체[諸, sabba][22]를 설하리라. 이제 그것을 들어라. 듣고 마음에 잘 새겨라. 나는 설할 것이다."

"그렇게 하겠습니다, 세존이시여."라고 비구들은 세존께 응답했다. 세존께서는 이렇게 말씀하셨다.

4. "비구들이여, 그러면 무엇이 일체인가?

눈과 형색, 귀와 소리, 코와 냄새, 혀와 맛, 몸과 감촉, 마노[意]와 [마노의 대상인] 법 — 이를 일러 일체라 한다."

5. "비구들이여, 어떤 사람이 말하기를, '나는 이런 일체를 버리고 다른 일체를 천명할 것이다.'라고 한다면 그것은 단지 말로만 떠

---

22) "'일체(sabba)'에는 4가지가 있다. 일체로서의 일체(sabba-sabba), 감각장소[處]로서의 일체(āyatana-sabba), 자기 존재[有身]로서의 일체(sakkāya-sabba), 부분으로서의 일체(padesa-sabba)이다.
① 일체로서의 일체는 알 수 있는 모든 것인데, [부처님의] 일체지지(一切知智, sabbaññuta-ñāṇa)의 영역에 들어온 모든 것이다. ② 감각장소[處]로서의 일체는 네 가지 세계에 속하는 모든 법들(catubhūmaka-dhammā)이다. ③ 자기 존재[有身]로서의 일체는 삼계에 속하는 모든 법들(tebhūmaka-dhammā, 즉 모든 유위법)이다. ④ 부분으로서의 일체는 물질로 된 다섯 가지 감각대상들만(pañc-ārammaṇa-matta)이다. [①부터 ④까지] 뒤로 올수록 그 범위가 앞의 것보다 더 좁아진다. 여기 [본경]에서는 감각장소[處]로서의 일체를 뜻한다."(SA.ii.357)
네 가지 세계[四界]는 삼계(욕계, 색계, 무색계)에다 [9가지] 출세간(4가지 도와 4가지 과와 열반)을 포함한 것이다.

벌리는 것일 뿐이다.[23] 만일 질문을 받으면 대답하지 못할 뿐만 아니라 나아가서 더 큰 곤경에 처하게 될 것이다. 그것은 무슨 이유 때문인가? 비구들이여, 그것은 그들의 영역을 벗어났기 때문이다."[24]

버림 경1(S35:24)

Pahāna-sutta

3. "비구들이여, 그대들에게 일체를 버림에 대한 법을 설하리라. … <S35:23 §3> …

4. "비구들이여, 그러면 무엇이 일체를 버림에 대한 법인가?

눈을 버려야 한다. 형색을 버려야 한다. 눈의 알음알이를 버려야 한다. 눈의 감각접촉을 버려야 한다. [16] 눈의 감각접촉을 조건으로 하여 일어나는 즐겁거나 괴롭거나 괴롭지도 즐겁지도 않은 느낌[25]

---

23) "'단지 말로만 떠벌리는 것일 뿐이다(vācā-vatthur ev' assa).'라는 것은 말로만 말하게 되는 토대가 될 뿐이라는 말이다. 이 12가지 감각장소들을 떠나서 또 다른 고유성질을 가진 법(sabhāva-dhamma)이 있다고 설 할 수 없다는 뜻이다."(SA.ii.358)

24) "'그것은 그들의 영역을 벗어났기 때문이다(yathā taṁ avisayasmiṁ).'라고 했다. 사람들은 그들의 영역이 아닌 것(avisaya)에 대해서는 곤혹스럽게 된다. 그것은 마치 집채만 한 돌을 머리에 이고 깊은 물을 건너려는 것과 같고, 달과 태양을 끌어당겨서 떨어뜨리려는 것과 같아서, 자신의 영역이 아닌 것에 대해서 애를 쓰는 것(vāyamanta)은 곤혹스러움(vighāta)만 만나게 된다는 말이다."(SA.ii.358)

25) "'눈의 감각접촉을 조건으로 하여 일어나는 느낌(cakkhu-samphassa-paccayā uppajjati vedayitaṁ)'이란, 눈의 감각접촉을 근본 조건으로 하여 일어난 받아들이는 마음과 조사하는 마음과 결정하는 마음과 속행의 마음에 있는 느낌(sampaṭicchana-santīraṇa-voṭṭhabbana-javana-vedanā)을 말한다. 눈의 알음알이의 단계와 함께한 [느낌](cakkhu-viññāṇa-sam-payuttā)에 대해서는 따로 설해야 할 것이 없다. 귀의 문 등에서 일어나는 느낌에도 이 방법이 적용된다."(SA.ii.258)
받아들이는 마음 등에 대해서는 『아비담마 길라잡이』 제3장 §8의 해설을을 버려야 한다.

귀를 … 소리를 … 귀의 알음알이를 … 귀의 감각접촉을 … 느낌을 …

코를 … 냄새를 … 코의 알음알이를 … 코의 감각접촉을 … 느낌을 …

혀를 … 맛을 … 혀의 알음알이를 … 혀의 감각접촉을 … 느낌을 …

몸을 … 감촉을 … 몸의 알음알이를 … 몸의 감각접촉을 … 느낌을 …

마노[意]를 버려야 한다. [마노의 대상인] 법[26]을 버려야 한다. 마노의 알음알이[意識]를 버려야 한다. 마노의 감각접촉을 버려야 한다. 마노의 감각접촉을 조건으로 하여 일어나는 즐겁거나 괴롭거나 괴롭지도 즐겁지도 않은 느낌을 버려야 한다."[27]

5. "비구들이여, 이를 일러 일체를 버림에 대한 법이라 한다."[28]

참조할 것.

26) 본서 「밖의 무상 경」(S35:4) §3의 주해에서도 밝혔듯이 여기서 '[마노의 대상인] 법'은 dhamma를 옮긴 것이다. 해당 주석서에서도 이것을 대상이라고 설명하고 있다.(dhammāti ārammaṇaṁ – SA.ii.258)

27) "여기서 '마노[意, mano]'는 바왕가의 마음(bhavaṅga-citta)이다. '[마노의 대상인] 법[法, dhamma]'은 대상이다. '마노의 알음알이[意識]'는 전향을 포함한 속행(sah-āvajjanaka-javana)을 말한다. '마노[意]의 감각접촉'이란 바왕가와 함께 생긴 감각접촉을 말한다. '느낌(vedayita)'이란 전향의 느낌을 포함한 속행의 느낌을 말한다. 바왕가와 함께하는 [느낌]에 대해서는 따로 설해야 할 것이 없다. 전향을 바왕가로부터 분리하지 못하기 때문에 마노[意, mano]는 전향을 포함한 바왕가를 뜻한다고 알아야 한다."(SA.ii.258)
바왕가와 속행에 대해서는 『아비담마 길라잡이』 제3장 §8의 해설을 참조할 것.

28) 본서 「일체 경」(S35:23) 등 위의 여러 경들에서 세존께서는 일체란 안・이・비・설・신・의와 색・성・향・미・촉・법의 안과 밖의 감각장소들(12처)뿐이라고 말씀하셨다. 그런데 바로 본경과 다음의 여러 경들에서는 이러한 12처에서 나열되지 않은 알음알이와 감각접촉과 느낌이라는 구성요소들을 들고 계신다. 이처럼 세존께서는 버려야 하는 일체로 12처보다 더 많은 법수들을 나열하여 앞의 「일체 경」(S35:23)의 말씀들을 정면으로 위배하고 계시는 듯이 보인다. 과연 그런가? 그렇지 않다. 다시 한 번 정리하면 다음과 같다.
본경에 나타나는 6가지 알음알이는 모두 마노의 감각장소[意處, mano-

버림 경2(S35:25)

Pahāna-sutta

3. "비구들이여, 그대들에게 최상의 지혜(신통지, 초월지)와 통달한 지혜(통달지)[29]로 버려야 할 일체에 관한 법을 설하리라. … <S35:23 §3> …

4. "비구들이여, 그러면 무엇이 최상의 지혜와 통달한 지혜로 버려야 할 일체에 관한 법인가?

눈은 최상의 지혜와 통달한 지혜로 버려야 한다. 형색은 최상의 지혜와 통달한 지혜로 버려야 한다. 눈의 알음알이는 최상의 지혜와 통달한 지혜로 버려야 한다. 눈의 감각접촉은 최상의 지혜와 통달한 지혜로 버려야 한다. 눈의 감각접촉을 조건으로 하여 일어나는 즐겁거나 괴롭거나 괴롭지도 즐겁지도 않은 느낌은 최상의 지혜와 통달한 지혜로 버려야 한다.

āyatana]에 포함된다. 이렇게 되면 마노[意, mano]는 마노의 알음알이를 일어나게 하는 의지하는 조건(nissaya-paccaya)이 되어 마노[意]의 감각장소(mano-āyatana)보다 더 좁은 영역이 된다. 위에서 인용한 주석서에서 보았듯이 아비담마에서는 바왕가의 마음을 마노[意]라고 정의하고 있다.

그리고 감각접촉과 느낌과 다른 심소법들은 [마노의 대상인] 법의 감각장소[法處]에 속한다. 주석서의 설명에서 보았듯이 마노의 알음알이[意識]는 의문전향의 마음(manodhvār-āvajjana-citta)과 속행(javana)들이 포함된다. 그래서 『아비담마 길라잡이』 제7장 §36의 해설에서는 "마노[意]의 감각장소는 마노의 문(dvāra)보다는 더 큰 범위를 나타낸다. 이것은 89가지 형태의 마음 모두를 포함하는 알음알이의 무더기 전체와 일치한다."라고 설명하고 있다.

여기에 나타나는 전문술어들은 『아비담마 길라잡이』 제3장 §§3~8과 그 [설명]들을 참조할 것.

29) '최상의 지혜(abhiññā)'와 '통달한 지혜(통달지, pariññā)'에 대해서는 본서 제3권 「최상의 지혜로 앎 경」(S22:24) §3의 주해를 참조할 것. 최상의 지혜에 대해서는 본서 제1권 「브라흐마데와 경」(S6:3) §3의 주해도 참조할 것.

귀는 … 소리는 … 귀의 알음알이는 … 귀의 감각접촉은 … 느낌은 …

코는 … 냄새는 … 코의 알음알이는 … 코의 감각접촉은 … 느낌은 …

혀는 … 맛은 … 혀의 알음알이는 … 혀의 감각접촉은 … 느낌은 …

몸은 … 감촉은 … 몸의 알음알이는 … 몸의 감각접촉은 … 느낌은 …

마노[意]는 최상의 지혜와 통달한 지혜로 버려야 한다. [마노의 대상인] 법은 최상의 지혜와 [17] 통달한 지혜로 버려야 한다. 마노의 알음알이는 최상의 지혜와 통달한 지혜로 버려야 한다. 마노의 감각접촉은 최상의 지혜와 통달한 지혜로 버려야 한다. 마노의 감각접촉을 조건으로 하여 일어나는 즐겁거나 괴롭거나 괴롭지도 즐겁지도 않은 느낌은 최상의 지혜와 통달한 지혜로 버려야 한다."

5. "비구들이여, 이를 일러 최상의 지혜와 통달한 지혜로 버려야 할 일체에 관한 법이라 한다."

철저하게 앎 경1(S35:26)

Parijānana-sutta

3. "비구들이여, 일체를 최상의 지혜로 알지 못하고 철저하게 알지 못하고 탐욕이 빛바래지 못하고 버리지 못하면 괴로움을 멸진할 수 없다.30)

---

30) "본경에서는 세 가지 통달지를 말씀하셨다. 즉, '최상의 지혜로 앎(abhijānaṁ)'을 통해서는 안 것의 통달지(ñāta-pariññā)를, '철저하게 앎(parijānaṁ)'을 통해서는 조사의 통달지(tīraṇa-pariññā)를, '탐욕의 빛바램(virājayaṁ)'과 '버림(pajaha)'을 통해서는 버림의 통달지(pahāna-pariññā)를 설하셨다."(SA.ii.359)
세 가지 통달지에 대해서는 본서 제1권 「사밋디 경」(S1:20) {47}의 주해를, 더 상세한 설명은 『청정도론』 XX.3~4와 18~19를 참조할 것.
역자는 본서 전체에서 parijānāti를 '철저하게 알다'로 통일해서 옮기고 있으며, 이것의 명사인 pariññā는 '통달지' 혹은 '통달한 지혜'로 옮기고 있다.

비구들이여, 그러면 어떠한 일체를 최상의 지혜로 알지 못하고 철저하게 알지 못하고 탐욕이 빛바래지 못하고 버리지 못하면 괴로움을 멸진할 수 없는가?

눈을 최상의 지혜로 알지 못하고 철저하게 알지 못하고 탐욕이 빛바래지 못하고 버리지 못하면 괴로움을 멸진할 수 없다. 형색을 최상의 지혜로 알지 못하고 철저하게 알지 못하고 탐욕이 빛바래지 못하고 버리지 못하면 괴로움을 멸진할 수 없다. 눈의 알음알이를 최상의 지혜로 알지 못하고 철저하게 알지 못하고 탐욕이 빛바래지 못하고 버리지 못하면 괴로움을 멸진할 수 없다. 눈의 감각접촉을 최상의 지혜로 알지 못하고 철저하게 알지 못하고 탐욕이 빛바래지 못하고 버리지 못하면 괴로움을 멸진할 수 없다. 눈의 감각접촉을 조건으로 하여 일어나는 즐겁거나 괴롭거나 괴롭지도 즐겁지도 않은 느낌을 최상의 지혜로 알지 못하고 철저하게 알지 못하고 탐욕이 빛바래지 못하고 버리지 못하면 괴로움을 멸진할 수 없다.

귀를 … 소리를 … 귀의 알음알이를 … 귀의 감각접촉을 … 느낌을 …

코를 … 냄새를 … 코의 알음알이를 … 코의 감각접촉을 … 느낌을 …

혀를 … 맛을 … 혀의 알음알이를 … 혀의 감각접촉을 … 느낌을 …

몸을 … 감촉을 … 몸의 알음알이를 … 몸의 감각접촉을 … 느낌을 …

마노[意]를 최상의 지혜로 알지 못하고 철저하게 알지 못하고 탐욕이 빛바래지 못하고 버리지 못하면 괴로움을 멸진할 수 없다. [마노의 대상인] 법을 최상의 지혜로 알지 못하고 철저하게 알지 못하고 탐욕이 빛바래지 못하고 버리지 못하면 괴로움을 멸진할 수 없다. 마노의 알음알이를 최상의 지혜로 알지 못하고 철저하게 알지 못하고 탐욕이 빛바래지 못하고 버리지 못하면 괴로움을 멸진할 수 없다. 마노의 감각접촉을 최상의 지혜로 알지 못하고 철저하게 알지 못하고 탐욕이 빛바래지 못하고 버리지 못하면 괴로움을 멸진할 수 없다. 마노의 감각접촉을 조건으로 하여 일어나는 즐겁거나 괴롭거나 괴롭지도 즐겁지도 않은 느낌을 최상의 지혜로 알지 못하고 철저하게 알지 못하고 탐욕이 빛바래지 못하고 버리지 못하면 괴로움을 멸진할 수 없다.

비구들이여, 이러한 일체를 최상의 지혜로 알지 못하고 철저하게 알지 못하고 탐욕이 빛바래지 못하고 버리지 못하면 괴로움을 멸진할 수 없다."

4. "비구들이여, 일체를 최상의 지혜로 알고 철저하게 알고 탐욕이 빛바래고 버리면 괴로움을 멸진할 수 있다.

비구들이여, [18] 그러면 어떠한 일체를 최상의 지혜로 알고 철저하게 알고 탐욕이 빛바래고 버리면 괴로움을 멸진할 수 있는가?

눈을 최상의 지혜로 알고 철저하게 알고 탐욕이 빛바래고 버리면 괴로움을 멸진할 수 있다. 형색을 최상의 지혜로 알고 철저하게 알고 탐욕이 빛바래고 버리면 괴로움을 멸진할 수 있다. 눈의 알음알이를 최상의 지혜로 알고 철저하게 알고 탐욕이 빛바래고 버리면 괴로움을 멸진할 수 있다. 눈의 감각접촉을 최상의 지혜로 알고 철저하게 알고 탐욕이 빛바래고 버리면 괴로움을 멸진할 수 있다. 눈의 감각접촉을 조건으로 하여 일어나는 즐겁거나 괴롭거나 괴롭지도 즐겁지도 않은 느낌을 최상의 지혜로 알고 철저하게 알고 탐욕이 빛바래고 버리면 괴로움을 멸진할 수 있다.

귀를 … 소리를 … 귀의 알음알이를 … 귀의 감각접촉을 … 느낌을 …

코를 … 냄새를 … 코의 알음알이를 … 코의 감각접촉을 … 느낌을 …

혀를 … 맛을 … 혀의 알음알이를 … 혀의 감각접촉을 … 느낌을 …

몸을 … 감촉을 … 몸의 알음알이를 … 몸의 감각접촉을 … 느낌을 …

마노[意]를 최상의 지혜로 알고 철저하게 알고 탐욕이 빛바래고 버리면 괴로움을 멸진할 수 있다. [마노의 대상인] 법을 최상의 지혜로 알고 철저하게 알고 탐욕이 빛바래고 버리면 괴로움을 멸진할 수 있다. 마노의 알음알이[意識]를 최상의 지혜로 알고 철저하게 알고 탐욕이 빛바래고 버리면 괴로움을 멸진할 수 있다. 마노의 감각접촉을 최상의 지혜로 알고 철저하게 알고 탐욕이 빛바래고 버리면 괴로움을 멸진할 수 있다. 마노의 감각접촉을 조건으로 하여 일어나는 즐겁거나 괴롭거나 괴롭지도 즐겁지도 않은 느낌을 최상의 지혜로 알고 철저하게 알고 탐욕이 빛바래고 버리면 괴로움을 멸진할 수 있다.

비구들이여, 이러한 일체를 최상의 지혜로 알고 철저하게 알고 탐욕이 빛바래고 버리면 괴로움을 멸진할 수 있다."

철저하게 앎 경2(S35:27)

Parijānana-sutta

3. "비구들이여, 일체를 최상의 지혜로 알지 못하고 철저하게 알지 못하고 탐욕이 빛바래지 못하고 버리지 못하면 괴로움을 멸진할 수 없다.

비구들이여, 그러면 어떠한 일체를 최상의 지혜로 알지 못하고 철저하게 알지 못하고 탐욕이 빛바래지 못하고 버리지 못하면 괴로움을 멸진할 수 없는가?

눈과 형색과 눈의 알음알이와 눈의 알음알이로 알아야 하는 법들[31])을 최상의 지혜로 알지 못하고 철저하게 알지 못하고 탐욕이 빛

---

31) '눈의 알음알이로 알아야 하는 법들'은 cakkhu-viññāṇa-viññātabbā dhammā를 옮긴 것이다. 그러면 이 법들과 눈의 대상인 형색[色, rūpa]들과는 어떻게 다른가? 주석서는 다음과 같이 두 가지로 설명하고 있다.
"[첫째] 앞에서 말한 형색(rūpa)들이 바로 여기서 말하는 눈의 알음알이로

바래지 못하고 버리지 못하면 괴로움을 멸진할 수 없다.

귀와 소리와 귀의 알음알이와 귀의 알음알이로 알아야 하는 법들을 …

코와 냄새와 코의 알음알이와 코의 알음알이로 알아야 하는 법들을 …

혀와 [19] 맛과 혀의 알음알이와 혀의 알음알이로 알아야 하는 법들을 …

몸과 감촉과 몸의 알음알이와 몸의 알음알이로 알아야 하는 법들을 …

마노[意]와 [마노의 대상인] 법과 마노의 알음알이[意識]와 마노의 알음알이로 알아야 하는 법들을 최상의 지혜로 알지 못하고 철저하게 알지 못하고 탐욕이 빛바래지 못하고 버리지 못하면 괴로움을 멸진할 수 없다.

비구들이여, 이러한 일체를 최상의 지혜로 알지 못하고 철저하게 알지 못하고 탐욕이 빛바래지 못하고 버리지 못하면 괴로움을 멸진할 수 없다."

4. "비구들이여, 일체를 최상의 지혜로 알고 철저하게 알고 탐욕이 빛바래고 버리면 괴로움을 멸진할 수 있다.

비구들이여, 그러면 어떠한 일체를 최상의 지혜로 알고 철저하게 알고 탐욕이 빛바래고 버리면 괴로움을 멸진할 수 있는가?

알아야 하는 법들이다. [둘째] 형색은 직접적으로 [눈의 알음알이의] 영역에 들어온 것(āpātha-gata)만을 취해서 설하신 것이고 여기서는 직접적으로 영역에 들어오지 않은 것(anāpātha-gata)까지 포함한 것이다. 즉 여기서는 눈의 알음알이와 함께하는 세 가지 무더기(tayo khandhā = 느낌, 인식, 심리현상들의 무더기)를 말씀하시는 것이다. 다른 경우들에도 같은 방법이 적용된다."(SA.ii.359)

눈과 형색과 눈의 알음알이와 눈의 알음알이로 알아야 하는 법들을 최상의 지혜로 알고 철저하게 알고 탐욕이 빛바래고 버리면 괴로움을 멸진할 수 있다.

귀와 소리와 귀의 알음알이와 귀의 알음알이로 알아야 하는 법들을 …

코와 냄새와 코의 알음알이와 코의 알음알이로 알아야 하는 법들을 …

혀와 [20] 맛과 혀의 알음알이와 혀의 알음알이로 알아야 하는 법들을 …

몸과 감촉과 몸의 알음알이와 몸의 알음알이로 알아야 하는 법들을 …

마노[意]와 [마노의 대상인] 법과 마노의 알음알이[意識]와 마노의 알음알이로 알아야 하는 법들을 최상의 지혜로 알고 철저하게 알고 탐욕이 빛바래고 버리면 괴로움을 멸진할 수 있다.

비구들이여, 이러한 일체를 최상의 지혜로 알고 철저하게 알고 탐욕이 빛바래고 버리면 괴로움을 멸진할 수 있다."

불타오름 경(S35:28)

Āditta-sutta

1. 이와 같이 나는 들었다. 한때 세존께서는 비구 승가와 함께 가야에서 가야시사에 머무셨다.32)

---

32) 가야(Gayā)는 부처님 성도지인 보드가야(Bodhgayā) 가까이에 있는 고도(古都)이며, 힌두교의 7대 성지 가운데 하나다.
가야시사(Gayāsīsa)는 가야 근처에 있는 언덕이다. 이곳은 데와닷따가 승단을 분열시켜 그를 추종하는 비구들을 데리고 승단을 떠나서 머물던 곳이기도 하다. 여기에 대해서는 본서 제2권 「분열 경」(S17:31) §3의 데와닷따

2. 거기서 세존께서는 "비구들이여."라고 비구들을 불러서 말씀하셨다.

3. "비구들이여, 일체는 불타오르고 있다. 비구들이여, 그러면 어떤 일체가 불타오르고 있는가?33)

눈은 불타오르고 있다. 형색은 불타오르고 있다. 눈의 알음알이는 불타오르고 있다. 눈의 감각접촉은 불타오르고 있다. 눈의 감각접촉을 조건으로 하여 일어나는 즐겁거나 괴롭거나 괴롭지도 즐겁지도 않은 느낌은 불타오르고 있다.

그러면 무엇에 의해서 불타오르고 있는가? 탐욕과 성냄과 어리석음으로 불타오르고 있다. 태어남과 늙음·죽음과 근심·탄식·육체적 고통·정신적 고통·절망으로 불타오르고 있다고 나는 말한다.

귀는 … 소리는 … 귀의 알음알이는 … 귀의 감각접촉은 … 느낌은 …

코는 … 냄새는 … 코의 알음알이는 … 코의 감각접촉은 … 느낌은 …

(Devadatta)에 대한 주해를 참조할 것.

33) 본경은 부처님께서 행하신 세 번째 설법이라고 『율장』의 『대품』(Vin.i.34~35)은 기록하고 있다. 『대품』에 의하면 본경은 엉킨 머리 수행자(jāṭila)들이었던 가섭 삼형제의 제자들이었다가 가섭 삼형제와 함께 부처님 제자가 된 1000명의 비구들에게 설하신 가르침이다. 이들은 부처님의 제자가 되기 전에 불에 제사를 지내던 자들이었기 때문에 여기서 일체가 불타오르고 있다는 세존의 말씀은 각별한 의미가 있다. 그들에 얽힌 자세한 이야기는 『율장』 『대품』(Vin.i.24~34)에 나타난다. 가섭 삼형제에 대해서는 『앙굿따라 니까야』 「하나의 모음」(A1:14:4-6)의 주해를 참조할 것.
주석서는 다음과 같이 적고 있다.
"세존께서는 1000명의 사문들을 데리고 가야시사에 가셔서 그들에 둘러싸여 앉으셔서 '이들에게 어떤 설법이 적절(sappāyā)할까?'라고 생각하신 뒤, '이들은 아침저녁으로 불(aggi)을 섬기던 자들이었다. 그러니 이들에게 12처(dvādas-āyatanāni)가 불붙고 불타오르고 있음을 설해야겠다. 그러면 그들은 아라한됨을 증득할 수 있을 것이다.'라고 결정하셨다. 본경에서는 괴로움의 특상(dukkha-lakkhaṇa)을 설하셨다."(SA.ii.363)

혀는 … 맛은 … 혀의 알음알이는 … 혀의 감각접촉은 … 느낌은 …

몸은 … 감촉은 … 몸의 알음알이는 … 몸의 감각접촉은 … 느낌은 …

마노[意]는 불타오르고 있다. [마노의 대상인] 법은 불타오르고 있다. 마노의 알음알이는 불타오르고 있다. 마노의 감각접촉은 불타오르고 있다. 마노의 감각접촉을 조건으로 하여 일어나는 즐겁거나 괴롭거나 괴롭지도 즐겁지도 않은 느낌은 불타오르고 있다.

그러면 무엇에 의해서 불타오르고 있는가? 탐욕과 성냄과 어리석음으로 불타오르고 있다. 태어남과 늙음·죽음과 근심·탄식·육체적 고통·정신적 고통·절망으로 불타오르고 있다고 나는 말한다."

4. "비구들이여, 이렇게 보는 잘 배운 성스러운 제자는 눈에 대해서도 염오하고 형색에 대해서도 염오하고 눈의 알음알이에 대해서도 염오하고 눈의 감각접촉에 대해서도 염오하고 눈의 감각접촉을 조건으로 하여 일어나는 즐겁거나 괴롭거나 괴롭지도 즐겁지도 않은 느낌에 대해서도 염오한다.

귀에 대해서도 … 소리에 대해서도 … 귀의 알음알이에 대해서도 … 귀의 감각접촉에 대해서도 … 느낌에 대해서도 …

코에 대해서도 … 냄새에 대해서도 … 코의 알음알이에 대해서도 … 코의 감각접촉에 대해서도 … 느낌에 대해서도 …

혀에 대해서도 … 맛에 대해서도 … 혀의 알음알이에 대해서도 … 혀의 감각접촉에 대해서도 … 느낌에 대해서도 …

몸에 대해서도 … 감촉에 대해서도 … 몸의 알음알이에 대해서도 … 몸의 감각접촉에 대해서도 … 느낌에 대해서도 …

마노[意]에 대해서도 염오하고 [마노의 대상인] 법에 대해서도 염오하고 마노의 알음알이에 대해서도 염오하고 마노의 감각접촉에 대해서도 염오하고 마노의 감각접촉을 조건으로 하여 일어나는 즐겁거나 괴롭거나 괴롭지도 즐겁지도 않은 느낌에 대해서도 염오한다."

5. "염오하면서 탐욕이 빛바래고, 탐욕이 빛바래기 때문에 해탈한다. 해탈하면 해탈했다는 지혜가 있다. '태어남은 다했다. 청정범행(梵行)은 성취되었다. 할 일을 다 해 마쳤다. 다시는 어떤 존재로도 돌아오지 않을 것이다.'라고 꿰뚫어 안다."

6. 세존께서는 이렇게 말씀하셨다. 그 비구들은 흡족한 마음으로 세존의 말씀을 크게 기뻐하였다.

7. 이 상세한 설명[授記][34]이 설해졌을 때 그 비구 승가는 취착이 없어져서 번뇌들로부터 마음이 해탈하였다.

짓눌림 경(S35:29)

Addhabhūta-sutta

1. 이와 같이 나는 들었다. 한때 세존께서는 라자가하에서 대나무 숲의 다람쥐 보호구역에 머무셨다.

2. 거기서 세존께서는 비구들을 불러서 말씀하셨다.

3. "비구들이여, 일체는 짓눌려 있다.[35] [21] 비구들이여, 그러

---

34) '상세한 설명'으로 옮긴 veyyākaraṇa(웨야까라나)에 대해서는 본서 제3권 「무아의 특징 경」(S22:59) §7의 주해를 참조할 것.

35) '짓눌려 있다'는 Ee, Se: andhabhūtaṁ(눈먼, 어둠) 대신에 Be: addhabhūtaṁ(짓눌린)으로 읽어서 옮긴 것이다. 주석서에서도 addhabhūta로 이해하여 "'짓눌려 있는'은 정복당한, 과부하가 걸린이란 말이니 억압되었다는 뜻이다(addhabhūtanti adhibhūtaṁ ajjhotthaṭaṁ, upaddutanti attho)." (SA.ii.363)로 설명하고 있다.
본서 제1권 「이름 경」(S1:61) {203~204}에서는 addha-bhavi를 '짓눌린'으로 옮겼고, 제3권 「나꿀라삐따 경」(S22:1) §3에서는 addha-gata를 '완

면 어떤 일체가 짓눌려 있는가?

눈은 짓눌려 있다. 형색은 짓눌려 있다. 눈의 알음알이는 짓눌려 있다. 눈의 감각접촉은 짓눌려 있다. 눈의 감각접촉을 조건으로 하여 일어나는 즐겁거나 괴롭거나 괴롭지도 즐겁지도 않은 느낌은 짓눌려 있다.

그러면 무엇에 의해서 짓눌려 있는가? 탐욕과 성냄과 어리석음으로 짓눌려 있다. 태어남과 늙음·죽음과 근심·탄식·육체적 고통·정신적 고통·절망으로 짓눌려 있다고 나는 말한다.

귀는 … 소리는 … 귀의 알음알이는 … 귀의 감각접촉은 … 느낌은 …

코는 … 냄새는 … 코의 알음알이는 … 코의 감각접촉은 … 느낌은 …

혀는 … 맛은 … 혀의 알음알이는 … 혀의 감각접촉은 … 느낌은 …

몸은 … 감촉은 … 몸의 알음알이는 … 몸의 감각접촉은 … 느낌은 …

마노[意]는 짓눌려 있다. [마노의 대상인] 법은 짓눌려 있다. 마노의 알음알이는 짓눌려 있다. 마노의 감각접촉은 짓눌려 있다. 마노의 감각접촉을 조건으로 하여 일어나는 즐겁거나 괴롭거나 괴롭지도 즐겁지도 않은 느낌은 짓눌려 있다.

그러면 무엇에 의해서 짓눌려 있는가? 탐욕과 성냄과 어리석음으로 짓눌려 있다. 태어남과 늙음·죽음과 근심·탄식·육체적 고통·정신적 고통·절망으로 짓눌려 있다고 나는 말한다."

4. "비구들이여, 이렇게 보는 잘 배운 성스러운 제자는 눈에 대해서도 염오하고 형색에 대해서도 염오하고 눈의 알음알이에 대해서도 염오하고 눈의 감각접촉에 대해서도 염오하고 눈의 감각접촉을 조건으로 하여 일어나는 즐겁거나 괴롭거나 괴롭지도 즐겁지도 않은

숙기에 든'으로 옮겼으며, §4에서는 addha-bhūta를 '고생이 가득하고'로 옮겼다. 이곳들의 주해도 참조할 것.

느낌에 대해서도 염오한다.

귀에 대해서도 … 소리에 대해서도 … 귀의 알음알이에 대해서도 … 귀의 감각접촉에 대해서도 … 느낌에 대해서도 …

코에 대해서도 … 냄새에 대해서도 … 코의 알음알이에 대해서도 … 코의 감각접촉에 대해서도 … 느낌에 대해서도 …

혀에 대해서도 … 맛에 대해서도 … 혀의 알음알이에 대해서도 … 혀의 감각접촉에 대해서도 … 느낌에 대해서도 …

몸에 대해서도 … 감촉에 대해서도 … 몸의 알음알이에 대해서도 … 몸의 감각접촉에 대해서도 … 느낌에 대해서도 …

마노[意]에 대해서도 염오하고 [마노의 대상인] 법에 대해서도 염오하고 마노의 알음알이에 대해서도 염오하고 마노의 감각접촉에 대해서도 염오하고 마노의 감각접촉을 조건으로 하여 일어나는 즐겁거나 괴롭거나 괴롭지도 즐겁지도 않은 느낌에 대해서도 염오한다."

5. "염오하면서 탐욕이 빛바래고, 탐욕이 빛바래기 때문에 해탈한다. 해탈하면 해탈했다는 지혜가 있다. '태어남은 다했다. 청정범행(梵行)은 성취되었다. 할 일을 다 해 마쳤다. 다시는 어떤 존재로도 돌아오지 않을 것이다.'라고 꿰뚫어 안다."

뿌리 뽑는데 어울림 경(S35:30)

Samugghātasāruppa-sutta

1. <사왓티의 아나타삔디까 원림(급고독원)에서>

2. "비구들이여, 그대들에게 일체의 사랑을 뿌리 뽑는데 어울리는 [22] 도닦음을 설하리라. … <S35:23 §3> …

3. "비구들이여, 그러면 어떤 것이 일체의 사량(思量)을 뿌리 뽑는데 어울리는 도닦음인가?36)

비구들이여, 여기 비구는 눈을 사량하지 않고, 눈에서 사량하지 않고, 눈으로부터 사량하지 않고, '눈은 나의 것이다.'라고 사량하지 않는다.37) 형색을 … 눈의 알음알이를 … 눈의 감각접촉을 … 눈의 감각접촉을 조건으로 하여 일어나는 즐겁거나 괴롭거나 괴롭지도 즐겁지도 않은 느낌을 사량하지 않고, 이것에서 사량하지 않고, 이것으로부터 사량하지 않고, '이것은 나의 것이다.'라고 사량하지 않는다.

귀를 … 소리를 … 귀의 알음알이를 … 귀의 감각접촉을 … 느낌을 …

코를 … 냄새를 … 코의 알음알이를 … 코의 감각접촉을 … 느낌을 …

---

36) '일체의 사량(思量)을 뿌리 뽑는데 어울리는 도닦음'은 sabba-maññita-samugghāta-sāruppā paṭipadā를 옮긴 것이다. 주석서는 여기서 '사량'을 "갈애와 자만과 견해를 통해서 생긴 사량(taṇhā-māna-diṭṭhi-maññita)" (SA. ii.363)으로 설명하고 있다. 본서 제1권 「아라한 경」(S1:25) {65}의 해당 주석에서도 사량(maññana)은 이렇게 설명되었다. 한편 본서 「보릿단 경」(S35:248) §8에서도 maññita가 나타나는데 '나는 있다.'는 등의 사량을 하는 것 등을 들고 있다.
다양한 생각 혹은 사량은, 『맛지마 니까야』 「근본에 대한 법문 경」(M1) 전체에서 생각하다(사량하다)를 뜻하는 동사 maññati로 나타나고 있다.

37) "'눈을 사량하지 않고(cakkhuṁ na maññati)'란 눈을 '나'라거나 '내 것'이라거나 '남'이라거나 '남의 것'이라고 사량하지 않는다는 말이다. '눈에서 사량하지 않고(cakkhusmiṁ na maññati)'란 '나는 눈 안에 있다. 나의 소유물은 눈 안에 있다.'라거나 '남은 눈 안에 있다. 남의 소유물은 눈 안에 있다.'라고 사량하지 않는다는 말이다.
'눈으로부터 사량하지 않고(cakkhuto na maññati)'라는 것은 '나는 눈으로부터 나왔다. 나의 소유물은 눈으로부터 나왔다.'라거나 '남은 눈으로부터 나왔다. 남의 소유물은 눈으로부터 나왔다.'라고 사량하지 않는다는 말이다. 갈애와 자만과 견해를 통한 사량을 단 하나도 일으키지 않는다는 뜻이다. "눈은 나의 것이다.'라고 사량하지 않는다(cakkhuṁ meti na maññati).'라는 것은 '나의 눈이라고 사량하지 않는다. 내 것이라고 갈애를 통한 사량(taṇhā-maññana)을 일으키지 않는다는 뜻이다."(SA.ii.363~364)

혀를 … 맛을 … 혀의 알음알이를 … 혀의 감각접촉을 … 느낌을 …

몸을 … 감촉을 … 몸의 알음알이를 … 몸의 감각접촉을 … 느낌을 …

마노[意]를 사량하지 않고, 마노에서 사량하지 않고, 마노로부터 사량하지 않고, '마노는 나의 것이다.'라고 사량하지 않는다. [마노의 대상인] 법을 … 마노의 알음알이를 … 마노의 감각접촉을 … 마노의 감각접촉을 조건으로 하여 일어나는 즐겁거나 괴롭거나 괴롭지도 즐겁지도 않은 느낌을 사량하지 않고, 이것에서 사량하지 않고, 이것으로부터 사량하지 않고, '이것은 나의 것이다.'라고 사량하지 않는다."

4. "그는 일체를 사량하지 않고, 일체에서 사량하지 않고, 일체로부터 사량하지 않고, '일체는 나의 것이다.'라고 사량하지 않는다."

5. "그는 이와 같이 사량하지 않기 때문에 세상에 대해서 어떤 것도 취착하지 않는다. 취착하지 않으면 갈증 내지 않는다. 갈증 내지 않으면 스스로 완전히 열반에 든다. '태어남은 다했다. 청정범행은 성취되었다. 할 일을 다 해 마쳤다. 다시는 어떤 존재로도 돌아오지 않을 것이다.'[38]라고 꿰뚫어 안다."[39]

6. "비구들이여, 이것이 일체의 사량을 뿌리 뽑는데 어울리는 도닦음이다."

---

38) 여기에 대해서는 본서 제1권 「브라흐마데와 경」(S6:3) §3의 주해와 제2권 「철저한 검증 경」(S12:51) §9의 주해를 참조할 것.

39) "본경에서는 44가지 경우들을 통해서 아라한됨(arahatta)을 증득하게 하는 위빳사나(vipassanā)를 설하셨다."(SA.ii.364)
복주서는 이 44가지를 다음과 같이 설명하고 있다.
"눈의 문에서는 7가지 경우가 생기는데, 그것은 눈, 형색, 눈의 알음알이, 눈의 감각접촉, 즐거운 느낌, 괴로운 느낌, 괴롭지도 즐겁지도 않은 느낌이다. 다른 다섯 가지 문에서도 마찬가지이다. 그래서 42가지가 된다. 그리고 '일체를 사량하지 않고' 등이 43번째가 되고, '세상에 대해서 어떤 것도 취착하지 않는 것'이 44번째가 되는 것이다."(SAṬ.iii.9)

뿌리 뽑는데 도움이 됨 경1(S35:31)

Samugghātasappāya-sutta

2. "비구들이여, 그대들에게 일체의 사량을 뿌리 뽑는데 도움이 되는 도닦음을 설하리라. … <S35:23 §3> …

3. "비구들이여, 그러면 어떤 것이 일체의 사량을 뿌리 뽑는데 도움이 되는 도닦음인가?

비구들이여, 여기 비구는 눈을 사량하지 않고, 눈에서 사량하지 않고, 눈으로부터 사량하지 않고, '눈은 나의 것이다.'라고 사량하지 않는다. 형색을 … 눈의 알음알이를 … 눈의 감각접촉을 … 눈의 감각접촉을 조건으로 하여 일어나는 즐겁거나 괴롭거나 괴롭지도 즐겁지도 않은 느낌을 사량하지 않고, 이것에서 사량하지 않고, 이것으로부터 사량하지 않고, '이것은 나의 것이다.'라고 사량하지 않는다.

비구들이여, 왜냐하면 그것을 사량하고, 그것에서 사량하고, 그것으로부터 사량하고, '그것은 나의 것이다.'라고 사량하는 그것은 변하기 때문이다.[40] 세상[41]은 이처럼 다른 상태로 되어가면서 존재[有]에 집착하고[42] 오직 존재를 기뻐한다.[43]

---

40) '그것은 변하기 때문이다.'는 tato taṁ hoti aññathā(그것은 그것과는 다르게 되기 때문이다.)를 의역한 것이다. 주석서는 이렇게 설명하고 있다.
"'그것은 변하기 때문이다(tato taṁ hoti aññathā).'라는 것은 [항상하고 즐겁고 자아가 있는 것으로 사량되는 대상이 실제로는 무상하고 괴롭고 무아로 존재하기 때문에 – SAṬ.iii.10] 다른 형태로(aññen' ākārena) 존재한다는 말이다."(SA.ii.364)

41) 여기서 '세상(loka)'은 중생 세상(satta-loka) 즉 중생을 뜻함이 분명하다. 세상(loka)의 3가지 의미에 대해서는 본서 제1권 「로히땃사 경」(S2:26) §2의 주해를 참조할 것.

42) '존재에 집착하고'는 bhava-satta를 옮긴 것인데 복주서는 이 satta를 '걸린, 빠진 방해받은(lagga, lagita palibuddha)'으로 설명하고 있다. 즉

귀를 … 소리를 … 귀의 알음알이를 … 귀의 감각접촉을 … 느낌을 …

코를 … 냄새를 … 코의 알음알이를 … 코의 감각접촉을 … 느낌을 …

혀를 … 맛을 … 혀의 알음알이를 … 혀의 감각접촉을 … 느낌을 …

몸을 … 감촉을 … 몸의 알음알이를 … 몸의 감각접촉을 … 느낌을 …

마노[意]를 사량하지 않고, 마노에서 사량하지 않고, 마노로부터 사량하지 않고, '마노는 나의 것이다.'라고 사량하지 않는다. [마노의 대상인] 법을 … 마노의 알음알이를 … 마노의 감각접촉을 … 마노의 감각접촉을 조건으로 하여 일어나는 즐겁거나 괴롭거나 괴롭지도 즐겁지도 않은 느낌을 사량하지 않고, 이것에서 사량하지 않고, 이것으로부터 사량하지 않고, '이것은 나의 것이다.'라고 사량하지 않는다.

비구들이여, 왜냐하면 그것을 사량하고, 그것에서 사량하고, 그것으로부터 사량하고, '그것은 나의 것이다.'라고 사량하는 그것은 변하기 때문이다. 세상은 이처럼 다른 상태로 되어가면서 존재에 집착하고 오직 존재를 기뻐한다."

4. "비구들이여, 어떠한 무더기[蘊]와 요소[界]와 감각장소[處]든

---

satta를 sajjati(√sañj, *to hang*)의 과거분사(Sk. sakta)로 이해하였다. 여기에 대해서는 『숫따니빠따』(Sn.147) {756~757}와 『맛지마 니까야』 「진실한 사람 경」(M113/iii.42) §21 이하도 참조할 것.

43) "'세상은 이처럼 다른 상태로 되어가면서 존재[有, bhava]에 집착하고 오직 존재를 기뻐한다(aññathābhāvī bhavasatto loko bhavam evābhinanda-ti).'는 것은 다른 상태로 되어가는 변화(vipariṇāma)를 겪어서 다른 상태(aññathā-bhāvi)가 된 뒤에도 존재(bhava)들에 집착하고 걸리고 빠지고 방해받으면서(satto laggo lagito palibuddho) 이 세상(즉 중생)은 오직 존재를 기뻐한다는 말이다."(SA.ii.364)
한편 본서 제3권 「나꿀라삐따 경」(S22:1) 등의 여러 경들과 본서 「쌍(雙) 경」 2(S35:93) §3 등의 여러 곳에서 "변하고 다른 상태로 되어간다(vipari-ṇamati aññathā hoti)."는 등의 정형구가 나타나는데 본경에서도 이처럼 다른 상태로 되어감은 변화와 동의어로 나타나고 있다.

지 그는 그것을 사랑하지 않고, 그것에서 사랑하지 않고, 그것으로부터 사랑하지 않고, '그것은 나의 것이다.'라고 사랑하지 않는다. 그는 이와 같이 사랑하지 않기 때문에 세상에 대해서 어떤 것도 취착하지 않는다. 취착하지 않으면 갈증 내지 않는다. 갈증 내지 않으면 스스로 완전히 열반에 든다. '태어남은 다했다. 청정범행은 성취되었다. 할 일을 다 해 마쳤다. 다시는 어떤 존재로도 돌아오지 않을 것이다.'라고 꿰뚫어 안다."

5. "비구들이여, 이것이 일체의 사랑을 뿌리 뽑는데 도움이 되는 도닦음이다."44)

뿌리 뽑는데 도움이 됨 경2(S35:32)

2. "비구들이여, 그대들에게 일체의 사랑을 뿌리 뽑는데 도움이 되는 도닦음을 설하리라. … <S35:23 §3> …

3. "비구들이여, 그러면 어떤 것이 일체의 사랑을 뿌리 뽑는데 도움이 되는 도닦음인가?"

4. "비구들이여, 이를 어떻게 생각하는가? 눈은 항상한가, 무상한가?"

---

44) "본경에서는 48가지 경우들을 통해서 아라한됨(arahatta)을 증득하게 하는 위빳사나(vipassanā)를 설하셨다."(SA.ii.364)
"눈의 문 등의 여섯 문의 7가지 경우에다(위의 「뿌리 뽑는데 어울림 경」(S35:30) §5의 주해 참조) '그것은 그것과는 다르게 되기 때문이다.'를 더하면 모두 8가지가 되어 6×8=48가지 경우들이 된다."(SAṬ.iii.9)
그런데 위의 S35:30 §5의 주해에 나타난 방법대로 하면 '온·처·계를 사랑하지 않고' 등이 49번째가 되고, '세상에 대해서 어떤 것도 취착하지 않는 것'이 50번째가 되어야 마땅하다. 그러나 복주서는 여기에 대한 언급을 하지 않았다.

"무상합니다, 세존이시여."

"그러면 무상한 것은 괴로움인가, 즐거움인가?"

"괴로움입니다, 세존이시여."

"그러면 무상하고 괴로움이고 변하기 마련인 것을 두고 '이것은 내 것이다. 이것은 나다. 이것은 나의 자아다.'라고 관찰하는 것이 타당하겠는가?"

"그렇지 않습니다, 세존이시여."

"비구들이여, 이를 어떻게 생각하는가? 형색은 … 눈의 알음알이는 … 눈의 감각접촉은 … 눈의 감각접촉을 조건으로 하여 일어나는 즐겁거나 괴롭거나 괴롭지도 즐겁지도 않은 느낌은 항상한가, 무상한가?"

"무상합니다, 세존이시여."

"그러면 무상한 것은 괴로움인가, 즐거움인가?" [25]

"괴로움입니다, 세존이시여."

"그러면 무상하고 괴로움이고 변하기 마련인 것을 두고 '이것은 내 것이다. 이것은 나다. 이것은 나의 자아다.'라고 관찰하는 것이 타당하겠는가?"

"그렇지 않습니다, 세존이시여."

5. "귀는 … 소리는 … 귀의 알음알이는 … 귀의 감각접촉은 … 느낌은 …

코는 … 냄새는 … 코의 알음알이는 … 코의 감각접촉은 … 느낌은 …

혀는 … 맛은 … 혀의 알음알이는 … 혀의 감각접촉은 … 느낌은 …

몸은 … 감촉은 … 몸의 알음알이는 … 몸의 감각접촉은 … 느낌은 …

마노는 … 법은 … 마노의 알음알이는 … 마노의 감각접촉은 … 마노의 감각접촉을 조건으로 하여 일어나는 즐겁거나 괴롭거나 괴롭지도 즐겁지도 않은 느낌은 항상한가, 무상한가?"

"무상합니다, 세존이시여."

"그러면 무상한 것은 괴로움인가, 즐거움인가?"

"괴로움입니다, 세존이시여."

"그러면 무상하고 괴로움이고 변하기 마련인 것을 두고 '이것은 내 것이다. 이것은 나다. 이것은 나의 자아다.'라고 관찰하는 것이 타당하겠는가?"

"그렇지 않습니다, 세존이시여."

6. "비구들이여, [26] 이렇게 보는 잘 배운 성스러운 제자는 눈에 대해서도 염오하고 형색에 대해서도 염오하고 눈의 알음알이에 대해서도 염오하고 눈의 감각접촉에 대해서도 염오하고 눈의 감각접촉을 조건으로 하여 일어나는 즐겁거나 괴롭거나 괴롭지도 즐겁지도 않은 느낌에 대해서도 염오한다.

귀에 대해서도 … 소리에 대해서도 … 귀의 알음알이에 대해서도 … 귀의 감각접촉에 대해서도 … 느낌에 대해서도 …

코에 대해서도 … 냄새에 대해서도 … 코의 알음알이에 대해서도 … 코의 감각접촉에 대해서도 … 느낌에 대해서도 …

혀에 대해서도 … 맛에 대해서도 … 혀의 알음알이에 대해서도 … 혀의 감각접촉에 대해서도 … 느낌에 대해서도 …

몸에 대해서도 … 감촉에 대해서도 … 몸의 알음알이에 대해서도 … 몸의 감각접촉에 대해서도 … 느낌에 대해서도 …

마노에 대해서도 염오하고 법에 대해서도 염오하고 마노의 알음알이에 대해서도 염오하고 마노의 감각접촉에 대해서도 염오하고 마노의 감각접촉을 조건으로 하여 일어나는 즐겁거나 괴롭거나 괴롭지도 즐겁지도 않은 느낌에 대해서도 염오한다.

염오하면서 탐욕이 빛바래고, 탐욕이 빛바래므로 해탈한다. 해탈하면 해탈했다는 지혜가 있다. '태어남은 다했다. 청정범행(梵行)은 성취되었다. 할 일을 다 해 마쳤다. 다시는 어떤 존재로도 돌아오지 않을 것이다.'라고 꿰뚫어 안다."

7. "비구들이여, 이것이 일체의 사량을 뿌리 뽑는데 도움이 되는 도닦음이다."

제3장 일체 품이 끝났다.

세 번째 품에 포함된 경들의 목록은 다음과 같다.

① 일체, 두 가지 ②~③ 버림
두 가지 ④~⑤ 철저하게 앎
⑥ 불타오름 ⑦ 짓눌림 ⑧ 어울림
두 가지 ⑨~⑩ 도움이 됨이다.

제4장 태어나기 마련인 법 품

Jātidhamma-vagga

태어나기 마련인 법 경(S35:33)

Jātidhamma-sutta

3. "비구들이여, 일체는 태어나기 마련인 법이다. 비구들이여, 그러면 어떤 일체가 태어나기 마련인 법인가?

눈은 [27] 태어나기 마련인 법이다. 형색은 태어나기 마련인 법이다. 눈의 알음알이는 태어나기 마련인 법이다. 눈의 감각접촉은 태어나기 마련인 법이다. 눈의 감각접촉을 조건으로 하여 일어나는 즐겁거나 괴롭거나 괴롭지도 즐겁지도 않은 느낌은 태어나기 마련인 법이다.

귀는 … 소리는 … 귀의 알음알이는 … 귀의 감각접촉은 … 느낌은 …

코는 … 냄새는 … 코의 알음알이는 … 코의 감각접촉은 … 느낌은 …

혀는 … 맛은 … 혀의 알음알이는 … 혀의 감각접촉은 … 느낌은 …

몸은 … 감촉은 … 몸의 알음알이는 … 몸의 감각접촉은 … 느낌은 …

마노[意]는 태어나기 마련인 법이다. [마노의 대상인] 법은 태어나기 마련인 법이다. 마노의 알음알이는 태어나기 마련인 법이다. 마노의 감각접촉은 태어나기 마련인 법이다. 마노의 감각접촉을 조건으로 하여 일어나는 즐겁거나 괴롭거나 괴롭지도 즐겁지도 않은 느낌은 태어나기 마련인 법이다."

4. "비구들이여, 이렇게 보는 잘 배운 성스러운 제자는 눈에 대해서도 염오하고 형색에 대해서도 염오하고 눈의 알음알이에 대해서

도 염오하고 눈의 감각접촉에 대해서도 염오하고 눈의 감각접촉을 조건으로 하여 일어나는 즐겁거나 괴롭거나 괴롭지도 즐겁지도 않은 느낌에 대해서도 염오한다.

귀에 대해서도 … 소리에 대해서도 … 귀의 알음알이에 대해서도 … 귀의 감각접촉에 대해서도 … 느낌에 대해서도 …

코에 대해서도 … 냄새에 대해서도 … 코의 알음알이에 대해서도 … 코의 감각접촉에 대해서도 … 느낌에 대해서도 …

혀에 대해서도 … 맛에 대해서도 … 혀의 알음알이에 대해서도 … 혀의 감각접촉에 대해서도 … 느낌에 대해서도 …

몸에 대해서도 … 감촉에 대해서도 … 몸의 알음알이에 대해서도 … 몸의 감각접촉에 대해서도 … 느낌에 대해서도 …

마노[意]에 대해서도 염오하고 [마노의 대상인] 법에 대해서도 염오하고 마노의 알음알이에 대해서도 염오하고 마노의 감각접촉에 대해서도 염오하고 마노의 감각접촉을 조건으로 하여 일어나는 즐겁거나 괴롭거나 괴롭지도 즐겁지도 않은 느낌에 대해서도 염오한다.

염오하면서 탐욕이 빛바래고, 탐욕이 빛바래기 때문에 해탈한다. 해탈하면 해탈했다는 지혜가 있다. '태어남은 다했다. 청정범행(梵行)은 성취되었다. 할 일을 다 해 마쳤다. 다시는 어떤 존재로도 돌아오지 않을 것이다.'라고 꿰뚫어 안다."

늙기 마련인 법 경 등(S35:34~42)

"비구들이여, 일체는 늙기 마련인 법이다. 비구들이여, 그러면 어떤 일체가 늙기 마련인 법인가? …"(S35:34)

"비구들이여, 일체는 병들기 마련인 법이다. …"(S35:35)

"비구들이여, 일체는 죽기 마련인 법이다. …"(S35:36)

"비구들이여, 일체는 슬퍼하기 마련인 법이다. …"(S35:37)
"비구들이여, 일체는 오염되기 마련인 법이다. …"(S35:38)
"비구들이여, [28] 일체는 멸진하기 마련인 법이다. …"(S35:39)
"비구들이여, 일체는 사라지기 마련인 법이다. …"(S35:40)
"비구들이여, 일체는 일어나기 마련인 법이다. …"(S35:41)
"비구들이여, 일체는 소멸하기 마련인 법이다. …"(S35:42)

제4장 태어나기 마련인 법 품이 끝났다.

네 번째 품에 포함된 경들의 목록은 다음과 같다.

① 태어나고 ② 늙고 ③ 병들고
④ 죽고 ⑤ 슬퍼하고
⑥ 오염되고 ⑦ 멸진하고 ⑧ 사라지고
⑨ 일어나고 ⑩ 소멸하기 마련인 법이다.

제5장 무상 품

Anicca-vagga

무상 경 등(S35:43~52)

"비구들이여, 일체는 무상하다. 비구들이여, 그러면 어떤 일체가 무상한가? …"(S35:43)

"비구들이여, 일체는 괴로움이다. …"(S35:44)

"비구들이여, 일체는 무아다. …"(S35:45)

"비구들이여, [29] 일체는 최상의 지혜로 알아야 한다. …"(S35:46)

"비구들이여, 일체는 철저하게 알아야 한다. …"(S35:47)

"비구들이여, 일체는 버려져야 한다. …"(S35:48)

"비구들이여, 일체는 실현되어야 한다. …"(S35:49)

"비구들이여, 일체는 최상의 지혜로 철저하게 알아야 한다. …"(S35:50)

"비구들이여, 일체는 억눌려 있다. …"(S35:51)

"비구들이여, 일체는 짓밟혀 있다. … [30]"(S35:52)

제5장 무상 품이 끝났다.

다섯 번째 품에 포함된 경들의 목록은 다음과 같다.

① 무상 ② 괴로움 ③ 무아 ④ 지혜로 알아야 함
⑤ 철저하게 알아야 함 ⑥ 버려야 함 ⑦ 실현해야 함
⑧ 지혜로 철저하게 알아야 함 ⑨ 억눌림 ⑩ 짓밟힘이다.

처음 50개 경들의 묶음이 끝났다.

II. 두 번째 50개 경들의 묶음

Dutiya-Paññāsaka

제6장 무명 품

Avijjā-vagga

무명 경(S35:53)

Avijjā-sutta

2. 그때 어떤 비구가 세존께 다가갔다. 가서는 세존께 절을 올리고 한 곁에 앉았다. [31] 한 곁에 앉은 그 비구는 세존께 이렇게 여쭈었다.

3. "세존이시여, 어떻게 알고 어떻게 보면 무명이 제거되고 명지가 일어납니까?"

4. "비구여, 눈은 무상하다고 알고 보면 무명이 제거되고 명지가 일어난다.45) 형색은 무상하다고 알고 보면 무명이 제거되고 명지가 일어난다. 눈의 알음알이는 무상하다고 알고 보면 무명이 제거되고 명지가 일어난다. 눈의 감각접촉은 무상하다고 알고 보면 무명이 제거되고 명지가 일어난다. 눈의 감각접촉을 조건으로 하여 일어나

---

45) "'무명(avijjā)'이란 사성제에 대한 무지(aññāṇa)이다. '명지(vijjā)'란 아라한도에 대한 명지이다. '무상하다고 알고 보면'이라 하셨는데 괴로움과 무아를 통해서 알고 보아도 [무명이] 제거된다. 그러나 여기서는 무상을 통해서 설하셨다. 깨달아야 할 사람(bujjhanaka-puggala)의 성향(ajjhāsaya)에 따라서 이렇게 말씀하신 것이다."(SA.ii.365~366)

는 즐겁거나 괴롭거나 괴롭지도 즐겁지도 않은 느낌은 무상하다고 알고 보면 무명이 제거되고 명지가 일어난다.

귀는 … 소리는 … 귀의 알음알이는 … 귀의 감각접촉은 … 느낌은 …

코는 … 냄새는 … 코의 알음알이는 … 코의 감각접촉은 … 느낌은 …

혀는 … 맛은 … 혀의 알음알이는 … 혀의 감각접촉은 … 느낌은 …

몸은 … 감촉은 … 몸의 알음알이는 … 몸의 감각접촉은 … 느낌은 …

마노[意]는 무상하다고 알고 보면 무명이 제거되고 명지가 일어난다. [마노의 대상인] 법은 무상하다고 알고 보면 무명이 제거되고 명지가 일어난다. 마노의 알음알이는 무상하다고 알고 보면 무명이 제거되고 명지가 일어난다. 마노의 감각접촉은 무상하다고 알고 보면 무명이 제거되고 명지가 일어난다. 마노의 감각접촉을 조건으로 하여 일어나는 즐겁거나 괴롭거나 괴롭지도 즐겁지도 않은 느낌은 무상하다고 알고 보면 무명이 제거되고 명지가 일어난다."

5. "비구여, 이와 같이 알고 이와 같이 보면 무명이 제거되고 명지가 일어난다."

족쇄 경1(S35:54)

Saṁyojana-sutta

3. "세존이시여, 어떻게 알고 어떻게 보면 족쇄들[46)]이 제거됩니까?"

4. "비구여, 눈은 무상하다고 알고 보면 족쇄들이 제거된다. 형

46) 열 가지 족쇄(saṁyojana)에 대해서는 본서 제1권 「얼마나 끊음 경」(S1:5) {8}의 주해와 제5권 「낮은 단계의 족쇄 경」(S45:179)과 「높은 단계의 족쇄 경」(S45:180)을 참조할 것.

색은 무상하다고 알고 보면 족쇄들이 제거된다. 눈의 알음알이는 무상하다고 알고 보면 족쇄들이 제거된다. 눈의 감각접촉은 무상하다고 알고 보면 족쇄들이 제거된다. 눈의 감각접촉을 조건으로 하여 일어나는 즐겁거나 괴롭거나 괴롭지도 즐겁지도 않은 느낌은 무상하다고 알고 보면 족쇄들이 제거된다.

귀는 … 소리는 … 귀의 알음알이는 … 귀의 감각접촉은 … 느낌은 …

코는 … 냄새는 … 코의 알음알이는 … 코의 감각접촉은 … 느낌은 …

혀는 … 맛은 … 혀의 알음알이는 … 혀의 감각접촉은 … 느낌은 …

몸은 … 감촉은 … 몸의 알음알이는 … 몸의 감각접촉은 … 느낌은 …

마노는 무상하다고 알고 보면 족쇄들이 제거된다. 법은 무상하다고 알고 보면 족쇄들이 제거된다. 마노의 알음알이는 무상하다고 알고 보면 족쇄들이 제거된다. 마노의 감각접촉은 무상하다고 알고 보면 족쇄들이 제거된다. 마노의 감각접촉을 조건으로 하여 일어나는 즐겁거나 괴롭거나 괴롭지도 즐겁지도 않은 느낌은 무상하다고 알고 보면 족쇄들이 제거된다."

5. "비구여, 이와 같이 알고 이와 같이 보면 족쇄들이 제거된다."

족쇄 경2(S35:55)

Saṁyojana-sutta

3. "세존이시여, 어떻게 알고 어떻게 보면 족쇄들이 뿌리 뽑히게 됩니까?"

4. "비구여, 눈은 무아라고 알고 보면 [32] 족쇄들이 뿌리 뽑히게 된다. 형색은 무아라고 알고 보면 족쇄들이 뿌리 뽑히게 된다. 눈의 알음알이는 무아라고 알고 보면 족쇄들이 뿌리 뽑히게 된다. 눈의

감각접촉은 무아라고 알고 보면 족쇄들이 뿌리 뽑히게 된다. 눈의 감각접촉을 조건으로 하여 일어나는 즐겁거나 괴롭거나 괴롭지도 즐겁지도 않은 느낌은 무아라고 알고 보면 족쇄들이 뿌리 뽑히게 된다.

귀는 … 소리는 … 귀의 알음알이는 … 귀의 감각접촉은 … 느낌은 …

코는 … 냄새는 … 코의 알음알이는 … 코의 감각접촉은 … 느낌은 …

혀는 … 맛은 … 혀의 알음알이는 … 혀의 감각접촉은 … 느낌은 …

몸은 … 감촉은 … 몸의 알음알이는 … 몸의 감각접촉은 … 느낌은 …

마노는 무아라고 알고 보면 족쇄들이 뿌리 뽑히게 된다. 법은 무아라고 알고 보면 족쇄들이 뿌리 뽑히게 된다. 마노의 알음알이는 무아라고 알고 보면 족쇄들이 뿌리 뽑히게 된다. 마노의 감각접촉은 무아라고 알고 보면 족쇄들이 뿌리 뽑히게 된다. 마노의 감각접촉을 조건으로 하여 일어나는 즐겁거나 괴롭거나 괴롭지도 즐겁지도 않은 느낌은 무아라고 알고 보면 족쇄들이 뿌리 뽑히게 된다."

5. "비구여, 이와 같이 알고 이와 같이 보면 족쇄들이 뿌리 뽑히게 된다."

번뇌 경1/2(S35:56~57)

Asava-sutta

"세존이시여, 어떻게 알고 어떻게 보면 번뇌들[47]이 제거됩니까?" … (S35:56)

"세존이시여, 어떻게 알고 어떻게 보면 번뇌들이 뿌리 뽑히게 됩니까?" … (S35:57)

---

47) 본서 「번뇌 경」(S38:8) §3과 제5권 「번뇌 경」(S45:163) §3에 의하면 '번뇌(āsava)'에는 감각적 욕망의 번뇌(kāmāsava), 존재의 번뇌(bhavāsava), 무명의 번뇌(avijjāsava)의 세 가지가 있다.

잠재성향 경1/2(S35:58~59)

Anusaya-sutta

"세존이시여, 어떻게 알고 어떻게 보면 잠재성향들[48]이 제거됩니까?" … (S35:58)

"세존이시여, 어떻게 알고 어떻게 보면 잠재성향들이 뿌리 뽑히게 됩니까?" … (S35:59)

철저하게 앎 경(S35:60)

Pariññā-sutta

2. "비구들이여, 모든 취착[49]을 철저하게 알기 위한 법[50]을 그대들에게 설하리라. … <S35:23 §3> …

3. "비구들이여, 그러면 어떤 것이 모든 취착을 철저하게 알기 위한 법인가?

눈과 형색을 조건으로 눈의 알음알이가 일어난다. 이 셋의 화합이

---

48) 본서 제5권 「잠재성향 경」(S45:175) §3에 의하면 '잠재성향(anusaya)'에는 감각적 욕망의 잠재성향(kāmarāga-anusaya), 적의(敵意, paṭighā)의 잠재성향, 사견(邪見, diṭṭhi)의 잠재성향, 의심(vicikicchā)의 잠재성향, 자만(māna)의 잠재성향, 존재(bhava)에 대한 탐욕의 잠재성향, 무명(avijjā)의 잠재성향의 7가지가 있다.

49) 본서 제5권 「취착 경」(S45:173) §3에 의하면 '취착(upādāna)'에는 감각적 욕망에 대한 취착(kāmupādāna), 견해에 대한 취착(diṭṭhupādāna), 계율과 의례의식에 대한 취착[戒禁取, sīlabbatupādāna], 자아의 교리에 대한 취착(attavādupādāna)의 네 가지가 있다.

50) "'모든 취착을 철저하게 알기 위한 법'이란 세 가지 통달지(pariññā)를 통해서 네 가지 취착을 철저하게 알기 위해서(parijānanatthāya)라는 말이다." (SA.ii.366)
세 가지 통달지에 대해서는 본서 「철저하게 앎 경」1(S35:26) §3의 주해와, 제1권 「사밋디 경」(S1:20) {47}의 주해와, 더 상세한 설명은 『청정도론』 XX.3~4와 18~19를 참조할 것.

감각접촉이다. 감각접촉을 조건으로 느낌이 있다.

비구들이여, 이렇게 보는 [33] 잘 배운 성스러운 제자는 눈에 대해서도 염오하고 형색에 대해서도 염오하고 눈의 알음알이에 대해서도 염오하고 눈의 감각접촉에 대해서도 염오하고 느낌에 대해서도 염오한다.

염오하면서 탐욕이 빛바래고, 탐욕이 빛바래므로 해탈한다. 해탈하면[51] '나는 취착을 철저하게 알았다.'라고 꿰뚫어 안다.

귀와 소리를 조건으로 …

코와 냄새를 조건으로 …

혀와 맛을 조건으로 …

몸과 감촉을 조건으로 …

마노와 법을 조건으로 마노의 알음알이가 일어난다. 이 셋의 화합이 감각접촉이다. 감각접촉을 조건으로 느낌이 있다.

비구들이여, 이렇게 보는 잘 배운 성스러운 제자는 마노에 대해서도 염오하고 법에 대해서도 염오하고 마노의 알음알이에 대해서도 염오하고 마노의 감각접촉에 대해서도 염오하고 느낌에 대해서도 염오한다.

염오하면서 탐욕이 빛바래고, 탐욕이 빛바래므로 해탈한다. 해탈하면 '나는 취착을 철저하게 알았다.'라고 꿰뚫어 안다."

4. "비구들이여, 이것이 모든 취착을 철저하게 알기 위한 법이다."

---

51) '탐욕이 빛바래므로 해탈한다.'에서 '해탈한다'는 vimuccati라는 동사로 나타나고 있다. 그리고 여기 '해탈하면'은 vimokkha로 나타나고 있다. 물론 vimokkha도 일반적으로 해탈로 옮기는 vimutti와 같은 어원을 가진 동사 vimuccati(vi+√muc, *to release*)에서 파생된 단어이다. vimutti와 vimokkha는 쓰이는 문맥은 다르지만 의미는 같다. 역자는 둘 다를 '해탈'로 옮기고 있다. 본서 제3권 「왁깔리 경」(S22:87) §13의 주해도 참조할 것.

종식 경1(S35:61)

Pariyādinna-sutta

2. "비구들이여, 모든 취착을 종식시키기 위한 법을 그대들에게 설하리라. … <S35:23 §3> …

3. "비구들이여, 그러면 어떤 것이 모든 취착을 종식시키기 위한 법인가?

눈과 형색을 조건으로 눈의 알음알이가 일어난다. 이 셋의 화합이 감각접촉이다. 감각접촉을 조건으로 느낌이 있다.

비구들이여, 이렇게 보는 잘 배운 성스러운 제자는 눈에 대해서도 염오하고, 형색에 대해서도 염오하고, 눈의 알음알이에 대해서도 염오하고, 눈의 감각접촉에 대해서도 염오하고, 느낌에 대해서도 염오한다.

염오하면서 탐욕이 빛바래고, 탐욕이 빛바래므로 해탈한다. 해탈하면 '나는 취착을 종식시켰다.'라고 꿰뚫어 안다.

귀와 소리를 조건으로 …

코와 냄새를 조건으로 …

혀와 맛을 조건으로 …

몸과 감촉을 조건으로 …

마노와 법을 조건으로 마노의 알음알이가 일어난다. 이 셋의 화합이 감각접촉이다. 감각접촉을 조건으로 느낌이 있다.

비구들이여, 이렇게 보는 잘 배운 성스러운 제자는 마노에 대해서도 염오하고, 법에 대해서도 염오하고, 마노의 알음알이에 대해서도 [34] 염오하고, 마노의 감각접촉에 대해서도 염오하고, 느낌에 대해서도 염오한다.

염오하면서 탐욕이 빛바래고, 탐욕이 빛바래므로 해탈한다. 해탈하면 '나는 취착을 종식시켰다.'라고 꿰뚫어 안다."

4. "비구들이여, 이것이 모든 취착을 종식시키기 위한 법이다."

종식 경2(S35:62)

2. "비구들이여, 모든 취착을 종식시키기 위한 법을 그대들에게 설하리라. … <S35:23 §3> …

3. "비구들이여, 그러면 어떤 것이 모든 취착을 종식시키기 위한 법인가?"

4. "비구들이여, 이를 어떻게 생각하는가? 눈은 항상한가, 무상한가?"

"무상합니다, 세존이시여."

"그러면 무상한 것은 괴로움인가, 즐거움인가?"

"괴로움입니다, 세존이시여."

"그러면 무상하고 괴로움이고 변하기 마련인 것을 두고 '이것은 내 것이다. 이것은 나다. 이것은 나의 자아다.'라고 관찰하는 것이 타당하겠는가?"

"그렇지 않습니다, 세존이시여."

5. "비구들이여, 이를 어떻게 생각하는가? 형색은 … 눈의 알음알이는 … 눈의 감각접촉은 … 눈의 감각접촉을 조건으로 하여 일어나는 즐겁거나 괴롭거나 괴롭지도 즐겁지도 않은 느낌은 항상한가, 무상한가?"

"무상합니다, 세존이시여."

"그러면 무상한 것은 괴로움인가, 즐거움인가?"

"괴로움입니다, 세존이시여."

"그러면 무상하고 괴로움이고 변하기 마련인 것을 두고 '이것은 내 것이다. 이것은 나다. 이것은 나의 자아다.'라고 관찰하는 것이 타당하겠는가?"

"그렇지 않습니다, 세존이시여."

6. "귀는 … 소리는 … 귀의 알음알이는 … 귀의 감각접촉은 … 느낌은 …

코는 … 냄새는 … 코의 알음알이는 … 코의 감각접촉은 … 느낌은 …

혀는 … 맛은 … 혀의 알음알이는 … 혀의 감각접촉은 … 느낌은 …

몸은 … 감촉은 … 몸의 알음알이는 … 몸의 감각접촉은 … 느낌은 …

마노는 … 법은 … 마노의 알음알이는 … 마노의 감각접촉은 … 마노의 감각접촉을 조건으로 하여 일어나는 즐겁거나 괴롭거나 괴롭지도 즐겁지도 않은 느낌은 항상한가, 무상한가?"

"무상합니다, 세존이시여."

"그러면 무상한 것은 괴로움인가, 즐거움인가?"

"괴로움입니다, 세존이시여."

"그러면 무상하고 괴로움이고 변하기 마련인 것을 두고 '이것은 내 것이다. 이것은 나다. 이것은 나의 자아다.'라고 관찰하는 것이 타당하겠는가?"

"그렇지 않습니다, 세존이시여."

7. "비구들이여, [35] 이렇게 보는 잘 배운 성스러운 제자는 눈에 대해서도 염오하고 형색에 대해서도 염오하고 눈의 알음알이에 대해서도 염오하고 눈의 감각접촉에 대해서도 염오하고 눈의 감각접

촉을 조건으로 하여 일어나는 즐겁거나 괴롭거나 괴롭지도 즐겁지도 않은 느낌에 대해서도 염오한다.

귀에 대해서도 … 소리에 대해서도 … 귀의 알음알이에 대해서도 … 귀의 감각접촉에 대해서도 … 느낌에 대해서도 …

코에 대해서도 … 냄새에 대해서도 … 코의 알음알이에 대해서도 … 코의 감각접촉에 대해서도 … 느낌에 대해서도 …

혀에 대해서도 … 맛에 대해서도 … 혀의 알음알이에 대해서도 … 혀의 감각접촉에 대해서도 … 느낌에 대해서도 …

몸에 대해서도 … 감촉에 대해서도 … 몸의 알음알이에 대해서도 … 몸의 감각접촉에 대해서도 … 느낌에 대해서도 …

마노에 대해서도 염오하고 법에 대해서도 염오하고 마노의 알음알이에 대해서도 염오하고 마노의 감각접촉에 대해서도 염오하고 마노의 감각접촉을 조건으로 하여 일어나는 즐겁거나 괴롭거나 괴롭지도 즐겁지도 않은 느낌에 대해서도 염오한다.

염오하면서 탐욕이 빛바래고, 탐욕이 빛바래므로 해탈한다. 해탈하면 해탈했다는 지혜가 있다. '태어남은 다했다. 청정범행은 성취되었다. 할 일을 다 해 마쳤다. 다시는 어떤 존재로도 돌아오지 않을 것이다.'라고 꿰뚫어 안다."

8. "비구들이여, 이것이 모든 취착을 종식시키기 위한 법이다."

제6장 무명 품이 끝났다.

여섯 번째 품에 포함된 경들의 목록은 다음과 같다.

① 무명, 두 가지 ②~③ 족쇄
두 가지 ④~⑤ 번뇌, 두 가지 ⑥~⑦ 잠재성향
⑧ 철저하게 앎, 두 가지 ⑨~⑩ 종식이다.

제7장 미가잘라 품

Migajāla-vagga

미가잘라 경1(S35:63)

Migajāla-sutta

2. 그때 미가잘라 존자[52]가 세존께 다가갔다. 가서는 세존께 절을 올리고 한 곁에 앉았다. 한 곁에 앉은 미가잘라 존자는 세존께 이렇게 여쭈었다.

3. "세존이시여, '혼자 머무는 자, 혼자 머무는 자'[53]라고들 합니다. [36] 도대체 어떤 것이 혼자 머무는 자이고 어떤 것이 동반자와 함께 머무는 자[54]입니까?"

4. "미가잘라여, 눈으로 인식되는 형색들이 있으니, 원하고 좋아하고 마음에 들고 사랑스럽고 감각적 욕망을 짝하고 매혹적인 것들이다. 만일 비구가 그것을 즐기고 환영하고 묶여 있으면 그가 그것을 즐기고 환영하고 묶여 있기 때문에 즐김이 일어난다. 즐김이 있으면 탐닉이 있고, 탐닉이 있으면 속박이 있다. 미가잘라여, 이처럼 즐

---

52) 미가잘라 존자(āyasmā Migajāla)는 녹자모 강당을 지은 위사카(Visakhā) 청신녀의 아들이었다. 그는 세존의 설법을 많이 듣고 출가하여 아라한이 되었다.(TagA.177) 『장로게』(Thag.45) {417~422}는 그의 게송이다.

53) '혼자 머무는 자(eka-vihāri)'는 본서 제2권 「장로라 불리는 자 경」(S21:10)의 주제이다. 그 경을 참조할 것.

54) '동반자와 함께 머무는 자'는 sadutiya-vihāri를 옮긴 것이다. 문자적으로는 두 번째 사람과 함께(sa-dutiya) 머무는 것이다. 이 두 번째 사람은 대부분 배우자를 뜻하기도 한다.

김의 족쇄에 얽매여 있는 비구를 동반자와 함께 머무는 자라 부른다.

미가잘라여, 귀로 인식되는 소리들이 있으니, …

미가잘라여, 코로 인식되는 냄새들이 있으니, …

미가잘라여, 혀로 인식되는 맛들이 있으니, …

미가잘라여, 몸으로 인식되는 감촉들이 있으니, …

미가잘라여, 마노로 인식되는 법들이 있으니, … 미가잘라여, 이처럼 즐김의 족쇄에 얽매여 있는 비구를 동반자와 함께 머무는 자라 부른다."

5. "미가잘라여, 이와 같이 머무는 비구는 비록 그가 조용하고 소리가 없고 한적하고 사람들로부터 멀고 혼자 앉기에 좋은 외딴 처소인 숲이나 밀림의 외딴 거처에 머무르더라도 동반자와 함께 머무는 자라 불린다.

그것은 무슨 이유 때문인가? 갈애가 바로 그의 동반자이고 그는 그것을 버리지 못했기 때문이다. 그래서 동반자와 함께 머무는 자라 불리는 것이다."

6. "미가잘라여, 눈으로 인식되는 형색들이 있으니, 원하고 좋아하고 마음에 들고 사랑스럽고 감각적 욕망을 짝하고 매혹적인 것들이다. 만일 비구가 그것을 즐기지 않고 환영하지 않고 묶여 있지 않으면 그가 그것을 즐기지 않고 환영하지 않고 묶여 있지 않기 때문에 즐김이 소멸한다. 즐김이 없으면 탐닉이 없고, 탐닉이 없으면 [37] 얽매임이 없다. 미가잘라여, 이처럼 즐김의 족쇄에 얽매어 있지 않는 비구를 혼자 머무는 자라 부른다.

미가잘라여, 귀로 인식되는 소리들이 있으니, …

미가잘라여, 코로 인식되는 냄새들이 있으니, …

미가잘라여, 혀로 인식되는 맛들이 있으니, …

미가잘라여, 몸으로 인식되는 감촉들이 있으니, …

미가잘라여, 마노로 인식되는 법들이 있으니, … 미가잘라여, 이처럼 즐김의 족쇄에 얽매어 있지 않는 비구를 혼자 머무는 자라 부른다."

7. "미가잘라여, 이와 같이 머무는 비구는 비록 그가 비구들과 비구니들과 청신사들과 청신녀들과 왕들과 왕의 대신들과 외도들과 외도의 제자들과 섞여서 마을의 안에 머무르더라도 그는 혼자 머무는 자라 불린다.

그것은 무슨 이유 때문인가? 갈애가 바로 그의 동반자인데 그는 그것을 버렸기 때문이다. 그래서 혼자 머무는 자라 불리는 것이다."

미가잘라 경2(S35:64)

Migajāla-sutta

2. 그때 미가잘라 존자가 세존께 다가갔다. 가서는 세존께 절을 올리고 한 곁에 앉았다. 한 곁에 앉은 미가잘라 존자는 세존께 이렇게 말씀드렸다.

3. "세존이시여, 세존께서 제게 간략하게 법을 설해 주시면 감사하겠습니다. 그러면 저는 세존으로부터 법을 들은 뒤 혼자 은둔하여 방일하지 않고 열심히, 스스로 독려하며 지내고자 합니다."

4. "미가잘라여, 눈으로 인식되는 형색들이 있으니, 원하고 좋아하고 마음에 들고 사랑스럽고 감각적 욕망을 짝하고 매혹적인 것들이다. 만일 비구가 그것을 즐기고 환영하고 묶여 있으면 그가 그것을 즐기고 환영하고 묶여 있기 때문에 즐김이 일어난다. 미가잘라여,

즐김이 일어나는 것이 바로 괴로움의 일어남이라고 나는 말한다.

미가잘라여, 귀로 인식되는 소리들이 있으니, …

미가잘라여, 코로 인식되는 냄새들이 있으니, …

미가잘라여, 혀로 인식되는 맛들이 있으니, …

미가잘라여, 몸으로 인식되는 감촉들이 있으니, …

미가잘라여, 마노로 인식되는 법들이 있으니, … [38] 미가잘라여, 즐김이 일어나는 것이 바로 괴로움의 일어남이라고 나는 말한다."

5. "미가잘라여, 눈으로 인식되는 형색들이 있으니, 원하고 좋아하고 마음에 들고 사랑스럽고 감각적 욕망을 짝하고 매혹적인 것들이다. 만일 비구가 그것을 즐기지 않고 환영하지 않고 묶여 있지 않으면 그가 그것을 즐기지 않고 환영하지 않고 묶여 있지 않기 때문에 즐김이 소멸한다. 미가잘라여, 즐김이 소멸하는 것이 바로 괴로움의 소멸이라고 나는 말한다.

미가잘라여, 귀로 인식되는 소리들이 있으니, …

미가잘라여, 코로 인식되는 냄새들이 있으니, …

미가잘라여, 혀로 인식되는 맛들이 있으니, …

미가잘라여, 몸으로 인식되는 감촉들이 있으니, …

미가잘라여, 마노로 인식되는 법들이 있으니, … 미가잘라여, 즐김이 소멸하는 것이 바로 괴로움의 소멸이라고 나는 말한다."

6. 그때 미가잘라 존자는 세존의 말씀을 기뻐하고 감사드린 뒤 자리에서 일어나 세존께 절을 올리고 오른쪽으로 [세 번] 돌아 [경의를 표한] 뒤에 물러갔다.

7. 그때 미가잘라 존자는 혼자 은둔하여 방일하지 않고 열심히, 스스로 독려하며 지냈다. 그는 오래지 않아 좋은 가문의 아들들이 집

에서 나와 출가하는 목적인 그 위없는 청정범행의 완성을 지금・여기에서 스스로 최상의 지혜로 알고 실현하고 구족하여 머물렀다. '태어남은 다했다. 청정범행은 성취되었다. 할 일을 다 해 마쳤다. 다시는 어떤 존재로도 돌아오지 않을 것이다.'라고 최상의 지혜로 알았다.

8. 미가잘라 존자는 아라한들 중의 한 분이 되었다.

사밋디 경1(S35:65)

Samiddhi-sutta

1. 이와 같이 나는 들었다. 한때 세존께서는 라자가하에서 대나무 숲의 다람쥐 보호구역에 머무셨다.

2. 그때 사밋디 존자[55]가 세존께 다가갔다. 가서는 세존께 절을 올리고 한 곁에 앉았다. 한 곁에 앉은 사밋디 존자는 세존께 이렇게 여쭈었다.

3. "세존이시여, '마라, 마라'라고들 합니다. 도대체 어떻게 해서 마라가 있으며 혹은 마라라는 개념이 있습니까?"[56]

4. "사밋디여, 눈이 있고 형색이 있고 [39] 눈의 알음알이가 있고 눈의 알음알이로 알아야 하는 법들[57]이 있는 곳, 거기에 마라는

---

55) 사밋디 존자(āyasmā Samiddhi)에 대해서는 본서 제1권 「사밋디 경」(S1:20) §2의 주해와 「사밋디 경」(S4:22)을 참조할 것.

56) "그는 '마라(Māra)'라는 말로 죽음(maraṇa)에 대해서 질문했다. '마라라는 개념(māra-paññatti)'이란 마라라는 개념(paññatti), 이름(nāma), 호칭(nāmadheyya)을 뜻한다."(SA.ii.367)
마라(Māra)에 대해서는 본서 제1권 「고행 경」(S4:1) §3의 주해를 참조할 것.

57) "'눈의 알음알이로 알아야 하는 법들(cakkhu-viññāṇa-viññātabbā dhamma)'이란 위에서(heṭṭhā) 말씀하신 형색(rūpa)을 취해서 말씀하신 것

있고 혹은 마라라는 개념이 있다.

귀가 있고 … 코가 있고 … 혀가 있고 … 몸이 있고 … 마노가 있고 법이 있고 마노의 알음알이가 있고 마노의 알음알이로 알아야 하는 법들이 있는 곳, 거기에 마라는 있고 혹은 마라라는 개념이 있다."

5. "사밋디여, 눈이 없고 형색이 없고 눈의 알음알이가 없고 눈의 알음알이로 알아야 하는 법들이 없는 곳, 거기에 마라는 없고 혹은 마라라는 개념도 없다.

귀가 없고 … 코가 없고 … 혀가 없고 … 몸이 없고 … 마노가 없고 법이 없고 마노의 알음알이가 없고 마노의 알음알이로 알아야 하는 법들이 없는 곳, 거기에 마라는 없고 혹은 마라라는 개념도 없다."

사밋디 경2(S35:66)

3. "세존이시여, '중생, 중생'이라고들 합니다. 도대체 어떻게 해서 중생이 있으며 혹은 중생이라는 개념이 있습니까?"

4. "사밋디여, 눈이 있고 형색이 있고 눈의 알음알이가 있고 눈의 알음알이로 알아야 하는 법들이 있는 곳, …"

이라고 하기도 한다. 혹은 위에서는 분명한 것(āpātha-gata)을 취한 것이고 여기서는 분명하지 않은 것(anāpātha-gata)을 취한 것이라고도 한다. 그렇지만 결론적으로 말하자면(sanniṭṭhāna) 위에서 말씀하신 [형색은] 분명한 것들과 분명하지 않은 것들을 모두 다 취한 것이다. 그러나 여기서는 눈의 알음알이와 함께하는(sampayutta) 세 가지 무더기들[즉, 느낌의 무더기(수온), 인식의 무더기(상온), 심리현상들의 무더기(행온) — DAṬ]을 뜻한다."(SA.ii.360)

사밋디 경3(S35:67)

3. "세존이시여, '괴로움, 괴로움'이라고들 합니다. 도대체 어떻게 해서 괴로움이 있으며 혹은 괴로움이라는 개념이 있습니까?"

4. "사밋디여, 눈이 있고 형색이 있고 눈의 알음알이가 있고 눈의 알음알이로 알아야 하는 법들이 있는 곳, …"

사밋디 경4(S35:68)

3. "세존이시여, '세상, 세상'이라고들 합니다. 도대체 어떻게 해서 세상이 있으며 혹은 세상이라는 개념이 있습니까?"

4. "사밋디여, 눈이 있고 형색이 있고 눈의 알음알이가 있고 눈의 알음알이로 알아야 하는 법들이 있는 곳, … [40]"

우빠세나 경(S35:69)

Upasena-sutta

1. 이와 같이 나는 들었다. 한때 사리뿟따 존자와 우빠세나 존자[58]는 라자가하에서 차가운 숲의 삽빠손디까(뱀 머리) 석굴[59]에 머물

---

58) 우빠세나 존자(āyasmā Upasena)는 사리뿟따 존자의 동생(kaniṭṭha-bhātika)이었다.(SA.ii.368) 여러 곳에서는 그를 왕간따의 아들 우빠세나(Upasena Vaṅgantaputta)라 부르고 있다. 그의 부친의 이름이 왕간따였기 때문이다. 그는 날라까(Nāḷaka)에서 루빠사리(Rūpasārī)의 아들로 태어났다. 이처럼 사리뿟따 존자는 어머니 사리의 아들로 불리고 있고, 우빠세나 존자는 아버지 왕간따의 아들로 불리고 있다. 『장로게』(Thag) {577~586}은 그의 게송이다. 그는 베다에 통달했지만 출가하여 부처님 제자가 되었다. 그는 출가한 지 1년 만에 출가자의 수를 늘리기 위해 상좌를 두어서 그를 데리고 부처님께 갔다. 세존께서는 그의 성급함을 나무라셨고 그는 세존으로부터 모든 면에서 신뢰받는 제자가 되려고 결심하고 정진에 몰두하여

렸다.

2. 그 무렵 우빠세나 존자의 몸에 독사 [두 마리]가 떨어졌다. 그러자 우빠세나 존자는 비구들을 불러서 말했다.

3. "도반들이여, 오십시오. 이 몸을 침상위로 올려주고 이 몸이 마치 왕겨처럼 흩어지기 전에 밖으로 나가십시오."[60]

4. 이렇게 말하자 사리뿟따 존자가 우빠세나 존자에게 이렇게 말했다.

"그런데 우리는 우빠세나 존자의 몸이 바뀌거나 감각기능들이 변하는 것[61]을 보지 못합니다. 그런데도 우빠세나 존자는 '도반들이여,

---

아라한이 되었다고 한다. 그 후 존자는 여러 가지 두타행을 닦았으며 많은 회중을 거느렸다고 한다.(AA.i.271～272)

그는 설법을 잘하기로 유명하였으며 그래서 많은 사람들이 부처님의 신도가 되었다고 한다. 그래서 세존께서는 『앙굿따라 니까야』 「하나의 모음」(A1:14:3-5)에서 그를 "모든 면에서 청정한 믿음을 내게 하는 자(samanta-pāsādika)들 가운데서 으뜸"이라고 하셨다.

사리뿟따 존자에게는 세 명의 남동생 즉, 쭌다(Cunda), 우빠세나(Upasena), 레와따(Revata)와 세 명의 여동생 즉, 짤라(Cālā), 우빠짤라(Upacālā), 시수빠짤라(Sīsūpacālā)가 있었는데 모두 출가하였다고 한다.(DhpA.ii.188) 세 명의 여동생의 게송이 본서 제1권 「짤라 경」 등(S5:6～8)에 나타난다.

59) 주석서에 의하면 이 석굴(pabbhāra)은 그 모양이 뱀의 머리(sappaphaṇa)를 닮았기 때문에 붙여진 이름이라 한다.(SA.ii.368)

60) "장로는 공양을 마치고(kata-bhatta-kicca) 대가사(mahā-cīvara)를 수하고 동굴의 그늘에 앉아서 바느질(sūci-kamma)을 하고 있었다. 그때 어린 독사 두 마리(āsīvisa-potakā)가 동굴 위의 지붕에서 놀고 있었는데 그 중 한 마리가 장로의 어깨위로 떨어졌다. 독사는 닿기만 해도 독이 퍼지는 맹독을 가지고 있었기 때문에 독이 장로의 온몸에 퍼졌다. 장로는 독이 이처럼 퍼지는 것을 알고 독사가 떨어질 때 '이 몸이 동굴 안에서 죽지 않기를.'이라고 신통의 힘(iddhi-bala)으로 결심을 하고(adhiṭṭhahitvā) 비구들에게 이렇게 말한 것이다."(SA.ii.368)

61) '몸이 바뀌거나 감각기능들이 변하는 것'은 kāyassa vā aññathattam

오십시오. 이 몸을 침상위로 올려주고 이 몸이 마치 왕겨처럼 흩어지기 전에 밖으로 나가십시오.'라고 말합니다."

5. "도반 사리뿟따여, '나는 눈이다.'라거나 '나의 눈이다.'라거나 … '나는 마노다.'라거나 '나의 마노다.'라고 생각하는 자에게는 몸이 바뀌거나 감각기능들이 변하는 것이 있을지도 모릅니다. 도반 사리뿟따여, 그러나 나에게는 [41] '나는 눈이다.'라거나 '나의 눈이다.'라거나 … '나는 마노다.'라거나 '나의 마노다.'라는 생각이 없습니다. 도반 사리뿟따여, 그런 나에게 어찌 몸이 바뀌거나 감각기능들이 변하는 것이 있겠습니까?"

6. "그것은 우빠세나 존자가 오랜 세월을 '나'라는 생각과 '내 것'이라는 생각과 자만의 잠재성향을 완전히 뿌리 뽑은 채로 [머물렀기] 때문입니다.62) 그래서 우빠세나 존자에게는 '나는 눈이다.'라거나 '나의 눈이다.'라거나 … '나는 마노다.'라거나 '나의 마노다.'라는 생각이 없는 것입니다."

7. 그러자 그 비구들은 우빠세나 존자의 몸을 침상 위에 올린 뒤 밖으로 나갔다. 그때 우빠세나 존자의 몸은 거기서 마치 왕겨처럼 흩어졌다.

---

indriyānaṁ vā vipariṇāmaṁ를 옮긴 것이다. 『맛지마 니까야』 「사랑에서 생긴 것 경」(M87/ii.106) §3에는 '감각기능들이 변하는 것(indriyānaṁ aññathatta)'은 자식이 죽은 것 등을 보고 생긴 심한 괴로움을 표현하는 말로 나타나고 있다. 여기서도 사리뿟따 존자는 독사의 맹독이 퍼져도 우빠세나 존자가 조금도 흔들리지 않고 괴로워하지 않는 것을 이렇게 표현하고 있다.

62) 이 표현은 본서 제2권 「우빠띳사 경」(S21:2) §5에서 아난다 존자가 사리뿟따 존자에게 한 말로 나타나고 있다. 그곳의 주해도 참조할 것.

우빠와나 경(S35:70)

Upavāna-sutta

2. 그때 우빠와나 존자[63]가 세존께 다가갔다. 가서는 세존께 절을 올리고 한 곁에 앉았다. 한 곁에 앉은 우빠와나 존자는 세존께 이렇게 여쭈었다.

3. "세존이시여, '스스로 보아 알 수 있는 법, 스스로 보아 알 수 있는 법'이라고들 합니다. 도대체 어떻게 해서 법은 스스로 보아 알 수 있고, 시간이 걸리지 않고, 와서 보라는 것이고, 향상으로 인도하고, 지자들이 각자 알아야 하는 것입니까?"[64]

4. "우빠와나여, 여기 비구는 눈으로 형색을 보고 나서 형색을 경험하고 형색에 대한 탐욕[65]도 경험한다. 그러면 그는 '내 안에는

---

63) 우빠와나 존자(āyasmā Upavāna)에 대해서는 본서 제2권 「우빠와나 경」(S12:26) §2의 주해를 참조할 것. 존자는 본서 제1권 「데와히따 경」(S7:13) §2에서 세존의 시자로 나타난다.
한편 세존의 시자 소임을 본 분은 모두 여덟 분인데, 그분들은 나가사말라(Nāgasamala), 나기따(Nāgita), 우빠와나(Upavāṇa), 수낙캇따(Sunak-khatta), 사미라 불린 쭌다(Cunda samaṇuddesa), 사가따(Sāgata), 메기야(Meghiya)와(AAṬ.iii.247~248) 성도 후 21년째 되던 해부터 반열반하시기까지 대략 25년간 시자소임을 맡은 아난다 존자였다.

64) 여기에다 '스스로 보아 알 수 있고' 앞에 '법은 세존에 의해서 잘 설해졌고(svākkhāto)'를 넣으면 이것은 법(Dhamma)에 대한 정형구이다. 이 정형구는 본서 제1권 「사밋디 경」(S1:20) §4 등, 본서 전체에 많이 나타난다. 법의 정형구에 대한 자세한 설명은 『청정도론』 VII.68 이하를 참조할 것.

65) '형색에 대한 탐욕'은 rūpa-rāga를 옮긴 것이다. rūpa-rāga가 전문술어로 쓰이면 '색계에 대한 탐욕'이 되며, 이것은 10가지 족쇄 가운데 여섯 번째가 된다.(열 가지 족쇄(saṁyojana)에 대해서는 본서 제1권 「얼마나 끊음 경」(S1:5) {8}의 주해를 참조할 것)
그러나 여기서는 문자적인 뜻 그대로 눈을 통한 형색에 대한 탐욕을 뜻한다. 그래서 본경에 대한 복주서도 "형색에 대한 탐욕이란 푸른 색 등으로 구분이

형색들에 대한 탐욕이 있구나.'라고 하면서 자기 안에 형색들에 대한 탐욕이 있음을 꿰뚫어 안다. 우빠와나여, 이렇게 꿰뚫어 아는 것을 두고 '법은 스스로 보아 알 수 있고, 시간이 걸리지 않고, 와서 보라는 것이고, 향상으로 인도하고, 지자들이 각자 알아야 하는 것이다.' 라고 한다.

다시 우빠와나여, 귀로 소리를 듣고 나서 …

다시 우빠와나여, 코로 냄새를 맡고 나서 …

다시 우빠와나여, [42] 혀로 맛을 보고 나서 …

다시 우빠와나여, 몸으로 감촉을 느끼고 나서 …

다시 우빠와나여, 마노로 법을 알고 나서 법을 경험하고 법에 대한 탐욕도 경험한다. 그러면 그는 '내 안에는 법들에 대한 탐욕이 있구나.'라고 하면서 자기 안에 법들에 대한 탐욕이 있음을 꿰뚫어 안다. 우빠와나여, 이렇게 꿰뚫어 아는 것을 두고 '법은 스스로 보아 알 수 있고, 시간이 걸리지 않고, 와서 보라는 것이고, 향상으로 인도하고, 지자들이 각자 알아야 하는 것이다.'라고 한다."

5. "우빠와나여, 여기 비구는 눈으로 형색을 보고 나서 형색을 경험하지만 형색에 대한 탐욕은 경험하지 않는다. 그러면 그는 '내 안에는 형색들에 대한 탐욕이 없구나.'라고 하면서 자기 안에 형색들에 대한 탐욕이 있지 않음을 꿰뚫어 안다. 우빠와나여, 이렇게 꿰뚫어 아는 것을 두고 '법은 스스로 보아 알 수 있고, 시간이 걸리지 않고, 와서 보라는 것이고, 향상으로 인도하고, 지자들이 각자 알아야

되는 형색이라는 법에 대한 탐욕이다(rūparāgan ti nīlādibhede rūpa-dhamme rāgaṁ)."(SAṬ)라고 설명하고 있다.
본서 제3권 「무상의 [관찰로 생긴] 인식 경」(S22:102) §3의 주해도 참조할 것. 거기서는 문맥에 따라 '물질에 대한 탐욕'으로 옮겼다.

하는 것이다.'라고 한다.

다시 우빠와나여, 귀로 소리를 듣고 나서 …

다시 우빠와나여, 코로 냄새를 맡고 나서 …

다시 우빠와나여, 혀로 맛을 보고 나서 …

다시 우빠와나여, 몸으로 감촉을 느끼고 나서 …

다시 우빠와나여, [43] 마노로 법을 알고 나서 법을 경험하지만 법에 대한 탐욕은 경험하지 않는다. 그러면 그는 '내 안에는 법들에 대한 탐욕이 없구나.'라고 하면서 자기 안에 법들에 대한 탐욕이 있지 않음을 꿰뚫어 안다. 우빠와나여, 이렇게 꿰뚫어 아는 것을 두고 '법은 스스로 보아 알 수 있고, 시간이 걸리지 않고, 와서 보라는 것이고, 향상으로 인도하고, 지자들이 각자 알아야 하는 것이다.'라고 한다."[66]

여섯 감각접촉의 장소 경1(S35:71)

Chaphassāyatana-sutta

3. "비구들이여, 비구가 여섯 감각접촉의 장소의 일어남과 사라짐과 달콤함과 위험함과 벗어남을 있는 그대로 꿰뚫어 알지 못하면 그의 청정범행은 성취되지 못했고 그는 이 법과 율에서 멀리 있는 것이다."

4. 이렇게 말씀하시자 어떤 비구가 세존께 이렇게 말씀드렸다.

"세존이시여, 여기에 대해서 저는 어찌해야 할지를 모르겠습니다.[67] 세존이시여, 저는 여섯 감각접촉의 장소의 일어남과 사라짐과

---

66) "본경에서는 유학과 무학(sekha-asekha)의 반조(paccavekkhaṇā)가 설해졌다."(SA.ii.369)
전반부는 유학의 반조에 대해서, 후반부는 무학 즉 아라한의 반조에 대해서 설하고 있다.

달콤함과 위험함과 벗어남을 있는 그대로 꿰뚫어 알지 못합니다."

5. "비구여, 이를 어떻게 생각하는가? 그대는 눈을 두고 '이것은 내 것이다. 이것은 나다. 이것은 나의 자아다.'라고 관찰하는가?"

"그렇지 않습니다, 세존이시여."

"장하구나, 비구여. 여기서 그대가 눈을 두고 '이것은 내 것이 아니다. 이것은 내가 아니다. 이것은 나의 자아가 아니다.'라고 이와 같이 있는 그대로 바른 통찰지로 분명하게 보면 이것이 바로 괴로움의 끝이다."

6. "비구여, 이를 어떻게 생각하는가? 그대는 귀를 두고 … 코를 두고 … 혀를 두고 … 몸을 두고 … 마노를 두고 '이것은 내 것이다. 이것은 나다. 이것은 나의 자아다.'라고 관찰하는가?"

"그렇지 않습니다, 세존이시여."

"장하구나, 비구여. 여기서 그대가 마노를 두고 '이것은 내 것이 아니다. 이것은 내가 아니다. 이것은 나의 자아가 아니다.'라고 이와 같이 있는 그대로 바른 통찰지로 분명하게 보면 이것이 바로 괴로움의 끝이다."

여섯 감각접촉의 장소 경2(S35:72)

3. "비구들이여, [44] 비구가 여섯 감각접촉의 장소의 일어남과 사라짐과 달콤함과 위험함과 벗어남을 있는 그대로 꿰뚫어 알지 못하면 그의 청정범행은 성취되지 못했고 그는 이 법과 율에서 멀리 있

---

67) '저는 어찌해야 할지를 모르겠습니다.'는 Be: anassasaṁ, Ee, Se: anassā-siṁ을 옮긴 것이다. 이것은 nassati(√naś, *to be lost*)의 *Aorist* 과거 일인칭 단수이다. 주석서는 naṭṭha(멸망, 상실)로 설명하고 있다.(SA.ii.369)

는 것이다."

4. 이렇게 말씀하시자 어떤 비구가 세존께 이렇게 말씀드렸다.

"세존이시여, 여기에 대해서 저는 어찌해야 할지를 모르겠습니다. 세존이시여, 저는 여섯 감각접촉의 장소의 일어남과 사라짐과 달콤함과 위험함과 벗어남을 있는 그대로 꿰뚫어 알지 못합니다."

5. "비구여, 이를 어떻게 생각하는가? 그대는 눈을 두고 '이것은 내 것이 아니다. 이것은 내가 아니다. 이것은 나의 자아가 아니다.'라고 관찰하는가?"

"그렇습니다, 세존이시여."

"장하구나, 비구여. 여기서 그대가 눈을 두고 '이것은 내 것이 아니다. 이것은 내가 아니다. 이것은 나의 자아가 아니다.'라고 이와 같이 있는 그대로 바른 통찰지로 분명하게 보면 이것은 그대가 첫 번째 감각접촉의 장소를 버리는 것이 될 것이며 미래에 다시 일어나지 않을 것이다."68)

6. "비구여, 이를 어떻게 생각하는가? 그대는 귀를 두고 … 코를 두고 … 혀를 두고 … 몸을 두고 … 마노를 두고 '이것은 내 것이 아니다. 이것은 내가 아니다. 이것은 나의 자아가 아니다.'라고 관찰하는가?"

"그렇습니다, 세존이시여."

"장하구나, 비구여. 여기서 그대가 마노를 두고 '이것은 내 것이 아니다. 이것은 내가 아니다. 이것은 나의 자아가 아니다.'라고 이와 같

---

68) "'미래에 다시 일어나지 않을 것이다(āyatiṁ apunabbhavāya).'라는 것은 열반을 말하는 것이다. 열반을 위해서(nibbān-atthāya) '버리는 것이 될 것(pahīnam bhavissati)'이라는 뜻이다."(SA.ii.369)

이 있는 그대로 바른 통찰지로 분명하게 보면 이것은 그대가 여섯 번째 감각접촉의 장소를 버리는 것이 될 것이며 미래에 다시 일어나지 않을 것이다."

여섯 감각접촉의 장소 경3(S35:73)

3. "비구들이여, 비구가 여섯 감각접촉의 장소의 [45] 일어남과 사라짐과 달콤함과 위험함과 벗어남을 있는 그대로 꿰뚫어 알지 못하면 그의 청정범행은 성취되지 못했고 그는 이 법과 율에서 멀리 있는 것이다."

4. 이렇게 말씀하시자 어떤 비구가 세존께 이렇게 말씀드렸다.

"세존이시여, 여기에 대해서 저는 어찌해야 할지를 모르겠습니다. 세존이시여, 저는 여섯 감각접촉의 장소의 일어남과 사라짐과 달콤함과 위험함과 벗어남을 있는 그대로 꿰뚫어 알지 못합니다."

5. "비구여, 이를 어떻게 생각하는가? 눈은 항상한가, 무상한가?"

"무상합니다, 세존이시여."

"그러면 무상한 것은 괴로움인가, 즐거움인가?"

"괴로움입니다, 세존이시여."

"그러면 무상하고 괴로움이고 변하기 마련인 것을 두고 '이것은 내 것이다. 이것은 나다. 이것은 나의 자아다.'라고 관찰하는 것이 타당하겠는가?"

"그렇지 않습니다, 세존이시여."

6. "비구여, 이를 어떻게 생각하는가? 귀는 … 코는 … 혀는 … 몸은 … 마노는 항상한가, 무상한가?"

"무상합니다, 세존이시여."

"그러면 무상한 것은 괴로움인가, 즐거움인가?"

"괴로움입니다, 세존이시여."

"그러면 무상하고 괴로움이고 변하기 마련인 것을 두고 '이것은 내 것이다. 이것은 나다. 이것은 나의 자아다.'라고 관찰하는 것이 타당하겠는가?"

"그렇지 않습니다, 세존이시여."

7. "비구여, 이렇게 보는 잘 배운 성스러운 제자는 눈에 대해서도 염오하고 … 마노에 대해서도 염오한다.

염오하면서 탐욕이 빛바래고, 탐욕이 빛바래므로 해탈한다. 해탈하면 해탈했다는 지혜가 있다. '태어남은 다했다. 청정범행(梵行)은 성취되었다. 할 일을 다 해 마쳤다. 다시는 어떤 존재로도 돌아오지 않을 것이다.'라고 꿰뚫어 안다."

제7장 미가잘라 품이 끝났다.

일곱 번째 품에 포함된 경들의 목록은 다음과 같다.

두 가지 ①~② 미가잘라, 네 가지 ③~⑥ 사밋디
⑦ 우빠세나 ⑧ 우빠와나
세 가지 ⑨~⑪ 여섯 감각접촉의 장소이다.

제8장 환자 품

Gilāna-vagga

환자 경1(S35:74)

Gilāna-sutta

2. 그때 [46] 어떤 비구가 세존께 다가갔다. 가서는 세존께 절을 올리고 한 곁에 앉았다. 한 곁에 앉은 그 비구는 세존께 이렇게 말씀드렸다.

3. "세존이시여, 어느 승원에 잘 알려지지 않은 어떤 신참 비구가 중병에 걸려 아픔과 고통에 시달리고 있습니다. 세존이시여, 그러니 세존께서 연민심을 내셔서 그 비구에게 가주시면 참으로 감사하겠습니다."

4. 그러자 세존께서는 신참이라는 말을 들으시고 '중병에 걸린 잘 알려지지 않은 비구로구나.'라고 아신 뒤 그 비구에게 가셨다. 그 비구는 세존께서 멀리서 오시는 것을 보고 침상에서 [몸을] 움직였다.69) 그때 세존께서는 그 비구에게 이렇게 말씀하셨다.

"그만 하거라, 비구여. 침상에서 움직이지 말라. 여기에 마련된 자리가 있구나. 나는 앉아야겠다."

5. 세존께서는 마련된 자리에 앉으셨다. 자리에 앉으신 뒤 세존께서는 그 비구에게 이렇게 말씀하셨다.

"비구여, 어떻게 견딜 만한가? 그대는 편안한가? 괴로운 느낌이

---

69) 여기에 대해서는 본서 제3권 「왁깔리 경」(S22:87) §5의 주해를 참조할 것.

물러가고 더 심하지는 않는가? 차도가 있고 더 심하지 않다는 것을 알겠는가?"

"세존이시여, 저는 견디기가 힘듭니다. 편안하지 않습니다. 괴로운 느낌은 더 심하기만 하고 물러가지 않습니다. 더 심하기만 하고 차도가 없다고 알아질 뿐입니다."

"비구여, 그대는 후회할 일이 있는가? 그대는 자책할 일이 있는가?"

"그러합니다, 세존이시여. 저는 후회할 일이 적지 않고 자책할 일이 적지 않습니다."

"그러면 [47] 그대는 계행에 대해서 자신을 비난할 일을 하지 않았는가?"

"그렇지 않습니다, 세존이시여. 저는 계행에 대해서 자신을 비난할 일을 하지 않았습니다."

"비구여, 만일 계행에 대해서 자신을 비난할 일을 하지 않았다면 그대는 무엇을 후회하고 무엇을 자책하는가?"

6. "세존이시여, 세존께서는 계행을 청정하게 하기 위해서 법을 설하지는 않으셨다고 저는 잘 알고 있습니다."

"비구여, 만일 내가 계행을 청정하게 하기 위해서 법을 설하지는 않았다고 그대가 잘 알고 있다면 내가 무엇을 위해서 법을 설하였다고 그대는 알고 있는가?"

"세존이시여, 탐욕을 빛바래게 하기 위해서 세존께서는 법을 설하셨다고 저는 잘 알고 있습니다."70)

---

70) '탐욕을 빛바래게 하기 위해서'는 rāga-virāg-atthaṁ을 옮긴 것이다. 직역하면 탐욕이 탐욕 없이 되게 하기 위해서가 된다. 그러므로 탐욕이 두 번 반복되는 어법이 되어버린다. 여기서 virāga는 원래 빛이 바래고 색깔이 없어지는 의미가 들어 있다. 그래서 탐욕이(rāga) 빛이 바래게(virāga) 하기 위해서(attha)로 이해하여 이렇게 옮겼다. 초기불전연구원에서는 니까야 전체

"장하고 장하구나, 비구여. 비구여, 그대는 탐욕을 빛바래게 하기 위해서 내가 법을 설하였다고 잘 알고 있으니 참으로 장하구나. 비구여, 참으로 나는 탐욕을 빛바래게 하기 위해서 법을 설하였기 때문이다."

7. "비구여, 이를 어떻게 생각하는가? 눈은 항상한가, 무상한가?"

"무상합니다, 세존이시여."

"그러면 무상한 것은 괴로움인가, 즐거움인가?"

"괴로움입니다, 세존이시여."

"그러면 무상하고 괴로움이고 변하기 마련인 것을 두고 '이것은 내 것이다. 이것은 나다. 이것은 나의 자아다.'라고 관찰하는 것이 타당하겠는가?"

"그렇지 않습니다, 세존이시여."

"비구들이여, 이를 어떻게 생각하는가? 귀는 … 코는 … 혀는 … 몸은 … 마노는 항상한가, 무상한가?"

"무상합니다, 세존이시여."

"그러면 무상한 것은 괴로움인가, 즐거움인가?"

"괴로움입니다, 세존이시여."

"그러면 무상하고 괴로움이고 변하기 마련인 것을 두고 '이것은 내 것이다. 이것은 나다. 이것은 나의 자아다.'라고 관찰하는 것이 타당하겠는가?"

"그렇지 않습니다, 세존이시여."

8. "비구여, 이렇게 보는 잘 배운 성스러운 제자는 눈에 대해서도 염오하고 … 마노에 대해서도 염오한다.

에서 virāga를 '탐욕의 빛바램'으로 옮기고 있다. 여기에 대해서는 본서 제3권 「과거 · 현재 · 미래 경」 1(S22:9) §3의 주해를 참조할 것.

염오하면서 탐욕이 빛바래고, 탐욕이 빛바래므로 해탈한다. 해탈하면 해탈했다는 지혜가 있다. '태어남은 다했다. 청정범행은 성취되었다. 할 일을 다 해 마쳤다. 다시는 어떤 존재로도 돌아오지 않을 것이다.'라고 꿰뚫어 안다."

9. 세존께서는 이렇게 말씀하셨다. 그 비구는 마음이 흡족해져서 세존의 말씀을 크게 기뻐하였다. 이 상세한 설명[授記]이 설해졌을 때 그 비구에게 '일어나는 법은 그 무엇이건 모두 소멸하기 마련인 법이다[集法卽滅法].'라는 티 없고 때가 없는 법의 눈[法眼]이 생겼다.71)

환자 경2(S35:75)

Gilāna-sutta

2. 그때 어떤 비구가 세존께 다가갔다. 가서는 세존께 절을 올리고 한 곁에 앉았다. 한 곁에 앉은 그 비구는 세존께 이렇게 말씀드렸다.

3. "세존이시여, 어느 승원에 잘 알려지지 않은 어떤 신참 비구가 중병에 걸려 아픔과 고통에 시달리고 있습니다. 세존이시여, 그러니 세존께서 연민심을 내셔서 그 비구에게 가주시면 참으로 감사하겠습니다."

……

71) '법의 눈[法眼]이 생겼다(dhammacakkhum udapādi).'는 것은 유학의 경지를 얻었음, 특히 예류자가 되었음을 뜻한다. 본서 「라훌라 경」(S35:121) §15의 주해와 『디가 니까야』 「암밧타 경」(D3) §2.21의 주해(DA.i.278) 등을 참조할 것.

6. "비구여, [48] 만일 내가 계행을 청정하게 하기 위해서 법을 설하지는 않았다고 그대가 잘 알고 있다면 내가 무엇을 위해서 법을 설하였다고 그대는 알고 있는가?"

"세존이시여, 취착 없는 완전한 열반을 위해서 세존께서는 법을 설하셨다고 저는 잘 알고 있습니다."

"장하고 장하구나, 비구여. 비구여, 그대는 취착 없는 완전한 열반을 위해서 내가 법을 설하였다고 잘 알고 있으니 참으로 장하구나. 비구여, 참으로 나는 취착 없는 완전한 열반을 위해서72) 법을 설하였기 때문이다."

7. "비구여, 이를 어떻게 생각하는가? 눈은 항상한가, 무상한가?"

"무상합니다, 세존이시여."

"그러면 무상한 것은 괴로움인가, 즐거움인가?"

"괴로움입니다, 세존이시여."

"그러면 무상하고 괴로움이고 변하기 마련인 것을 두고 '이것은 내 것이다. 이것은 나다. 이것은 나의 자아다.'라고 관찰하는 것이 타당하겠는가?"

"그렇지 않습니다, 세존이시여."

"비구여, 이를 어떻게 생각하는가? 형색은 … 눈의 알음알이는 … 눈의 감각접촉은 … 눈의 감각접촉을 조건으로 하여 일어나는 즐겁거나 괴롭거나 괴롭지도 즐겁지도 않은 느낌은 항상한가, 무상

---

72) '취착 없는 완전한 열반을 위해서'는 anupādā-parinibbān-attho를 옮긴 것이다. 여기서 upādā 혹은 upādāna는 취착이라는 뜻도 있고 연료라는 뜻도 있다. 그러므로 불에 연료가 다 하면 불이 꺼지듯이 취착이 완전히 다하면 탐욕·성냄·어리석음(탐·진·치)의 삼독의 불이 꺼져 완전한 열반을 실현하게 된다는 뜻이다.

한가?"[73]

"무상합니다, 세존이시여."

"그러면 무상한 것은 괴로움인가, 즐거움인가?"

"괴로움입니다, 세존이시여."

"그러면 무상하고 괴로움이고 변하기 마련인 것을 두고 '이것은 내 것이다. 이것은 나다. 이것은 나의 자아다.'라고 관찰하는 것이 타당하겠는가?"

"그렇지 않습니다, 세존이시여."

8. "귀는 … 소리는 … 귀의 알음알이는 … 귀의 감각접촉은 … 느낌은 …

코는 … 냄새는 … 코의 알음알이는 … 코의 감각접촉은 … 느낌은 …

혀는 … 맛은 … 혀의 알음알이는 … 혀의 감각접촉은 … 느낌은 …

몸은 … 감촉은 … 몸의 알음알이는 … 몸의 감각접촉은 … 느낌은 …

마노는 … 법은 … 마노의 알음알이는 … 마노의 감각접촉은 … 마노의 감각접촉을 조건으로 하여 일어나는 즐겁거나 괴롭거나 괴롭지도 즐겁지도 않은 느낌은 항상한가, 무상한가?"

"무상합니다, 세존이시여."

"그러면 무상한 것은 괴로움인가, 즐거움인가?"

"괴로움입니다, 세존이시여."

"그러면 무상하고 괴로움이고 변하기 마련인 것을 두고 '이것은

---

73) 앞의 「환자 경」 1(S35:74)에서는 눈 등의 육내처의 무상·고·무아만을 설하셨지만 본경에서는 이렇게 감각접촉과 느낌까지 포함한 더 완성된 형태의 정형구가 나타난다. Ee는 본경의 내용이 앞의 「환자 경」 1(S35:74)과 같은 것으로 취급하고 있지만 Be와 Se에는 역자가 옮긴 것처럼 감각접촉과 느낌까지 포함된 정형구가 나타나고 있다. 역자는 이를 따랐다. 이렇게 다르게 나타나야 「환자 경」 1(S35:74)에서 그 비구는 법안만을 얻었지만 본경에서 이 비구는 아라한이 된 것에 대한 이유를 드러내는 것이 되기 때문이다.

내 것이다. 이것은 나다. 이것은 나의 자아다.'라고 관찰하는 것이 타당하겠는가?"

"그렇지 않습니다, 세존이시여."

9. "비구여, 이렇게 보는 잘 배운 성스러운 제자는 눈에 대해서도 염오하고 형색에 대해서도 염오하고 눈의 알음알이에 대해서도 염오하고 눈의 감각접촉에 대해서도 염오하고 눈의 감각접촉을 조건으로 하여 일어나는 즐겁거나 괴롭거나 괴롭지도 즐겁지도 않은 느낌에 대해서도 염오한다.

귀에 대해서도 … 소리에 대해서도 … 귀의 알음알이에 대해서도 … 귀의 감각접촉에 대해서도 … 느낌에 대해서도 …

코에 대해서도 … 냄새에 대해서도 … 코의 알음알이에 대해서도 … 코의 감각접촉에 대해서도 … 느낌에 대해서도 …

혀에 대해서도 … 맛에 대해서도 … 혀의 알음알이에 대해서도 … 혀의 감각접촉에 대해서도 … 느낌에 대해서도 …

몸에 대해서도 … 감촉에 대해서도 … 몸의 알음알이에 대해서도 … 몸의 감각접촉에 대해서도 … 느낌에 대해서도 …

마노에 대해서도 염오하고 법에 대해서도 염오하고 마노의 알음알이에 대해서도 염오하고 마노의 감각접촉에 대해서도 염오하고 마노의 감각접촉을 조건으로 하여 일어나는 즐겁거나 괴롭거나 괴롭지도 즐겁지도 않은 느낌에 대해서도 염오한다.

염오하면서 탐욕이 빛바래고, 탐욕이 빛바래므로 해탈한다. 해탈하면 해탈했다는 지혜가 있다. '태어남은 다했다. 청정범행은 성취되었다. 할 일을 다 해 마쳤다. 다시는 어떤 존재로도 돌아오지 않을 것이다.'라고 꿰뚫어 안다."

10. 세존께서는 이렇게 말씀하셨다. 그 비구는 마음이 흡족해져서 세존의 말씀을 크게 기뻐하였다. 이 상세한 설명[授記]이 설해졌을 때 그 비구는 취착이 없어져서 번뇌들로부터 마음이 해탈하였다.

라다 경1(S35:76)

Rādha-sutta

2. 그때 라다 존자[74]가 세존께 다가갔다. 가서는 세존께 절을 올리고 한 곁에 앉았다. 한 곁에 앉은 라다 존자는 세존께 이렇게 말씀드렸다.

3. "세존이시여, 세존께서 제게 간략하게 법을 설해 주시면 감사하겠습니다. 그러면 저는 세존으로부터 법을 들은 뒤 혼자 은둔하여 방일하지 않고 열심히, 스스로 독려하며 지내고자 합니다."

4. "라다여, 무상한 것에 대한 그대의 욕구를 버려야 한다.

라다여, 그러면 무엇이 무상한 것인가? 라다여, 눈은 무상하다. 여기에 대한 그대의 욕구를 버려야 한다. 형색은 … 눈의 알음알이는 … 눈의 감각접촉은 … 눈의 감각접촉을 조건으로 하여 일어나는 즐겁거나 괴롭거나 괴롭지도 즐겁지도 않은 느낌은 무상하다. 여기에 대한 그대의 욕구를 버려야 한다.

귀는 … 소리는 … 귀의 알음알이는 … 귀의 감각접촉은 … 느낌은 …

코는 … 냄새는 … 코의 알음알이는 … 코의 감각접촉은 … 느낌은 …

혀는 … 맛은 … 혀의 알음알이는 … 혀의 감각접촉은 … 느낌은 …

몸은 … 감촉은 … 몸의 알음알이는 … 몸의 감각접촉은 … 느낌은 …

---

74) 라다 존자(āyasmā Rādha)에 대해서는 본서 제3권 「마라 경」(S23:1) §2의 주해를 참조할 것.

마노는 … 법은 … 마노의 알음알이는 … 마노의 감각접촉은 … 마노의 감각접촉을 조건으로 하여 일어나는 즐겁거나 괴롭거나 괴롭지도 즐겁지도 않은 느낌은 무상하다. 여기에 대한 그대의 욕구를 버려야 한다.

라다여, [49] 무상한 것에 대한 그대의 욕구를 버려야 한다."

라다 경2(S35:77)

4. "라다여, 괴로움인 것에 대한 그대의 욕구를 버려야 한다.

라다여, 그러면 무엇이 괴로움인 것인가? 라다여, 눈은 괴로움이다. 여기에 대한 그대의 욕구를 버려야 한다. 형색은 … 눈의 알음알이는 … 눈의 감각접촉은 … 눈의 감각접촉을 조건으로 하여 일어나는 즐겁거나 괴롭거나 괴롭지도 즐겁지도 않은 느낌은 괴로움이다. 여기에 대한 그대의 욕구를 버려야 한다. …

귀는 … 소리는 … 귀의 알음알이는 … 귀의 감각접촉은 … 느낌은 …

코는 … 냄새는 … 코의 알음알이는 … 코의 감각접촉은 … 느낌은 …

혀는 … 맛은 … 혀의 알음알이는 … 혀의 감각접촉은 … 느낌은 …

몸은 … 감촉은 … 몸의 알음알이는 … 몸의 감각접촉은 … 느낌은 …

마노는 … 법은 … 마노의 알음알이는 … 마노의 감각접촉은 … 마노의 감각접촉을 조건으로 하여 일어나는 즐겁거나 괴롭거나 괴롭지도 즐겁지도 않은 느낌은 괴로움이다. 여기에 대한 그대의 욕구를 버려야 한다.

라다여, 괴로움인 것에 대한 그대의 욕구를 버려야 한다."

라다 경3(S35:78)

4. "라다여, 무아인 것에 대한 그대의 욕구를 버려야 한다.

라다여, 그러면 무엇이 무아인 것인가? 라다여, 눈은 무아다. 여기에 대한 그대의 욕구를 버려야 한다. 형색은 … 눈의 알음알이는 … 눈의 감각접촉은 … 눈의 감각접촉을 조건으로 하여 일어나는 즐겁거나 괴롭거나 괴롭지도 즐겁지도 않은 느낌은 무아다. 여기에 대한 그대의 욕구를 버려야 한다. …

귀는 … 소리는 … 귀의 알음알이는 … 귀의 감각접촉은 … 느낌은 …

코는 … 냄새는 … 코의 알음알이는 … 코의 감각접촉은 … 느낌은 …

혀는 … 맛은 … 혀의 알음알이는 … 혀의 감각접촉은 … 느낌은 …

몸은 … 감촉은 … 몸의 알음알이는 … 몸의 감각접촉은 … 느낌은 …

마노는 … 법은 … 마노의 알음알이는 … 마노의 감각접촉은 … 마노의 감각접촉을 조건으로 하여 일어나는 즐겁거나 괴롭거나 괴롭지도 즐겁지도 않은 느낌은 무아다. 여기에 대한 그대의 욕구를 버려야 한다.

라다여, 무아인 것에 대한 그대의 욕구를 버려야 한다."

무명을 제거함 경1(S35:79)

Avijjāpahāna-sutta

2. 그때 어떤 비구가 세존께 다가갔다. 가서는 세존께 절을 올리고 한 곁에 앉았다. 한 곁에 앉은 그 비구는 세존께 이렇게 여쭈었다.

3. "세존이시여, 그것을 제거하면 비구의 무명이 제거되고 명지가 일어나는 하나의 법이 있습니까?"

"비구여, [50] 그것을 제거하면 비구의 무명이 제거되고 명지가 일어나는 하나의 법이 있다."

"세존이시여, 그러면 그것을 제거하면 비구의 무명이 제거되고 명지가 일어나는 그 하나의 법은 어떤 것입니까?"

"비구여, 그것은 바로 무명이다. 이 하나의 법을 제거하면 무명이 제거되고 명지가 일어난다."[75]

"세존이시여, 그러면 어떻게 알고 어떻게 보면 비구의 무명이 제거되고 명지가 일어납니까?"

4. "비구여, 눈은 무상하다고 알고 보면 무명이 제거되고 명지가 일어난다. 형색은 무상하다고 알고 보면 무명이 제거되고 명지가 일어난다. 눈의 알음알이는 무상하다고 알고 보면 무명이 제거되고 명지가 일어난다. 눈의 감각접촉은 무상하다고 알고 보면 무명이 제거되고 명지가 일어난다. 눈의 감각접촉을 조건으로 하여 일어나는 즐겁거나 괴롭거나 괴롭지도 즐겁지도 않은 느낌은 무상하다고 알고 보면 무명이 제거되고 명지가 일어난다.

귀는 … 소리는 … 귀의 알음알이는 … 귀의 감각접촉은 … 느낌은 …

코는 … 냄새는 … 코의 알음알이는 … 코의 감각접촉은 … 느낌은 …

혀는 … 맛은 … 혀의 알음알이는 … 혀의 감각접촉은 … 느낌은 …

몸은 … 감촉은 … 몸의 알음알이는 … 몸의 감각접촉은 … 느낌은 …

마노는 … 법은 … 마노의 알음알이는 … 마노의 감각접촉은 … 마노의 감각접촉을 조건으로 하여 일어나는 즐겁거나 괴롭거나 괴롭지도 즐겁지도 않은 느낌은 무상하다고 알고 보면 무명이 제거되고

---

75) 이것은 무명(avijjā)이 제거되기 위해서는 무명이 제거되어야 한다는 논리가 되어 무명이 중복되는 논리구조가 되어 어색하다. 아무튼 무명이야말로 모든 족쇄들 가운데 근원적인 것이어서 이것이 제거 되어야 다른 족쇄들도 모두 제거 될 수 있다는 것을 강조하는 어법으로 이해하면 무난할 듯하다.

명지가 일어난다.

비구여, 이와 같이 알고 이와 같이 보면 무명이 제거되고 명지가 일어난다."

무명을 제거함 경2(S35:80)

2~*3.* 그때 어떤 비구가 세존께 다가갔다. 가서는 세존께 절을 올리고 한 곁에 앉았다. 한 곁에 앉은 그 비구는 세존께 이렇게 말씀드렸다. …

4. "비구여, 여기 비구는 '모든 법들에 대해서 [갈애와 사견을 통해서] 천착해서는 안된다.'76)라고 배운다. 비구여, 이와 같이 비구는 '모든 법에 대해서 [갈애와 사견을 통해서] 천착해서는 안된다.'라고 배워서 모든 법을 최상의 지혜로 안다.77) 모든 법을 최상의 지혜

---

76) 같은 문장이 『앙굿따라 니까야』 「졸고 있음 경」(A7:58) §11에도 나타난다. 그 경에 해당하는 주석서는 이렇게 설명하고 있다.
"여기서 '모든 법(sabbe dhammā)'이란 것은 다섯 가지 무더기(5온, pañca-kkhandhā), 열두 가지 감각장소(12처, dvādas-āyatanāni), 열여덟 가지 요소(18계, aṭṭhārasa dhātuyo)이다. 그 어떤 것에 대해서도 갈애와 사견으로서 '천착해서는 안된다(nālaṁ abhinivesāyā).' 무슨 이유인가? 거머쥔 상태로(gahitākārena) 머물 수 없기 때문이니, 그들이 비록 영원함[常]과 행복[樂]과 자아[我]를 거머쥐더라도 그것은 무상하게 되고 괴롭게 되고 자아가 없는 것(무상·고·무아)이기 때문이다. 그러므로 천착해서는 안된다." (AA.iv.43)
한편 본경에 해당하는 주석서는 '모든 법'을 삼계에 속하는 모든 법들(sabbe tebhūmaka-dhammā)로 설명하고 있다.(SA.ii.370) 삼계에 속하는 모든 법은 열반을 제외한 유위법들이기 때문에 결국은 모든 법을 온·처·계로 이해한 위의 『앙굿따라 니까야 주석서』와 같은 입장이다.

77) "'최상의 지혜로 안다(abhijānāti).'는 것은 무상·고·무아라고 안 것의 통달지(ñāta-pariññā)를 통해 그렇게 안다는 것이다."(AA.iv.43)
'안 것의 통달지' 등의 통달지(pariññā)에 대해서는 본서 제1권 「사밋디 경」(S1:20) {47}의 주해를, 더 상세한 설명은 『청정도론』 XX.3~4와 18~19를 참조할 것.

로 안 뒤 모든 법을 철저하게 안다. 모든 법을 철저하게 안 뒤 모든 표상들을 다르게 본다.[78]

그는 눈을 다르게 보고 형색을 … 눈의 알음알이를 … 눈의 감각접촉을 … 눈의 감각접촉을 조건으로 하여 일어나는 즐겁거나 괴롭거나 괴롭지도 즐겁지도 않은 느낌을 다르게 본다.

귀를 … 소리를 … 귀의 알음알이를 … 귀의 감각접촉을 … 느낌을 …

코를 … 냄새를 … 코의 알음알이를 … 코의 감각접촉을 … 느낌을 …

혀를 … 맛을 … 혀의 알음알이를 … 혀의 감각접촉을 … 느낌을 …

몸을 … 감촉을 … 몸의 알음알이를 … 몸의 감각접촉을 … 느낌을 …

마노를 … 법을 … 마노의 알음알이를 … 마노의 감각접촉을 … 마노의 감각접촉을 조건으로 하여 일어나는 즐겁거나 괴롭거나 괴롭지도 즐겁지도 않은 느낌을 다르게 본다.

비구여, 이와 같이 알고 이와 같이 보면 무명이 제거되고 명지가 일어난다."

많은 비구 경(S35:81)

Sambahulabhikkhu-sutta

2. 그때 많은 비구들이 세존께 다가갔다. 가서는 세존께 절을 올리고 한 곁에 앉았다. 한 곁에 앉은 많은 비구들은 세존께 [51] 이

78) "'모든 표상들을 다르게 본다(sabbanimittāni aññato passati).'고 하셨다. 여기서 '모든 표상들(sabba-nimittāni)'이란 모든 형성된 것들의 표상들(saṅkhāra-nimittāni)을 말한다.
'다르게 본다(aññato passati).'는 것은 천착에 대해서 철저하게 알지 못하는(apariññāta-abhinivesa) 사람(jana)이 보는 것과는 다르게 본다는 말이다. 천착에 대해서 철저하게 알지 못하는 사람은 모든 표상들을 자아(atta)라고 보지만 천착에 대해서 철저하게 아는 자는 무아(anatta)라고 보기 때문이다. 본경에서는 무아의 특상(anatta-lakkhaṇa)을 설하셨다."(SA.ii.370)

렇게 말씀드렸다.

3. "세존이시여, 여기 외도 유행승들이 저희들에게 '도반들이여, 그대들은 무슨 목적을 위해서 사문 고따마 아래서 청정범행을 닦습니까?'라고 묻습니다. 세존이시여, 이렇게 질문을 받으면 저희들은 그 외도 유행승들에게 '도반들이여, 괴로움을 철저히 알기 위해서 우리는 세존 아래서 청정범행을 닦습니다.'라고 대답합니다.

세존이시여, 이렇게 질문을 받은 저희들이 이렇게 대답하면 세존께서 설하신 것과 일치합니까? 세존을 거짓으로 헐뜯지 않고 세존께서 설하신 것을 반복하여 설한 것이 됩니까? [세존께서 설했다고 전해진 이것을 반복하더라도] 어떤 동료수행자도 나쁜 견해에 빠져 비난의 조건을 만나지 않겠습니까?"[79]

4. "비구들이여, 분명히 그러하다. 그렇게 질문을 받은 그대들이 그렇게 대답하면 내가 설한 것과 일치한다. 나를 거짓으로 헐뜯지 않고 내가 설한 것을 반복하여 설한 것이 된다. [내가 설했다고 전해진 이것을 반복하더라도] 어떤 동료수행자도 나쁜 견해에 빠져 비난의 조건을 만나지 않는다."

5. "비구들이여, 그런데 만일 외도 유행승들이 그대들에게 '도반들이여, 그대들은 괴로움을 철저히 알기 위해서 사문 고따마 아래서 청정범행을 닦는다고 합니다. 그러면 어떤 것이 괴로움입니까?'라고 물으면 그대들은 그 외도 유행승들에게 이와 같이 설명해야 한다.

'도반들이여, 눈은 괴로움입니다. 이것을 철저히 알기 위해서 사문 고따마 아래서 청정범행을 닦습니다. 형색은 … 눈의 알음알이는 …

---

79) 이 정형구에 대해서는 본서 제2권 「외도 경」(S12:24) §6의 주해를 참조할 것.

눈의 감각접촉은 … 눈의 감각접촉을 조건으로 하여 일어나는 즐겁거나 괴롭거나 괴롭지도 즐겁지도 않은 느낌은 괴로움입니다. 이것을 철저히 알기 위해서 사문 고따마 아래서 청정범행을 닦습니다.

귀는 … 소리는 … 귀의 알음알이는 … 귀의 감각접촉은 … 느낌은 …

코는 … 냄새는 … 코의 알음알이는 … 코의 감각접촉은 … 느낌은 …

혀는 … 맛은 … 혀의 알음알이는 … 혀의 감각접촉은 … 느낌은 …

몸은 … 감촉은 … 몸의 알음알이는 … 몸의 감각접촉은 … 느낌은 …

마노는 … 법은 … 마노의 알음알이는 … 마노의 감각접촉은 … 마노의 감각접촉을 조건으로 하여 일어나는 즐겁거나 괴롭거나 괴롭지도 즐겁지도 않은 느낌은 괴로움입니다. 이것을 철저히 알기 위해서 사문 고따마 아래서 청정범행을 닦습니다.'라고.

비구들이여, [52] 이렇게 질문을 받으면 그대들은 그 외도 유행승들에게 이와 같이 대답해야 한다."

세상 경(S35:82)

Loka-sutta

2. 그때 어떤 비구가 세존께 다가갔다. 가서는 세존께 절을 올리고 한 곁에 앉았다. 한 곁에 앉은 그 비구는 세존께 이렇게 여쭈었다.

3. "세존이시여, '세상, 세상'이라고들 합니다. 도대체 왜 세상이라고 합니까?"

4. "비구여, 부서진다고 해서 세상이라 한다.80) 그러면 무엇이

80) '부서진다고 해서 세상이라 한다.'는 lujjatīti kho bhikkhu tasmā loko ti vuccati를 옮긴 것이다. 세상(loka)을 부서진다(lujjati)는 동사에서 파생된 것으로 설명하고 계신다. 그러나 어원학적으로 보면 loka는 lujjati(√luj, *to break*)와 관계가 없다. 여기에 대해서는 본서 제3권 「꽃 경」(S22:94) §6

부서지는가?

눈은 부서진다. 형색은 … 눈의 알음알이는 … 눈의 감각접촉은 … 눈의 감각접촉을 조건으로 하여 일어나는 즐겁거나 괴롭거나 괴롭지도 즐겁지도 않은 느낌은 부서진다.

귀는 … 소리는 … 귀의 알음알이는 … 귀의 감각접촉은 … 느낌은 …

코는 … 냄새는 … 코의 알음알이는 … 코의 감각접촉은 … 느낌은 …

혀는 … 맛은 … 혀의 알음알이는 … 혀의 감각접촉은 … 느낌은 …

몸은 … 감촉은 … 몸의 알음알이는 … 몸의 감각접촉은 … 느낌은 …

마노는 … 법은 … 마노의 알음알이는 … 마노의 감각접촉은 … 마노의 감각접촉을 조건으로 하여 일어나는 즐겁거나 괴롭거나 괴롭지도 즐겁지도 않은 느낌은 부서진다.

비구여, 부서진다고 해서 세상이라 한다."[81]

팍구나 경(S35:83)

Phagguna-sutta

2. 그때 팍구나 존자[82]가 세존께 다가갔다. 가서는 세존께 절을 올리고 한 곁에 앉았다. 한 곁에 앉은 팍구나 존자는 세존께 이렇게 여쭈었다.

의 주해를 참조할 것.

81) 여섯 가지 안의 감각장소와 이들에 의해서 인식되고 지각되는 것이 세상이라고 설명하고 있다. 여섯 가지 안팎의 감각장소(육내외처)를 세상이라고 하고 있는 본서 「세상의 끝에 도달함 경」(S35:116) §12도 참조할 것.

82) 주석서는 팍구나 존자(āyasmā Phagguna)에 대한 설명이 없다. 『앙굿따라 니까야』에도 「팍구나 경」(A6:56)이 나타나는데 그곳의 주석서도 별다른 설명이 나타나지 않는다. 문자적으로 팍구나(Sk. phālguna)는 달의 이름인데 우리의 음력 2월에 해당한다. 팍구나 달에 태어났기 때문에 가지게 된 이름이 아닌가 생각된다.

3. "세존이시여, 과거의 부처님들께서는 이미 사량분별[83]을 잘랐고, 행로를 잘랐고,[84] 윤회를 종식시켰고, 모든 괴로움을 건너, 완전한 열반에 드셨던 분들입니다. 그런데 어떤 사람이 눈을 가지고 이

---

83) '사량분별'로 옮긴 빠빤짜(papañca, Sk. prapañca)는 불교에서 쓰이는 용어로서 pra(앞으로)+√pañc에서 파생된 남성명사이다. 빠니니의 『다뚜빠타』에 '√pañc는 퍼짐의 뜻으로 쓰인다(paci vistāra-vacane).'라고 나타난다. 앞으로 펴져나가고 증폭한다는 뜻이 되겠다. 실제로 보디 스님과 냐나몰리 스님은 이것을 *proliferation*(증폭, 증식)으로 옮겼다. 희론(戱論)이나 난심(亂心), 망상(妄想)이라고 한역하기도 하였는데, 여러 가지 생각이 증폭하고 전이되어 가는 것을 나타내는 불교술어이다. 그래서 사량분별로 옮겼다.

『앙굿따라 니까야 주석서』는 "'사량분별(papañca)'이란 갈애(taṇhā), 사견(diṭṭhi), 자만(māna)을 통해 일어나서 취하는[醉, madana] 형태로 자리잡은 오염원(kilesa)의 사량분별(=증폭)을 뜻한다."(AA.iii.348)라고 설명하고 있다. 여기서 갈애의 사량분별은 108가지 갈애(본서 제2권 「분석 경」(S12:2) §8의 주해와 『앙굿따라 니까야』 「갈애 경」(A4:199/ii.212~213) 참조)이고, 자만의 사량분별은 9가지 자만(본서 제1권 「사밋디 경」(S1:20) §11 주해 참조)이며, 견해의 사량분별은 62가지 견해(「범망경」(D1 참조)를 말한다고 한다.(본서 제2권 「배우지 못한 자 경」1(S12:61) §4의 주해 참조)

본서 「길들이지 않고 보호하지 않음 경」(S35:94) §5에는 '사량분별하는 인식을 가진 자(papañca-saññā)'가 나타난다. 이곳의 주해를 참조할 것.

그리고 이 술어는 '사량분별을 가진 인식이라는 헤아림(papañca-saññā-saṅkhā)'이라는 합성어에도 나타난다. 여기에 대해서는 『디가 니까야』 「제석문경」(D21) §§2.2.~2.3과 그곳의 주해들과 『맛지마 니까야』 「꿀덩어리 경」(M18/i.111~112) §16을 참조할 것.

한편 이러한 '사량분별이 없음(nippapañca)'은 본서 제5권 「무위 상윳따」(S43)에서 무위 혹은 열반의 33가지 동의어들 가운데 하나로 나타난다.(S43:23/iv.370) 주석서는 "사량분별 없음은 갈애(taṇhā)와 자만(māna)과 사견(diṭṭhi)의 사량분별이 없음이다."(MA.iii.112 등)라고 설명하기도 하고, "빠빤짜로부터 벗어난다는 것(papañcārāmatā)은 갈애, 자만, 사견으로부터 벗어남을 말한다."(VbhA.508)라고 설명하기도 한다. 중국에서는 무위(無爲)나 무희론(無戱論)으로 옮겼다.

84) "'행로를 잘랐고(chinna-vaṭume)'라는 것은 갈애의 행로(taṇhā-vaṭuma)를 잘랐다는 말이다."(SA.ii.370)

런 부처님들을 표현하고자 한다면 그런 눈이 있습니까? 귀를 가지고 … 코를 가지고 … 혀를 가지고 … 몸을 가지고 … 마노를 가지고 이런 부처님들을 표현하고자 한다면 그런 마노가 있습니까?"[85)]

4. "팍구나여, 과거의 부처님들께서는 이미 사량분별을 잘랐고, 행로를 잘랐고, 윤회를 종식시켰고, 모든 괴로움을 건너, 완전한 열반에 드셨던 분들이다. 그런데 어떤 사람이 눈을 가지고 이런 부처님들을 표현하고자 한다면 그런 눈은 없다. 귀를 가지고 … 코를 가지고 … 혀를 가지고 … 몸을 가지고 … [53] 마노를 가지고 이런 부처님들을 표현하고자 한다면 그런 마노는 없다."

제8장 환자 품이 끝났다.

여덟 번째 품에 포함된 경들의 목록은 다음과 같다.

두 가지 ①~② 환자, 세 가지 ③~⑤ 라다
두 가지 ⑥~⑦ 무명을 제거함 ⑧ 많은 비구
⑨ 세상 ⑩ 팍구나이다.

---

85) "'사량분별을 잘랐고(chinna-papañca)'라는 것은 갈애의 사량분별(taṇhā-papañca)을 잘랐다는 말이다. '행로를 잘랐고(chinna-vaṭuma)'라는 것은 갈애의 행로를 잘랐다는 말이다. 이것은 무엇에 대해서 질문을 드리는 것인가? 이미 [반열반하셔서] 지나가신 부처님들(atikkanta-buddhā)의 눈과 귀 등의 [감각장소]들이 남아있는가 하는 것(pariharitāni)을 질문 드리는 것이다."(SA.ii.370)

제9장 찬나 품

Channa-vagga

부서지기 마련임 경(S35:84)

Palokadhamma-sutta

2. 그때 아난다 존자가 세존께 다가갔다. 가서는 세존께 절을 올리고 한 곁에 앉았다. 한 곁에 앉은 아난다 존자는 세존께 이렇게 여쭈었다.

3. "세존이시여, '세상, 세상'이라고들 합니다. 도대체 왜 세상이라고 합니까?"

4. "아난다여, 부서지기 마련인 법을 성자의 율에서는 세상이라 한다.[86] 아난다여, 그러면 무엇이 부서지기 마련인 법인가?

아난다여, 눈은 부서지기 마련인 법이다. 형색은 … 눈의 알음알이는 … 눈의 감각접촉은 … 눈의 감각접촉을 조건으로 하여 일어나는 즐겁거나 괴롭거나 괴롭지도 즐겁지도 않은 느낌은 부서지기 마련인 법이다.

귀는 … 소리는 … 귀의 알음알이는 … 귀의 감각접촉은 … 느낌은 …

코는 … 냄새는 … 코의 알음알이는 … 코의 감각접촉은 … 느낌은 …

---

86) '부서지기 마련인 법'은 paloka-dhamma를 직역한 것이다. 여기서 paloka는 palujjati(pra+√luj, *to break*)에서 파생된 단어로 부서짐을 뜻한다. 그러나 paloka는 세상을 뜻하는 loka와 어원학적으로는 아무런 연관이 없다. (본서 「세상 경」(S35:82) §4와 주해도 참조할 것.) 주석서는 부서지기 마련인 법(paloka-dhamma)을 "부서지는 고유성질을 가진 것(bhijjanaka-sabhāva)"(SA.ii.371)으로 설명하고 있다.

혀는 … 맛은 … 혀의 알음알이는 … 혀의 감각접촉은 … 느낌은 …

몸은 … 감촉은 … 몸의 알음알이는 … 몸의 감각접촉은 … 느낌은 …

마노는 … 법은 … 마노의 알음알이는 … 마노의 감각접촉은 … 마노의 감각접촉을 조건으로 하여 일어나는 즐겁거나 괴롭거나 괴롭지도 즐겁지도 않은 느낌은 부서지기 마련인 법이다.

아난다여, 부서지기 마련인 법을 성자의 율에서는 세상이라 한다."

공한 세상 경(S35:85)

Suññataloka-sutta

2. 그때 [54] 아난다 존자가 세존께 다가갔다. 가서는 세존께 절을 올리고 한 곁에 앉았다. 한 곁에 앉은 아난다 존자는 세존께 이렇게 여쭈었다.

3. "세존이시여, '공한 세상, 공한 세상'이라고들 합니다. 도대체 왜 공한 세상이라고 합니까?"

4. "아난다여, 자아나 자아에 속하는 것이 공하기 때문에 공한 세상이라 한다. 아난다여, 그러면 무엇이 자아나 자아에 속하는 것이 공한 것인가?

아난다여, 눈은 자아나 자아에 속하는 것이 공한 것이다. 형색은 … 눈의 알음알이는 … 눈의 감각접촉은 … 눈의 감각접촉을 조건으로 하여 일어나는 즐겁거나 괴롭거나 괴롭지도 즐겁지도 않은 느낌은 자아나 자아에 속하는 것이 공한 것이다.

귀는 … 소리는 … 귀의 알음알이는 … 귀의 감각접촉은 … 느낌은 …

코는 … 냄새는 … 코의 알음알이는 … 코의 감각접촉은 … 느낌은 …

혀는 … 맛은 … 혀의 알음알이는 … 혀의 감각접촉은 … 느낌은 …

몸은 … 감촉은 … 몸의 알음알이는 … 몸의 감각접촉은 … 느낌은 …

마노는 … 법은 … 마노의 알음알이는 … 마노의 감각접촉은 … 마노의 감각접촉을 조건으로 하여 일어나는 즐겁거나 괴롭거나 괴롭지도 즐겁지도 않은 느낌은 자아나 자아에 속하는 것이 공한 것이다.

아난다여, 자아나 자아에 속하는 것이 공하기 때문에 공한 세상이라 한다."

간략한 법 경(S35:86)

Saṁkhittadhamma-sutta

2. 그때 아난다 존자가 세존께 다가갔다. 가서는 세존께 절을 올리고 한 곁에 앉았다. 한 곁에 앉은 아난다 존자는 세존께 이렇게 말씀드렸다.

3. "세존이시여, 세존께서 제게 간략하게 법을 설해 주시면 감사하겠습니다. 그러면 저는 세존으로부터 법을 들은 뒤 혼자 은둔하여 방일하지 않고 열심히, 스스로 독려하며 지내고자 합니다."

4. "아난다여, 이를 어떻게 생각하는가? 눈은 항상한가, 무상한가?"

"무상합니다, 세존이시여."

"그러면 무상한 것은 괴로움인가, 즐거움인가?"

"괴로움입니다, 세존이시여."

"그러면 무상하고 괴로움이고 변하기 마련인 것을 두고 '이것은 내 것이다. 이것은 나다. 이것은 나의 자아다.'라고 관찰하는 것이 타당하겠는가?"

"그렇지 않습니다, 세존이시여."

5. “아난다여, 이를 어떻게 생각하는가? 형색은 … 눈의 알음알이는 … 눈의 감각접촉은 … 눈의 감각접촉을 조건으로 하여 일어나는 [55] 즐겁거나 괴롭거나 괴롭지도 즐겁지도 않은 느낌은 항상한가, 무상한가?”

“무상합니다, 세존이시여.”

“그러면 무상한 것은 괴로움인가, 즐거움인가?”

“괴로움입니다, 세존이시여.”

“그러면 무상하고 괴로움이고 변하기 마련인 것을 두고 ‘이것은 내 것이다. 이것은 나다. 이것은 나의 자아다.’라고 관찰하는 것이 타당하겠는가?”

“그렇지 않습니다, 세존이시여.”

6. “귀는 … 소리는 … 귀의 알음알이는 … 귀의 감각접촉은 … 느낌은 …

코는 … 냄새는 … 코의 알음알이는 … 코의 감각접촉은 … 느낌은 …

혀는 … 맛은 … 혀의 알음알이는 … 혀의 감각접촉은 … 느낌은 …

몸은 … 감촉은 … 몸의 알음알이는 … 몸의 감각접촉은 … 느낌은 …

마노는 … 법은 … 마노의 알음알이는 … 마노의 감각접촉은 … 마노의 감각접촉을 조건으로 하여 일어나는 즐겁거나 괴롭거나 괴롭지도 즐겁지도 않은 느낌은 항상한가, 무상한가?”

“무상합니다, 세존이시여.”

“그러면 무상한 것은 괴로움인가, 즐거움인가?”

“괴로움입니다, 세존이시여.”

“그러면 무상하고 괴로움이고 변하기 마련인 것을 두고 ‘이것은 내 것이다. 이것은 나다. 이것은 나의 자아다.’라고 관찰하는 것이 타당하겠는가?"

"그렇지 않습니다, 세존이시여."

7. "아난다여, 이렇게 보는 잘 배운 성스러운 제자는 눈에 대해서도 염오하고 형색에 대해서도 염오하고 눈의 알음알이에 대해서도 염오하고 눈의 감각접촉에 대해서도 염오하고 눈의 감각접촉을 조건으로 하여 일어나는 즐겁거나 괴롭거나 괴롭지도 즐겁지도 않은 느낌에 대해서도 염오한다.

귀에 대해서도 … 소리에 대해서도 … 귀의 알음알이에 대해서도 … 귀의 감각접촉에 대해서도 … 느낌에 대해서도 …

코에 대해서도 … 냄새에 대해서도 … 코의 알음알이에 대해서도 … 코의 감각접촉에 대해서도 … 느낌에 대해서도 …

혀에 대해서도 … 맛에 대해서도 … 혀의 알음알이에 대해서도 … 혀의 감각접촉에 대해서도 … 느낌에 대해서도 …

몸에 대해서도 … 감촉에 대해서도 … 몸의 알음알이에 대해서도 … 몸의 감각접촉에 대해서도 … 느낌에 대해서도 …

마노에 대해서도 염오하고 법에 대해서도 염오하고 마노의 알음알이에 대해서도 염오하고 마노의 감각접촉에 대해서도 염오하고 마노의 감각접촉을 조건으로 하여 일어나는 즐겁거나 괴롭거나 괴롭지도 즐겁지도 않은 느낌에 대해서도 염오한다."

8. "염오하면서 탐욕이 빛바래고, 탐욕이 빛바래므로 해탈한다. 해탈하면 해탈했다는 지혜가 있다. '태어남은 다했다. 청정범행은 성취되었다. 할 일을 다 해 마쳤다. 다시는 어떤 존재로도 돌아오지 않을 것이다.'라고 꿰뚫어 안다."

찬나 경(S35:87)[87]

Channa-sutta

1. 이와 같이 나는 들었다. 한때 세존께서는 라자가하에서 대나무 숲의 다람쥐 보호구역에서 머무셨다.

2. 그 무렵 사리뿟따 존자와 마하쭌다 존자[88]와 찬나 존자는 독수리봉 산[89]에 머물렀다. 그 무렵 찬나 존자[90]가 중병에 걸려 아픔과 고통에 시달리고 있었다. 그때 사리뿟따 존자는 해거름에 홀로 앉음을 풀고 일어나 [56] 마하쭌다 존자에게 다가갔다. 가서는 마하쭌다 존자에게 이렇게 말했다.

"이리 오십시오, 도반 쭌다여. 문병을 하기 위해서 찬나 존자에게 갑시다."

"알겠습니다, 도반이여."라고 마하쭌다 존자는 사리뿟따 존자에게 대답했다.

---

87) 본경은 『맛지마 니까야』 「찬나 교계 경」(Channovāda-sutta, M144)과 동일하다.

88) 마하쭌다 존자(āyasmā Mahā-Cunda)는 쭌다 존자로도 불리고, 쭌다까(Cundaka) 존자로도 불리고, 특히 쭌다 사미(Cunda Samaṇuddesa, 사미라 불리는 쭌다)로도 불린다. 그는 사리뿟따 존자의 동생이었으며 구족계를 받은 후에도 이 사미라는 호칭이 애칭으로 불리기도 했다고 한다.(DA.iii.907) 한때 그는 세존의 시자 소임을 맡기도 하였다.(ThagA.ii.124; J.iv.95, 등) 사리뿟따 존자에게는 세 명의 남동생 즉 쭌다(Cunda), 우빠세나(Upasena), 레와따(Revata)와 세 명의 여동생 즉 짤라(Cālā), 우빠짤라(Upacālā), 시수빠짤라(Sīsūpacālā)가 있었는데 모두 출가하였다.(DhpA.ii.188)

89) 독수리봉 산(Gijjhakūṭa pabbata)에 대해서는 본서 제3권 「왁깔리 경」(S22:87) §12의 주해를 참조할 것.

90) 주석서와 복주서에는 이 찬나 존자(āyasmā Channa)에 대한 설명이 나타나지 않는다. 그러나 부처님의 마부였던 본서 제3권 「찬나 경」(S22:90)에 나타나는 찬나 존자와는 다른 사람인 듯하다.

3. 그때 사리뿟따 존자와 마하쭌다 존자는 찬나 존자에게 다가갔다. 가서는 마련된 자리에 앉았다. 자리에 앉은 사리뿟따 존자는 찬나 존자에게 이렇게 말했다.

"도반 찬나여, 어떻게 견딜 만합니까? 그대는 편안합니까? 괴로운 느낌이 물러가고 더 심하지는 않습니까? 차도가 있고 더 심하지 않다는 것을 알겠습니까?"91)

4. "도반 사리뿟따여, 저는 견디기가 힘듭니다. 편안하지 않습니다. 괴로운 느낌은 더 심하기만 하고 물러가지 않습니다. 더 심하기만 하고 차도가 없다고 알아질 뿐입니다.

도반이여, 마치 힘센 사람이 시퍼런 칼로 머리를 쪼개듯이 그와 같이 거센 바람이 제 머리를 내리칩니다. 도반이여, 저는 견디기가 힘듭니다. … 더 심하기만 하고 진정되지 않은 것이 분명합니다.

도반이여, 마치 힘센 사람이 튼튼한 가죽 끈으로 제 머리를 죄어 [57] 머리띠를 동여맨 것처럼 그와 같이 제 머리에 심한 두통이 있습니다. 도반이여, 저는 견디기가 힘듭니다. … 더 심하기만 하고 진정되지 않은 것이 분명합니다.

도반이여, 마치 능숙한 백정이나 백정의 조수가 날카로운 소 잡는 칼로 배를 도려내듯이 그와 같이 거센 바람이 제 배를 도려냅니다. 도반이여, 저는 견디기가 힘듭니다. … 더 심하기만 하고 진정되지 않은 것이 분명합니다.

도반이여, 마치 힘센 두 사람이 힘없는 사람의 양팔을 잡고 숯불 구덩이 위에서 굽고 태우듯이 그와 같이 제 몸에는 극심한 불덩이가

---

91) 이 문병의 정형구는 본서 「환자 경」1(S35:74) §5와 제3권 「왁깔리 경」(S22:87) §6 등의 여러 경에 나타나고 있다.

끓고 있습니다. 도반이여, 저는 견디기가 힘듭니다. 편안하지 않습니다. 괴로운 느낌은 더 심하기만 하고 물러가지 않습니다. 더 심하기만 하고 진정되지 않은 것이 분명합니다."

5. "도반 사리뿟따여, 저는 칼을 사용해서 [자결을 하려 합니다.][92] 저는 사는 것을 바라지 않습니다."

"찬나 존자는 칼을 사용하지 마십시오. 찬나 존자는 삶을 영위하십시오. 우리는 찬나 존자가 삶을 영위하기를 바랍니다. 만일 찬나 존자에게 적당한 음식이 없다면 내가 찬나 존자를 위해서 적당한 음식을 찾아보겠습니다. 만일 찬나 존자에게 적절한 약이 없다면 내가 찬나 존자를 위해서 적절한 약을 찾아보겠습니다. 만일 찬나 존자에게 알맞은 시자가 없다면 내가 찬나 존자의 시자가 되겠습니다. 찬나 존자는 칼을 사용하지 마십시오. 찬나 존자는 삶을 영위하십시오. 우리는 찬나 존자가 삶을 영위하기를 바랍니다."

6. "도반 사리뿟따여, 제게 적절한 음식이 없어서도 아니며 제게 적절한 약이 없어서도 아니며 제게 알맞은 시자가 없어서도 아닙니다. 도반 사리뿟따여, 저는 오랜 세월을 스승님을 마음으로 흠모하면서 섬겼으며 마음으로 흠모하지도 않으면서 섬기지는 않았습니다. 도반 사리뿟따여, 제자가 스승을 마음으로 흠모하면서 섬기는 것은 어울리기 때문입니다. '찬나 비구는 비난받지 않고[93] 칼을 사용할

---

92) '저는 칼을 사용하려 합니다(sattham āharissāmi).'는 칼을 사용해서 자결을 하겠다는 표현이다. 칼로 자결하는 것(sattha āharita)은 본서 제1권 「고디까 경」(S4:23) §4(주해 참조), 제3권 「왁깔리 경」(S22:87) §18, 제6권 「웨살리 경」(S54:9) §4에도 나타나고 있다.

93) "'비난받지 않고(anupavajja)'란 계속적으로 존재하지 않고(appavattika), 재생하지 않고(appaṭisandhika)라는 말이다."(SA.ii.371)
주석서의 이런 설명을 토대로 살펴볼 때 그는 스스로가 아라한임을 넌지시

것이다.'라고 도반 사리뿟따께서는 기억해 주십시오."

7. "만일 찬나 존자가 질문에 대한 설명을 해줄 기회를 준다면 우리는 어떤 점에 대해서 찬나 존자에게 질문을 하려 합니다." [58]

"도반 사리뿟따여, 질문하십시오. 제가 들으면 알 수 있을 것입니다."

8. "도반 찬나여, 그대는 눈과 눈의 알음알이와 눈의 알음알이로 알아야 하는 법들을 두고 '이것은 내 것이다. 이것은 나다. 이것은 나의 자아다.'라고 관찰합니까?

귀와 … 코와 … 혀와 … 몸과 … 마노와 마노의 알음알이와 마노의 알음알이로 알아야 하는 법들을 두고 '이것은 내 것이다. 이것은 나다. 이것은 나의 자아다.'라고 관찰합니까?"

9. "도반 사리뿟따여, 저는 눈과 눈의 알음알이와 눈의 알음알이로 알아야 하는 법들을 두고 '이것은 내 것이 아니다. 이것은 내가 아니다. 이것은 나의 자아가 아니다.'라고 관찰합니다.

귀와 … 코와 … 혀와 … 몸과 … 마노와 마노의 알음알이와 마노의 알음알이로 알아야 하는 법들을 두고 '이것은 내 것이 아니다. 이것은 내가 아니다. 이것은 나의 자아가 아니다.'라고 관찰합니다."

10. "도반 찬나여, 그대는 눈과 눈의 알음알이와 눈의 알음알이로 알아야 하는 법들에서 무엇을 보고 무엇을 최상의 지혜로 안 뒤, 눈과 눈의 알음알이와 눈의 알음알이로 알아야 하는 법들을 두고 '이것은 내 것이 아니다, 이것은 내가 아니다. 이것은 나의 자아가 아니다.'라고 관찰합니까?

귀와 … 코와 … 혀와 … 몸과 … 마노와 마노의 알음알이와 마노

드러내고 있다고 여겨진다.

의 알음알이로 알아야 하는 법들에서 무엇을 보고 무엇을 최상의 지혜로 안 뒤, 마노와 마노의 알음알이와 마노의 알음알이로 알아야 하는 법들을 두고 '이것은 내 것이 아니다. 이것은 내가 아니다. 이것은 나의 자아가 아니다.'라고 관찰합니까?"

11. "도반 사리뿟따여, 저는 눈과 눈의 알음알이와 눈의 알음알이로 알아야 하는 법들에서 소멸을 보고 소멸을 최상의 지혜로 안 뒤, 눈과 눈의 알음알이와 눈의 알음알이로 알아야 하는 법들을 두고 '이것은 내 것이 아니다. 이것은 내가 아니다. 이것은 나의 자아가 아니다.'라고 관찰합니다.

귀와 … 코와 … 혀와 … [59] 몸과 … 마노와 마노의 알음알이와 마노의 알음알이로 알아야 하는 법들에서 소멸을 보고 소멸을 최상의 지혜로 안 뒤, 마노와 마노의 알음알이와 마노의 알음알이로 알아야 하는 법들을 두고 '이것은 내 것이 아니다. 이것은 내가 아니다. 이것은 나의 자아가 아니다.'라고 관찰합니다."[94]

12. 이렇게 말하자 마하쭌다 존자는 찬나 존자에게 이렇게 말했다.

"도반 찬나여, 그러므로 그분 세존께서 말씀해 주신 다음과 같은 교법[95]을 항상 잘 마음에 잡도리하고 있어야 합니다. '의지하는 자

---

94) "이렇게 찬나 장로는 사리뿟따 장로의 질문에 답하면서 자신을 아라한이라 여기고 대답하였다. 그러나 사리뿟따 장로는 그가 아직 범부임(puthujjana-bhāva)을 알고 그에게 범부라거나 번뇌 다한 자라고 말하지 않고 침묵하고 있었다. 그렇지만 쭌다 장로는 '내가 이 장로가 범부임을 알게 해야겠다.'라고 생각하여 그에게 [다음과 같이] 교계(ovāda)를 하였다."(SA.ii.372)

95) 아래에 나타나는 '세존의 교법(bhagavato sāsana)'은 『쿳다까 니까야』의 『자설경』(Ud.81)에도 나타나고 있다. 그리고 이것은 본서 제2권 「의도 경」 3(S12:40) §5에서 부처님께서 하신 말씀과도 비슷하다.

에게는 동요가 있기 마련이지만[96] 의지하지 않는 자에게는 동요란 없다. 동요가 없어야 고요함[97]이 있다. 고요함이 있으면 [마음의] 경도됨이 없다. [마음의] 경도됨이 없으면 [알음알이의] 오고 감이 없다. [알음알이의] 오고 감이 없으면 죽고 다시 태어남이 없다.[98] 죽고 다시 태어남이 없으면 여기 [이 세상]도 없고 저기 [저 세상]도 없고 이 둘의 가운데[99]도 없다. 이것이 바로 괴로움의 끝이다.'[100]라고."

---

96) "'의지하는 자에게(nissitassa)'란 갈애와 자만과 견해(taṇhā-māna-diṭṭhi)에 의지하는 자에게라는 말이다. '동요가 있는(calita)'이란 떨림이 있음(vipphandita)을 말한다. 즉 찬나 존자는 자신에게 일어난 느낌을 견디지도 못하고, '나는 느낀다.'라거나 '나의 느낌'이라는 생각을 제거하지도 못하고 거머쥐고 있기(appahīna-ggāha) 때문에 이것이 그에게는 동요가 된다는 말이다. 이런 말로 그에게 '당신은 아직 범부일 뿐입니다.'라고 말하는 것이다." (SA.ii.372)

97) 여기서 '고요함'은 passaddhi를 옮긴 것이다. 여기에 대해서는 본서 제5권 「몸 경」(S46:2) §15의 주해들을 참조할 것.

98) "'경도됨(nati)'이란 갈애의 경도됨(taṇhā-nati)을 말한다. '오고 감(āgati-gati)'이란 재생연결[식](paṭisandhi)을 통해서 오고, 죽음의 [마음](cuti)을 통해서 간다는 말이다."(SA.ii.372)

99) '이 둘의 가운데'는 ubhayam antarena를 옮긴 것으로, 이것을 중유(中有, 中陰, antarā-bhava)를 뜻하는 것으로 볼 수 있는 구절이다. 북방불교 교학을 대표하는 『아비달마 구사론』과 유식과 티베트 불교의 여러 논서들은 한결같이 중유(中有)를 인정하지만(권오민, 『아비달마 구사론』 제2권 363쪽 이하 및 405쪽 이하 등을 참조할 것.) 상좌부에서는 중유를 절대로 인정하지 않는다. 그래서 본경에 해당하는 주석서는 이렇게 강하게 주장한다.
"그런데 '이 둘의 가운데(ubhayam antarena)'라는 말씀을 취해서 중유(中有, 中陰, antarā-bhava)를 인정하려고 하는 사람들의 주장(vacana)은 아무 쓸모가 없다(niratthaka). 중유라는 존재는 아비담마에서 거부되었기 때문이다. 여기서 '가운데(antarena)'라는 단어는 다른 것을 상정하여 말하는 것(vikapp-antara-dīpana)이다. 그러므로 여기서는 '이 [세상]도 없고 저 [세상]도 없고 이 둘 다가 아닌 다른 것을 상정함(vikappa)도 없다.'는 뜻이 된다."(SA.ii.372~373)
상좌부 아비담마(『논사』(Kv.362~366) 참조)와 주석서 문헌들은 한결같이 중유를 인정하지 않지만 본경의 본 문단처럼 니까야에는 중유를 인정하는 듯한 문구가 나타나고 있다. 본서 「말룽꺄뿟따 경」(S35:95) §13의 주해

13. 그때 사리뿟따 존자와 마하쭌다 존자는 찬나 존자에게 이와 같이 교계한 뒤 자리에서 일어나서 나갔다. 그러자 찬나 존자는 그 존자들이 나간 지 오래지 않아서 칼을 사용해서 [자결을 하였다.]101)

14. 그때 사리뿟따 존자는 세존께 다가갔다. 가서는 세존께 절을 올리고 한 곁에 앉았다. 한 곁에 앉은 사리뿟따 존자는 세존께 이렇게 말씀드렸다.

"세존이시여, 찬나 존자가 칼을 사용해서 [자결을 하였습니다.] 그의 태어날 곳[行處]은 어디이고 그는 어떤 경지에 도달하겠습니까?"

"사리뿟따여, 찬나 비구가 그대의 면전에서 비난받지 않음을 설명하지 않았는가?"102)

와 본서 제5권 「계(戒) 경」(S46:3) §13 (7)의 주해를 참조할 것. 특히 본서 제5권 「토론장 경」(S44:9) §7과 주해를 참조할 것.

100) "'이것이 바로 괴로움의 끝이다(es' ev' anto dukkhassa).'라는 것은 이것이 윤회의 괴로움과 오염원의 괴로움(vaṭṭa-dukkha-kilesa-dukkha)의 끝(anta)이요 이것이 종결(pariccheda)이요 한계점(parivaṭuma-bhāva)이라는 말이다."(SA.ii.373)

101) "장로는 날카로운 칼로 목의 핏줄(kaṇṭha-nāḷa)을 끊었다. 그러자 그에게 죽음에 대한 두려움(maraṇa-bhaya)이 엄습해왔다. 그에게 태어날 곳의 표상(gati-nimitta)이 생겨나자 그는 그 순간에 자신이 범부의 상태임(puthu-jjana-bhāva)을 알고 마음에 급박함(saṁvigga-citta)이 생겨 위빳사나를 확립한 뒤에 형성된 것들을 파악하면서(pariggaṇhanta = 명상하면서, sammasanta – SAṬ) 아라한됨을 얻은 뒤 사마시시(samasīsī, 아라한이 됨과 동시에 완전한 열반에 듦)로 완전한 열반에 들었다(parinibbāyi)." (SA.ii.373)
사마시시에 대해서는 본서 제1권 「고디까 경」(S4:23) §6의 주해 참조할 것.

102) "'그대의 면전에서 비난받지 않음을 설명하지 않았는가(sammukhāyeva anupavajjatā byākata)?'라는 것은 찬나 장로가 범부였을 때에(puthujjana-kāle) 설명한 것을 두고 말씀하신 것이다. 그는 이 설명을 한 뒤에(즉 §11에서 사리뿟따 존자에게 설명한 것을 마지막으로) 바로 완전한 열반에 들어버렸다. 그래서 세존께서는 그가 [범부였을 때 설명한 것이지만] 그 설명을

"세존이시여, 뻽바왓자나라는 왓지[103]의 마을이 있습니다. 거기에는 찬나 존자와 친구처럼 지내는 가문들이 있고 친숙한 가문들이 있고 호의적인 가문들[104]이 있습니다."[105]

15. "사리뿟따여, 찬나 비구와 친구처럼 지내는 가문들이 있고 친숙한 가문들이 있고 호의적인 가문들이 있다 하더라도 나는 [60] 이런 정도로 그가 비난 받아야 한다고 말하지 않는다.[106] 사리뿟따

취해서 [그가 아라한으로 임종하였음을] 말씀하시는 것이다."(SA.ii.373)

103) 왓지(Vajjī)에 대해서는 본서 「왓지 경」(S35:125) §1의 주해를 참조할 것.

104) "'호의적인 가문들(upavajja-kulāni)'이란 그의 필수품을 위해서 가까이 해야 하는(upasaṅkamitabba) 가문들이란 뜻이다."(SA.ii.373)
여기서 보듯이 주석서는 upavajja를 Sk. upavrajya(upa+√vraj, *to approach*)의 의미로 즉 '방문할 만한'의 뜻으로 해석하고 있다. CPD도 이 사실을 밝히고 있다. 그래서 호의적인으로 옮겼다.
그런데 upavajja는 Sk. upavadya(upa+√vad, *to say*)로도 이해할 수 있다. 그래서 본경에서 '비난받지 않고'로 옮긴 an-upavajja의 반대로 '비난받는'이란 뜻으로도 해석할 수 있다. 여기에 대해서는 아래 주해를 참조할 것.

105) "[사리뿟따] 장로는 '세존이시여, 이와 같이 그 비구(찬나 존자)에게는 시중을 들어주는 남녀 신도(upaṭṭhāka, upaṭṭhāyikā)들이 있었습니다. 그런데도 세존의 교법(sāsana)에서 그런 비구가 완전한 열반에 들 수가 있습니까?'라고 도닦음의 전제조건이 되는(pubbabhāga-paṭipatti) 재가자들과 섞여 지내는 결점(kula-saṁsagga-dosa)을 드러내면서 여쭌 것이다."(SA.ii.373)
즉 비록 친숙하고 호의적인 재가자들이긴 했지만 출가자가 재가자들과 그처럼 친하게 지내는 것은 도닦음에 방해가 되고 잘못인데도 불구하고 어찌 그가 아라한이 되어 완전한 열반에 들었겠습니까라고 사리뿟따 존자는 세존께 말씀드리는 것이라고 주석서는 해석하고 있다. 이렇게 보면 앞에서 호의적인 가문들로 옮긴 upavajja-kulāni는 비난받아 마땅한 가문들로 이해가 된다. upavajja는 본경의 문맥상으로 볼 때 Sk. upavadya 즉 비난받아야 하는으로 해석하는 것이 더 나을 수도 있다.

106) "여기서 세존께서는 그가 재가자들과 섞여 지내지 않았음(asaṁsaṭṭha-bhāva)을 밝히고 계신다."(SA.ii.373)
재가자들과 섞여 지내는 잘못에 대해서는 본서 제1권 S9:7, 제2권 S16:3,

여, 나는 이 몸을 내려놓고 다른 몸을 거머쥐는 자를 비난받아 마땅한 자라고 말한다. 찬나 비구에게는 그러한 것이 없었다. 찬나 비구는 비난받지 않고 칼을 사용해서 [자결을 하였다.] 사리뿟따여, 그대는 이와 같이 호지하라."

뿐나 경(S35:88)[107]

Puṇṇa-sutta

2. 그때 뿐나 존자[108]가 세존께 다가갔다. 가서는 세존께 절을 올리고 한 곁에 앉았다. 한 곁에 앉은 뿐나 존자는 세존께 이렇게 말씀드렸다.

3. "세존이시여, 세존께서 제게 간략하게 법을 설해 주시면 감사하겠습니다. 그러면 저는 세존으로부터 법을 들은 뒤 혼자 은둔하여 방일하지 않고 열심히, 스스로 독려하며 지내고자 합니다."

S16:4, S20:9, S20:10을 참조할 것.

107) 본경은 「교계 뿐나 경」(Puṇṇovāda-sutta, M145)으로 『맛지마 니까야』에도 나타나고 있다. 서문 부분과 마지막 부분은 조금 다르다.

108) 뿐나 존자(āyasmā Puṇṇa)는 수나빠란따(Sunāparanta, 지금의 마하라쉬뜨라 주)의 숩빠라까(Suppāraka, 뭄바이 근처라고 함, 아래 주해 참조)에서 장자의 아들로 태어났으며 사업차 사왓티에 왔다가 부처님의 가르침을 듣고 출가하였다. 그는 전생에 공덕의 업(puñña-kamma)을 지었기 때문에 뿐나(puṇṇa, 문자적으로는 가득한의 뜻)라 불리게 되었다고 한다.(TagA.i.168) 본경의 뿐나 존자는 본서 제3권 「아난다 경」(S22:83) §3에 나타나는 뿐나 만따니뿟따 존자(만따니의 아들 뿐나 존자, āyasamā Puṇṇa Mantāṇiputta, Sk. Pūrṇa Maitrāyaṇī-putra, 富樓那 彌多羅尼子)와는 다른 분이다. 『앙굿따라 니까야』 「하나의 모음」(A1:14:1-9)에 의하면 뿐나 만따니뿟따 존자가 우리에게 설법제일 부루나(富樓那, Sk. Pūrṇa) 존자로 알려진 분이다. 그런데 북방불교에서는 본경에 나타나는 뿐나 존자를 설법제일인 부루나존자로 여기는 듯하다. 「아난다 경」(S22:83) §3의 주해도 참조할 것.

4. "뿐나여, 눈으로 인식되는 형색들이 있으니, 원하고 좋아하고 마음에 들고 사랑스럽고 감각적 욕망을 짝하고 매혹적인 것들이다. 만일 비구가 그것을 즐기고 환영하고 묶여 있으면 그가 그것을 즐기고 환영하고 묶여 있기 때문에 즐김이 일어난다. 뿐나여, 즐김이 일어나는 것이 바로 괴로움의 일어남이라고 나는 말한다.

뿐나여, 귀로 인식되는 소리들이 있으니, …

뿐나여, 코로 인식되는 냄새들이 있으니, …

뿐나여, 혀로 인식되는 맛들이 있으니, …

뿐나여, 몸으로 인식되는 감촉들이 있으니, …

뿐나여, 마노로 인식되는 법들이 있으니, … 뿐나여, 즐김이 일어나는 것이 바로 괴로움의 일어남이라고 나는 말한다."

5. "뿐나여, 눈으로 인식되는 형색들이 있으니, 원하고 좋아하고 마음에 들고 사랑스럽고 감각적 욕망을 짝하고 매혹적인 것들이다. 만일 비구가 그것을 즐기지 않고 환영하지 않고 묶여 있지 않으면 그가 그것을 즐기지 않고 환영하지 않고 묶여 있지 않기 때문에 즐김이 소멸한다. 뿐나여, 즐김이 소멸하는 것이 바로 괴로움의 소멸이라고 나는 말한다.

뿐나여, 귀로 인식되는 소리들이 있으니, …

뿐나여, 코로 인식되는 냄새들이 있으니, …

뿐나여, 혀로 인식되는 맛들이 있으니, …

뿐나여, 몸으로 인식되는 감촉들이 있으니, …

뿐나여, 마노로 인식되는 법들이 있으니, [61] … 뿐나여, 즐김이 소멸하는 것이 바로 괴로움의 소멸이라고 나는 말한다."

6. "뿐나여, 나의 이러한 간략한 교계를 받아서 그대는 어떤 지방에서 머물려고 하는가?"

"세존이시여, 수나빠란따[109]라는 지방이 있습니다. 저는 거기에서 머물 것입니다."

"뿐나여, 수나빠란따 사람들은 거칠다. 뿐나여, 수나빠란따 사람들은 험하다. 뿐나여, 만일 수나빠란따 사람들이 그대에게 욕설을 하고 험담을 하면 거기서 그대는 어떻게 할 것인가?"

"세존이시여, 만일 수나빠란따 사람들이 저에게 욕설을 하고 험담을 하면 저는 이렇게 여길 것입니다. '이 수나빠란따 사람들은 친절하구나. 수나빠란따 사람들은 참으로 친절하구나. 이들은 나에게 손찌검을 하지는 않는구나.'라고. 세존이시여, 거기서 저는 그렇게 여길 것입니다. 선서시여, 거기서 저는 그렇게 여길 것입니다."

"뿐나여, 만일 수나빠란따 사람들이 그대에게 손찌검을 하면 그대는 어떻게 할 것인가?"

"세존이시여, 만일 수나빠란따 사람들이 저에게 손찌검을 하면 저는 이렇게 여길 것입니다. '이 수나빠란따 사람들은 친절하구나. 수나빠란따 사람들은 참으로 친절하구나. 이들은 나를 흙덩이로 때리지는 않는구나.'라고. 세존이시여, 거기서 저는 그렇게 여길 것입니다. 선서시여, 거기서 저는 그렇게 여길 것입니다."

"뿐나여, 만일 수나빠란따 사람들이 그대를 흙덩이로 때리면 그대는 어떻게 할 것인가?"

---

109) 수나빠란따(Sunāparanta)는 뿐나 존자의 고향이다. 학자들은 수나빠란따의 수도는 숩빠라까(Suppāraka)였으며, 이것은 현재 인도 마하라쉬뜨라 주의 뭄마이(Mumai, Bombay) 옆에 있는 타나(Thāna) 지구에 속하는 소빠라(Sopāra)라고 한다.

"세존이시여, 만일 수나빠란따 사람들이 저를 흙덩이로 때리면 저는 이렇게 여길 것입니다. '이 수나빠란따 사람들은 친절하구나. 수나빠란따 사람들은 참으로 친절하구나. 이들은 나를 [62] 몽둥이로 때리지는 않는구나.'라고. 세존이시여, 거기서 저는 그렇게 여길 것입니다. 선서시여, 거기서 저는 그렇게 여길 것입니다."

"뿐나여, 만일 수나빠란따 사람들이 그대를 몽둥이로 때리면 그대는 어떻게 할 것인가?"

"세존이시여, 만일 수나빠란따 사람들이 저를 몽둥이로 때리면 저는 이렇게 여길 것입니다. '이 수나빠란따 사람들은 친절하구나. 수나빠란따 사람들은 참으로 친절하구나. 이들은 나를 칼로써 때리지는 않는구나.'라고. … 저는 그렇게 여길 것입니다."

"뿐나여, 만일 수나빠란따 사람들이 그대를 칼로써 때리면 그대는 어떻게 할 것인가?"

"세존이시여, 만일 수나빠란따 사람들이 저를 칼로써 때리면 저는 이렇게 여길 것입니다. '이 수나빠란따 사람들은 친절하구나. 수나빠란따 사람들은 참으로 친절하구나. 이들은 날카로운 칼로써 내 목숨을 빼앗아 가지는 않는구나.'라고. … 저는 그렇게 여길 것입니다."

"뿐나여, 만일 수나빠란따 사람들이 날카로운 칼로써 그대의 목숨을 빼앗아 간다면 그대는 어떻게 할 것인가?"

"세존이시여, 만일 수나빠란따 사람들이 날카로운 칼로써 저의 목숨을 빼앗아 간다면 저는 이렇게 여길 것입니다. '세존의 제자들 가운데는 몸이나 생명에 대해서 모욕을 당하고 혐오하게 되면 칼을 사용해서 [자결하는 것을] 구한다.[110] 그러나 나는 이것을 구하지 않았는데도 칼을 사용하는 것을 만났구나.'라고. 세존이시여, 거기서 저

110) 본서 제6권 「웨살리 경」(S54:9) §4를 참조할 것.

는 그렇게 여길 것입니다. 선서시여, 거기서 저는 그렇게 여길 것입니다."

7. "장하구나, 뿐나여. 장하구나, 뿐나여. 그대는 이러한 자기 제어와 고요함을 구족하여 수나빠란따 지방에서 살 수 있을 것이다. 뿐나여, 그대가 적당하다고 생각하면 지금이 [가기에] 좋은 시간이구나."111)

8. 그러자 뿐나 존자는 세존의 말씀을 기뻐하고 감사드린 뒤 자리에서 일어나서 세존께 절을 올리고 [63] 오른쪽으로 [세 번] 돌아 [경의를 표한] 뒤 거처를 정돈하고 발우와 가사를 수하고 수나빠란따 지방으로 유행을 떠났다. 그는 차례대로 유행을 하여 수나빠란따 지방에 도착했다. 참으로 뿐나 존자는 거기 수나빠란따 지방에서 머물렀다.

그때 뿐나 존자는 그곳에서 안거를 하면서 오백 명의 남자 신도들이 생겼고 오백 명의 여자 신도들이 생겼다.112) 그는 그 안거 도중에 세 가지 명지[三明]113)를 실현했다. 그리고 그 안거 도중에 뿐나 존자

111) '그대가 적당하다고 생각하면 지금이 [가기에] 좋은 시간이구나.'는 관용어구로 나타나는 yassa dāni kālam maññasi를 옮긴 것이다. '이제 그대가 고려하는 그 시간'으로 직역할 수 있다. 이 표현은 본서 제1권 「삭까의 예배 경」 1(S11:18) §3, 본서 「오염원들이 흐름에 대한 법문 경」(S35:243) §5, 제6권 「탑묘 경」(S51:10) §7, 「웨살리 경」(S54:9) §7 등에도 나타난다. 문맥에 따라 조금씩 다르게 옮겼다. 여기에 대해서는 Manne의 "On a Departure Formula and its Translation."을 참조할 것.

112) Ee에는 '오백 명의 여자 신도들이 생겼다.'에 해당하는 ten' ev' antaravassena pañcamattāni upāsikāsatāni paṭivedesi가 나타나지 않는다. 그러나 Be, Se에는 나타나고 있다. 그리고 Be, Se에는 paṭivedesi([신도라고] 선언했다)로 나타나지만 Ee에는 paṭipādesi(도닦았다)로 나타나고 있다. 역자는 Be, Se에 의거해서 옮겼다.

113) '세 가지 명지[三明, tevijjā]'는 전생을 기억하는 지혜[宿命通, pubbe-

는 완전한 열반에 들었다.114)

9. 그때 많은 비구들이 세존께 다가갔다. 세존께 가서는 세존께 절을 올리고 한 곁에 앉았다. 한 곁에 앉은 비구들은 세존께 이렇게 말씀드렸다.

"세존이시여, 세존께서 간략하게 교계해 주신 적이 있는 좋은 가문의 아들 뿐나가 임종했습니다. 그의 태어날 곳[行處]은 어디이고 그는 어떤 경지에 도달하겠습니까?"

"비구들이여, 좋은 가문의 아들 뿐나는 현자다. 그는 법답게 도를 닦았다. 그는 법을 이유로 나를 성가시게 한 적이 없다. 비구들이여, 좋은 가문의 아들 뿐나는 완전한 열반에 들었다."

바히야 경(S35:89)

Bāhiya-sutta

2. 그때 바히야 존자115)가 세존께 다가갔다. 가서는 세존께 절

---

nivāsānussati-ñāṇa], 중생들의 죽음과 다시 태어남을 [아는] 지혜[天眼通, cutūpapata-ñāṇa], 모든 번뇌를 멸진하는 지혜[漏盡通, āsavakkhaya-ñāṇa]의 셋을 말한다. 이 셋에 대한 정형구는 본서 제2권 「선(禪)과 최상의 지혜 경」(S16:9) §§15~17 등을 참조할 것.

114) 『맛지마 니까야』 「교계 뿐나 경」(M145/iii.269) §7에는 '그 안거 도중에(ten' ev' antaravassena)' 완전한 열반에 든 것으로 나타나지 않고 '나중에(aparena samayena)'에 든 것으로만 나타나고 있다.

115) DPPN은 본경의 바히야 존자(āyasmā Bāhiya)와 『앙굿따라 니까야』 「하나의 모음」(A1:14:3-8)에서 "빠르게 최상의 지혜(초월지)를 얻은 자(khippa-abhiñña)들 가운데서 으뜸"이라고 칭송되는 나무껍질로 만든 옷을 입은 바히야(Bāhiya Dārucīriya) 존자와는 다른 스님으로 간주하고 있다. 본서 제5권 「바히야 경」(S47:15)에도 바히야 존자가 나타나는데 문맥상 이 둘도 다른 사람인 듯하다. 문자적으로 바히야(bāhiya)는 외국인 혹은 이방인을 뜻하므로 인도 밖 즉 외국출신 스님들을 이렇게 부른 것이 아닌가 생각된다.

을 올리고 한 곁에 앉았다. 한 곁에 앉은 바히야 존자는 세존께 이렇게 말씀드렸다.

3. "세존이시여, 세존께서 제게 간략하게 법을 설해 주시면 감사하겠습니다. 그러면 저는 세존으로부터 법을 들은 뒤 혼자 은둔하여 방일하지 않고 열심히, 스스로 독려하며 지내고자 합니다."

4. "바히야여, 이를 어떻게 생각하는가? 눈은 항상한가, 무상한가?"

"무상합니다, 세존이시여."

"그러면 무상한 것은 괴로움인가, 즐거움인가?"

"괴로움입니다, 세존이시여."

"그러면 무상하고 괴로움이고 변하기 마련인 것을 두고 '이것은 내 것이다. 이것은 나다. 이것은 나의 자아다.'라고 관찰하는 것이 타당하겠는가?" [64]

"그렇지 않습니다, 세존이시여."

5. "바히야여, 이를 어떻게 생각하는가? 형색은 … 눈의 알음알이는 … 눈의 감각접촉은 … 눈의 감각접촉을 조건으로 하여 일어나는 즐겁거나 괴롭거나 괴롭지도 즐겁지도 않은 느낌은 항상한가, 무상한가?"

"무상합니다, 세존이시여."

"그러면 무상한 것은 괴로움인가, 즐거움인가?"

"괴로움입니다, 세존이시여."

"그러면 무상하고 괴로움이고 변하기 마련인 것을 두고 '이것은 내 것이다. 이것은 나다. 이것은 나의 자아다.'라고 관찰하는 것이 타당하겠는가?"

"그렇지 않습니다, 세존이시여."

6. "귀는 … 소리는 … 귀의 알음알이는 … 귀의 감각접촉은 … 느낌은 …

코는 … 냄새는 … 코의 알음알이는 … 코의 감각접촉은 … 느낌은 …

혀는 … 맛은 … 혀의 알음알이는 … 혀의 감각접촉은 … 느낌은 …

몸은 … 감촉은 … 몸의 알음알이는 … 몸의 감각접촉은 … 느낌은 …

마노는 … 법은 … 마노의 알음알이는 … 마노의 감각접촉은 … 마노의 감각접촉을 조건으로 하여 일어나는 즐겁거나 괴롭거나 괴롭지도 즐겁지도 않은 느낌은 항상한가, 무상한가?"

"무상합니다, 세존이시여."

"그러면 무상한 것은 괴로움인가, 즐거움인가?"

"괴로움입니다, 세존이시여."

"그러면 무상하고 괴로움이고 변하기 마련인 것을 두고 '이것은 내 것이다. 이것은 나다. 이것은 나의 자아다.'라고 관찰하는 것이 타당하겠는가?"

"그렇지 않습니다, 세존이시여."

7. "바히야여, 이렇게 보는 잘 배운 성스러운 제자는 눈에 대해서도 염오하고 형색에 대해서도 염오하고 눈의 알음알이에 대해서도 염오하고 눈의 감각접촉에 대해서도 염오하고 눈의 감각접촉을 조건으로 하여 일어나는 즐겁거나 괴롭거나 괴롭지도 즐겁지도 않은 느낌에 대해서도 염오한다.

귀에 대해서도 … 소리에 대해서도 … 귀의 알음알이에 대해서도 … 귀의 감각접촉에 대해서도 … 느낌에 대해서도 …

코에 대해서도 … 냄새에 대해서도 … 코의 알음알이에 대해서도

… 코의 감각접촉에 대해서도 … 느낌에 대해서도 …

혀에 대해서도 … 맛에 대해서도 … 혀의 알음알이에 대해서도 … 혀의 감각접촉에 대해서도 … 느낌에 대해서도 …

몸에 대해서도 … 감촉에 대해서도 … 몸의 알음알이에 대해서도 … 몸의 감각접촉에 대해서도 … 느낌에 대해서도 …

마노에 대해서도 염오하고 법에 대해서도 염오하고 마노의 알음알이에 대해서도 염오하고 마노의 감각접촉에 대해서도 염오하고 마노의 감각접촉을 조건으로 하여 일어나는 즐겁거나 괴롭거나 괴롭지도 즐겁지도 않은 느낌에 대해서도 염오한다.

염오하면서 탐욕이 빛바래고, 탐욕이 빛바래므로 해탈한다. 해탈하면 해탈했다는 지혜가 있다. '태어남은 다했다. 청정범행(梵行)은 성취되었다. 할 일을 다 해 마쳤다. 다시는 어떤 존재로도 돌아오지 않을 것이다.'라고 꿰뚫어 안다."

8. 그러자 바히야 존자는 세존의 말씀을 기뻐하고 감사드린 뒤 자리에서 일어나서 세존께 절을 올리고 오른쪽으로 [세 번] 돌아 [경의를 표한] 뒤에 물러갔다.

9. 그때 바히야 존자는 혼자 은둔하여 방일하지 않고 열심히, 스스로 독려하며 지냈다. 그는 오래지 않아 좋은 가문의 아들들이 집에서 나와 출가하는 목적인 그 위없는 청정범행의 완성을 지금·여기에서 스스로 최상의 지혜로 알고 실현하고 구족하여 머물렀다. '태어남은 다했다. 청정범행은 성취되었다. 할 일을 다 해 마쳤다. 다시는 어떤 존재로도 돌아오지 않을 것이다.'라고 최상의 지혜로 알았다.

10. 바히야 존자는 아라한들 중의 한 분이 되었다.

동요 경1(S35:90)

Ejā-sutta

2. "비구들이여, 동요는 병이요, 동요는 종기요, 동요는 쇠살이다.[116] 비구들이여, 그러므로 여기 여래는 쇠살을 뽑아버리고 동요 없이 머문다."

3. "비구들이여, [65] 그러므로 만일 비구가 원하기를 '나는 쇠살을 뽑아버리고 동요 없이 머무르리라.'고[117] 한다면 그는 눈을 사량(思量)하지 않아야 하고, 눈에서 사량하지 않아야 하고, 눈으로부터 사량하지 않아야 하고, '눈은 나의 것이다.'라고 사량하지 않아야 한다.[118]

형색을 … 눈의 알음알이를 … 눈의 감각접촉을 … 눈의 감각접촉을 조건으로 하여 일어나는 즐겁거나 괴롭거나 괴롭지도 즐겁지도 않은 느낌을 사량하지 않아야 하고, 이것에서 사량하지 않아야 하고, 이것으로부터 사량하지 않아야 하고, '이것은 나의 것이다.'라고 사량하지 않아야 한다.

귀를 … 소리를 … 귀의 알음알이를 … 귀의 감각접촉을 … 느낌을 …

코를 … 냄새를 … 코의 알음알이를 … 코의 감각접촉을 … 느낌을 …

---

116) "동요(ejā)란 움직인다는(calana) 뜻에서 갈애(taṇhā)를 말한다."(SA.ii.380; DA.iii.738)
한편 이 구절은 『디가 니까야』 「제석문경」(D21) §2.7에서 신들의 왕 삭까(인드라)가 세존께 드리는 말로 나타나고 있다.

117) '만일 비구가 원하기를 '나는 쇠살을 뽑아버리고 동요 없이 머무르리라.'고'는 Ee에는 bhikkhu ce pi ākaṅkheyya anejo vihareyya vītasalloti로 나타난다. 그런데 Be, Se에는 vihareyya 대신에 vihareyyaṁ(1인칭)으로 나타나는데 문맥상 후자가 옳다. 역자는 후자를 따라서 옮겼다.

118) 같은 문장이 본서 「뿌리 뽑는데 어울림 경」(S35:30) §3에도 나타난다. 그곳의 주해를 참조할 것.

혀를 … 맛을 … 혀의 알음알이를 … 혀의 감각접촉을 … 느낌을 …
몸을 … 감촉을 … 몸의 알음알이를 … 몸의 감각접촉을 … 느낌을 …
마노[意]를 사랑하지 않아야 하고, 마노에서 사랑하지 않아야 하고, 마노로부터 사랑하지 않아야 하고, '마노는 나의 것이다.'라고 사랑하지 않아야 한다. 법을 … 마노의 알음알이를 … 마노의 감각접촉을 … 마노의 감각접촉을 조건으로 하여 일어나는 즐겁거나 괴롭거나 괴롭지도 즐겁지도 않은 느낌을 사랑하지 않아야 하고, 이것에서 사랑하지 않아야 하고, 이것으로부터 사랑하지 않아야 하고, '이것은 나의 것이다.'라고 사랑하지 않아야 한다."

4. "그는 일체를 사랑하지 않아야 하고, 일체에서 사랑하지 않아야 하고, 일체로부터 사랑하지 않아야 하고, '일체는 나의 것이다.'라고 사랑하지 않아야 한다."

5. "그는 이와 같이 사랑하지 않기 때문에 세상에 대해서 어떤 것도 취착하지 않는다. 취착하지 않으면 갈증 내지 않는다. 갈증 내지 않으면 스스로 완전히 열반에 든다. [66] '태어남은 다했다. 청정범행은 성취되었다. 할 일을 다 해 마쳤다. 다시는 어떤 존재로도 돌아오지 않을 것이다.'라고 꿰뚫어 안다."

동요 경2(S35:91)

2. "비구들이여, 동요는 병이요, 동요는 종기요, 동요는 쇠살이다. 비구들이여, 그러므로 여기 여래는 쇠살을 뽑아버리고 동요 없이 머문다."

3. "비구들이여, 그러므로 만일 비구가 원하기를 '나는 쇠살을

뽑아버리고 동요 없이 머무르리라.'고 한다면 그는 눈을 사랑하지 않아야 하고, 눈에서 사랑하지 않아야 하고, 눈으로부터 사랑하지 않아야 하고, '눈은 나의 것이다.'라고 사랑하지 않아야 한다.

형색을 … 눈의 알음알이를 … 눈의 감각접촉을 … 눈의 감각접촉을 조건으로 하여 일어나는 즐겁거나 괴롭거나 괴롭지도 즐겁지도 않은 느낌을 사랑하지 않아야 하고, 이것에서 사랑하지 않아야 하고, 이것으로부터 사랑하지 않아야 하고, '이것은 나의 것이다.'라고 사랑하지 않아야 한다.

비구들이여, 왜냐하면 그것을 사랑하고, 그것에서 사랑하고, 그것으로부터 사랑하고, '그것은 나의 것이다.'라고 사랑하는 그것은 변하기 때문이다. 세상은 이처럼 다른 상태로 되어가면서 존재[有]에 집착하고 오직 존재를 기뻐한다."119)

4. "귀를 … 소리를 … 귀의 알음알이를 … 귀의 감각접촉을 … 느낌을 …

코를 … 냄새를 … 코의 알음알이를 … 코의 감각접촉을 … 느낌을 …

혀를 … 맛을 … 혀의 알음알이를 … 혀의 감각접촉을 … 느낌을 …

몸을 … 감촉을 … 몸의 알음알이를 … 몸의 감각접촉을 … 느낌을 …

마노를 사랑하지 않아야 하고, 마노에서 사랑하지 않아야 하고, 마노로부터 사랑하지 않아야 하고, '마노는 나의 것이다.'라고 사랑하지 않아야 한다. 법을 … 마노의 알음알이를 … 마노의 감각접촉을 … 마노의 감각접촉을 조건으로 하여 일어나는 즐겁거나 괴롭거나 괴롭지도 즐겁지도 않은 느낌을 사랑하지 않아야 하고, 이것에서 사랑하지 않아야 하고, 이것으로부터 사랑하지 않아야 하고, '이것은 나의

119) 본 문단은 본서 「뿌리 뽑는데 도움이 됨 경」 1(S35:31) §3과 같다. 그곳의 주해들을 참조할 것.

것이다.'라고 사량하지 않아야 한다.

비구들이여, 왜냐하면 그것을 사량하고, 그것에서 사량하고, [67] 그것으로부터 사량하고, '그것은 나의 것이다.'라고 사량하는 그것은 변하기 때문이다. 세상은 이처럼 다른 상태로 되어가면서 존재에 집착하고 오직 존재를 기뻐한다."

5. "비구들이여, 어떠한 무더기[蘊]와 요소[界]와 감각장소[處]든지 그는 그것을 사량하지 않아야 하고, 그것에서 사량하지 않아야 하고, 그것으로부터 사량하지 않아야 하고, '그것은 나의 것이다.'라고 사량하지 않아야 한다."

6. "그는 이와 같이 사량하지 않기 때문에 세상에 대해서 어떤 것도 취착하지 않는다. 취착하지 않으면 갈증 내지 않는다. 갈증 내지 않으면 스스로 완전히 열반에 든다. '태어남은 다했다. 청정범행은 성취되었다. 할 일을 다 해 마쳤다. 다시는 어떤 존재로도 돌아오지 않을 것이다.'라고 꿰뚫어 안다."

쌍(雙) **경**1(S35:92)
Dvaya-sutta

2. "비구들이여, 그대들에게 쌍에 대해서 설하리라. … <S35:23 §3> …

3. "비구들이여, 그러면 무엇이 쌍인가?

눈과 형색, 귀와 소리, 코와 냄새, 혀와 맛, 몸과 감촉, 마노와 법 — 이를 일러 쌍이라 한다."

4. "비구들이여, 어떤 사람이 말하기를, '나는 이런 쌍을 버리고

다른 쌍을 천명할 것이다.'라고 한다면 그것은 단지 말로만 떠벌리는 것일 뿐이다. 만일 질문을 받으면 대답하지 못할 뿐만 아니라 나아가서 더 큰 곤경에 처하게 될 것이다. 그것은 무슨 이유 때문인가? 비구들이여, 그것은 그들의 영역을 벗어났기 때문이다."[120]

쌍(雙) **경**2(S35:93)

2. "비구들이여, 쌍을 반연하여 알음알이가 발생한다. 비구들이여, 그러면 어떻게 쌍을 반연하여 알음알이가 발생하는가?"

3. "눈과 형색을 조건으로 눈의 알음알이가 일어난다. 눈은 무상하고 변하고 다른 상태로 되어간다. [68] 형색은 무상하고 변하고 다른 상태로 되어간다. 이처럼 이 쌍은 움직이고 흔들리고[121] 무상하고 변하고 다른 상태로 되어간다.

눈의 알음알이는 무상하고 변하고 다른 상태로 되어간다. 눈의 알음알이가 일어나는 원인과 조건도 역시 무상하고 변하고 다른 상태로 되어간다. 비구들이여, 이처럼 무상한 조건을 반연하여 일어난 눈의 알음알이가 어찌 항상할 수 있겠는가?

비구들이여, 이 세 가지 법들의 화합과 모임과 결합을 일러 눈의

---

120) 본 문단은 본서 「일체 경」(S35:23) §4의 문장구조와 같다. 그곳의 주해들을 참조할 것.

121) '움직이고 흔들리고'는 Ee: calañ c' eva vyayañ ca 대신에 Be, Se: calañ c' eva byathañ ca를 옮긴 것이다. Ee 대로 옮기면 '움직이고 소멸하고(vyaya)'가 된다. 주석서와 복주서도 byatha로 읽고 있다.
"'움직이고 흔들리고'란 자신의 고유성질(sabhāva) 때문에 가만히 머물러 있지 못하고(asaṇṭhahana) 움직이고 흔들린다는 말이다."(SA.ii.380)
"'움직인다.'는 것은 서 있지 못하고(anavaṭṭhāna) 이리저리 움직이는 것이고 '흔들린다(byathati).'는 것은 늙음과 죽음 때문에 떤다(pavedhati)는 뜻이다."(SAṬ.iii.18)

감각접촉이라 한다. 눈의 감각접촉 역시 무상하고 변하고 다른 상태로 되어간다. 눈의 감각접촉이 일어나는 원인과 조건도 역시 무상하고 변하고 다른 상태로 되어간다. 비구들이여, 이처럼 무상한 조건을 반연하여 일어난 눈의 감각접촉이 어찌 항상할 수 있겠는가?

비구들이여, 접촉하여 느끼고 접촉하여 의도하고 접촉하여 인식한다.[122] 이처럼 이러한 법들 역시 움직이고 흔들리고 무상하고 변하고 다른 상태로 되어간다."

4. "귀와 소리를 조건으로 귀의 알음알이가 일어난다. …"

5. "코와 냄새를 조건으로 코의 알음알이가 일어난다. …"

6. "혀와 맛을 조건으로 혀의 알음알이가 일어난다. … [69]"

7. "몸과 감촉을 조건으로 몸의 알음알이가 일어난다. …"

8. "마노와 법을 조건으로 마노의 알음알이가 일어난다. 마노는 무상하고 변하고 다른 상태로 되어간다. 법은 무상하고 변하고 다른 상태로 되어간다. 이처럼 이 쌍은 움직이고 흔들리고 무상하고 변하고 다른 상태로 되어간다.

마노의 알음알이는 무상하고 변하고 다른 상태로 되어간다. 마노

---

122) '접촉하여 느끼고 접촉하여 의도하고 접촉하여 인식한다(phuṭṭho bhikkhave vedeti phuṭṭho ceteti phuṭṭho sañjānāti).'는 이 문장을 통해서 각각 느낌과 심리현상들과 인식의 무더기 즉 수온·행온·상온을 드러내고 있다. 이렇게 해서 각각의 감각장소를 통해서 오온 전체가 개재되는 것을 설하고 계신다. 즉 안팎의 감각장소는 물질의 무더기(색온)에, 여기에 상응하여 일어나는 알음알이는 알음알이의 무더기(식온)에, 감각접촉을 통해서 일어나는 느낌, 의도, 인식은 각각 수온·상온·행온에 포함된다. 마노의 감각장소[意處]의 경우에는 마노의 토대가 되는 물질(vatthu-rūpa = 심장토대, hadaya-vatthu)과 대상의 일부가 색온에 포함된다.

의 알음알이가 일어나는 원인과 조건도 역시 무상하고 변하고 다른 상태로 되어간다. 비구들이여, 이처럼 무상한 조건을 반연하여 일어난 마노의 알음알이가 어찌 항상할 수 있겠는가?

비구들이여, 이 세 가지 법들의 화합과 모임과 결합을 일러 마노의 감각접촉이라 한다. 마노의 감각접촉 역시 무상하고 변하고 다른 상태로 되어간다. 마노의 감각접촉이 일어나는 원인과 조건도 역시 무상하고 변하고 다른 상태로 되어간다. 비구들이여, 이처럼 무상한 조건을 반연하여 일어난 마노의 감각접촉이 어찌 항상할 수 있겠는가?

비구들이여, 접촉하여 느끼고 접촉하여 의도하고 접촉하여 인식한다. 이처럼 이러한 법들 역시 움직이고 흔들리고 무상하고 변하고 다른 상태로 되어간다."

9. "비구들이여, 이와 같이 쌍을 반연하여 알음알이가 발생한다."

제9장 찬나 품이 끝났다.

아홉 번째 품에 포함된 경들의 목록은 다음과 같다.

① 부서지기 마련임 ② 공한 세상
③ 간략한 법 ④ 찬나 ⑤ 뿐나
⑥ 바히야, 두 가지 ⑦~⑧ 동요
두 가지 ⑨~⑩ 쌍(雙)이다.

제10장 여섯 품

Saḷa-vagga

길들이지 않고 보호하지 않음 경(S35:94)[123]

Adantāgutta-sutta

3. "비구들이여, [70] 여섯 가지 감각접촉의 장소들을 길들이지 않고 보호하지 않고 제어하지 않고 단속하지 않으면 괴로움을 실어 나른다.[124] 무엇이 여섯인가?

비구들이여, 눈은 감각접촉의 장소이니 이를 길들이지 않고 보호하지 않고 제어하지 않고 단속하지 않으면 괴로움을 실어 나른다.

비구들이여, 귀는 … 코는 … 혀는 … 몸은 … 마노는 감각접촉의 장소이니 이를 길들이지 않고 보호하지 않고 제어하지 않고 단속하지 않으면 괴로움을 실어 나른다.

비구들이여, 이러한 여섯 가지 감각접촉의 장소들을 길들이지 않고 보호하지 않고 제어하지 않고 단속하지 않으면 괴로움을 실어 나른다."

4. "비구들이여, 여섯 가지 감각접촉의 장소들을 길들이고 보호하고 제어하고 단속하면 행복을 실어 나른다.[125] 무엇이 여섯인가?

---

123) 경의 제목은 Be를 따랐다. Se에는 Chaphassāyatana(여섯 감각접촉의 장소)로 나타난다. Ee에는 Saṅgayha(포함됨)로 나타나는데 게송을 포함하고 있기 때문이다.

124) "'괴로움을 실어 나른다(dukkha-adhivāhā).'는 것은 지옥 등으로 분류되는(nerayikādi-bheda) 극심한 괴로움(adhika-dukkha)을 실어 나른다는 말이다."(SA.ii.381)

비구들이여, 눈은 감각접촉의 장소이니 이를 길들이고 보호하고 제어하고 단속하면 행복을 실어 나른다.

비구들이여, 귀는 … 코는 … 혀는 … 몸은 … 마노는 감각접촉의 장소이니 이를 길들이고 보호하고 제어하고 단속하면 행복을 실어 나른다.

비구들이여, 이러한 여섯 가지 감각접촉의 장소들을 길들이고 보호하고 제어하고 단속하면 행복을 실어 나른다."

5. 세존께서는 이렇게 말씀하셨다. 선서이신 스승께서는 이렇게 말씀하신 뒤 다시 [게송으로] 이와 같이 설하셨다.

"비구들이여, 여섯 감각접촉의 장소들을
단속하지 못하면 괴로움을 만나도다.
그러나 이들의 단속을 잘 아는 자들은
믿음을 동반자 삼아 타락하지 않고 지내도다. {1}

마음에 드는 형색들을 보거나
마음에 들지 않는 것들을 보게 되면
마음에 드는 것에 대한 애욕의 길은 없애야 하고
[마음에 들지 않은 것에 대해서는]
'내 마음에 들지 않는다.'고 마음을 더럽혀서는 안되리. {2}

사랑스럽거나 [71] 사랑스럽지 않은 소리를 듣고
사랑스런 소리에 혹해서는 안되고
사랑스럽지 않은 것에 대해서는 증오를 없애야 하나니

---

125) "'행복을 실어 나른다(sukha-adhivāhā).'는 것은 禪과 도와 과로 분류되는 (jhāna-magga-phala-pabheda) 지극한 행복(adhika-sukha)을 실어 나른다는 말이다."(SA.ii.381)

'내 마음에 들지 않는다.'고 마음을 더럽혀서는 안되리. {3}

향기롭고 마음을 끄는 냄새를 맡거나
불결하고 악취 나는 냄새를 맡고
악취 나는 것에 대해서는 저항을 없애야 하고
향기로운 것에 대해 욕망을 일으켜서는 안되리. {4}

달콤하고 감미로운 맛을 즐기거나
때로는 맛없는 음식을 먹더라도
감미로운 맛에 탐착하지 말고 먹어야 하며
맛없는 음식들을 혐오해서는 안되리. {5}

즐거운 감촉에 닿더라도 홀리지 않고
괴로운 것에 닿더라도 동요하지 않으면
즐겁고 괴로운 두 가지 감촉에 평온하여
어떤 것에도 끌리거나 거부하지 않으리. {6}

사랑분별하는 인식을 가진126) 이런저런 인간들은
인식하면서 사랑분별하는 데 빠져 지내지만
세속에 의지한 모든 정신적 상태127)를 몰아내고

---

126) "'사량분별하는 인식을 가진(papañca-saññā)'에서 오염원의 인식(kilesa-saññā) 때문에 사량분별하는 인식을 가졌다고 한다."(SA.ii.382)
주석서에 의하면 세 가지 사량분별(papañna)이 있는데 그것은 갈애(taṇhā)의 사량분별과 자만(māna)의 사량분별과 견해(diṭṭhi)의 사량분별이다.
'사량분별(papañca)'에 대한 더 자세한 설명은 본서 「팍구나 경」(S35:83) §3과 주해를 참조할 것.

127) "'세속에 의지한 모든 정신적 상태(manomayaṁ gehasitañ ca sabbaṁ)'란 다섯 가닥의 감각적 욕망이라는 세속에 의지한(pañca-kāma-guṇa-geha-nissita) 정신적인 일으킨 생각(mano-maya vitakka)을 말한다. 유능한(dabba-jātika) 비구는 이러한 것을 모두 몰아내버리고 '출리에 의지한(nekkhamma-sita)' 길(iriya)을 가야 한다."(SA.ii.382)

출리에 의지한 [길을] 걸어가야 하리. {7}

이와 같이 마음이 여섯 가지를 잘 닦으면
닿더라도 마음은 어디서건 동요하지 않으리니
비구들이여, 그대들은 탐욕과 성냄을 지배하여
태어남과 죽음의 피안에 이른 자가 될지어다." {8}

말룽꺄뿟따 경(S35:95)

Māluṅkyaputta-sutta

2. 그때 [72] 말룽꺄뿟따 존자[128]가 세존께 다가갔다. 가서는 세존께 절을 올리고 한 곁에 앉았다. 한 곁에 앉은 말룽꺄뿟따 존자는 세존께 이렇게 말씀드렸다.

3. "세존이시여, 세존께서 제게 간략하게 법을 설해 주시면 감사하겠습니다. 그러면 저는 세존으로부터 법을 들은 뒤 혼자 은둔하여 방일하지 않고 열심히, 스스로 독려하며 지내고자 합니다."

세속에 의지한 기쁨(somanassa)과 출리에 의지한 기쁨은 『맛지마 니까야』 「육처분석 경」(M137/iii.217~218) §§10~11에 서로 대비되어서 잘 나타나고 있다.

128) 말룽꺄뿟따 존자(āyasmā Māluṅkyaputta)는 꼬살라 왕의 보좌관의 아들이었으며 말룽꺄는 어머니 이름이다. 그래서 그의 이름은 말룽꺄의 아들이라는 뜻이다. 나이가 들어서 외도 유행승(paribbājaka)이 되었다가 세존의 가르침을 듣고 출가했다고 한다.(ThagA.ii.170)
그는 한역 『중아함』의 「전유경」(箭喩經, 독화살 비유경)을 통해서 존자 만동자(尊者 鬘童子)로 번역되어 알려진 분이며, 세존께서 세상은 유한한가 하는 등의 열 가지 문제에 대해서 명확한 답변을 해 주시지 않는다고 환속하려고 했던 사람이기도 하다. 『맛지마 니까야』 「짧은 말룽꺄뿟따 경」(M63)이 한역 「전유경」에 해당한다. 「긴 말룽꺄뿟따 경」(M64)도 그를 두고 설하신 경이다. 『앙굿따라 니까야』 「말룽꺄뿟따 경」(A4:254/ii.248~249)도 세존께서 그에게 설하신 경이며, 『장로게』(Thag) {794~817}은 그의 게송이다.

4. "말룽꺄뿟따여, 이미 늙어서 나이 들고 노쇠하고 연로하고 삶의 완숙기에 이른 그대가 이제서야 여래에게 법을 간략하게 설해 줄 것을 요청하니, 참으로 내가 젊은 비구들에게는 무엇을 설하겠는가?"129)

5. "선서시여, 저는 늙어서 나이 들고 노쇠하고 연로하고 삶의 완숙기에 이르렀습니다. 제게 간략하게 법을 설해 주소서. 참으로 저는 세존께서 말씀하신 뜻을 잘 이해할 것입니다. 참으로 저는 세존께서 해 주신 말씀의 상속자가 될 것입니다."

6. "말룽꺄뿟따여, 이를 어떻게 생각하는가? 그대가 보지 못했고 전에도 본 적이 없으며 지금 보지도 못하고 앞으로도 보지 못할, 눈으로 알아야 하는 형색들이 있다면 그대는 그것들에 대한 욕망이나 탐욕이나 애정을 가지겠는가?"130)

"그렇지 않습니다, 세존이시여."

7. "그대가 듣지 못했고 전에도 들은 적이 없으며 지금 듣지도 못하고 앞으로도 듣지 못할, 귀로 알아야 하는 소리들이 있다면 그대

---

129) "세존께서는 장로를 꾸짖기도 하고(apasādeti) 격려하기도(ussādeti) 하기 위해서 이렇게 말씀하셨다. 그는 젊었을 때는 방일하다가 나이가 들어서 숲 속에 거주하기(arañña-vāsa)를 원하여 명상주제를 요청하였기 때문이다." (SA.ii.382)
계속해서 주석서는 그가 나이가 들 때까지 사문의 법(samaṇa-dhamma)을 행하지 않은 것을 꾸짖으셨고, 젊은 비구들에게 본보기(adhippāya)를 보이기 위해서 그를 격려하셨다고 설명하고 있다.(SA.ii.382~383)

130) "'보지 못했고 전에도 본 적이 없으며(adiṭṭhā adiṭṭhapubbā)'라는 것은 지금 이 자기 존재(atta-bhāva)에서 보지 못했고 과거(atīta)에도 본 적이 없으며 라는 말이다."(SA.ii.383)
여기에 대한 보기는 본서 「바드라까 경」(S42:11)에 나타난다.

는 그것들에 대한 욕구나 탐욕이나 애정을 가지겠는가?"

"그렇지 않습니다, 세존이시여."

8. "그대가 맡지 못했고 전에도 맡은 적이 없으며 지금 맡지도 못하고 앞으로도 맡지 못할, 코로 알아야 하는 냄새들이 있다면 그대는 그것들에 대한 욕구나 탐욕이나 애정을 가지겠는가?"

"그렇지 않습니다, 세존이시여."

9. "그대가 맛보지 못했고 전에도 맛본 적이 없으며 지금 맛보지도 못하고 앞으로도 맛보지 못할, 혀로 알아야 하는 맛들이 있다면 그대는 그것들에 대한 욕구나 탐욕이나 애정을 가지겠는가?"

"그렇지 않습니다, 세존이시여."

10. "그대가 닿지 못했고 전에도 닿은 적이 없으며 지금 닿지도 못하고 앞으로도 닿지 못할, 몸으로 알아야 하는 감촉들이 있다면 그대는 그것들에 대한 욕구나 탐욕이나 애정을 가지겠는가?"

"그렇지 않습니다, 세존이시여."

11. "그대가 알지 못했고 전에도 안 적이 없으며 지금 알지도 못하고 앞으로도 알지 못할, 마노로 알아야 하는 법들이 있다면 그대는 그것들에 대한 욕구나 탐욕이나 애정을 가지겠는가?"

"그렇지 않습니다, 세존이시여."

12. "말룽꺄뿟따여, 그대가 보고 듣고 감지하고 알아야 하는 법들에 대해서 볼 때는 단지 봄만이 있을 것이고[131] 들을 때는 단지 들

131) 주석서는 이 의미를 다음과 같이 세 가지로 정리해서 설명하고 있다.
"'볼 때는 단지 봄만이 있을 것이다(diṭṭhe diṭṭhamattaṁ bhavissati).'라고 했다. [이것은 다음의 세 가지 의미로 해석할 수 있다.]
① 눈의 알음알이[眼識]로 형색의 감각장소[色處]를 보는 단지 봄만이 있다

는 뜻이다. 왜냐하면 눈의 알음알이는 단지 형색에서 형색만을 볼 뿐이지 항상하다거나 하는 그런 고유성질(niccādi-sabhāva)은 보지 않기 때문이다. 이처럼 다른 알음알이들[속행의 마음들, 즉 업을 짓는 알음알이들 – SAṬ]에 대해서도 단지 봄만이 있는 알음알이가 있을 것(혹은 있게 할 것)이라는 뜻이다.

② 혹은, 볼 때에 있는 봄(diṭṭhe diṭṭhaṁ)이란 것은 눈의 알음알이인데 이것은 형색에서 형색을 아는 것(rūpa-vijānana)을 말한다. '단지(matta)'라는 것은 제한(pamāṇa)을 뜻한다. 그러므로 '단지 보는 것일 뿐이라고 해서 단지 보는 마음을 말한다.[여기서는 본문의 diṭṭha-matta(문자적으로는 봄뿐임을 뜻함)를 소유복합어[有財釋, bahuvrīhi]로 해석해서 이것이 마음(citta)을 수식하는 것으로 설명하고 있다. 그래서 ditṭṭha-matta를 '단지 보는 것일 뿐인 마음'을 뜻한다고 해석하고 있다.] 그 뜻은 '나의 마음은 단지 눈의 알음알이일 뿐이다.'라는 뜻이다. 다시 말하면 이런 뜻이다. 눈의 알음알이는 눈의 영역에 들어온 형색(āpātha-gata-rūpa)에 대해서 탐하지 않고 성내지 않고 어리석지 않다. 그와 같이 속행의 마음(javana, 즉 업을 짓는 알음알이)도 탐욕 등이 없는 단지 눈의 알음알이와 같아지도록 할 것이다. 나는 눈의 알음알이를 한계로 가진(cakkhu-viññāṇa-pamāṇa) 속행의 마음을 확립되게 할 것이다.

③ 혹은 '봄(diṭṭha)'이란 눈의 알음알이로 보여진 형색이고 '볼 때는 봄만이(iṭṭhe diṭṭha-matta)'라는 것은 거기에서 일어난 받아들이는 마음, 조사하는 마음, 결정하는 마음(sampaṭicchana-santīraṇa-voṭṭhabbana)이라 불리는 세 가지 마음(citta-ttaya)을 말한다. '마치 이것이 탐하지 않고 성내지 않고 어리석지 않듯이 나는 눈의 영역에 들어온 형색에 대해서 받아들이는 마음 등을 한계로 가지는 속행의 마음을 일어나게 할 것이다. 나는 그 한계(pamāṇa)를 넘어서서 탐욕 등을 통해서 일어나게 하지 않게 할 것이다.'라는 뜻이다. 이것은 들음(suta)과 감지함(muta)에도 적용된다."(SA.ii.383~384)

본 주석을 이해하려면 상좌부 아비담마에서 설하는 인식과정(vīthi-citta)을 이해해야 한다. 상좌부에서는 다섯 가지 감각의 문으로 대상을 받아들일 때는 오문전향의 마음, 전오식(안식부터 신식까지) 가운데 하나, 받아들이는 마음, 조사하는 마음, 결정하는 마음, 속행의 마음, 등록의 마음의 순서로 마음이 찰나생멸하면서 대상을 인식한다고 설명한다. 여기서 속행의 마음만이 업을 짓는 마음이고 다른 마음들은 과보로 나타난 마음이거나 작용만하는 마음이다. 그러므로 전오식 등의 마음들에서는 탐욕, 성냄, 어리석음으로 대표되는 업을 짓는 마음이 일어날 수 없다. 그래서 이런 마음은 볼 때는 봄만 있는 마음이 된다. 그러므로 수행자는 업을 짓는 속행의 마음에서도 이런 마음들처럼 볼 때는 봄만 있는 그런 마음이 되도록 노력해야 한다는 의미로 주석서는 해석하고 있다.

음만이 있을 것이고 감지할 때는 단지 감지함만이[132] 있을 것이고 알 때는 단지 앎만이 있을 것이다."[133]

13. "말룽꺄뿟따여, 그대가 보고 듣고 감지하고 알아야 하는 법들에 대해서 볼 때는 단지 봄만이 있을 것이고 들을 때는 단지 들음만이 있을 것이고 감지할 때는 단지 감지함만이 있을 것이고 알 때는 단지 앎만이 있을 것이며 그대에게는 '그것에 의함'이란 것이 있지 않다.[134] 말룽꺄뿟따여, '그것에 의함'이 있지 않으면 그대에게는 '거기에'라는 것이 있지 않다.[135] 말룽꺄뿟따여, 그대에게 '거기에'가 있

여기에 나타난 여러 마음들에 대해서는 『아비담마 길라잡이』 제3장 §8의 해설 등을 참조할 것.

132) "'감지할 때는 단지 감지함만이(mute mutamatto)'라는 것은 코와 혀와 몸의 알음알이로 얻은 뒤에 받아들일 때에는 단지 받아들임만이(gahite gahita-matto) 라는 뜻이다."(Nd1A.ii.347)

133) "'알 때는 단지 앎만이 있을 것이다(viññāte viññātamattaṁ bhavissati).'라고 했다. 여기서 '앎(viññāta)'이란 것은 의문전향의 마음(mano-dvār-āvajjana)을 통해서 알아지는 대상(viññāt-ārammaṇa)을 말한다. '알 때에는 단지 앎만이 있다.'는 것은 전향의 마음을 한계로 하는 것(āvajjana-pamāṇa)이다. '마치 단지 전향만으로는 사람이 탐하지 않고 성내지 않고 어리석지 않는 것처럼, 나도 탐욕 등을 통해서 [속행의 마음이] 일어나게 하지 않고 오직 전향의 마음만을 한계로 하는 마음을 확립할 것이다.'라는 것이 그 뜻이다."(SA.ii.384)
마노의 문으로 대상을 받아들일 때는 의문전향의 마음 바로 다음에 업을 짓는 속행의 마음이 일어난다. 그러므로 단지 작용만하는 마음인 의문전향의 마음에서 탐·진·치로 대표되는 업을 짓지 않듯이 수행자는 그와 같이 속행의 마음에서도 그런 업을 짓지 않아야 한다고 주석서는 설명하고 있다.

134) "'그것에 의함'이란 것이 있지 않다(na tena).'는 것은 그 탐욕(rāga)으로 탐하지(ratta) 않고 성냄(dosa)으로 성내지(duṭṭha) 않고 어리석음(moha)으로 어리석지(mūḷha) 않게 될 것이라는 뜻이다."(SA.ii.384) 즉 탐·진·치가 없어질 것이라는 뜻이다.

135) "'그대에게는 '거기에'라는 것이 있지 않다(tvaṁ na tatthā).'는 것은 그대가 이러한 탐·진·치로 탐하고 성내고 어리석지 않게 되면 그대는 그러한

지 않으면 그대에게는 여기 [이 세상]도 없고 저기 [저 세상도] 없고 이 둘의 가운데도 없다.136) 이것이 바로 괴로움의 끝이다."137)

14. "세존이시여, 저는 세존께서 간략하게 말씀하신 뜻을 이렇게 자세하게 압니다.

형색을 보고 마음챙김을 놓아버리고
아름다운 표상을 마음에 잡도리하는 자는
애욕에 물든 마음으로 그것을 경험하고
거기에 묶여 있습니다.
형색에서 생겨난 여러 가지 느낌들은 그에게서 증장하고
마음을 어지럽히는138) 욕심과 불쾌함도 그러하나니
이처럼 괴로움을 쌓는 자에게
열반은 아주 멀다고 말합니다. {1}

소리를 듣고 마음챙김을 놓아버리고
아름다운 표상을 마음에 잡도리하는 자는
애욕에 물든 마음으로 그것을 경험하고
거기에 묶여 있습니다.
소리에서 생겨난 여러 가지 느낌들은 그에게서 증장하고

보고 듣고 감지하고 안 것에 묶이거나(paṭibaddha) 집착하거나(allīna) 확고하게 되지(patiṭṭhita) 않을 것이라는 뜻이다."(SA.ii.384)

136) 상좌부 아비담마의 입장에서 보자면, 여기서도 '둘의 가운데(ubhayam antarena)'를 중유(中有, 中陰, antarā-bhava)로 해석하면 안된다. 여기에 대해서는 본서 「토론장 경」(S44:9) §7의 주해를 참조할 것.

137) 『쿳다까 니까야』의 『자설경』(Ud.8)에서도 세존께서는 바히야 다루찌리야(Bāhiya Dāruciriya) 유행승에게 이와 같은 가르침을 설하고 계신다.

138) '마음을 어지럽히다'는 Ee: cittam assu pahaññati 대신에 Be, Se: cittam ass' ūpahaññati로 읽어야 한다.

마음을 어지럽히는 욕심과 불쾌함도 그러하나니
이처럼 괴로움을 쌓는 자에게
열반은 아주 멀다고 말합니다. {2}

냄새를 맡고 마음챙김을 놓아버리고
아름다운 표상을 마음에 잡도리하는 자는 … {3}

맛을 보고 마음챙김을 놓아버리고
아름다운 표상을 마음에 잡도리하는 자는 … {4}

감촉에 닿고 마음챙김을 놓아버리고
아름다운 표상을 마음에 잡도리하는 자는 …{5}

법을 알고 마음챙김을 놓아버리고
아름다운 표상을 마음에 잡도리하는 자는 … {6}

마음챙기면서 형색을 보고 형색에 물들지 않는 자는
애욕에 물들지 않은 마음으로 그것을 경험하고
거기에 묶여 있지 않습니다.
그는 형색을 보고 아울러 느낌도 감수하지만
[괴로움은] 소멸하고 쌓이지 않나니139)
그는 이처럼 마음챙기며 유행합니다.
이처럼 괴로움을 쌓지 않는 자에게
열반은 가깝다고 말하나이다. {7}

마음챙기면서 소리를 듣고 소리에 물들지 않는 자는

139) '소멸하고 쌓이지 않나니'는 khīyati no pacīyati를 옮긴 것인데 주어가 없다. 주석서는 괴로움(dukkha)과 여러 가지 오염원들(kilesa-jāta)이 주어라고 설명하고 있다.(SA.ii.384)

애욕에 물들지 않은 마음으로 그것을 경험하고
거기에 묶여 있지 않습니다.
그는 소리를 듣고 아울러 느낌도 감수하지만
[괴로움은] 소멸하고 쌓이지 않나니
그는 이처럼 마음챙기며 유행합니다.
이처럼 괴로움을 쌓지 않는 자에게
열반은 가깝다고 말하나이다. {8}

마음챙기면서 냄새를 맡고 냄새에 물들지 않는 자는 … {9}

마음챙기면서 맛을 보고 맛에 물들지 않는 자는 … {10}

마음챙기면서 감촉에 닿고 감촉에 물들지 않는 자는 … {11}

마음챙기면서 법을 알고
그것에 물들지 않는 자는
애욕에 물들지 않은 마음으로 그것을 경험하고
거기에 묶여 있지 않습니다.
그는 법을 알고 아울러 느낌도 감수하지만
[괴로움은] 소멸하고 쌓이지 않나니
그는 이처럼 마음챙기며 유행합니다.
이처럼 괴로움을 쌓지 않는 자에게
열반은 가깝다고 말하나이다.{12}

세존이시여, 저는 세존께서 간략하게 말씀하신 뜻을 이와 같이 자세하게 압니다."

15. "장하고 장하구나, 말룽꺄뿟따여. 그대는 내가 간략하게 말한 뜻을 자세하게 알았으니 참으로 장하구나.

형색을 보고 마음챙김을 놓아버리고
아름다운 표상을 마음에 잡도리하는 자는
애욕에 물든 마음으로
그것을 경험하고 거기에 묶여 있도다.
형색에서 생겨난 여러 가지 느낌들은 그에게서 증장하고
마음을 어지럽히는 욕심과 불쾌함도 그러하나니
이처럼 괴로움을 쌓는 자에게
열반은 아주 멀다고 말하리. {1}

소리를 듣고 마음챙김을 놓아버리고
아름다운 표상을 마음에 잡도리하는 자는 … {2}

냄새를 맡고 마음챙김을 놓아버리고
아름다운 표상을 마음에 잡도리하는 자는 … {3}

맛을 보고 마음챙김을 놓아버리고
아름다운 표상을 마음에 잡도리하는 자는 … {4}

감촉에 닿고 마음챙김을 놓아버리고
아름다운 표상을 마음에 잡도리하는 자는 … {5}

법을 알고 마음챙김을 놓아버리고
아름다운 표상을 마음에 잡도리하는 자는 … {6}

마음챙기면서 형색을 보고 형색에 물들지 않는 자는
애욕에 물들지 않은 마음으로 그것을 경험하고
거기에 묶여 있지 않도다.
그는 형색을 보고 아울러 느낌도 감수하지만
[괴로움은] 소멸하고 쌓이지 않나니

그는 이처럼 마음챙기며 유행하도다.
이처럼 괴로움을 쌓지 않는 자에게
열반은 가깝다고 말하리. {7}

… …

마음챙기면서 법을 알고 법에 물들지 않는 자는
애욕에 물들지 않은 마음으로 그것을 경험하고
거기에 묶여 있지 않도다.
그는 법을 알고
아울러 느낌도 감수하지만
[괴로움은] 소멸하고 쌓이지 않나니
그는 이처럼 마음챙기며 유행하도다.
이처럼 괴로움을 쌓지 않는 자에게
열반은 가깝다고 말하리. {12}

말룽꺄뿟따여, 그대는 내가 간략하게 말한 뜻을 이와 같이 자세하게 알아야 한다."

16. 그때 말룽꺄뿟따 존자는 세존의 말씀을 기뻐하고 감사드린 뒤 자리에서 일어나 세존께 절을 올리고 오른쪽으로 [세 번] 돌아 [경의를 표한] 뒤에 물러갔다.

17. 그때 말룽꺄뿟따 존자는 혼자 은둔하여 방일하지 않고 열심히, 스스로 독려하며 지냈다. 그는 오래지 않아 좋은 가문의 아들들이 집에서 나와 출가하는 목적인 그 위없는 청정범행의 완성을 지금·여기에서 스스로 최상의 지혜로 알고 실현하고 구족하여 머물렀다. '태어남은 다했다. 청정범행은 성취되었다. 할 일을 다 해 마쳤다.

다시는 어떤 존재로도 돌아오지 않을 것이다.'라고 최상의 지혜로 알았다.

18. 말룽꺄뿟따 존자는 아라한들 중의 한 분이 되었다.

쇠퇴 경(S35:96)

Parihāna-sutta

2. "비구들이여, 그대들에게 쇠퇴하는 법140)과 쇠퇴하지 않는 법과 여섯 가지 지배의 경지141)를 설하리라. …"

3. "비구들이여, 그러면 무엇이 쇠퇴하는 법인가?

여기 비구들이여, 눈으로 형색을 본 뒤 비구에게 족쇄와 관계된 기억142)과 사유가 있는 나쁘고 해로운 법들[不善法]이 일어난다. 만일 비구가 그런 것들을 인정해 버리고 버리지 않고 제거하지 않고 끝장내지 않고 존재하지 않게 하지 않으면 그 비구는 이렇게 알아야 한다. '나는 유익한 법들로부터 쇠퇴한다. 왜냐하면 세존께서는 이런 것을 쇠퇴라고 말씀하셨기 때문이다.'라고.

---

140) "'쇠퇴하는 법(parihāna-dhamma)'이란 쇠퇴하는 고유성질(parihāna-sabhāva)을 뜻한다."(SA.ii.384)

141) 본경에서 설해지고 있는 '여섯 가지 지배의 경지(cha abhibhāyatanāni)'는 『디가 니까야』 「대반열반경」(D16) §3.24 이하와 『맛지마 니까야』 「긴 사꿀루다이 경」(M77) §23과 『앙굿따라 니까야』 「지배 경」(A8:65)에 나타나는 여덟 가지 지배의 경지[八勝處, aṭṭha abhibhāyatanāni]와는 완전히 다른 내용이다.

142) 여기서 '기억'은 sara를 옮긴 것인데, √smṛ(*to remember*)에서 파생된 명사로 본 것이다. 마음챙김(sati)도 이 어근에서 파생되었다. 그런데 주석서는 이것을 sarati(√sṛ, *to run*)에서 파생된 명사로 간주하여 dhāvati(달리다)의 의미로 설명하고 있다.(SA.ii.384) 그래서 복주서는 대상(visaya)에 안주하지 못하는 상태(anavaṭṭhita-bhāva)로 설명하고 있다.(SAṬ.iii.21)

다시 비구들이여, 귀로 소리를 들은 뒤 … 코로 냄새를 맡은 뒤 … 혀로 맛을 본 뒤 … 몸으로 감촉을 느낀 뒤 … 마노로 법을 [77] 안 뒤 비구에게 족쇄와 관계된 기억과 사유가 있는 나쁘고 해로운 법들[不善法]이 일어난다. 만일 비구가 그런 것들을 인정해 버리고 버리지 않고 제거하지 않고 끝장내지 않고 존재하지 않게 하지 않으면 그 비구는 이렇게 알아야 한다. '나는 유익한 법들로부터 쇠퇴한다. 왜냐하면 세존께서는 이런 것을 쇠퇴라고 말씀하셨기 때문이다.'라고.

비구들이여, 이것이 쇠퇴하는 법이다."

4. "비구들이여, 그러면 무엇이 쇠퇴하지 않는 법인가?

여기 비구들이여, 눈으로 형색을 본 뒤 … 귀로 소리를 들은 뒤, … 코로 냄새를 맡은 뒤 … 혀로 맛을 본 뒤 … 몸으로 감촉을 느낀 뒤 … 마노로 법을 안 뒤 비구에게 족쇄와 관계된 기억과 사유가 있는 나쁘고 해로운 법들[不善法]이 일어난다. 만일 비구가 그런 것들을 인정하지 않고 버리고 제거하고 끝장내고 존재하지 않게 하면 그 비구는 이렇게 알아야 한다. '나는 유익한 법들로부터 쇠퇴하지 않는다. 왜냐하면 세존께서는 이런 것을 쇠퇴하지 않는 것이라고 말씀하셨기 때문이다.'라고.

비구들이여, 이것이 쇠퇴하지 않는 법이다."

5. "비구들이여, 그러면 어떤 것이 여섯 가지 지배의 경지인가?

여기 비구들이여, 눈으로 형색을 본 뒤 비구에게 족쇄와 관계된 기억과 사유가 있는 나쁘고 해로운 법들[不善法]이 일어나지 않는다. 그러면 그 비구는 이렇게 알아야 한다. '이 경지는 지배되었다. 왜냐하면 세존께서는 이런 것을 지배의 경지라고 말씀하셨기 때문이다.'라고.

다시 비구들이여, 귀로 소리를 들은 뒤 … 코로 냄새를 맡은 뒤 … 혀로 맛을 본 뒤 … 몸으로 감촉을 느낀 뒤 … 마노로 법을 안 뒤 비구에게 족쇄와 관계된 기억과 사유가 있는 나쁘고 해로운 법들[不善法]이 일어나지 않는다. 그러면 그 비구는 이렇게 알아야 한다. '이 경지는 지배되었다. 왜냐하면 세존께서는 이런 것을 지배의 경지라고 말씀하셨기 때문이다.'라고.

비구들이여, 이것이 지배의 경지이다."

방일하여 머묾 경(S35:97)

Pamādavihāri-sutta

2. "비구들이여, [78] 그대들에게 방일하여 머묾과 방일하지 않고 머묾에 대해서 설하리라. … <S35:23 §3> …

3. "비구들이여, 그러면 무엇이 방일하여 머무는 것인가?

비구들이여, 눈의 감각기능을 단속하지 않고 머물면 마음[心]은 눈으로 알아진 형색들에 물들어버린다.143) 그의 마음이 물들어버리면 환희가 없다. 환희가 없으면 희열이 없다. 희열이 없으면 경안이 없다. 경안이 없으면 괴롭게 머문다.144) 괴로운 자의 마음은 삼매에 들지 못한다. 마음이 삼매에 들지 못하면 법들이 분명하게 드러나지 않는다.145) 법들이 분명하게 드러나지 않으면 방일하여 머문다고 일컬

---

143) "'물들어버린다(vyāsiñcati).'는 것은 오염원에 젖어서(kilesa-tinta) 있다는 뜻이다."(SA.ii.385)

144) '괴롭게 머문다.'는 Be: dukkhaṁ hoti(괴로움이 있다) 대신에 Ee, Se: dukkhaṁ viharati로 읽어서 옮긴 것이다.

145) "'법들이 분명하게 드러나지 않는다(dhammā na pātubhavanti).'는 것은 사마타와 위빳사나[止觀]의 법이 생기지 않는다는 말이다."(SA.ii.385)
그런데 오히려 안팎의 감각장소들, 즉 육내외처(六內外處)인 법들이 무상하

어진다.

비구들이여, 귀의 감각기능을 … 코의 감각기능을 … 혀의 감각기능을 … 몸의 감각기능을 … 마노의 감각기능을 단속하지 않고 머물면 마음[心]은 마노[意]로 알아진 법들에 물들어버린다. 그의 마음이 물들어버리면 환희가 없다. 환희가 없으면 희열이 없다. 희열이 없으면 경안이 없다. 경안이 없으면 괴롭게 머문다. 괴로운 자의 마음은 삼매에 들지 못한다. 마음이 삼매에 들지 못하면 법들이 분명하게 드러나지 않는다. 법들이 분명하게 드러나지 않으면 방일하여 머문다고 일컬어진다.

비구들이여, 이것이 방일하여 머무는 것이다."

4. "비구들이여, 그러면 무엇이 방일하지 않고 머무는 것인가?

비구들이여, 눈의 감각기능을 단속하고 머물면 마음[心]은 눈으로 알아진 형색들에 물들지 않는다. 그의 마음이 물들지 않으면 환희가 있다. 환희가 있으면 희열이 있다. 희열이 있으면 경안이 있다. 경안이 있으면 행복을 경험한다. 행복한 자의 마음은 삼매에 든다. 마음이 삼매에 들면 [79] 법들이 분명하게 드러난다. 법들이 분명하게 드러나면 방일하지 않고 머문다고 일컬어진다.

비구들이여, 귀의 감각기능을 … 코의 감각기능을 … 혀의 감각기능을 … 몸의 감각기능을 … 마노의 감각기능을 단속하고 머물면 마음[心]은 마노[意]로 알아진 법들에 물들지 않는다. 그의 마음이 물들지 않으면 환희가 있다. 환희가 있으면 희열이 있다. 희열이 있으면 경안이 있다. 경안이 있으면 행복을 경험한다. 행복한 자의 마음은 삼매에 든다. 마음이 삼매에 들면 법들이 분명하게 드러난다. 법들이

고 괴롭고 무아인 것으로 나타나지 않는다고 해석하는 것이 좋지 않을까 생각된다. 아래 「삼매 경」(S35:99) §3을 참조할 것.

분명하게 드러나면 방일하지 않고 머문다고 일컬어진다.

비구들이여, 이것이 방일하지 않고 머무는 것이다."

단속 경(S35:98)

Saṁvara-sutta

2. "비구들이여, 그대들에게 단속과 단속하지 못함에 대해서 설하리라. … <S35:23 §3> …

3. "비구들이여, 그러면 무엇이 단속하지 못함인가?

비구들이여, 눈으로 인식되는 형색들이 있으니, … 귀로 인식되는 소리들이 있으니, … [80] 코로 인식되는 냄새들이 있으니, … 혀로 인식되는 맛들이 있으니, … 몸으로 인식되는 감촉들이 있으니, … 마노로 인식되는 법들이 있으니, 원하고 좋아하고 마음에 들고 사랑스럽고 감각적 욕망을 짝하고 매혹적인 것들이다. 만일 비구가 그것을 즐기고 환영하고 묶여 있으면 그 비구는 이렇게 알아야 한다. '나는 유익한 법들로부터 쇠퇴한다. 왜냐하면 세존께서는 이런 것을 쇠퇴라고 말씀하셨기 때문이다.'라고.

비구들이여, 이것이 단속하지 못함이다."

4. "비구들이여, 그러면 무엇이 단속인가?

비구들이여, 눈으로 인식되는 형색들이 있으니, … 귀로 인식되는 소리들이 있으니, … 코로 인식되는 냄새들이 있으니, … 혀로 인식되는 맛들이 있으니, … 몸으로 인식되는 감촉들이 있으니, … 마노로 인식되는 법들이 있으니, 원하고 좋아하고 마음에 들고 사랑스럽고 감각적 욕망을 짝하고 매혹적인 것들이다. 만일 비구가 그것을 즐기지 않고 환영하지 않고 묶여 있지 않으면 그 비구는 이렇게 알아야 한다. '나는 유익한 법들로부터 쇠퇴하지 않는다. 왜냐하면 세존께서는 이런 것을 쇠퇴하지 않는 것이라고 말씀하셨기 때문이다.'라고.

비구들이여, 이것이 단속이다."

삼매 경(S35:99)146)

Samādhi-sutta

3. "비구들이여, 삼매를 닦아라. 비구들이여, 삼매에 든 비구는 있는 그대로 꿰뚫어 안다. 비구들이여, 그러면 무엇을 있는 그대로 꿰뚫어 아는가?

비구들이여, 눈은 무상하다고 있는 그대로 꿰뚫어 안다. 형색은 무상하다고 있는 그대로 꿰뚫어 안다. 눈의 알음알이는 무상하다고 있는 그대로 꿰뚫어 안다. 눈의 감각접촉은 무상하다고 있는 그대로 꿰뚫어 안다. 눈의 감각접촉을 조건으로 하여 일어나는 즐겁거나 괴롭거나 괴롭지도 즐겁지도 않은 느낌은 무상하다고 있는 그대로 꿰뚫어 안다.

귀는 … 소리는 … 귀의 알음알이는 … 귀의 감각접촉은 … 느낌은 …

코는 … 냄새는 … 코의 알음알이는 … 코의 감각접촉은 … 느낌은 …

혀는 … 맛은 … 혀의 알음알이는 … 혀의 감각접촉은 … 느낌은 …

몸은 … 감촉은 … 몸의 알음알이는 … 몸의 감각접촉은 … 느낌은 …

마노는 무상하다고 있는 그대로 꿰뚫어 안다. 법은 무상하다고 있는 그대로 꿰뚫어 안다. 마노의 알음알이는 무상하다고 있는 그대로 꿰뚫어 안다. 마노의 감각접촉은 무상하다고 있는 그대로 꿰뚫어 안

---

146) 본경과 다음 경은 본서 제3권 「삼매 경」(S22:5)과 「홀로 앉음 경」(S22:6)과 같은 방법으로 설해졌다. '홀로 앉음(paṭisallāṇa)'에 대해서는 본서 제3권 「홀로 앉음 경」(S22:6) §3의 주해를 참조할 것.

다. 마노의 감각접촉을 조건으로 하여 일어나는 즐겁거나 괴롭거나 괴롭지도 즐겁지도 않은 느낌은 무상하다고 있는 그대로 꿰뚫어 안다.

비구들이여, 삼매를 닦아라. 비구들이여, 삼매에 든 비구는 있는 그대로 꿰뚫어 안다."

홀로 앉음 경(S35:100)

Paṭisallāṇa-sutta

3. "비구들이여, 그대들은 홀로 앉음에 몰두하는 수행을 하라. 비구들이여, 홀로 앉는 비구는 있는 그대로 꿰뚫어 안다. 비구들이여, 그러면 무엇을 있는 그대로 꿰뚫어 아는가?

비구들이여, 눈은 무상하다고 있는 그대로 꿰뚫어 안다. 형색은 [81] 무상하다고 있는 그대로 꿰뚫어 안다. 눈의 알음알이는 무상하다고 있는 그대로 꿰뚫어 안다. 눈의 감각접촉은 무상하다고 있는 그대로 꿰뚫어 안다. 눈의 감각접촉을 조건으로 하여 일어나는 즐겁거나 괴롭거나 괴롭지도 즐겁지도 않은 느낌은 무상하다고 있는 그대로 꿰뚫어 안다.

귀는 … 소리는 … 귀의 알음알이는 … 귀의 감각접촉은 … 느낌은 …

코는 … 냄새는 … 코의 알음알이는 … 코의 감각접촉은 … 느낌은 …

혀는 … 맛은 … 혀의 알음알이는 … 혀의 감각접촉은 … 느낌은 …

몸은 … 감촉은 … 몸의 알음알이는 … 몸의 감각접촉은 … 느낌은 …

마노는 무상하다고 있는 그대로 꿰뚫어 안다. 법은 무상하다고 있는 그대로 꿰뚫어 안다. 마노의 알음알이는 무상하다고 있는 그대로 꿰뚫어 안다. 마노의 감각접촉은 무상하다고 있는 그대로 꿰뚫어 안다. 마노의 감각접촉을 조건으로 하여 일어나는 즐겁거나 괴롭거나 괴롭지도 즐겁지도 않은 느낌은 무상하다고 있는 그대로 꿰뚫어 안다."

4. "비구들이여, 그대들은 홀로 앉음에 몰두하는 수행을 하라. 비구들이여, 홀로 앉는 비구는 있는 그대로 꿰뚫어 안다."

그대들 것이 아님 경1(S35:101)[147]

Natumhāka-sutta

3. "비구들이여, 그대들의 것이 아닌 것은 버려야 한다. 그대들이 그것을 버리면 이익과 행복이 있을 것이다. 비구들이여, 그러면 어떤 것이 그대들의 것이 아닌가?

눈은 그대들의 것이 아니다. 그것을 버려야 한다. 그대들이 그것을 버리면 이익과 행복이 있을 것이다. 형색은 그대들의 것이 아니다. 그것을 버려야 한다. 그대들이 그것을 버리면 이익과 행복이 있을 것이다. 눈의 알음알이는 그대들의 것이 아니다. 그것을 버려야 한다. 그대들이 그것을 버리면 이익과 행복이 있을 것이다. 눈의 감각접촉은 그대들의 것이 아니다. 그것을 버려야 한다. 그대들이 그것을 버리면 이익과 행복이 있을 것이다. 눈의 감각접촉을 조건으로 하여 일어나는 즐겁거나 괴롭거나 괴롭지도 즐겁지도 않은 느낌은 그대들의 것이 아니다. 그것을 버려야 한다. 그대들이 그것을 버리면 이익과 행복이 있을 것이다.

귀는 … 소리는 … 귀의 알음알이는 … 귀의 감각접촉은 … 느낌은 …

코는 … 냄새는 … 코의 알음알이는 … 코의 감각접촉은 … 느낌은 …

혀는 … 맛은 … 혀의 알음알이는 … 혀의 감각접촉은 … 느낌은 …

몸은 … 감촉은 … 몸의 알음알이는 … 몸의 감각접촉은 … 느낌은 …

마노는 그대들의 것이 아니다. 그것을 버려야 한다. 그대들이 그것

---

147) 본경과 다음 경은 본서 제3권 「그대들의 것이 아님 경」 1/2(S22:33~34)와 같은 방법으로 설해졌다.

을 버리면 이익과 행복이 있을 것이다. 법은 그대들의 것이 아니다. 그것을 버려야 한다. 그대들이 그것을 버리면 이익과 행복이 있을 것이다. 마노의 알음알이는 그대들의 것이 아니다. 그것을 버려야 한다. 그대들이 그것을 버리면 이익과 행복이 있을 것이다. 마노의 감각접촉은 그대들의 것이 아니다. 그것을 버려야 한다. 그대들이 그것을 버리면 이익과 행복이 있을 것이다. 마노의 감각접촉을 조건으로 하여 일어나는 즐겁거나 괴롭거나 괴롭지도 즐겁지도 않은 느낌은 그대들의 것이 아니다. 그것을 버려야 한다. 그대들이 그것을 버리면 이익과 행복이 있을 것이다."

4. "비구들이여, 예를 들면 사람들이 이 제따 숲에서 풀과 나무와 가지와 잎을 가져가거나 태우거나 하고 싶은 대로 한다 하자. 그러면 그대들에게 '사람들이 우리를 가져간다거나 태운다거나 하고 싶은 대로 한다.'라는 이런 생각이 들겠는가?"

"그렇지 않습니다, 세존이시여. 그것은 무슨 이유 때문인가요? 세존이시여, 그것은 자아가 아니고 자아에 속하는 것이 아니기 때문입니다."

"비구들이여, 그와 같이 눈은 그대들의 것이 아니다. 그것을 버려야 한다. 그대들이 그것을 버리면 이익과 행복이 있을 것이다. … 마노의 감각접촉을 조건으로 하여 일어나는 즐겁거나 괴롭거나 괴롭지도 즐겁지도 않은 느낌은 그대들의 것이 아니다. 그것을 버려야 한다. 그대들이 그것을 버리면 이익과 행복이 있을 것이다."

그대들 것이 아님 경2(S35:102)

<본경은 바로 앞의 「그대들 것이 아님 경」1(S35:101) 가운데서 마지막의 비유(§4)를 제외한 나머지 부분과 꼭 같다.>

웃다까 경(S35:103)

Uddaka-sutta

3. "비구들이여, [83] 웃다까 라마뿟따148)는 이렇게 공언하였다.

'참으로 이것이149) 지혜의 달인150)
참으로 이것이 일체승자151)
참으로 이것이 아직 파내지 못한152) 종기의 뿌리이니
그는 [이것을] 파내버렸도다.'

---

148) 웃다까 라마뿟따(Uddaka Rāmaputta)는 세존께서 깨달음을 성취하시기 전에 만났던 두 번째 스승이었다. 그에 대해서는 『맛지마 니까야』 「성구경」(M26/i.165~166) §16과 §23을 참조할 것.

149) 본 게송에는 '이것이(idaṁ)'가 세 번 나타나고 있다. 주석서는 그냥 단지 불변사(nipāta-matta)로 쓰였을 뿐이거나, 아니면 '이러한 나의 말(vacana)을 들어라.'라는 의미로 쓰인 것이라고 밝히고 있다.(SA.ii.386)

150) "'지혜의 달인(vedagū)'이라는 것은 '나는 전적으로 지혜의 달인이다. 베다(Veda)라 불리는 지혜(ñāṇa)를 통해서 알아야 하는 것(neyya)에 도달했다(gata). 혹은 베다(Veda)에 도달했다(gata), 증득했다, 나는 현자(paṇḍi-ta)이다.'라는 뜻이다."(SA.ii.386)
웃다까 라마뿟따가 바라문교 수행자였기 때문에 주석서는 vedagū를 위와 같이 해석했다. 그러나 vedagū는 불교에 받아들여져서 아라한을 뜻하는 말로 쓰이게 된다. 그래서 지혜(veda)의 달인(-gū)으로 옮겼다. 불교적인 의미에 대해서는 본서 제1권 「브라흐마데와 경」(S6:3) {567}의 주해를 참조할 것.

151) "'일체승자(sabba-ji)'라는 것은 전적으로 모든 윤회(sabba-vaṭṭa)를 이기고 승리하여 나는 확고하다고 말하는 것이다."(SA.ii.386)

152) '아직 파내지 못한'은 Be, Se:apalikhataṁ로 읽은 것이다. Ee: palikhataṁ은 apalikhataṁ으로 고쳐져야 한다.
"'아직 파내지 못한 종기의 뿌리(apalikhata gaṇḍa-mūla)'란 아직 파내지 못한 괴로움의 뿌리(dukkha-mūla)라는 말이다."(SA.ii.386)

비구들이여, 그러나 웃다까 라마뿟따는 지혜의 달인이 아니면서도 '나는 지혜의 달인이다.'라고 말하고, 일체승자가 아니면서도 '나는 일체승자다.'라고 말하고, 종기의 뿌리를 파내지 못했으면서도 '나의 종기의 뿌리는 파내어졌다.'라고 말한다."

4. "비구들이여, 여기 바르게 말하는 비구가 그것을 말해야 한다.

'참으로 이것이 지혜의 달인
참으로 이것이 일체승자
참으로 이것이 아직 파내지 못한 종기의 뿌리이니
그는 [이것을] 파내버렸도다.'라고."

5. "비구들이여, 그러면 어떻게 해서 비구는 지혜의 달인인가?

비구들이여, 비구는 여섯 감각접촉의 장소의 일어남과 사라짐과 달콤함과 위험함과 벗어남을 있는 그대로 꿰뚫어 안다.

비구들이여, 이렇게 해서 비구는 지혜의 달인이다."

6. "비구들이여, 그러면 어떻게 해서 비구는 일체승자인가?

비구들이여, 비구는 여섯 감각접촉의 장소의 일어남과 사라짐과 달콤함과 위험함과 벗어남을 있는 그대로 분명하게 안 뒤 취착 없이 해탈한다.

비구들이여, 이렇게 해서 비구는 일체승자이다."

7. 비구들이여, 그러면 어떻게 해서 비구는 아직 파내지 못한 종기의 뿌리를 파내버렸는가?

비구들이여, 여기서 종기라는 것은 이 몸을 두고 한 말이다. 그것은 네 가지 근본물질[四大]로 이루어진 것이며, 부모에게서 생겨났고, 밥과 죽으로 집적되었으며, 무상하고 파괴되고 분쇄되고 해체되고 분해되기 마련이다.153) 비구들이여, 종기의 뿌리라는 것은 갈애를 두고 한 말이다. 비구들이여, 비구의 갈애는 제거되었고 그 뿌리가 잘렸고 [84] 줄기만 남은 야자수처럼 되었고 존재하지 않게 되었고 미래에 다시는 일어나지 않게끔 되었다.

비구들이여, 이렇게 해서 비구는 아직 파내지 못한 종기의 뿌리를 파내버렸다."

8. "비구들이여, 웃다까 라마뿟따는 이렇게 공언을 하였다.

'참으로 이것이 지혜의 달인
참으로 이것이 일체승자
참으로 이것이 아직 파내지 못한 종기의 뿌리이니
그는 [이것을] 파내버렸도다.'

비구들이여, 그러나 웃다까 라마뿟따는 지혜의 달인이 아니면서도 '나는 지혜의 달인이다.'라고 말하고, 일체승자가 아니면서도 '나는 일체승자다.'라고 말하고, 종기의 뿌리를 파내지 못했으면서도 '나의 종기의 뿌리는 파내어졌다.'라고 말한다."

9. "비구들이여, 여기 바르게 말하는 비구가 그것을 말해야 한다.

'참으로 이것이 지혜의 달인

---

153) "여기서 '부모에게서 생겨났고, 밥과 죽으로 집적되었으며'를 통해서는 증장(vaḍḍhi)을 설하셨고, '무상하고 파괴되고 분쇄되고 해체되고 분해되기 마련이다.'를 통해서는 쇠퇴(parihāni)를 설하셨다. 혹은 전자는 일어남(samudaya)을, 후자는 사라짐(atthaṅgama)을 설하셨다. 이와 같이 네 가지 근본물질로 이루어진 몸의 증장과 쇠퇴와 생성과 부서짐(vaḍḍhi-parihāni-nibbatti-bhedā)을 설하셨다."(SA.ii.387)
몸에 대한 이러한 묘사는 본서 「낑수까 나무 비유 경」(S35:245) §9와 「까마부 경」1(S41:5) §4에도 나타나고 있다.

참으로 이것이 일체승자
참으로 이것이 아직 파내지 못한 종기의 뿌리이니
그는 [이것을] 파내버렸도다.'라고."

제10장 여섯 품이 끝났다.

열 번째 품에 포함된 경들의 목록은 다음과 같다.

① 길들이지 않음 ② 말룽꺄뿟따
③ 쇠퇴 ④ 방일하여 머묾 ⑤ 단속
⑥ 삼매 ⑦ 홀로 앉음
두 가지 ⑧~⑨ 그대들 것이 아님 ⑩ 웃다까이다.

두 번째 50개 경들의 묶음이 끝났다.

여기에 포함된 품들의 목록은 다음과 같다.

① 무명 ② 미가잘라 ③ 환자 ④ 찬나
⑤ 여섯 — 이것이 두 번째 50개 경들의 묶음이다.

III. 세 번째 50개 경들의 묶음

Tattiya-paññāsaka

제11장 유가안은을 설하는 자 품

Yogakkhemi-vagga

유가안은을 설하는 자 경(S35:104)

Yogakkhemi-sutta

2. "비구들이여, [85] 그대들에게 유가안은을 설하는 자154)에 대한 법문을 설하리라. … <S35:23 §3> …

---

154) '유가안은을 설하는 자'는 yogakkhemi를 옮긴 것인데 이 단어는 유가안은(瑜伽安隱)으로 옮기고 있는 요가케마(yogakkhema)에다 '～하는 사람'을 뜻하는 '-i(n)'어미를 붙여서 만들어진 술어이다.
초기불전에서 요가케마(yogakkhema)는 아라한됨이나 열반과 동의어로 쓰이는데 주석서는 한결같이 이 단어를 속박(yoga)으로부터 안은함(khema)으로 설명하고 있다. 예를 들면, "속박들로부터 안은하기 때문에 열반을 유가안은이라 한다(yogehi khemattā nibbānaṁ yogakkhemaṁ nāma)."(SA.i.255)라거나, "네 가지 속박들로부터 안은하고 속박되지 않은 것이 유가안은이다. 아라한됨과 동의어이다(catūhi yogehi khemaṁ ananuyuttanti yogakkhemaṁ arahattameva adhippetaṁ)."(MA.i.41)라는 등으로 나타나고 있다.
중국에서는 이 단어를 유가안은(瑜伽安隱)으로 옮겼는데 역자도 이를 채택하였다. 주석서적인 의미는 네 가지 속박으로부터 풀려나 안은함을 뜻한다. 한편 경들은 감각적 욕망(kāma), 존재(bhava), 사견(diṭṭhi), 무명(avijjā)의 네 가지 속박을 들고 있다.(A4:10; D33 §1.11 (32))
그러므로 여기에다 '-i(n)'을 붙여 만들어진 단어인 yogakkhemi의 원의미는 '유가안은을 얻은 자' 즉 속박으로부터 풀려나서 안은함을 얻은 자라는 뜻이다. 그런데 본경의 본문에서 이 술어는 '유가안은을 설하는 자'의 의미로 쓰이고 있어서 이렇게 옮겼다.

3. "비구들이여, 그러면 어떤 것이 유가안은을 설하는 자에 대한 법문인가?

비구들이여, 눈으로 인식되는 형색들이 있으니, 원하고 좋아하고 마음에 들고 사랑스럽고 감각적 욕망을 짝하고 매혹적인 것들이다. 여래는 이것들을 제거하였고 그 뿌리를 잘랐고 줄기만 남은 야자수처럼 만들었고 존재하지 않게 하였고 미래에 다시는 일어나지 않게끔 하였다. 그는 이것들을 버리기 위해서 수행을 [해야 한다고] 설하였다.155) 그래서 여래는 유가안은을 설하는 자라 불린다.

비구들이여, 귀로 인식되는 소리들이 있으니, …

비구들이여, 코로 인식되는 냄새들이 있으니, …

비구들이여, 혀로 인식되는 맛들이 있으니, …

---

155) '이것들을 버리기 위해서 수행을 [해야 한다고] 설하였다.'는 tesañ ca pahānāya akkhāsi yogaṁ를 옮긴 것이다. yogakkhema의 yoga는 속박을 뜻하였지만 여기서 yoga는 수행을 뜻한다. 예를 들면 『앙굿따라 니까야』 「삼매 경」 2(A4:93) §2에서는 "adhipaññā-dhamma-vipassanāya yogo karaṇīyo(위빳사나의 높은 통찰지를 얻기 위해서 수행(yoga)을 해야 한다.)"로 나타나고 있다. yoga가 가지는 동음이의(*pun*)를 사용하여 유가안은을 설명하고 있다.

사실 베다의 의미로 보면 yoga-kṣema(yogakkhema의 Sk.)는 획득(yoga)과 보존(kṣema)이라는 의미며, 이것은 삶의 목표이자 행복을 뜻하는 술어로 『리그베다』에서부터 쓰이고 있다. 그리고 유가안은(Sk. yogakṣema)의 개념은 까우띨랴(Kautilya)의 정치학 논서인 『아르타샤스뜨라』(Arthaśāstra, 富論)에서 왕도정치의 이념으로 표방되었다. 여기에 대해서는 각묵 스님, "Develpment of the Vedic Concept of Yogakśema" 『현대와 종교』 20집 1호, 대구, 1997을 참조할 것.

주석서는 이렇게 설명하고 있다.

"'수행을 설하였다(akkhāsi yogaṁ).'는 것은 적절한 것(yutti)을 설했다는 뜻이다. 그런데 [수행을] 설했기 때문(akkhātattā)에 [유가안은을 설하는 자]인가, 아니면 [속박들을] 버렸기 때문(pahīnattā)인가? 버렸기 때문이다. 설함에 의해서 유가안은을 설하는 자(yogakkhemi)가 되는 것이 결코 아니기 때문이다."(SA.ii.387)

비구들이여, 몸으로 인식되는 감촉들이 있으니, …

비구들이여, 마노로 인식되는 법들이 있으니, 원하고 좋아하고 마음에 들고 사랑스럽고 감각적 욕망을 짝하고 매혹적인 것들이다. 여래는 이것들을 제거하였고 그 뿌리를 잘랐고 줄기만 남은 야자수처럼 만들었고 존재하지 않게 하였고 미래에 다시는 일어나지 않게끔 하였다. 그는 이것들을 버리기 위해서 수행을 [해야 한다고] 설하였다. 그래서 여래는 유가안은을 설하는 자라 불린다.

비구들이여, 이것이 유가안은을 설하는 자에 대한 법문이다."

취착 경(S35:105)

Upādāya-sutta

3. "비구들이여, 무엇이 있을 때, 그리고 무엇을 취착하여 내적인 즐거움과 괴로움이 일어나는가?"156)

"세존이시여, 저희들의 법은 세존을 근원으로 하며, 세존을 길잡이로 하며, 세존을 귀의처로 합니다. 세존이시여, 세존께서 방금 말씀하신 이 뜻을 [친히] 밝혀주신다면 참으로 감사하겠습니다. 세존으로부터 듣고 비구들은 그것을 잘 호지할 것입니다."

"비구들이여, 그렇다면 이제 들어라. 듣고 마음에 잘 새겨라. 나는 설할 것이다."

"그렇게 하겠습니다, 세존이시여."라고 비구들은 세존께 응답했다.

4. "비구들이여, 눈이 있을 때, 그리고 눈을 취착하여 내적인 즐거움과 괴로움이 일어난다. 귀가 … 코가 … 혀가 … 몸이 … 마노가

---

156) "'무엇을 취착하여(kiṁ upādāya)'는 '무엇을 조건으로 하여(kiṁ paṭicca)'라는 뜻이다."(SA.ii.335)
이 문장은 본서 제3권 「내적인 것 경」(S22:150) §3에도 나타나고 있다.

있을 때, 그리고 마노를 취착하여 내적인 즐거움과 괴로움이 일어난다."

5. "비구들이여, 이를 어떻게 생각하는가? 눈은 항상한가, 무상한가?"

"무상합니다, 세존이시여."

"그러면 무상한 것은 괴로움인가, 즐거움인가?"

"괴로움입니다, 세존이시여."

"그러면 무상하고 괴로움이고 변하기 마련인 것을 취착하지 않는데도 내적인 즐거움과 괴로움이 일어나겠는가?"

"그렇지 않습니다, 세존이시여."

"비구들이여, 이를 어떻게 생각하는가? 귀는 … 코는 … 혀는 [86] … 몸은 … 마노는 항상한가, 무상한가?"

"무상합니다, 세존이시여."

"그러면 무상한 것은 괴로움인가, 즐거움인가?"

"괴로움입니다, 세존이시여."

"그러면 무상하고 괴로움이고 변하기 마련인 것을 취착하지 않는데도 내적인 즐거움과 괴로움이 일어나겠는가?"

"그렇지 않습니다, 세존이시여."

6. "비구들이여, 이렇게 보는 잘 배운 성스러운 제자는 눈에 대해서도 염오하고, 귀에 대해서도 염오하고, 코에 대해서도 염오하고, 혀에 대해서도 염오하고, 몸에 대해서도 염오하고, 마노에 대해서도 염오한다."

7. "염오하면서 탐욕이 빛바래고, 탐욕이 빛바래므로 해탈한다. 해탈하면 해탈했다는 지혜가 있다. '태어남은 다했다. 청정범행은 성취되었다. 할 일을 다 해 마쳤다. 다시는 어떤 존재로도 돌아오지 않

을 것이다.'라고 꿰뚫어 안다."

괴로움 경(S35:106)[157)]

Dukkha-sutta

2. "비구들이여, 괴로움의 일어남과 사라짐[158)]에 대해서 설하리라. … <S35:23 §3> …

3. "비구들이여, 그러면 무엇이 괴로움의 일어남인가?

눈과 형색을 조건으로 눈의 알음알이가 일어난다. 이 셋의 화합이 감각접촉이다. 감각접촉을 조건으로 느낌이, 느낌을 조건으로 갈애가 있다.

비구들이여, 이것이 괴로움의 일어남이다.

귀와 소리를 조건으로 … 코와 냄새를 조건으로 … 혀와 맛을 조건으로 … 몸과 감촉을 조건으로 … 마노와 법을 조건으로 마노의 알음알이가 일어난다. 이 셋의 화합이 감각접촉이다. 감각접촉을 조건으로 느낌이, 느낌을 조건으로 갈애가 있다.

---

157) 본경은 본서 제2권 「괴로움 경」(S12:43)과 동일함.

158) "여기서 '괴로움(dukkha)'은 윤회의 괴로움(vaṭṭa-dukkha)을 말한다. '일어남(samudaya)'이란 찰나적인 일어남(khaṇika-samudaya)과 조건의 일어남(paccaya-samudaya)이다. 조건의 일어남을 보는 비구는 찰나적인 일어남도 보고, 찰나적인 일어남을 보면 조건의 일어남도 본다. '사라짐(atthaṅgama)'도 완전히 사라짐(accant-atthaṅgama)과 무너져서 사라짐(bhed-atthaṅgama)의 두 가지이다. 이 경우에도 전자를 보는 자는 후자를 보고 후자를 보는 자는 전자를 본다."(SA.ii.74)
한편 복주서는 이렇게 덧붙이고 있다.
"여기서 완전히 사라짐(accant-atthaṅgama)이란 다시 일어나지 않음(apa-vatti), 소멸(nirodha), 열반(nibbāna)을 뜻하고, 무너져서 사라짐(bhed-atthaṅgama)은 형성된 것들의 찰나적인 소멸(khaṇika-nirodha)을 뜻한다."(SAṬ.ii.74)

비구들이여, 이것이 괴로움의 일어남이다."

4. "비구들이여, 그러면 무엇이 괴로움의 사라짐인가?
눈과 형색을 조건으로 눈의 알음알이가 일어난다. 이 셋의 화합이 감각접촉이다. 감각접촉을 조건으로 느낌이, 느낌을 조건으로 갈애가 있다. 이러한 갈애가 남김없이 빛바래어 소멸하기 때문에 취착이 소멸하고, 취착이 소멸하기 때문에 존재가 소멸하고, 존재가 소멸하기 때문에 태어남이 소멸하고, 태어남이 소멸하기 때문에 늙음·죽음과 근심·탄식·육체적 고통·정신적 고통·절망이 소멸한다. 이와 같이 전체 괴로움의 무더기[苦蘊]가 소멸한다.

비구들이여, 이것이 괴로움의 사라짐이다.

귀와 소리를 조건으로 … 코와 냄새를 조건으로 … 혀와 맛을 조건으로 … 몸과 감촉을 조건으로 … [87] 마노와 법을 조건으로 마노의 알음알이가 일어난다. 이 셋의 화합이 감각접촉이다. 감각접촉을 조건으로 느낌이, 느낌을 조건으로 갈애가 있다. 이러한 갈애가 남김없이 빛바래어 소멸하기 때문에 취착이 소멸하고, 취착이 소멸하기 때문에 존재가 소멸하고, 존재가 소멸하기 때문에 태어남이 소멸하고, 태어남이 소멸하기 때문에 늙음·죽음과 근심·탄식·육체적 고통·정신적 고통·절망이 소멸한다. 이와 같이 전체 괴로움의 무더기[苦蘊]가 소멸한다.

비구들이여, 이것이 괴로움의 사라짐이다."

세상 경(S35:107)[159]

Loka-sutta

---

159) 본경은 본서 제2권 「세상 경」(S12:44)과 동일함.

2. "비구들이여, 세상[160]의 일어남과 사라짐에 대해서 설하리라. … <S35:23 §3> …

3. "비구들이여, 그러면 무엇이 세상의 일어남인가?

눈과 형색을 조건으로 눈의 알음알이가 일어난다. 이 셋의 화합이 감각접촉이다. 감각접촉을 조건으로 느낌이, 느낌을 조건으로 갈애가, 갈애를 조건으로 취착이, 취착을 조건으로 존재가, 존재를 조건으로 태어남이, 태어남을 조건으로 늙음·죽음과 근심·탄식·육체적 고통·정신적 고통·절망이 생긴다.

비구들이여, 이것이 세상의 일어남이다.

귀와 소리를 조건으로 … 코와 냄새를 조건으로 … 혀와 맛을 조건으로 … 몸과 감촉을 조건으로 … 마노와 법을 조건으로 마노의 알음알이가 일어난다. 이 셋의 화합이 감각접촉이다. 감각접촉을 조건으로 느낌이, 느낌을 조건으로 갈애가, 갈애를 조건으로 취착이, 취착을 조건으로 존재가, 존재를 조건으로 태어남이, 태어남을 조건으로 늙음·죽음과 근심·탄식·육체적 고통·정신적 고통·절망이 생긴다.

비구들이여, 이것이 세상의 일어남이다."

4. "비구들이여, 그러면 무엇이 세상의 사라짐인가?"

눈과 형색을 조건으로 눈의 알음알이가 일어난다. 이 셋의 화합이 감각접촉이다. 감각접촉을 조건으로 느낌이, 느낌을 조건으로 갈애

---

160) "여기서 '세상(loka)'이란 형성된 것으로서의 세상(saṅkhāra-loka)이다." (SA.ii.74)
초기불전에 나타나는 세상(loka)의 3가지 의미에 대해서는 본서 제1권 「로히땃사 경」(S2:26) §2의 주해를 참조할 것.

가 있다. 이러한 갈애가 남김없이 빛바래어 소멸하기 때문에 취착이 소멸하고, 취착이 소멸하기 때문에 존재가 소멸하고, 존재가 소멸하기 때문에 태어남이 소멸하고, 태어남이 소멸하기 때문에 늙음·죽음과 근심·탄식·육체적 고통·정신적 고통·절망이 소멸한다. 이와 같이 전체 괴로움의 무더기[苦蘊]가 소멸한다.

비구들이여, 이것이 세상의 사라짐이다.

귀와 소리를 조건으로 … 코와 냄새를 조건으로 … 혀와 맛을 조건으로 … 몸과 감촉을 조건으로 … 마노와 법을 조건으로 마노의 알음알이가 일어난다. 이 셋의 화합이 감각접촉이다. 감각접촉을 조건으로 느낌이, 느낌을 조건으로 갈애가 있다. 이러한 갈애가 남김없이 빛바래어 소멸하기 때문에 취착이 소멸하고, 취착이 소멸하기 때문에 존재가 소멸하고, 존재가 소멸하기 때문에 태어남이 소멸하고, 태어남이 소멸하기 때문에 늙음·죽음과 근심·탄식·육체적 고통·정신적 고통·절망이 소멸한다. 이와 같이 전체 괴로움의 무더기[苦蘊]가 소멸한다.

비구들이여, 이것이 세상의 사라짐이다."

뛰어남 경(S35:108)

Seyya-sutta

3. "비구들이여, [88] 무엇이 있을 때, 그리고 무엇을 취착하고 무엇을 천착하여 '나는 뛰어나다.'라거나, '나는 동등하다.'라거나, '나는 저열하다.'라는 것이 있는가?"161)

"세존이시여, 저희들의 법은 세존을 근원으로 하며, …"

---

161) 이것은 세 가지 자만(māna)으로 불린다. 세 가지와 9가지 자만에 대해서는 본서 제1권 「사밋디 경」(S1:20) §11의 주해를 참조할 것.

4. "비구들이여, 눈이 있을 때, 그리고 눈을 취착하여 '나는 뛰어나다.'라거나, '나는 동등하다.'라거나, '나는 저열하다.'라는 것이 있다. 귀가 … 코가 … 혀가 … 몸이 … 마노가 있을 때, 그리고 마노를 취착하여 '나는 뛰어나다.'라거나, '나는 동등하다.'라거나, '나는 저열하다.'라는 것이 있다."

5. "비구들이여, 이를 어떻게 생각하는가? 눈은 항상한가, 무상한가?"

"무상합니다, 세존이시여."

"그러면 무상한 것은 괴로움인가, 즐거움인가?"

"괴로움입니다, 세존이시여."

"그러면 무상하고 괴로움이고 변하기 마련인 것을 취착하지 않는데도 '나는 뛰어나다.'라거나, '나는 동등하다.'라거나, '나는 저열하다.'라는 것이 있겠는가?"

"그렇지 않습니다, 세존이시여."

"비구들이여, 이를 어떻게 생각하는가? 귀는 … 코는 … 혀는 … 몸은 … 마노는 항상한가, 무상한가?"

"무상합니다, 세존이시여."

"그러면 무상한 것은 괴로움인가, 즐거움인가?"

"괴로움입니다, 세존이시여."

"그러면 무상하고 괴로움이고 변하기 마련인 것을 취착하지 않는데도 '나는 뛰어나다.'라거나, '나는 동등하다.'라거나, '나는 저열하다.'라는 것이 있겠는가?"

"그렇지 않습니다, 세존이시여."

6. "비구들이여, 이렇게 보는 잘 배운 성스러운 제자는 눈에 대해서도 염오하고, 귀에 대해서도 염오하고, 코에 대해서도 염오하고, 혀에 대해서도 염오하고, 몸에 대해서도 염오하고, 마노에 대해서도 염오한다.

염오하면서 탐욕이 빛바래고, 탐욕이 빛바래므로 해탈한다. 해탈하면 해탈했다는 지혜가 있다. '태어남은 다했다. 청정범행은 성취되었다. 할 일을 다 해 마쳤다. 다시는 어떤 존재로도 돌아오지 않을 것이다.'라고 꿰뚫어 안다."

족쇄 경(S35:109)[162)]

Saṁyojana-sutta

2. "비구들이여, [89] 족쇄에 묶이게 될 법들과 족쇄에 대해서 설하리라. … <S35:23 §3> …

3. "비구들이여, 그러면 무엇이 족쇄에 묶이게 될 법들과 족쇄인가?

비구들이여, 눈은 족쇄에 묶이게 될 법이고 그것에 대한 욕탐은 거기에 있는 족쇄이다. 귀는 … 코는 … 혀는 … 몸은 … 마노는 족쇄에 묶이게 될 법이고 그것에 대한 욕탐은 거기에 있는 족쇄이다.

비구들이여, 이를 일러 족쇄에 묶이게 될 법들이라 하고 이것에 대한 [욕탐이] 거기에 있는 족쇄이다."

---

162) 본경과 다음 경은 본서 제3권 「족쇄 경」(S22:120)과 「취착 경」(S22:121)과 같은 방법으로 설해졌다.

취착 경(S35:110)

Upādāna-sutta

2. "비구들이여, 취착하게 될 법들과 취착에 대해서 설하리라. … <S35:23 §3> …

3. "비구들이여, 그러면 무엇이 취착하게 될 법들과 취착인가?

비구들이여, 눈은 취착하게 될 법이고 그것에 대한 욕탐은 거기에 있는 취착이다. 귀는 … 코는 … 혀는 … 몸은 … 마노는 취착하게 될 법이고 그것에 대한 욕탐은 거기에 있는 취착이다.

비구들이여, 이를 일러 취착하게 될 법들이라 하고 이것에 대한 [욕탐]이 거기에 있는 취착이다."

철저하게 앎 경1(S35:111)[163]

Parijānana-sutta

3. "비구들이여, 눈을 최상의 지혜로 알지 못하고 철저하게 알지 못하고 탐욕이 빛바래지 못하고 버리지 못하면 괴로움을 멸진할 수 없다. 귀를 … 코를 … 혀를 … 몸을 … 마노를 최상의 지혜로 알지 못하고 철저하게 알지 못하고 탐욕이 빛바래지 못하고 버리지 못하면 괴로움을 멸진할 수 없다."

4. "비구들이여, 눈을 최상의 지혜로 알고 철저하게 알고 탐욕이 빛바래고 버리면 괴로움을 멸진할 수 있다. 귀를 … 코를 … 혀를 … 몸을 … 마노를 최상의 지혜로 알고 철저하게 알고 탐욕이 빛바래고 버리면 괴로움을 멸진할 수 있다."

---

163) 본경과 다음 경은 본서 「철저하게 앎 경」1(S35:26)과 비슷하다.

철저하게 앎 경2(S35:112)

3. "비구들이여, [90] 형색을 최상의 지혜로 알지 못하고 철저하게 알지 못하고 탐욕이 빛바래지 못하고 버리지 못하면 괴로움을 멸진할 수 없다. 소리를 … 냄새를 … 맛을 … 감촉을 … 법을 최상의 지혜로 알지 못하고 철저하게 알지 못하고 탐욕이 빛바래지 못하고 버리지 못하면 괴로움을 멸진할 수 없다."

4. "비구들이여, 형색을 최상의 지혜로 알고 철저하게 알고 탐욕이 빛바래고 버리면 괴로움을 멸진할 수 있다. 소리를 … 냄새를 … 맛을 … 감촉을 … 법을 최상의 지혜로 알고 철저하게 알고 탐욕이 빛바래고 버리면 괴로움을 멸진할 수 있다."

유심히 들음 경(S35:113)[164]

Upassuti-sutta

1. 이와 같이 나는 들었다. 한때 세존께서는 냐띠까에서 벽돌집에 머무셨다.

2. 그때 세존께서는 한적한 곳에 가서 홀로 앉아 이런 법문을 읊으셨다.

3. "눈과 형색을 조건으로 눈의 알음알이가 일어난다. 이 셋의 화합이 감각접촉이다. 감각접촉을 조건으로 느낌이, 느낌을 조건으로 갈애가, 갈애를 조건으로 취착이, 취착을 조건으로 존재가, 존재를 조건으로 태어남이, 태어남을 조건으로 늙음·죽음과 근심·탄

---

164) 본경은 본서 제2권 「냐띠까 경」(S12:45)과 동일하다.

식·육체적 고통·정신적 고통·절망이 생긴다.

이와 같이 전체 괴로움의 무더기[苦蘊]가 발생한다.

귀와 소리를 조건으로 … 코와 냄새를 조건으로 … 혀와 맛을 조건으로 … 몸과 감촉을 조건으로 … 마노와 법을 조건으로 마노의 알음알이가 일어난다. 이 셋의 화합이 감각접촉이다. 감각접촉을 조건으로 느낌이, 느낌을 조건으로 갈애가, 갈애를 조건으로 취착이, 취착을 조건으로 존재가, 존재를 조건으로 태어남이, 태어남을 조건으로 늙음·죽음과 근심·탄식·육체적 고통·정신적 고통·절망이 생긴다.

이와 같이 전체 괴로움의 무더기[苦蘊]가 발생한다."

4. "눈과 형색을 조건으로 눈의 알음알이가 일어난다. 이 셋의 화합이 감각접촉이다. 감각접촉을 조건으로 느낌이, 느낌을 조건으로 갈애가 있다. 이러한 갈애가 남김없이 빛바래어 소멸하기 때문에 취착이 소멸하고, 취착이 소멸하기 때문에 존재가 소멸하고, 존재가 소멸하기 때문에 태어남이 소멸하고, 태어남이 소멸하기 때문에 늙음·죽음과 근심·탄식·육체적 고통·정신적 고통·절망이 소멸한다.

이와 같이 전체 괴로움의 무더기[苦蘊]가 소멸한다.

귀와 소리를 조건으로 … 코와 냄새를 조건으로 … 혀와 맛을 조건으로 … 몸과 감촉을 조건으로 … 마노와 법을 조건으로 마노의 알음알이가 일어난다. 이 셋의 화합이 감각접촉이다. 감각접촉을 조건으로 느낌이, 느낌을 조건으로 갈애가 있다. 이러한 갈애가 남김없이 빛바래어 소멸하기 때문에 취착이 소멸하고, 취착이 소멸하기 때문에 존재가 소멸하고, 존재가 소멸하기 때문에 태어남이 소멸하고, 태어남이 소멸하기 때문에 늙음·죽음과 근심·탄식·육체적 고통·정신적 고통·절망이 소멸한다.
이와 같이 전체 괴로움의 무더기[苦蘊]가 소멸한다."

5. 그 무렵 [91] 어떤 비구가 세존의 [말씀을] 유심히 들으며 서 있었다. 세존께서는 그 비구가 유심히 들으며 서 있는 것을 보셨다. 세존께서는 그 비구에게 이렇게 말씀하셨다.

"비구여, 그대는 이 법문을 들었는가?"

"그러하옵니다, 세존이시여."

"비구여, 그대는 이 법문을 섭수하라. 비구여, 그대는 이 법문을 배우라. 비구여, 이 법문은 이익을 가져다주며 청정범행의 시작이니라."

제11장 유가안은을 설하는 자 품이 끝났다.

열한 번째 품에 포함된 경들의 목록은 다음과 같다.

① 유가안은을 설하는 자 ② 취착
③ 괴로움 ④ 세상 ⑤ 뛰어남
⑥ 족쇄 ⑦ 취착, 두 가지 ⑧~⑨ 철저하게 앎
⑩ 유심히 들음이다.

제12장 세상과 감각적 욕망의 가닥 품

Lokakāmaguṇa-vagga

마라의 덫 경1(S35:114)

Mārapāsa-sutta

3. "비구들이여, 눈으로 인식되는 형색들이 있으니, 원하고 좋아하고 마음에 들고 사랑스럽고 감각적 욕망을 짝하고 매혹적인 것들이다. 만일 비구가 그것을 즐기고 환영하고 묶여 있으면 이를 일러 비구는 마라의 소굴로 들어갔다, 마라의 지배를 받는다, 마라의 덫에 걸렸다[165]고 한다. 그는 마라의 속박에 묶여버려 마라 빠삐만이 원하는 대로 하게 된다.

비구들이여, 귀로 인식되는 소리들이 있으니, …

비구들이여, 코로 인식되는 냄새들이 있으니, …

비구들이여, 혀로 인식되는 맛들이 있으니, …

비구들이여, 몸으로 인식되는 감촉들이 있으니, …

비구들이여, 마노로 인식되는 법들이 있으니, 원하고 좋아하고 마음에 들고 사랑스럽고 감각적 욕망을 짝하고 매혹적인 것들이다. 만일 비구가 그것을 즐기고 환영하고 묶여 있으면 이를 일러 비구는 마라의 소굴로 들어갔다, 마라의 지배를 받는다, 마라의 덫에 걸렸다고 한다. [92] 그는 마라의 속박에 묶여버려 마라 빠삐만이 원하는 대로 하게 된다."

---

165) "'마라의 덫에 걸렸다(paṭimukk' assa mārapāso).'는 것은 그의 목(gīvā)에 마라의 덫이 걸렸다, 묶였다(pavesita)는 말이다."(SA.ii.388)

4. "비구들이여, 눈으로 인식되는 형색들이 있으니, 원하고 좋아하고 마음에 들고 사랑스럽고 감각적 욕망을 짝하고 매혹적인 것들이다. 만일 비구가 그것을 즐기지 않고 환영하지 않고 묶여 있지 않으면 이를 일러 비구는 마라의 소굴로 들어가지 않았다, 마라의 지배를 받지 않는다, 마라의 덫에 걸리지 않았다고 한다. 그는 마라의 속박에서 풀려나 마라 빠삐만이 원하는 대로 하지 않게 된다.

비구들이여, 귀로 인식되는 소리들이 있으니, …

비구들이여, 코로 인식되는 냄새들이 있으니, …

비구들이여, 혀로 인식되는 맛들이 있으니, …

비구들이여, 몸으로 인식되는 감촉들이 있으니, …

비구들이여, 마노로 인식되는 법들이 있으니, 원하고 좋아하고 마음에 들고 사랑스럽고 감각적 욕망을 짝하고 매혹적인 것들이다. 만일 비구가 그것을 즐기지 않고 환영하지 않고 묶여 있지 않으면 이를 일러 비구는 마라의 소굴로 들어가지 않았다, 마라의 지배를 받지 않는다, 마라의 덫에 걸리지 않았다고 한다. 그는 마라의 속박에서 풀려나 마라 빠삐만이 원하는 대로 하지 않게 된다."

마라의 덫 경2(S35:115)

3. "비구들이여, 눈으로 인식되는 형색들이 있으니, 원하고 좋아하고 마음에 들고 사랑스럽고 감각적 욕망을 짝하고 매혹적인 것들이다. 만일 비구가 그것을 즐기고 환영하고 묶여 있으면 이를 일러 비구는 마라의 소굴로 들어갔다, 마라의 지배를 받는다고 한다. 그는 [마라의 속박에 묶여버려] 마라 빠삐만이 원하는 대로 하게 된다.[166]

---

166) 본경은 앞의 「마라의 덫 경」1(S35:114)의 "마라의 소굴로 들어갔다, 마라

비구들이여, 귀로 인식되는 소리들이 있으니, …
비구들이여, 코로 인식되는 냄새들이 있으니, …
비구들이여, 혀로 인식되는 맛들이 있으니, …
비구들이여, 몸으로 인식되는 감촉들이 있으니, …
비구들이여, 마노로 인식되는 법들이 있으니, 원하고 좋아하고 마음에 들고 사랑스럽고 감각적 욕망을 짝하고 매혹적인 것들이다. 만일 비구가 그것을 즐기고 환영하고 묶여 있으면 이를 일러 비구는 마라의 소굴로 들어갔다, 마라의 지배를 받는다고 한다. 그는 [마라의 속박에 묶여버려] 마라 빠삐만이 원하는 대로 하게 된다."

4. "비구들이여, 눈으로 인식되는 형색들이 있으니, 원하고 좋아하고 마음에 들고 사랑스럽고 감각적 욕망을 짝하고 매혹적인 것들이다. [93] 만일 비구가 그것을 즐기지 않고 환영하지 않고 묶여 있지 않으면 이를 일러 비구는 마라의 소굴로 들어가지 않았다, 마라의 지배를 받지 않는다고 한다. 그는 [마라의 속박에서 풀려나] 마라 빠삐만이 원하는 대로 하지 않게 된다.
비구들이여, 귀로 인식되는 소리들이 있으니, …
비구들이여, 코로 인식되는 냄새들이 있으니, …
비구들이여, 혀로 인식되는 맛들이 있으니, …
비구들이여, 몸으로 인식되는 감촉들이 있으니, …
비구들이여, 마노로 인식되는 법들이 있으니, 원하고 좋아하고 마음에 들고 사랑스럽고 감각적 욕망을 짝하고 매혹적인 것들이다. 만

의 지배를 받는다, 마라의 덫에 걸렸다고 한다. 그는 마라의 속박에 묶여버려 마라 빠삐만이 원하는 대로 하게 된다." 대신에 이렇게 나타나는 것이 다르다. [ ] 안은 Be에만 나타나고 있다. 아래 문단에서 반대로 나타나는 것도 이와 같다.

일 비구가 그것을 즐기지고 않고 환영하지 않고 묶여 있지 않으면 이를 일러 비구는 마라의 소굴로 들어가지 않았다, 마라의 지배를 받지 않는다고 한다. 그는 [마라의 속박에서 풀려나] 마라 빠삐만이 원하는 대로 하지 않게 된다."

세상의 끝에 도달함 경(S35:116)[167]

Lokantagamana-sutta

3. "비구들이여, 나는 세상의 끝을 발로 걸어가서 알고 보고 도달할 수 있다고 말하지 않는다. 비구들이여, 그러나 나는 세상의 끝에 도달하지 않고서는 괴로움을 끝낸다고 말하지도 않는다."[168]

이렇게 말씀하신 뒤 세존께서는 자리에서 일어나서 거처로 들어가셨다.[169]

4. 세존께서 들어가신지 오래지 않아서 비구들에게 이런 [의논

---

167) Ee의 경제목은 '세상과 감각적 욕망1(Lokakāmaguṇa)'인데 본경의 내용과 합치하지 않는다. Be와 Se에는 Lokantagamana-sutta로 나타나는데 본경의 내용과 합치하므로 이를 경제목으로 택했다.

168) 이 문단은 본서 제1권 「로히땃사 경」(S2:26)(=『앙굿따라 니까야』「로히땃사 경」1(A4:45/ii.47~49) §4)에도 나타나는데 「로히땃사 경」의 핵심 내용이다. 이런 측면에서 볼 때 본경은 「로히땃사 경」(S2:26)의 주석이라고 할 수 있다.

169) 주석서에 의하면 세존께서는 '내가 거처로 들어가고 나면 비구들은 이 개요(uddesa)를 아난다에게 질문할 것이다. 그러면 그는 나의 일체지지에 맞게 그들에게 설명할 것이다. 그러면 비구들은 아난다를 높이 평가할 것이고 그것은 오랜 세월 그들의 이익(hita)과 행복(sukha)이 될 것이다.'라고 아셨기 때문에 자리에서 일어나 거처로 들어가셨다고 설명하고 있다.(SA.ii.388) 세존께서 개요만을 설하시고 직계제자들이 그것을 설명하는 형식의 경으로는 『맛지마 니까야』「꿀 덩어리 경」(M18/i.110~111)과 「개요 분석 경」(M138/iii.223~225)과 『앙굿따라 니까야』「비법 경」3(A10:115) 등을 들 수 있다.

이] 생겼다.

"도반들이여, 세존께서는 우리에게 '비구들이여, 나는 세상의 끝을 발로 걸어가서 알고 보고 도달할 수 있다고 말하지 않는다. 비구들이여, 그러나 나는 세상의 끝에 도달하지 않고서는 괴로움을 끝낸다고 말하지도 않는다.'라고 간략하게 개요만 말씀하시고 상세하게 그 뜻을 분석해 주시지 않고 자리에서 일어나 거처로 들어가셨습니다. 세존께서 이처럼 간략하게 개요만 말씀하시고 상세하게 뜻을 분석해 주시지 않았는데, 누가 참으로 그 뜻을 상세하게 분석해줄 수 있겠습니까?"

5. 그러자 [다시] 비구들에게 이런 [의논이] 생겼다.

"아난다 존자는 스승께서 칭찬하셨고, 지혜로운 동료 수행자들이 존중합니다. 세존께서 간략하게 개요만 말씀하시고 상세하게 뜻을 분석해 주지 않으신 것을 아난다 존자가 참으로 상세하게 그 뜻을 분석해줄 수 있을 것입니다. 이제 우리는 아난다 존자에게 다가가서 이 뜻을 질문합시다. 그래서 아난다 존자가 우리에게 설명해 주는 대로 그렇게 호지합시다."

6. 그때 비구들은 아난다 존자에게 다가갔다. 가서는 아난다 존자와 함께 환담을 나누었다. 유쾌하고 기억할 만한 이야기로 서로 담소를 하고서 한 곁에 앉았다. 한 곁에 앉은 비구들은 [94] 아난다 존자에게 이렇게 말했다.

7. "도반 아난다여, 세존께서는 '비구들이여, 나는 세상의 끝을 발로 걸어가서 알고 보고 도달할 수 있다고 말하지 않는다. 비구들이여, 그러나 나는 세상의 끝에 도달하지 않고서는 괴로움을 끝낸다고 말하지도 않는다.'라고 간략하게 개요만 말씀하시고 상세하게 그 뜻

을 분석해 주시지 않고 자리에서 일어나 거처로 들어가셨습니다.

세존께서 들어가신지 오래지 않아서 우리에게 이런 [의논이] 생겼습니다. '도반들이여, 세존께서는 우리에게 '비구들이여, 나는 세상의 끝을 발로 걸어가서 알고 보고 도달할 수 있다고 말하지 않는다. 비구들이여, 그러나 나는 세상의 끝에 도달하지 않고서는 괴로움을 끝낸다고 말하지도 않는다.'라고 간략하게 개요만 말씀하시고 상세하게 그 뜻을 분석해 주시지 않고 자리에서 일어나 거처로 들어가셨습니다. 세존께서 이처럼 간략하게 개요만 말씀하시고 상세하게 뜻을 분석해 주시지 않았는데 누가 참으로 상세하게 그 뜻을 분석해줄 수 있겠습니까?

그러자 [다시] 우리들에게 이런 [의논이] 생겼습니다. '아난다 존자는 스승께서 칭찬하셨고, 지혜로운 동료 수행자들이 존중합니다. 세존께서 간략하게 개요만 말씀하시고 상세하게 뜻을 분석해 주지 않으신 것을 아난다 존자가 참으로 상세하게 그 뜻을 분석해줄 수 있습니다. 이제 우리는 아난다 존자에게 다가가서 이 뜻을 질문합시다. 그래서 아난다 존자가 우리에게 설명해 주는 대로 그렇게 호지합시다.'라고. 그러니 아난다 존자는 우리에게 분석을 해 주십시오."

8. "도반들이여, 예를 들면 속재목이 필요하고 속재목을 찾는 사람이 속재목을 탐색하여 돌아다니다가, 속재목을 가지고 튼튼하게 서 있는 큰 나무의 뿌리와 줄기를 제쳐놓고는 잔가지와 잎사귀에서 속재목을 찾아야겠다고 생각한다고 합시다. 지금 도반들에게도 이런 일이 벌어졌습니다. 스승께서 면전에 계셨음에도 불구하고 그분 세존을 제쳐놓고 제게 이 뜻을 물어야겠다고 생각하고 있습니다. 도반들이여, 참으로 그분 세존께서는 알아야 할 것을 아시고, 보아야 할 것을 보는 분이시며, 우리의 눈이 되시고, 지혜가 되시고, 법이 되시

고, 으뜸이 되시며, [사성제를] 말씀하는 분이시고, [오래 진리를 꿰뚫으시면서] 선언하는 분이시고, 뜻을 밝히는 분이시고, 불사(不死)를 주는 분이시며, 법의 주인이시며, 여래이십니다. 그러므로 그대들은 그때 바로 세존께 다가가서 이 뜻을 여쭈었어야 했습니다. 그때가 바른 시기였습니다. [95] 그래서 세존께서 그대들에게 설명해 주신 대로 잘 호지했어야 했습니다."

9. "도반 아난다여, 참으로 그분 세존께서는 알아야 할 것을 아시고, 보아야 할 것을 보시는 분이며, 우리의 눈이 되시고, 지혜가 되시고, 법이 되시고, 으뜸이 되시며, [사성제를] 말씀하는 분이시고, [오래 진리를 꿰뚫으시면서] 선언하는 분이시고, 뜻을 밝히는 분이시고, 불사(不死)를 주는 분이시며, 법의 주인이시며, 여래이십니다. 그러므로 우리가 그때 바로 세존께 다가가서 이 뜻을 여쭈었어야 했습니다. 그때가 바른 시기였습니다. 그래서 세존께서 우리들에게 설명해 주신 대로 잘 호지했어야 했습니다.

그렇지만 아난다 존자는 스승께서 칭찬하셨고, 지혜로운 동료 수행자들이 존중합니다. 세존께서 간략하게 개요만 말씀하시고 상세하게 뜻을 분석해 주지 않으신 것을, 아난다 존자는 참으로 상세하게 그 뜻을 분석해줄 수 있을 것입니다. 그러니 아난다 존자는 귀찮다 여기지 마시고 우리에게 분석해 주십시오."

10. "도반들이여, 그렇다면 이제 그것을 들으십시오. 듣고 마음에 잘 새기십시오. 나는 설할 것입니다."

"그렇게 하겠습니다, 도반이여."라고 비구들은 아난다 존자에게 응답했다.

11. 아난다 존자는 이렇게 말했다.

"도반들이여, 세존께서는 '비구들이여, 나는 세상의 끝을 발로 걸어가서 알고 보고 도달할 수 있다고 말하지 않는다. 비구들이여, 그러나 나는 세상의 끝에 도달하지 않고서는 괴로움을 끝낸다고 말하지도 않는다.'라고 간략하게 개요만 말씀하시고 상세하게 그 뜻을 분석해 주시지 않고 자리에서 일어나 거처로 들어가셨습니다.

도반들이여, 세존께서 간략하게 개요만 말씀하시고 상세하게 그 뜻을 분석해 주시지 않은 것을 저는 이렇게 이해합니다."

12. "도반들이여, 이 세상에서 세상을 인식하는 자와 세상을 지각하는 자는 그 어떤 것을 통해서 [인식하고 지각]하는데, 그것을 두고 성자의 율에서는 세상이라 말합니다.170)

도반들이여, 그러면 어떤 것을 통해서 이 세상에는 세상을 인식하는 자가 있고 세상을 지각하는 자가 있습니까? 도반들이여, 눈을 통해서 이 세상에는 세상을 인식하는 자가 있고 세상을 지각하는 자가 있습니다.171) 귀를 통해서 … 코를 통해서 … 혀를 통해서 … 몸을

---

170) yena kho āvuso lokasmiṁ lokasaññī hoti lokamānī ayam vuccati ariyassa vinaye loko.
즉 여섯 감각장소를 통해서 인식되고 지각되는 것이 세상이지 다른 세상은 없다는 말씀이다. 달리 말하면 세상이란 경험된 세상일 뿐이다. 여기에 대해서는 특히 본서 제1권 「로히땃사 경」(S2:26)의 §4의 주해를 참조할 것.

171) "눈은 세상에서 거부할 수 없는 것(appahīna)이다. 범부는 중생의 세상[衆生世間, satta-loka]과 우주로서의 세상[器世間, cakkavāḷa-loka]만을 두고 세상이라고 인식하고 지각한다. 그러나 눈 등의 12가지 감각장소(āyatana)를 떠나서 [세상이라는] 인식이나 지각은 일어나지 않는다. 그래서 '도반들이여, 눈을 통해서 이 세상에는 세상을 인식하는 자가 있고 세상을 지각하는 자가 있습니다(cakkhunā kho, āvuso, lokasmiṁ lokasaññī hoti lokamānī).'라고 한 것이다. [세상의 끝을 향해서] 가는 것(gamana)을 통해서 이 세상의 끝(lokassa anta)을 알거나 보거나 얻거나 할 수 없다.

통해서 … 마노를 통해서 이 세상에는 세상을 인식하는 자가 있고 세상을 지각하는 자가 있는데, 이것을 성자의 율에서는 세상이라 말합니다."

13. "도반들이여, [96] 세존께서는 '비구들이여, 나는 세상의 끝을 발로 걸어가서 알고 보고 도달할 수 있다고 말하지 않는다. 비구들이여, 그러나 나는 세상의 끝에 도달하지 않고서는 괴로움을 끝낸다고 말하지도 않는다.'라고 간략하게 개요만 말씀하시고 상세하게 그 뜻을 분석해 주시지 않고 자리에서 일어나 거처로 들어가셨습니다.

도반들이여, 나는 세존께서 간략하게 개요만 말씀하시고 상세하게 그 뜻을 분석해 주시지 않으신 것에 대해서 이와 같이 그 뜻을 상세하게 압니다.

도반들이여, 그대들이 원한다면 세존께 가십시오. 가서 세존께 이러한 뜻을 아뢰어 세존께서 그대들에게 설명해 주시는 대로 호지하십시오."

"알겠습니다, 도반이여."라고 비구들은 아난다 존자의 말을 기뻐하고 감사한 뒤 자리에서 일어나서 세존께 다가갔다. 가서는 세존께 절을 올리고 한 곁에 앉았다. 한 곁에 앉은 비구들은 세존께 이렇게 말씀드렸다.

무너진다는 뜻(lujjan-aṭṭha)에서 눈 등의 부서짐(bheda)인 세상의 끝(lokassa anta) — 이것을 열반이라 부름(nibbāna-saṅkhāta) — 을 얻지 못하고서는 윤회의 괴로움(vaṭṭa-dukkha)을 끝내는 것(anta-kiriyā)은 존재하지 않는다고 알아야 한다."(SA.ii.389)

"눈이 있기 때문에 세상을 인식하는 자가 있다. 그것이 없으면 인식하는 자도 없다. 안의 감각장소(ajjhattik-āyatana)가 없으면 세상이라는 명칭(loka-samaññā)도 없기 때문이다."(SAṬ.iii.25)

무너진다는 뜻에서 여섯 감각장소를 세상이라 부르는 것에 대해서는 본서 「세상 경」(S35:82) §4를 참조할 것.

14. "세존이시여, 세존께서는 '비구들이여, 나는 세상의 끝을 발로 걸어가서 알고 보고 도달할 수 있다고 말하지 않는다. 비구들이여, 그러나 나는 세상의 끝에 도달하지 않고서는 괴로움을 끝낸다고 말하지도 않는다.'라고 간략하게 개요만 말씀하시고 상세하게 그 뜻을 분석해 주시지 않고 자리에서 일어나 거처로 들어가셨습니다.

세존께서 들어가신지 오래지 않아서 저희들에게 이런 [의논이] 생겼습니다. … [97] … 그런 저희들은 아난다 존자에게 다가갔습니다. 가서는 아난다 존자에게 이 뜻에 대해서 질문을 하였습니다. 세존이시여, 그런 저희들에게 아난다 존자는 이러한 형태와 이러한 단어들과 이러한 문장들로 그 뜻을 잘 분석해 주었습니다."

15. "비구들이여, 아난다는 현자다. 비구들이여, 아난다는 큰 통찰지를 가졌다. 만일 그대들이 나에게 다가와서 이 뜻을 물었다면 나도 그와 같이 설명했을 것이다. 아난다가 설명한 것이 바로 그 뜻이다. 그러니 그대들은 그것을 잘 호지하라."172)

감각적 욕망의 가닥 경(S35:117)173)

Kāmaguṇa-sutta

3. "비구들이여, 내가 깨닫기 전, 아직 완전한 깨달음을 성취하지 못한 보살이었을 때 이런 생각이 들었다.

'전에 내 마음에 와 닿아서 [인상을 남긴] 다섯 가닥의 감각적 욕망들174)은 지나가 버렸고 소멸하였고 변해버렸다. 그러나 나의 마음

---

172) 내용을 제외한 본경의 전개 방법은 『앙굿따라 니까야』 「비법 경」 3(A10:115)과 같다.

173) Ee의 경제목은 세상과 감각적 욕망(Lokakāmaguṇa)인데 본경의 내용과 합치하지 않는다. 역자는 Be와 Se를 따랐다.

은 그것들에게로 많이 간다. 현재의 것들에게도 [많이] 가고 미래의 것들에게로는 적게 간다.'175)라고."

4. "비구들이여, 그런 나에게 이런 생각이 들었다.

'전에 내 마음에 와 닿은 다섯 가닥의 감각적 욕망들은 지나가 버렸고 소멸하였고 변해버렸다. 그러니 나 자신을 위하여176) 나는 불방일과 마음챙김과 마음의 보호를 행해야 한다.'라고."

5. "비구들이여, 그러므로 그대들의 경우에도 전에 그대들의 마음에 와 닿은 다섯 가닥의 감각적 욕망들은 지나가 버렸고 소멸하였

---

174) "'다섯 가닥의 감각적 욕망들(pañca kāmaguṇā)'이라 했다. 여기서 갈망되기 마련인 것이라는 뜻(kāmayitabb-aṭṭha)에서 감각적 욕망(kāma)이라 하고 얽맨다는 뜻(bandhan-aṭṭha)에서 가닥(guṇa)이라 한다."(DA.ii.403; MA.ii.55)
초기불전에서 guṇa는 덕이나 공덕이나 특질 등의 의미로도 많이 나타나지만 가장 기본적인 뜻은 활줄이나 실의 가닥(*string*)을 의미한다. 그래서 초기불전연구원에서는 이것을 '가닥'으로 살려서 옮기고 있다. 그런데 주석서는 이 가닥으로 옮긴 guṇa를 이처럼 얽맴 혹은 묶음(bandhana)으로 해석하고 있다.

175) "'나의 마음은 그것들에게로 많이 간다(tatra me cittaṁ bahulaṁ gacchamānaṁ gaccheyya).'는 것은 이전에 [세존께서 왕자였을 때] 세 개의 궁전에서 세 종류의 무희들과 번영을 즐겼던 것을 통해서 다섯 가닥의 감각적 욕망에 대한 생각이 일어났던 것을 말씀하신 것이다. '현재의 것들에게도 가고(paccuppannesu vā)'라는 것은 6년 고행을 하실 때 꽃피는 정원과 새들의 무리 같은 아름다운 광경을 통해서 감각적 욕망을 많이 떠올리신 것을 말한다. '미래의 것들에게로는 적게 간다(appaṁ vā anāgatesu).'는 것은 미래에는 미륵(멧떼야, Metteyya)이라는 부처님이 출현할 것이고 상카라는 왕과 께뚜마띠라는 수도가 있을 것이라고 미래의 감각적 욕망을 일으키신 것을 말한다."(SA.ii.390)
미륵(Metteyya) 부처님과 상카 왕 등에 대해서는 『디가 니까야』 「전륜성왕 사자후경」(M26) §§25~26을 참조할 것.

176) '나 자신을 위하여'로 옮긴 원어는 attarūpena인데 주석서는 "자신과 어울리는(anurūpa), 자신에게 적당한(anucchavika), 자신의 이익을 바라는(hita-kāma)"(AA.iii.122)이라는 뜻이라고 설명하고 있다.

고 변해버렸다. 그러나 그대들의 마음은 그것들에게로 많이 갈 것이다. 현재의 것들에게도 [많이] 가고 미래의 것들에게로는 적게 갈 것이다. 비구들이여, 그러므로 그대들의 경우에도 [98] 전에 그대들 마음에 와 닿은 다섯 가닥의 감각적 욕망들은 지나가 버렸고 소멸하였고 변해버렸다. 그러니 그대들 자신을 위하여 그대들은 불방일과 마음챙김과 마음의 보호를 행해야 한다."

6. "비구들이여, 그러므로 거기서 눈이 소멸하고 형색에 대한 인식이 빛바래는 그 감각장소를 알아야 한다.177) 거기서 귀가 … 코가 … 혀가 … 몸이 … 마노가 소멸하고 법에 대한 인식이 빛바래는 그 감각장소를 알아야 한다."

7. 이렇게 말씀하신 뒤 세존께서는 자리에서 일어나 거처로 들어가셨다.

세존께서 들어가신지 오래지 않아서 비구들에게 이런 [의논이] 생겼다.

"도반들이여, 세존께서는 우리에게 간략하게 개요만 말씀하시고 상세하게 그 뜻을 분석해 주시지 않고 자리에서 일어나 거처로 들어가셨습니다. 세존께서 이처럼 간략하게 개요만 말씀하시고 상세하게 뜻을 분석해 주시지 않았는데, 누가 참으로 그 뜻을 상세하게 분석해

---

177) '그 감각장소를 알아야 한다.'는 Ee: ye āyatane veditabbe 대신에 Be, Se: se āyatane veditabbe로 읽은 것이다. 주석서도 이를 뒷받침하고 있다. 이것은 고대인도의 동부 방언에 있던 중성 단수 주격의 표현법이 어떤 이유 때문에 정규 빠알리로 치환되지 않고 그대로 남아있는 하나의 보기가 된다.
"마음을 보호하기 위해서(cetaso ārakkhatthāya) 불방일(appamāda)과 마음챙김(sati)을 행하여 그 감각장소를 알았을 때에는 불방일과 마음챙김으로 얻어야 할 것이 더 이상 없다. 그러므로 '그 감각장소를 알아야 한다.'고 한 것이다. 이 뜻은 그 이유(kāraṇa)를 알아야 한다(jānitabba)는 것이다." (SA.ii.390)

줄 수 있겠습니까?"

8~10. 그러자 [다시] 비구들에게 이런 [의논이] 생겼다.

"아난다 존자는 스승께서 칭찬하셨고, … 이제 우리는 아난다 존자에게 다가가서 이 뜻을 질문합시다. 그래서 아난다 존자가 우리에게 설명해 주는 대로 그렇게 호지합시다."

… [99] … [100]

11. 아난다 존자는 이렇게 말했다.

"도반들이여, 세존께서는 그대들에게 '비구들이여, 그러므로 거기서 눈이 소멸하고 형색에 대한 인식이 빛바래는 그 감각장소를 알아야 한다. 거기서 귀가 … 코가 … 혀가 … 몸이 … 마노가 소멸하고 법에 대한 인식이 빛바래는 그 감각장소를 알아야 한다.'라고 간략하게 개요만 말씀하시고 상세하게 그 뜻을 분석해 주시지 않고 자리에서 일어나 거처로 들어가셨습니다. 도반들이여, 세존께서 간략하게 개요만 말씀하시고 상세하게 그 뜻을 분석해 주시지 않은 것을 저는 이렇게 이해합니다.

도반들이여, 세존께서 이처럼 말씀하신 것은 여섯 감각장소들이 멸하는 것[178]을 두고 말씀하셨습니다."

12. "도반들이여, 그대들이 원한다면 세존께 가십시오. 가서 세존께 이러한 뜻을 아뢰어 세존께서 그대들에게 설명해 주시는 대로 호지하십시오."

---

178) "'여섯 감각장소들이 멸하는 것(saḷāyatana-nirodha)'은 열반을 말한다. 왜냐하면 열반에서 눈 등이 멸하고 형색에 대한 인식 등도 멸하기 때문이다." (SA.ii.391)
역설적이게도 아난다 존자의 이러한 간단명료한 대답은 본경에서 부처님이 설하신 개요(niddesa)보다 훨씬 짧다. 그러나 그 뜻은 분명하게 드러난다.

… [101] …

13. "비구들이여, 아난다는 현자다. 비구들이여, 아난다는 큰 통찰지를 가졌다. 만일 그대들이 나에게 다가와서 이 뜻을 물었다면 나도 그와 같이 설명했을 것이다. 아난다가 설명한 것이 바로 그 뜻이다. 그러니 그대들은 그것을 잘 호지하라."

삭까의 질문 경(S35:118)

Sakkapañha-sutta

1. 이와 같이 나는 들었다. 한때 세존께서는 라자가하에서 독수리봉 산에 머무셨다.

2. 그때 신들의 왕 삭까[179]가 세존께 다가갔다. 가서는 세존께 절을 올리고 한 곁에 섰다. 한 곁에 선 신들의 왕 삭까는 세존께 이렇게 여쭈었다.

3. "세존이시여, 무슨 원인과 무슨 조건 때문에 [102] 여기 어떤 중생은 바로 지금・여기[現法]에서 완전한 열반에 들지 못합니까? 세존이시여, 그런데 무슨 원인과 무슨 조건 때문에 여기 어떤 중생은 바로 지금・여기에서 완전한 열반에 듭니까?"

4. "신들의 왕이여, 눈으로 인식되는 형색들이 있으니, 원하고 좋아하고 마음에 들고 사랑스럽고 감각적 욕망을 짝하고 매혹적인 것들이다. 만일 비구가 그것을 즐기고 환영하고 묶여 있으면 그가 그것을 즐기고 환영하고 묶여 있기 때문에 그의 알음알이는 그것을 의

---

179) 신들의 왕 삭까(Sakko devānam indo)에 대해서는 본서 제1권 해제 §11과 「수위라 경」(S11:1) §3의 주해를 참조할 것.

지하고 그것을 취착한다. 신들의 왕이여, 취착이 있는 비구는 완전한 열반에 들지 못한다.

신들의 왕이여, 귀로 인식되는 소리들이 있으니, …

신들의 왕이여, 코로 인식되는 냄새들이 있으니, …

신들의 왕이여, 혀로 인식되는 맛들이 있으니, …

신들의 왕이여, 몸으로 인식되는 감촉들이 있으니, …

신들의 왕이여, 마노로 인식되는 법들이 있으니, 원하고 좋아하고 마음에 들고 사랑스럽고 감각적 욕망을 짝하고 매혹적인 것들이다. 만일 비구가 그것을 즐기고 환영하고 묶여 있으면 그가 그것을 즐기고 환영하고 묶여 있기 때문에 그의 알음알이는 그것을 의지하고 그것을 취착한다. 신들의 왕이여, 취착이 있는 비구는 완전한 열반에 들지 못한다.

신들의 왕이여, 이런 원인과 이런 조건 때문에 여기 어떤 중생은 바로 지금·여기에서 완전한 열반에 들지 못한다."

5. "신들의 왕이여, 눈으로 인식되는 형색들이 있으니, 원하고 좋아하고 마음에 들고 사랑스럽고 감각적 욕망을 짝하고 매혹적인 것들이다. 만일 비구가 그것을 즐기지 않고 환영하지 않고 묶여 있지 않으면 그가 그것을 즐기지 않고 환영하지 않고 묶여 있지 않기 때문에 그의 알음알이는 그것을 의지하지 않고 그것을 취착하지 않는다. 신들의 왕이여, 취착이 없는 비구는 완전한 열반에 든다.

신들의 왕이여, 귀로 인식되는 소리들이 있으니, …

신들의 왕이여, 코로 인식되는 냄새들이 있으니, …

신들의 왕이여, 혀로 인식되는 맛들이 있으니, …

신들의 왕이여, 몸으로 인식되는 감촉들이 있으니, …

신들의 왕이여, 마노로 인식되는 법들이 있으니, 원하고 좋아하고 마음에 들고 사랑스럽고 감각적 욕망을 짝하고 매혹적인 것들이다. 만일 비구가 그것을 즐기지 않고 환영하지 않고 묶여 있지 않으면 그가 그것을 즐기지 않고 환영하지 않고 묶여 있지 않기 때문에 그의 알음알이는 그것을 의지하지 않고 그것을 취착하지 않는다. 신들의 왕이여, 취착이 없는 비구는 완전한 열반에 든다.

신들의 왕이여, 이런 원인과 이런 조건 때문에 여기 어떤 중생은 바로 지금 · 여기에서 완전한 열반에 든다."

빤짜시카 경(S35:119)

Pañcasikha-sutta

1. 이와 같이 나는 들었다. 한때 [103] 세존께서는 라자가하에서 독수리봉 산에 머무셨다.

2. 그때 간답바의 아들 빤짜시카[180]가 세존께 다가갔다. 가서는 세존께 절을 올리고 한 곁에 섰다. 한 곁에 선 간답바의 아들 빤짜

180) 간답바의 아들 빤짜시카(Pañcasikha gandhabbaputta)는 『디가 니까야』 「제석문경」(D21)에서 벨루와빤두 류트(Veluvapaṇḍu-vīṇa)를 가지고 신들의 왕 삭까의 시동(侍童)이 되어서 그와 함께 세존을 친견하러 간 사대왕천의 신의 아들이다.
주석서에 의하면 빤짜시카는 빤짜쭐라(Pañca-cūḷa, 다섯 가지 머리띠를 두른 자)라고도 불리고, 빤짜꾼달리까(Pañca-kuṇḍalika, 같은 뜻)라고도 불린다고 한다. 어린아이였을 때 그는 머리에 다섯 가지 머리띠를 두른(pañca-cūḷaka-dāraka) 골목대장이었다. 그는 다른 아이들과 함께 도로를 보수하고 우물을 파고 휴게소를 짓는 등의 선행을 하였다고 한다. 그래서 어릴 때 죽었지만 사대왕천에 태어나서 수명은 9만 년이 되었고 키는 3가우따(1가우따는 2마일정도)였으며 100수레 분의 장신구로 치장하고 몸에는 아홉 항아리 분의 향수를 발랐고 붉은 옷을 입고 머리에는 붉은 금으로 된 화관을 썼으며 머리 주위로 다섯 줄의 띠(kuṇḍalika)를 둘렀는데 어린아이들이 하듯이 뒤쪽으로 묶었다고 한다. 그래서 다섯 가지 띠를 두르고 있는 자(pañca-cūḷaka-dāraka-parihāra)라 불렀다. 그래서 그의 이름이 빤짜시카가 되었다고 주석서는 설명하고 있다.(DA.ii.647)

시카는 세존께 이렇게 여쭈었다.

3. "세존이시여, 무슨 원인과 무슨 조건 때문에 여기 어떤 중생은 바로 지금 · 여기에서 완전한 열반에 들지 못합니까? 세존이시여, 그런데 무슨 원인과 무슨 조건 때문에 여기 어떤 중생은 바로 지금 · 여기에서 완전한 열반에 듭니까?"

… <이하 앞의 「삭까의 질문 경」(S35:118) §4 이하와 같다.> …

사리뿟따 경(S35:120)

Sāriputta-sutta

1. 이와 같이 나는 들었다. 한때 사리뿟따 존자는 사왓티에서 제따 숲의 아나타삔디까 원림(급고독원)에 머물렀다.

2. 그때 어떤 비구가 사리뿟따 존자에게 다가갔다. 가서는 사리뿟따 존자와 함께 환담을 나누었다. 유쾌하고 기억할 만한 이야기로 서로 담소를 한 뒤 한 곁에 앉았다. 한 곁에 앉은 그 비구는 사리뿟따 존자에게 이렇게 말했다.

3. "도반 사리뿟따여, 저의 제자가 공부지음을 버리고 낮은 [재가자의] 삶으로 되돌아갔습니다."

4. "도반이여, 감각기능들의 문을 보호하지 않고, 음식에 적당한 양을 알지 못하고, 깨어 있음에 전념하지 못하면 그렇게 될 수밖에 없을 것입니다. 도반이여, 비구가 감각기능들의 문을 보호하지 않고, 음식에 적당한 양을 알지 못하고, [104] 깨어 있음에 전념하지 못하는데도 그가 살아있는 동안 더할 나위 없이 완벽하고 지극히 청정한 범행(梵行)을 지킬 것이라는 그런 경우는 있지 않습니다.

도반이여, 그러나 비구가 감각기능들의 문을 보호하고, 음식에 적당한 양을 알고, 깨어 있음에 전념하면 그가 평생 동안 더할 나위 없이 완벽하고 지극히 청정한 범행을 지킬 것이라는 그런 경우는 있습니다."

5. "도반이여, 그러면 어떻게 감각기능들의 문을 보호합니까?

그는 눈으로 형색을 봄에 그 표상[全體相]을 취하지 않으며, 또 그 세세한 부분상[細相]을 취하지도 않습니다.[181] 만약 그의 눈의 감각기능[眼根]이 제어되어 있지 않으면 욕심과 싫어하는 마음[182]이라는 나쁘고 해로운 법[不善法]들이 그에게 [물밀듯이] 흘러들어 올 것입니다. 따라서 그는 눈의 감각기능을 잘 단속하기 위해 수행하며, 눈의 감각기능을 잘 방호하고, 눈의 감각기능을 잘 단속합니다.

귀로 소리를 들음에 … 코로 냄새를 맡음에 … 혀로 맛을 봄에 … 몸으로 감촉을 느낌에 … 마노로 법을 지각함에 그 표상을 취하지 않으며, 또 그 세세한 부분상을 취하지도 않습니다. 만약 그의 마노의 감각기능[意根]이 제어되어 있지 않으면 욕심과 싫어하는 마음이라는 나쁘고 해로운 법[不善法]들이 그에게 [물밀듯이] 흘러들어 올 것입니다. 따라서 그는 마노의 감각기능을 잘 단속하기 위해 수행하며,

---

181) 여기에 대한 자세한 설명은 『청정도론』 I.53~59를 참조할 것.

182) '싫어하는 마음'은 domanassa를 옮긴 것이다. domanassa는 크게 두 가지 문맥에서 나타난다. 여기서처럼 abhijjhā-domanassā(욕심과 싫어하는 마음)로도 나타나고, soka-parideva-dukkha-domanass-upāyāsā(근심·탄식·육체적 고통·정신적 고통·절망)로도 나타난다. 그리고 다섯 가지 느낌과 22가지 기능에서는 정신적 괴로움의 기능[憂根, domanass-indriya, S48:31 §3 등]으로도 나타난다. 전자의 경우는 "'싫어하는 마음(domanassa)'이라는 단어로서 악의(byāpāda)의 장애를 설하셨다."(SA. iii.272)는 등의 주석서의 설명에 의거해서 '싫어하는 마음'으로 옮기고 있으며, 둘째와 셋째의 경우에는 dukkha(육체적 고통/괴로움)와 대가 되어서 나타나기 때문에 '정신적 괴로움/고통'으로 옮기고 있음을 밝힌다.

마노의 감각기능을 잘 방호하고 마노의 감각기능을 잘 단속합니다.

도반이여, 이와 같이 감각기능들의 문을 보호합니다."

6. "도반이여, 그러면 어떻게 음식에 적당한 양을 압니까?

도반이여, 여기 비구는 지혜롭게 숙고하면서 음식을 수용합니다. 그것은 즐기기 위해서도 아니며 취하기 위해서도 아니며 겉치레를 위해서도 아니며 외양을 위해서도 아니며 단지 이 몸을 지탱하고 유지하고 잔인함을 쉬고 청정범행을 잘 지키기 위해서입니다. '그래서 나는 이전의 느낌을 물리치고 새로운 느낌을 일어나게 하지 않을 것이다. 나는 잘 유지될 것이고 비난받을 일 없이 편안하게 머물 것이다.'라고[183] [지혜롭게 숙고하면서 음식을 수용합니다.]

도반이여, 이와 같이 음식에 적당한 양을 압니다."

7. "도반이여, 그러면 어떻게 깨어 있음에 전념합니까?

비구들이여, 비구는 낮 동안에는 경행하거나 앉아서 장애가 되는 법들[184]로부터 마음을 청정하게 합니다. 밤의 초경(初更)에는 경행하거나 앉아서 장애가 되는 법들로부터 마음을 청정하게 합니다. [105] 한밤중에는 발로써 발을 포개고 마음챙기고 알아차리면서[正念正知] 일어날 시간을 인식하여 마음에 잡도리하여 오른쪽 옆구리로 사자처럼 눕습니다. 밤의 말경(末更)[185]에는 일어나서 경행하거나 앉아서

---

183) 여기에 대한 『청정도론』 I.89~94의 설명을 참조할 것.

184) "'장애가 되는 법들(āvaraṇīyā dhammā)'이란 다섯 가지 장애[五蓋]의 법들이다. 다섯 가지 장애는 마음을 덮어버리기 때문에 장애가 되는 법들이라 불린다."(AA.ii.185)
다섯 가지 장애에 대한 자세한 설명은 『네 가지 마음챙기는 공부』 214~228과 본서 제6권 「혼란스러움 경」(S54:12) §4의 주해를 참조할 것.

185) 여기서 '초경(初更)'과 '한밤중'과 '말경(末更)'은 각각 pathama yāma와 majjhima yāma와 pacchima yāma를 옮긴 것이다. 범어 일반에서는 밤의

장애가 되는 법들로부터 마음을 청정하게 합니다.

도반이여, 이와 같이 깨어 있음에 전념합니다."

8. "도반이여, 그러므로 그대는 참으로 이와 같이 공부지어야 합니다. '우리는 감각기능들의 문을 보호하고, 음식에 적당한 양을 알고, 깨어 있음에 전념하리라.'라고 이와 같이 그대는 공부지어야 합니다."

라훌라 경(S35:121)[186]

Rāhula-sutta

2. 그때 세존께서 한적한 곳에 가서 홀로 앉아계시는 중에 문득 이런 생각이 일어났다.

'라훌라의 해탈을 무르익게 할 법들[187]이 성숙했다. 나는 라훌라

기간을 셋으로 나누어 각각 이렇게 부른다.

186) 본경은 『맛지마 니까야』 「짧은 라훌라 교계 경」(Cūḷarāhulovāda-sutta, M147)과 같다.

187) "'해탈을 무르익게 할 법들(vimuttiparipācaniyā dhammā)'이란 믿음의 기능[信根] 등의 [다섯 가지 기능(오근) = 신·정진·염·정·혜]을 청정하게 하는 이유(visuddhi-karaṇa)가 되는 15가지 법들이라고 알아야 한다." (SA.ii.391)
15가지 법은 이 다섯 가지 기능[五根]을 갖추지 못한 자를 피하고, 갖춘 자를 가까이하고, 이 다섯 가지의 성숙을 고무하는 경(suttanta)들을 반조하는 것(paccavekkhata)이라고 주석서는 『무애해도』(Ps.ii.1~2)를 인용하여 밝히고 있다.
주석서는 다시 다른 방법으로 15가지를 설명하고 있다. 그것은 다섯 가지 기능과, 다섯 가지 꿰뚫음에 동참하는 인식(nibbedha-bhāgiyā saññā)인 무상의 인식, 괴로움의 인식, 무아의 인식, 버림(pahāna)의 인식, 탐욕의 빛바램(virāga)의 인식과, 메기야 존자에게 가르치신 다섯 가지 법들(『앙굿따라 니까야』 「메기야 경」(A9:3) 참조), 즉 좋은 친구를 가짐, 계를 지킴, 적절한 대화, 정진, 통찰지이다.(SA.ii.391~392)

에게 가서 그가 번뇌들을 멸진하도록 더 높이 인도하리라.'라고.

3. 그때 세존께서는 오전에 옷매무새를 가다듬고 발우와 가사를 수하시고 걸식을 위해서 사왓티로 들어가셨다. 사왓티에서 걸식을 하여 공양을 마치시고 걸식에서 돌아오셔서 라훌라 존자를 불러서 말씀하셨다.

"라훌라야, 자리를 가지고 오라. 낮 동안의 한거를 위해서 장님들의 숲으로 가자꾸나."

"그렇게 하겠습니다, 세존이시여."라고 라훌라 존자는 세존께 응답한 뒤 자리를 가지고 세존의 뒤를 따라갔다.

4. 그 무렵 수천 명의 천신들이 '오늘 세존께서는 라훌라 존자에게 번뇌들을 멸진하도록 더 높이 인도하실 것이다.'라고 [생각하면서] 세존의 뒤를 따라갔다.188)

그때 세존께서는 장님들의 숲으로 들어가셔서 어떤 나무 아래에 자리를 마련하여 앉으셨다. 라훌라 존자도 세존께 절을 올리고 한 곁에 앉았다. [106] 한 곁에 앉은 라훌라 존자에게 세존께서는 이렇게 말씀하셨다.

5. "라훌라여, 이를 어떻게 생각하는가? 눈은 항상한가, 무상한가?"

---

188) 주석서에 의하면 이 천신들은 라훌라 존자가 빠두뭇따라(Padumuttara) 세존의 발아래서 [석가모니 부처님의 아들로 태어나겠다는] 서원(patthana)을 세울 때 함께 서원을 세웠던 신들인데 각각 다른 곳에 신으로 태어났다(nibbattā)고 한다. 그러나 이 날만은 그들은 모두 이 장님들의 숲에 모여들었다고 한다.(SA.ii.392)
빠두뭇따라 세존은 24불의 전통에 의하면 10번째 부처님이다. 석가모니 부처님의 제자들은 대부분 이 부처님 재세시에 석가모니 부처님의 제자가 되겠다고 서원을 세웠다고 한다.(DPPN *s.v.* Padumuttara 참조)

"무상합니다, 세존이시여."
"그러면 무상한 것은 괴로움인가, 즐거움인가?"
"괴로움입니다, 세존이시여."
"그러면 무상하고 괴로움이고 변하기 마련인 것을 두고 '이것은 내 것이다. 이것은 나다. 이것은 나의 자아다.'라고 관찰하는 것이 타당하겠는가?"
"그렇지 않습니다, 세존이시여."

6. "라훌라여, 이를 어떻게 생각하는가? 형색은 … 눈의 알음알이는 … 눈의 감각접촉은 … 눈의 감각접촉을 조건으로 하여 일어난 느낌에 포함된 것이나 인식에 포함된 것이나 심리현상들에 포함된 것이나 알음알이에 포함된 것은 항상한가, 무상한가?"
"무상합니다, 세존이시여."
"그러면 무상한 것은 괴로움인가, 즐거움인가?"
"괴로움입니다, 세존이시여."
"그러면 무상하고 괴로움이고 변하기 마련인 것을 두고 '이것은 내 것이다. 이것은 나다. 이것은 나의 자아다.'라고 관찰하는 것이 타당하겠는가?"
"그렇지 않습니다, 세존이시여."

7. "귀는 … 소리는 … 귀의 알음알이는 … 귀의 감각접촉은 … 귀의 감각접촉을 조건으로 하여 일어난 느낌에 포함된 것이나 인식에 포함된 것이나 심리현상들에 포함된 것이나 알음알이에 포함된 것은 항상한가, 무상한가?" …

8. "코는 … 냄새는 … 코의 알음알이는 … 코의 감각접촉은 … 코의 감각접촉을 조건으로 하여 일어난 느낌에 포함된 것이나 인식

에 포함된 것이나 심리현상들에 포함된 것이나 알음알이에 포함된 것은 항상한가, 무상한가?" …

9. "혀는 … 맛은 … 혀의 알음알이는 … 혀의 감각접촉은 … 혀의 감각접촉을 조건으로 하여 일어난 느낌에 포함된 것이나 인식에 포함된 것이나 심리현상들에 포함된 것이나 알음알이에 포함된 것은 항상한가, 무상한가?" …

10. "몸은 … 감촉은 … 몸의 알음알이는 … 몸의 감각접촉은 … 몸의 감각접촉을 조건으로 하여 일어난 느낌에 포함된 것이나 인식에 포함된 것이나 심리현상들에 포함된 것이나 알음알이에 포함된 것은 항상한가, 무상한가?" …

11. "마노는 … [107] 법은 … 마노의 알음알이는 … 마노의 감각접촉은 … 마노의 감각접촉을 조건으로 하여 일어난 느낌에 포함된 것이나 인식에 포함된 것이나 심리현상들에 포함된 것이나 알음알이에 포함된 것은 항상한가, 무상한가?"

"무상합니다, 세존이시여."

"그러면 무상한 것은 괴로움인가, 즐거움인가?"

"괴로움입니다, 세존이시여."

"그러면 무상하고 괴로움이고 변하기 마련인 것을 두고 '이것은 내 것이다. 이것은 나다. 이것은 나의 자아다.'라고 관찰하는 것이 타당하겠는가?"

"그렇지 않습니다, 세존이시여."

12. "라훌라여, 이렇게 보는 잘 배운 성스러운 제자는 눈에 대해서도 염오하고 형색에 대해서도 염오하고 눈의 알음알이에 대해서도

염오하고 눈의 감각접촉에 대해서도 염오하고 눈의 감각접촉을 조건으로 하여 일어난 느낌에 포함된 것이나 인식에 포함된 것이나 심리현상들에 포함된 것이나 알음알이에 포함된 것에 대해서도 염오한다.

귀에 대해서도 … 소리에 대해서도 … 귀의 알음알이에 대해서도 … 귀의 감각접촉에 대해서도 … 포함된 것에 대해서도 …

코에 대해서도 … 냄새에 대해서도 … 코의 알음알이에 대해서도 … 코의 감각접촉에 대해서도 … 포함된 것에 대해서도 …

혀에 대해서도 … 맛에 대해서도 … 혀의 알음알이에 대해서도 … 혀의 감각접촉에 대해서도 … 포함된 것에 대해서도 …

몸에 대해서도 … 감촉에 대해서도 … 몸의 알음알이에 대해서도 … 몸의 감각접촉에 대해서도 … 포함된 것에 대해서도 …

마노에 대해서도 염오하고 법에 대해서도 염오하고 마노의 알음알이에 대해서도 염오하고 마노의 감각접촉에 대해서도 염오하고 마노의 감각접촉을 조건으로 하여 일어나는 즐겁거나 괴롭거나 괴롭지도 즐겁지도 않은 느낌에 포함된 것이나 인식에 포함된 것이나 심리현상들에 포함된 것이나 알음알이에 포함된 것에 대해서도 염오한다.

염오하면서 탐욕이 빛바래고, 탐욕이 빛바래므로 해탈한다. 해탈하면 해탈했다는 지혜가 있다. '태어남은 다했다. 청정범행은 성취되었다. 할 일을 다 해 마쳤다. 다시는 어떤 존재로도 돌아오지 않을 것이다.'라고 꿰뚫어 안다."

13. 세존께서는 이렇게 말씀하셨다. 라훌라 존자는 마음이 흡족해져서 세존의 말씀을 크게 기뻐하였다. 이 상세한 설명[授記]이 설해졌을 때 라훌라 존자는 취착이 없어져서 번뇌들로부터 마음이 해탈하였다.

14. 그리고 수천 명의 천신들에게는 '일어나는 법은 그 무엇이건 모두 소멸하기 마련인 법이다[集法卽滅法].'라는 티 없고 때가 없는 법의 눈[法眼]이 생겼다.189)

족쇄 경(S35:122)

Saṁyojana-sutta

3. "비구들이여, 족쇄에 묶이게 될 법들과 족쇄에 대해서 설하리라. … <S35:23 §3> …

비구들이여, [108] 그러면 무엇이 족쇄에 묶이게 될 법들과 족쇄인가?

비구들이여, 눈으로 인식되는 형색들이 있으니, …

비구들이여, 귀로 인식되는 소리들이 있으니, …

비구들이여, 코로 인식되는 냄새들이 있으니, …

비구들이여, 혀로 인식되는 맛들이 있으니, …

비구들이여, 몸으로 인식되는 감촉들이 있으니, …

비구들이여, 마노로 인식되는 법들이 있으니, 원하고 좋아하고 마음에 들고 사랑스럽고 감각적 욕망을 짝하고 매혹적인 것들이다. 이를 일러 족쇄에 묶이게 될 법들이라 하고 그것들에 대한 욕탐이 거기에 있는 족쇄이다."

---

189) "본경에서 '법의 눈[法眼, dhammacakkhu]'은 네 가지 도(magga)와 네 가지 과(phala) 모두를 뜻한다고 알아야 한다. 어떤 신들은 예류자가 되었고, 어떤 신들은 일래자가, 어떤 신들은 불환자가, 어떤 신들은 번뇌 다한 자(아라한)가 되었기 때문이다. 그리고 그 신들은 숫자로 제한하기에는 너무 많았기 때문이다."(SA.ii.392)

취착 경(S35:123)

Upādāna-sutta

3. "비구들이여, 취착하게 될 법들과 취착에 대해서 설하리라. … <S35:23 §3> …

비구들이여, 그러면 무엇이 취착하게 될 법들과 취착인가?"

비구들이여, 눈으로 인식되는 형색들이 있으니, …

비구들이여, 귀로 인식되는 소리들이 있으니, …

비구들이여, 코로 인식되는 냄새들이 있으니, …

비구들이여, 혀로 인식되는 맛들이 있으니, …

비구들이여, 몸으로 인식되는 감촉들이 있으니, …

비구들이여, 마노로 인식되는 법들이 있으니, 원하고 좋아하고 마음에 들고 사랑스럽고 감각적 욕망을 짝하고 매혹적인 것들이다. 이를 일러 취착하게 될 법들이라 하고 그것들에 대한 욕탐이 거기에 있는 취착이다."

제12장 세상과 감각적 욕망의 가닥 품이 끝났다.

열두 번째 품에 포함된 경들의 목록은 다음과 같다.

두 가지 ①~② 마라의 덫 ③ 세상의 끝에 도달함
④ 감각적 욕망의 가닥 ⑤ 삭까의 질문
⑥ 빤짜시카 ⑦ 라훌라 ⑧
⑨ 족쇄 ⑩ 취착이다.

제13장 장자 품

Gahapati-vagga

웨살리 경(S35:124)

Vesāli-sutta

1. 이와 같이 나는 들었다. 한때 [109] 세존께서는 웨살리에서 큰 숲[大林]의 중각강당에 머무셨다.190)

2. 그때 웨살리에 사는 욱가 장자191)가 세존께 다가갔다. 가서는 세존께 절을 올리고 한 곁에 앉았다. 한 곁에 앉은 웨살리에 사는 욱가 장자는 세존께 이렇게 여쭈었다.

3. "세존이시여, 무슨 원인과 무슨 조건 때문에 여기 어떤 중생은 바로 지금 · 여기에서 완전한 열반에 들지 못합니까? 세존이시여, 그러나 무슨 원인과 무슨 조건 때문에 여기 어떤 중생은 바로 지금 · 여기에서 완전한 열반에 듭니까?"192)

---

190) 웨살리(Vesāli) 등에 대해서는 본서 제3권 「마할리 경」(S22:60) §1의 주해를 참조할 것.

191) 웨살리의 욱가 장자(Ugga gahapati Vesālika)의 원래 이름은 알려지지 않았다. 그는 키가 크고 덕스러운 성품을 가졌기 때문에 욱가(ugga, 고상한) 상인이라 불리었다 한다. 그는 세존을 처음 뵙고 예류과를 얻었고 뒤에는 불환과를 얻었다고 한다.(AA.i.394~395) 『앙굿따라 니까야』 「하나의 모음」(A1:14:6-6)에서 욱가 장자는 "마음에 흡족한 보시를 하는 자(manāpa-dāyaka)들 가운데서 으뜸"이라고 언급되고 있다. 『앙굿따라 니까야』 제3권 「마음에 흡족한 공양을 올리는 자 경」(A5:44/iii.49~51)은 왜 그가 마음에 흡족한 공양을 올리는 자(manāpa-dāyaka)들 가운데 으뜸인지를 보여주는 좋은 보기가 된다.

192) 이하 본경의 내용은 본서 「삭까의 질문 경」(S35:118)과 같은 내용을 담고

4. "장자여, 눈으로 인식되는 형색들이 있으니, …

장자여, 귀로 인식되는 소리들이 있으니, …

장자여, 코로 인식되는 냄새들이 있으니, …

장자여, 혀로 인식되는 맛들이 있으니, …

장자여, 몸으로 인식되는 감촉들이 있으니, …

장자여, 마노로 인식되는 법들이 있으니, 원하고 좋아하고 마음에 들고 사랑스럽고 감각적 욕망을 짝하고 매혹적인 것들이다. 만일 비구가 그것을 즐기고 환영하고 묶여 있으면 그가 그것을 즐기고 환영하고 묶여 있기 때문에 그의 알음알이는 그것을 의지하고 그것을 취착한다. 장자여, 취착이 있는 비구는 완전한 열반에 들지 못한다.

장자여, 이런 원인과 이런 조건 때문에 여기 어떤 중생은 바로 지금·여기에서 완전한 열반에 들지 못한다."

5. "장자여, 눈으로 인식되는 형색들이 있으니, …

장자여, 귀로 인식되는 소리들이 있으니, …

장자여, 코로 인식되는 냄새들이 있으니, …

장자여, 혀로 인식되는 맛들이 있으니, …

장자여, 몸으로 인식되는 감촉들이 있으니, …

장자여, 마노로 인식되는 법들이 있으니, 원하고 좋아하고 마음에 들고 사랑스럽고 감각적 욕망을 짝하고 매혹적인 것들이다. 만일 비구가 그것을 즐기지 않고 환영하지 않고 묶여 있지 않으면 그가 그것을 즐기지 않고 환영하지 않고 묶여 있지 않기 때문에 그의 알음알이는 그것을 의지하지 않고 그것을 취착하지 않는다. 장자여, 취착이 없는 비구는 완전한 열반에 든다.

있다.

장자여, 이런 원인과 이런 조건 때문에 여기 어떤 중생은 바로 지금 · 여기에서 완전한 열반에 든다."

왓지 경(S35:125)

Vajji-sutta

1. 이와 같이 나는 들었다. 한때 세존께서는 왓지[193]에서 핫티가마에 머무셨다.

2. 그때 핫티가마에 사는 욱가 장자[194]가 세존께 다가갔다. 가

---

193) 왓지(Vajjī)는 당시 인도 중원의 16국 가운데 하나였다. 웨살리(Vesāli)를 수도로 하였으며 공화국 체제를 유지한 강성한 국가였다. 강가(Gaṅgā) 강을 경계로 하여 남쪽으로는 강대국 마가다가 있었다. 왓지국은 몇몇 부족들로 이루어져 있었다고 하는데 그 가운데서 릿차위(Licchavī)와 위데하(Videha)가 강성하였다고 하며, 『브르하다란냐까 우빠니샤드』(3.1.1; 4.1.1~7 등)에 의하면 바라문 전통에서 성군으로 칭송받는 자나까(Janaka) 왕이 위데하의 왕이었다. 부처님 당시에는 릿차위가 강성하여(MA.i.394.) 초기불전에서는 릿차위와 왓지는 동일시되다시피 하고 있다.
인도 중원의 16국은 "앙가, 마가다, 까시, 꼬살라, 왓지, 말라, 쩨띠, 왕가, 꾸루, 빤짤라, 맛차, 수라세나, 앗사까, 아완띠, 간다라, 깜보자(aṅga, magadha, kāsī, kosala, vajjī, malla, ceti, vaṅga, kuru, pañcāla, maccha, surasena, assaka, avanti, gandhāra, kamboja)"(『앙굿따라 니까야』「팔관재계 경」(A3:70) §17)이다.

194) 핫티가마에 사는 욱가 장자(Ugga gahapati Hatthigāmaka)는『앙굿따라 니까야』「하나의 모음」(A1:14:6-7)에서 "승가를 시봉하는 자들 가운데서 으뜸"인 욱가따 장자(Uggata gahapati)로 나타나고 있다. 한번은 세존께서 유행을 하시다가 핫티가마의 나가와누야나(Nāgavanuyyāna)에 머무셨는데 그는 7일 동안 계속되는 그 지방의 축제에서 흥청망청 마시며 무희들과 놀다가 부처님의 모습을 뵙고 정신이 들어 자신을 크게 부끄러워하였으며 세존의 설법을 듣고 바로 불환과를 얻었다고 한다. 그 뒤로는 무희들을 멀리하고 승가를 시봉하는 일에 몰두하였다고 한다. 그래서 세존께서는 그를 승가를 시봉하는 자(saṅgh-upaṭṭhāka)들 가운데 으뜸이라고 칭찬하신 것이다.(AA.i.395~396)『앙굿따라 니까야』「욱가 경」2(A8:22)도 참조할 것.

서는 세존께 절을 올리고 한 곁에 앉았다. 한 곁에 앉은 핫티가마에 사는 욱가 장자는 세존께 이렇게 여쭈었다.

3. "세존이시여, 무슨 원인과 무슨 조건 때문에 여기 어떤 중생은 바로 지금・여기에서 완전한 열반에 들지 못합니까? 세존이시여, 그러나 무슨 원인과 무슨 조건 때문에 여기 어떤 중생은 바로 지금・여기에서 완전한 열반에 듭니까?"

[110] <이하 본경의 내용은 앞의 「웨살리 경」(S35:124)과 같다.>[195]

날란다 경(S35:126)

Nālanda-sutta

1. 이와 같이 나는 들었다. 한때 세존께서는 날란다[196]에서 빠와리까의 망고 숲에 머무셨다.

2. 그때 우빨리 장자[197]가 세존께 다가갔다. 가서는 세존께 절을 올리고 한 곁에 앉았다. 한 곁에 앉은 우빨리 장자는 세존께 이렇게 여쭈었다.

3. "세존이시여, 무슨 원인과 무슨 조건 때문에 여기 어떤 중생은 바로 지금・여기에서 완전한 열반에 들지 못합니까? 세존이시여,

---

195) 본서 「삭까의 질문 경」(S35:118)과도 같은 내용임.

196) 날란다(Nālanda)는 마가다의 수도 라자가하(Rājagaha, 왕사성)에서 불과 20여 Km 떨어진 곳에 있으며 사리뿟따 존자가 태어난 곳이기도 하고, 후에 유명한 불교 유적지인 날란다 대학이 생긴 곳이기도 하다.

197) 우빨리 장자(Upāli gahapati)는 원래 자이나교의 창시자인 니간타 나따뿟따(Nigaṇṭha Nātaputta)의 신도였다. 그가 어떻게 부처님의 신도가 되었는가는 『맛지마 니까야』 「우빨리 경」(M56) 전체에 상세하게 나타나 있다.

그러나 무슨 원인과 무슨 조건 때문에 여기 어떤 중생은 바로 지금·여기에서 완전한 열반에 듭니까?"

<이하 본경의 내용은 앞의 「웨살리 경」(S35:124)과 같다.>

바라드와자 경(S35:127)

Bhāradvāja-sutta

1. 이와 같이 나는 들었다. 한때 삔돌라 바라드와자 존자[198]가 꼬삼비에서 고시따 원림에 머물렀다.

2. 그때 우데나 왕[199]이 삔돌라 바라드와자 존자에게 다가갔다.

---

198) 삔돌라 바라드와자 존자(āyasmā Piṇḍola-Bhāradvāja)는 꼬삼비 우데나(Udena) 왕의 궁중제관의 아들이며 바라드와자 바라문 가문 출신이다. 그는 삼베다에 능통하였으며 500명의 바라문 학도들을 가르치다가 그것이 무의미함을 느끼고 출가하였다고 한다.
그는 식탐이 아주 많은 자였는데 부처님의 조언으로 그것을 극복하고 아라한이 되었다 한다. 아라한이 되던 날에 각 승원을 다니면서 도든 과든 의문이 되는 것은 다 물어보라고 외쳤으며 다시 부처님의 면전에서 어느 비구의 의문이든 모두 해결해 주겠다고 사자후(sīhanāda)를 토했다고 한다.(AA.i.198) 그래서 『앙굿따라 니까야』 「하나의 모음」(A1:14:1-8)에서 세존께서는 그를 "사자후를 토하는 자(sīha-nādika)들 가운데 으뜸"으로 꼽으신 것이다. 그가 삔돌라(piṇḍola, 식탐이 많은 자)라 불리는 이유는 재가자였을 때 먹는 것(piṇḍa)을 아주 좋아하였기 때문이라고 한다.(AA.i.198)
그가 번뇌 다한 아라한이라고 자신을 드러내는 것은 본서 제5권 「삔돌라 경」(S48:49) §2에 나타나고, 세존께서는 §5에서 그것을 인정하셨다. 『율장』(Vin.ii.111~112)도 참조할 것.

199) 우데나 왕(rājā Udena)은 꼬삼비의 왕이었다. 주석서에 의하면 어느 날 왕은 공원(uyyāna)에서 여러 궁녀들에 둘러싸여 놀다가 잠이 들었는데, 그가 깨어나서 보니 주위에 궁녀들이 아무도 없었다고 한다. 궁녀들은 공원에서 노닐다가 바라드와자 존자가 나무 아래서 참선에 든 것을 보고 그에게 다가가서 예배를 드리고 있었다. 왕은 이것을 보고 화가 나서 개미집을 집어던졌지만 개미들은 오히려 왕을 물었다. 궁녀들은 왕을 비난했고 왕은 곧 후회를 하였다. 그 다음날에 바라드와자 존자가 다시 공원에 온 것을 보고 왕은 본

가서는 삔돌라 바라드와자 존자와 함께 환담을 나누었다. 유쾌하고 기억할 만한 이야기로 서로 담소를 하고서 한 곁에 앉았다. 한 곁에 앉은 우데나 왕은 삔돌라 바라드와자 존자에게 이렇게 말했다.

3. "바라드와자 존자여, 무슨 원인과 무슨 조건 때문에 여기 젊은 비구들은 젊고 청춘이고 활기차며 머리칼이 검고 축복 받은 젊음을 구족한 초년의 나이에 감각적 욕망에 빠져보지도 못한 채 동진(童眞)으로 출가한 뒤 감각적 욕망들에 물들지 않고 살아있는 동안 더할 나위 없이 완벽하고 지극히 청정한 범행(梵行)을 닦고 오래오래 지켜 나갑니까?"200)

4. "대왕이여, 아시는 분, 보시는 분, 그분 세존·아라한·정등각자께서는 이렇게 말씀하셨습니다.

'오라, 비구들이여. 그대들은 어머니 연배의 여인들에게는 어머니라는 마음을 확립하라. 누이 연배의 여인들에게는 [111] 누이라는 마음을 확립하라. 딸 연배의 여인들에게는 딸이라는 마음을 확립하라.'201)

경의 질문을 드렸다고 한다.(SA.ii.393~395)
우데나 왕에 대한 자세한 이야기는 『법구경 주석서』(DhpA.i.161~227)에 나타나고 있다. 그의 첫째 왕비인 사마와띠(Sāmāvati)는 『앙굿따라 니까야』 「하나의 모음」(A1:14:7-4)에서 "자애가 가득한 마음으로 머무는 자들 가운데서 으뜸"인 청신녀로 언급이 되고 있다.

200) '오래오래 지켜나간다.'는 addhānaṁ āpādenti(길을 걸어간다.)를 옮긴 것인데 주석서에서 "긴 줄을 밟아간다, 오랜 세월 동안 추구한다(paveṇiṁ paṭipādenti, dīgharattaṁ anubandhāpenti)."(SA.ii.395)로 설명하고 있어서 이렇게 옮겼다.

201) "세상에서 어머니와 누이와 딸의 셋은 아주 소중한 대상(garukārammaṇa)이다. 소중한 대상에 대해서 존중하는 마음을 범하는 것이 있을 수 없음을 보여주기 위해서 이렇게 말씀하신 것이다."(SA.ii.395)
이것은 너무 당연한 말씀이기는 한데 니까야의 다른 곳에서 부처님이 이렇게 말씀하신 출처는 찾을 수가 없다.

대왕이여, 이런 원인과 이런 조건 때문에 여기 젊은 비구들은 젊고 청춘이고 활기차며 머리칼이 검고 축복 받은 젊음을 구족한 초년의 나이에 감각적 욕망에 빠져보지도 못한 채 동진으로 출가한 뒤 감각적 욕망들에 물들지 않고 살아있는 동안 더할 나위 없이 완벽하고 지극히 청정한 범행(梵行)을 닦고 오래오래 지켜나갑니다."

"바라드와자 존자여, 마음은 음란한 것입니다. 그래서 어떤 때는 어머니 연배의 여인들에 대해서도 음란한 생각들[202]이 일어나고 누이 연배의 여인들에 대해서도 음란한 생각들이 일어나고 딸 연배의 여인들에 대해서도 음란한 생각들이 일어납니다."

5. "바라드와자 존자여, 그러니 여기 젊은 비구들이 … 동진으로 출가한 뒤 감각적 욕망들에 물들지 않고 … 청정한 범행(梵行)을 닦고 오래오래 지켜나가는 다른 원인과 다른 조건이 있습니까?"

6. "대왕이여, 아시는 분, 보시는 분, 그분 세존·아라한·정등각자께서는 이렇게 말씀하셨습니다.

'오라, 비구들이여. 그대들은 발바닥에서부터 위로 올라가며 그리고 머리털에서부터 아래로 내려가며 이 몸은 살갗으로 둘러싸여 있고 여러 가지 부정(不淨)한 것으로 가득 차 있음을 반조해야 한다. 즉 '이 몸에는 머리털·몸털·손발톱·이빨·살갗·살·힘줄·뼈·골수·콩팥·염통·간·늑막·지라·허파·창자·장간막·위·똥·쓸개즙·가래·고름·피·땀·굳기름·눈물·[피부의] 기름기·침·콧물·관절활액·오줌 등이 있다.'고.'[203]

---

202) 여기서 '음란한 것'은 lola를 옮긴 것이고, '음란한 생각들'은 lobhadhammā(탐하기 마련인 법들)를 문맥에 맞게 의역한 것이다.

203) 이 가르침은 『앙굿따라 니까야』 「기리마난다 경」(A10:60) §6에서는 부정(不淨)의 인식(asubha-saññā)이라 불리고 있으며, 「대념처경」(D22), 「염

대왕이여, 이런 원인과 이런 조건 때문에 여기 젊은 비구들은 … 동진으로 출가한 뒤 감각적 욕망들에 물들지 않고 … 청정한 범행(梵行)을 닦고 오래오래 지켜나갑니다."

"바라드와자 존자여, 몸을 닦고 계를 닦고 마음을 닦고 통찰지를 닦은 비구들에게는 그것이 쉽습니다. 바라드와자 존자여, 그러나 몸을 닦지 못하고204) 계를 닦지 못하고 마음을 닦지 못하고 통찰지를 닦지 못한 비구들에게는 그것을 행하기가 어렵습니다. 오히려 어떤 때는 '나는 부정함을 마음에 잡도리하리라.'라고 생각하지만 아름답다고 보기 일쑤입니다."

7. "바라드와자 존자여, 그러니 여기 젊은 비구들이 … 동진으로 출가한 뒤 감각적 욕망들에 물들지 않고 … 청정한 범행(梵行)을 닦고 오래오래 지켜나가는 [112] 다른 원인과 다른 조건이 있습니까?"

8. "대왕이여, 아시는 분, 보시는 분, 그분 세존·아라한·정등각자께서는 이렇게 말씀하셨습니다.

'오라, 비구들이여. 그대들은 감각의 대문을 잘 지키며 머물러라. 그대들은 눈으로 형색을 봄에 그 표상[全體相]을 취하지 말며, 또 그 세세한 부분상[細相]을 취하지도 말라. 만약 그대들의 눈의 감각기능

처경」(M10), 「염신경」(M119), 「우다이 경」(A6:29) 등에도 나타나고 있다. 그리고 이것은 '몸에 대한 마음챙김(kāyagata-sati)'의 내용으로 『청정도론』에서 인용되어 『청정도론』 VIII.42~144에 아주 상세하게 설명되어 있다.

204) "'몸을 닦지 못함(abhāvita-kāya)'이란 다섯 가지 감각의 문으로 된 몸을 닦지 못함(abhāvita-pañca-dvārika-kāya)을 말한다."(SA.ii.395)
즉 감각의 대문을 지키지 못함을 뜻한다. 감각의 대문을 지키지 못하는 정형구는 본서 「로힛짜 경」(S35:132) §9를, 지키는 정형구는 §11을 참조할 것. 세존이 설하시는 감각의 대문을 지키는 정형구는 본서 「거북이 비유 경」(S35:240) §6에 나타난다.

이 제어되어 있지 않으면 욕심과 싫어하는 마음이라는 나쁘고 해로운 법[不善法]들이 그대들에게 [물밀듯이] 흘러들어 올 것이다. 따라서 그런 그대들은 눈의 감각기능을 잘 단속하기 위해 수행하며, 눈의 감각기능을 잘 방호하고, 눈의 감각기능을 잘 단속하라.

귀로 소리를 들음에 … 코로 냄새를 맡음에 … 혀로 맛을 봄에 … 몸으로 감촉을 느낌에 … 마노로 법을 지각함에 그 표상을 취하지 말며, 또 그 세세한 부분상을 취하지도 말라. 만약 그대들의 마노의 감각기능이 제어되어 있지 않으면 욕심과 싫어하는 마음이라는 나쁘고 해로운 법[不善法]들이 그대들에게 [물밀듯이] 흘러들어 올 것이다. 따라서 그런 그대들은 마노의 감각기능을 잘 단속하기 위해 수행하며, 마노의 감각기능을 잘 방호하고 마노의 감각기능을 잘 단속하라.' 라고.

대왕이여, 이런 원인과 이런 조건 때문에 여기 젊은 비구들은 … 동진으로 출가한 뒤 감각적 욕망들에 물들지 않고 … 청정한 범행(梵行)을 닦고 오래오래 지켜나갑니다."

9. "바라드와자 존자여, 참으로 경이롭습니다. 바라드와자 존자여, 참으로 놀랍습니다. 아시는 분, 보시는 분, 그분 세존·아라한·정등각자께서는 이렇게 좋은 말씀을 하셨습니다.

바라드와자 존자여, 이런 원인과 이런 조건 때문에 여기 젊은 비구들은 젊고 청춘이고 활기차며 머리칼이 검고 축복 받은 젊음을 구족한 초년의 나이에 감각적 욕망의 경험 없이 동진으로 출가한 뒤 감각적 욕망들에 물들지 않고 살아있는 동안 더할 나위 없이 완벽하고 지극히 청정한 범행(梵行)을 닦고 오래오래 지켜나갑니다.

바라드와자 존자여, 저도 몸을 보호하지 않고 말을 보호하지 않고 마음을 보호하지 않고 마음챙김을 확립하지 않고 감각기능들을 제대로 단속하지 않은 채 내전에 들어가면 그때에 제게는 아주 강하게 음란한 생각들이 일어납니다. 그러나 제가 몸을 보호하고 말을 보호하고 마음을 보호하고 [113] 마음챙김을 확립하고 감각기능들을 제대로 단속하여 내전에 들어가면 그때에는 그런 음란한 생각들을 극복할 수 있습니다."

10. "경이롭습니다, 바라드와자 존자여. 경이롭습니다, 바라드와자 존자여. 마치 넘어진 자를 일으켜 세우시듯, 덮여 있는 것을 걷어내 보이시듯, [방향을] 잃어버린 자에게 길을 가리켜 주시듯, 눈 있는 자 형색을 보라고 어둠 속에서 등불을 비춰 주시듯, 바라드와자 존자께서는 여러 가지 방편으로 법을 설해 주셨습니다. 저는 이제 세존께 귀의하옵고 법과 비구 승가에 귀의합니다. 바라드와자 존자께서는 저를 재가신자로 받아주소서. 오늘부터 목숨이 붙어 있는 그날까지 귀의하옵니다."

소나 경(S35:128)

Soṇa-sutta

1. 이와 같이 나는 들었다. 한때 세존께서는 라자가하에서 대나무 숲의 다람쥐 보호구역에 머무셨다.

2. 그때 장자의 아들 소나[205]가 세존께 다가갔다. 가서는 세존께 절을 올리고 한 곁에 앉았다. 한 곁에 앉은 장자의 아들 소나는 세존께 이렇게 여쭈었다.

---

205) 장자의 아들 소나(Soṇa gahapatiputta)는 본서 제3권 「소나 경」 1/2(S22:49~50)에도 나타나는데 그가 누구인지 주석서와 복주서는 아무 언급이 없다.

3. "세존이시여, 무슨 원인과 무슨 조건 때문에 여기 어떤 중생은 바로 지금 · 여기에서 완전한 열반에 들지 못합니까? 세존이시여, 그러나 무슨 원인과 무슨 조건 때문에 여기 어떤 중생은 바로 지금 · 여기에서 완전한 열반에 듭니까?"

<이하 본경의 내용은 앞의 「웨살리 경」(S35:124)과 같다.>

고시따 경(S35:129)

Ghosita-sutta

1. 이와 같이 나는 들었다. 한때 아난다 존자는 꼬삼비에서 고시따 원림에 머물렀다.

2. 그때 고시따 장자[206]가 아난다 존자에게 다가갔다. 가서는 아난다 존자에게 절을 올리고 한 곁에 앉았다. 한 곁에 앉은 고시따 장자는 아난다 존자에게 이렇게 말했다.

3. "스승[207] 아난다시여, '요소들의 다양함, 요소들의 다양함'[208]

---

206) 고시따 장자(Ghosita gahapati) 혹은 고사까(Ghosaka) 장자는 꼬삼비의 상인(seṭṭhi)이었다. 그는 기녀의 아들로 태어났는데 쓰레기 더미에 버려진 것을 꼬삼비의 대신이 행운을 가진 아이가 태어났다는 점술가의 예언을 믿고 그를 찾아서 양자로 삼았다고 한다. 여러 역경을 딛고 건실한 청년으로 자란 그는 꼬삼비의 우데나 왕의 대신이 되었다. 후에 그는 친구인 밧다와띠야(Bhaddavatiya)의 딸인 사마와띠(Sāmavati)를 양녀로 삼아서 우데나 왕과 결혼시켜 왕비로 삼았다.(DhpA.i.161 이하) 그에게는 꼬삼비에 절친한 두 명의 상인 친구가 있었는데 꾹꾸따(Kukkuṭa)와 빠와리까(Pavārika)였다. 이들은 세존께 깊은 믿음이 있었으며 각각 고시따 원림과 꾹꾸따 원림과 빠와리까 원림을 지어서 승단에 기증했다.(DhpA.i.203) 그가 지은 승원이 고시따 원림(Ghositārāma)인데 초기불전에 자주 나타나고 있다.

207) 여기서 '스승'은 bhante를 옮긴 것이다. 이것은 일종의 극존칭어인데 역자는 이것이 세존께 적용되면 '세존이시여'로 옮기고, 스님들이나 다른 사람들에

이라고들 합니다. [114] 도대체 어떤 것이 요소들의 다양함이라고 세존께서는 말씀하셨습니까?"

4. "장자여, 눈의 요소가 있고 마음에 드는 형색들이 있고 눈의 알음알이가 있습니다. 그러면 즐거움을 일으킬 감각접촉을 반연하여 즐거운 느낌이 일어납니다.[209] 장자여, 눈의 요소가 있고 마음에 들지 않는 형색들이 있고 눈의 알음알이가 있습니다. 그러면 괴로움을 일으킬 감각접촉을 반연하여 괴로운 느낌이 일어납니다. 장자여, 눈의 요소가 있고 평온의 토대가 되는 형색들이 있고 눈의 알음알이가 있습니다. 그러면 괴로움도 즐거움도 일으키지 않을 감각접촉을 반연하여 괴롭지도 즐겁지도 않은 느낌이 일어납니다.

장자여, 귀의 요소가 있고 …

장자여, 코의 요소가 있고 …

장자여, 혀의 요소가 있고 …

게 적용되면 '스승이시여' 등으로 옮기고 있다.

208) '요소들의 다양함(dhātu-nānatta)'은 본서 제2권 「요소[界] 경」 등(S14:1~10)을 참조할 것. 아래 §4에서 보듯이 각각의 양상에는 여섯 가지 감각기능[六根, indriya]과 여섯 가지 감각대상[六境, ārammaṇa]과 여섯 가지 알음알이[六識, viññāṇa]의 셋이 있어서 모두 18가지가 된다.

209) "'즐거움을 일으킬 감각접촉(sukhavedaniya phassa)'이란 의지하는 [조건](upanissaya)을 통해서 속행의 시기(javana-kāla)에 즐거운 느낌의 조건이 되는(paccaya-bhūta) 눈의 알음알이와 연결된 감각접촉을 말한다.
'즐거운 느낌이 일어난다(uppajjati sukhā vedanā).'는 것은 하나의 감각접촉을 반연하여 속행을 통해서 즐거운 느낌이 일어나는 것을 말한다. 나머지 요소들에도 이 방법이 적용된다."(SA.ii.396)
즉 오문인식과정의 오문전향-안식(전오식)-받아들임-조사-결정-속행-등록의 과정 가운데서 감각접촉은 안식(전오식)의 단계에서 일어나는 감각접촉을 말하고 이것은 속행의 과정에서 즐거운 느낌이 일어나는 조건이 된다고 주석서는 설명하고 있다.(오문인식과정에 대해서는 『아비담마 길라잡이』 제4장 §§4~11을 참조할 것.)

장자여, 몸의 요소가 있고 …

장자여, 마노의 요소가 있고 마음에 드는 법들이 있고 마노의 알음알이가 있습니다. 그러면 즐거움을 일으킬 감각접촉을 반연하여 즐거운 느낌이 일어납니다. 장자여, 마노의 요소가 있고 마음에 들지 않는 법들이 있고 마노의 알음알이가 있습니다. 그러면 괴로움을 일으킬 감각접촉을 반연하여 괴로운 느낌이 일어납니다. 장자여, 마노의 요소가 있고 평온의 토대가 되는 법들이 있고 마노의 알음알이가 있습니다. 그러면 괴로움도 즐거움도 일으키지 않을 감각접촉을 반연하여 괴롭지도 즐겁지도 않은 느낌이 일어납니다.

장자여, 이것이 요소들의 다양함이라고 세존께서는 말씀하셨습니다."

할릿디까니 경(S35:130)

Hāliddikāni-sutta

1. 이와 같이 나는 들었다. 한때 [115] 마하깟짜나 존자는 아완띠에서 꾸라라가라의 빠빠따 산에 머물렀다.[210)]

2. 그때 할릿디까니 장자가 마하깟짜나 존자에게 다가갔다. 가서는 마하깟짜나 존자에게 절을 올리고 한 곁에 앉았다. 한 곁에 앉은 할릿디까니 장자는 마하깟짜나 존자에게 이렇게 말했다.[211)]

3. "스승이시여, 세존께서는 이렇게 말씀하셨습니다. '요소들의 다양함을 반연하여 감각접촉의 다양함이 일어난다. 감각접촉의 다양

---

210) 마하깟짜나 존자(āyasmā Mahā-Kaccāna) 등에 대해서는 본서 제3권 「할릿디까니 경」 1(S22:3) §1의 주해를 참조할 것.

211) 본경의 서문 부분은 본서 제3권 「할릿디까니 경」 1/2(S22:3~4)와 같다.

함을 반연하여 느낌의 다양함이 일어난다.'[212]라고. 스승이시여, 어떻게 해서 요소들의 다양함을 반연하여 감각접촉의 다양함이 일어나고 감각접촉의 다양함을 반연하여 느낌의 다양함이 일어납니까?"

4. "장자여, 여기 비구는 눈으로 마음에 드는 형색을 보고 '바로 이것이구나.'라고 꿰뚫어 압니다.[213] 거기에는 눈의 알음알이가 있습니다. 그러면 즐거움을 일으킬 감각접촉을 반연하여 즐거운 느낌이 일어납니다.[214] 장자여, 눈으로 마음에 들지 않는 형색을 보고 '바로 이것이구나.'라고 꿰뚫어 압니다. 거기에는 눈의 알음알이가 있습니다. 그러면 괴로움을 일으킬 감각접촉을 반연하여 괴로운 느낌이 일어납니다. 장자여, 눈으로 평온의 토대가 되는 형색을 보고 '바로 이것이구나.'라고 꿰뚫어 압니다. 거기에는 눈의 알음알이가 있습니다. 그러면 괴로움도 즐거움도 일으키지 않을 감각접촉을 반연하여 괴롭지도 즐겁지도 않은 느낌이 일어납니다.

귀로 … 코로 … 혀로 … 몸으로 … 마노로 마음에 드는 법들을 알고 '바로 이것이구나.'라고 꿰뚫어 압니다. 거기에는 마노의 알음알이

---

212) 이 구문은 본서 제2권 「느낌 경」1(S14:4) §3에도 나타나고 있다.

213) "'바로 이것이구나(itth' etaṁ).'라는 것은, 그는 마음에 드는 형색을 보고 '그래, 이것이 바로 마음에 드는 그것이야(evam etaṁ manāpam eva taṁ).'라고 그것을 꿰뚫어 안다는 말이다."(SA.ii.396)

214) "거기에는 눈의 알음알이가 있고, 의지하는 조건(의지연, 依止緣, upanissaya-koṭi)이나 틈 없이 뒤따르는 조건(무간연, 無間緣, anantara-koṭi)이나, 더욱 틈 없이 뒤따르는 조건(등무간연, 等無間緣, samanantara-koṭi)이나 서로 관련된 조건(상응연, 相應緣, sampayutta-koṭi)을 통해서 즐거운 느낌의 조건(paccaya)이 되는 감각접촉이 있다. 이러한 즐거움을 일으킬 감각접촉을 반연하여 즐거운 느낌이 일어나는 것이다. 이 방법은 다른 것에도 모두 적용된다."(SA.ii.396)
여기에 나타나는 네 가지 조건에 대해서는 『아비담마 길라잡이』 제8장 §11의 [설명] 등을 참조할 것.

가 있습니다. 그러면 [116] 즐거움을 일으킬 감각접촉을 반연하여 즐거운 느낌이 일어납니다. 장자여, 마노로 마음에 들지 않는 법들을 알고 '바로 이것이구나.'라고 꿰뚫어 압니다. 거기에는 마노의 알음알이가 있습니다. 그러면 괴로움을 일으킬 감각접촉을 반연하여 괴로운 느낌이 일어납니다. 장자여, 마노로 평온의 토대가 되는 법들을 알고 '바로 이것이구나.'라고 꿰뚫어 압니다. 거기에는 마노의 알음알이가 있습니다. 그러면 괴로움도 즐거움도 일으키지 않을 감각접촉을 반연하여 괴롭지도 즐겁지도 않은 느낌이 일어납니다."

5. "장자여, 이렇게 해서 요소들의 다양함을 반연하여 감각접촉의 다양함이 일어나고 감각접촉의 다양함을 반연하여 느낌의 다양함이 일어납니다."

나꿀라삐따 경(S35:131)
Nakulapitā-sutta

1. 이와 같이 나는 들었다. 한때 세존께서는 박가에서 숨수마라기리의 베사깔라 숲의 녹야원에 머무셨다.[215]

2. 그때 나꿀라삐따 장자가 세존께 다가갔다. 가서는 세존께 절을 올리고 한 곁에 앉았다. 한 곁에 앉은 나꿀라삐따 장자는 세존께 이렇게 여쭈었다.

3. "세존이시여, 무슨 원인과 무슨 조건 때문에 여기 어떤 중생은 바로 지금·여기에서 완전한 열반에 들지 못합니까? 세존이시여,

---

215) 박가(Bhagga)와 나꿀라삐따 장자(Nakulapitā gahapati)를 비롯한 본경의 도입부에 대해서는 본서 제3권 「나꿀라삐따 경」(S22:1) §2의 주해를 참조할 것.

그런데 무슨 원인과 무슨 조건 때문에 여기 어떤 중생은 바로 지금・여기에서 완전한 열반에 듭니까?”

…… ……

<이하 본경의 내용은 앞의 「웨살리 경」(S35:124)과 같다.>

로힛짜 경(S35:132)

Lohicca-sutta

1. 이와 같이 나는 들었다. 한때 마하깟짜나 존자는 아완띠에서 막까라까따의 밀림에 있는 초막에 머물렀다.

2. 그때 [117] 로힛짜 바라문에게는 많은 바라문 학도들이 도제로 있었는데 그들은 땔나무를 모으기 위해서 밀림에 있는 마하깟짜나 존자의 초막으로 다가갔다. 가서는 초막의 이곳저곳을 돌아다니고 쏘다니고 시끄럽게 떠들고 이런저런 장난질을 하면서216) 이렇게 말했다.

3. “까까머리 사문, 비천한 깜둥이들은 우리 조상의 발에서 태어난 자들인데217) 그러면서도 미천한 부자들218)로부터 존경받고 존

---

216) ‘장난질을 하다.’는 Ee: selissakāni karonti, Be: seleyyakāni karonti, Se: selissakāni karontā를 옮긴 것이다. 주석서의 설명으로 볼 때 우리의 목마넘기 놀이(사람의 등을 뛰어넘는 놀이)인 듯하다.

217) ‘까까머리(muṇḍaka)’, ‘비천한 자(ibbha)’, ‘깜둥이(kiṇha)’, ‘조상의 발에서 태어난 자(bandhu-pādā-pacca)’는 바라문들이 사문들을 비하하여 부르는 용어들이다. 『디가 니까야』 「암밧타경」(D3) §1.10과 「세기경」(D27) §3과 『맛지마 니까야』 「마라를 꾸짖음 경」(M50) §3과 「짱끼 경」(M95) §34 등에도 나타난다.
‘조상의 발에서 태어난 자(bandhu-pādā-pacca)’는 그들의 선조인 범천이 사람들을 만들 때 범천의 발에서 만들어진 계급이라는 말이다. 인도 최고(最

중받고 공경받고 숭상받는다네."

그때 마하깟짜나 존자는 승원 밖으로 나가서 그 바라문 학도들에게 이렇게 말했다.

"학도들이여, 그대들은 떠들지 말거라. 내가 그대들에게 법을 설해 줄테니."

이렇게 말하자 그 바라문 학도들은 침묵하였다.

古)요 최고(最高)의 권위인 『리그베다』의 「뿌루샤 숙따」(Pruṣa Sūkta, 原人에 대한 찬미가)는 이렇게 노래한다.

"바라문은 그(뿌루샤)의 입이고
그의 팔로부터 끄샤뜨리야(무사)가 만들어졌고
그의 넓적다리로부터 와이샤(평민)가
발로부터 수드라(천민)가 태어났다."(Rv.x.90:12)

본경에서 바라문학도들은 출가자들은 수드라와 같아서 그들의 조상신인 뿌루샤의 발에서 태어난 자라고 얕보고 천시하고 있는 것이다. 그런데 만일 어떤 사람이 말하기를 "너는 나쁜 놈이다. 왜냐하면 내 일기장에 너는 나쁜 놈이라고 적혀 있기 때문이다."라고 한다면 이 진술은 과연 타당성을 확보할 수 있을까? 비천함과 고귀함을 논하려면 최소한의 객관적인 기준은 있어야 하는 것이 아닌가? 자기들의 성전에 그렇게 적혀 있다고 해서 그것을 절대화해 버리면 참으로 '자기 일기장의 논리'가 되고 만다. 그래서 마하깟짜나 존자는 §4의 게송으로 그들의 천박함을 나무라고 진정으로 천상에 태어나기 위해서는 계를 지키고 마음을 닦아야 함을 설하고 있다.

218) '미천한 부자들'은 Ee:bhāratakā, Be, Se:bharatakā를 옮긴 것이다. 주석서에 나타나는 아래 설명을 참조하여 이렇게 옮겼다.
"bhāratakā란 지주들(kuṭumbikā)을 말한다. 지주들은 지역을 관장하고 (raṭṭhaṁ bharanti) 있기 때문에 bharata라 부른다. 그런데 여기서는 이들을 경멸(paribhava)하여 말하면서 ['-ka' 어미를 붙여서] bhāratakā라고 말한 것이다."(SA.ii.397)
범어 일반에서는 '-ka' 어미를 붙여서 경멸하는 뜻으로 사용한다. 여기서 '사문'으로 옮긴 원어는 일반적으로 samaṇa인데 여기서 바라문 학도들은 '-ka' 어미를 붙여서 경멸하는 의미로 samaṇaka로 부르고 있다. 그리고 '까까머리(muṇḍaka)'는 muṇḍa(머리 깎은)에다 경멸하는 뜻으로 '-ka' 어미를 붙여서 만들어진 단어이다.

4. 그러자 마하깟짜나 존자는 바라문 학도들에게 게송으로 말했다.

"옛날을 기억하는 예전의 바라문들은
계행에 으뜸가는 자들이었도다.
그들은 감각의 대문들을 잘 지키고 보호하였으며
그들은 분노를 정복했도다.
옛날을 기억하는 그 바라문들은
법과 선(禪)을 기뻐하였도다.[219] {1}

그러나 [요즘의] 이들 [바라문들은] 타락하여
'우리는 찬미하도다.'라고 하면서도
족성에 의기양양하여 옳지 못한 짓을 저지르며
분노에 지배되고 여러 가지 몽둥이로 무장하여
약자에게나 강자에게나 다 치근덕거리도다. {2}

감각의 대문들을 지키지 못하는 자에게
[모든 서계는] 헛된 것이니
그것은 꿈에 얻은 재물과도 같도다. [118]
금식, 땅바닥에서 자기
새벽에 목욕하기, 삼베다 [공부하기]
거친 동물가죽 입기, 엉킨 머리, 더러움
만뜨라, 서계, 의례의식, 고행

---

219) "'법과 선(禪)을 기뻐하는(dhamme ca jhāne ca ratā)'이란 열 가지 유익한 업의 길[十善業道, kusala-kamma-patha]이라는 법과 여덟 가지 증득(samāpatti, = 4禪과 4무색정)이라는 禪을 기뻐한다는 뜻이다."(SA.ii.398)

위선적 행동, 굽은 지팡이, 목욕재계 —
이러한 바라문들의 상징은
다만 세속적인 하찮은 수행일 뿐이로다.220) {3}

마음이 잘 삼매에 들고 깨끗하고 흐리지 않으며
모든 존재들에 대해서 부드러운 것 —
이것이 참으로 브라흐마를 증득하는 길이로다." {4}

5. 그러자 바라문 학도들은 화가 나고 마음이 언짢아서 로힛짜 바라문에게 갔다. 가서는 로힛짜 바라문에게 이렇게 말했다.

"존자는 아셔야 합니다. 사문 마하깟짜나가 바라문들의 만뜨라를 전적으로 모욕하고 경멸했습니다."

6. 이렇게 말하자 로힛짜 바라문은 화가 나고 마음이 언짢아졌다. 그때 로힛짜 바라문에게 이런 생각이 들었다.

'그런데 내가 학도들의 말만을 듣고 사문 마하깟짜나를 욕하고 비난하는 것은 나에게 어울리지 않는다. 그러니 나는 그에게 가서 직접 물어봐야겠다.'

그러자 로힛짜 바라문은 그 바라문 학도들과 함께 마하깟짜나 존자에게 다가갔다. 가서는 [119] 마하깟짜나 존자와 함께 환담을 나누었다. 유쾌하고 기억할 만한 이야기로 서로 담소를 하고서 한 곁에 앉았다. 한 곁에 앉은 로힛짜 바라문은 마하깟짜나 존자에게 이렇게 말했다.

---

220) '다만 세속적인 하찮은 수행일 뿐이로다.'는 katā kiñcikkha-bāvanā를 옮긴 것이다. 주석서에서 "물질적인 하찮은 것(āmisa-kiñcikkha)을 증장(vaḍḍhana)하기 위해서 행한 것이라는 뜻이다."(SA.ii.399)라고 설명하고 있어서 이렇게 옮겼다.

7. "깟짜나 존자여, 나의 도제인 많은 바라문 학도들이 땔나무를 모으기 위해서 왔습니까?"

"바라문이여, 그대의 도제인 많은 바라문 학도들이 땔나무를 모으기 위해서 왔습니다."

"깟짜나 존자여, 그런데 깟짜나 존자는 그 학도들과 어떤 대화를 나누었습니까?"

"바라문이여, 나는 그 학도들과 어떤 대화를 나누었습니다."

"그러면 깟짜나 존자는 그 학도들과 어떤 대화를 나누었습니까?"

8. "바라문이여, 나는 그 학도들과 이런 대화를 나누었습니다.

'옛날을 기억하는 예전의 바라문들은
계행에 으뜸가는 자들이었도다.

… …

마음이 잘 삼매에 들고 깨끗하고 흐리지 않으며
모든 존재들에 대해서 부드러운 것 —
이것이 참으로 브라흐마를 증득하는 길이로다.'

바라문이여, 나는 그 학도들과 이런 대화를 나누었습니다."

"깟짜나 존자는 감각의 대문들을 지키지 못하는 것을 말씀하셨습니다. 깟짜나 존자여, 어떻게 감각의 대문들을 지키지 못합니까?"

9. "바라문이여, 여기 어떤 자는 눈으로 형색을 보고 사랑스러운 형색에는 열중하고 사랑스럽지 않는 형색은 혐오합니다.[221] 그는

221) "'열중한다(adhimuccati).'는 것은 오염원(kilesa)을 통해서 열중한다, 탐한다(giddha)는 말이다. '혐오한다(byāpajjati).'는 것은 악의(byāpāda)를 통해서 썩은 마음을 가진 것(pūti-citta)이다."(SA.ii.399)

마음챙김을 확립하지 못한 채 머물고 마음은 제한되어 있습니다. 그리고 그는 이미 일어난 삿되고 해로운 법들이 남김없이 소멸되어버리는 마음의 해탈[心解脫]과 [120] 통찰지를 통한 해탈[慧解脫]을 있는 그대로 꿰뚫어 알지 못합니다.

귀로 소리를 듣고 … 코로 냄새를 맡고 … 혀로 맛을 보고 … 몸으로 감촉을 느끼고 … 마노로 법을 지각하고 사랑스러운 대상에는 열중하고 사랑스럽지 않는 대상은 혐오합니다. 그는 마음챙김을 확립하지 못한 채 머물고 마음은 제한되어 있습니다. 그리고 그는 이미 일어난 삿되고 해로운 법들이 남김없이 소멸되어버리는 마음의 해탈[心解脫]과 통찰지를 통한 해탈[慧解脫]을 있는 그대로 꿰뚫어 알지 못합니다.

바라문이여, 이렇게 감각의 대문들을 지키지 못합니다."

10. "깟짜나 존자여, 참으로 경이롭습니다. 깟짜나 존자여, 참으로 놀랍습니다. 깟짜나 존자는 감각의 대문들을 지키지 못하는 자를 감각의 대문들을 지키지 못하는 자라고 말씀하셨습니다.

깟짜나 존자는 감각의 대문들을 지키는 것을 말씀하셨습니다. 깟짜나 존자여, 어떻게 감각의 대문들을 지킵니까?"

11. "바라문이여, 여기 어떤 자는 눈으로 형색을 보고 사랑스러운 형색에도 홀리지 않고 사랑스럽지 않는 형색도 혐오하지 않습니다. 그는 마음챙김을 확립하여 머물고 마음은 제한되어 있지 않습니다. 그리고 그는 이미 일어난 삿되고 해로운 법들이 남김없이 소멸되어버리는 마음의 해탈[心解脫]과 통찰지를 통한 해탈[慧解脫]을 있는 그대로 꿰뚫어 압니다.

귀로 소리를 듣고 … 코로 냄새를 맡고 … 혀로 맛을 보고 … 몸으로 감촉을 느끼고 … 마노로 법을 지각하고 사랑스러운 대상에도 홀리지 않고 사랑스럽지 않는 대상도 혐오하지 않습니다. 그는 마음챙김을 확립하여 머물고 마음은 제한되어 있지 않습니다. 그리고 그는 이미 일어난 삿되고 해로운 법들이 남김없이 소멸되어버리는 마음의 해탈[心解脫]과 통찰지를 통한 해탈[慧解脫]을 있는 그대로 꿰뚫어 압니다.

바라문이여, 이렇게 감각의 대문들을 지킵니다."

12. "깟짜나 존자여, 참으로 경이롭습니다. 깟짜나 존자여, 참으로 놀랍습니다. [121] 깟짜나 존자는 감각의 대문들을 지키는 자를 감각의 대문들을 지키는 자라고 말씀하셨습니다.

경이롭습니다, 깟짜나 존자여. 경이롭습니다, 깟짜나 존자여. 마치 넘어진 자를 일으켜 세우시듯, 덮여 있는 것을 걷어내 보이시듯, [방향을] 잃어버린 자에게 길을 가리켜 주시듯, 눈 있는 자 형색을 보라고 어둠 속에서 등불을 비춰 주시듯, 깟짜나 존자께서는 여러 가지 방편으로 법을 설해 주셨습니다. 저는 이제 세존께 귀의하옵고 법과 비구 승가에 귀의합니다. 깟짜나 존자께서는 저를 재가신자로 받아 주소서. 오늘부터 목숨이 붙어 있는 그날까지 귀의하옵니다."

13. "그리고 깟짜나 존자께서 막까라까따의 다른 청신사의 집들을 방문하시는 것처럼 그와 같이 깟짜나 존자께서는 로힛짜의 집도 방문해 주십시오. 그러면 모든 바라문 학도들이나 여자 바라문 학도들이 깟짜나 존자께 예배드리고 일어나서 영접하며 자리와 물을 내어 드리고 마음에 청정한 믿음을 낼 것입니다. 그러면 그것은 오랫동안 그들에게 이익이 되고 행복이 될 것입니다."

웨라핫짜니 경(S35:133)

Verahaccāni-sutta

1. 이와 같이 나는 들었다. 한때 우다이 존자[222]는 까만다에서 또데야 바라문[223]의 망고 숲에 머물렀다.

2. 그때 웨라핫짜니 족성을 가진 바라문 여인의 도제인 바라문 학도가 우다이 존자에게 다가갔다. 가서는 우다이 존자와 함께 환담을 나누었다. 유쾌하고 기억할 만한 이야기로 서로 담소를 하고서 한 곁에 앉았다. 한 곁에 앉은 바라문 학도에게 우다이 존자는 법다운 이야기로 가르치고 격려하고 분발하게 하고 기쁘게 하였다.

3. 그러자 그 바라문 학도는 우다이 존자로부터 법다운 이야기로 가르침을 받고 격려되고 분발되고 기뻐져서 자리에서 일어나서 웨라핫짜니 족성의 바라문 여인에게 갔다. 가서는 웨라핫짜니 족성

---

222) "우다이(Udāyī)라 이름하는 세 분의 장로가 있는데 랄루다이(Lāḷudāyī), 깔루다이(Kāḷudāyī), 마하우다이(Mahāudāyī)이다."(DA.iii.903)
본경에 해당하는 주석서와 복주서는 본경의 우다이 존자가 누구인지 아무 설명이 없다.

223) 본경에 해당하는 주석서는 까만다(Kāmaṇḍā)에 대해서 이런 이름을 가진 도시(nagara)라고만 할 뿐(SA.ii.399) 별다른 설명이 없으며, 또데야 바라문(Todeyya brāhmaṇa)에 대해서도 설명을 하지 않고 있다. DPPN은 또데야 바라문을 다른 경들에서 유명한 바라문으로 언급되는 또데야 바라문과 같은 사람으로 간주하고 있다.
다른 경에 나타나는 또데야 바라문은 사왓티 근교의 뚜디 마을(Tudi-gāma)의 수장이었다고 하며 그래서 또데야(Todeyya, 뚜디에 사는 자)라 불렸다고 한다.(DA.ii.384) 또데야 바라문은 『디가 니까야』 「삼명경」(D13)과 『맛지마 니까야』 「와셋타 경」(M98)과 「수바 경」(M99)과 『앙굿따라 니까야』 「나기따 경」(A5:30) 등에서 짱끼 바라문, 따룩카 바라문, 뽁카라사띠 바라문, 자눗소니 바라문 등과 더불어 유명한 바라문으로 언급되고 있다. 더 자세한 설명은 『앙굿따라 니까야』 「왓사까라 경」(A4:187) §6의 주해를 참조할 것.

의 바라문 여인에게 이렇게 말했다.

"스승께서는 아셔야 합니다. 사문 우다이는 시작도 훌륭하고 중간도 훌륭하고 끝도 훌륭한 [법을 설하고], [122] 의미와 표현을 구족하여 [법을 설하여], 더할 나위 없이 완벽하고 지극히 청정한 범행(梵行)을 드러냅니다."

4. "학도여, 그렇다면 그대는 내 이름으로 내일 공양에 사문 우다이를 초청하라."

"알겠습니다, 스승님."이라고 바라문 학도는 웨라핫짜니 족성의 바라문 여인에게 대답한 뒤 우다이 존자에게 다가갔다. 가서는 우다이 존자에게 이렇게 말했다.

"우다이 존자께서는 우리의 스승224)인 웨라핫짜니 족성의 바라문 여인이 내일 올릴 공양을 허락하여 주십시오."

우다이 존자는 침묵으로 허락하였다.

5. 그때 우다이 존자는 그 밤이 지나자 오전에 옷매무새를 가다듬고 발우와 가사를 수하시고 비구 승가와 함께 웨라핫짜니 족성의 바라문 여인의 집으로 갔다. 가서는 마련된 자리에 앉았다. 그러자 웨라핫짜니 족성의 바라문 여인은 우다이 존자에게 맛있는 여러 음식을 자기 손으로 직접 대접하고 들게 했다.

6. 우다이 존자가 공양을 마치고 발우에서 손을 떼자225) 웨라

---

224) 여기서 '스승'으로 옮긴 단어는 ācariya-bhariyā인데 문자적으로는 스승(ācariya)의 아내(bhariyā)라는 뜻이다. 그러나 본경의 문맥으로 볼 때 이 바라문 학도는 이 여인의 도제(antevāsī)로 표현되고 있기 때문에 바라문 학도의 스승임이 분명하다. 그래서 스승으로 옮겼다. CPD *s.v.* ācariya-bhariyā에도 본경을 예로 들면서 여자 스승(*a female teacher*)을 뜻한다고 풀이하고 있다.

핫짜니 족성의 바라문 여인은 신발을 신은 채 어떤 높은 자리를 잡고 앉아서 머리를 덮고 우다이 존자에게 이렇게 말했다.

"사문이여, 법을 설해 주십시오."

"누이여, 그럴 때가 있을 것입니다."라고 말하고 우다이 존자는 자리에서 일어나서 나갔다.226)

7. 두 번째로 그 바라문 학도는 우다이 존자에게 다가갔다. …

두 번째로 우다이 존자는 법다운 이야기로 가르치고 격려하고 분발하게 하고 기쁘게 하였다.

그러자 그 바라문 학도는 … 가서는 웨라핫짜니 족성의 바라문 여인에게 이렇게 말했다.

"스승께서는 아셔야 합니다. 사문 우다이는 시작도 훌륭하고 중간

---

225) '발우에서 손을 떼자'는 Be, Se: onītapattapāṇiṁ, Ee:oṇitapattapāṇiṁ을 옮긴 것이다. 본서 「이시닷따 경」 1(S41:2) §8(주해도 참조)과 S41:3~4의 해당부분에는 onītapattapāṇino로 나타난다. 여러 주석서는 "발우로부터 손을 뗀, 손을 거두어들인(onītapattapāṇin ti pattato onītapāṇiṁ, apanīta-hatthanti vuttaṁ hoti)"(DA.i.277; MA.ii.283 등)으로 설명하고 있어서 이렇게 옮겼다. Norman은 이것을 목적격 절대분사로 이해하고 있다. 여기에 대한 자세한 논의는 보디 스님, 1418쪽 135번 주해를 참조할 것.
'발우'로 옮긴 patta는 스님들의 발우도 되고 일반 그릇이라는 뜻도 된다. 이 표현은 주로 공양청을 받아서 신도집에 가서 공양을 하는 문맥에서 나타나지만 이런 경우도 발우를 가지고 가서 공양하는 것이 일반적이기 때문에(본서 「이시닷따 경」 1(S41:2) §8의 주해 참조) 발우라고 옮겼다.

226) 아프지도 않으면서 신발을 신고 있는 자에게 비구가 설법을 하는 것은 세키야(Sekhiya, 衆學) 계목 61조를 위배하는 것이 된다. 높은 자리에 앉아있는 사람에게 법을 설하는 것은 세키야 계목 69조에 위배되고, 머리를 덮고 있는 자에게 법을 설하는 것은 67조에 위배된다. 청법자의 이런 태도는 법을 공경하지 않는 것으로 간주된다.
세키야(Sekhiya, 衆學)는 비구의 225가지 계목(戒目)에 포함되어 있다. 이것은 학습해야 할[學, sekhiya] 계목이라는 뜻이며 75가지 계목으로 되어 있다. 이것을 범하면 악작죄(惡作罪, dukkaṭa)가 된다. 그러나 이것을 범하면 스스로 뉘우치고 참회하는 것으로 범계(犯戒, āpatti)에서 벗어나게 된다.

도 훌륭하고 [123] 끝도 훌륭한 [법을 설하고], 의미와 표현을 구족하여 [법을 설하여], 더할 나위 없이 완벽하고 지극히 청정한 범행(梵行)을 드러냅니다."

"학도여, 그대는 그런 식으로 사문 우다이를 칭송하는구나. 그러나 사문 우다이는 내가 '사문이여, 법을 설해 주십시오.'라고 말했는데도 '누이여, 그럴 때가 있을 것입니다.'라고 말하고 자리에서 일어나서 나갔다."

8. "스승님, 그때 스승님은 신발을 신은 채 어떤 높은 자리를 잡고 앉아서 머리를 덮고 '사문이여, 법을 설해 주십시오.'라고 말씀하셨기 때문입니다. 그 존자들은 법을 중히 여기고 법을 존중하는 분들입니다."

"학도여, 그렇다면 그대는 내 이름으로 내일 공양에 사문 우다이를 초청하라."

"알겠습니다, 스승님."이라고 바라문 학도는 웨라핫짜니 족성의 바라문 여인에게 대답한 뒤 우다이 존자에게 다가갔다. …

9. 우다이 존자가 공양을 마치고 발우에서 손을 떼자 웨라핫짜니 족성의 바라문 여인은 신발을 벗고 어떤 낮은 자리를 잡고 앉아서 머리를 드러내고 우다이 존자에게 이렇게 말했다.

"존자시여, 무엇이 있을 때 아라한들은 즐거움과 괴로움이 있다고 주장하고 무엇이 없을 때 아라한들은 즐거움과 괴로움이 있다고 주장하지 않습니까?"

10. "누이여, 눈이 있을 때 아라한들은 즐거움과 괴로움이 있다고 주장합니다. 눈이 없을 때 아라한들은 즐거움과 괴로움이 있다고 [124] 주장하지 않습니다. 귀가 … 코가 … 혀가 … 몸이 … 마노가 있

을 때 아라한들은 즐거움과 괴로움이 있다고 주장합니다. 마노가 없을 때 아라한들은 즐거움과 괴로움이 있다고 주장하지 않습니다."

11. 이렇게 말하자 웨라핫짜니 족성의 바라문 여인은 우다이 존자에게 이렇게 말했다.

"경이롭습니다, 우다이 존자여. 경이롭습니다, 우다이 존자여. 마치 넘어진 자를 일으켜 세우시듯, … 저는 이제 세존께 귀의하옵고 법과 비구 승가에 귀의합니다. 우다이 존자께서는 저를 재가신자로 받아주소서. 오늘부터 목숨이 붙어 있는 그날까지 귀의하옵니다."

제13장 장자 품이 끝났다.

열세 번째 품에 포함된 경들의 목록은 다음과 같다.

① 웨살리 ② 왓지 ③ 날란다
④ 바라드와자 ⑤ 소나
⑥ 고시따 ⑦ 할릿디까니 ⑧ 나꿀라삐따
⑨ 로힛짜 ⑩ 웨라핫짜니이다.

제14장 데와다하 품

Devadaha-vagga

데와다하 경(S35:134)[227]

Devadaha-sutta

1. 이와 같이 나는 들었다. 한때 세존께서는 삭까에서 데와다하[228]라는 삭까들의 성읍에 머무셨다.

2. 거기서 세존께서는 비구들을 불러서 말씀하셨다.

3. "비구들이여, 나는 모든 비구들이 여섯 가지 감각장소들에 대해서 [125] 방일하지 않고 할 일을 한다고 말하지 않는다. 비구들이여, 그러나 나는 모든 비구들이 여섯 가지 감각장소들에 대해서 방일하지 않고 할 일을 하지 않는다고도 말하지 않는다."

4. "비구들이여, 아라한들은 번뇌가 다했고 삶을 완성했으며 할 바를 다했고 짐을 내려놓았으며 참된 이상을 실현했고 삶의 족쇄를 부수었으며 바른 구경의 지혜로 해탈하였다. 비구들이여, 그 비구들에 대해서는 여섯 가지 감각장소들에 대해서 방일하지 않고 할 일을 한다고 말하지 않는다.

---

227) Ee는 본품의 마지막에 나타나는(S.iv.132) 경들의 목록(uddāna)을 잘못 읽어서 본경의 제목을 Devadaha-khaṇa로 붙였다. 본경의 제목은 Devadaha이고 다음 경이 Khaṇa이고 그 다음 경은 Saṅgayha이다. Be와 Se에는 바르게 나타난다.

228) 데와다하(Devadaha)에 대해서는 본서 제3권 「데와다하 경」(S22:2) §1의 주해를 참조할 것.

그것은 무슨 이유 때문인가? 그들은 불방일로 해야 할 일을 다 하였으며 그들은 방일해질 수가 없기 때문이다."

5. "비구들이여, 아직 마음의 이상인 [아라한과를] 얻지 못한 유학들은 위없는 유가안은을 원하며 머문다. 비구들이여, 그 비구들에 대해서는 여섯 가지 감각장소들에 대해서 방일하지 않고 할 일을 한다고 말한다. 그것은 무슨 이유 때문인가?"

6. "비구들이여, 눈으로 인식되는 형색들이 있으니 마음에 드는 것도 있고 마음에 들지 않는 것도 있다. 그러나 이들에 닿고 또 닿더라도 그것들이 그의 마음을 사로잡아 머물지 못하도록 [공부지어야 한다.] 그것들이 그의 마음을 사로잡아 머물지 못하면 불굴의 정진이 생기고 마음챙김이 확립되고 혼란스럽지 않으며 몸이 경안하고 동요가 없으며 마음은 집중되어 일념이 된다. 비구들이여, 이러한 불방일의 결실을 보면서 그 비구들은 여섯 가지 감각장소들에 대해서 방일하지 않고 할 일을 한다고 나는 말한다.

비구들이여, 귀로 … 코로 … 혀로 … 몸으로 … 마노로 인식되는 법들이 있으니 마음에 드는 것도 있고 마음에 들지 않는 것도 있다. 그러나 이들에 닿고 또 닿더라도 그것들이 그의 마음을 사로잡아 머물지 못하도록 [공부지어야 한다.] 그것들이 그의 마음을 사로잡아 머물지 못하면 불굴의 정진이 생기고 마음챙김이 확립되고 혼란스럽지 않으며 몸이 경안하고 동요가 없으며 마음은 집중되어 일념이 된다. 비구들이여, 이러한 불방일의 결실을 보면서 그 비구들은 여섯 가지 감각장소들에 대해서 방일하지 않고 할 일을 한다고 나는 말한다."

기회 경(S35:135)

Khaṇa-sutta

3. "비구들이여, [126] 그대들이 청정범행을 닦을 기회를 얻은 것은 참으로 그대들에게 이득이다. 이것은 참으로 그대들에게 큰 이득이다.

비구들이여, 나는 여섯 가지 감각접촉의 장소라는 지옥229)을 본 적이 있다. 거기서 눈으로 어떤 형색을 보든지 간에 그들은 원하지 않는 형색만을 보고 원하는 형색은 보지 못한다. 좋지 않은 형색만을 보고 좋은 형색은 보지 못한다. 마음에 들지 않는 형색만을 보고 마음에 드는 형색은 보지 못한다.

귀로 어떤 소리를 듣든지 간에 … 코로 어떤 냄새를 맡든지 간에 … 혀로 어떤 맛을 보든지 간에 … 몸으로 어떤 감촉을 느끼든지 간에 … 마노로 어떤 법을 지각하든지 간에 그들은 원하지 않는 대상만을 지각하고 원하는 대상은 지각하지 못한다. 좋지 않은 대상만을 지각하고 좋은 대상은 지각하지 못한다. 마음에 들지 않은 대상만을 지각하고 마음에 드는 대상은 지각하지 못한다.

비구들이여, 그대들이 청정범행을 닦을 기회를 얻은 것은 참으로 그대들에게 이득이다. 이것은 참으로 그대들에게 큰 이득이다."

4. "비구들이여, 그대들이 청정범행을 닦을 기회를 얻은 것은

---

229) "'여섯 가지 감각접촉의 장소라는 지옥(cha-phass-āyatanikā nāma nirayā)'이 따로(visuṁ) 있는 것은 아니다. 이것은 21가지 대지옥(mahā-niraya)에 있는 여섯 가지 문을 가진 감각접촉의 장소에 대한 개념적 표현(cha-dvāra-phass-āyatana-paññatti)일 뿐이다. 여기서는 아위찌 대지옥(Avīci-mahāniraya, 無間地獄)을 두고 말씀하신 것이다."(SA.ii.400) 본서 제6권 「대열뇌(大熱惱) 경」(S56:43) §3에서는 이렇게 묘사되고 있는 지옥을 대열뇌 지옥(Mahāpariḷāha niraya)이라 부르고 있다.

참으로 그대들에게 이득이다. 이것은 참으로 그대들에게 큰 이득이다.

비구들이여, 나는 여섯 가지 감각접촉의 장소라는 천상[230]을 본 적이 있다. 거기서 눈으로 어떤 형색을 보든지 간에 그들은 원하는 형색만을 보고 원하지 않는 형색은 보지 못한다. 좋은 형색만을 보고 좋지 않은 형색은 보지 못한다. 마음에 드는 형색만을 보고 마음에 들지 않는 형색은 보지 못한다.

귀로 어떤 소리를 듣든지 간에 … 코로 어떤 냄새를 맡든지 간에 … 혀로 어떤 맛을 보든지 간에 … 몸으로 어떤 감촉을 느끼든지 간에 … 마노로 어떤 법을 지각하든지 간에 그들은 원하는 대상만을 지각하고 원하지 않는 대상은 지각하지 못한다. 좋은 대상만을 지각하고 좋지 않은 대상은 지각하지 못한다. 마음에 드는 대상만을 지각하고 마음에 들지 않는 대상은 지각하지 못한다.

비구들이여, 그대들이 청정범행을 닦을 기회를 얻은 것은 참으로 그대들에게 이득이다. 이것은 참으로 그대들에게 큰 이득이다."

---

230) "여기서도 '여섯 가지 감각접촉의 장소라는 천상(cha-phass-āyatanikā nāma saggā)'은 삼십삼천의 도시(tāvatiṁsa-pura)를 염두에 두고 하신 말씀이다. 이것을 통해서 무엇을 밝히려고 하시는가? 지옥에는 전적인 괴로움만을 갖추고 있다(ekanta-dukkha-samappita-bhāva). 그리고 천상에는 전적인 즐거움만을 갖추고 있기 때문에 전적으로 유희와 기쁨(ekanta-khiḍḍārati)에만 빠져 방일하게 지내느라(uppanna-pamāda) 도의 청정범행을 닦으며(magga-brahma-cariya-vāsa) 지낼 수가 없다. 그러나 인간 세상은 즐거움과 괴로움이 섞여 있기(vokiṇṇa-sukha-dukkha) 때문에 여기서는 악처(apāya)와 천상(sagga) 둘 다를 알게 된다. 그래서 이것을 두고 도의 청정범행을 행할 장소(kamma-bhūmi)라고 한다. 그대들은 이런 곳을 얻었다. 그러므로 그대들이 이 인간의 오온을 얻은 것이 참으로 [바르게] 얻은 것이다. 그러므로 그대들이 이 인간됨을 얻은 것은 청정범행을 닦을 기회(khaṇa)와 시기(samaya)를 얻은 것이다라고 말씀하시는 것이다." (SA.ii 400)

형색을 즐거워함 경1(S35:136)[231]

Rūpārāma-sutta

3. "비구들이여, 신들과 인간들은 형색을 즐거워하고 형색을 기뻐한다. 비구들이여, 신들과 인간들은 형색이 변하고 빛바래고 소멸하면 괴로워하면서 머문다. 소리를 … 냄새를 … 맛을 … 감촉을 … 법을 즐거워하고 법을 기뻐한다. [127] 비구들이여, 신들과 인간들은 법이 변하고 빛바래고 소멸하면 괴로워하면서 머문다."

4. "비구들이여, 그러나 여래 · 아라한 · 정등각자는 형색들의 일어남과 사라짐과 달콤함과 위험함과 벗어남을 있는 그대로 분명하게 안 뒤 형색을 즐거워하지 않고 형색에 탐닉하지 않고 형색을 기뻐하지 않는다. 비구들이여, 여래는 형색이 변하고 빛바래고 소멸하더라도 행복하게 머문다. 소리를 … 냄새를 … 맛을 … 감촉을 … 법을 즐거워하지 않고 법에 탐닉하지 않고 법을 기뻐하지 않는다. 비구들이여, 여래는 법이 변하고 빛바래고 소멸하더라도 행복하게 머문다."

5. 세존께서는 이렇게 말씀하셨다. 선서이신 스승께서는 이렇게 말씀하신 뒤 다시 [게송으로] 이와 같이 설하셨다.[232]

---

231) Ee는 본경의 제목을 Agayha(게송이 없음)로 잘못 정하고 있다. 더군다나 다음 경이 되어야 할 부분인 S.iv.128의 §5 이하를 본경에 포함시키고 있는 편집상의 큰 실수를 범하였다. Be와 Se는 모두 이 둘을 독립된 두 개의 경으로 편집하고 있다. 그리고 본경과 다음 경의 제목은 Be: Paṭhama-rūpārāma(첫 번째 형색을 즐거워함)와 Dutiya-rūpārāma(두 번째 형색을 즐거워함)를 따랐다. 보디 스님도 이것을 따르고 있다. Se는 각각 Sagayha와 Gayha로 나타나는데 후자는 Agayha(게송이 없음)가 되어야 한다. 왜냐하면 이 경에는 게송이 포함되지 않았기 때문이다. 이 두 경의 차이점은 전자에는 게송이 포함되고(sagayha) 후자에는 게송이 포함되지 않은 것(agayha)이다.

232) 여기에 나타나고 있는 여덟 개의 게송은 『숫따니빠따』(Sn.148~149) {759

"형색, 소리, 냄새, 맛, 감촉,
[마노의 대상인] 법이 되는 모든 것 —233)
원하고 좋고 마음에 들면
'바로 이것이로구나.'라고 말하네. {1}

신들을 포함한 세상은
이런 것들을 행복이라 여기지만
이런 것들이 소멸하는 곳에 대해서는
괴로움이라 여기도다. {2}

자기 존재의 소멸을
성자들은 행복이라 보나니
이것은 모든 세상이 보는 것과는
반대되는 것이로다.234) {3}

남들이 행복이라 말하는 것을
성자들은 괴로움이라 말하고
남들이 괴로움이라 말하는 것을
성자들은 행복이라 알도다. {4}

알기 어려운 법을 보라.

~766}과 동일하다. 역자는 Be와 Se를 존중하여 옮겼다.

233) 이 표현은 본서 제1권 「여섯 감각접촉의 장소 경」(S4:17) {480}에도 나타나고 있다.

234) "'이것은 모든 세상이 보는 것과는 반대되는 것이다(paccanīkam idaṁ hoti, sabbalokena passataṁ).'라고 하셨다. 세상 사람들은 오온을 항상하다, 즐겁다, 자아다, 깨끗하다[常·樂·我·淨, nicca, sukha, atta, subha]고 생각하지만 현자들은 무상하다, 괴로움이다, 무아다, 부정이다[無常·苦·無我·不淨]라고 여기기 때문이다."(SA.ii.401)

어리석은 자들은 여기서 크게 미혹하나니
[무명에] 가린 자들에게는 암흑이요
보지 못하는 자들에게는 어둠이로다. {5} [128]

참된 자들에게는 열려 있고
보는 자들에게는 광명이지만
법에 능숙하지 못한 자들은235)
가까이 있어도 알지 못하도다. {6}

존재에 대한 갈망에 빠진 자들
존재의 흐름에 따라 흐르는 자들
마라의 영역에 깊숙이 빠진 자들은
이 법을 쉽게 깨달을 수 없도다. {7}

바른 구경의 지혜로 이 경지를 알 때
번뇌 없이 완전한 열반에 들리니
성자들 외에 누가 이 경지를
완전하게 깨달을 수 있으랴."236) {8}

---

235) Ee: santikena vijānanti mahādhammassa kovidā 대신에 Be, Se: santike na vijānanti, maggā dhammassa akovidā로 읽어서 옮겼다. Ee는 Be, Se로 고쳐져야 한다고 보디 스님은 제안하고 있다.

236) "성자들 외에 누가 이 열반의 경지(nibbāna-pada)를 알 수 있겠는가 라는 뜻이다. '바른 구경의 지혜로 열반에 들리니(sammadaññāya parinibbanti)'라는 것은 아라한됨의 통찰지(arahatta-paññā)를 통해서 바르게 안 뒤 즉시에(anantaraṁ) 번뇌 없는 자(anāsava = 아라한)가 되어서 오염원으로부터의 완전한 열반(kilesa-parinibbāna)을 통해서 완전한 열반에 든다(parinibbanti)는 말이다. 혹은 바른 구경의 지혜(sammadaññā)로 번뇌 없는 자가 되어서 마지막에(ante) 오온으로부터의 완전한 열반(khandha-parinibbāna)을 통해서 완전한 열반에 든다는 말이다."(SA.ii.402)

형색을 즐거워함 경2(S35:137)[237]

<본경은 바로 앞의 「형색을 즐거워함 경」 1(S35:136) 가운데서 뒷부분의 게송을 제외한 앞의 산문 부분과 동일함.>

그대들 것이 아님 경1(S35:138)[238]

Natumhākaṁ-sutta

3. "비구들이여, 그대들의 것이 아닌 것은 버려야 한다. 그대들이 그것을 버리면 이익과 행복이 있을 것이다.

비구들이여, 그러면 어떤 것이 그대들의 것이 아닌가?"

4. "비구들이여, 눈은 그대들의 것이 아니다. 그대들이 그것을 버리면 이익과 행복이 있을 것이다.

귀는 … 코는 … 혀는 [129] … 몸은 … 마노는 그대들의 것이 아니다. 그대들이 그것을 버리면 이익과 행복이 있을 것이다."

5. "비구들이여, 예를 들면 사람들이 이 제따 숲에서 풀과 나무와 가지와 잎을 가져가거나 태우거나 하고 싶은 대로 한다 하자. 그러면 그대들에게 '사람들이 우리를 가져간다거나 태운다거나 하고

---

237) Ee에는 본경이 아무 근거 없이 바로 앞의 「형색을 즐거워함 경」 1(S35:136)에 포함된 것으로 편집되어 있다. Be, Se에는 다른 경으로 편집되어 있고 보디 스님도 각각 다른 경으로 번역하였고 경번호도 다르게 매겼다. 역자는 Ee를 존중하여 본경의 경번호를 35:136-2로 붙이고 싶었다. 그러나 Ee에는 본 「육처 상윳따」(S35)의 경번호가 모두 207개로 편집되어 있지만 Be와 Se와 이를 존중한 보디 스님의 번역에는 모두 248개의 경으로 편집되어 있다. 이처럼 교정본 간에 서로 차이가 많이 나서 부득이 Ee의 편집을 따르지 않고 Be와 Se와 보디 스님을 따라서 경번호를 매겼음을 밝힌다.

238) 본경과 다음 경은 본서 제3권 「그대들의 것이 아님 경」 1/2(S22:33~34)와 대응이 된다. 그리고 본서 「그대들 것이 아님 경」 1/2(S35:101~102)의 축약본이라 할 수 있다. 경제목은 Be를 따랐다.

싶은 대로 한다.'라는 이런 생각이 들겠는가?"

"그렇지 않습니다, 세존이시여. 그것은 무슨 이유 때문인가요? 세존이시여, 그것은 자아가 아니고 자아에 속하는 것이 아니기 때문입니다."

6. "비구들이여, 그와 같이 눈은 그대들의 것이 아니다. 그대들이 그것을 버리면 이익과 행복이 있을 것이다. 귀는 … 코는 … 혀는 … 몸은 … 마노는 그대들의 것이 아니다. 그대들이 그것을 버리면 이익과 행복이 있을 것이다."

그대들 것이 아님 경2(S35:139)

3. "비구들이여, 그대들의 것이 아닌 것은 버려야 한다. 그대들이 그것을 버리면 이익과 행복이 있을 것이다."

"비구들이여, 그러면 어떤 것이 그대들의 것이 아닌가?"

4. "비구들이여, 형색은 그대들의 것이 아니다. 그대들이 그것을 버리면 이익과 행복이 있을 것이다.

소리는 … 냄새는 … 맛은 … 감촉은 … 법은 그대들의 것이 아니다. 그대들이 그것을 버리면 이익과 행복이 있을 것이다."

안의 무상의 원인 경1(S35:140)[239]

Ajjhattāniccahetu-sutta

3. "비구들이여, 눈은 무상하다. 눈이 일어나는 원인과 조건도 역시 무상하다. 비구들이여, 눈은 무상에서 발생하였나니 그 어디에

---

239) 본경을 포함한 다음 여섯 개 경들(S35:140~145)은 본서 제3권 「원인 경」 1/2/3(S22:18~20)과 상응한다.

항상함이 있겠는가?

귀는 [130] … 코는 … 혀는 … 몸은 … 마노는 무상하다. 마노가 일어나는 원인과 조건도 역시 무상하다. 비구들이여, 마노는 무상에서 발생하였나니 그 어디에 항상함이 있겠는가?"

4. "비구들이여, 이렇게 보는 잘 배운 성스러운 제자는 … 다시는 어떤 존재로도 돌아오지 않을 것이라고 꿰뚫어 안다."

안의 무상의 원인 경2(S35:141)

3. "비구들이여, 눈은 괴로움이다. 눈이 일어나는 원인과 조건도 역시 괴로움이다. 비구들이여, 눈은 괴로움에서 발생하였나니 그 어디에 즐거움이 있겠는가?

귀는 … 코는 … 혀는 … 몸은 … 마노는 괴로움이다. 마노가 일어나는 원인과 조건도 역시 괴로움이다. 비구들이여, 마노는 괴로움에서 발생하였나니 그 어디에 즐거움이 있겠는가?"

4. "비구들이여, 이렇게 보는 잘 배운 성스러운 제자는 … 다시는 어떤 존재로도 돌아오지 않을 것이라고 꿰뚫어 안다."

안의 무상의 원인 경3(S35:142)

3. "비구들이여, 눈은 무아다. 눈이 일어나는 원인과 조건도 역시 무아다. 비구들이여, 눈은 무아에서 발생하였나니 그 어디에 자아가 있겠는가?

귀는 … 코는 … 혀는 … 몸은 … 마노는 무아다. 마노가 일어나는 원인과 조건도 [131] 역시 무아다. 비구들이여, 마노는 무아에서 발생하였나니 그 어디에 자아가 있겠는가?"

4. "비구들이여, 이렇게 보는 잘 배운 성스러운 제자는 … 다시는 어떤 존재로도 돌아오지 않을 것이라고 꿰뚫어 안다."

밖의 무상의 원인 경1(S35:143)

Ajjhattāniccahetu-sutta

3. "비구들이여, 형색은 무상하다. 형색이 일어나는 원인과 조건도 역시 무상하다. 비구들이여, 형색은 무상에서 발생하였나니 그 어디에 항상함이 있겠는가?

소리는 … 냄새는 … 맛은 … 감촉은 … 법은 무상하다. 법이 일어나는 원인과 조건도 역시 무상하다. 비구들이여, 법은 무상에서 발생하였나니 그 어디에 항상함이 있겠는가?"

4. "비구들이여, 이렇게 보는 잘 배운 성스러운 제자는 … 다시는 어떤 존재로도 돌아오지 않을 것이라고 꿰뚫어 안다."

밖의 무상의 원인 경2/3(S35:144~145)

[132] <이 두 경은 앞의 「밖의 무상의 원인 경」1(S35:143)의 '무상' 대신에 각각 '괴로움'과 '무아'가 나타나는 것만 다르다.>

제14장 데와다하 품이 끝났다.

열네 번째 품에 포함된 경들의 목록은 다음과 같다.

① 데와다하 ② 기회, 두 가지 ③~④ 형색을 즐거워함
두 가지 ⑤~⑥ 그대들 것이 아님, 세 가지 ⑦~⑨ 안의 무상의 원인
세 가지 ⑩~⑫ 밖의 무상의 원인이다.

제15장 새로운 것과 오래된 것 품

Navapurāṇa-vagga

업 경(S35:146)

Kamma-sutta

2. "비구들이여, 새로운 업과 오래된 업 그리고 업의 소멸과 업의 소멸로 인도하는 도닦음에 대해서 설하리라. … <S35:23 §3> …

3. "비구들이여, 어떤 것이 오래된 업인가?

비구들이여, 눈은 오래된 업[이라는 조건에 의해서] 형성된 것이고 의도의 토대가 되는 것이고 느낌의 토대가 되는 것이라고 보아야 한다.[240]

귀는 … 코는 … 혀는 … 몸은 … 마노는 오래된 업[이라는 조건에 의해서] 형성된 것이고 의도의 토대가 되는 것이고 느낌의 토대가 되는 것이라고 보아야 한다."

4. "비구들이여, 어떤 것이 새로운 업인가?

비구들이여, 지금 몸과 말과 마노로 짓는 업을 새로운 업이라 한다."

---

240) "'눈은 오래된 업(cakkhu purāṇakammaṁ)'이라고 하셨는데 눈이 오래된 것이 아니라 바로 업(kamma)이 오래된 것이다. 업에 의해서 생겼기 때문에(kammato nibbattattā) 조건이라는 이름으로(paccaya-nāmena) 이와 같이 설하신 것이다."(SA.ii.402)
나머지 구문에 대한 주석은 본서 제2권 「그대들 것이 아님 경」(S12:37) §3의 주해와 같다. 그곳의 주해들을 참조할 것.
"본경은 예비단계의 위빳사나(pubbabhāga-vipassanā)를 설하셨다."(SA.ii.402)

5. "비구들이여, 어떤 것이 업의 소멸인가?

비구들이여, 몸의 업과 말의 업과 마노의 업이 소멸하여 [133] 해탈을 체득하는 것을 일러 업의 소멸이라 한다."

6. "비구들이여, 어떤 것이 업의 소멸로 인도하는 도닦음인가?

비구들이여, 바로 이 여덟 가지 구성요소를 가진 성스러운 도[八支聖道=팔정도]이니 그것은 바른 견해, 바른 사유, 바른 말, 바른 행위, 바른 생계, 바른 정진, 바른 마음챙김, 바른 삼매이다.

비구들이여, 이를 일러 업의 소멸로 인도하는 도닦음이라 한다."

7. "비구들이여, 이처럼 나는 그대들에게 새로운 업과 오래된 업 그리고 업의 소멸과 업의 소멸로 인도하는 도닦음에 대해서 설했다. 항상 제자들의 이익을 기원하며 제자들을 연민하는 스승이 마땅히 해야 할 바를 이제 나는 연민으로 그대들에게 하였다.

비구들이여, 여기 나무 밑이 있다. 여기 빈집들이 있다. 참선을 하라.241) 비구들이여, 방일하지 마라. 나중에 후회하지 마라. 이것이 그대들에게 주는 나의 간곡한 당부이다."

열반에 도움이 됨 경1(S35:147)

Nibbānasappāya-sutta

2. "비구들이여, 그대들에게 열반에 도움이 되는 도닦음242)에

---

241) 본서 제5권 「몸에 대한 마음챙김 경」(S43:1) §4의 주해를 참조할 것.

242) "'열반에 도움이 되는 도닦음(nibbāna-sappāya paṭipada)'이란 열반에 적절하고(sappāya) 도움이 되는 도닦음(upakāra-paṭipada)이란 말이다. 여기 네 개의 경들(S35:147~150)을 통해서 위빳사나와 더불어 네 가지 도(magga)를 설하였다."(SA.ii.402)

대해서 설하리라. … <S35:23 §3> …

"비구들이여, 그러면 어떤 것이 열반에 도움이 되는 도닦음인가?"

3. "비구들이여, 여기 비구는 눈은 무상하다고 본다. 형색은 무상하다고 본다. 눈의 알음알이는 무상하다고 본다. 눈의 감각접촉은 무상하다고 본다. 눈의 감각접촉을 조건으로 하여 일어나는 즐겁거나 괴롭거나 괴롭지도 즐겁지도 않은 느낌은 무상하다고 본다.

귀는 … 소리는 … 귀의 알음알이는 … 귀의 감각접촉은 … 느낌은 …

코는 … 냄새는 … 코의 알음알이는 … 코의 감각접촉은 [134] … 느낌은 …

혀는 … 맛은 … 혀의 알음알이는 … 혀의 감각접촉은 … 느낌은 …

몸은 … 감촉은 … 몸의 알음알이는 … 몸의 감각접촉은 … 느낌은 …

마노는 무상하다고 본다. 법은 무상하다고 본다. 마노의 알음알이는 무상하다고 본다. 마노의 감각접촉은 무상하다고 본다. 마노의 감각접촉을 조건으로 하여 일어나는 즐겁거나 괴롭거나 괴롭지도 즐겁지도 않은 느낌은 무상하다고 본다.

비구들이여, 이것이 열반에 도움이 되는 도닦음이다."

열반에 도움이 됨 경2/3(S35:148~149)

[135] <이 두 개의 경들은 「열반에 도움이 됨 경」 1(S35:147)의 '무상' 대신에 각각 '괴로움'과 '무아'가 나타나는 것만 다르다.>

열반에 도움이 됨 경4(S35:150)

2. "비구들이여, 그대들에게 열반에 도움이 되는 도닦음에 대해서 설하리라. … <S35:23 §3> …

3. “비구들이여, 그러면 어떤 것이 열반에 도움이 되는 도닦음인가?”

4. “비구들이여, 이를 어떻게 생각하는가? 눈은 항상한가, 무상한가?”

“무상합니다, 세존이시여.”

“그러면 무상한 것은 괴로움인가, 즐거움인가?”

“괴로움입니다, 세존이시여.”

“그러면 무상하고 괴로움이고 변하기 마련인 것을 두고 ‘이것은 내 것이다. 이것은 나다. 이것은 나의 자아다.’라고 관찰하는 것이 타당하겠는가?”

“그렇지 않습니다, 세존이시여.”

5. “비구들이여, 이를 어떻게 생각하는가? 형색은 … 눈의 알음알이는 … 눈의 감각접촉은 … 눈의 감각접촉을 조건으로 하여 일어나는 즐겁거나 괴롭거나 괴롭지도 즐겁지도 않은 느낌은 항상한가, 무상한가?”

“무상합니다, 세존이시여.”

“그러면 무상한 것은 괴로움인가, 즐거움인가?”

“괴로움입니다, 세존이시여.”

“그러면 무상하고 괴로움이고 변하기 마련인 것을 두고 ‘이것은 내 것이다. 이것은 나다. 이것은 나의 자아다.’라고 관찰하는 것이 타당하겠는가?”

“그렇지 않습니다, 세존이시여.”

6. “귀는 … 소리는 … 귀의 알음알이는 … 귀의 감각접촉은 …

느낌은 …

코는 … 냄새는 … 코의 알음알이는 … 코의 감각접촉은 … 느낌은 …

혀는 … 맛은 … 혀의 알음알이는 … 혀의 감각접촉은 … 느낌은 …

몸은 … 감촉은 … 몸의 알음알이는 … 몸의 감각접촉은 … 느낌은 …

마노는 … 법은 … 마노의 알음알이는 … 마노의 감각접촉은 … 마노의 감각접촉을 조건으로 하여 일어나는 즐겁거나 괴롭거나 괴롭지도 즐겁지도 않은 느낌은 항상한가, 무상한가?"

"무상합니다, 세존이시여."

"그러면 무상한 것은 괴로움인가, 즐거움인가?"

"괴로움입니다, 세존이시여."

"그러면 무상하고 괴로움이고 변하기 마련인 것을 두고 '이것은 내 것이다. 이것은 나다. 이것은 나의 자아다.'라고 관찰하는 것이 타당하겠는가?"

"그렇지 않습니다, 세존이시여."

7. "비구들이여, 이렇게 보는 잘 배운 성스러운 제자는 눈에 대해서도 염오하고 형색에 대해서도 염오하고 눈의 알음알이에 대해서도 염오하고 눈의 감각접촉에 대해서도 염오하고 눈의 감각접촉을 조건으로 하여 일어나는 즐겁거나 괴롭거나 괴롭지도 즐겁지도 않은 느낌에 대해서도 염오한다.

귀에 대해서도 … 소리에 대해서도 … 귀의 알음알이에 대해서도 … 귀의 감각접촉에 대해서도 … 느낌에 대해서도 …

코에 대해서도 … 냄새에 대해서도 … 코의 알음알이에 대해서도 … 코의 감각접촉에 대해서도 … 느낌에 대해서도 …

혀에 대해서도 … 맛에 대해서도 … 혀의 알음알이에 대해서도 … 혀의 감각접촉에 대해서도 … 느낌에 대해서도 …

몸에 대해서도 … 감촉에 대해서도 … 몸의 알음알이에 대해서도 … 몸의 감각접촉에 대해서도 … 느낌에 대해서도 …

마노에 대해서도 염오하고 법에 대해서도 염오하고 마노의 알음알이에 대해서도 염오하고 마노의 감각접촉에 대해서도 염오하고 마노의 감각접촉을 조건으로 하여 일어나는 즐겁거나 괴롭거나 괴롭지도 즐겁지도 않은 느낌에 대해서도 [136] 염오한다.

염오하면서 탐욕이 빛바래고, 탐욕이 빛바래므로 해탈한다. 해탈하면 해탈했다는 지혜가 있다. '태어남은 다했다. 청정범행은 성취되었다. 할 일을 다 해 마쳤다. 다시는 어떤 존재로도 돌아오지 않을 것이다.'라고 꿰뚫어 안다."

8. "비구들이여, 이것이 열반에 도움이 되는 도닦음이다."

제자 경(S35:151)

Antevasi-sutta

3. "비구들이여, 이 청정범행은 제자가 없이 닦아지고 스승이 없이 닦아진다.

비구들이여, 제자를 가졌거나 스승을 가진 비구는 괴로우며 편안하게 머물지 못한다. 비구들이여, 제자가 없거나 스승이 없는 비구는 행복하며 편안하게 머문다."

4. "비구들이여, 그러면 어떤 것이 제자를 가졌거나 스승을 가진 비구가 괴로우며 편안하게 머물지 못하는 것인가?

비구들이여, 눈으로 형색을 본 뒤 비구에게 사악하고 해로우며 족쇄와 관계된 기억[243]과 사유가 있는 법들이 일어난다. 이런 것들은

243) 본서 「쇠퇴 경」(S35:96) §3의 주해를 참조할 것.

그의 안에서 함께 머문다. '사악하고 해로운 법들이 그의 안에서 함께 머문다.'라고 해서 제자를 가졌다고 한다. 그리고 이런 것들은 그에게 몰려든다. '사악하고 해로운 법들이 그에게 몰려든다.'라고 해서 스승을 가졌다고 한다.244)

다시 비구들이여, 귀로 … 코로 … 혀로 … 몸으로 … 마노로 법을 지각한 뒤 비구에게 사악하고 해로우며 족쇄와 관계된 기억과 사유가 있는 법들이 일어난다. 이런 것들은 그의 안에서 함께 머문다. [137] '사악하고 해로운 법들이 그의 안에서 함께 머문다.'라고 해서 제자를 가졌다고 한다. 그리고 이런 것들은 그에게 몰려든다. '사악하고 해로운 법들이 그에게 몰려든다.'라고 해서 스승을 가졌다고 한다.

비구들이여, 이와 같이 제자를 가졌거나 스승을 가진 비구는 괴로우며 편안하게 머물지 못한다."

5. "비구들이여, 그러면 어떤 것이 제자가 없거나 스승이 없는

244) 본경에는 '제자(antevāsi)'와 '스승(ācariya)'이라는 술어를 동음이의(同音異義, *pun*)를 사용하여 설명하고 있다. 제자는 antevāsi를 옮긴 것인데 이것을 본경은 antassa vasanti(안에 머무는 [자])라고 풀이 한다. 스승의 곁에 함께 거주하는 도제 즉 상좌를 의미하기 때문이다. 이것을 본경은 여섯 가지 안의 감각장소(육내처)와 여섯 가지 밖의 감각장소(육외처)의 '안에 함께 머무는' 해로운 법에 비유하고 있다.
스승은 아짜리야(ācariya)를 옮긴 것인데 본경은 이것을 사무다짜라띠(sam-udācarati, 몰려들다)와 연결해서 설명하고 있다. 이것을 본경은 육내처와 육외처를 통해서 해로운 법들이 '몰려드는 것'에 비유하고 있다.
그래서 본경은 청정범행이란 이러한 제자와 스승이 없이 닦아지는 것이라고 강조하고 있다.
원문은 다음과 같다.
"사악하고 해로운 법들이 안에서 함께 머문다.'고 해서 제자를 가졌다고 한다(antassa vasanti pāpakā akusalā dhammā ti tasmā santevāsiko ti vuccati). … '사악하고 해로운 법들이 그에게 몰려들고 몰려든다.'고 해서 스승을 가졌다고 한다(te naṁ samudācaranti samudācaranti nam pāpakā akusalā dhammā ti tasmā sācariyako ti vuccati)."

비구가 행복하며 편안하게 머무는 것인가?

비구들이여, 눈으로 형색을 본 뒤 비구에게 사악하고 해로우며 족쇄와 관계된 기억과 사유가 있는 법들이 일어나지 않는다. 이런 것들은 그의 안에서 함께 머물지 않는다. '사악하고 해로운 법들이 그의 안에서 함께 머물지 않는다.'라고 해서 제자가 없다고 한다. 그리고 이런 것들은 그에게 몰려들지 않는다. '사악하고 해로운 법들이 그에게 몰려들지 않는다.'라고 해서 스승이 없다고 한다.

다시 비구들이여, 귀로 … 코로 … 혀로 … 몸으로 … 마노로 법을 지각한 뒤 비구에게 사악하고 해로우며 족쇄와 관계된 기억과 사유가 있는 법들이 일어나지 않는다. 이런 것들은 그의 안에서 함께 머물지 않는다. '사악하고 해로운 법들이 그의 안에서 함께 머물지 않는다.'라고 해서 제자가 없다고 한다. 그리고 이런 것들은 그에게 몰려들지 않는다. '사악하고 해로운 법들이 그에게 몰려들지 않는다.'라고 해서 스승이 없다고 한다.

비구들이여, 이와 같이 제자가 없거나 스승이 없는 비구는 행복하며 편안하게 머문다. 비구들이여, 이 청정범행은 제자가 없이 닦아지고 스승이 없이 닦아진다."

6. "비구들이여, [138] 제자를 가졌거나 스승을 가진 비구는 괴로우며 편안하게 머물지 못한다. 비구들이여, 제자가 없거나 스승이 없는 비구는 행복하며 편안하게 머문다."

무슨 목적 경(S35:152)

Kimatthiya-sutta

3. "비구들이여, 만일 외도 유행승들이 그대들에게 '도반들이여,

그대들은 무슨 목적을 위해서 사문 고따마 아래서 청정범행을 닦습니까?'라고 물으면 그대들은 그 외도 유행승들에게 '도반들이여, 우리는 괴로움을 철저히 알기 위해서 세존 아래서 청정범행을 닦습니다.'라고 설명해야 한다."

4. "비구들이여, 그런데 만일 외도 유행승들이 '도반들이여, 어떠한 괴로움을 철저히 알기 위해서 그대들은 사문 고따마 아래서 청정범행을 닦습니까?'라고 물으면 그대들은 그 외도 유행승들에게 이와 같이 설명해야 한다.

'도반들이여, 눈은 괴로움입니다. 이것을 철저히 알기 위해서 사문 고따마 아래서 청정범행을 닦습니다. 형색은 … 눈의 알음알이는 … 눈의 감각접촉은 … 눈의 감각접촉을 조건으로 하여 일어나는 즐겁거나 괴롭거나 괴롭지도 즐겁지도 않은 느낌은 괴로움입니다. 이것을 철저히 알기 위해서 사문 고따마 아래서 청정범행을 닦습니다.

귀는 … 코는 … 혀는 … 몸은 … 마노는 … 법은 … 마노의 알음알이는 … 마노의 감각접촉은 … 마노의 감각접촉을 조건으로 하여 일어나는 즐겁거나 괴롭거나 괴롭지도 즐겁지도 않은 느낌은 괴로움입니다. 이것을 철저히 알기 위해서 사문 고따마 아래서 청정범행을 닦습니다.'라고.

비구들이여, 이렇게 질문을 받으면 그대들은 그 외도 유행승들에게 이와 같이 대답해야 한다."

방법이 있는가 경(S35:153)

Atthinukhopariyāya-sutta

3. "비구들이여, 믿음과 관계없이, 개인적으로 좋아함과 관계없

이, 구전과 관계없이, 이론적인 생각과 관계없이, 사색하여 얻은 견해와 관계없이,245) [139] 비구가 '태어남은 다했다. 청정범행은 성취되었다. 할 일을 다 해 마쳤다. 다시는 어떤 존재로도 돌아오지 않을 것이다.'라고 꿰뚫어 아는 그런 방법이 있는가?"

"세존이시여, 저희들의 법은 세존을 근원으로 하며, 세존을 길잡이로 하며, 세존을 귀의처로 합니다. …"

4. "비구들이여, 믿음과 관계없이, 개인적으로 좋아함과 관계없이, 구전과 관계없이, 이론적인 생각과 관계없이, 사색하여 얻은 견해와 관계없이, 비구가 '태어남은 다했다. 청정범행은 성취되었다. 할 일을 다 해 마쳤다. 다시는 어떤 존재로도 돌아오지 않을 것이다.'라고 꿰뚫어 안다고 구경의 지혜를 드러내는 그런 방법이 있다."

5. "그러면 어떤 것이 그 방법인가?

비구들이여, 여기 비구는 눈으로 형색을 본 뒤 안으로 탐욕과 성냄과 어리석음이 있으면 '내 안에는 탐욕과 성냄과 어리석음이 있다.'라고 꿰뚫어 안다. 안으로 탐욕과 성냄과 어리석음이 없으면 '내 안에는 탐욕과 성냄과 어리석음이 없다.'라고 꿰뚫어 안다.

비구들이여, 비구가 이렇게 눈으로 형색을 본 뒤 안으로 탐욕과 성냄과 어리석음이 있으면 '내 안에는 탐욕과 성냄과 어리석음이 있다.'라고 꿰뚫어 알고 안으로 탐욕과 성냄과 어리석음이 없으면 '내 안에는 탐욕과 성냄과 어리석음이 없다.'라고 꿰뚫어 아는데도246) 이러한 법들이 믿음을 통해서 알아져야 하고, 개인적으로 좋아함을 통해

---

245) 이것은 본서 제2권 「꼬삼비 경」(S12:68) §3에도 나타난다. 그곳의 주해를 참조할 것.

246) 여기에 대해서는 본서 「우빠와나 경」(S35:70) §§4~5를 참조할 것.

서 알아져야 하고, 구전을 통해서 알아져야 하고, 이론적인 생각을 통해서 알아져야 하고, 사색을 통해서 알아져야 하는가?"

"그렇지 않습니다, 세존이시여."

"비구들이여, 그러면 이러한 법들은 통찰지를 통해서 본 뒤에 알아져야 하는가?"

"그렇습니다, 세존이시여."

"비구들이여, 이것이 바로 믿음과 관계없이, 개인적으로 좋아함과 관계없이, 구전과 관계없이, 이론적인 생각과 관계없이, 사색하여 얻은 견해와 관계없이, 비구가 '태어남은 다했다. 청정범행은 성취되었다. 할 일을 다 해 마쳤다. 다시는 어떤 존재로도 돌아오지 않을 것이다.'라고 꿰뚫어 안다고 구경의 지혜를 드러내는 바로 그 방법이다."

6~10. "비구들이여, 여기 비구는 귀로 … 코로 … 혀로 … 몸으로 … [140] 마노로 법을 지각한 뒤 안으로 탐욕과 성냄과 어리석음이 있으면 '내 안에는 탐욕과 성냄과 어리석음이 있다.'라고 꿰뚫어 안다. 안으로 탐욕과 성냄과 어리석음이 없으면 '내 안에는 탐욕과 성냄과 어리석음이 없다.'라고 꿰뚫어 안다.

비구들이여, 비구가 이렇게 마노로 법을 본 뒤 안으로 탐욕과 성냄과 어리석음이 있으면 '내 안에는 탐욕과 성냄과 어리석음이 있다.'라고 꿰뚫어 알고 안으로 탐욕과 성냄과 어리석음이 없으면 '내 안에는 탐욕과 성냄과 어리석음이 없다.'라고 꿰뚫어 아는데도 이러한 법들이 믿음을 통해서 알아져야 하고, 개인적으로 좋아함을 통해서 알아져야 하고, 구전을 통해서 알아져야 하고, 이론적인 생각을 통해서 알아져야 하고, 사색을 통해서 알아져야 하는가?"

"그렇지 않습니다, 세존이시여."

"비구들이여, 그러면 이러한 법들은 통찰지를 통해서 본 뒤에 알아져야 하는가?"

"그렇습니다, 세존이시여."

"비구들이여, 이것이 바로 믿음과 관계없이, 개인적으로 좋아함과 관계없이, 구전과 관계없이, 이론적인 생각과 관계없이, 사색하여 얻은 견해와 관계없이, 비구가 '태어남은 다했다. 청정범행은 성취되었다. 할 일을 다 해 마쳤다. 다시는 어떤 존재로도 돌아오지 않을 것이다.'라고 꿰뚫어 안다고 구경의 지혜를 드러내는 바로 그 방법이다."[247]

감각기능을 구족함 경(S35:154)
Indriyasampanna-sutta

2. 그때 어떤 비구가 세존께 다가갔다. … 한 곁에 앉은 그 비구는 세존께 이렇게 여쭈었다.

3. "세존이시여, '감각기능의 구족, 감각기능의 구족'[248]이라고들 합니다. 어떤 것이 감각기능의 구족입니까?"

4. "비구여, 만일 눈의 감각기능에 대해서 일어나고 사라짐을

---

247) "본경에서는 유학과 무학(sekha-asekha)의 반조(paccavekkhaṇā)를 설하셨다."(SA.ii.403)

248) "'감각기능의 구족(indriya-sampanna)'이란 감각기능의 완성(paripuṇṇ-indriya)을 뜻한다. 여섯 가지 감각기능들을 명상한 뒤(sammasitvā) 아라한됨을 얻은 자는 길들여진(nibbisevana) 감각기능들을 구족하고 있기 때문에, 그리고 눈 등의 여섯 가지 감각기능들을 명상하여 얻어진 믿음 등의 [다섯 가지] 기능들[五根]을 구족하였기 때문에 감각기능을 완성한 자라 부른다."(SA.ii.403~404)
감각기능의 구족에 대한 다른 설명은 본서 제5권 「구족 경」(S48:19) §3을 참조할 것. 거기서는 믿음 등의 다섯 가지 기능들(오근)을 닦는 것을 기능의 구족이라고 설하고 있다.

관찰하여 머물면 눈의 감각기능에 대해서 염오한다. 귀의 감각기능에 대해서 … 코의 감각기능에 대해서 … 혀의 감각기능에 대해서 … 몸의 감각기능에 대해서 … 마노의 감각기능에 대해서 일어나고 사라짐을 관찰하여 머물면 마노의 감각기능에 대해서 염오한다.

염오하면서 탐욕이 빛바래고, 탐욕이 빛바래기 때문에 해탈한다. 해탈하면 해탈했다는 지혜가 있다. '태어남은 다했다. 청정범행(梵行)은 성취되었다. 할 일을 다 해 마쳤다. 다시는 어떤 존재로도 돌아오지 않을 것이다.'라고 꿰뚫어 안다.

비구여, 이것이 감각기능의 구족이다."

설법자 경(S35:155)

Dhammakathika-sutta

2. 그때 [141] 어떤 비구가 세존께 다가갔다. … 한 곁에 앉은 그 비구는 세존께 이렇게 여쭈었다.

3. "세존이시여, '설법자, 설법자'라고들 합니다. 세존이시여, 어떤 것이 설법자입니까?"249)

4. "비구여, 만일 눈을 염오하고 눈에 대한 탐욕을 빛바래게 하고 눈을 소멸하기 위해서 법을 설하면 그를 '법을 설하는 비구'라 부르기에 적당하다. 만일 눈을 염오하고 눈에 대한 탐욕을 빛바래게 하고 눈을 소멸하기 위해서 도를 닦으면 그를 '[출세간]법에 이르게 하는 도를 닦는 비구'라 부르기에 적당하다. 만일 눈을 염오하고 눈에 대한 탐욕을 빛바래고 눈을 소멸하였기 때문에 취착 없이 해탈하였

249) 본경은 본서 제2권 「설법자[法師] 경」(S12:16)과 제3권 「설법자 경」1(S22:115)과 상응한다.

다면 그를 '지금 · 여기에서 열반을 증득한 비구'라 부르기에 적당하다.

만일 귀를 … 코를 … 혀를 … 몸을 … 마노를 염오하고 마노에 대한 탐욕을 빛바래게 하고 마노를 소멸하기 위해서 법을 설하면 그를 '법을 설하는 비구'라 부르기에 적당하다. 만일 마노를 염오하고 마노에 대한 탐욕을 빛바래게 하고 마노를 소멸하기 위해서 도를 닦으면 그를 '[출세간]법에 이르게 하는 도를 닦는 비구'라 부르기에 적당하다. 만일 마노를 염오하고 마노에 대한 탐욕을 빛바래고 마노를 소멸하였기 때문에 취착 없이 해탈하였다면 그를 '지금 · 여기에서 열반을 증득한 비구'라 부르기에 적당하다."

제15장 새로운 것과 오래된 것 품이 끝났다.

열다섯 번째 품에 포함된 경들의 목록은 다음과 같다.

① 업, 네 가지 ②~⑤ 열반에 도움이 됨
⑥ 제자 ⑦ 무슨 목적 ⑧ 방법이 있는가
⑨ 감각기능을 구족함 ⑩ 설법자이다.

세 번째 50개 경들의 묶음이 끝났다.

여기에 포함된 품들의 목록은 다음과 같다.

① 유가안은을 설하는 자 ② 세상과 감각적 욕망의 가닥
③ 장자 ④ 데와다하 ⑤ 새로운 것과 오래된 것이다.

IV. 네 번째 50개 경들의 묶음

Catuttha-paññāsaka

제16장 즐김의 멸진 품

Nandikkhaya-vagga

즐김의 멸진 경1(S35:156)

Nandikkhaya-sutta

3. "비구들이여, [142] 비구가 무상한 눈을 무상하다고 보면 그것이 바른 견해이다. 그가 바르게 보면 염오한다. 즐김이 멸진하기 때문에 탐욕이 멸진하고 탐욕이 멸진하기 때문에 즐김이 멸진한다. 즐김과 탐욕이 멸진하기 때문에 마음은 잘 해탈하였다고 한다.250)

비구들이여, 비구가 무상한 귀를 … 무상한 코를 … 무상한 혀를 … 무상한 몸을 … 무상한 마노를 무상하다고 보면 그것이 바른 견해이다. 그가 바르게 보면 염오한다. 즐김이 멸진하기 때문에 탐욕이 멸진하고 탐욕이 멸진하기 때문에 즐김이 멸진한다. 즐김과 탐욕이 멸진하기 때문에 마음은 잘 해탈하였다고 한다."

---

250) 본경과 다음 경은 본서 제3권 「즐김의 멸진 경」1(S22:51)과 상응한다. 그런데 그곳 §3에서는 이 부분이 '마음은 해탈하나니 이를 두고 잘 해탈하였다고 한다(cittaṁ vimuttaṁ suvimuttan ti vuccati).'로 나타났지만 여기서는 '마음은 잘 해탈하였다고 한다(cittaṁ suvimuttan ti vuccati).'로 나타나는 것이 다르다.

즐김의 멸진 경2(S35:157)

3. "비구들이여, 비구가 무상한 형색을 무상하다고 보면 그것이 바른 견해이다. 그가 바르게 보면 염오한다. 즐김이 멸진하기 때문에 탐욕이 멸진하고 탐욕이 멸진하기 때문에 즐김이 멸진한다. 즐김과 탐욕이 멸진하기 때문에 마음은 잘 해탈하였다고 한다.

비구들이여, 비구가 무상한 소리를 … 무상한 냄새를 … 무상한 맛을 … 무상한 감촉을 … 무상한 법을 무상하다고 보면 그것이 바른 견해이다. 그가 바르게 보면 염오한다. 즐김이 멸진하기 때문에 탐욕이 멸진하고 탐욕이 멸진하기 때문에 즐김이 멸진한다. 즐김과 탐욕이 멸진하기 때문에 마음은 잘 해탈하였다고 한다."

즐김의 멸진 경3(S35:158)

3. "비구들이여, 눈에 대해서 지혜롭게 마음에 잡도리하고 눈의 무상함을 있는 그대로 관찰하라. 비구들이여, 눈에 대해서 지혜롭게 마음에 잡도리하고 눈의 무상함을 있는 그대로 관찰하면 눈에 대해서 염오한다. 즐김이 멸진하기 때문에 탐욕이 멸진하고 탐욕이 멸진하기 때문에 즐김이 멸진한다. 즐김과 탐욕이 멸진하기 때문에 마음은 잘 해탈하였다고 한다.[251]

비구들이여, [143] 귀에 대해서 … 코에 대해서 … 혀에 대해서 … 몸에 대해서 … 마노에 대해서 지혜롭게 마음에 잡도리하고 마노의 무상함을 있는 그대로 관찰하라. 비구들이여, 마노에 대해서 지혜롭게 마음에 잡도리하고 마노의 무상함을 있는 그대로 관찰하면 마노에 대해서 염오한다. 즐김이 멸진하기 때문에 탐욕이 멸진하고 탐욕

---

251) 본경과 다음 경은 본서 제3권 「즐김의 멸진 경」 2(S22:52)와 상응한다.

이 멸진하기 때문에 즐김이 멸진한다. 즐김과 탐욕이 멸진하기 때문에 마음은 잘 해탈하였다고 한다."

즐김의 멸진 경4(S35:159)

3. "비구들이여, 형색에 대해서 지혜롭게 마음에 잡도리하고 형색의 무상함을 있는 그대로 관찰하라. 비구들이여, 형색에 대해서 지혜롭게 마음에 잡도리하고 형색의 무상함을 있는 그대로 관찰하면 형색에 대해서 염오한다. 즐김이 멸진하기 때문에 탐욕이 멸진하고 탐욕이 멸진하기 때문에 즐김이 멸진한다. 즐김과 탐욕이 멸진하기 때문에 마음은 잘 해탈하였다고 한다.

비구들이여, 소리에 대해서 … 냄새에 대해서 … 맛에 대해서 … 감촉에 대해서 … 법에 대해서 지혜롭게 마음에 잡도리하고 법의 무상함을 있는 그대로 관찰하라. 비구들이여, 법에 대해서 지혜롭게 마음에 잡도리하고 법의 무상함을 있는 그대로 관찰하면 법에 대해서 염오한다. 즐김이 멸진하기 때문에 탐욕이 멸진하고 탐욕이 멸진하기 때문에 즐김이 멸진한다. 즐김과 탐욕이 멸진하기 때문에 마음은 잘 해탈하였다고 한다."

지와까의 망고 숲 경1(S35:160)

Jīvakambavana-sutta

1. 이와 같이 나는 들었다. 한때 세존께서는 라자가하에서 지와까[252]의 망고 숲에 머무셨다.

---

252) 지와까 혹은 지와까 꼬마라밧짜(Jīvaka Komārabhacca)는 부처님의 주치의로 잘 알려진 부처님 당시의 명의(名醫)이다. 중국에서는 지와까를 기구(耆舊)로 음역하기도 하였고 꼬마라밧짜를 수명(壽命)이나 수명동자(壽命

2. 거기서 세존께서는 "비구들이여."라고 비구들을 부르셨다. …253)

3. "비구들이여, 삼매를 닦아라. 비구들이여, 삼매에 든 [144] 비구에게는 있는 그대로 분명하게 드러난다.254)

비구들이여, 그러면 무엇이 있는 그대로 분명하게 드러나는가?

童子)로 의역하기도 하였다. 『앙굿따라 니까야 주석서』에 의하면 그는 라자가하의 기녀였던 살라와띠(Sālavati)의 아들로 태어났으며 나자마자 광주리에 담겨서 쓰레기 더미 위에 버려졌다고 한다. 빔비사라(Bimbisāra) 왕의 아들이며 아자따삿뚜와는 이복형제인 아바야(Abhaya) 왕자가 이를 발견하고 사람들에게 살아 있는가 묻자, '그는 아직 살아 있습니다(jīvati).'라고 대답해서 그의 이름이 지와까가 되었으며, '왕자(kumāra)에 의해서 양육되었다(posāpita).'고 해서 꼬마라밧짜라 불리게 되었다고 한다.(AA.i.399) 다른 설명에 의하면 그는 소아과 전문의(Kaumārabhṛtya)였다고도 한다.(VT.ii.174)

그는 자라서 그의 출신에 대해서 알게 되자 아바야 왕자 몰래 딱까실라(Takkasilā)로 가서 칠 년 동안 의술을 배웠다고 한다. 공부를 마치고 라자가하로 돌아와서는 빔비사라왕의 고질병을 치료하여 유명해졌다고 한다. 그래서 왕과 궁중의 주치의로 임명이 되었고 부처님과 승가의 주치의 역할도 하였다. 아버지 빔비사라왕을 시해하고 왕위를 찬탈한 아자따삿뚜도 지와까를 주치의로 삼아서 가까이에 두었다.(AA.i.399) 그래서 『디가 니까야』「사문과경」(D2)에서도 아버지를 시해한 괴로움에 시달리던 아자따삿뚜 왕은 지와까를 통해서 부처님을 뵙고 참회하기를 바라고 있는 것이다.

지와까가 부처님을 치료한 일화는 『율장』과 주석서 등에서 나타나고 있다. 『앙굿따라 니까야』「하나의 모음」(A1:14:6-9)에서 세존께서는 지와까를 "사람들을 신뢰하는 자(puggala-ppasanna)들 가운데서 으뜸"이라고 칭찬하셨다. 지와까는 예류과를 증득한 뒤 항상 하루에 두 번씩 세존께 인사드리러 갔으며 세존께서 머무시는 왕사성의 죽림정사(Veḷuvana)가 너무 멀어서 그가 소유하고 있던 망고 숲을 승가에 기증하여 부처님과 승가가 머물게 하였다고 한다. 그곳이 바로 여기에 나타나는 지와까의 망고 숲이다. 『디가 니까야』「사문과경」(D2)도 이곳에서 설해졌다.

253) 본경과 다음 경은 본서 제3권 「삼매 경」(S22:5)과 「홀로 앉음 경」(S22:6)과 부분적으로 상응한다.

254) '분명하게 드러난다.'는 okkhāyati(ava+√kṣi, *to dwell*)를 옮긴 것이다. 주석서에서 "알려지다, 분명하게 되다(paññāyati pākaṭaṁ hoti)."(SA.iii.1)로 설명하고 있어서 이렇게 옮겼다.

비구들이여, 눈은 무상하다고 있는 그대로 분명하게 드러난다. 형색은 무상하다고 있는 그대로 분명하게 드러난다. 눈의 알음알이는 무상하다고 있는 그대로 분명하게 드러난다. 눈의 감각접촉은 무상하다고 있는 그대로 분명하게 드러난다. 눈의 감각접촉을 조건으로 하여 일어나는 즐겁거나 괴롭거나 괴롭지도 즐겁지도 않은 느낌은 무상하다고 있는 그대로 분명하게 드러난다.

귀는 … 소리는 … 귀의 알음알이는 … 귀의 감각접촉은 … 느낌은 …

코는 … 냄새는 … 코의 알음알이는 … 코의 감각접촉은 … 느낌은 …

혀는 … 맛은 … 혀의 알음알이는 … 혀의 감각접촉은 … 느낌은 …

몸은 … 감촉은 … 몸의 알음알이는 … 몸의 감각접촉은 … 느낌은 …

마노는 무상하다고 있는 그대로 분명하게 드러난다. 법은 무상하다고 있는 그대로 분명하게 드러난다. 마노의 알음알이는 무상하다고 있는 그대로 분명하게 드러난다. 마노의 감각접촉은 무상하다고 있는 그대로 분명하게 드러난다. 마노의 감각접촉을 조건으로 하여 일어나는 즐겁거나 괴롭거나 괴롭지도 즐겁지도 않은 느낌은 무상하다고 있는 그대로 분명하게 드러난다.

비구들이여, 삼매를 닦아라. 비구들이여, 삼매에 든 비구에게는 이처럼 있는 그대로 분명하게 드러난다."

지와까의 망고 숲 경2(S35:161)

1. 이와 같이 나는 들었다. 한때 세존께서는 라자가하에서 지와까의 망고 숲에 머무셨다.

2. 거기서 세존께서는 "비구들이여."라고 비구들을 부르셨다. …

3. "비구들이여, 한거하기를 열심히 하라. 비구들이여, 한거하는 비구에게는 있는 그대로 분명하게 드러난다. 비구들이여, 그러면 무엇이 있는 그대로 분명하게 드러나는가?"

… … [145]

<이하 앞의 「지와까의 망고 숲 경」 1(S35:160)과 동일함.>

꼿티따 경1(S35:162)

Koṭṭhita-sutta

2. 그때 마하꼿티따 존자[255]가 세존께 다가갔다. 가서는 세존께 절을 올리고 한 곁에 앉았다. 한 곁에 앉은 마하꼿티따 존자는 세존께 이렇게 말씀드렸다.[256]

3. "세존이시여, 세존께서 제게 간략하게 법을 설해 주시면 감사하겠습니다. 그러면 저는 세존으로부터 법을 들은 뒤 혼자 은둔하여 방일하지 않고 열심히, 스스로 독려하며 지내고자 합니다."

4. "꼿티따여, 무상한 것에 대한 그대의 욕구를 버려야 한다.

꼿티따여, 그러면 무엇이 무상한 것인가? 꼿티따여, 눈은 무상하다. 여기에 대한 그대의 욕구를 버려야 한다. 형색은 … 눈의 알음알이는 … 눈의 감각접촉은 … 눈의 감각접촉을 조건으로 하여 일어나는 즐겁거나 괴롭거나 괴롭지도 즐겁지도 않은 느낌은 무상하다. 여

---

255) 마하꼿티따 존자(āyasmā Mahākoṭṭhita)에 대해서는 본서 제3권 「계 경」 (S22:122) §1의 주해를 참조할 것.

256) 본경과 다음의 두 개의 경들은 각각 본서 제3권 「무상 경」 1(S22:137)과 「괴로움 경」 1(S22:140)과 「무아 경」 1(S22:143)과 상응한다.

기에 대한 그대의 욕구를 버려야 한다.

귀는 … 소리는 … 귀의 알음알이는 … 귀의 감각접촉은 … 느낌은 …

코는 … 냄새는 … 코의 알음알이는 … 코의 감각접촉은 … 느낌은 …

혀는 … 맛은 … 혀의 알음알이는 … 혀의 감각접촉은 … 느낌은 …

몸은 … 감촉은 … 몸의 알음알이는 … 몸의 감각접촉은 … 느낌은 …

마노는 … 법은 … 마노의 알음알이는 … 마노의 감각접촉은 … 마노의 감각접촉을 조건으로 하여 일어나는 즐겁거나 괴롭거나 괴롭지도 즐겁지도 않은 느낌은 무상하다. 여기에 대한 그대의 욕구를 버려야 한다.

꼿티따여, 무상한 것에 대한 그대의 욕구를 버려야 한다."257)

꼿티따 경2/3(S35:163~164)

[146] <이 두 개의 경은 바로 앞의 「꼿티따 경」 1(S35:162)의 '무상' 대신에 각각 '괴로움'과 '무아'가 나타나는 것만 다르고 나머지는 앞의 「꼿티따 경」 1(S35:162)과 같다.>

삿된 견해를 제거함 경(S35:165)

Micchādiṭṭhipahāna-sutta

2. 그때 [147] 어떤 비구가 세존께 다가갔다. 가서는 세존께 절을 올리고 한 곁에 앉았다. 한 곁에 앉은 그 비구는 세존께 이렇게 여쭈었다.258)

---

257) 본경은 본서 「라다 경」 1(S35:76)과 같은 내용을 담고 있다.

258) 본경과 다음 두 개의 경들은 각각 본서 제3권 「삿된 견해 경」(S22:154)과 「유신견 경」(S22:155)과 「자아에 대한 견해 경」(S22:156)과 상응한다. 그곳의 주해들을 참조할 것.
『앙굿따라 니까야 주석서』(AA.iii.415)에 의하면 삿된 견해는 62가지 견

3. "세존이시여, 어떻게 알고 어떻게 보아야 삿된 견해가 제거됩니까?"

4. "비구여, 눈은 무상하다고 알고 보면 삿된 견해가 제거된다. 형색은 무상하다고 알고 보면 삿된 견해가 제거된다. 눈의 알음알이는 무상하다고 알고 보면 삿된 견해가 제거된다. 눈의 감각접촉은 무상하다고 알고 보면 삿된 견해가 제거된다. 눈의 감각접촉을 조건으로 하여 일어나는 즐겁거나 괴롭거나 괴롭지도 즐겁지도 않은 느낌은 무상하다고 알고 보면 삿된 견해가 제거된다.

귀는 … 소리는 … 귀의 알음알이는 … 귀의 감각접촉은 … 느낌은 …

코는 … 냄새는 … 코의 알음알이는 … 코의 감각접촉은 … 느낌은 …

혀는 … 맛은 … 혀의 알음알이는 … 혀의 감각접촉은 … 느낌은 …

몸은 … 감촉은 … 몸의 알음알이는 … 몸의 감각접촉은 … 느낌은 …

마노는 무상하다고 알고 보면 삿된 견해가 제거된다. 법은 무상하다고 알고 보면 삿된 견해가 제거된다. 마노의 알음알이는 무상하다고 알고 보면 삿된 견해가 제거된다. 마노의 감각접촉은 무상하다고 알고 보면 삿된 견해가 제거된다. 마노의 감각접촉을 조건으로 하여 일어나는 즐겁거나 괴롭거나 괴롭지도 즐겁지도 않은 느낌은 무상하다고 알고 보면 삿된 견해가 제거된다.

비구여, 이와 같이 알고 이와 같이 보면 삿된 견해가 제거된다."

해(『디가 니까야』 「범망경」(D1) 참조)를 말하고, 유신견과 자아에 대한 견해는 20가지 [불변하는] 자신이 존재한다는 견해[有身見]를 뜻한다고 설명하고 있다. 그러므로 유신견과 자아가 있다는 견해는 동의어로 봐도 무방하다.

유신견을 제거함 경(S35:166)

Sakkāyadiṭṭhipahāna-sutta

<본경은 바로 앞의 「삿된 견해를 제거함 경」(S35:165) 가운데서 '삿된 견해가 제거됨' 대신에 '[불변하는] 자신이 존재한다는 견해[有身見]가 제거됨'이 나타나는 것만 다르고 나머지는 「삿된 견해를 제거함 경」(S35:165)과 같다.>

자아가 있다는 견해를 제거함 경(S35:167)

Attānudiṭṭhipahāna-sutta

[148]

<본경은 「삿된 견해를 제거함 경」(S35:165) 가운데서 '삿된 견해가 제거됨' 대신에 '자아가 있다는 견해가 제거됨'이 나타나는 것만 다르고 나머지는 「삿된 견해를 제거함 경」(S35:165)과 같다.>

제16장 즐김의 멸진 품이 끝났다.

열여섯 번째 품에 포함된 경들의 목록은 다음과 같다.

네 가지 ①~④ 즐김의 멸진
두 가지 ⑤~⑥ 지와까의 망고숲
세 가지 ⑦~⑨ 꼿티따 ⑩ 삿된 견해를 제거함
⑪ 유신견을 제거함 ⑫ 자아가 있다는 견해를 제거함이다.

제17장 60가지의 반복[259] 품

Saṭṭhi-peyyala

안의 무상에 대한 욕구 경(S35:168)

Ajjhattāniccachanda-sutta

3. "비구들이여, 무상한 것에 대한 그대들의 욕구를 버려야 한다.

비구들이여, 그러면 무엇이 무상한 것인가?

비구들이여, [149] 눈은 무상하다. 여기에 대한 그대들의 욕구를 버려야 한다. 귀는 … 코는 … 혀는 … 몸은 … 마노는 무상하다. 여기에 대한 그대들의 욕구를 버려야 한다.

비구들이여, 무상한 것에 대한 그대들의 욕구를 버려야 한다."

안의 무상에 대한 탐욕 경(S35:169)

Ajjhattāniccarāga-sutta

3. "비구들이여, 무상한 것에 대한 그대들의 탐욕을 버려야 한다.

비구들이여, 그러면 무엇이 무상한 것인가?

---

259) 60가지의 반복(Saṭṭhi-peyyala)이라는 품의 명칭이 보여주듯이 본품은 60개의 다른 가르침을 담고 있는 것으로 이해해야 한다. 그래서 Be와 Se는 본품에 60개의 경들이 포함되어 있는 것으로 계산해서 경번호가 S35:168부터 시작해서 S35:227로 끝난다. 보디 스님도 이를 따랐고 역자도 이를 따랐다. 그러나 Ee는 3개의 경들을 하나로 묶어서 S35:167부터 S35:186까지 총 20개의 경번호를 매기고 있다.
주석서는 이렇게 설명하고 있다.
"여기서 설하신 60개의 경들(saṭṭhi suttāni)은 깨달을 사람들(bujjhanakā)의 성향(ajjhāsaya)에 따라서 설하신 것이다. 그래서 이 모두는 각각 개인의 성향(puggal-ajjhāsaya)에 따라서 말씀하신 것이다. 각각의 경이 끝났을 때 60명씩의 비구들이 아라한됨을 얻었다."(SA.iii.2)

비구들이여, 눈은 … 귀는 … 코는 … 혀는 … 몸은 … 마노는 무상하다. 여기에 대한 그대들의 탐욕을 버려야 한다.

비구들이여, 무상한 것에 대한 그대들의 탐욕을 버려야 한다."

안의 무상에 대한 욕탐 경(S35:170)

Ajjhattāniccachandarāga-sutta

3. "비구들이여, 무상한 것에 대한 그대들의 욕탐을 버려야 한다.

비구들이여, 그러면 무엇이 무상한 것인가?

비구들이여, 눈은 … 귀는 … 코는 … 혀는 … 몸은 … 마노는 무상하다. 여기에 대한 그대들의 욕탐을 버려야 한다.

비구들이여, 무상한 것에 대한 그대들의 욕탐을 버려야 한다."

안의 괴로움에 대한 열망 경 등(S35:171~173)

[150] <이 세 개의 경들은 앞의 세 경들(S35:168~170) 가운데서 '무상' 대신에 '괴로움'이 나타나는 것만 다르고 나머지는 각각 앞의 세 경들(S35:168~170)과 같다.>

안의 무아에 대한 열망 경 등(S35:174~176)

<이 세 경들은 앞의 세 경들(S35:168~170) 가운데서 '무상' 대신에 '무아'가 나타나는 것만 다르고 나머지는 각각 앞의 세 경들(S35:168~170)과 같다.>

밖의 무상에 대한 열망 경 등(S35:177~179)

3. "비구들이여, 무상한 것에 대한 그대들의 욕구를 버려야 한다.(S35:177) …

탐욕을 버려야 한다.(S35:178) …

욕탐을 버려야 한다.(S35:179)

비구들이여, 그러면 무엇이 무상한 것인가?

비구들이여, 형색은 무상하다. 여기에 대한 그대들의 욕구를 버려야 한다. … 탐욕을 버려야 한다. … 욕탐을 버려야 한다. 소리는 … 냄새는 … 맛은 … 감촉은 … 법은 무상하다. 여기에 대한 그대들의 욕구를 버려야 한다. … 탐욕을 버려야 한다. … 욕탐을 버려야 한다.

비구들이여, 무상한 것에 대한 그대들의 욕구를 버려야 한다. … 탐욕을 버려야 한다. … 욕탐을 버려야 한다."

밖의 괴로움에 대한 열망 경 등(S35:180~182)

[151] <이 세 개의 경들은 앞의 세 경들(S35:177~179) 가운데서 '무상' 대신에 '괴로움'이 나타나는 것만 다르고 나머지는 각각 앞의 세 경들(S35:177~179)과 같다.>

밖의 무아에 대한 열망 경 등(S35:183~185)

<이 세 개의 경들은 앞의 세 경들(S35:177~179) 가운데서 '무상' 대신에 '무아'가 나타나는 것만 다르고 나머지는 각각 앞의 세 경들(S35:177~179)과 같다.>

과거·현재·미래의 안의 무상 경 등(S35:186~188)

3. "비구들이여, 과거의 눈은 무상하였다.(S35:186) …

미래의 눈은 무상할 것이다.(S35:187) …

현재의 눈은 무상하다.(S35:188)

과거의 귀는 … 코는 … 혀는 … 몸은 … 마노는 무상하였다. …
미래의 귀는 … 코는 … 혀는 … 몸은 … 마노는 무상할 것이다. …
현재의 귀는 … 코는 … 혀는 … 몸은 … 마노는 무상하다."

4. "비구들이여, 이렇게 보는 잘 배운 성스러운 제자는 눈에 대해서도 염오하고, 귀에 대해서도 염오하고, 코에 대해서도 염오하고, 혀에 대해서도 염오하고, 몸에 대해서도 염오하고, 마노에 대해서도 염오한다.

염오하면서 탐욕이 빛바래고, 탐욕이 빛바래므로 해탈한다. 해탈하면 해탈했다는 지혜가 있다. '태어남은 다했다. 청정범행은 성취되었다. 할 일을 다 해 마쳤다. 다시는 어떤 존재로도 돌아오지 않을 것이다.'라고 꿰뚫어 안다."

과거 · 현재 · 미래의 안의 괴로움 경 등(S35:189~191)

<이 세 개의 경들은 「과거 · 현재 · 미래의 안의 무상 경 등」(S35:186~188) 가운데서 '무상' 대신에 '괴로움'이 나타나는 것만 다르다.>

과거 · 현재 · 미래의 안의 무아 경 등(S35:192~194)

<이 세 개의 경들은 「과거 · 현재 · 미래의 안의 무상 경 등」(S35:186~188) 가운데서 '무상' 대신에 '무아'가 나타나는 것만 다르다.>

과거 · 현재 · 미래의
밖의 무상 경 등(S35:195~197)

3. "비구들이여, [152] 과거의 형색은 무상하였다.(S35:195) …
미래의 형색은 무상할 것이다.(S35:196) …
현재의 형색은 무상하다.(S35:197)
과거의 소리는 … 냄새는 … 맛은 … 감촉은 … 법은 무상하였다. …
미래의 소리는 … 냄새는 … 맛은 … 감촉은 … 법은 무상할 것이다. …
현재의 소리는 … 냄새는 … 맛은 … 감촉은 … 법은 무상하다."

4. "비구들이여, 이렇게 보는 잘 배운 성스러운 제자는 눈에 대해서도 염오하고, 귀에 대해서도 염오하고, 코에 대해서도 염오하고, 혀에 대해서도 염오하고, 몸에 대해서도 염오하고, 마노에 대해서도 염오한다.

염오하면서 탐욕이 빛바래고, 탐욕이 빛바래므로 해탈한다. 해탈하면 해탈했다는 지혜가 있다. '태어남은 다했다. 청정범행은 성취되었다. 할 일을 다 해 마쳤다. 다시는 어떤 존재로도 돌아오지 않을 것이다.'라고 꿰뚫어 안다."

과거 · 현재 · 미래의
밖의 괴로움 경 등(S35:198~200)

<이 세 개의 경들은 「과거 · 현재 · 미래의 밖의 무상 경 등」(S35:195~197) 가운데서 '무상' 대신에 '괴로움'이 나타나는 것만 다르다.>

과거·현재·미래의
밖의 무상 경 등(S35:201~203)

<이 세 개의 경들은 「과거·현재·미래의 밖의 무상 경 등」 (S35:195~197) 가운데서 '무상' 대신에 '무아'가 나타나는 것만 다르다.>

과거·현재·미래의
안의 무상한 것은 무엇이든 경 등(S35:204~206)

3. "비구들이여, 과거의 눈은 무상하였다.(S35:204) [153] …

미래의 눈은 무상할 것이다.(S35:205) …

현재의 눈은 무상하다.(S35:206) 무상한 것은 괴로움이요, 괴로움인 것은 무아다. 무아인 것은 '이것은 내 것이 아니고, 이것은 내가 아니고, 이것은 나의 자아가 아니다.'라고 있는 그대로 바른 통찰지로 봐야 한다.

과거의 귀는 … 코는 … 혀는 … 몸은 … 마노는 무상하였다. …

미래의 귀는 … 코는 … 혀는 … 몸은 … 마노는 무상할 것이다. …

현재의 귀는 … 코는 … 혀는 … 몸은 … 마노는 무상하다. 무상한 것은 괴로움이요, 괴로움인 것은 무아다. 무아인 것은 '이것은 내 것이 아니고, 이것은 내가 아니고, 이것은 나의 자아가 아니다.'라고 있는 그대로 바른 통찰지로 봐야 한다."

4. "비구들이여, 이렇게 보는 잘 배운 성스러운 제자는 눈에 대해서도 염오하고, … 다시는 어떤 존재로도 돌아오지 않을 것이라고 꿰뚫어 안다."

과거 · 현재 · 미래의
안의 괴로움인 것은 무엇이든 경 등(S35:207~209)

3. "비구들이여, [154] 과거의 눈은 괴로움이었다.(S35:207) …
미래의 눈은 괴로움일 것이다.(S35:208) …
현재의 눈은 괴로움이다.(S35:209) 괴로움인 것은 무아요, 무아인 것은 '이것은 내 것이 아니고, 이것은 내가 아니고, 이것은 나의 자아가 아니다.'라고 있는 그대로 바른 통찰지로 봐야 한다.
과거의 귀는 … 코는 … 혀는 … 몸은 … 마노는 괴로움이었다. …
미래의 귀는 … 코는 … 혀는 … 몸은 … 마노는 괴로움일 것이다. …
현재의 귀는 … 코는 … 혀는 … 몸은 … 마노는 괴로움이다. 괴로움인 것은 무아요, 무아인 것은 '이것은 내 것이 아니고, 이것은 내가 아니고, 이것은 나의 자아가 아니다.'라고 있는 그대로 바른 통찰지로 봐야 한다."

4. "비구들이여, 이렇게 보는 잘 배운 성스러운 제자는 눈에 대해서도 염오하고, … 다시는 어떤 존재로도 돌아오지 않을 것이라고 꿰뚫어 안다."

과거 · 현재 · 미래의
안의 무아인 것은 무엇이든 경 등(S35:210~212)

3. "비구들이여, 과거의 눈은 무아였다.(S35:210) …
미래의 눈은 무아일 것이다.(S35:211) …
현재의 눈은 무아다.(S35:212) 무아인 것은 '이것은 내 것이 아니고, 이것은 내가 아니고, 이것은 나의 자아가 아니다.'라고 있는 그대로 바른 통찰지로 봐야 한다.

과거의 귀는 … 코는 … 혀는 … 몸은 … 마노는 무아였다. …

미래의 귀는 … 코는 … 혀는 … 몸은 … 마노는 무아일 것이다. …

현재의 귀는 … 코는 … 혀는 … 몸은 … 마노는 무아다. 무아인 것은 '이것은 내 것이 아니고, 이것은 내가 아니고, 이것은 나의 자아가 아니다.'라고 있는 그대로 바른 통찰지로 봐야 한다."

4. "비구들이여, 이렇게 보는 잘 배운 성스러운 제자는 눈에 대해서도 염오하고, … 다시는 어떤 존재로도 돌아오지 않을 것이라고 꿰뚫어 안다."

과거 · 현재 · 미래의
밖의 무상한 것은 무엇이든 경 등(S35:213~215)

3. "비구들이여, 과거의 형색은 무상하였다.(S35:213) …

미래의 형색은 무상할 것이다.(S35:214) …

현재의 형색은 무상하다.(S35:215) 무상한 것은 괴로움이요, 괴로움인 것은 무아다. 무아인 것은 '이것은 내 것이 아니고, 이것은 내가 아니고, 이것은 나의 자아가 아니다.'라고 있는 그대로 바른 통찰지로 봐야 한다.

과거의 소리는 … 냄새는 … 맛은 … 감촉은 … 법은 무상하였다. …

미래의 소리는 … 냄새는 … 맛은 … 감촉은 … 법은 무상할 것이다. …

현재의 소리는 … 냄새는 … 맛은 … 감촉은 … 법은 무상하다. 무상한 것은 괴로움이요, 괴로움인 것은 무아다. 무아인 것은 '이것은 내 것이 아니고, 이것은 내가 아니고, 이것은 나의 자아가 아니다.'라고 있는 그대로 바른 통찰지로 봐야 한다."

4. "비구들이여, 이렇게 보는 잘 배운 성스러운 제자는 눈에 대해서도 염오하고, … 다시는 어떤 존재로도 돌아오지 않을 것이라고 꿰뚫어 안다."

과거 · 현재 · 미래의
밖의 괴로움인 것은 무엇이든 경 등(S35:216~218)

3. "비구들이여, [155] 과거의 형색은 괴로움이었다.(S35:216) …
미래의 형색은 괴로움일 것이다.(S35:217) …
현재의 형색은 괴로움이다.(S35:218) 괴로움인 것은 무아요, 무아인 것은 '이것은 내 것이 아니고, 이것은 내가 아니고, 이것은 나의 자아가 아니다.'라고 있는 그대로 바른 통찰지로 봐야 한다.
과거의 소리는 … 냄새는 … 맛은 … 감촉은 … 법은 괴로움이었다. …
미래의 소리는 … 냄새는 … 맛은 … 감촉은 … 법은 괴로움일 것이다. …
현재의 소리는 … 냄새는 … 맛은 … 감촉은 … 법은 괴로움이다. 괴로움인 것은 무아요, 무아인 것은 '이것은 내 것이 아니고, 이것은 내가 아니고, 이것은 나의 자아가 아니다.'라고 있는 그대로 바른 통찰지로 봐야 한다."

4. "비구들이여, 이렇게 보는 잘 배운 성스러운 제자는 눈에 대해서도 염오하고, … 다시는 어떤 존재로도 돌아오지 않을 것이라고 꿰뚫어 안다."

과거·현재·미래의
밖의 무아인 것은 무엇이든 경 등(S35:219~221)

3. "비구들이여, 과거의 형색은 무아였다.(S35:219) …
미래의 형색은 무아일 것이다.(S35:220) …
현재의 형색은 무아다.(S35:221) 무아인 것은 '이것은 내 것이 아니고, 이것은 내가 아니고, 이것은 나의 자아가 아니다.'라고 있는 그대로 바른 통찰지로 봐야 한다.
과거의 소리는 … 냄새는 … 맛은 … 감촉은 … 법은 무아였다. …
미래의 소리는 … 냄새는 … 맛은 … 감촉은 … 법은 무아일 것이다. …
현재의 소리는 … 냄새는 … 맛은 … 감촉은 … 법은 무아다. 무아인 것은 '이것은 내 것이 아니고, 이것은 내가 아니고, 이것은 나의 자아가 아니다.'라고 있는 그대로 바른 통찰지로 봐야 한다."

4. "비구들이여, 이렇게 보는 잘 배운 성스러운 제자는 눈에 대해서도 염오하고, … 다시는 어떤 존재로도 돌아오지 않을 것이라고 꿰뚫어 안다."

안의 감각장소들의 무상 경 등(S35:222~224)

3. "비구들이여, 눈은 무상하다.(S35:222) …
괴로움이다.(S35:223) … [156]
무아다.(S35:224)
귀는 … 코는 … 혀는 … 몸은 … 마노는 무상하다. … 괴로움이다. … 무아다."

4. "비구들이여, 이렇게 보는 잘 배운 성스러운 제자는 눈에 대해서도 염오하고, … 다시는 어떤 존재로도 돌아오지 않을 것이라고 꿰뚫어 안다."

밖의 감각장소들의 무상 경 등(S35:225~227)

3. "비구들이여, 형색은 무상하다.(S35:225) …
괴로움이다.(S35:226) …
무아다.(S35:227)
소리는 … 냄새는 … 맛은 … 감촉은 … 법은 무상하다. … 괴로움이다. … 무아다."

4. "비구들이여, 이렇게 보는 잘 배운 성스러운 제자는 눈에 대해서도 염오하고, … 다시는 어떤 존재로도 돌아오지 않을 것이라고 꿰뚫어 안다."

제17장 60가지의 반복 품이 끝났다.

열일곱 번째 품에 포함된 경들의 목록은 다음과 같다.

안의 9가지 밖의 9가지, 과거 등의 18가지
과거 등의 무엇이든 18가지, 안팎의 무상 등 6가지
이렇게 하여 모두 60가지 반복을 설하셨다.

제18장 바다 품

Samudda-vagga

바다 경1(S35:228)

Samudda-sutta

3. "비구들이여, [157] 배우지 못한 범부는 '바다, 바다'라고 말한다. 비구들이여, 그러나 성자의 율에서 이 바다라는 것은 그렇지 않다. 그것은 단지 많은 물의 적집이요 많은 물의 폭류일 뿐이다."

4. "비구들이여, 인간에게 눈은 바다요260) 그것의 흐름은 형색으로 이루어져 있다.261) 비구들이여, 이러한 형색으로 이루어진 흐름을 견디는 것262)을 두고 파도와 소용돌이와 상어와 도깨비가 있는

---

260) "'인간에게 눈은 바다이다(cakkhu purisassa samuddo).'라는 것은 채우기 힘들다는 뜻(dup-pūraṇaṭṭha)과 잠긴다는 뜻(samuddan-aṭṭha)에서 눈이 바로 바다라는 말이다.
① 땅으로부터 색구경천의 범천의 세상(Akaniṭṭha-brahmaloka)에 이르는 푸른 색 등의 대상(ārammaṇa)이 눈에 흘러들어가더라도(samosaranta) 그것을 가득 찬 상태(paripuṇṇa-bhāva)로 만들 수가 없다. 그래서 채우기 힘들다는 뜻에서 바다이다. ② 눈은 단속되지 않으면(asaṁvuta) [대상으로] 흘러 내려가나니(osaramāna), 오염원을 일으키는(kiles-uppatti) 원인이 되게끔(kāraṇa-bhāva) 결점을 가지고(sadosa) [대상에 흘러들어]가서는 푸른 색 등의 이런 저런 대상들에 잠긴다(samuddati). 그래서 잠긴다는 뜻에서 바다이다."(SA.iii.2)

261) "'그것의 흐름은 형색으로 이루어져 있다(tassa rūpamayo vego).'는 것은 마치 바다가 잴 수 없이 많은(appamāṇa) 물결(ūmimaya)로 된 흐름(vega)을 가지고 있듯이, 눈이라는 바다도 그것에 흘러드는 푸른 색 등으로 분류되는 대상을 통해서 헤아릴 수 없이 많은(appameyya) 형색으로 된(rūpamaya) 흐름을 가지고 있다고 알아야 한다."(SA.iii.2)

262) "'형색으로 이루어진 흐름을 견딘다(rūpamayaṁ vegaṁ sahati).'는 것은

눈의 바다를 건넜다고 한다.[263] [참된] 바라문은 이것을 건너 저 언덕에 도달하여 땅 위에 서 있다.[264]

비구들이여, 인간에게 귀는 … 코는 … 혀는 … 몸은 … 마노는 바다요 그것의 흐름은 법으로 이루어져 있다. 비구들이여, 이러한 법으로 이루어진 흐름을 견디는 것을 두고 파도와 소용돌이와 상어와 도깨비가 있는 마노의 바다를 건넜다고 한다. [참된] 바라문은 이것을 건너 저 언덕에 도달하여 땅 위에 서있다."

5. 세존께서는 이렇게 말씀하셨다. 스승이신 선서께서는 이렇게 말씀하신 뒤 다시 [게송으로] 이와 같이 설하셨다.

"상어와 도깨비가 살고 겁나는 파도가 치는
건너기 어려운 저 바다를 건넌 자
그를 일러 지혜의 달인, 청정범행을 완성한 자
세상의 끝에 도달한 자, 피안에 이른 자라 하리."

눈의 바다에 함께 흘러들어온 형색으로 된 흐름 가운데서, 마음에 드는(manāpa) 형색에 대해서는 탐욕(rāga), 마음에 들지 않는 것(amanāpa)에 대해서는 성냄(dosa), 관심이 없는 것(asamapekkhita)에 대해서는 어리석음(moha)이라는 이러한 탐욕 등의 오염원들을 일어나게 하지 않고 평온한 상태(upekkhaka-bhāva)로 견딘다는 말이다."(SA.iii.2~3)

263) 『쿳다까 니까야』의 『여시어경』(It.114)에 의하면 '파도(ūmi)'는 분노와 절망(kodh-upāyāsa)을, '소용돌이(āvaṭṭa)'는 다섯 가닥의 감각적 욕망을, '상어와 도깨비(gāha-rakkhasa)'는 여인들을 뜻한다고 나타난다. 비슷한 설명이 『맛지마 니까야』「짜뚜마 경」(M67/i.460~462) §19에도 나타난다.(거기서는 본경의 상어(gāha) 대신에 상어(susukā)가 나타난다. 물론 gāha와 susukā는 동의어이다.)

264) 여기에 대해서는 본서 제1권「다말리 경」(S2:5)과 『앙굿따라 니까야』「흐름을 따름 경」(A4:5/ii.5~6)을 참조할 것.

바다 경2(S35:229)

3. "비구들이여, 배우지 못한 범부는 '바다, 바다'라고 [158] 말한다. 비구들이여, 그러나 성자의 율에서 이 바다라는 것은 그렇지 않다. 그것은 단지 많은 물의 적집이요 많은 물의 폭류일 뿐이다."

4. "비구들이여, 눈으로 인식되는 형색들이 있으니, 원하고 좋아하고 마음에 들고 사랑스럽고 감각적 욕망을 짝하고 매혹적인 것들이다. 비구들이여, 이를 일러 성자의 율에서는 바다라 한다. 마라와 범천을 포함한 신의 세상이나 사문·바라문과 신과 사람을 포함한 [인간] 세상은 대부분 여기에 잠기고,265) 실에 꿰어진 구슬처럼 얽히게 되고, 베 짜는 사람의 실타래처럼 헝클어지고, 문자 풀처럼 엉키어서, 처참한 곳, 불행한 곳, 파멸처, 윤회를 벗어나지 못한다.266)

비구들이여, 귀로 인식되는 소리들이 있으니, …

비구들이여, 코로 인식되는 냄새들이 있으니, …

비구들이여, 혀로 인식되는 맛들이 있으니, …

비구들이여, 몸으로 인식되는 감촉들이 있으니, …

비구들이여, 마노로 인식되는 법들이 있으니, 원하고 좋아하고 마

---

265) '잠기고'는 samunna(Sk.도 samunna임)를 옮긴 것인데 이것은 samunna-ti(saṁ+√ud, *to wet*)의 과거분사이다. 주석서는 "오염되고 녹슬고 잠긴 것(kilinnā tintā nimuggā)"(SA.iii.3)이라고 설명하고 있다. 본경에 나타나고 있는 '바다'를 뜻하는 samudda(Sk. samudra)도 여기에서 파생된 단어이다.
"여기서 '대부분(yebhuyyena)'이라고 한 것은 성스러운 제자들(ariya-sāvakā)을 제외한 대부분이라는 뜻이다."(SA.iii.3)

266) 본경의 이 표현은 본서 제2권 「인연 경」(S12:60) §4에도 나타난다. 본경에서는 "윤회를 벗어나지 못한다."로 끝나지만 그곳에서는 이 정형구의 후속으로 §5에서는 갈애와 취착과 존재를 설하고 이것을 조건하여 태어남과 늙음·죽음 등의 괴로움의 발생구조를 설하고 있으며, §6에서는 다시 이들의 소멸구조를 설하고 있다.

음에 들고 사랑스럽고 감각적 욕망을 짝하고 매혹적인 것들이다. 비구들이여, 이를 일러 성자의 율에서는 바다라 한다. 마라와 범천을 포함한 신의 세상이나 사문·바라문과 신과 사람을 포함한 [인간] 세상은 대부분 여기에 잠기고, 실에 꿰어진 구슬처럼 얽히게 되고, 베 짜는 사람의 실타래처럼 헝클어지고, 문자 풀처럼 엉키어서, 처참한 곳, 불행한 곳, 파멸처, 윤회를 벗어나지 못한다."

5. "탐욕과 성냄과 무명을 말살한 자[267]
그는 상어와 도깨비가 살고 겁나는 파도가 치는
건너기 어려운 저 바다를 건넜도다. {1}

얽매임을 벗었고 죽음을 제거했고
재생의 근거가 남아있지 않은 자
괴로움을 제거하였나니[268]
다시 태어나지 않기 위함이라네.
사라짐에 도달하여 다시 돌아오지 않나니
그는 죽음의 왕을 현혹시켰다고 나는 말하노라." {2}

어부 비유 경(S35:230)

Bāḷisikopama-sutta

3. "비구들이여, 예를 들면 낚시꾼이 미끼가 달린 낚싯바늘을

---

267) Ee에는 여기에 나타나는 두 게송이 다음의 「어부 비유 경」(S35:230)의 첫 번째 부분에 산문으로 잘못 편집되어 나타난다. Be, Se에는 바르게 나타나고 있으며 보디 스님도 이를 지적하고 바르게 번역하고 있다.

268) '괴로움을 제거하였나니'는 Ee: pahāya dukkhaṁ 대신에 Be, Se: pahāsi dukkhaṁ으로 읽었다. 『쿳다까 니까야』의 『여시어경』(It.58)에도 이렇게 나타난다.

깊은 물속에 던지면 미끼를 발견한 어떤 [159] 물고기가 그것을 삼키는 것과 같다. 그러면 낚시꾼의 낚싯바늘을 삼킨 그 물고기는 곤경에 처하고 재앙에 처하게 되며, 낚시꾼은 자기가 하고자 하는 대로 할 수 있게 된다."

4. "비구들이여, 그와 같이 세상에는 이들 여섯 가지 낚싯바늘이 있나니 그것은 중생들에게 재난이 되고 생명을 가진 자들을 죽이게 된다.269) 무엇이 여섯인가?"

비구들이여, 눈으로 인식되는 형색들이 있으니, 원하고 좋아하고 마음에 들고 사랑스럽고 감각적 욕망을 짝하고 매혹적인 것들이다. 만일 비구가 그것을 즐기고 환영하고 묶여 있으면 이를 일러 비구는 마라의 낚싯바늘을 삼켜버렸다고 한다. 그는 곤경에 처했고 재난에 처했으며, 마라 빠삐만은 그를 가지고 원하는 대로 하게 된다.

비구들이여, 귀로 인식되는 소리들이 있으니, …

비구들이여, 코로 인식되는 냄새들이 있으니, …

비구들이여, 혀로 인식되는 맛들이 있으니, …

비구들이여, 몸으로 인식되는 감촉들이 있으니, …

비구들이여, 마노로 인식되는 법들이 있으니, 원하고 좋아하고 마음에 들고 사랑스럽고 감각적 욕망을 짝하고 매혹적인 것들이다. 만일 비구가 그것을 즐기고 환영하고 묶여 있으면 이를 일러 비구는 마라의 낚싯바늘을 삼켜버렸다고 한다. 그는 곤경에 처했고 재난에 처했으며, 마라 빠삐만은 그를 가지고 원하는 대로 하게 된다."

5. "비구들이여, 눈으로 인식되는 형색들이 있으니, 원하고 좋

---

269) '죽이게 된다.'는 Se, Ee: vyābādhāya 대신에 Be: vadhāya로 읽었다. 본서 제1권 「여러 외도 경」(S2:30) {371}d도 vadhāya를 지지한다. 그곳의 주해를 참조할 것.

아하고 마음에 들고 사랑스럽고 감각적 욕망을 짝하고 매혹적인 것들이다. 만일 비구가 그것을 즐기지 않고 환영하지 않고 묶여 있지 않으면 이를 일러 비구는 마라의 낚싯바늘을 삼키지 않았다고 한다. 그는 곤경에 처하지 않았고 재난에 처하지 않았으며, 마라 빠삐만은 그를 가지고 원하는 대로 하지 못한다.

비구들이여, 귀로 인식되는 소리들이 있으니, …

비구들이여, 코로 인식되는 냄새들이 있으니, …

비구들이여, 혀로 인식되는 맛들이 있으니, …

비구들이여, 몸으로 인식되는 감촉들이 있으니, …

비구들이여, 마노로 인식되는 법들이 있으니, 원하고 좋아하고 마음에 들고 사랑스럽고 감각적 욕망을 짝하고 매혹적인 것들이다. 만일 비구가 그것을 즐기지 않고 환영하지 않고 묶여 있지 않으면 이를 일러 비구는 마라의 낚싯바늘을 삼키지 않았다고 한다. 그는 곤경에 처하지 않았고 재난에 처하지 않았으며, 마라 빠삐만은 그를 가지고 원하는 대로 하지 못한다."

유액을 가진 나무 비유 경(S35:231)

Khīrarukkhopama-sutta

3. "비구들이여, 어떤 비구든 어떤 비구니든 [160] 만일 눈으로 인식되는 형색들에 대한 탐욕이 아직 존재하고 성냄이 아직 존재하고 어리석음이 아직 존재하여, 탐욕이 아직 제거되지 않았고 성냄이 아직 제거되지 않았고 어리석음이 아직 제거되지 않았으면, 눈으로 인식되는 아주 사소한 형색들일지라도 일단 눈의 영역에 들어오게 되면 그것들은 마음을 괴롭히게 된다. 하물며 현저한 대상들에 대해서야 말해 무엇 하겠는가?

그것은 무슨 이유 때문인가? 눈으로 인식되는 형색들에 대한 탐욕이 아직 존재하고 성냄이 아직 존재하고 어리석음이 아직 존재하여, 탐욕이 아직 제거되지 않았고 성냄이 아직 제거되지 않았고 어리석음이 아직 제거되지 않았기 때문이다."

4. "비구들이여, 어떤 비구든 어떤 비구니든 만일 귀로 인식되는 소리들에 대한 … 코로 인식되는 냄새들에 대한 … 혀로 인식되는 맛들에 대한 … 몸으로 인식되는 감촉들에 대한 … 마노로 인식되는 법들에 대한 탐욕이 아직 존재하고 성냄이 아직 존재하고 어리석음이 아직 존재하여, 탐욕이 아직 제거되지 않았고 성냄이 아직 제거되지 않았고 어리석음이 아직 제거되지 않았으면, 마노로 인식되는 아주 사소한 법들일지라도 일단 마노의 영역에 들어오게 되면 그것들은 마음을 괴롭히게 된다. 하물며 현저한 대상들에 대해서야 말해 무엇 하겠는가?

그것은 무슨 이유 때문인가? 마노로 인식되는 법들에 대한 탐욕이 아직 존재하고 성냄이 아직 존재하고 어리석음이 아직 존재하여, 탐욕이 아직 제거되지 않았고 성냄이 아직 제거 되지 않았고 어리석음이 아직 제거되지 않았기 때문이다."

5. "비구들이여, 예를 들면 앗삿타 나무나 니그로다 나무나 빨락카 나무나 무화과 나무와 같은 유액을 가진 나무[270]가 있는데 싱싱하고 윤기가 흐르고 부드럽다고 하자. 그런데 어떤 사람이 날카로운 도끼로 이런 나무의 여기저기를 자르면 유액이 흘러나오겠는가?"

"그렇습니다, 세존이시여. 왜냐하면 거기에는 유액이 있기 때문입

---

270) '유액을 가진 나무(khīra-rukkha)'란 우유 같은 수액을 분출하는 나무를 말한다. 여기 나타나는 이 넷은 무화과나무 속(屬)에 속하는 나무이다.

니다."

"비구들이여, 그와 같이 어떤 비구든 어떤 비구니든 만일 눈으로 인식되는 형색들에 대한 … 귀로 인식되는 소리들에 대한 … 코로 인식되는 냄새들에 대한 … 혀로 인식되는 맛들에 대한 … 몸으로 인식되는 감촉들에 대한 … 마노로 인식되는 법들에 대한 탐욕이 아직 존재하고 성냄이 [161] 아직 존재하고 어리석음이 아직 존재하여, 탐욕이 아직 제거되지 않았고 성냄이 아직 제거되지 않았고 어리석음이 아직 제거되지 않았다면, 마노로 인식되는 아주 사소한 법들일지라도 일단 마노의 영역에 들어오게 되면 그것들은 마음을 괴롭히게 된다. 하물며 현저한 대상들에 대해서야 말해 무엇 하겠는가?

그것은 무슨 이유 때문인가? 탐욕이 아직 존재하고 성냄이 아직 존재하고 어리석음이 아직 존재하여, 탐욕이 아직 제거되지 않았고 성냄이 아직 제거되지 않았고 어리석음이 아직 제거되지 않았기 때문이다."

6. "비구들이여, 어떤 비구든 어떤 비구니든 만일 눈으로 인식되는 형색들에 대한 탐욕이 존재하지 않고 성냄이 존재하지 않고 어리석음이 존재하지 않아, 탐욕이 이미 제거되었고 성냄이 이미 제거되었고 어리석음이 이미 제거되었다면, 눈으로 인식되는 아주 현저한 형색들이 눈의 영역에 들어오더라도 그것들은 마음을 괴롭히지 못한다. 하물며 사소한 대상들에 대해서야 말해 무엇 하겠는가?

그것은 무슨 이유 때문인가? 눈으로 인식되는 형색들에 대한 탐욕이 존재하지 않고 성냄이 존재하지 않고 어리석음이 존재하지 않아, 탐욕이 이미 제거되었고 성냄이 이미 제거되었고 어리석음이 이미 제거되었기 때문이다."

7. "비구들이여, 어떤 비구든 어떤 비구니든 만일 귀로 인식되는 소리들에 대한 … 코로 인식되는 냄새들에 대한 … 혀로 인식되는 맛들에 대한 … 몸으로 인식되는 감촉들에 대한 … 마노로 인식되는 법들에 대한 탐욕이 존재하지 않고 성냄이 존재하지 않고 어리석음이 존재하지 않아, 탐욕이 이미 제거되었고 성냄이 이미 제거되었고 어리석음이 이미 제거되었으면, 마노로 인식되는 아주 현저한 법들이 마노의 영역에 들어오더라도 그것들은 마음을 괴롭히지 못한다. 하물며 사소한 대상들에 대해서야 말해 무엇 하겠는가?

그것은 무슨 이유 때문인가? 마노로 인식되는 법들에 대한 탐욕이 존재하지 않고 성냄이 존재하지 않고 어리석음이 존재하지 않아서, 탐욕이 이미 제거되었고 성냄이 이미 제거되었고 어리석음이 이미 제거되었기 때문이다."

8. "비구들이여, 예를 들면 앗삿타 나무나 니그로다 나무나 삘락카 나무나 무화과 나무와 같은 유액을 가진 나무가 있는데 시들고 메마르고 늙었다고 하자. 그런데 어떤 사람이 날카로운 도끼로 이런 나무의 여기저기를 자르면 유액이 흘러나오겠는가?" [162]

"그렇지 않습니다, 세존이시여. 왜냐하면 거기에는 유액이 없기 때문입니다."

"비구들이여, 그와 같이 어떤 비구든 어떤 비구니든 만일 눈으로 인식되는 형색들에 대한 … 귀로 인식되는 소리들에 대한 … 코로 인식되는 냄새들에 대한 … 혀로 인식되는 맛들에 대한 … 몸으로 인식되는 감촉들에 대한 … 마노로 인식되는 법들에 대한 탐욕이 존재하지 않고 성냄이 존재하지 않고 어리석음이 존재하지 않아, 탐욕이 이미 제거되었고 성냄이 이미 제거되었고 어리석음이 이미 제거되었으면, 마노로 인식되는 아주 현저한 법들이 마노의 영역에 들어오더라도 그것들은 마음을 괴롭히지 못한다. 하물며 사소한 대상들에 대해서야 말해 무엇 하겠는가?

그것은 무슨 이유 때문인가? 마노로 인식되는 법들에 대한 탐욕이 존재하지 않고 성냄이 존재하지 않고 어리석음이 존재하지 않아, 탐욕이 이미 제거되었고 성냄이 이미 제거되었고 어리석음이 이미 제거되었기 때문이다."

꼿티따 경(S35:232)

Koṭṭhita-sutta

1. 이와 같이 나는 들었다. 한때 사리뿟따 존자와 마하꼿티따 존자가 바라나시에서 이시빠따나의 녹야원에 머물렀다.

2. 그때 마하꼿티따 존자는 해거름에 [낮 동안의] 홀로 앉음을 풀고 자리에서 일어나 사리뿟따 존자에게 다가갔다. 가서는 사리뿟따 존자와 함께 환담을 나누었다. 유쾌하고 기억할 만한 이야기로 서로 담소를 한 뒤 한 곁에 앉았다. 한 곁에 앉은 마하꼿티따 존자는 사리뿟따 존자에게 이렇게 말했다.

3. "도반 사리뿟따여, 눈이 형색들의 족쇄입니까, 아니면 형색들이 눈의 족쇄입니까? 귀가 소리들의 족쇄입니까, 아니면 소리들이 귀의 족쇄입니까? [163] … 마노가 법들의 족쇄입니까, 아니면 법들이 마노의 족쇄입니까?"

4. "도반 꼿티따여, 눈이 형색들의 족쇄도 아니고 형색들이 눈의 족쇄도 아닙니다. 이 둘을 반연하여 거기서 일어나는 욕탐이 바로

족쇄입니다. 귀가 소리들의 족쇄도 아니고 소리들이 귀의 족쇄도 아닙니다. 이 둘을 반연하여 거기서 일어나는 욕탐이 바로 족쇄입니다. … 마노가 법들의 족쇄도 아니고 법들이 마노의 족쇄도 아닙니다. 이 둘을 반연하여 거기서 일어나는 욕탐이 바로 족쇄입니다."

5. "도반이여, 예를 들면 검은 황소와 흰 황소가 하나의 멍에나 기구에 묶여 있다 합시다. 그런데 이것을 보고 말하기를 '검은 황소는 흰 황소의 족쇄고 흰 황소는 검은 황소의 족쇄다.'라고 한다면 이것은 바르게 말한 것입니까?"

"그렇지 않습니다, 도반이시여. 도반이여, 검은 황소는 흰 황소의 족쇄가 아니고 흰 황소는 검은 황소의 족쇄가 아닙니다. 이 둘은 하나의 멍에나 기구에 묶여 있을 뿐입니다."

6. "도반이여, 그와 같이 눈이 형색들의 족쇄도 아니고 형색들이 눈의 족쇄도 아닙니다. 이 둘을 반연하여 거기서 일어나는 욕탐이 바로 족쇄입니다. 귀가 소리들의 족쇄도 아니고 소리들이 귀의 족쇄도 아닙니다. 이 둘을 반연하여 거기서 일어나는 욕탐이 바로 족쇄입니다. … 마노가 법들의 족쇄도 아니고 법들이 마노의 족쇄도 아닙니다. 이 둘을 반연하여 거기서 일어나는 욕탐이 바로 족쇄입니다."

7. "도반이여, 만일 눈이 형색들의 족쇄고 형색들이 눈의 족쇄라면 바르게 괴로움을 멸진하기 위해서 청정범행을 닦는 것을 천명하지 못합니다.[271] 그러나 눈이 형색들의 족쇄도 아니고 형색들이 눈의 족쇄도 아니고 [164] 이 둘을 반연하여 거기서 일어나는 욕탐이

---

271) 만일 정말로 이렇다면, 그가 여섯 가지 감각장소[六根, 6내처]를 가지고 있는 한 그는 항상 여섯 가지 감각의 대상[六境, 6외처]에 묶여 있기 때문에 해탈이란 불가능하다는 말이다.

바로 족쇄이기 때문에 바르게 괴로움을 멸진하기 위해서 청정범행을 닦는 것을 천명할 수 있는 것입니다.

도반이여, 만일 귀가 소리들의 족쇄고 소리들이 귀의 족쇄라면 … 코가 냄새들의 족쇄고 냄새들이 코의 족쇄라면 … 혀가 맛들의 족쇄고 맛들이 혀의 족쇄라면 … 몸이 감촉들의 족쇄고 감촉들이 몸의 족쇄라면 … 마노가 법들의 족쇄고 법들이 마노의 족쇄라면 바르게 괴로움을 멸진하기 위해서 청정범행을 닦는 것을 천명하지 못합니다. 그러나 마노가 법들의 족쇄도 아니고 법들이 마노의 족쇄도 아니고 이 둘을 반연하여 거기서 일어나는 욕탐이 바로 족쇄이기 때문에 바르게 괴로움을 멸진하기 위해서 청정범행을 닦는 것을 천명할 수 있는 것입니다."

8. "도반이여, 이러한 방법을 통해서 다음을 알 수 있습니다.

세존께는 눈이 있습니다. 세존께서는 그 눈으로 형색을 봅니다. 그러나 세존께는 욕탐이 없습니다. 세존은 마음이 잘 해탈하신 분입니다. 세존께는 귀가 있습니다. 세존께서는 그 귀로 소리를 듣습니다. 그러나 세존께는 욕탐이 없습니다. 세존은 마음이 잘 해탈하신 분입니다. … 세존께는 코가 있습니다. … 세존께는 혀가 있습니다. … 세존께는 몸이 있습니다. … 세존께는 마노가 있습니다. 세존께서는 [165] 그 마노로 법을 지각하십니다. 그러나 세존께는 욕탐이 없습니다. 세존은 마음이 잘 해탈하신 분입니다."

9. "도반이여, 이러한 방법을 통해서 다음을 알 수 있습니다.

눈이 형색들의 족쇄도 아니고 형색들이 눈의 족쇄도 아닙니다. 이 둘을 반연하여 거기서 일어나는 욕탐이 바로 족쇄입니다. 귀가 소리들의 … 코가 냄새들의 … 혀가 맛들의 … 몸이 감촉들의 … 마노가 법들의 족쇄도 아니고 법들이 마노의 족쇄도 아닙니다. 이 둘을 반연하여 거기서 일어나는 욕탐이 바로 족쇄입니다."

까마부 경(S35:233)

Kāmabhū-sutta

1. 이와 같이 나는 들었다. 한때 아난다 존자와 까마부 존자[272)]는 꼬삼비에서 고시따 원림에 머물렀다.

2. 그때 까마부 존자는 해거름에 [낮 동안의] 홀로 앉음을 풀고 자리에서 일어나 아난다 존자에게 다가갔다. 가서는 아난다 존자와 함께 환담을 나누었다. 유쾌하고 기억할 만한 이야기로 서로 담소를 한 뒤 한 곁에 앉았다. 한 곁에 앉은 까마부 존자는 아난다 존자에게 이렇게 말했다.

3. "도반 아난다여, 눈이 형색들의 족쇄입니까, 아니면 형색들이 눈의 족쇄입니까? 귀가 소리들의 … 코가 냄새들의 … 혀가 맛들의 … 몸이 감촉들의 … 마노가 법들의 족쇄입니까, 아니면 법들이 마노의 족쇄입니까?"

4. "도반 까마부여, 눈이 형색들의 족쇄도 아니고 형색들이 눈의 족쇄도 아닙니다. 이 둘을 반연하여 거기서 일어나는 욕탐이 바로 족쇄입니다. 귀가 소리들의 … 코가 냄새들의 … 혀가 맛들의 … 몸이 감촉들의 … 마노가 법들의 족쇄도 아니고 법들이 마노의 족쇄도 아닙니다. 이 둘을 반연하여 거기서 일어나는 욕탐이 바로 족쇄입니다."

---

272) 주석서와 복주서에는 까마부 존자(āyasmā Kāmabhū)에 대한 설명이 나타나지 않는다. 본서 「까마부 경」 1/2(S41:5~6)에서 보듯이 그는 뛰어난 통찰지를 가진 자였음이 분명하다.

5. "도반이여, [166] 예를 들면 검은 황소와 흰 황소가 하나의 멍에나 기구에 묶여 있다 합시다. 그런데 이것을 보고 말하기를 '검은 황소는 흰 황소의 족쇄고 흰 황소는 검은 황소의 족쇄다.'라고 한다면 이것은 바르게 말한 것입니까?"

"그렇지 않습니다, 도반이시여. 도반이여, 검은 황소는 흰 황소의 족쇄가 아니고 흰 황소는 검은 황소의 족쇄가 아닙니다. 이 둘은 하나의 멍에나 기구에 묶여 있을 뿐입니다."

"도반이여, 그와 같이 눈이 형색들의 족쇄도 아니고 형색들이 눈의 족쇄도 아닙니다. 이 둘을 반연하여 거기서 일어나는 욕탐이 바로 족쇄입니다. 귀가 소리들의 … 코가 냄새들의 … 혀가 맛들의 … 몸이 감촉들의 … 마노가 법들의 족쇄도 아니고 법들이 마노의 족쇄도 아닙니다. 이 둘을 반연하여 거기서 일어나는 욕탐이 바로 족쇄입니다."

우다이 경(S35:234)

1. 이와 같이 나는 들었다. 한때 아난다 존자와 우다이 존자는 꼬삼비에서 고시따 원림에 머물렀다.

2. 그때 우다이 존자는 해거름에 [낮 동안의] 홀로 앉음을 풀고 자리에서 일어나 아난다 존자에게 다가갔다. 가서는 아난다 존자와 함께 환담을 나누었다. 유쾌하고 기억할 만한 이야기로 서로 담소를 한 뒤 한 곁에 앉았다. 한 곁에 앉은 우다이 존자는 아난다 존자에게 이렇게 말했다.

3. "도반 아난다여, 세존께서는 여러 가지 방법으로 이 몸에 대

해서 '이런 이유로 이 몸은 무아다.'라고 말씀하시고 드러내시고 설명하셨습니다. 그런데 그와 마찬가지로 이 알음알이에 대해서도 '이런 이유로 이 알음알이는 무아다.'라고 자세하게 설명하고 가르치고 천명하고 확립하고 드러내고 분석하고 명확하게 할 수 있습니까?"

"도반 우다이여, 세존께서는 여러 가지 방법으로 이 몸에 대해서 '이런 이유로 이 몸은 무아다.'라고 말씀하시고 드러내시고 설명하셨듯이, 그와 마찬가지로 이 알음알이에 대해서도 '이런 이유로 이 알음알이는 무아다.'라고 자세하게 설명하고 가르치고 천명하고 확립하고 드러내고 분석하고 명확하게 할 수 있습니다."

4. "도반이여, 눈과 형색을 조건으로 눈의 알음알이가 일어납니까?" [167]

"그렇습니다, 도반이여."

"눈의 알음알이가 일어나는 원인과 조건이 그 어떤 것에 의해서도 그 어떤 식으로도 그 어디에도 그 누구에게도 남김없이 소멸해버린다면 그런데도 눈의 알음알이를 천명할 수 있습니까?"

"그렇지 않습니다, 도반이여."

"도반이여, 이러한 방법으로 세존께서는 '이런 이유로 이 알음알이는 무아다.'라고 말씀하시고 드러내시고 설명하셨습니다."

5. "도반이여, 귀와 소리를 조건으로 귀의 알음알이가 … 코와 냄새를 조건으로 코의 알음알이가 … 혀와 맛을 조건으로 혀의 알음알이가 … 몸과 감촉을 조건으로 몸의 알음알이가 … 마노와 법을 조건으로 마노의 알음알이가 일어납니까?"

"그렇습니다, 도반이여."

"마노의 알음알이가 일어나는 원인과 조건이 그 어떤 것에 의해서도 그 어떤 식으로도 그 어디에도 그 누구에게도 남김없이 소멸해버린다면 그런데도 마노의 알음알이를 천명할 수 있습니까?"

"그렇지 않습니다, 도반이여."

"도반이여, 이러한 방법으로 세존께서는 '이런 이유로 이 알음알이는 무아다.'라고 말씀하시고 드러내시고 설명하셨습니다."

6. "도반이여, 예를 들면 속재목[心材]이 필요한 사람이 속재목을 찾고 속재목을 탐색하여 돌아다니다가 날카로운 도끼를 들고 숲에 들어간다 합시다.273) 그는 거기서 야자나무 줄기가 크고 곧고 싱싱하며 유용한 것을 볼 것입니다. 그는 그것의 뿌리를 [168] 자를 것입니다. 뿌리를 자른 뒤 꼭대기를 자를 것입니다. 꼭대기를 자른 뒤 잔가지와 잎사귀를 깨끗하게 제거할 것입니다. 이처럼 잔가지와 잎사귀까지 깨끗하게 제거해버리고 나면 그는 겉재목[白木質]조차도 얻을 수 없을 것입니다. 그러니 어디서 속재목을 얻겠습니까?

도반이여, 그와 같이 비구는 여섯 가지 감각접촉의 장소들 가운데서 그 어떤 것도 자아라거나 자아에 속하는 것이라고 관찰하지 않습니다. 그는 이와 같이 관찰하지 않기 때문에 세상에 대해서 어떤 것도 취착하지 않습니다. 취착하지 않으면 갈증 내지 않습니다. 갈증 내지 않으면 스스로 완전히 열반에 듭니다. '태어남은 다했다. 청정범행은 성취되었다. 할 일을 다 해 마쳤다. 다시는 어떤 존재로도 돌아오지 않을 것이다.'라고 꿰뚫어 압니다."

---

273) 이 비유는 본서 제2권 「포말 경」(S22:95/iii.141) §7에도 나타나고 있다.

불타오름에 대한 법문 경(S35:235)

Ādittapariyāya-sutta

2. "비구들이여, 그대들에게 불타오름에 대한 법문을 설하리라.

… <S35:23 §3> …

3. "비구들이여, 그러면 어떤 것이 불타오름에 대한 법문인가? 시뻘겋게 불타오르고 불꽃을 튀기고 빛을 내는 쇠꼬챙이로 차라리 눈의 감각기능[眼根]을 파괴할지언정 눈으로 인식할 수 있는 형색들에 대해 [세세한] 부분상을 통해서 표상(전체상)을 취해서는 안된다.[274] 비구들이여, 만일 그의 알음알이[275]가 표상(전체상)의 달콤함이나 [세세한] 부분상의 달콤함에 빠진 채로 유지되다가 그런 상태로 죽음을 맞이하면 그에게는 이런 경우가 있을 것이다. 즉 그는 두 가지 태어날 곳 가운데 하나로 갈 것이니, 지옥이거나 축생의 모태이다. 비구들이여, 이런 위험함을 보기 때문에 나는 이와 같이 말한 것이다."

---

274) "'[세세한] 부분상을 통해서 표상(전체상)을 취함(anubyañjanaso nimitta-ggāho)'이란 '손이 아름답다, 발이 아름답다.'라고 부분상을 통해서 표상(전체상)을 취하는 것을 말한다. 표상(전체상)을 취하는 것은 종합한 뒤에(saṁsandetvā) 취하는 것이고 부분상을 취하는 것은 분해해서 취하는 것(vibhatti-gahaṇa)이다. 표상(전체상)을 취하는 것은 악어(kumbhīla)처럼 전체(sabba)를 취하는 것이고 부분상을 취하는 것은 마치 거머리(ratta-pā)가 손과 발 등을 부분적으로 취하는 것처럼 분해해서(vibhajitvā) 취하는 것이다. 이러한 두 가지 취하는 것은 하나의 속행(javana)에서도 얻어진다. 다른 여러 속행을 말할 필요가 없다."(SA.iii.4)
『청정도론』 I.54에 나타나는 부분상과 전체상의 설명도 참조할 것. 본경의 이 문장은 『청정도론』 I.100에도 인용되어 나타나고 있다.

275) "여기서 '알음알이(viññāṇa)'는 업을 짓는 알음알이(kamma-viññāṇa)를 말한다."(SA.iii.4)

4. "비구들이여, 시뻘겋게 불타오르고 불꽃을 튀기고 빛을 내는 쇠꼬챙이로 차라리 귀의 감각기능[耳根]을 파괴할지언정 귀로 인식할 수 있는 소리들에 대해 [세세한] 부분상을 통해서 표상(전체상)을 취해서는 안된다. 비구들이여, 만일 그의 알음알이가 표상(전체상)의 달콤함이나 [세세한] 부분상의 달콤함에 빠진 채로 유지되다가 그런 상태로 죽음을 맞이하면 그에게는 이런 경우가 있을 것이다. 즉 그는 두 가지 태어날 곳 가운데 하나로 갈 것이니, 지옥이거나 축생의 모태이다. 비구들이여, 이런 위험함을 보기 때문에 [169] 나는 이와 같이 말한 것이다."

5. "비구들이여, 시뻘겋게 불타오르고 불꽃을 튀기고 빛을 내는 쇠꼬챙이로 차라리 코의 감각기능[鼻根]을 파괴할지언정 코로 인식할 수 있는 냄새들에 대해 [세세한] 부분상을 통해서 표상(전체상)을 취해서는 안된다. 비구들이여, 만일 그의 알음알이가 표상(전체상)의 달콤함이나 [세세한] 부분상의 달콤함에 빠진 채로 유지되다가 그런 상태로 죽음을 맞이하면 그에게는 이런 경우가 있을 것이다. 즉 그는 두 가지 태어날 곳 가운데 하나로 갈 것이니, 지옥이거나 축생의 모태이다. 비구들이여, 이런 위험함을 보기 때문에 나는 이와 같이 말한 것이다."

6. "비구들이여, 시뻘겋게 불타오르고 불꽃을 튀기고 빛을 내는 쇠꼬챙이로 차라리 혀의 감각기능[舌根]을 파괴할지언정 혀로 인식할 수 있는 맛들에 대해 [세세한] 부분상을 통해서 표상(전체상)을 취해서는 안된다. 비구들이여, 만일 그의 알음알이가 표상(전체상)의 달콤함이나 [세세한] 부분상의 달콤함에 빠진 채로 유지되다가 그런 상태로 죽음을 맞이하면 그에게는 이런 경우가 있을 것이다. 즉 그는

두 가지 태어날 곳 가운데 하나로 갈 것이니, 지옥이거나 축생의 모태이다. 비구들이여, 이런 위험함을 보기 때문에 나는 이와 같이 말한 것이다."

7. "비구들이여, 시뻘겋게 불타오르고 불꽃을 튀기고 빛을 내는 쇠꼬챙이로 차라리 몸의 감각기능[身根]을 파괴할지언정 몸으로 인식할 수 있는 감촉들에 대해 [세세한] 부분상을 통해서 표상(전체상)을 취해서는 안된다. 비구들이여, 만일 그의 알음알이가 표상(전체상)의 달콤함이나 [세세한] 부분상의 달콤함에 빠진 채로 유지되다가 그런 상태로 죽음을 맞이하면 그에게는 이런 경우가 있을 것이다. 즉 그는 두 가지 태어날 곳 가운데 하나로 갈 것이니, 지옥이거나 축생의 모태이다. 비구들이여, 이런 위험함을 보기 때문에 나는 이와 같이 말한 것이다."

8. "비구들이여, 잠자는 것은 헛된 삶을 사는 것이고 아무런 결실을 주지 않는 삶을 사는 것이고 무감각하게 삶을 사는 것이라고 나는 말한다.276) 그러나 차라리 잠을 잘지언정 승가의 분열을 일으키는 그러한 형태의 생각을 일으켜서는 안된다. [170] 비구들이여, 이런 헛된 삶을 사는 위험함을 보기 때문에 나는 이와 같이 말하는 것이다."277)

---

276) 마노의 감각기능[意根] 대신에 여기서는 잠에 빠지는 것(sotta)이 언급되고 있다. 아래 §14에서 이 잠은 마노와 연결되고 있다.

277) '승가의 분열을 일으키는 것(saṅgham bhindeyya)'은 다섯 가지 무간업(ānantarika-kamma) 가운데 하나로, 죽어서 바로 지옥에 떨어지는 무거운 업이다. 여기에 대해서는 『여시어경』(It.10~11)과 『율장』(Vin.ii.198, 204~205)을 참조할 것.
다섯 가지 무간업[五無間業, ānantariya-kamma]은 "어머니의 목숨을 빼앗고, 아버지의 목숨을 빼앗고, 아라한의 목숨을 빼앗고, 사악한 마음으로 여래의 몸에 피를 내고, 승가를 분열시키는 것이다."(A5:129) 『앙굿따라 니까야』 「곪음 경」(A5:129) §2에서는 이 다섯을 범한 사람은 "악처에 떨어지

9. "비구들이여, 이런 경우에 잘 배운 성스러운 제자는 이렇게 숙고해야 한다.

시뻘겋게 불타오르고 불꽃을 튀기고 빛을 내는 쇠꼬챙이로 눈의 감각기능이 파괴된다 할지라도 나는 이와 같이 마음에 잡도리할 것이다. '이런 [이유로] 눈은 무상하다. 형색은 무상하다. 눈의 알음알이는 무상하다. 눈의 감각접촉은 무상하다. 눈의 감각접촉을 조건으로 하여 일어나는 즐겁거나 괴롭거나 괴롭지도 즐겁지도 않은 느낌은 무상하다.'라고."

10. "시뻘겋게 불타오르고 불꽃을 튀기고 빛을 내는 쇠꼬챙이로 귀의 감각기능이 파괴된다 할지라도 나는 이와 같이 마음에 잡도리할 것이다. '이런 [이유로] 귀는 무상하다. 소리는 무상하다. 귀의 알음알이는 무상하다. 귀의 감각접촉은 무상하다. 귀의 감각접촉을 조건으로 하여 일어나는 즐겁거나 괴롭거나 괴롭지도 즐겁지도 않은 느낌은 무상하다.'라고."

11. "시뻘겋게 불타오르고 불꽃을 튀기고 빛을 내는 쇠꼬챙이로 코의 감각기능이 파괴된다 할지라도 나는 이와 같이 마음에 잡도리할 것이다. '이런 [이유로] 코는 무상하다. 냄새는 무상하다. 코의 알음알이는 무상하다. 코의 감각접촉은 무상하다. 코의 감각접촉을 조건으로 하여 일어나는 즐겁거나 괴롭거나 괴롭지도 즐겁지도 않은 느낌은 무상하다.'라고."

12. "시뻘겋게 불타오르고 불꽃을 튀기고 빛을 내는 쇠꼬챙이로

고 지옥에 떨어지고 곪았고 [참회로] 고칠 수 없다."고 나타난다. 『아비담마 길라잡이』 제5장 §19의 1번 해설도 참조할 것.

혀의 감각기능이 파괴된다 할지라도 나는 이와 같이 마음에 잡도리할 것이다. '이런 [이유로] 혀는 무상하다. 맛은 무상하다. 혀의 알음알이는 무상하다. 혀의 감각접촉은 무상하다. 혀의 감각접촉을 조건으로 하여 일어나는 즐겁거나 괴롭거나 괴롭지도 즐겁지도 않은 느낌은 무상하다.'라고."

13. "시뻘겋게 불타오르고 불꽃을 튀기고 빛을 내는 쇠꼬챙이로 몸의 감각기능이 파괴된다 할지라도 나는 이와 같이 마음에 잡도리할 것이다. '이런 [이유로] 몸은 무상하다. 감촉은 [171] 무상하다. 몸의 알음알이는 무상하다. 몸의 감각접촉은 무상하다. 몸의 감각접촉을 조건으로 하여 일어나는 즐겁거나 괴롭거나 괴롭지도 즐겁지도 않은 느낌은 무상하다.'라고."

14. "잠에 빠진다 할지라도 나는 이와 같이 마음에 잡도리할 것이다. '이런 [이유로] 마노는 무상하다. 법은 무상하다. 마노의 알음알이는 무상하다. 마노의 감각접촉은 무상하다. 마노의 감각접촉을 조건으로 하여 일어나는 즐겁거나 괴롭거나 괴롭지도 즐겁지도 않은 느낌은 무상하다.'라고."

15. "비구들이여, 이렇게 보는 잘 배운 성스러운 제자는 눈에 대해서도 염오하고 형색에 대해서도 염오하고 눈의 알음알이에 대해서도 염오하고 눈의 감각접촉에 대해서도 염오하고 눈의 감각접촉을 조건으로 하여 일어나는 즐겁거나 괴롭거나 괴롭지도 즐겁지도 않은 느낌에 대해서도 염오한다.

귀에 대해서도 … 소리에 대해서도 … 귀의 알음알이에 대해서도 … 귀의 감각접촉에 대해서도 … 느낌에 대해서도 …

코에 대해서도 … 냄새에 대해서도 … 코의 알음알이에 대해서도

… 코의 감각접촉에 대해서도 … 느낌에 대해서도 …

혀에 대해서도 … 맛에 대해서도 … 혀의 알음알이에 대해서도 … 혀의 감각접촉에 대해서도 … 느낌에 대해서도 …

몸에 대해서도 … 감촉에 대해서도 … 몸의 알음알이에 대해서도 … 몸의 감각접촉에 대해서도 … 느낌에 대해서도 …

마노에 대해서도 염오하고 법에 대해서도 염오하고 마노의 알음알이에 대해서도 염오하고 마노의 감각접촉에 대해서도 염오하고 마노의 감각접촉을 조건으로 하여 일어나는 즐겁거나 괴롭거나 괴롭지도 즐겁지도 않은 느낌에 대해서도 염오한다."

16. "염오하면서 탐욕이 빛바래고, 탐욕이 빛바래기 때문에 해탈한다. 해탈하면 해탈했다는 지혜가 있다. '태어남은 다했다. 청정범행(梵行)은 성취되었다. 할 일을 다 해 마쳤다. 다시는 어떤 존재로도 돌아오지 않을 것이다.'라고 꿰뚫어 안다."

17. "비구들이여, 이것이 불타오름에 대한 법문이다."

손발의 비유 경1(S35:236)

Hatthapādupamā-sutta

3. "비구들이여, 손이 있기 때문에 취하고 버림을 식별할 수 있다. 발이 있기 때문에 나아가고 물러감을 식별할 수 있다. 마디가 있기 때문에 굽히고 폄을 식별할 수 있다. 배가 있기 때문에 배고프고 목마름을 식별할 수 있다.

비구들이여, 그와 같이 눈이 있기 때문에 눈의 감각접촉을 조건으로 하여 안으로 즐거움과 괴로움이 일어난다.[278] … 귀가 있기 때문

278) "본경과 다음 경은 과보로 나타난 즐거움과 괴로움(vipāka-sukha-dukkha)

에 … 코가 있기 때문에 … 혀가 있기 때문에 … 몸이 있기 때문에 … 마노가 있기 때문에 마노의 감각접촉을 조건으로 하여 안으로 즐거움과 괴로움이 일어난다."

4. "비구들이여, 손이 없으면 취하고 버림을 식별할 수 없다. 발이 없으면 나아가고 물러감을 식별할 수 없다. 마디가 없으면 굽히고 폄을 식별할 수 없다. 배가 없으면 배고프고 목마름을 식별할 수 없다.

비구들이여, 그와 같이 눈이 없으면 눈의 감각접촉을 조건으로 하여 [172] 안으로 즐거움과 괴로움이 일어나지 않는다. … 귀가 없으면 … 코가 없으면 … 혀가 없으면 … 몸이 없으면 … 마노가 없으면 마노의 감각접촉을 조건으로 하여 안으로 즐거움과 괴로움이 일어나지 않는다."

손발의 비유 경2(S35:237)

<본경은 앞의 「손발의 비유 경」1(S35:236) 가운데 '식별할 수 있다(paññāyati)'와 '식별할 수 없다(na paññāyāti)' 대신에 '있다(hoti)'와 '없다(na hoti)'로 나타나는 것만 다르고 나머지는 같다.>

제18장 바다 품이 끝났다.

열여덟 번째 품에 포함된 경들의 목록은 다음과 같다.

두 가지 ①~② 바다 ③ 어부 비유
④ 유액을 가진 나무 비유 ⑤ 꼿티따 ⑥ 깜마부
⑦ 우다이 ⑧ 불타오름, 두 가지 ⑨~⑩ 손발의 비유이다.

을 보인 뒤 윤회와 윤회로부터 벗어남(vaṭṭa-vivaṭṭa)을 설했다."(SA.iii.5)

제19장 독사 품

Āsīvisa-vagga[279)]

독사 경(S35:238)

Āsīvisa-sutta

2. 거기서 세존께서는 비구들을 불러서 말씀하셨다.[280)]

3. "비구들이여, 예를 들면 빛을 발하고 맹독을 가진 네 종류의 독사[281)]가 있다 하자. 그때 살기를 바라고 죽기를 바라지 않으며 행

---

279) Ee에는 본품이 제20품(XX)으로 잘못 표기되어 나타난다.

280) 주석서에 의하면 본경은 괴로움의 특상을 명상주제로 삼아서(dukkha-lakkhaṇa-kammaṭṭhānika) 수행하는(yogāvacara) 비구들에게 설하신 것이라고 한다.(SA.iii.5)

281) "'네 종류의 독사(cattāro āsīvisā)'는 나무로 된 입을 가진 것(kaṭṭha-mukha), 썩은 입을 가진 것(pūti-mukha), 불붙는 입을 가진 것(aggi-mukha), 칼의 입을 가진 것(sattha-mukha)이다.
① 나무로 된 입을 가진 것에 물린 사람의 온몸은 마른 나무처럼 딱딱해(thaddha)진다. ② 썩은 입을 가진 것에 물린 사람은 익어서 썩은 냄새가 나는 빵나무 열매(pakka-pūti-panasa)처럼 썩어서 진물이 나게 된다. ③ 불붙는 입을 가진 것에 물린 사람의 온몸은 타올라서 잿더미(bhasma-muṭṭhi)나 왕겨더미(thusa-muṭṭhi)처럼 흩어져버린다. ④ 칼의 입을 가진 것에 물린 사람의 온몸은 벼락에 맞은 곳(asani-pāta-ṭṭhāna)처럼 큰 구멍이 생겨 떨어져 나가 버린다."(SA.iii.6)
이 네 종류의 독사는 각각 지·수·화·풍의 네 가지 근본물질에 비유가 되고 있다.
한편 주석서는 독사(āsīvisa)에 대한 어원을 다음의 세 가지로 설명한다.
① 뿌려진 독을 가진 것(āsitta-visa): 이 뱀들의 독은 마치 그들의 온몸에 뿌려진 것처럼(āsiñcitvā viya) 저장이 되어 있기 때문에 독사라 한다. ② 먹은 독을 가진 것(asita-visa): 그들이 무엇이든지 먹으면(asita) 그것은 다 독이 되기 때문에 독사라 한다. ③ 칼과 같은 독을 가진 것(asi-sadisa-

복을 바라고 괴로움을 혐오하는 사람이 온다고 하자. 그런데 그에게 이렇게 말한다 하자. '여보시오. 빛을 발하고 맹독을 가진 네 종류의 독사가 있습니다. [173] 그대는 때때로 이 뱀들을 들어 올려야 하고 때때로 목욕을 시켜야 하고 때때로 먹을 것을 주어야 하고 때때로 보금자리로 내려놓아야 합니다.[282] 여보시오. 그런데 빛을 발하고 맹독을 가진 이 네 마리 독사 가운데 어떤 한 마리가 화가 나면 그대는 죽거나 죽음에 버금가는 고통을 겪게 될 것입니다. 여보시오. 그러니 그대가 하고 싶은 대로 하시오.'라고."

4. "비구들이여, 그러면 그 사람은 빛을 발하고 맹독을 가진 네 종류의 독사가 두려워서 이리저리 도망칠 것이다. 이런 그에게 이렇게 말할 것이다.

'여보시오. 다섯 명의 살인을 일삼는 원수들이 '우리가 이놈을 보기만 하면 바로 그 자리에서 목숨을 빼앗아버리리라.'라고 하면서 그대의 등 뒤를 쫓아오고 있습니다. 그러니 그대가 하고 싶은 대로 하시오.'라고."

---

visa): 그들의 독은 칼(asi)과 같이 날카롭기(tikhiṇa) 때문에 독사라 한다.(SA.iii.8)
한편 『율장 주석서』에서는 "아주 빨리 독이 나오기 때문에 독사라 한다(āsu sīghaṁ etassa visaṁ āgacchatīti āsīviso)."(VinA.i.220)라고 설명하고 있다.
다른 네 가지 뱀에 대한 설법이 『앙굿따라 니까야』 「뱀(독사) 경」(A4:110)에도 나타나고 있다. 그곳에서는 "독이 빨리 퍼지지만 오랫동안 고통을 주지 않는 것, 독이 오랫동안 고통을 주지만 빨리 퍼지지 않는 것, 독이 빨리 퍼지고 오랫동안 고통을 주는 것, 독이 빨리 퍼지지도 않고 오랫동안 고통을 주지도 않는 것"의 네 종류의 독사를 들고 이를 네 부류의 사람과 비교하고 있다.

282) 주석서는 여기에 대한 상세한 배경 설명을 하고 있다. 이것은 왕이 어떤 사람에게 형벌로 내린 것이었다고 한다.(SA.iii.8~9)

5. "비구들이여, 그러면 그 사람은 빛을 발하고 맹독을 가진 네 종류의 독사가 두렵고 다섯 명의 살인을 일삼는 원수들이 두려워서 이리저리 도망칠 것이다. 이런 그에게 이렇게 말할 것이다.

'여보시오. 그대와 친숙한 여섯 번째의 살인자283)가 칼을 빼들고 '내가 이놈을 보기만 하면 바로 그 자리에서 머리를 잘라버릴 것이다.'라고 하면서 그대의 등 뒤를 쫓아오고 있습니다. 그러니 그대가 하고 싶은 대로 하시오.'라고."

6. "비구들이여, 그러면 그 사람은 빛을 발하고 맹독을 가진 네 종류의 독사가 두렵고 다섯 명의 살인을 일삼는 원수들이 두렵고 자신과 친숙한 여섯 번째의 살인자가 칼을 빼들고 오는 것이 두려워서 이리저리 도망칠 것이다. 그러다가 그는 빈 마을을 볼 것이다. 어떤 집에 들어가도 텅 비어 있고 황량하고 공허하였고 어떤 그릇을 집어 보아도 텅 비어 있고 황량하고 공허하였다. 이런 그에게 이렇게 말할 것이다.

'여보시오. 지금 곧 마을을 터는 도둑떼들이 이 빈 마을로 쳐들어올 것입니다. 그러니 그대가 하고 싶은 대로 하시오.'라고."

7. "비구들이여, [174] 그러면 그 사람은 빛을 발하고 맹독을 가진 네 종류의 독사가 두렵고 다섯 명의 살인을 일삼는 원수들이 두렵고 자신과 친숙한 여섯 번째의 살인자가 칼을 빼들고 오는 것이 두렵

---

283) "'친숙한 여섯 번째의 살인자(chaṭṭha antara-cara vadhaka)'라고 하였다. 왕은 대신들에게 이렇게 말했다. '첫 번째에 그가 독사들로부터 쫓기자(anubaddha) 이리저리 속이면서 도망을 갔다. 그리고 다섯 명의 살인자들이 뒤쫓자 더 빨리 도망을 갔다. 그래서 그를 잡을 수가 없다. 그러나 속임수(upalāḷana)를 쓰면 잡을 수 있다. 그러니 어릴 때부터 그와 함께 먹고 마시고 함께 지낸 친숙한 자를 자객(vadhaka)으로 보내라.'라고. 그러자 대신들은 그런 사람을 찾아서 자객으로 보냈다."(SA.iii.10)

고 마을을 터는 도둑떼들이 두려워서 이리저리 도망칠 것이다. 그러다가 그는 이 언덕에는 위험이 도사리고 있고 두려움이 있지만 저 언덕은 안전하고 아무 두려움이 없는 그런 큰 호수를 볼 것이다. 그러나 거기에는 안전하게 이 언덕에서 저 언덕으로 건네줄 배나 다리가 없었다."

8. "비구들이여, 그러면 그 사람에게 이런 생각이 들 것이다.

'여기 큰 호수가 있는데 이 언덕에는 위험이 도사리고 있고 두려움이 있지만 저 언덕은 안전하고 아무 두려움이 없다. 그러나 여기에는 안전하게 이 언덕에서 저 언덕으로 건네줄 배나 다리가 없다. 그러니 나는 풀과 잔가지와 큰 가지와 풀잎을 함께 모아서 뗏목을 엮은 뒤 그 뗏목에 의지하여 손과 발로 노력하여 안전하게 저 언덕으로 건너가야겠다.'[284] 라고."

9. "비구들이여, 그러자 그 사람은 풀과 잔가지와 큰 가지와 풀잎을 함께 모아서 뗏목을 엮은 뒤 그 뗏목에 의지하여 손과 발로 노력하여 안전하게 저 언덕으로 건너갔다. [참된] 바라문은 이것을 건너 저 언덕에 도달하여 땅 위에 서 있다."[285]

---

284) 더 잘 알려진 '뗏목의 비유(kullūpama)'가 『맛지마 니까야』 「뱀의 비유 경」(M22/i.134~135) §§13~14에 나타나고 있다. 특히 이 경 §14에는 "뗏목에 비유하여 법을 설했다고 이해하는 자들은 법도 버려야 하거늘 하물며 법이 아닌 것은 말해 무엇하리요(kullūpamaṁ vo dhammaṁ desitaṁ ājānantehi dhammāpi vo pahātabbā pageva adhammā)."라는 가르침이 나타난다. 이것은 『금강경』 제6품의 마지막에 나타나는 "법문이란 뗏목과 같은 것이라고 깊게 아는 자들은 법들도 반드시 버려야 하거늘 하물며 법이 아닌 것임에랴(kolopamaṁ dharmaparyāyam ājānadbhirdharmā eva prahātavyāḥ prāgeva adharmā, 知我說法 如筏喩者 法尙應捨 何況非法)."의 원형이 되는 말씀으로 잘 알려져 있다. 각묵, 『금강경 역해』 140~141쪽 참조.

285) '[참된] 바라문은 이것을 건너 저 언덕에 도달하여 땅 위에 서 있다.'는 tiṇṇo

10. “비구들이여, 이 비유는 뜻을 바르게 전달하기 위해서 내가 만든 것이다. 그 뜻은 이와 같다.”

11. “비구들이여, 빛을 발하고 맹독을 가진 네 종류의 독사는 네 가지 근본 물질을 두고 한 말이니 그것은 땅의 요소, 물의 요소, 불의 요소, 바람의 요소이다.”286)

12. “비구들이여, 다섯 명의 살인을 일삼는 원수들은 취착의 [대상이 되는] 다섯 가지 무더기[五取蘊]를 두고 한 말이니 그것은 취착의 [대상이 되는] 물질의 무더기, 취착의 [대상이 되는] 느낌의 무더기, 취착의 [대상이 되는] 인식의 무더기, 취착의 [대상이 되는] 심리현상들의 무더기, 취착의 [대상이 되는] 알음알이의 무더기이다.”287)

13. “비구들이여, 자신과 친숙한 칼을 빼든 여섯 번째의 살인자란 즐김과 탐욕288)을 두고 한 말이다.”

---

pāraṅgato thale titthati brāhmaṇo를 옮긴 것이다. 이 문장은 본서 「바다 경」 1(S35:228) §4에도 나타난다.

286) 주석서는 땅의 요소를 나무로 된 입을 가진 독사에, 물의 요소를 썩은 입을 가진 독사에, 불의 요소를 불붙는 입을 가진 독사에, 바람의 요소를 칼의 입을 가진 독사에 비유된다고 설명하고 있는데 세 쪽에 걸쳐서 상세하게 비유하고 있다.(SA.iii.11~13) 『청정도론』 XI.102도 참조할 것.

287) 본경에 해당하는 주석서는 여기 살인을 일삼는 원수를 본서 제2권 「포말 경」(S22:95) §10 {5}c의 살인자(vadhaka)에 대한 설명과 같이 하고 있다. 그곳의 주해를 참조할 것. 그리고 본서 제2권 「야마까 경」(S22:85) §§17~18에 나타나는 아들을 죽이려는 자의 비유도 참조할 것.

288) “‘즐김과 탐욕(nandī-rāga)’은 통찰지의 머리를 잘라버리고(paññā-sira-pātana) 모태에 들어가게 하는(yoni-sampaṭipādana) 두 가지 측면에서 칼을 빼든 살인자와 같다. 어떻게?
① 눈의 감각의 대문으로 원하는 대상(iṭṭh-ārammaṇa)이 들어오게(āpātha-gata) 되면 그 대상을 의지해서 탐욕(lobha)이 생긴다. 그러면 통찰지의

14. "비구들이여, 빈 마을이란 여섯 가지 안의 감각장소를 두고 한 말이다. 비구들이여, 만일 지혜롭고 슬기롭고 현명한 자가 눈으로 숙고해보면 그것은 텅 비어 있고 황량하고 [175] 공허하게 드러날 것이다. 비구들이여, 만일 지혜롭고 슬기롭고 현명한 자가 귀로 … 코로 … 혀로 … 몸으로 … 마노로 숙고해보면 그것은 텅 비어 있고 황량하고 공허하게 드러날 것이다."

15. "비구들이여, 마을을 터는 도둑떼들이란 여섯 가지 밖의 감각장소를 두고 한 말이다. 비구들이여, 눈은 마음에 들거나 마음에 들지 않는 형색들의 공격을 받는다. 귀는 … 코는 … 혀는 … 몸은 … 마노는 마음에 들거나 마음에 들지 않는 법들의 공격을 받는다."

16. "비구들이여, 큰 호수란 네 가지 폭류를 두고 한 말이니 그것은 감각적 욕망의 폭류, 존재의 폭류, 견해의 폭류, 무명의 폭류이다."

17. "비구들이여, 위험이 도사리고 있고 두려움이 있는 이 언덕이란 자기 존재가 있음[有身][289]을 두고 한 말이다."

머리가 떨어진 것이다. 귀의 감각의 대문 등에도 마찬가지다. ② 즐김과 탐욕은 난생(卵生, aṇḍaja) 등으로 구분되는 네 가지 모태로 인도한다. 모태에 드는 것을 근본으로 해서 25가지 큰 두려움(mahā-bhaya)과 32가지 징벌(kamma-kāraṇa)이 생기게 된다. 이러한 두 가지 측면에서 즐김과 탐욕은 칼을 빼든 살인자와 같다."(SA.iii.16~17)

289) "독사 등이 있는 호수의 이 언덕처럼 네 가지 근본물질 등에 의한 위험이 도사리고 있고 두려움이 있는 것이 바로 '자기 존재가 있음[有身, sakkāya]'이라는 말씀이다. 이것도 어느 한 비구의 명상주제(kammaṭṭhāna)로 말씀하신 것이다. '자기 존재가 있음'이란 삼계에 있는 오온(tebhūmaka-pañca-kkhandhā)을 말한다. 이것을 요약하면 정신·물질[名色, nāma-rūpa]이다. 이와 같이 여기서는 정신·물질을 구분하는 것(nāma-rūpa-vavatthāna)을 시작으로 해서 아라한됨까지의 명상주제를 상세하게 설하신 것이라

18. "비구들이여, 안전하고 아무 두려움이 없는 저 언덕이란 열반을 두고 한 말이다."

19. "비구들이여, 뗏목이란 여덟 가지 구성요소를 가진 성스러운 도[八支聖道=팔정도]를 두고 한 말이니 그것은 바른 견해, 바른 사유, 바른 말, 바른 행위, 바른 생계, 바른 정진, 바른 마음챙김, 바른 삼매이다."

20. "비구들이여, 손과 발로 노력한다는 것은 불굴의 정진을 두고 한 말이다."

21. "비구들이여, [물을] 건너 저 언덕에 도달하여 맨땅에 서 있는 바라문이라는 것은 아라한을 두고 한 말이다."

마차 비유 경(S35:239)

Rathopama-sutta

3. "비구들이여, 세 가지 법을 갖춘 비구는 지금·여기에서 많은 행복과 기쁨을 누리면서 머물고 번뇌들을 멸진하기 위한 원인을 충족하였다.[290] 무엇이 셋인가? 감각기능들의 문을 보호하고, 음식에 적당한 양을 알고, 깨어 있음에 전념하는 것이다."

고 알아야 한다."(SA.iii.19)

290) '원인을 충족하였다.'는 yoni c' assa āraddhā hoti를 옮긴 것인데 주석서에서 "원인을 구족하였다(kāraṇañ c' assa paripuṇṇaṁ hoti)."(SA.iii.22)라고 설명하고 있어서 이렇게 옮겼다. yoni는 '모태'를 뜻하지만 문맥에 따라서 다르게 옮겼다. 여기에 대해서는 본서 제3권 「자신을 섬으로 삼음 경」(S22:43) §3의 해당 주해를 참조할 것. 본경에서 비유를 빼면 『앙굿따라 니까야』 「티 없음 경」(A3:16/i.113~114)과 같은 내용이 된다.

4. "비구들이여, [176] 그러면 비구는 어떻게 감각기능들의 문을 보호하는가?

비구들이여, 여기 비구는 눈으로 형색을 봄에 그 표상[全體相]을 취하지 않으며, 또 그 세세한 부분상[細相]을 취하지도 않는다. 만약 그가 눈의 감각기능이 제어되지 않은 채 머무르면, 욕심과 싫어하는 마음이라는 나쁘고 해로운 법[不善法]들이 그를 침입해올 것이다. 따라서 그는 눈의 감각기능을 잘 단속하기 위해 수행하며, 눈의 감각기능을 잘 방호하고, 눈의 감각기능을 잘 단속한다.

귀로 소리를 들음에 … 코로 냄새를 맡음에 … 혀로 맛을 봄에 … 몸으로 감촉을 느낌에 … 마노로 법을 지각함에 그 표상을 취하지 않으며, 또 그 세세한 부분상을 취하지도 않는다. 만약 그가 마노의 감각기능이 제어되지 않은 채 머무르면, 욕심과 싫어하는 마음이라는 나쁘고 해로운 법[不善法]들이 그를 침입해올 것이다. 따라서 그는 마노의 감각기능을 잘 단속하기 위해 수행하며, 마노의 감각기능을 잘 방호하고 마노의 감각기능을 잘 단속한다."

5. "비구들이여, 예를 들면 좋은 땅의 사거리 대로에 혈통 좋은 말이 끄는 마차가 있어, 그 마차의 말에 마구가 채워졌고 채찍이 잘 준비되어 있다 하자. 그러면 말 조련사는 그것에 올라타 왼손으로 고삐를 잡고 오른 손으로는 채찍을 쥐고서 어디든 그가 원하는 곳으로 가기도 하고 되돌아오기도 할 것이다.291)

비구들이여, 그와 같이 여기 비구는 이들 여섯 가지 감각기능들을 보호하기 위해서 공부짓고, 제어하기 위해서 공부짓고, 길들이기 위

291) 말 조련사(assa-damma-sārathi)의 비유는 『맛지마 니까야』 「회계사 목갈라나 경」(M107/iii.97) §3에도 비슷하게 나타나고 있다.

해서 공부짓고, 고요하게 하기 위해서 공부짓는다. 비구들이여, 비구는 이와 같이 감각기능들의 문을 보호한다."

6. "비구들이여, 그러면 비구는 어떻게 음식에서 적당한 양을 아는가?

비구들이여, 여기 비구는 지혜롭게 숙고하면서 음식을 수용한다. 그것은 즐기기 위해서도 아니며 취하기 위해서도 아니며 겉치레를 위해서도 아니며 외양을 위해서도 아니며 단지 이 몸을 지탱하고 유지하고 잔인함을 쉬고 청정범행을 잘 지키기 위해서이다. '그래서 나는 이전의 느낌을 물리치고 새로운 느낌을 일어나게 하지 않을 것이다. 나는 잘 유지될 것이고 비난받을 일 없이 편안하게 머물 것이다.' 라고 [지혜롭게 숙고하면서 음식을 수용한다.]"

7. "비구들이여, [177] 예를 들면 어떤 사람이 상처를 낫게 하기 위해서 연고를 바르고 짐을 옮기기 위해서 차축에 기름을 치는 것과 같다.

비구들이여, 그와 같이 비구는 지혜롭게 숙고하면서 음식을 수용한다. … 나는 잘 부양될 것이고 비난받을 일 없이 편안하게 머물 것이다.'라고.

비구들이여, 비구는 이와 같이 음식에서 적당한 양을 안다."

8. "비구들이여, 그러면 어떻게 비구는 깨어 있음에 전념하는가?

비구들이여, 비구는 낮 동안에는 경행하거나 앉아서 장애가 되는 법들로부터 마음을 청정하게 한다. 밤의 초경(初更)에는 경행하거나 앉아서 장애가 되는 법들로부터 마음을 청정하게 한다. 한밤중에는 발에다 발을 포개어 오른쪽 옆구리로 사자처럼 누워서 마음챙기고 알아차리면서[正念正知] 일어날 시간을 인식하여 마음에 잡도리한다.

밤의 말경(末更)에는 일어나서 경행하거나 앉아서 장애가 되는 법들로부터 마음을 청정하게 한다.

비구들이여, 비구는 이와 같이 깨어 있음에 전념한다."

9. "비구들이여, 이러한 세 가지 법을 갖춘 비구는 지금·여기에서 많은 행복과 기쁨을 누리면서 머물고 번뇌들을 멸진하기 위한 원인을 충족하였다."

거북이 비유 경(S35:240)

Kummopama-sutta

3. "비구들이여, 옛날에 거북이[292] 한 마리가 해거름에 강둑을 따라서 먹을거리를 찾고 있었다. 그때 자칼도 해거름에 강둑을 따라서 먹을거리를 찾고 있었다. 비구들이여, 거북이는 자칼이 멀리서 먹을거리를 찾아서 오는 것을 보았다. 보고서는 [178] 사지와 목을 자신의 등딱지에 감추고 미동도 않고 침묵하며 엎드려 있었다."[293]

4. "비구들이여, 자칼도 거북이가 멀리서 오는 것을 보았다. 보고서는 거북이에게 다가갔다. 가서는 거북이 곁에서 '이 거북이가 사지와 목 가운데 어느 하나라도 내놓으면 바로 그것을 붙잡아 끌어내

---

292) '거북이'로 옮긴 단어는 kummo kacchapo이다. 이 둘 다 거북이를 뜻하는 단어이다. 단어에 대한 설명은 본서 제2권 「거북이 경」(S17:3) §3의 주해를 참조할 것.

293) '미동도 않고 침묵하며 엎드려 있었다.'는 appossukko tuṇhībhūto saṅkasāyati를 옮긴 것이다. 같은 문장이 본서 제2권 「신참 경」(S21:4) §2에도 나타나는데 그곳에서는 "무관심한 채로 침묵하며 편히 지내고 있었다."로 옮겼다.
'미동도 않음'이나 '무관심'으로 옮긴 appossukka의 ussuka(게걸스러움, 성심을 다함)에 대해서는 본서 제1권 「큰 재산 경」(S1:28) {72}의 주해를 참조할 것.

어 먹어버릴 것이다.'라고 생각하면서 기다리고 있었다.

비구들이여, 그러나 거북이가 사지와 목 가운데 어느 것도 내놓지 않자 접근할 기회를 얻지 못한 자칼은 거북이에게 싫증을 내고 거기서 떠나갔다."

5. "비구들이여, 그와 같이 마라 빠삐만도 '나는 눈을 통해서 … 귀를 통해서… 코를 통해서 … 혀를 통해서 … 몸을 통해서 … 마노를 통해서 이 자들에게 접근할 기회를 얻을 것이다.'라고 생각하면서 항상 끊임없이 그대들의 곁에 서 있다."

6. "비구들이여, 그러므로 그대들은 감각의 대문을 잘 지키며 머물러라.

그대들은 눈으로 형색을 봄에 그 표상[全體相]을 취하지 말며, 또 그 세세한 부분상[細相]을 취하지도 말라. 만약 그대들의 눈의 감각기능이 제어되어 있지 않으면 욕심과 싫어하는 마음이라는 나쁘고 해로운 법[不善法]들이 그대들에게 [물밀듯이] 흘러들어 올 것이다. 따라서 그런 그대들은 눈의 감각기능을 잘 단속하기 위해 수행하며, 눈의 감각기능을 잘 방호하고, 눈의 감각기능을 잘 단속하라.

귀로 소리를 들음에 … 코로 냄새를 맡음에 … 혀로 맛을 봄에 … 몸으로 감촉을 느낌에 … 마노로 법을 지각함에 그 표상을 취하지 말며, 또 그 세세한 부분상을 취하지도 말라. 만약 그대들의 마노의 감각기능이 제어되어 있지 않으면 욕심과 싫어하는 마음이라는 나쁘고 해로운 법[不善法]들이 그대들에게 [물밀듯이] 흘러들어 올 것이다. 따라서 그런 그대들은 마노의 감각기능을 잘 단속하기 위해 수행하며, 마노의 감각기능을 잘 방호하고 마노의 감각기능을 잘 단속하라."

7. "거북이가 [179] 자신의 등딱지에 사지를 집어넣듯
비구는 마음에 일어난 사유를 안으로 거둬들여
다른 것에 의지하지 않고 남을 해코지 않으며
완전한 평화를 얻어 아무도 비난해서는 안되리."294)

나무 더미 비유 경1(S35:241)
Dārukkhandhopama-sutta

1. 이와 같이 나는 들었다. 한때 세존께서는 꼬삼비295)에서 강가 강의 언덕에 머무셨다.

2. 세존께서는 큰 나무 더미가 강가 강물의 흐름을 따라 떠내려가는 것을 보셨다. 보신 뒤 비구들을 불러서 말씀하셨다.

3. "비구들이여, 그대들은 저 큰 나무 더미가 강가 강물의 흐름을 따라 떠내려가는 것을 보는가?"

"그렇습니다, 세존이시여."

"비구들이여, 만일 저 나무 더미가 이 언덕으로도 방향을 바꾸지 않고 저 언덕으로도 방향을 바꾸지 않고 가운데서 가라앉지도 않고 솟아오른 강바닥에 걸리지도 않고 사람들에게 붙잡히지도 않고 비인간들에게 붙잡히지도 않고 소용돌이에 휩쓸리지도 않고 중간에서 썩지도 않으면 저 나무 더미는 바다로 흐르고 바다로 향하고 바다로 들

---

294) 본 게송은 본서 제1권 「행하기 어려움 경」(S1:17) {34}로도 나타난다. 그곳의 주해들을 참조할 것.

295) 꼬삼비(Kosambī)는 인도 중원의 16국 가운데 하나인 왐사(Vaṁsa, Sk. Vatsa)의 수도였다. 더 자세한 것은 본서 제3권 「빠릴레야 경」(S22:81) §1의 주해를 참조할 것.

어갈 것이다. 그것은 무슨 이유 때문인가? 비구들이여, 강가 강의 흐름은 바다로 흐르고 바다로 향하고 바다로 들어가기 때문이다.

비구들이여, 그와 같이 만일 그대들도 이 언덕으로도 방향을 바꾸지 않고 저 언덕으로도 방향을 바꾸지 않고 가운데서 가라앉지도 않고 솟아오른 강바닥에 걸리지도 않고 사람들에게 붙잡히지도 않고 비인간들에게 붙잡히지도 않고 소용돌이에 휩쓸리지도 않고 중간에서 썩지도 않으면 [180] 그대들은 열반으로 흐르고 열반으로 향하고 열반으로 들어갈 것이다. 그것은 무슨 이유 때문인가? 비구들이여, 바른 견해는 열반으로 흐르고 열반으로 향하고 열반으로 들어가기 때문이다."

4. 이렇게 말씀하시자 어떤 비구가 세존께 이렇게 여쭈었다.

"세존이시여, 그러면 어떤 것이 이 언덕이고 어떤 것이 저 언덕입니까? 누가 가운데서 가라앉으며 누가 솟아오른 강바닥에 걸립니까? 누가 사람에게 붙잡히고 누가 비인간에게 붙잡히고 누가 소용돌이에 휩쓸리고 누가 중간에서 썩습니까?"

5. "비구여, 이 언덕이란 여섯 가지 안의 감각장소들을 두고 한 말이다.

비구여, 저 언덕이란 여섯 가지 밖의 감각장소들을 두고 한 말이다.

비구여, 가운데서 가라앉는 것은 즐김과 탐욕을 두고 한 말이다.

비구여, 솟아오른 강바닥이란 '나'라는 자만을 두고 한 말이다."

6. "비구여, 그러면 어떤 것이 사람에게 붙잡히는 것인가?

비구여, 여기 어떤 자는 재가자들과 섞여서 지내면서 기쁨을 같이 하고 슬픔을 같이 하며, 즐거운 일들을 즐거워하고 괴로운 일들을 괴로워하며, 해야 할 일들이 생기면 자신이 그것에 몰두한다.296)

비구여, 이를 일러 사람에게 붙잡히는 것이라 한다.

비구여, 그러면 어떤 것이 비인간에게 붙잡히는 것인가?

비구여, 여기 어떤 자는 다른 천신의 무리를 갈구하여 청정범행을 닦는다. '이러한 계나 서원이나 고행이나 청정범행으로 나는 [높은] 천신이나 [낮은] 천신이 되리라.'라고.

비구여, 이를 일러 비인간에게 붙잡혔다고 한다."

7. "비구여, 소용돌이에 휩쓸린다는 것은 다섯 가닥의 감각적 욕망을 두고 한 말이다.

비구여, 그러면 어떤 것이 중간에서 썩는 것인가?

비구여, 여기 어떤 자는 계를 지키지 않고, 나쁜 성품을 지니고, 불결하고, 의심하는 습관을 가지고,297) 비밀리에 행하고, 사문이 아니면서 사문이라 주장하고, [181] 청정범행을 닦지 않으면서 청정범행을 닦는다고 주장하고, [썩은 업에 의해] 안이 썩었고, [여섯 감각의 문을 통해 탐욕 등 오염원들이] 흐르고, [탐욕 등의 쓰레기를 가져] 청정하지 않다.298)

비구여, 이를 일러 중간에서 썩는 것이라 한다."

---

296) 본서 제3권 「할릿디까니 경」 1(S22:3/iii.11) §7에도 나타나고 있다.

297) "'의심하는 습관을 가지고(saṅkassara-samācāro)'란 '이것을 했는가 아니면 저것을 했는가.'라고 남들이 그의 행위를 의심을 가지고 기억하게 하는 그런 행을 하는 자(parehi saṅkāya saritabba-samācāro)라는 뜻이다. 혹은 그 자신이 남들의 행위를 의심으로 기억하는 것(saṅkāya paresaṁ samācāraṁ sarati)도 된다. 즉 두세 사람이 모여서 말하는 것을 보고 '저들은 나의 잘못을 이야기하겠지.'라고 그들의 행위를 의심한다는 말이다." (SA.iii.42)

298) 이 구절은 『앙굿따라 니까야』 「희망 없음 경」(A3:13/ii.239~240) §2와 「빠하라다 경」(A8:19/iv.128) §13과 「포살 경」(A8:20/iv.201) §4와 『자설경』(Ud.52, 55) 등에도 나타나고 있다. [ ] 안은 「희망 없음 경」(A3:13)에 해당하는 주석서(AA.ii.177)를 참조해서 넣은 것이다.

8. 그 무렵 소치는 사람 난다가 세존의 멀지 않은 곳에 서 있었다. 그때 소치는 사람 난다는 세존께 이렇게 여쭈었다.

"세존이시여, 저는 이 언덕으로도 방향을 바꾸지 않고 저 언덕으로도 방향을 바꾸지 않고 가운데서 가라앉지도 않고 솟아오른 강바닥에 걸리지도 않고 사람들에게 붙잡히지도 않고 비인간들에게 붙잡히지도 않고 소용돌이에 휩쓸리지도 않고 중간에서 썩지도 않을 것입니다. 세존이시여, 저도 세존의 곁에서 출가해도 되겠습니까? 저도 구족계를 받아도 되겠습니까?"

9. "난다여, 그렇다면 그대는 저 소들을 주인들에게 돌려주어라."

"세존이시여, 소들은 자신의 송아지에 대한 애정 때문에 알아서 갈 것입니다."

"난다여, 그대는 저 소들을 주인들에게 돌려주어라."

10. 그러자 소치는 사람 난다는 주인들에게 소들을 돌려준 뒤 세존께 다가갔다. 가서는 세존께 이렇게 말씀드렸다.

"세존이시여, 소들을 주인들에게 돌려주었습니다. 세존이시여, 이제 저도 세존의 곁에서 출가해도 되겠습니까? 저도 구족계를 받아도 되겠습니까?"

11. 소치는 사람 난다는 세존의 곁에서 출가하였고 구족계를 받았다. 구족계를 받은 지 얼마 되지 않아서 난다 존자는 혼자 은둔하여 방일하지 않고 열심히, 스스로 독려하며 지냈다. … 다시는 어떤 존재로도 돌아오지 않을 것이라고 최상의 지혜로 알았다.

12. 난다 존자는 아라한들 중의 한 분이 되었다.

나무 더미 비유 경2(S35:242)

1. 이와 같이 나는 들었다. 한때 세존께서는 낌빌라에서 강가 강의 언덕에 머무셨다.

2. 세존께서는 큰 나무 더미가 강가 강물의 흐름을 따라 떠내려가는 것을 보셨다. 보신 뒤 비구들을 불러서 말씀하셨다.

3. "비구들이여, 그대들은 저 큰 나무 더미가 [182] 강가 강물의 흐름을 따라 떠내려가는 것을 보는가?"

"그렇습니다, 세존이시여."

……

4. 이렇게 말씀하시자 낌빌라 존자[299]가 세존께 이렇게 여쭈었다.

"세존이시여, 그러면 어떤 것이 이 언덕이고 어떤 것이 저 언덕입니까? 누가 가운데서 가라앉으며 누가 솟아오른 강바닥에 걸립니까? 누가 사람에게 붙잡히고 누가 비인간에게 붙잡히고 누가 소용돌이에 휩쓸리고 누가 중간에서 썩습니까?"

……

5. "낌빌라여, 그러면 어떤 것이 중간에서 썩는 것인가?

낌빌라여, 여기 비구가 오염된 계를 범하는 것인데[300] 그러한 계

---

299) 초기불전에는 두 분의 낌빌라 존자(āyasmā Kimbila/Kimila)가 나타난다. 낌빌라 존자에 대해서는 본서 제6권 「낌빌라 경」(S54:10) §2의 주해를 참조할 것.

300) "'오염된 계를 범하는 것(saṅkiliṭṭham āpattim āpanno)'이라고 하셨다. 숨기는 순간(paṭicchanna-kāla)부터 시작해서 오염되지 않은 범계(āpatti)라는 것은 없다. 그런 오염된 계를 범하는 것을 뜻한다."(SA.iii.43)

를 범한 것에 대한 출죄(出罪)가 제정되어 있지 않은 것을 말한다.301)

낌빌라여, 이를 일러 중간에서 썩는 것이라 한다."

오염원들이 흐름에 대한 법문 경(S35:243)

Avassutapariyāya-sutta

1. 이와 같이 나는 들었다. 한때 세존께서는 삭까에서 까삘라왓투의 니그로다 원림에 머무셨다.

여기서 '오염된 범계(saṅkiliṭṭha āpatti)'라는 것은 보디 스님의 제언대로 네 가지 빠라지까(pārājika, 波羅夷罪)나 13가지 상가디세사(saṅghādisesa, 僧殘罪)같은 중한 범계를 뜻하는 것으로 봐야 한다. 그리고 본서 제2권 「고양이 경」(S20:10) §5에서 오염된 계를 범함(오염된 범계, saṅkiliṭṭha āpatti)은 상기디세사를 뜻하는 것이 분명해 보인다. 이것을 범하는 것은 죽음에 버금가는 괴로움이기 때문이다. 네 가지 빠라지까를 범하면 그것은 출가생활의 사형선고와 같기 때문에 죽음에 버금가는 괴로움이 아니라 바로 죽음이 된다.

301) '출죄(出罪)가 제정되어 있지 않는 것을 말한다.'는 na vuṭṭhānaṁ paññāyati를 옮긴 것이다.
먼저 판본부터 살펴보면 Ee, Se와 이 둘의 주석서는 vuṭṭhānaṁ paññāyati(출죄가 제정되어 있는 것을 말한다.)이고 Be와 Be 주석서는 na vuṭṭhānaṁ paññāyati(출죄가 제정되어 있지 않는 것을 말한다.)로 나타난다. 역자는 후자를 택했다.
어떤 계를 범했는데 그 범한 것으로부터 벗어나는 출죄가 『율장』에 제정되어 있다는 것은 상가디세사(saṅghādisesa, 僧殘罪) 이하의 범계에 해당한다. 가장 엄한 빠라지까(pārājika, 波羅夷罪)를 범하면 그 범계로부터 벗어날 수 없다. 즉 승가에 남아있을 수 없다는 말이다. 그래서 빠라지까에 해당하는 범계는 출죄가 제정되어 있지 않은 것이라고 한다. 본서 제2권 「고양이 경」(S20:10) §5의 주해를 참조할 것.
주석서는 여기서 출죄(vuṭṭhāna)는 parivāsa, mānatta, abbhāna의 단계를 거쳐서 출죄하는 것이라고 설명하고 있는데(SA.iii.43) 이것은 상가디세사로부터 출죄하는 방법이다. 출죄 대해서는 『초기불교 교단의 계율』 54~60과 103~119 등을 참조할 것. 아무튼 Ee, Se로 읽으면 이것은 상가디세사에 해당하고 Be로 읽으면 이것은 빠라지까에 해당한다. 본경의 문맥이 중간에 썩어버리는 것이므로 역자는 Be를 택하여 옮겼다.

2. 그 무렵 까삘라왓투에 사는 사꺄[302]들이 새 공회당을 지은 지 오래되지 않았는데 사문이나 바라문이나 어떤 다른 사람도 아직 사용하지 않았다.

3. 그때 까삘라왓투에 사는 사꺄들은 세존을 뵈러 갔다. 가서는 세존께 절을 올리고 한 곁에 앉았다. 한 곁에 앉은 까삘라왓투에 사는 사꺄들은 세존께 이렇게 말씀드렸다.

4. "세존이시여, 저희 까삘라왓투에 사는 사꺄들이 새 공회당을 지은 지 오래되지 않았습니다. 아직 사문이나 바라문이나 어떤 다른 사람도 사용하지 않았습니다. [183] 세존이시여, 부디 세존께서 그것을 처음으로 사용해 주소서. 세존께서 처음으로 사용하시고 난 후에 저희 까삘라왓투에 사는 사꺄들이 사용하려 합니다. 그러면 그것은 까삘라왓투에 사는 사꺄들에게 오랜 세월 이익이 되고 행복이 될 것입니다."[303]

세존께서는 침묵으로 허락하셨다.

5. 그러자 까삘라왓투에 사는 사꺄들은 세존께서 허락하신 것을 알고 자리에서 일어나 세존께 절을 올리고 오른쪽으로 [세 번] 돌아 [경의를 표한] 뒤에 공회당으로 갔다. 가서는 공회당을 덮개로 완전하게 덮고 세존의 자리를 준비하고 물 항아리를 마련하고 기름 등불을 매단 뒤 세존께로 갔다. 가서는 세존께 절을 올린 뒤 한 곁에 섰

---

302) 삭까(Sakka)와 사꺄(Sakya) 등에 대한 논의는 본서 제3권 「걸식 경」(S22:80) §1의 주해를 참조할 것.

303) 같은 의식이 『맛지마 니까야』 「유학 경」(M53/i.353～254) §2와 『디가 니까야』 「합송경」(D33/iii.207) §1.2에도 나타나고 있다. 『디가 니까야』 「대반열반경」(D16/ii.84～85) §1.21도 참조할 것.

다. 한 곁에 선 까삘라왓투에 사는 사꺄들은 세존께 이렇게 말씀드렸다.

"세존이시여, 공회당을 덮개로 완전하게 덮었고 세존의 자리를 준비하고 물 항아리를 마련하고 기름 등불을 매달았습니다. 세존이시여, 세존께서는 적당한 시간을 고려하소서."

6. 그러자 세존께서는 옷매무새를 가다듬고 발우와 가사를 수하고 비구 승가와 더불어 공회당으로 가셨다. 가셔서는 발을 씻으시고 공회당으로 들어가셔서 동쪽을 향하여 중간 기둥 곁에 앉으셨다. 비구들도 역시 발을 씻고 공회당에 들어가서 동쪽을 향하여 서쪽 벽 근처에 세존을 앞에 모시고 앉았다. 까삘라왓투에 사는 사꺄들도 역시 발을 씻고 공회당에 들어가서 서쪽을 보고 세존을 앞에 모시고 동쪽 벽 근처에 앉았다.

7. 그때 세존께서는 까삘라왓투에 사는 사꺄들에게 밤늦게 오래도록 법을 설하시고 격려하시고 분발하게 하시고 기쁘게 하신 뒤 그들을 가게 하셨다.

"고따마들이여,[304] 밤이 참 아름답구나. 이제 그대들이 갈 시간이 되었구나." [184]

"그렇게 하겠습니다, 세존이시여."라고 까삘라왓투에 사는 사꺄들은 세존께 대답을 한 뒤 자리에서 일어나 세존께 절을 올리고 오른쪽으로 [세 번] 돌아 [경의를 표한] 뒤에 물러갔다.

8. 그러자 세존께서는 까삘라왓투에 사는 사꺄들이 나간 뒤 오래지 않아서, 침묵에 침묵이 흐르고 있는 비구 승가를 둘러보신 뒤

---

304) 세존께서는 그들을 '고따마들(Gotamā)'이라 부르고 계신다. 부처님처럼 그들도 고따마족 사람들이기 때문이다.

마하목갈라나 존자를 불러서 말씀하셨다.

"목갈라나여, 비구 승가는 해태와 혼침이 없구나. 목갈라나여, 그대가 이런 비구들에게 법문을 들려주어라. 나는 등이 아프구나. 그래서 좀 쉬어야겠다."305)

"그렇게 하겠습니다, 세존이시여."라고 마하목갈라나 존자는 세존께 대답했다.

9. 그러자 세존께서는 가사를 네 겹으로 접어서 [자리를] 만들게 하신 뒤 발로써 발을 포개고 마음챙기고 알아차리시면서[正念正知] 일어날 시간을 인식하여 마음에 잡도리하신 뒤, 오른쪽 옆구리로 사자처럼 누우셨다.

10. 거기서 마하목갈라나 존자는 "비구들이여."라고 비구들을 불렀다. "도반이시여."라고 비구들은 마하목갈라나 존자에게 응답했다. 마하목갈라나 존자는 이렇게 말했다.

"도반들이여, 그대들에게 오염원들이 흐름에 대한 법문과 오염원들이 흐르지 않음에 대한 법문306)을 설할 것입니다. 이제 그것을 들

---

305) 주석서는 세존께서 이렇게 말씀하신 이유를 두 가지로 설명하고 있다.
첫째, 세존께서 6년간 고행을 하시면서 몸에 큰 고통(kāya-dukkha)을 겪으셨다. 그래서 노년에 등에 바람이 드는 병(piṭṭhi-vāta, 관절염의 일종?)이 생겼기 때문이다.
둘째, 혹은 세존께서는 네 가지 자세[威儀, iriyā-patha]를 다 사용해서 공회당을 사용하고자 하셨기 때문이다. 세존께서는 이미 걷고 서고 앉는(행·주·좌) 자세는 취하셨기 때문에 눕는 자세[臥]를 취하기 위해서 이렇게 말씀하셨다는 것이다.(SA.iii.52)

306) '오염원들이 흐름에 대한 법문'과 '오염원들이 흐르지 않음에 대한 법문'은 각각 avassuta-pariyāya와 anavassuta-pariyāya를 옮긴 것이다. avassuta는 ava+√su(*to flow*)의 과거분사이다. 같은 어원 √su(*to flow*)에서 파생된 잘 알려진 명사로는 āsava(ā+√su, 번뇌)가 있다. 역자는 어근의 의미를 살려서 avassuta를 '오염원들이 흐름'으로 옮겼다.

으십시오. 듣고 마음에 잘 새기십시오. 나는 설할 것입니다."

"그렇게 하겠습니다, 도반이시여."라고 비구들은 마하목갈라나 존자에게 응답했다. 마하목갈라나 존자는 이렇게 말했다.

11. "도반들이여, 그러면 어떻게 오염원들이 흐릅니까?

도반들이여, 여기 비구는 눈으로 형색을 보고 사랑스러운 형색에는 열중하고 사랑스럽지 않는 형색은 혐오합니다.307) 그는 마음챙김을 확립하지 못한 채 머물고 마음은 제한되어 있습니다. 그리고 그는 이미 일어난 삿되고 해로운 법들이 남김없이 소멸되어버리는 마음의 해탈[心解脫]과 통찰지를 통한 해탈[慧解脫]을 있는 그대로 꿰뚫어 알지 못합니다. [185]

귀로 소리를 듣고 … 코로 냄새를 맡고 … 혀로 맛을 보고 … 몸으로 감촉을 느끼고 … 마노로 법을 지각하고 사랑스러운 법에는 열중하고 사랑스럽지 않는 법은 혐오합니다. 그는 마음챙김을 확립하지 못한 채 머물고 마음은 제한되어 있습니다. 그리고 그는 이미 일어난 삿되고 해로운 법들이 남김없이 소멸되어버리는 마음의 해탈[心解脫]과 통찰지를 통한 해탈[慧解脫]을 있는 그대로 꿰뚫어 알지 못합니다."

12. "도반들이여, 이를 일러 비구는 눈으로 인식되는 형색들에서 오염원들이 흐르고, 귀로 인식되는 소리들에서 오염원들이 흐르고, 코로 인식되는 냄새들에서 오염원들이 흐르고, 혀로 인식되는 맛들에서 오염원들이 흐르고, 몸으로 인식되는 감촉들에서 오염원들이 흐르고, 마노로 인식되는 법들에서 오염원들이 흐른다고 합니다.

비구가 이렇게 머물 때 만일 마라가 눈으로 그에게 접근하면 마라

---

307) 이 문장은 본서 「로힛짜 경」(S35:132) §9에도 나타난다. 그곳의 주해를 참조할 것.

는 그에게 들어갈 기회를 얻고 사로잡아 버릴 대상을 얻을 것입니다. 만일 마라가 귀로 … 코로 … 혀로 … 몸으로 … 마노로 그에게 접근하면 마라는 그에게 들어갈 기회를 얻고 그를 사로잡아 버릴 대상을 얻을 것입니다."

13. "비구들이여, 예를 들면 골풀이나 짚으로 만든 오두막이 바싹 마르고 수분이 없고 낡았다고 합시다. 만일 어떤 사람이 동쪽으로부터 짚으로 만든 잘 타오르는 횃불을 들고 온다고 합시다. 그러면 그 불은 들어갈 기회를 얻고 사로잡아 버릴 대상을 얻을 것입니다. 만일 어떤 사람이 서쪽으로부터 … 북쪽으로부터 … 남쪽으로부터 … 위로부터 … 아래로부터 … 어떤 방향으로부터든지 짚으로 만든 잘 타오르는 횃불을 들고 온다고 합시다. 그러면 그 불은 들어갈 기회를 얻고 사로잡아 버릴 대상을 얻을 것입니다.

도반들이여, 그와 같이 비구가 이렇게 머물 때 만일 마라가 눈을 통해서 그에게 접근하면 마라는 그에게 들어갈 기회를 얻고 사로잡아 버릴 대상을 얻을 것입니다. 만일 마라가 귀로 … 코로 … 혀로 … 몸으로 … 마노로 그에게 접근하면 마라는 그에게 들어갈 기회를 얻고 그를 사로잡아 버릴 대상을 얻을 것입니다."

14. "도반들이여, 비구가 이와 같이 머물면 형색들은 비구를 제압하지만 비구는 형색들을 제압하지 못합니다. 소리들은 비구를 제압하지만 [186] 비구는 소리들을 제압하지 못합니다. 냄새들은 비구를 제압하지만 비구는 냄새들을 제압하지 못합니다. 맛들은 비구를 제압하지만 비구는 맛들을 제압하지 못합니다. 감촉들은 비구를 제압하지만 비구는 감촉들을 제압하지 못합니다. 법들은 비구를 제압하지만 비구는 법들을 제압하지 못합니다.

도반들이여, 이를 일러 비구는 형색에 제압되었다, 소리에 제압되었다, 냄새에 제압되었다, 맛에 제압되었다, 감촉에 제압되었다, 법에 제압되었다고 합니다. 그는 [이들에 의해서] 제압된 자요, [이들을] 제압하지 못하는 자라 합니다. 그러면 정신적 오염원이고 다시 태어남[再生]을 가져오고 두렵고 괴로운 과보를 가져오며 미래의 태어남과 늙음·죽음을 가져오는 그러한 사악하고 해로운 법들이 그를 제압합니다.

도반들이여, 이와 같이 오염원들이 흐릅니다."

15. "도반들이여, 그러면 어떻게 오염원들이 흐르지 않습니까?

도반들이여, 여기 비구는 눈으로 형색을 보고 사랑스러운 형색에도 홀리지 않고 사랑스럽지 않는 형색에도 혐오하지 않습니다. 그는 마음챙김을 확립하여 머물고 마음은 제한되어 있지 않습니다. 그리고 그는 이미 일어난 삿되고 해로운 법들이 남김없이 소멸되어버리는 마음의 해탈[心解脫]과 통찰지를 통한 해탈[慧解脫]을 있는 그대로 꿰뚫어 압니다.

귀로 소리를 듣고 … 코로 냄새를 맡고 … 혀로 맛을 보고 … 몸으로 감촉을 느끼고 … 마노로 법을 지각하고 사랑스러운 대상에도 홀리지 않고 사랑스럽지 않는 대상도 혐오하지 않습니다. 그는 마음챙김을 확립하여 머물고 마음은 제한되어 있지 않습니다. 그리고 그는 이미 일어난 삿되고 해로운 법들이 남김없이 소멸되어버리는 마음의 해탈[心解脫]과 통찰지를 통한 해탈[慧解脫]을 있는 그대로 꿰뚫어 압니다.

16. "도반들이여, 이를 일러 비구는 눈으로 인식되는 형색들에서 오염원들이 흐르지 않고, 귀로 인식되는 소리들에서 오염원들이 흐

르지 않고, 코로 인식되는 냄새들에서 오염원들이 흐르지 않고, 혀로 인식되는 맛들에서 오염원들이 흐르지 않고, 몸으로 인식되는 감촉들에서 오염원들이 흐르지 않고, 마노로 인식되는 법들에서 오염원들이 흐르지 않는다고 합니다.

도반들이여, 비구가 이렇게 머물 때 만일 마라가 눈으로 그에게 접근하더라도 마라는 그에게 들어갈 기회를 얻지 못하고 사로잡아 버릴 대상을 얻지 못할 것입니다. 만일 마라가 귀로 … 코로 … 혀로 … 몸으로 … 마노로 그에게 접근하더라도 마라는 그에게 들어갈 기회를 얻지 못하고 그를 사로잡아 버릴 대상을 얻지 못할 것입니다."

17. "비구들이여, 예를 들면 이층 누각 집이나 중각강당이 [187] 진흙으로 두껍게 채워지고 회반죽으로 갓 발라져 있다고 합시다. 만일 어떤 사람이 동쪽으로부터 짚으로 만든 잘 타오르는 횃불을 들고 온다고 합시다. 그러나 그 불은 들어갈 기회를 얻지 못하고 사로잡아 버릴 대상을 얻지 못할 것입니다. 만일 어떤 사람이 서쪽으로부터 … 북쪽으로부터 … 남쪽으로부터 … 위로부터 … 아래로부터 … 어떤 방향으로부터든지 짚으로 만든 잘 타오르는 횃불을 들고 온다고 합시다. 그러나 그 불은 들어갈 기회를 얻지 못하고 사로잡아 버릴 대상을 얻지 못할 것입니다.

도반들이여, 그와 같이 비구가 이렇게 머물 때 만일 마라가 눈을 통해서 그에게 접근하더라도 마라는 그에게 들어갈 기회를 얻지 못하고 사로잡아 버릴 대상을 얻지 못할 것입니다. 만일 마라가 귀로 … 코로 … 혀로 … 몸으로 … 마노로 그에게 접근하더라도 마라는 그에게 들어갈 기회를 얻지 못하고 그를 사로잡아 버릴 대상을 얻지 못할 것입니다."

18. “도반들이여, 비구가 이와 같이 머물면 비구는 형색들을 제압하지만 형색들은 비구를 제압하지 못합니다. 비구는 소리들을 제압하지만 소리들은 비구를 제압하지 못합니다. 비구는 냄새들을 제압하지만 냄새들은 비구를 제압하지 못합니다. 비구는 맛들을 제압하지만 맛들은 비구를 제압하지 못합니다. 비구는 감촉들을 제압하지만 감촉들은 비구를 제압하지 못합니다. 비구는 법들을 제압하지만 법들은 비구를 제압하지 못합니다.

도반들이여, 이를 일러 비구는 형색에 제압되지 않았다, 소리에 제압되지 않았다, 냄새에 제압되지 않았다, 맛에 제압되지 않았다, 감촉에 제압되지 않았다, 법에 제압되지 않았다고 합니다. 그는 [이들을] 제압하는 자요 [이들에 의해서] 제압된 자가 아니라고 합니다. 그러면 정신적 오염원이고 다시 태어남[再生]을 가져오고 두렵고 괴로운 과보를 가져오며 미래의 태어남과 늙음·죽음을 가져오는 그러한 사악하고 해로운 법들이 그를 제압하지 못합니다.

도반들이여, 이와 같이 오염원들이 흐르지 않습니다.”

19. 그때 세존께서는 일어나셔서 마하목갈라나 존자를 불러서 말씀하셨다.

“장하구나, 목갈라나여. 장하구나, 목갈라나여. 그대는 비구들에게 오염원들이 흐름에 대한 법문과 오염원들이 흐르지 않음에 대한 법문을 잘 설하였다.”

20. 이와 같이 목갈라나 존자는 설하였고 [188] 스승께서는 동의하셨다. 비구들은 마음이 흡족해져서 목갈라나 존자의 설법을 크게 기뻐하였다.

괴로움을 일으키는 법 경(S35:244)

Dukkhadhamma-sutta

3. "비구들이여, 비구가 모든 괴로움을 일으키는 법들의 일어남과 사라짐을 있는 그대로 꿰뚫어 알면 그는 거기서 자신의 감각적 욕망들을 본 것이다. 그가 자신의 감각적 욕망들을 보면 감각적 욕망에 대한 욕구, 감각적 욕망에 대한 애정, 감각적 욕망에 대한 홀림, 감각적 욕망에 대한 갈증은 더 이상 잠복하지 못한다. 그러면 그는 행동하고 머무는 방법을 깨닫게 된다. 그렇게 행동하고 그렇게 머묾으로 해서 욕심과 싫어하는 마음이라는 나쁘고 해로운 법[不善法]들이 더 이상 그에게 잠복하지 못한다."

4. "비구들이여, 그러면 어떻게 비구는 모든 괴로움을 일으키는 법들[308]의 일어남과 사라짐을 있는 그대로 꿰뚫어 아는가?

'이것이 물질이요, 이것이 물질의 일어남이요, 이것이 물질의 사라짐이다. 이것이 느낌이요 … 인식이요 … 심리현상들이요 … 알음알이요, 이것이 알음알이의 일어남이요, 이것이 알음알이의 사라짐이다.'라고 모든 괴로움을 일으키는 법들의 일어남과 사라짐을 있는 그대로 꿰뚫어 안다."

---

308) '괴로움을 일으키는 법들'은 dukkha-dhammā를 옮긴 것인데 괴로운 법들로 직역할 수 있다. 주석서에서 "괴로움의 기원이 되는 법들(dukkha-sambhava-dhammā)"이라고 설명하고 있어서 이렇게 옮겼다. 계속해서 주석서는 이렇게 덧붙이고 있다.
"오온이 있을 때 상처 나고 죽고 묶이고 하는 등(chedana-vadha-bandhan-ādi-bheda)의 괴로움이 생겨난다. 그래서 오온은 괴로움의 기원이 되는 법들이 되기 때문에(dukkha-sambhava-dhammattā) 괴로움을 일으키는 법들이라 불린다."(SA.iii.53)

5. "비구들이여, 그러면 어떻게 비구는 감각적 욕망에 대한 욕구, 감각적 욕망에 대한 애정, 감각적 욕망에 대한 홀림, 감각적 욕망에 대한 갈증이 더 이상 잠복하지 못하도록 자신의 감각적 욕망들을 보는가?

비구들이여, 예를 들면 한 길이 넘는 숯불 구덩이가 있는데 연기가 나지 않고 활활 타오르는 숯불로 가득 차 있다 하자.309) 그때 살기를 바라고 죽기를 바라지 않으며 행복을 바라고 괴로움을 혐오하는 사람이 힘센 두 남자에 의해 각각 양 손이 붙잡힌 채로 숯불 구덩이 가까이로 끌려온다 하자. 비구들이여, 그러면 그 사람은 이리저리 몸을 마구 비틀 것이다. 그것은 무슨 이유 때문인가? 비구들이여, [189] 그 사람에게는 '이제 나는 숯불 구덩이에 빠질 것이고 그 때문에 죽거나 죽음에 버금가는 고통에 직면하게 될 것이다.'라는 생각이 들기 때문이다.

비구들이여, 그와 같이 비구는 감각적 욕망을 숯불 구덩이처럼 본다. 그가 자신의 감각적 욕망들을 이와 같이 보면 감각적 욕망에 대한 욕구, 감각적 욕망에 대한 애정, 감각적 욕망에 대한 홀림, 감각적 욕망에 대한 갈증은 더 이상 잠복하지 못한다."

6. "비구들이여, 그러면 어떻게 비구는 그렇게 행동하고 그렇게 머묾으로 해서 욕심과 싫어하는 마음이라는 나쁘고 해로운 법[不善法]들이 더 이상 그에게 잠복하지 못하도록 행동하고 머무는 방법을 깨닫게 되는가?

비구들이여, 예를 들면 어떤 사람이 많은 가시가 있는 숲에 들어간

---

309) 이 비유는 본서 제2권 「아들의 고기 경」(S12:63/ii.99~100) §7에도 나타났다. 여기서는 문장이 조금 다르다.

다 하자. 그러면 그의 앞에도 가시요, 뒤에도 가시요, 왼쪽에도 가시요, 오른쪽에도 가시요, 아래에도 가시요, 위에도 가시일 것이다. 그는 '제발 가시가 나를 찌르지 않았으면!'이라고 하면서 마음챙겨서 나아갈 것이고 마음챙겨서 물러날 것이다.310) 비구들이여, 그와 같이 세상에서 즐겁고 기분 좋은 것이 있으면 성자의 율에서는 이를 일러 가시라 한다."

7. "이를 가시라고 안 뒤311) 단속과 단속하지 못함을 알아야 한다."

8. "비구들이여, 그러면 어떻게 단속하지 못하는가?

여기 비구는 눈으로 형색을 보고 사랑스러운 형색에는 열중하고 사랑스럽지 않는 형색은 혐오한다. 그는 마음챙김을 확립하지 못한 채 머물고 마음은 제한되어 있다. 그리고 그는 이미 일어난 삿되고 해로운 법들이 남김없이 소멸되어버리는 마음의 해탈[心解脫]과 통찰지를 통한 해탈[慧解脫]을 있는 그대로 꿰뚫어 알지 못한다.

귀로 소리를 듣고 … 코로 냄새를 맡고 … 혀로 맛을 보고 … 몸으로 감촉을 느끼고 … 마노로 법을 지각하고 사랑스러운 법에는 열중하고 사랑스럽지 않는 법은 혐오한다. 그는 마음챙김을 확립하지 못한 채 머물고 마음은 제한되어 있다. 그리고 그는 이미 일어난 삿되고 해로운 법들이 남김없이 소멸되어버리는 마음의 해탈[心解脫]과

310) '그는 마음챙겨서 나아갈 것이고 마음챙겨서 물러날 것이다.'는 Ee: so yato ca abhikkameyy,a yato ca paṭikkameyya 대신에 Be, Se: so satova abhikkameyya satova paṭikkameyya로 읽은 것이다.

311) '이를 가시라고 안 뒤'는 Ee, Be: iti viditvā(이렇게 안 뒤) 대신에 Se: taṁ kaṇṭako ti iti viditvā로 읽어서 옮긴 것이다. 본서 「여섯 동물 비유 경」(S35:247/iv.198) §3이 좋은 예가 된다. 거기서도 taṁ kaṇṭako ti iti viditvā로 나타나고 있다. 그곳의 해당 주해를 참조할 것.

통찰지를 통한 해탈[慧解脫]을 있는 그대로 꿰뚫어 알지 못한다.

비구들이여, 이와 같이 단속하지 못한다."

9. "비구들이여, 그러면 어떻게 단속하는가?

도반들이여, 여기 비구는 눈으로 형색을 보고 사랑스러운 형색에도 홀리지 않고 사랑스럽지 않는 형색도 혐오하지 않는다. 그는 마음챙김을 확립하여 머물고 마음은 제한되어 있지 않다. 그리고 그는 이미 일어난 [190] 삿되고 해로운 법들이 남김없이 소멸되어버리는 마음의 해탈[心解脫]과 통찰지를 통한 해탈[慧解脫]을 있는 그대로 꿰뚫어 안다.

귀로 소리를 듣고 … 코로 냄새를 맡고 … 혀로 맛을 보고 … 몸으로 감촉을 느끼고 … 마노로 법을 지각하고 사랑스러운 법에도 홀리지 않고 사랑스럽지 않는 법도 혐오하지 않는다. 그는 마음챙김을 확립하여 머물고 마음은 제한되어 있지 않다. 그리고 그는 이미 일어난 삿되고 해로운 법들이 남김없이 소멸되어버리는 마음의 해탈[心解脫]과 통찰지를 통한 해탈[慧解脫]을 있는 그대로 꿰뚫어 안다.

비구들이여, 이렇게 단속한다."

10. "비구들이여, 비구가 이렇게 행동하고 이렇게 머물 때 그가 이따금씩 마음챙김을 놓아 버리기 때문에 족쇄와 관계된 기억과 사유가 있는 나쁘고 해로운 법[不善法]들이 일어나게 되면 비록 마음챙김이 느리게 일어난다 하더라도 그는 즉시에 그것을 버리고 제거하고 끝장내고 존재하지 않게 한다.312)

---

312) "비록 마음챙김이 느리게 일어난다 하더라도(dandha sat-uppāda) 일단 마음챙김이 일어나면 오염원들(kilesā)은 그것이 어떤 것이든 억압되고(niggahitā) 확립될(saṇṭhātuṁ) 수 없다는 말이다. 눈의 감각의 대문에서 탐욕 등이 일어나면 두 번째 속행(javana)의 차례 때 '내게 오염원들이 일어

비구들이여, 예를 들면 어떤 사람이 온 종일 데워진 철판 위에다 두세 방울의 물을 떨어뜨리면 물이 떨어지는 것은 느리지만 그것은 즉시에 증발해서 사라지게 되는 것과 같다.313)

비구들이여, 그와 같이 만일 그 비구가 이렇게 행동하고 이렇게 머물면 … 그는 즉시에 그것을 버리고 제거하고 끝내고 존재하지 않게 한다."

11. "비구들이여, 비구는 이와 같이 행동하고 이와 같이 머무는 방법을 깨달아 그렇게 행동하고 그렇게 머묾으로 해서 욕심과 싫어하는 마음이라는 나쁘고 해로운 법[不善法]들이 더 이상 그에게 잠복하지 못한다.

비구들이여, 왕이나 왕의 대신들이나 친구들이나 동료들이나 친지들이나 혈육들이 이렇게 행동하고 이렇게 머무는 비구로 하여금 재물을 가져가도록 초청하여 말하기를, '이리 오시오. 왜 이 가사가 그대를 짓누르도록 내버려둡니까? 왜 머리를 깎고 발우를 들고 돌아다닙니까? 오십시오. 낮은 [재가자의] 삶으로 되돌아와서 재물을 즐기

났구나.'라고 안 뒤에 세 번째 속행의 차례에서 단속하는 속행(saṁvara-javana)이 진행된다. 위빳사나를 하는 자(vipassaka)가 세 번째 속행의 차례에서 오염원들을 억압하게 되는 것은 놀라운 것이 아니다. [위빳사나를 하는 자는] 눈의 감각의 대문에서 원하는 대상이 들어 와서 바왕가가 전환하여 전향의 마음 등이 일어날 때, 결정하는 마음(voṭṭhabbana)의 바로 다음에 일어난 오염원의 속행의 차례(sampatta-kilesa-javana-vāra)를 멈추게 한 뒤 유익한 [속행을] 일어나게 한다. 이것이 수행과 숙고(bhāvanā-paṭi-saṅkhāna)에 확고한 위빳사나를 시작한 자들(āraddha-vipassakā)이 가지는 이익(ānisaṁs)이기 때문이다."(SA.iii.54)

여기에 나타난 속행, 바왕가, 전향(오문전향, 의문전향)의 마음, 결정하는 마음 등에 대해서는 『아비담마 길라잡이』 제3장 §8의 해설 등을 참조할 것.

313) 이 비유는 『맛지마 니까야』 「메추라기 비유 경」(M66/i.453) §16과 「감각기능을 닦음 경」(M152/iii.300) §9에도 나타나고 있다.

고 공덕을 지으시오.'라고 한다 하자. 비구들이여, 그러나 그 비구는 이와 같이 행동하고 이와 같이 머무는 방법을 깨달아 그렇게 행동하고 그렇게 머물기 때문에 그가 공부지음을 버리고 낮은 [재가자의] 삶으로 되돌아가는 경우란 있지 않다."

12. "비구들이여, [191] 예를 들면 강가 강은 동쪽으로 흐르고 동쪽으로 향하고 동쪽으로 들어간다. 그런데 많은 무리의 사람들이 괭이와 바구니를 가지고 와서 '우리는 이 강가 강을 서쪽으로 흐르고 서쪽으로 향하고 서쪽으로 들어가게 할 것이다.'라고 한다 하자.

비구들이여, 이를 어떻게 생각하는가? 저 많은 무리의 사람들이 강가 강을 서쪽으로 흐르고 서쪽으로 향하고 서쪽으로 들어가게 할 수 있겠는가?"

"없습니다, 세존이시여. 그것은 무슨 이유 때문일까요? 세존이시여, 동쪽으로 흐르고 동쪽으로 향하고 동쪽으로 들어가는 것을 서쪽으로 흐르고 서쪽으로 향하고 서쪽으로 들어가게 하기란 결코 쉽지 않기 때문입니다. 저 많은 무리의 사람들은 분명 지치고 고생만 할 것입니다."

13. "비구들이여, 그와 같이 왕이나 왕의 대신들이나 친구들이나 동료들이나 친지들이나 혈육들이 이렇게 행동하고 이렇게 머무는 비구로 하여금 재물을 가져가도록 초청하여 말하기를, '이리 오시오. 왜 이 가사가 그대를 짓누르도록 내버려둡니까? 왜 머리를 깎고 발우를 들고 돌아다닙니까? 오십시오. 낮은 [재가자의] 삶으로 되돌아와서 재물을 즐기고 공덕을 지으시오.'라고 한다 하자. 비구들이여, 그러나 그 비구는 이와 같이 행동하고 이와 같이 머무는 방법을 깨달아 그렇게 행동하고 그렇게 머물기 때문에 그가 공부지음을 버리고

낮은 [재가자의] 삶으로 되돌아가는 경우란 있지 않다."

낑수까 나무 비유 경(S35:245)

Kiṁsukopama-sutta

2. 그때 어떤 비구가 다른 비구에게 다가갔다. 가서는 그 비구에게 이렇게 말했다.

"어떻게 해서 비구의 봄[見]은 아주 청정하게 됩니까?"314)

"도반이여, 비구가 여섯 가지 감각접촉의 장소의 [192] 일어남과 사라짐을 있는 그대로 꿰뚫어 알 때 비구의 봄[見]은 아주 청정하게 됩니다."315)

---

314) 일반적으로 '봄[見, dassana]'을 얻는 것은 예류자가 되는 것을 뜻한다. 그래서 『앙굿따라 니까야』 「멀리 여윔 경」(A3:92) §4에는 "비구들이여, 봄[見]이 생김과 더불어 성스러운 제자는 [불변하는] 자기 존재가 있다는 견해[有身見]와, 의심과, 계율과 서계에 대한 집착[戒禁取]의 세 가지 족쇄들을 제거한다."(A3:92 §4)라고 나타고 있다. 이 세 가지 족쇄를 제거한 자가 바로 예류자이다. 이처럼 봄[見]을 얻었기 때문에 경에서는 법의 눈(dhamma-cakkhu)을 얻었다고 표현하고 있으며(D3 §2.21, M56 §18, A3:92 §4 등) 이것은 역시 예류자의 정형구가 된다. 그래서 주석서는 먼저 이렇게 설명한다.

"여기서 '봄[見, dassana]'이란 첫 번째 도(paṭhama-magga = 예류도)를 두고 한 말이다. 첫 번째 도는 오염원을 제거하는 역할(kilesa-pahāna-kicca)을 성취하여 첫 번째로 열반을 보기(passati) 때문에 봄이라 부르는 것이다."(SA.iii.55)

주석서는 나아가서 여기서는 네 가지 도 모두가 봄이라고 설명한다. 왜냐하면 예류도의 순간(sotāpatti-magga-kkhaṇa)에도 봄이 청정하게 되고(visujjhati) 과의 순간에도 청정하게 되며 일래도, 불환도, 아라한도와 각각의 과의 순간에도 청정하게 되기 때문이라고 이유를 밝히고 있다.(*Ibid*) 즉 본경에서는 봄을 처음 얻는 것이 아니라 봄이 아주 청정하게 됨(suvi-suddha)을 두고 대화를 하고 있기 때문이다.

그런데 여기서 비구가 다른 비구들에게 봄이 아주 청정하게 됨에 대해서 물은 것은 아라한이 되는 방법에 대해서 질문 한 것으로 간주해야 한다. 주석서에 의하면 이 비구들은 모두 아라한이 된 자들이기 때문이다.

3. 그러자 그 비구는 자신의 질문에 대한 다른 비구의 설명에 만족하지 못하여 또 다른 비구에게 다가갔다. 가서는 그 비구에게 이렇게 말했다.

"어떻게 해서 비구의 봄은 아주 청정하게 됩니까?"

"도반이여, 비구가 취착의 [대상이 되는] 다섯 가지 무더기[五取蘊]의 일어남과 사라짐을 있는 그대로 꿰뚫어 알 때 비구의 봄은 아주 청정하게 됩니다."

4. 그 비구는 자신의 질문에 대한 다른 비구의 설명에 만족하지 못하여 또 다른 비구에게 다가갔다. 가서는 그 비구에게 이렇게 말했다.

"어떻게 해서 비구의 봄은 아주 청정하게 됩니까?"

"도반이여, 비구가 네 가지 근본물질의 일어남과 사라짐을 있는 그대로 꿰뚫어 알 때 비구의 봄은 아주 청정하게 됩니다."

5. 그 비구는 자신의 질문에 대한 다른 비구의 설명에 만족하지 못하여 또 다른 비구에게 다가갔다. 가서는 그 비구에게 이렇게 말했다.

"어떻게 해서 비구의 봄은 아주 청정하게 됩니까?"

"도반이여, 비구가 '일어나는 법은 그 무엇이건 모두 소멸하기 마련인 법이다[集法卽滅法].'라고 있는 그대로 꿰뚫어 알 때 비구의 봄은 아주 청정하게 됩니다."

---

315) 주석서에 의하면 이 비구와 문답을 주고받는 비구들은 모두 아라한이었다고 한다. 그들은 서로 다른 명상주제로 수행을 한 자(kammaṭṭhānika)들이었고, 그래서 그들은 각자 그들의 수행방법대로 대답하였기 때문에 서로 대답이 달랐다. 이 비구가 첫 번째 비구의 대답에 만족하지 못한 것은 그 비구는 형성된 것들을 부분적으로만 언급했기(padesa-saṅkhāresu ṭhatvā) 때문이고 다른 비구들의 대답에 만족하지 못한 것은 그들의 대답이 서로 모순되는 것처럼 여겨졌기 때문이라고 한다.(SA.iii.55~56)

6. 그러자 그 비구는 그의 질문에 대한 또 다른 비구의 설명에 만족하지 못하여 세존을 뵈러 갔다. 가서는 세존께 절을 올리고 한 곁에 앉았다. 한 곁에 앉은 그 비구는 세존께 이렇게 여쭈었다.

"세존이시여, 여기 저는 다른 비구에게 다가갔습니다. 가서는 그 비구에게 '어떻게 해서 비구의 봄[見]은 아주 청정하게 됩니까?'라고 물었습니다. … [193] … 그러자 그 비구는 '도반이여, 비구가 '일어나는 법은 그 무엇이건 모두 소멸하기 마련인 법이다[集法卽滅法].'라고 있는 그대로 꿰뚫어 알 때 비구의 봄은 아주 청정하게 됩니다.'라고 말하였습니다.

세존이시여, 저는 다른 비구들의 설명에 만족하지 못하여 세존을 뵈러 왔습니다. 세존이시여, 어떻게 해서 비구의 봄[見]은 아주 청정하게 됩니까?"

7. "비구여, 예를 들면 일찍이 낑수까 나무316)를 본적이 없는 사람이 낑수까 나무를 본 적이 있는 사람에게 다가간다 하자. 그는 그 사람에게 가서 '여보시오, 낑수까 나무는 무엇과 같습니까?'라고 물을 것이다. 그러면 그 사람은 '여보시오, 낑수까 나무는 검은 것인

---

316) '낑수까(Kiṁsuka)'는 문자적으로 '무엇인가?'라는 뜻이다. Liyanaratne에 의하면 두 종류의 낑수까 나무가 있다고 한다.("*South Asian flora as reflected in the Abhidhanappadīpikā.*" §§43~44) 하나는 pāḷibadda이고 다른 하나는 palāsa이다. 전자는 산호 나무(*coral tree* – 본서 제5권 S48:68 §3에서는 pāricchattaka를 이렇게 옮겼다)라 부르고 후자는 키노 나무(*kino tree*)라 부른다.
주석서에 의하면 낑수까 나무는 나뭇잎이 드리우면 새까맣게 탄 나무 등걸과 같고, 꽃이 피면 고깃덩어리와 같고, 열매가 열리면 껍질이 길게 늘어뜨려지고 꼬투리가 터지게 되고, 잎들로 뒤덮이면 많은 그늘을 준다고 한다.(SA.iii.58) 꽃이 고기 조각과 같은 것은 『청정도론』 VI.91~92에도 나타나고 있는데 자칼이 이것을 보고 고기가 열리는 나무라고 좋아한다고 언급되고 있다.

데 마치 타다 남은 그루터기처럼 생겼습니다.'라고 말할 것이다. 왜냐하면 그 무렵에 있던 낑수까 나무는 그 사람이 본 것처럼 그렇게 생겼을 것이기 때문이다.

그러자 그 사람은 그의 질문에 대한 다른 사람의 설명에 만족하지 못하여 낑수까 나무를 본 적이 있는 또 다른 사람에게 갈 것이다. 그는 다른 사람에게 가서 '여보시오, 낑수까 나무는 무엇과 같습니까?'라고 물을 것이다. 그러면 그 사람은 '여보시오, 낑수까 나무는 붉은 것인데 마치 고깃덩어리처럼 생겼습니다.'라고 말할 것이다. 왜냐하면 그 무렵에 있던 낑수까 나무는 그 사람이 본 것처럼 그렇게 생겼을 것이기 때문이다.

그러자 그 사람은 그의 질문에 대한 또 다른 사람의 설명에 만족하지 못하여 낑수까 나무를 본 적이 있는 또 다른 사람에게 갈 것이다. 그는 다른 사람에게 가서 '여보시오, 낑수까 나무는 무엇과 같습니까?'라고 물을 것이다. 그러면 그 사람은 '여보시오, 낑수까 나무는 껍질이 길게 늘어뜨려지고 꼬투리가 터진 것이 마치 아카시아 나무317)처럼 생겼습니다.'라고 말할 것이다. 왜냐하면 그 무렵에 있던 낑수까 나무는 그 사람이 본 것처럼 그렇게 생겼을 것이기 때문이다.

그러자 그 사람은 그의 질문에 대한 또 다른 사람의 [194] 설명에 만족하지 못하여 낑수까 나무를 본 적이 있는 또 다른 사람에게 갈 것이다. 그는 다른 사람에게 가서 '여보시오, 낑수까 나무는 무엇과 같습니까?'라고 물을 것이다. 그러면 그 사람은 '여보시오, 낑수까 나무는 많은 잎사귀를 가지고 있어서 큰 그늘을 드리우는데 마치 니그로다 나무처럼 생겼습니다.'라고 말할 것이다. 왜냐하면 그 무렵에

---

317) '아카시아 나무(sirīsa)'는 칠불 가운데 네 번째인 까꾸산다 부처님이 이 아래에 앉아서 깨달음을 얻으신 나무이다.(『디가 니까야』 「대전기경」(D14) §1.8 참조)

있던 낑수까 나무는 그 사람이 본 것처럼 그렇게 생겼을 것이기 때문이다."

8. "비구여, 이와 같이 그들 확신을 가진 참된 사람들은 그들의 아주 청정한 봄[見]에 따라서 설명을 한 것이다.318)

비구여, 예를 들면 왕의 국경에 있는 도시는 깊은 해자와 튼튼한 성벽과 망루를 가지고 있고 여섯 개의 대문을 가지고 있다. 거기에 지혜롭고 슬기롭고 현명한 문지기가 있어, 모르는 자들은 제지하고 아는 자들만 들어가게 한다.

그때 동쪽으로부터 재빠른 전령 두 명이 달려와서 그 문지기에게 '여보시오, 지금 이 도시의 성주는 어디에 계시오?'라고 말하면 그는 '지금 그분은 중앙 광장에 앉아계십니다.'라고 대답할 것이다. 그러면 그 재빠른 전령은 성주에게 있는 그대로 보고를 한 뒤 들어온 길을 따라서 되돌아 갈 것이다. 그때 서쪽으로부터 … 북쪽으로부터 … 남쪽으로부터 … 보고를 한 뒤 들어온 길을 따라서 되돌아 갈 것이다."

9. "비구여, 이 비유는 뜻을 바르게 전달하기 위해서 내가 만든 것이다. 그 뜻은 이와 같다.319)

---

318) 주석서는 마치 네 명의 다른 사람들이 그들이 본 대로 낑수까 나무를 설명하였듯이 이 네 명의 비구들도 그들의 봄[見]을 청정하게 하여 아라한이 된 뒤에 그들이 증득한 도(adhigata-magga)에 따라서 봄을 청정하게 하는(dassana-visuddhika) 열반을 다르게 설명하고 있는 것이라고 풀이하고 있다.(SA.iii.57~59)

319) 주석서는 세존께서 이 비유를 다시 설한 이유를 두 가지로 밝히고 있다. 첫째, 만일 이 비구가 낑수까 나무의 비유를 이해했으면 이 비유를 통해서 법을 설하기 위해서이고, 둘째, 만일 그가 이해하지 못하였으면 그 뜻을 다시 분명하게 하기 위해서이다.(SA.ii.58~59)
주석서는 이 비유를 더 자세하게 설명한 뒤 부처님의 가르침에 적용시키고 있다. 요약하면 다음과 같다.
이 도시의 성주는 번창한 도시(열반의 도시(nibbāna-nagara)에 비유됨)에 비구여, 도시라는 것은 네 가지 근본물질로 이루어진 이 몸을 두고 한 말이니 이 몸은 부모에게서 생겨났고, 밥과 죽으로 집적되었으며, 무상하고 파괴되고 분쇄되고 해체되고 분해되기 마련인 것이다.[320]

비구여, 여섯 개의 대문이란 여섯 가지 안의 감각장소들을 두고 한 말이다.

비구여, 문지기란 마음챙김을 두고 한 말이다.

비구여, [195] 재빠른 전령 두 명이란 사마타와 위빳사나를 두고 한 말이다.

비구여, 성주는 알음알이를 두고 한 말이다.[321]

사는 칠보(칠각지에 비유됨)를 가진 전륜성왕(법왕(dhamma-rāja)인 부처님에 비유됨)의 아들이었는데 변방의 도시(자기 존재 있음[有身, sakkāya]에 비유됨)를 지키라고 전륜성왕이 임명하였다. 그러나 그는 나쁜 친구들을 사귀는 바람에 방종하게 되어 술을 마시고 춤과 음악에 빠져 지내게 되었다. 왕은 두 명의 재빠른 전령(sīgha-dūta)을 보내어서 그가 방종한 삶을 버리고 그의 의무를 다하라고 권고를 하였다. 한명의 전령은 용감한 무사(사마타 수행의 명상주제(samatha-kammaṭṭhāna)에 비유됨)였고 다른 한명은 지혜로운 대신(위빳사나 수행의 명상주제(vipassanā-kammaṭṭhāna)에 비유됨)이었다.

용감한 무사는 흥청망청하는 왕자의 머리를 거머쥐고 만일 왕자가 그의 길을 바꾸지 않으면 목을 베어 버리겠다고 위협하였다. 이것은 수행자가 초선(初禪)에 들어서 삼매의 힘으로 마음을 거머쥐고 동요하지 못하게 하는 것과 같다. 왕자의 방탕한 친구들이 도망가는 것은 초선이 드러나면 다섯 가지 장애[五蓋, nīvaraṇa]가 사라지는 것과 같다. 왕자가 왕의 명령에 따르겠다고 동의하는 것은 수행자가 초선으로부터 출정하는 것과 같다.

지혜로운 대신이 왕의 명령을 전하는 것은 수행자의 마음이 삼매를 통해서 유연해져서(kammaniya) 위빳사나 수행의 명상주제를 증장시키는 것과 같다. 왕자가 대관식을 하고 두 명의 전령이 흰 일산을 높이 펴는 것은 수행자가 사마타와 위빳사나의 명상주제를 통해서 아라한됨을 증득(arahatta-ppatta)하여 해탈의 흰 일산을 높이 올리는 것(vimutti-seta-cchattussāpana)과 같다.(SA.iii.60~62)

320) 본서 「웃다까 경」(S35:103) §7에도 나타났다. 그곳의 주해를 참조할 것.

321) "'성주(nagara-sāmi)는 알음알이를 두고 한 말이다.'라는 것은 마치 성 안

비구여, 중앙 광장이란 네 가지 근본물질을 두고 한 말이니 그것은 땅의 요소, 물의 요소, 불의 요소, 바람의 요소이다.

비구여, 있는 그대로의 말씀이란 열반을 두고 한 말이다.[322]

비구여, 들어온 길이란 여덟 가지 구성요소를 가진 성스러운 도[八支聖道=팔정도]를 두고 한 말이니 그것은 바른 견해, 바른 사유, 바른 말, 바른 행위, 바른 생계, 바른 정진, 바른 마음챙김, 바른 삼매이다."

류트 비유 경(S35:246)

Vīṇopama-sutta

3. "비구들이여, 어떤 비구에게든 어떤 비구니에게든 눈으로 인식되는 형색들에 대해서 마음으로 욕구나 탐욕이나 성냄이나 어리석음이나 적의가 일어나면[323] 바로 그때 [다음과 같이] 마음의 고삐를

에 왕자가 있듯이 이 몸 안에 있는 심장의 물질(=심장토대)이라는 중앙 광장(hadaya-rūpa-siṅghāṭaka)을 의지하여 사마타와 위빳사나의 전령을 통해서 아라한됨에 즉위(arahatta-abhiseka)하게 되는 위빳사나의 알음알이(vipassanā-viññāṇa)라는 왕자와 같다고 보아야 한다."(SA.iii.62)

322) "열반은 있는 그대로의 고유성질(yathābhūta-sabhāva)에 따라 동요함이 없고(akuppa) 바뀜이 없다(avikāri)라고 해서 '있는 그대로의 말씀(yathābhūta vacana)'이라 한다."(SA.iii.62~63)

323) "여기서 '욕구(chanda)'란 처음에 일어난(pubb-uppattikā) 약한 갈애(dubbala-taṇhā)이다. 이것은 [마음을] 물들일 수 없다. '탐욕(rāga)'은 계속적으로(aparāparaṁ) 일어나는 강한 갈애(balava-taṇhā)이다. 이것은 [마음을] 물들일(rañjetuṁ) 수 있다. '성냄(dosa)'이란 몽둥이로 때리는 등을 실행할 수 없는 처음에 일어난 약한 분노(kodha)이다. '적의(paṭigha)'란 [때리는 등을] 실행할 수 있는 계속적으로 일어나는 강한 분노이다. '어리석음(moha)'이란 미혹함(mohana-sammohana)을 통해서 일어나는 무지(aññāṇa)이다.

이와 같이 이 다섯은 세 가지 해로움의 뿌리[不善根, akusala-mūla = 탐·진·치]로 섭수된다. 이들을 섭수하여 이것에 뿌리하고 있는 모든 오염원(kilesa)들을 다 모으게 된다.

죄어야 한다. '이 길은 두렵고 무시무시하며, 가시밭이고 밀림에 덮여 있으며, 잘못된 길이고 나쁜 길이고 결핍된 도정이다.324) 이 길은 참되지 못한 사람들이 따르며 참된 사람들은 따르지 않는다. 그러므로 그대에게 이 길은 적당하지 않다.'라고 이와 같이 눈으로 인식되는 형색들에 대해서 마음의 고삐를 죄어야 한다.

비구들이여, 어떤 비구에게든 어떤 비구니에게든 귀로 인식되는 소리들에 대해서 … 코로 인식되는 냄새들에 대해서 … 혀로 인식되는 맛들에 대해서 … 몸으로 인식되는 감촉들에 대해서 … 마노로 인식되는 법들에 대해서 마음으로 욕구나 탐욕이나 성냄이나 어리석음이나 적의가 일어나면 바로 그때 [다음과 같이] 마음의 고삐를 죄어야 한다. '이 길은 두렵고 무시무시하며, 가시밭이고 밀림에 덮여 있

한편 욕구와 탐욕을 통해서는 8가지 탐욕에 뿌리박은 마음들을, 성냄과 적의를 통해서는 두 가지 성냄에 뿌리박은 마음들을, 어리석음을 통해서는 두 가지 어리석음에 뿌리박은 마음들을 섭수하게 된다. 이렇게 하여 12가지 [해로운] 마음들이 일어나는 것을 설한 것이다."(SA.iii.64)

12가지 해로운 마음들에 대한 상세한 설명은 『아비담마 길라잡이』 제1장 §§4~7을 참조할 것.

여기서 언급되는 다섯 가지 오염원들은 『맛지마 니까야』 「걸식의 청정 경」(M151/iii.294~295) §§3~8에도 나타나고 있다.

324) '결핍된 도정(道程)'은 duhitika를 옮긴 것이다. 주석서는 이것을 du+ihiti+ka로 분석한다. 그리고 ihiti는 iriyanā(움직임, 나아감)의 뜻이라고 설명한다. 그래서 전체적으로 다음과 같이 설명한다.

"'결핍된 도정(duhitika)'이라고 했다. 여기서 ihiti는 나아감(iriyanā)이라는 말이다. 여기서 괴롭게 나아간다고 해서(dukkhā ihiti etthā ti) 결핍된 도정이다. 이 길에는 뿌리나 열매 등의 먹을 것(mūla-phal-ādi-khādanīya)이나 맛볼 것(sāyanīya)이 없다. 그래서 거기에서 걸어가는 것은 괴롭고 그 길을 따라가서 원하는 곳(icchita-ṭṭhāna)으로 갈 수가 없다. 그와 같이 오염원의 길(kilesa-magga)을 걸어간 뒤(paṭipajjitvā) 번영의 경지(sampatti-bhava)로 갈 수가 없다고 해서 오염원의 길은 '결핍된 도정'이라 부른다."(SA.iii.64)

어원으로 볼 때 duhitika는 du+hita(이익)로 해석해야 한다. 이것은 Sk. dur-hita에 해당한다. 본서 「가문 경」(S42:9) §2의 주해를 참조할 것.

으며, 잘못된 길이고 나쁜 길이고 결핍된 도정이다. 이 길은 참되지 못한 사람들이 따르며 참된 사람들은 따르지 않는다. 그러므로 그대에게 이 길은 적당하지 않다.'라고 이와 같이 마노로 인식되는 법들에 대해서 마음의 고삐를 죄어야 한다."

4. "비구들이여, 예를 들면 곡식이 다 익었는데 밭을 지키는 사람이 방일해 있다고 하자. 그러면 곡식을 좋아하는 황소가 그 밭에 [196] 들어가서 원하는 대로 먹는데 흠뻑 빠질 것이다.

비구들이여, 그와 같이 배우지 못한 범부는 여섯 가지 감각접촉의 장소들을 단속하지 않고 다섯 가닥의 감각적 욕망에 원하는 대로 흠뻑 빠져들게 된다."325)

5. "비구들이여, 예를 들면 곡식이 다 익었는데 밭을 지키는 사람이 방일하지 않는다 하자. 만일 곡식을 좋아하는 황소가 그 밭에 들어가면 밭을 지키는 사람은 황소의 고삐를 굳게 잡을 것이다. 고삐를 굳게 잡은 뒤 두 뿔 사이에 조임틀을 조아 맬 것이다. 두 뿔 사이에 조임틀을 조아 맨 뒤에는 몽둥이로 세차게 때릴 것이다. 몽둥이로 세차게 때린 뒤에는 황소를 쫓아버릴 것이다.

만일 두 번째로 곡식을 좋아하는 황소가 그 밭에 들어가면 …

만일 세 번째로 곡식을 좋아하는 황소가 그 밭에 들어가면 … 몽

---

325) "여기서 곡식이 다 익은 밭(sampanna-kiṭṭha)은 다섯 가닥의 감각적 욕망(pañca kāma-guṇā)과 같고 곡식을 좋아하는 황소는 길들여지지 않은 마음(kūṭa-citta)과 같고 밭을 지키는 사람이 방일한 것(pamāda)은 비구가 여섯 가지 감각의 대문에 대해서 마음챙김(sati)을 버려버리고 노니는 것(vicaraṇa)과 같다. 그래서 마음이 여섯 가지 감각의 대문을 지키는 마음챙김을 놓아버리고 다섯 가닥의 감각적 욕망을 맛보게 되면 유익함의 편에 있는 [특질](kusala-pakkha)들은 파괴되어버려 비구는 사문됨의 결실을 증득하지 못한다(sāmañña-phala-adhigama-abhāva)고 알아야 한다."(SA.iii.65)

둥이로 세차게 때린 뒤에는 황소를 쫓아버릴 것이다.

비구들이여, 이와 같이 하면 곡식을 좋아하는 황소는 마을로 갈 때나 숲으로 갈 때나 오래 서 있을 때나 오래 앉아 있을 때나, 이전에 몽둥이로 세차게 맞은 것을 기억하기 때문에 다시는 그 밭에 들어가지 않을 것이다.

비구들이여, 그와 같이 비구는 여섯 감각접촉의 장소들에 대해서 마음을 조복 받고 잘 조복 받게 된다.[326] 그러면 마음은 안으로 확립되고 안정되고 하나에 고정되고 삼매에 든다."[327]

6. "비구들이여, 예를 들면 이전에 류트 소리를 들어보지 못한 왕이나 왕의 대신이 있다 하자. 그는 류트 소리를 듣고 이렇게 말할 것이다.

'여봐라, 이렇게 감미롭고 매혹적이고 도취하게 하고 [197] 황홀하게 하고 매료되게 하는 이 소리가 도대체 어디서 나는가?'

그러면 사람들은 말할 것이다.

'존자시여, 이것은 류트에서 나는 소린데 이렇게 감미롭고 매혹적

---

326) '조복 받고 잘 조복 받게 된다.'로 옮긴 원어는 Be: udujitaṁ hoti sudujitaṁ, Se: udujjitaṁ hoti sudujjitaṁ, Ee: ujujātaṁ hoti saṁmujujātaṁ로 나타난다. 주석서는 다음과 같이 해석하고 있다.
"'조복 받음(udujita)'이란 '그것을 이겼다(taj-jita).'는 말이고 '잘 조복 받음(sudujita)'이란 '그것을 잘 이겼다(su-tajjita).'는 말이다. '잘 이겼다(su-jita).'는 뜻도 된다. 여기서 udu와 sudu는 단지 불변사일 뿐(nipāta-matta)이다."(SA.iii.66)

327) "초선을 통해서 '확립되고(santiṭṭhati)', 제2선을 통해서 '안정되고(sannisīdati)', 제3선을 통해서 '하나에 고정되고(ekodi hoti)', 제4선을 통해서 '삼매에 든다(samādhiyati).'는 말이다. 혹은 이 [네 가지 표현] 전체는 초선을 통해서 알아야 한다.
여기서 정등각자께서는 사마타를 통한 보호와 감각기능의 단속에 대한 계(samatha-anurakkhaṇa-indriya-saṁvara-sīla)를 설하셨다."(SA.iii.66)

이고 도취하게 하고 황홀하게 하고 매료되게 합니다.'

'그러면 가서 류트를 나에게 가져오라.'

그러면 사람들이 그에게 류트를 가져와서 그에게 말할 것이다.

'존자시여, 이것이 바로 그렇게 감미롭고 매혹적이고 도취하게 하고 황홀하게 하고 매료되게 하는 소리를 내는 류트입니다.'

그러면 그는 이렇게 말할 것이다.

'여봐라, 그런 류트는 내게 필요가 없도다. 내게 그 소리를 가져오라.'

'존자시여, 이 류트는 여러 가지 많은 구성요소들로 이루어져 있습니다. 이와 같은 많은 구성요소들과 더불어 연주를 할 때 소리가 납니다. 다시 말씀드리면 양피지로 된 소리 나는 판을 반연하고 볼록한 부분을 반연하고 손잡이 부분을 반연하고 머리 부분을 반연하고 줄들을 반연하고 연주용 활[328]을 반연하고 연주자의 적당한 노력을 반연하여 이와 같은 많은 구성요소들과 더불어 연주를 할 때 소리가 납니다.'

그러면 그 왕은 그 류트를 열 토막이나 백 토막으로 토막토막 자를 것이다. 토막토막 자른 뒤에 쪼개고 또 쪼개어 다시 산산조각을 낼 것이다. 산산조각을 내어서 불로 태울 것이다. 불로 태워서 재로 만들 것이다. 재로 만든 뒤에는 강한 바람에 날려 보내거나 물살이 센 강에 흩어버릴 것이다. 그런 뒤 이렇게 말할 것이다.

'여봐라, 류트라거나 류트라 불리는 것은 무엇이든[329] 참으로 볼

---

328) 여기서 옮긴 '류트(viṇa)'의 여섯 가지 부분 즉 '양피지로 된 소리 나는 판', '볼록한 부분', '손잡이 부분', '머리 부분', '줄', '연주용 활'은 각각 doṇi, camma, daṇḍa, upaveṇa, tanti, koṇa를 옮긴 것이다. 이 비유는 『밀린다빤하』(Mil.53)에도 나타난다. 역자는 보디 스님의 번역과 설명을 참조하여 옮겼다.

329) "류트만 볼품없는 것이 아니라 줄을 매어서 만든(tanti-baddha) 다른 것도 모두 볼품없는 것이라는 뜻이다."(SA.iii.67)

품없는 것330)이로다. 많은 사람들이 도가 지나치게 이것에 빠지고 이것에 혹하는구나.'"

7. "비구들이여, 그와 같이331) 비구는 물질이라는 범위332)가

---

330) "'볼품없는 것(asati)'이란, 이 류트는 저열한 것(lāmaka)이라는 뜻이다."(SA.iii.67)

331) "여기서 류트는 오온이고 왕은 수행자(yoga-avacara)라고 봐야 한다. 왕이 류트를 열 조각으로 부순 뒤에 살펴보고 소리를 발견하지 못하여 류트에 대한 흥미가 없어진(anatthika) 것처럼 수행자도 오온에 대해서 명상하여(sammasanta) '나(ahaṁ)'라거나 '내 것(mamaṁ)'이라고 취할 수 있는 것을 보지 못하고 오온에 대해서 흥미를 잃게 된다. 그래서 그가 오온을 명상(khandha-sammasana)하는 것을 보여주시기 위해서 이제 '물질이라는 범위가 있는 한 물질을 탐구한다.'는 등으로 말씀하신 것이다."(SA.iii.67)
이 비유야말로 나라는 존재를 오온으로 해체해서 보면 오온에 대한 염오-이욕-소멸 혹은 염오-이욕-해탈-구경해탈지가 생긴다는 본서 제3권 「무더기 상윳따」(S22)의 가르침에 대한 멋진 비유라 할 수 있다. 여기에 대해서는 본서 제3권 「아누라다 경」(S22:86) §15의 주해를 참조할 것.

332) "여기서 '범위(gati)'에는 다섯 가지가 있으니 그것은 윤회하는 곳의 범위(gati-gati), 태어남의 범위(sañjāti-gati), 특징의 범위(salakkhaṇa-gati), 비존재의 범위(vibhava-gati), 무너짐의 범위(bheda-gati)이다.
① 물질은 아래로는 무간지옥(Avīci)을 한계로 하고 위로는 색구경천의 범천의 세상(Akaniṭṭha-brahmaloka)을 정점으로 하여 이 안에서 흐르고 존재한다. 이것을 윤회하는 곳의 범위(gati-gati)라 한다.
② 이 몸은 청련, 홍련, 백련 등의 안에서 태어나는 것이 아니다. 그와 반대로 위장의 아래와 소장의 위인 위장막과 척추 중간의 아주 좁고 어둡고 갖가지 몸의 냄새가 퍼져 있고 심한 악취가 통풍구로 순환하며 극도로 혐오스런 자궁에서 마치 썩은 생선과 썩은 죽과 오물구덩이 속의 벌레처럼 태어난다. 이것을 물질의 태어남의 범위(sañjāti-gati)라 한다.
③ 물질에는 두 가지 특징이 있다. 물질은 무너짐(변형)이라 불리는 개별적인 특징[自相, paccatta-lakkhaṇa]과 무상·고·무아로 구분되는 보편적인 특징[共相, sāmañña-lakkhaṇa]이 있다. 이것을 특징의 범위(salakkhaṇa-gati)라 한다.
④ '법들은 존재하지 않음을 그 범위로 한다.'라고 설명되듯이, 이처럼 물질이 존재하지 않게 되는 것이 비존재의 범위(vibhava-gati)라 한다.
⑤ 물질의 무너짐[즉 순간적 소멸[刹那滅, khaṇa-nirodha] – SAṬ.iii.61]을 무너짐의 범위(bheda-gati)라 한다.

있는 한 물질을 탐구한다. … 느낌을 탐구한다. … 인식을 탐구한다. … 심리현상들을 탐구한다. … 알음알이라는 범위가 있는 한 알음알이를 탐구한다. 그러면 그에게 있었던 [198] '나'라거나 '내 것'이라거나 '나는 있다.'[333]라는 [견해 등은] 더 이상 그에게 존재하지 못한다."[334]

여섯 동물 비유 경(S35:247)

Chappāṇakopama-sutta

3. "비구들이여, 예를 들면 어떤 사람이 사지에 상처가 나고 사지가 곪아터진 채로 날카로운 갈대숲[335]에 들어간다 하자. 그러면 꾸사 풀의 가시가 발을 찌를 것이고 칼날 같은 갈대 잎이 사지를 깊

느낌 등에 대해서도 이 방법이 적용된다."(SA.iii.67)
즉 오온의 각각에 대해서 이러한 다섯 가지 범위나 한계나 영역을 정해 놓고 철저하게 살펴보고 탐구해야 한다는 뜻이라고 주석서는 설명하고 있다.

333) 주석서에 의하면 '나(ahaṁ)'라거나 '내 것(mamaṁ)'이라거나 '나는 있다(asmi).'는 것은 각각 견해와 갈애와 자만이라는 세 가지 거머쥠(diṭṭhi-taṇhā-māna-ggāha-ttaya)을 뜻한다고 한다. 물론 아라한에게는 이런 것이 존재하지 않는다고 주석서는 강조한다.(SA.ii.68)

334) 이처럼 수행자는 나라는 존재를 오온으로 해체해서 본 뒤에 자아가 있다는 어리석음을 몰아내고 현자가 된다.
한편 주석서는 『대주석서』(Mahā-aṭṭhakathā)의 게송을 인용하면서 본 경에 대한 주석을 마무리 짓는다. 『대주석서』는 지금은 전해지지 않으며 붓다고사 스님이 정리한 현존하는 빠알리 주석서들의 모태가 되는 싱할리어로 된 고주석서이다.

"처음에는 계(戒)를 설하셨고
중간에는 삼매 닦는 것을 설하셨으며
다시 마지막에는 열반을 설하셨나니
이것이 류트의 비유에 대한 가르침이로다."(SA.iii.68)

335) '갈대숲'은 sara-vana를 옮긴 것이다. 주석서는 kaṇṭaka-vana(가시 숲)이라고 설명하고 있다. PED에 의하면 sara는 화살을 만드는 갈대를 뜻한다.

숙이 벨 것이다. 비구들이여, 그러면 그 사람은 이 때문에 더욱 큰 육체적 고통과 정신적 고통을 겪을 것이다.

비구들이여, 그와 같이 여기 어떤 비구가 마을에 가거나 숲에 간다. 거기서 그는 '이 존자는 이렇게 행동하고 이렇게 처신한다. 그러니 그는 마을 사람들을 [찌르는] 가시와 같은 청정치 못한 자[336]다.'라고 자신을 비난하는 사람을 만난다. 그러면 자기 자신이 가시인 줄 안 뒤에 단속과 단속하지 못함에 대해서 알아야 한다."[337]

4. "비구들이여, 그러면 어떻게 단속하지 못하는가?

여기 비구는 눈으로 형색을 보고 사랑스러운 형색에는 열중하고 사랑스럽지 않는 형색은 혐오한다. 그는 마음챙김을 확립하지 못한 채 머물고 마음은 제한되어 있다. 그리고 그는 이미 일어난 삿되고 해로운 법들이 남김없이 소멸되어버리는 마음의 해탈[心解脫]과 통찰지를 통한 해탈[慧解脫]을 있는 그대로 꿰뚫어 알지 못한다.

귀로 소리를 듣고 … 코로 냄새를 맡고 … 혀로 맛을 보고 … 몸으로 감촉을 느끼고 … 마노로 법을 지각하고 사랑스러운 법에는 열중하고 사랑스럽지 않는 법은 혐오한다. 그는 마음챙김을 확립하지 못

---

336) '마을 사람들을 [찌르는] 가시와 같은 청정치 못한 자'는 asuci-gāma-kaṇṭaka를 풀어서 옮긴 것이다. 주석서에서 "깨끗하지 못하다는 뜻(asuddh-aṭṭha)에서 '청정치 못한(asuci)'이다. 마을에 사는 사람(gāma-vāsi)들을 해친다는 뜻(vijjhan-aṭṭha)에서 가시(kaṇṭaka)이다. 그래서 마을 사람들을 [찌르는] 가시라 한다."(SA.iii.69)라고 설명하고 있어서 이렇게 옮겼다.
복주서는 다음과 같이 덧붙이고 있다.
"마을 사람들을 해친다는 뜻에서라는 것은 대접을 받을 만하지 않으면서도(na āraha) 마을 사람들의 대접을 수용하는 것(paṭiggahaṇa)을 통해서 성가시게 한다는 뜻(pīḷan-aṭṭha)에서라는 말이다."(SAṬ.iii.62)

337) '자기 자신이 가시인 줄 안 뒤에'는 Be, Se: taṁ kaṇṭako ti iti viditvā를 옮긴 것이다. Ee도 iti만 빠진 것을 제외하고 Be, Se와 같다. 본서 「괴로움을 일으키는 법 경」(S35:244) §7의 주해도 참조할 것.

한 채 머물고 마음은 제한되어 있다. 그리고 그는 이미 일어난 삿되고 해로운 법들이 남김없이 소멸되어버리는 마음의 해탈[心解脫]과 통찰지를 통한 해탈[慧解脫]을 있는 그대로 꿰뚫어 알지 못한다."

5. "비구들이여, 예를 들면 어떤 사람이 각각 다른 삶의 분야와 각각 다른 먹이의 영역을 가진 여섯 마리의 동물을 튼튼한 밧줄로 묶었다 하자. 그는 뱀을 잡아 튼튼한 밧줄로 묶고 악어를 잡아 튼튼한 밧줄로 묶고 새를 잡아 튼튼한 밧줄로 묶고 개를 잡아 튼튼한 밧줄로 [199] 묶고 자칼을 잡아 튼튼한 밧줄로 묶고 원숭이를 잡아 튼튼한 밧줄로 묶은 뒤 이 밧줄들을 모두 가운데로 모아 매듭으로 묶어 두었다 하자.

비구들이여, 그러면 각각 다른 삶의 분야와 각각 다른 먹이의 영역을 가진 여섯 마리의 동물들은 모두 자기 자신의 먹이의 영역과 삶의 분야로 가려고 할 것이다. 뱀은 개미집으로 들어가려 할 것이고 악어는 물로 들어가려 할 것이고 새는 허공으로 날아가려 할 것이고 개는 마을로 들어가려 할 것이고 자칼은 공동묘지로 가려 할 것이고 원숭이는 숲으로 가려 할 것이다.

비구들이여, 그러다가 이들 여섯 동물들이 지치고 피곤해지면 그들은 그 가운데서 더 힘이 센 놈 가까이로 갈 것이고 그를 따를 것이고 그에게 복종할 것이다.

비구들이여, 그와 같이 어떤 비구든 몸에 대한 마음챙김을 닦지 않고 많이 [공부]짓지 않으면 눈은 그를 마음에 드는 형색들로 끌고 갈 것이고 마음에 들지 않는 형색들에 대해서는 혐오하게 할 것이다. 귀는 … 코는 … 혀는 … 몸은 … 마노는 그를 마음에 드는 법들로 끌고 갈 것이고 마음에 들지 않는 법들에 대해서는 혐오하게 할 것이다.

비구들이여, 그는 이와 같이 단속하지 못한다."

6. "비구들이여, 그러면 어떻게 단속하는가?

도반들이여, 여기 비구는 눈으로 형색을 보고 사랑스러운 형색에도 홀리지 않고 사랑스럽지 않는 형색도 혐오하지 않는다. 그는 마음챙김을 확립하여 머물고 마음은 제한되어 있지 않다. 그리고 그는 이미 일어난 삿되고 해로운 법들이 남김없이 소멸되어버리는 마음의 해탈[心解脫]과 통찰지를 통한 해탈[慧解脫]을 있는 그대로 꿰뚫어 안다.

귀로 소리를 듣고 … 코로 냄새를 맡고 … 혀로 맛을 보고 … 몸으로 감촉을 느끼고 … 마노로 법을 지각하고 사랑스러운 법에도 홀리지 않고 사랑스럽지 않는 법도 [200] 혐오하지 않는다. 그는 마음챙김을 확립하여 머물고 마음은 제한되어 있지 않다. 그리고 그는 이미 일어난 삿되고 해로운 법들이 남김없이 소멸되어버리는 마음의 해탈[心解脫]과 통찰지를 통한 해탈[慧解脫]을 있는 그대로 꿰뚫어 안다."

7. "비구들이여, 예를 들면 어떤 사람이 각각 다른 삶의 분야와 각각 다른 먹이의 영역을 가진 여섯 마리의 동물을 튼튼한 밧줄로 묶었다 하자. 그는 뱀을 잡아 튼튼한 밧줄로 묶고 악어를 잡아 튼튼한 밧줄로 묶고 새를 잡아 튼튼한 밧줄로 묶고 개를 잡아 튼튼한 밧줄로 묶고 자칼을 잡아 튼튼한 밧줄로 묶고 원숭이를 잡아 튼튼한 밧줄로 묶은 뒤 이 밧줄들을 모두 튼튼한 말뚝이나 기둥에 묶어 두었다 하자.

비구들이여, 그러면 각각 다른 삶의 분야와 각각 다른 먹이의 영역을 가진 여섯 마리의 동물들은 모두 자기 자신의 먹이의 영역과 삶의 분야로 가려고 할 것이다. 뱀은 개미집으로 들어가려 할 것이고 악어는 물로 들어가려 할 것이고 새는 허공으로 날아가려 할 것이고 개는 마을로 들어가려 할 것이고 자칼은 공동묘지로 가려 할 것이고 원숭이는 숲으로 가려 할 것이다.

비구들이여, 그러다가 이들 여섯 동물들이 지치고 피곤해지면 그들은 그 말뚝이나 기둥 가까이에 설 것이고 거기에 앉을 것이고 거기에 누울 것이다.

비구들이여, 그와 같이 어떤 비구든 몸에 대한 마음챙김을 닦고 많이 [공부]지으면 눈은 그를 마음에 드는 형색들로 끌고 가지 못할 것이고 마음에 들지 않는 형색들에 대해서 혐오하게 하지 못할 것이다. 귀는 … 코는 … 혀는 … 몸은 … 마노는 그를 마음에 드는 법들로 끌고 가지 못할 것이고 마음에 들지 않는 법들에 대해서는 혐오하게 하지 못할 것이다.

비구들이여, 그는 이와 같이 단속한다."

8. "비구들이여, 여기서 튼튼한 말뚝이나 기둥이라는 것은 몸에 대한 마음챙김을 두고 한 말이다. 비구들이여, 그러므로 그대들은 참으로 이와 같이 공부지어야 한다. '우리는 몸에 대한 마음챙김을 닦고 많이 [공부]짓고 수레로 삼고 기초로 삼고 확립하고 굳건히 하고 부지런히 정진하리라.'라고 그대들은 이와 같이 공부지어야 한다."

보릿단 경(S35:248)

Yavakalāpi-sutta

3. "비구들이여, [201] 예를 들면 사거리에 보릿단이 놓여 있다 하자. 그때 여섯 사람이 도리깨를 손에 들고 와서 그 보릿단을 여섯 개의 도리깨로 때린다 하자. 비구들이여, 이렇게 하면 그 보릿단은 여섯 개의 도리깨로 잘 타작이 될 것이다. 그때 다시 일곱 번째 사람이 도리깨를 손에 들고 온다 하자. 그는 일곱 번째 도리깨로 보릿단을 때릴 것이다. 비구들이여, 이렇게 하여 그 보릿단은 그 일곱 번째

도리깨로 때려져서 더욱 잘 타작이 될 것이다."

4. "비구들이여, 그와 같이 배우지 못한 범부는 마음에 들거나 마음에 들지 않는 형색들로 눈을 때린다. 마음에 들거나 마음에 들지 않는 소리들로 … 냄새들로 … 맛들로 … 감촉들로 … 법들로 마노를 때린다. 비구들이여, 만일 그 배우지 못한 범부가 미래에 다시 태어남에 대해서 생각을 한다면[338] 그 쓸모없는 인간은 더욱 더 때리는 것이 되나니 마치 저 보릿단이 그 일곱 번째 도리깨로 때려져서 더욱 잘 타작이 되는 것과 같다."

5. "비구들이여, 옛날에 신과 아수라들 간에 전쟁이 있었다.[339]

그때 아수라의 왕 웨빠찟띠는 아수라들을 불러서 말했다.

'존자들이여, 만일 신과 아수라들 간에 전쟁이 발발하여 아수라들이 이기고 신들이 패하면 신들의 왕 삭까의 사지와 목을 밧줄로 묶어서 내 곁에 데려오시오. 나는 아수라들의 도시에 있겠소.'

비구들이여, 신들의 왕 삭까도 삼십삼천의 신들을 불러서 말했다.

'존자들이여, 만일 신과 아수라들 간에 전쟁이 발발하여 신들이 이기고 아수라들이 패하면 아수라의 왕 웨빠찟띠의 사지와 목을 밧줄로 묶어서 내 곁에 데려오시오. 나는 수담마 의회에 있겠소.'"

6. "비구들이여, 그 전쟁에서 신들이 이기고 아수라들이 패했다.

---

338) "'미래에 다시 태어남에 대해서 생각한다(āyatipunabbhavāya ceteti).'는 것은, 중생들은 존재를 갈망하는데 [뿌리박은] 오염원(bhava-patthana-kilesa)들 때문에 존재에 뿌리박은(bhava-mūlaka) 괴로움을 겪게 된다(anubhavamānā)는 말이다."(SA.iii.72)

339) 신들과 아수라들 간의 적대감에 대해서는 본서 제1권 「수위라 경」 등(S11:1~6)을 참조할 것. 여기 나타나는 신화는 본서 제1권 「웨빠찟띠 경」(S11:4)과 상응한다.

비구들이여, [202] 그러자 삼십삼천의 신들은 아수라의 왕 웨빠찟띠의 사지와 목을 밧줄로 묶어서 수담마 의회에 있는 신들의 왕 삭까의 곁으로 데리고 갔다. 비구들이여, 거기서 아수라의 왕 웨빠찟띠는 사지와 목이 밧줄로 묶여 있었다.

7. 그런데 아수라의 왕 웨빠찟띠에게 '신들은 법답고 아수라들은 법답지 못하다. 그러니 나는 지금 신들의 도시로 간다.'라는 생각이 들자 그의 사지와 목에 묶여 있던 밧줄이 풀어지고 다섯 가닥의 감각적 욕망들을 갖추고 완비하여 즐기게 되었다. 비구들이여, 그러나 아수라의 왕 웨빠찟띠에게 '아수라들은 법답고 신들은 법답지 못하다. 그러니 나는 지금 아수라들의 도시로 갈 것이다.'라는 생각이 들자 자신의 사지와 목이 밧줄로 묶여 있는 것을 보았다. 그리고 천상의 다섯 가닥의 감각적 욕망들이 없어져버렸다."

8. "비구들이여, 아수라의 왕 웨빠찟띠의 속박은 이처럼 미묘하다. 그러나 마라의 속박은 이보다도 더 미묘하다. 비구들이여, 사랑하면 마라에게 묶인 것이고 사랑하지 않으면 빠삐만으로부터 풀려난 것이다.[340]

비구들이여, '나는 있다.'라는 것은 사랑하는 것이다. '나는 이것이다.'라는 것은 사랑하는 것이다. '나는 있을 것이다.'라는 것은 사랑하는 것이다. '나는 있지 않을 것이다.'라는 것은 사랑하는 것이다. '나는 물질을 가지게 될 것이다.'라는 것은 사랑하는 것이다. '나는 물질을 가지지 않을 것이다.'라는 것은 사랑하는 것이다. '나는 인식을 가질 것이다.'라는 것은 사랑하는 것이다. '나는 인식을 가지지 않을 것

340) "'사랑하면(maññamāna)'이란 갈애와 자만과 견해를 통해서 오온을 사랑하는 것을 말한다."(SA.iii.73)
본서 제3권 「사랑함 경」(S22:64/iii.75) §4에도 이 구절이 나타나고 있다.

이다.'라는 것은 사량하는 것이다. '나는 인식을 가지지도 않고 인식을 가지지 않지도 않을 것이다.'라는 것은 사량하는 것이다.341) 비구들이여, 이런 사량하는 것은 병이고 사량하는 것은 종기고 사량하는 것은 쇠살이다. 비구들이여, 그러므로 그대들은 참으로 이와 같이 공부지어야 한다. '우리는 사량하지 않는 마음으로 머무를 것이다.'라고 그대들은 이와 같이 공부지어야 한다."

9. "비구들이여, '나는 있다.'라는 것은 동요다.342) '나는 이것이다.'라는 것은 동요다. … '나는 인식을 가지지도 않고 인식을 가지지 않지도 않을 것이다.'라는 것은 동요다. [203] 비구들이여, 이런 동요

---

341) "'나는 있다(asmi).'는 구절(pada)은 갈애를 통해서 사량하는 것(taṇhā-maññita)이다. '나는 이것이다(ayam aham asmi).'는 것은 견해(diṭṭhi)를 통해서 사량하는 것이다. '나는 있을 것이다(bhavissaṁ).'는 것은 상견(常見, sassata-diṭṭhi)을 통해서 사량하는 것이다. '나는 있지 않을 것이다(na bhavissaṁ).'는 것은 단견(斷見, uccheda-diṭṭhi)을 통해서 사량하는 것이다. '나는 물질을 가지게 될 것이다(rūpī bhavissaṁ).'부터 마지막까지는 상견의 범주에 속하는 것들을 밝힌 것(pabheda-dīpana)이다."(SA. iii.73)

주석서에서 '나는 있다.'를 갈애와 배대하는 것은 특이하다. 본경 §12와 특히 『맛지마 니까야』「요소 분석 경」(M140) §31에서 보듯이 '나는 있다.'는 자만(māna)을 표시하는 표현이기 때문이다. 아마 본서 제3권「케마까 경」(S22:89/iii.130) §13에서 asmī ti chando(나는 있다는 것은 욕구이다.)라고 한 것을 염두에 두고 주석가가 이렇게 설명을 한 것이 아닌가 생각한다. 그리고 '나는 이것이다(ayam ahasmi).'는 것은 초기형태의 유신견(sakkāya-diṭṭhi)이다. 유신견은 오온 가운데 어떤 것을 자아라고 간주하는 것이기 때문이다.
본경에 나타나는 9가지의 사량은 본서 제3권「관찰 경」(S22:47) §4에서도 나타나고 있다. 『맛지마 니까야』「요소 분석 경」(M140/iii.246) §31도 참조할 것.

342) 이하 세 문단의 핵심어는 각각 동요(iñjita)와 혼란(phandita)과 사량분별(papañcita)이다. 주석서는 이렇게 설명한다.
"이러한 오염원(kilesa)들 때문에 중생들은 동요하고 혼란하고 사량분별하여 방일하는 모습을 가지게(pamatt-ākāra-pattā) 된다. 이러한 모습을 보여주시기 위해서 이와 같이 말씀하신 것이다."(SA.iii.73)

는 병이고 동요는 종기고 동요는 쇠살이다. 비구들이여, 그러므로 그대들은 참으로 이와 같이 공부지어야 한다. '우리는 동요하지 않는 마음으로 머무를 것이다.'라고 그대들은 이와 같이 공부지어야 한다."

10. "비구들이여, '나는 있다.'라는 것은 혼란이다. '나는 이것이다.'라는 것은 혼란이다. … '나는 인식을 가지지도 않고 인식을 가지지 않지도 않을 것이다.'라는 것은 혼란이다. 비구들이여, 이런 혼란은 병이고 혼란은 종기고 혼란은 쇠살이다. 비구들이여, 그러므로 그대들은 참으로 이와 같이 공부지어야 한다. '우리는 혼란이 없는 마음으로 머무를 것이다.'라고 그대들은 이와 같이 공부지어야 한다."

11. "비구들이여, '나는 있다.'라는 것은 사량분별이다. '나는 이것이다.'라는 것은 사량분별이다. … '나는 인식을 가지지도 않고 인식을 가지지 않지도 않을 것이다.'라는 것은 사량분별이다. 비구들이여, 이런 사량분별은 병이고 사량분별은 종기고 사량분별은 쇠살이다. 비구들이여, 그러므로 그대들은 참으로 이와 같이 공부지어야 한다. '우리는 사량분별하지 않는 마음으로 머무를 것이다.'라고 그대들은 이와 같이 공부지어야 한다."

12. "비구들이여, '나는 있다.'라는 것은 자만에 빠진 것이다.[343]

---

343) "'자만에 빠진 것(mānagata)'이란 자만이 전개되는 것(māna-pavatti)을 뜻한다. 여기서 자만이 바로 자만에 빠진 것이다.
'나는 있다(asmi).'는 것은 갈애와 함께하는 자만을 말씀하신 것이고, '나는 이것이다(ayam aham asmi).'는 것은 견해(diṭṭhi)를 통해서 말씀하신 것이다.
그런데 견해와 함께하는 자만이라는 것은 없지 않은가? 그렇다, 없다. 그러나 자만을 버리지 못했기 때문에(appahīnattā) 견해란 것이 있다. 자만을 뿌리로 하는(māna-mūlaka) 견해를 두고 이렇게 말씀하신 것이다."(SA.iii.73)

'나는 이것이다.'라는 것은 자만에 빠진 것이다. … '나는 인식을 가지지도 않고 인식을 가지지 않지도 않을 것이다.'라는 것은 자만에 빠진 것이다. 비구들이여, 이런 자만에 빠진 것은 병이고 자만에 빠진 것은 종기고 자만에 빠진 것은 쇠살이다. 비구들이여, 그러므로 그대들은 참으로 이와 같이 공부지어야 한다. '우리는 자만을 제거한 마음으로 머무를 것이다.'라고 그대들은 이와 같이 공부지어야 한다."

제19장 독사 품이 끝났다.

열아홉 번째 품에 포함된 경들의 목록은 다음과 같다. [204]

① 독사 ② 마차 비유 ③ 거북이 비유
두 가지 ④~⑤ 나무더미 비유
⑥ 오염원들이 흐름 ⑦ 괴로움의 법 ⑧ 낑수까 나무 비유
⑨ 류트 비유 ⑩ 여섯 동물 비유 ⑪보릿단이다.

네 번째 50개 경들의 묶음이 끝났다.

여기에 포함된 품들의 목록은 다음과 같다.

① 즐김의 멸진 ② 60가지의 반복 ③ 바다
④ 독사 — 이것이 네 번째 50개 경들의 묶음이다

육처 상윳따(S35)가 끝났다.

제36주제

느낌 상읏따(S36)

제36주제(S36)

느낌 상윳따

Vedanā-saṁyutta

제1장 게송과 함께 품

Sagātha-vagga

삼매 경(S36:1)

Samādhi-sutta

1. 이와 같이 나는 들었다. 한때 세존께서는 사왓티에서 제따 숲의 아나타삔디까 원림(급고독원)에 머무셨다.

2. 그곳에서 세존께서는 "비구들이여."라고 비구들을 부르셨다. "세존이시여."라고 비구들은 세존께 응답했다. 세존께서는 이렇게 말씀하셨다.

3. "비구들이여, 세 가지 느낌이 있다. 무엇이 셋인가?
즐거운 느낌, 괴로운 느낌, 괴롭지도 즐겁지도 않은 느낌이다.
비구들이여, 이것이 세 가지 느낌이다."

4. "삼매에 들어[344] 분명히 알고[345]

---

344) "'삼매에 들어(samāhita)'라는 것은 근접삼매(upacāra)나 본삼매(appanā)로 삼매에 드는 것을 말한다. … 이처럼 본경은 명상의 실천을 통한 느낌(sammasana-cāra-vedanā)을 설하셨다."(SA.iii.74)

마음챙기는 부처님의 제자는
느낌들을 알고 느낌들의 일어남을 알며
어디서 이들이 소멸하는지를 알며
그리고 느낌의 소멸에 이르는 길을 아느니라.346)
느낌의 멸진에 도달했을 때 비구는
갈증이 풀려 완전한 평화를 얻도다."347)

행복 경(S36:2)

Sukha-sutta

3. "비구들이여, 세 가지 느낌이 있다. 무엇이 셋인가? 즐거운 느낌, 괴로운 느낌, 괴롭지도 즐겁지도 않은 느낌이다.

---

345) "'삼매에 들어'와 '분명히 알며(sampajāna)'라는 이 두 구절로 사마타와 위빳사나를 설하셨다."(SA.iii.74)

346) 본 게송은 이처럼 괴로움 대신에 느낌을 언급하면서 사성제를 언급하고 있다. "느껴진 것은 무엇이든지 괴로움에 속한다(yaṁ kiñci vedayitaṁ taṁ dukkhasmiṁ)."(본서 「한적한 곳에 감 경」(S36:11) §3)라고 하셨기 때문에 느낌은 고성제에 포함되고 느낌은 오온의 하나이기 때문이기도 하다.

347) "'갈증이 풀려(nicchāta)'라는 것은 갈애가 없어진 것(nittaṇha)을, '완전한 평화를 얻는다(parinibbuta).'는 것은 오염원으로부터의 완전한 열반(kilesa-parinibbāna)을 뜻한다.
본 게송은 모든 것을 포함하는 네 가지 경지(삼계와 열반)에 속하는 법들을 다 구분하여(catubhūmaka-dhamma-pariccheda) 설하셨다."(SA.iii.74)
한편 보디 스님은 본 「느낌 상윳따」(S36)에 포함되어 나타나는 모든 게송은 세존께서 말씀하셨다는 직접적인 표현(예를 들면, 초기불전 도처에서 게송이 나타나기 전에 언급되는 정형구인 본서 제1권 「깃발 경」(S11:3) §9 등에 나타나는 "스승이신 선서께서는 이렇게 말씀하신 뒤 다시 [게송으로] 이와 같이 설하셨다."라는 표현 등)이 없기 때문에 세존께서 직접 설하신 것이 아니라고 여기고 있다. 물론 이 게송들 중의 몇몇은 다른 경들에서는 부처님께서 직접 읊으신 것으로 나타나고 있지만 이런 게송도 경을 암송하여 결집한 자들이 여기에 인용한 것이 아닌가 생각하고 있다.(보디 스님, 1432쪽 227번 주해 참조)

비구들이여, 이러한 세 가지 느낌이 있다." [205]

4\. "즐거움이든 괴로움이든
괴롭지도 즐겁지도 않음마저도
안의 것이든 밖의 것이든348)
그 어떤 느낌에 접하든 간에
그 모두를 괴로움으로 아나니
거짓되고349) 부서질 수밖에 없는 것,
그것들이 부딪치고 또 부딪쳐왔다가
사라져 가는 양상을 지켜봄으로써350)
거기서 탐욕이 빛바래도다."351)

---

348) '안의 것이든 밖의 것이든'으로 옮긴 원문은 ajjhattañ ca bahiddhā ca(안과 밖에 있는)이다. 주석서에 의하면 안의 것은 내가 경험하는 느낌이고, 밖의 것은 남이 경험하는 느낌이다.(attano ca parassa ca – SA.iii.74)

349) '거짓되고'는 mosa-dhamma를 옮긴 것이다. 주석서는 "소멸하는 고유성질(nassana-sabhāva)"(SA.iii.74)로 설명하고 있고, 복주서는 "한 순간에만 존재하기(ittara-khaṇatā) 때문에 부서지고 난 뒤에는 볼 수 없는 고유성질(apassitabba-sabhāva)"(SAṬ.iii.68)이라고 설명하고 있다.
그런데 mosa는 musā(거짓)와 같은 어원(√mṛṣ, *to be heedless*)을 가지는 것으로 볼 수 있다. 『맛지마 니까야』 「요소 분석 경」(M140/iii.245) §26과 『숫따니빠따』(Sn) {757}d는 이러한 뜻을 가진다고 할 수 있다. 역자는 이 뜻으로 해석하였다.

350) 주석서는 '지켜봄으로써(passaṁ)'를 지혜(ñāṇa)로 지켜보는 것이라고 설명하고 있다.(SA.ii.74)

351) "'탐욕이 빛바랜다(virajjati).'는 것은 도를 통한 탐욕의 빛바램(magga-virāga)으로 탐욕이 빛바랜다는 뜻이다."(SAṬ.iii.68)

버림 경(S36:3)

Pahāna-sutta

3. "비구들이여, 세 가지 느낌이 있다. 무엇이 셋인가?
즐거운 느낌, 괴로운 느낌, 괴롭지도 즐겁지도 않은 느낌이다.
비구들이여, 이러한 세 가지 느낌이 있다."

4. "비구들이여, 즐거움을 느낄 때 탐욕의 잠재성향을 버려야 한다. 괴로움을 느낄 때 적의의 잠재성향을 버려야 한다. 괴롭지도 즐겁지도 않은 느낌의 경우, 무명의 잠재성향을 버려야 한다.352)

비구들이여, 비구가 즐거움을 느낄 때 탐욕의 잠재성향을 버리고 괴로움을 느낄 때 적의의 잠재성향을 버리고 괴롭지도 즐겁지도 않은 느낌의 경우 무명의 잠재성향을 버리면, 이를 두고 '비구의 잠재성향은 제거되었다.353) 그는 올바로 보는 사람이다. 그는 갈애를 잘라버렸다. 족쇄를 풀어버렸다. 자만을 관통하여354) 마침내 괴로움을

---

352) '탐욕의 잠재성향'과 '적의의 잠재성향'과 '무명의 잠재성향'은 각각 rāga-anusaya, paṭigha-anusaya, avijjānusaya를 옮긴 것이다. 감각적 욕망의 잠재성향, 적의(敵意)의 잠재성향, 자만의 잠재성향, 사견(邪見)의 잠재성향, 의심의 잠재성향, 존재에 대한 탐욕의 잠재성향, 무명의 잠재성향의 일곱 가지 잠재성향(본서 제5권 「잠재성향 경」(S45:175) 참조) 가운데서 이 셋은 특히 느낌(vedanā)과 관계가 있다. 『맛지마 니까야』 「짧은 방등경」(M44/i.303) §§25~28도 참조할 것.

353) '잠재성향은 제거되었다.'는 Ee, Se: pahīna-rāga-anusaya(탐욕의 잠재성향을 제거함) 대신에 Be: niranusaya(잠재성향이 없음)로 읽었다. 문맥상 pahīna-anusaya(잠재성향을 제거함)로 읽는 것이 좋다.

354) "'자만을 관통함(māna-abhisamaya)'이란, 봄[見]을 통해서 [자만을] 관통함(dassana-abhisamayā)과 제거함을 통해서 관통함(pahāna-abhisama-yā)을 말한다. ① 아라한도는 [미혹하지 않고 꿰뚫음이라 불리는 – SAṬ.iii.75] 자신의 역할(kicca)을 통해서 자만을 바로 보는데(sampassati) 이것을 두고 봄을 통해서 관통함이라 한다. ② 이렇게 보게 되면 그것은 제거된다. 독을 보게 되면(diṭṭha-visa) 중생의 목숨을 [빼앗는 것을] 본 것과

끝내어버렸다.'라고 한다."

5. "즐거움을 느끼면서도 느낌을 꿰뚫어 알지 못한다면
그는 탐욕에 마음이 쏠려 해탈을 얻지 못하리. {1}

괴로움을 느끼면서도 느낌을 꿰뚫어 알지 못한다면
그는 적의에 마음이 쏠려 해탈을 얻지 못하리. {2}

그리고 저 괴롭지도 즐겁지도 않은 느낌
광대한 통찰지를 가진 자 그것을 평화롭다 가르치지만
그것 또한 맛들여 매달린다면
결코 괴로움으로부터 벗어나지 못하리. {3} [206]

그러나 비구가 열심이어서
분명히 알아차리는 공부 소홀히 하지 않으면
그 현자는 모든 느낌을 철저하게 알리로다. {4}

그 지혜의 달인은 느낌을 철저하게 알아
바로 이생에서 번뇌가 멸진할 것이며
몸이 무너질 때엔 법의 길에 확고하리니
어떤 헤아림으로도 그를 가늠할 길이 없으리." {5}

같다. 이것을 두고 제거함을 통해서 관통함이라 한다."(SA.iii.75)
"'봄을 통해서 [자만을] 관통함'이란 미혹하지 않고 꿰뚫는 것(asammoha-paṭivedhā)이다. 아라한도가 일어나면 [밝음을] 가리는 것을 본성으로 하는(sabhāva-paṭicchādaka) 어리석음(moha)을 부수어버리기 때문이다. 이렇게 해서 자만을 보게 되면 이를 일러 봄을 통해서 [자만을] 관통함이라 한다. 마치 태양이 떠오르면 어둠이 부수어지고 제거 되는 것처럼 아라한도가 일어나면 자만은 모든 곳에서 제거되어 [한 존재의] 흐름(santāna) 안에서 더 이상 자리 잡지 못한다. 이것을 '제거함을 통해서 관통함'이라 한다." (SAṬ.iii.68)
'관통(abhisamaya)'에 대해서는 본서 제2권 「사꺄무니 고따마 경」(S12:10) §4의 주해를 참조할 것.

바닥없는 구렁텅이 경(S36:4)

Pātāla-sutta

3. "비구들이여, 배우지 못한 범부가 '큰 바다 속에 바닥없는 구렁텅이[355]가 있다.'라고 말한다면 그는 실제로 있지도 않고 이치에 맞지도 않는 것을 말하고 있는 것이다. 비구들이여, 그 바닥없는 구렁텅이는 차라리 육체적인 괴로운 느낌을 이르는 말이라고 해야 옳을 것이다."

4. "배우지 못한 범부는 육체적인 괴로운 느낌을 겪게 되면 근심하고 상심하고 슬퍼하고 가슴을 치고 울부짖고 광란한다. 그 사람을 일러 바닥없는 구렁텅이를 감당해내지 못하고 그 속에서 발 디딜 곳을 찾지 못하는, 배우지 못한 범부라 해야 할 것이다.

그러나 잘 배운 성스러운 제자는 육체적인 괴로운 느낌을 겪게 되더라도 근심하지 않고 상심하지 않고 슬퍼하지 않고 가슴 치지 않고 울부짖지 않고 광란하지도 않는다. 그를 일러 그 바닥없는 구렁텅이를 감내하며 그 속에서 발 디딜 곳을 찾아내는, 참으로 잘 배운 성스러운 제자라 부른다."

5. "육체적인 괴로운 느낌이 목숨을 앗아갈 듯 일어나는 것을
견뎌내지 못하는 사람, 그는 괴로움을 당하면 부들부들 떤다.

---

355) '바닥없는 구렁텅이'는 pātāla를 옮긴 것이다. 본서 제1권 「하나의 뿌리 경」(S1:44) {147}d와 「마라의 딸들 경」(S4:25) {517}b와 「한거 경」(S9:1) {759}c에도 나타나고 있다. 거기서는 문맥에 따라 각각 심연, 수렁, 구렁텅이로 옮겼다. 주석서는 이렇게 설명하고 있다.
"떨어지는 것이 충분하고 족하다(pātassa alaṁ pariyatto)는 뜻이다. 여기에는 바닥(발판, patiṭṭhā)이 없다고 해서 바닥없는 구렁텅이라 한다."(SA.iii.75)

그는 울부짖고 큰소리로 통곡한다. 허약하고 무력한 사람,
그는 그 구렁텅이에 맞서지 못하며, 발판도 마련하지 못한다. {1}

그러나 바로 자신의 목숨이 위협받는데도 떨지 않고, [207]
육체적인 괴로운 느낌이 일어나는 것을 견뎌내는 사람,
그는 진실로 그 구렁텅이를 버티어 낼 뿐만 아니라
그 깊은 속에서도 능히 안전한 발판을 확보한다." {2}

보아야 함 경(S36:5)
Daṭṭhabba-sutta

3. "비구들이여, 세 가지 느낌이 있다. 무엇이 셋인가?
즐거운 느낌, 괴로운 느낌, 괴롭지도 즐겁지도 않은 느낌이다."

4. "비구들이여, 즐거운 느낌들을 괴로움으로 보아야 하며,356) 괴로운 느낌들을 가시로 보아야 하며, 괴롭지도 즐겁지도 않은 느낌들을 무상한 것으로 보아야 한다.

비구가 즐거운 느낌들을 괴로움으로 보고 괴로운 느낌들을 가시로 보고 괴롭지도 즐겁지도 않은 느낌들을 무상한 것으로 볼 때 그를 일러 올바로 보는 사람이라 한다. 그는 갈애를 잘라버렸고 족쇄를 풀어버렸으며 자만을 관통하여 마침내 괴로움을 끝내어버렸다."

5. "행복에서 괴로움을 읽어내며
괴로운 느낌을 화살처럼 여기며
괴롭지도 즐겁지도 않은
저 평화로운 느낌에서 무상을 인식하는

---

356) "'즐거운 느낌들(sukhā)'은 변하기(vipariṇāmana) 때문에 괴로움[壞苦]이라고 봐야 한다는 말이다."(SA.iii.76)

그 비구야말로 바르게 보는 자이니
이런 자가 바로 느낌을 철저하게 아느니라. {1}

그 지혜의 달인은 느낌을 철저하게 알아
바로 이생에서 번뇌가 멸진할 것이며
몸이 무너질 때엔 법의 길에 확고하리니
어떤 헤아림으로도 그를 가늠할 길이 없으리." {2}

화살 경(S36:6)
Salla-sutta

3. "비구들이여, 배우지 못한 범부도 즐거운 느낌을 느끼며, 괴로운 느낌을 느끼며, 괴롭지도 즐겁지도 않은 느낌을 느낀다. 마찬가지로 잘 배운 성스러운 제자도 즐거운 느낌, [208] 괴로운 느낌, 괴롭지도 즐겁지도 않은 느낌을 느낀다. 그러면 잘 배운 성스러운 제자와 배우지 못한 범부 사이에는 어떤 구별이 있으며 어떤 다른 점이 있으며, 어떤 차이가 있는가."

"세존이시여, 저희들의 법은 세존을 근원으로 하며, 세존을 길잡이로 하며, 세존을 귀의처로 합니다. 세존이시여, 세존께서 방금 말씀하신 이 뜻을 [친히] 밝혀주신다면 참으로 감사하겠습니다. 세존으로부터 듣고 비구들은 그것을 잘 호지할 것입니다."

"비구들이여, 그렇다면 이제 들어라. 듣고 마음에 잘 새겨라. 나는 설할 것이다."

"그렇게 하겠습니다, 세존이시여."라고 비구들은 세존께 응답했다.

4. "비구들이여, 배우지 못한 범부는 육체적인 괴로움을 겪게 되면 근심하고 상심하며 슬퍼하고 가슴을 치고 울부짖고 광란한다.

결국 그는 이중으로 느낌을 겪고 있는 것이다. 즉 육체적 느낌과 정신적 느낌이다.

비구들이여, 예를 들면 어떤 사람이 화살에 꿰찔리고 연이어 두 번째 화살에 또다시 꿰찔리는 것과 같다.357) 그래서 그 사람은 두 화살 때문에 오는 괴로움을 모두 다 겪을 것이다.

비구들이여, 그와 같이 배우지 못한 범부는 육체적으로 괴로운 느낌을 겪을 때, 근심하고 상심하고 슬퍼하고 가슴을 치고 울부짖고 광란한다. 그래서 이중으로 느낌을 겪는다. 즉 육체적 느낌과 정신적 느낌이다.

5. "괴로운 느낌을 접하게 되면, 그는 그것에 적의를 품는다. 그처럼 괴로운 느낌에 적의를 품는 그에게는 그 괴로운 느낌에 대한 적의의 잠재성향이 자리 잡게 된다. 그가 괴로운 느낌에 닿으면 이제 그는 감각적 욕망의 즐거움을 누리려는 쪽으로 나아가게 된다. 그것은 무슨 이유 때문인가? 비구들이여, 배우지 못한 범부는 감각적 욕망의 즐거움을 누리는 것 말고는 그 괴로운 느낌으로부터 벗어나는 다른 출구를 알지 못하기 때문이다.358)

---

357) '또다시 꿰찔리는 것'은 Be: vujjheyyuṁ 대신에 Se: anuvedhaṁ vijjheyyuṁ(복수)과 Be: anuvedhaṁ vijjheyya(단수)로 읽은 것이다. 주석서는 이렇게 설명한다.
"'또다시 꿰찔리는 것(anuvedhaṁ vijjheyyuṁ)'이란 첫 번째 상처의 구멍(vaṇa-mukha)으로부터 손가락(aṅgula) 한마디나 두 마디 정도 근처에 꿰찔린 것을 말한다. 이렇게 꿰찔리면 그 느낌은 첫 번째 느낌보다 더 혹독하기(balavatarā) 때문에 뒤에 일어난 정신적인 괴로운 느낌(domanassa-vedanā)도 첫 번째보다 더 혹독하다."(SA.iii.76~77)

358) "삼매와 도와 과(samādhi-magga-phala)가 '괴로운 느낌으로부터 벗어나는 출구(dukkhāya vedanāya nissaraṇa)'이다. 그러나 그는 그것을 모르고 '감각적 욕망의 즐거움(kāma-sukha)'을 벗어나는 출구라고 알고 있다는 말이다."(SA.iii.77)

다시 감각적 욕망의 즐거움을 누리는 사람에게는 즐거운 느낌에 대한 탐욕의 잠재성향이 자리 잡게 된다. 그는 그러한 느낌들의 일어남과 사라짐과 달콤함과 위험함과 벗어남을 있는 그대로 꿰뚫어 알지 못한다. 이처럼 일어남과 사라짐과 달콤함과 위험함과 벗어남을 있는 그대로 꿰뚫어 알지 못하는 사람에게는 괴롭지도 즐겁지도 않은 느낌에 대한 무명의 잠재성향이 자리 잡게 된다.

그는 즐거운 느낌을 경험할 때도 매인 채로 그것을 느낀다. 괴로운 느낌을 경험할 때도 매인 채로 그것을 느낀다. 괴롭지도 즐겁지도 않은 느낌을 [209] 경험할 때도 매인 채로 그것을 느낀다. 비구들이여, 이러한 사람을 일러 배우지 못한 범부라고 하나니, 그는 태어남과 늙음·죽음과 근심·탄식·육체적 고통·정신적 고통·절망에 매여 있으며 그는 괴로움에 매여 있다고 나는 말한다."

6. "비구들이여, 그러나 잘 배운 성스러운 제자는 육체적으로 괴로운 느낌을 겪더라도 근심하지 않고 상심하지 않고 슬퍼하지 않고 가슴을 치지 않고 울부짖지 않고 광란하지 않는다.[359] 그는 오직 한 가지 느낌, 즉 육체적 느낌만을 경험할 뿐이며 결코 정신적인 느낌은 겪지 않는다.

여기서 '벗어나는 출구'는 nissaraṇa를 옮긴 것인데 다른 곳에서는 대부분 '벗어남'으로 옮겼다.

359) 주석서는 여기서 '잘 배운 성스러운 제자(sutavā ariya-sāvaka)는 번뇌 다한 아라한(khīṇāsava)을 뜻하는 것으로 보는 것이 좋고, 불환자(anāgāmi)도 포함시킬 수 있다고 설명한다. 아래 게송에서 순(順), 역(逆)이 모두 제거되었다는 표현이 나타나기 때문에 이것은 번뇌 다한 아라한을 뜻하고, 불환자는 적의(paṭigha)나 성냄(dosa)이 더 이상 존재하지 않기 때문에 정신적인 괴로운 느낌(domanassa)을 겪지 않기 때문이다.(SA.iii.77; SAṬ.iii.70) 육신을 가진 존재는 부처님들까지도 포함해서 모두 육체적인 괴로운 느낌(본경에서는 kāyikā dukkhā vedanā)을 겪기 마련이다.

비구들이여, 예를 들면 어떤 사람이 화살에 맞았지만 그 첫 번째 화살에 연이은 두 번째 화살에는 맞지 않은 것과 같다. 그래서 그 사람은 하나의 화살로 인한 괴로움만을 겪을 것이다.

비구들이여, 그와 같이 잘 배운 성스러운 제자는 괴로운 느낌에 접하더라도 결코 근심하지 않고 상심하지 않고 슬퍼하지 않고 가슴을 치지 않고 울부짖지 않고 광란하지 않는다. 그는 오직 한 가지 느낌, 즉 육체적인 느낌만을 경험할 뿐이다."

7. 괴로운 느낌에 접하더라도 그는 그것에 적의를 품지 않는다. 그처럼 괴로운 느낌에 적의를 품지 않으면 그 괴로운 느낌에 대한 적의의 잠재성향이 자리 잡지 않는다. 그가 괴로운 느낌에 닿더라도 그는 감각적 욕망의 즐거움을 누리려는 쪽으로 나아가지 않는다. 그것은 무슨 이유 때문인가? 비구들이여, 잘 배운 성스러운 제자는 감각적 욕망의 즐거움을 누리는 것 말고 그 괴로운 느낌으로부터 벗어나는 다른 방법을 알기 때문이다.

이처럼 감각적 욕망의 즐거움을 누리지 않는 사람에게는 즐거운 느낌에 대한 탐욕의 잠재성향이 자리 잡지 않는다. 그는 그러한 느낌들의 일어남과 사라짐과 달콤함과 위험함과 벗어남을 있는 그대로 꿰뚫어 안다. 이처럼 일어남과 사라짐과 달콤함과 위험함과 벗어남을 있는 그대로 꿰뚫어 아는 사람에게는 괴롭지도 즐겁지도 않은 느낌에 대한 무명의 잠재성향이 자리 잡지 않는다.

그는 즐거운 느낌을 경험할 때도 매이지 않고 그것을 느낀다. 괴로운 느낌을 [210] 경험할 때도 매이지 않고 그것을 느낀다. 괴롭지도 즐겁지도 않은 느낌을 경험할 때도 매이지 않고 그것을 느낀다. 비구들이여, 이러한 사람을 일러 잘 배운 성스러운 제자라고 하나니, 그는 태어남과 늙음·죽음과 근심·탄식·육체적 고통·정신적 고통·

절망에 매어 있지 않으며 그는 괴로움에 매어 있지 않는다고 나는 말한다."

8. "비구들이여, 이것이 잘 배운 성스러운 제자와 배우지 못한 범부간의 차이점이고, 특별한 점이고, 다른 점이다."

9. "지혜 있는 이, 많이 배운 이[多聞],
[정신적인] 즐거운 느낌이나
[정신적인] 괴로운 느낌 겪지 않나니,
현자와 범부간에 능숙함의 차이가 이렇듯 크도다. {1}

법을 터득한 이, 많이 들은 이,
이 세상과 피안의 세계를 올바로 보는 이,
기꺼운 법에 그 마음 설레지 않고
원하지 않은 것에 적의 가지지 않도다. {2}

순(順) 역(逆)이 모두 흩어지고 꺼져서
이미 존재하지 않나니
때 없고 근심 없는 길을 알아 올바로 꿰뚫어 아는 자
존재의 피안에 도달했다고 이르나니." {3}

간병실 경1(S36:7)[360)]

Gelañña-sutta

---

360) 본경과 다음 경은 같은 내용을 담고 있다. 다만 본경은 느낌(vedanā)을 조건지우는 요소로 '몸(kāya)'을 들고 있는데 반해, 다음 경은 '감각접촉[觸, phassa]'을 들고 있다는 점이 다르다. 연기의 가르침에 따라 촉(觸, 감각접촉)이 수(受, 느낌)의 전제 조건이 되는 것은 당연하나 본경에서 몸을 들어 수의 조건으로 말씀하시는 것은 매우 특이한 점으로 주목할 필요가 있다.

1. 이와 같이 나는 들었다. 한때 세존께서는 웨살리에서 큰 숲[大林]의 중각강당에 머무셨다.

2. 그때 세존께서는 해거름에 홀로 앉음을 풀고 일어나서 간병실로 가셨다.361) 가셔서는 마련된 자리에 앉으셨다. 자리에 앉으신 뒤 비구들을 [211] 불러서 말씀하셨다.

3. "비구들이여, 비구는 마음챙기고 분명히 알아차리면서 시간을 보내야 한다. 이것이 그대들에게 주는 나의 간곡한 당부이다."

4. "비구들이여, 그러면 비구는 어떻게 마음챙기는가?

비구들이여, 여기 비구는 몸에서 몸을 관찰하며[身隨觀] 머문다. 세상에 대한 욕심과 싫어하는 마음을 버리고 근면하게, 분명히 알아차리고 마음챙기면서 머문다. 느낌에서 느낌을 관찰하며[受隨觀] 머문다. … 마음에서 마음을 관찰하며[心隨觀] 머문다. … 법에서 법을 관찰하며[法隨觀] 머문다. 세상에 대한 욕심과 싫어하는 마음을 버리고 근면하게, 분명히 알아차리고 마음챙기면서 머문다.

비구들이여, 비구는 이와 같이 마음챙긴다."

5. "비구들이여, 그러면 어떻게 분명히 알아차리는가?

비구들이여, 여기 비구는 나아갈 때도 물러날 때도 [자신의 거동을] 분명히 알면서[正知] 행한다. 앞을 볼 때도 돌아볼 때도 분명히 알면서 행한다. 구부릴 때도 펼 때도 분명히 알면서 행한다. 가사·발우·의복을 지닐 때도 분명히 알면서 행한다. 먹을 때도 마실 때도

361) 주석서는 두 가지 목적 때문에 세존께서는 간병실로 가셨다고 적고 있다. 첫째는 신을 포함한 모든 세상에서 으뜸가는 분(agga-puggala)이신 세존께서 병자들을 간병하는 것을 보고 비구들도 그런 마음을 내게 하시기 위해서이며, 둘째는 그들에게 명상주제를 설하기 위해서이다.(SA.iii.77)

씹을 때도 맛볼 때도 분명히 알면서 행한다. 대소변을 볼 때도 분명히 알면서 행한다. 걸을 때도 설 때도 앉을 때도 잠들 때도 잠에서 깰 때도 말할 때도 침묵할 때도 분명히 알면서 행한다.

비구들이여, 비구는 마음챙기고 분명히 알아차리면서 시간을 보내야 한다. 이것이 그대들에게 주는 나의 간곡한 당부이다."

6. "비구들이여, 비구가 이처럼 마음챙기고 분명히 알아차리며, 방일하지 않고 열심히, 스스로 독려하며 머무는 중에 즐거운 느낌이 일어나면 그는 이렇게 꿰뚫어 안다.

'지금 나에게 즐거운 느낌이 일어났다. 이것은 조건에 의해서 생겨난 것[緣而生][362]이며, 조건에 의해서 생겨나지 않은 것이 아니다. 무엇에 의해 조건 지워졌는가? 바로 이 몸에 의해 조건 지워졌다. 그런데 이 몸은 참으로 무상하고 형성되었고[有爲] 조건에 의해서 생겨난 것[緣而生]이다. 이렇듯 무상하고 형성되었고 조건에 의해서 생겨난 몸에 조건 지워진 이 즐거운 느낌이 어찌 항상할 수 있을 것인가?'

그는 몸에 대해 그리고 즐거운 느낌에 대해 무상을 관찰하며 머무르고, 사그라짐을 관찰하며 머무르고, 탐욕의 빛바램을 관찰하며 머무르고, 소멸을 관찰하며 머무르고, 놓아버림을 관찰하며 머무른다.[363] 그가 몸에 대해 그리고 즐거운 느낌에 대해 무상을 관찰하며

---

362) '조건에 의해서 생겨난 것[緣而生, paṭicca-samuppanna]'에 대해서는 본서 제2권 「조건 경」(S12:20)과 주해들을 참조할 것.

363) "이 시점에서 무엇을 말씀하시고자 하는가? 이 비구들의 [예비단계의 도닦음(pubbabhāga-paṭipadā)인 – SAṬ.iii.70] 도달하는 도닦음(āgamanīya-paṭipadā)을 말씀하시는 것이다. '마음챙김의 확립(sati-paṭṭhāna)'도 예비단계[예비단계는 아직 출세간도가 아니다 – *Ibid*]이다. '알아차림(sampajañña)'도 예비단계이고, '무상의 관찰(anicca-anupassanā)', '사그라짐의 관찰(vaya-anupassanā)', '탐욕의 빛바램의 관찰(virāga-anupassanā)'의 세 가지 관찰도 예비단계이다. '소멸의 관찰(nirodha-anupassanā)'과

머무르고, 사그라짐을 관찰하며 머무르고, 탐욕의 빛바램을 관찰하며 머무르고, 소멸을 관찰하며 머무르고, 놓아버림을 관찰하며 머물면 [212] 몸에 대한 그리고 즐거운 느낌에 대한 탐욕의 잠재성향이 사라진다."

7. "비구들이여, 비구가 이처럼 마음챙겨, 분명히 알아차리며, 방일하지 않고, 열심히, 스스로 독려하며 머무는 중에 괴로운 느낌이 일어나면 그는 이렇게 꿰뚫어 안다.

'지금 나에게 괴로운 느낌이 일어났다. 이것은 조건에 의해서 생겨난 것이며, 조건에 의해서 생겨나지 않은 것이 아니다. 무엇에 의해 조건 지워졌는가? 바로 이 몸에 의해 조건 지워졌다. 그런데 이 몸은 참으로 무상하고 형성되었고 조건에 의해서 생겨난 것이다. 이렇듯 무상하고 형성되었고 조건에 의해서 생겨난 몸에 조건 지워진 이 괴로운 느낌이 어찌 항상할 수 있을 것인가?'

그는 몸에 대해 그리고 괴로운 느낌에 대해 무상을 관찰하며 머무르고, 사그라짐을 관찰하며 머무르고, 탐욕의 빛바램을 관찰하며 머무르고, 소멸을 관찰하며 머무르고, 놓아버림을 관찰하며 머무른다. 그가 몸에 대해 그리고 괴로운 느낌에 대해 무상을 관찰하며 머무르고, 사그라짐을 관찰하며 머무르고, 탐욕의 빛바램을 관찰하며 머무르고, 소멸을 관찰하며 머무르고, 놓아버림을 관찰하며 머물면 몸에 대한 그리고 괴로운 느낌에 대한 적의의 잠재성향이 사라진다."

8. "비구들이여, 비구가 이처럼 마음챙겨, 분명히 알아차리며,

'놓아버림의 관찰(paṭinissagga-anupassanā)'이라는 이 둘은 혼합된 것(missakā) [즉 세간적인 것과 출세간적인 것이 혼합된 것(lokiya-lokuttara-missakā) – *Ibid*]이다. 이렇게 하여 이 시점에서는 비구의 수행할 시기(bhāvanā-kāla)를 말씀하신 것이다."(SA.iii.77~78)

방일하지 않고, 열심히, 스스로 독려하며 머무는 중에 괴롭지도 즐겁지도 않은 느낌이 일어나면 그는 이렇게 꿰뚫어 안다.

'지금 나에게 괴롭지도 즐겁지도 않은 느낌이 일어났다. 이것은 조건에 의해서 생겨난 것이며, 조건에 의해서 생겨나지 않은 것이 아니다. 무엇에 의해 조건 지워졌는가? 바로 이 몸에 의해 조건 지워졌다. 그런데 이 몸은 참으로 무상하고 형성되었고 조건에 의해서 생겨난 것이다. 이렇듯 무상하고 형성되었고 조건에 의해서 생겨난 몸에 조건 지워진 이 괴롭지도 즐겁지도 않은 느낌이 어찌 항상할 수 있을 것인가?'

그는 몸에 대해 그리고 괴롭지도 즐겁지도 않은 느낌에 대해 무상을 관찰하며 머무르고, 사그라짐을 관찰하며 머무르고, 탐욕의 빛바램을 관찰하며 머무르고, 소멸을 관찰하며 머무르고, 놓아버림을 관찰하며 머무른다. 그가 몸에 대해 그리고 괴롭지도 즐겁지도 않은 느낌에 대해 무상을 관찰하며 머무르고, 사그라짐을 관찰하며 머무르고, 탐욕의 빛바램을 관찰하며 머무르고, 소멸을 관찰하며 머무르고, 놓아버림을 관찰하며 머물면 몸에 대한 그리고 괴롭지도 즐겁지도 않은 느낌에 대한 무명의 잠재성향이 사라진다."

9. "만일 [213] 그가 즐거운 느낌을 느끼면 그는 그것이 무상한 줄 꿰뚫어 안다.[364] 그것이 연연할 것이 못되는 줄 꿰뚫어 안다. 그것이 즐길 만한 것이 아니라는 걸 꿰뚫어 안다. 만일 그가 괴로운 느낌을 느끼면 그는 그것이 무상한 줄 꿰뚫어 안다. 그것이 연연할 것

---

364) 여기서부터 본경의 마지막까지는 본서 제2권 「철저한 검증 경」(S12:51) §§10~12(§12의 비유 부분은 본경과 다름)와 제3권 「앗사지 경」(S22:88) §§11~13(§13의 비유 부분은 본경과 다름)과 제6권 「등불 비유 경」(S54:8) §§9~11(§11의 비유 부분은 본경과 다름)에도 나타나고 있다. 경문에 대한 설명은 제2권 「철저한 검증 경」(S12:51) §§10~13의 주해들을 참조할 것.

이 못되는 줄 꿰뚫어 안다. 그것이 즐길 만한 것이 아니라는 걸 꿰뚫어 안다. 괴롭지도 즐겁지도 않은 느낌을 느낄 경우 그는 그것이 무상한 줄 꿰뚫어 안다. 그것이 연연할 것이 못되는 줄 꿰뚫어 안다. 그것이 즐길 만한 것이 아니라는 걸 꿰뚫어 안다."

10. "만일 그가 즐거운 느낌을 느끼면 그는 그것에 매이지 않은 사람으로서 그것을 느낀다. 만일 그가 괴로운 느낌을 느끼면 그는 그것에 매이지 않은 사람으로서 그것을 느낀다. 만일 그가 괴롭지도 즐겁지도 않은 느낌을 느끼면 그는 그것에 매이지 않은 사람으로서 그것을 느낀다."

11. "그는 몸이 무너지는 느낌을 느끼면서는 '나는 지금 몸이 무너지는 느낌을 느낀다.'라고 꿰뚫어 안다. 목숨이 끊어지는 느낌을 느끼면서는 '나는 지금 목숨이 끊어지는 느낌을 느낀다.'라고 꿰뚫어 안다. 그리고 그는 '지금 곧 이 몸 무너져 목숨이 끊어지면, 즐길 것이라고는 하나도 없는 이 모든 느낌들도 바로 여기서 싸늘하게 식고 말 것이다.'라고 꿰뚫어 안다.

비구들이여, 예를 들면 기름을 반연하고 심지를 반연하여 기름 등불이 타는데 기름과 심지가 다하면 불꽃은 받쳐주는 것이 없어져 꺼지고 마는 것과 같다.

비구들이여, 그와 같이 비구는 몸이 무너지는 느낌을 느끼면서는 '지금 나는 몸이 무너지는 느낌을 느낀다.'라고 꿰뚫어 안다. 목숨이 끊어지는 느낌을 느끼면서는 '나는 지금 목숨이 끊어지는 느낌을 느낀다.'라고 꿰뚫어 안다. 그리고 그는 '지금 곧 이 몸 무너져 목숨이 끊어지면, 즐길 것이라고는 하나도 없는 이 모든 느낌들도 바로 여기서 싸늘하게 식고 말 것이다.'라고 꿰뚫어 안다."

간병실 경2(S36:8)[365)]

1. 이와 같이 나는 들었다. 한때 세존께서는 웨살리에서 큰 숲의 중각강당에 머무셨다.

2. 그때 세존께서는 해거름에 홀로 앉음을 풀고 일어나서 간병실로 가셨다. 가셔서는 마련된 자리에 앉으셨다. 자리에 앉으신 뒤 비구들을 불러서 말씀하셨다.

3. "비구들이여, 비구는 마음챙기고 분명히 알아차리면서 시간을 보내야 한다. 이것이 그대들에게 주는 나의 간곡한 당부이다."

4. "비구들이여, 그러면 비구는 어떻게 마음챙기는가? …"

5. "비구들이여, [214] 그러면 어떻게 분명히 알아차리는가? …"

6. "비구들이여, 비구가 이처럼 마음챙기고 분명히 알아차리며, 방일하지 않고 열심히, 스스로 독려하며 머무는 중에 즐거운 느낌이 일어나면 그는 이렇게 꿰뚫어 안다.

'지금 나에게 즐거운 느낌이 일어났다. 이것은 조건에 의해서 생겨난 것이며, 조건에 의해서 생겨나지 않은 것이 아니다. 무엇에 의해 조건 지워졌는가? 바로 이 감각접촉[觸]에 의해 조건 지워졌다. 그런데 이 감각접촉은 참으로 무상하고 형성되었고[有爲] 조건에 의해서 생겨난 것[緣而生]이다. 이렇듯 무상하고 형성되었고 조건에 의해서 생겨난 감각접촉에 조건 지워진 이 즐거운 느낌이 어찌 항상할 수 있을 것인가?'

---

365) 본경은 바로 앞의 「간병실 경」 1(S36:7) 가운데서 느낌의 조건으로 언급되고 있는 '몸(kāya)' 대신에 '감각접촉[觸, phassa]'이 언급되고 있는 것만 다르고 나머지는 꼭 같다.

그는 감각접촉에 대해 그리고 즐거운 느낌에 대해 무상을 관찰하며 머무르고, 사그라짐을 관찰하며 머무르고, 탐욕의 빛바램을 관찰하며 머무르고, 소멸을 관찰하며 머무르고, 놓아버림을 관찰하며 머무른다. 그가 감각접촉에 대해 그리고 즐거운 느낌에 대해 무상을 관찰하며 머무르고, 사그라짐을 관찰하며 머무르고, 탐욕의 빛바램을 관찰하며 머무르고, 소멸을 관찰하며 머무르고, 놓아버림을 관찰하며 머물면 감각접촉에 대한 그리고 즐거운 느낌에 대한 탐욕의 잠재성향이 사라진다."

7. "비구들이여, 비구가 이처럼 마음챙겨, 분명히 알아차리며, 방일하지 않고, 열심히, 스스로 독려하며 머무는 중에 괴로운 느낌이 일어나면 … 괴롭지도 즐겁지도 않은 느낌이 일어나면 그는 이렇게 꿰뚫어 안다. … 감각접촉에 대한 그리고 괴롭지도 즐겁지도 않은 느낌에 대한 무명의 잠재성향이 사라진다."

8. "만일 그가 즐거운 느낌을 느끼면 그는 그것이 무상한 줄 꿰뚫어 안다. 그것이 연연할 것이 못되는 줄 꿰뚫어 안다. 그것이 즐길 만한 것이 아니라는 걸 꿰뚫어 안다. 만일 그가 괴로운 느낌을 느끼면 그는 그것이 무상한 줄 꿰뚫어 안다. 그것이 연연할 것이 못되는 줄 꿰뚫어 안다. 그것이 즐길 만한 것이 아니라는 걸 꿰뚫어 안다. 괴롭지도 즐겁지도 않은 느낌을 느낄 경우 그는 그것이 무상한 줄 꿰뚫어 안다. 그것이 연연할 것이 못되는 줄 꿰뚫어 안다. 그것이 즐길 만한 것이 아니라는 걸 꿰뚫어 안다."

9. "만일 그가 즐거운 느낌을 느끼면 그는 그것에 매이지 않은 사람으로서 그것을 느낀다. 만일 그가 괴로운 느낌을 느끼면 그는 그것에 매이지 않은 사람으로서 그것을 느낀다. 만일 그가 괴롭지도 즐

겁지도 않은 느낌을 느끼면 그는 그것에 매이지 않은 사람으로서 그 것을 느낀다."

10. "그는 몸이 무너지는 느낌을 느끼면서는 '나는 지금 몸이 무너지는 느낌을 느낀다.'라고 꿰뚫어 안다. 목숨이 끊어지는 느낌을 느끼면서는 '나는 지금 목숨이 끊어지는 느낌을 느낀다.'라고 꿰뚫어 안다. 그리고 그는 '지금 곧 이 몸 무너져 목숨이 끊어지면, 즐길 것이라고는 하나도 없는 이 모든 느낌들도 바로 여기서 싸늘하게 식고 말 것이다.'라고 꿰뚫어 안다.

비구들이여, 예를 들면 기름을 반연하고 심지를 반연하여 기름 등불이 타는데 기름과 심지가 다하면 불꽃은 받쳐주는 것이 없어져 꺼지고 마는 것과 같다.

비구들이여, 그와 같이 비구는 몸이 무너지는 느낌을 느끼면서는 '지금 나는 몸이 무너지는 느낌을 느낀다.'라고 꿰뚫어 안다. 목숨이 끊어지는 느낌을 느끼면서는 '나는 지금 목숨이 끊어지는 느낌을 느낀다.'라고 꿰뚫어 안다. 그리고 그는 '지금 곧 이 몸 무너져 목숨이 끊어지면, 즐길 것이라고는 하나도 없는 이 모든 느낌들도 바로 여기서 싸늘하게 식고 말 것이다.'라고 꿰뚫어 안다."

무상 경(S36:9)

Anicca-sutta

3. "비구들이여, 세 가지 느낌은 무상하고 형성되었고[有爲] 조건에 의해서 생겨난 것[緣而生]이고 부서지기 마련인 법이며 사라지기 마련인 법이며 탐욕이 빛바래기 마련인 법이며 소멸하기 마련인 법이다."366)

4. "어떤 것이 셋인가? 즐거운 느낌, 괴로운 느낌, 괴롭지도 즐겁지도 않은 느낌이다.

비구들이여, 이러한 세 가지 느낌은 무상하고 형성되었고 조건에 의해서 생겨난 것이고 부서지기 마련인 법이며 사라지기 마련인 법이며 탐욕이 빛바래기 마련인 법이며 소멸하기 마련인 법이다."

감각접촉에 뿌리박음 경(S36:10)

Phassamūlaka-sutta

3. "비구들이여, [215] 세 가지 느낌은 감각접촉에서 생긴 것이며, 감각접촉에 뿌리박고 있으며, 감각접촉을 원인으로 하며, 감각접촉에 의해 조건 지워졌다. 어떤 것이 셋인가?

즐거운 느낌, 괴로운 느낌, 괴롭지도 즐겁지도 않은 느낌이다."

4. "비구들이여, 즐겁게 느껴지기 마련인 감각접촉을 반연하여 즐거운 느낌이 일어난다. 즐겁게 느껴지기 마련인 그 감각접촉이 소멸하면, 그것으로부터 생겨난 느낌 — 다시 말해 그 감각접촉에 의존해 일어난 그 즐거운 느낌 — 역시 소멸하고 가라앉는다."

5. "괴롭게 느껴지기 마련인 감각접촉을 반연하여 괴로운 느낌이 일어난다. 괴롭게 느껴지기 마련인 그 감각접촉이 소멸하면, 그것으로부터 생겨난 느낌 — 다시 말해 그 감각접촉에 의존해 일어난 그 괴로운 느낌 — 역시 소멸하고 가라앉는다."

---

366) 같은 문장이 본서 제2권 「조건 경」(S12:20) §5와 「지혜의 토대 경」2(S12:34) §4에서는 12연기의 구성요소들에 적용되어 나타나고, 본서 제3권 「아난다 경」(S22:21) §4에서는 오온에 적용되어 나타나고 있다.

6. "비구들이여, 괴롭지도 즐겁지도 않게 느껴지기 마련인 감각접촉을 반연하여 괴롭지도 즐겁지도 않은 느낌이 일어난다. 괴롭지도 즐겁지도 않게 느껴지기 마련인 감각접촉이 소멸하면 그것으로부터 생겨난 느낌 — 다시 말해 그 감각접촉에 의존해 일어난 그 괴롭지도 즐겁지도 않은 느낌 — 역시 소멸하고 가라앉는다."

7. "비구들이여, 예를 들면 두 개의 나무토막을 맞대어 비비고 마찰하면 열이 생기고 불이 붙지만 이러한 두 개의 나무토막을 따로 떼어서 놓아두면 거기서 생긴 열도 꺼지고 가라앉는 것과 같다.367)

비구들이여, 그와 같이 이들 감각접촉에서 생겼고 감각접촉에 뿌리박고 있으며 감각접촉을 원인으로 하고 감각접촉에 의해 조건 지워진 세 가지 느낌도 꼭 그러하나니, 어느 한 가지 감각접촉에 반연하여 그에 상응하는 느낌이 일어나며, 그 감각접촉이 소멸하면 그에 상응하는 느낌은 가라앉는다."

제1장 게송과 함께 품이 끝났다. [216]

첫 번째 품에 포함된 경들의 목록은 다음과 같다.

① 삼매 ② 행복 ③ 버림 ④ 바닥없는 구렁텅이 ⑤ 보아야 함
⑥ 화살, 두 가지 ⑦~⑧ 간병실 ⑨ 무상 ⑩ 감각접촉에 뿌리박음이다.

---

367) 이 비유는 본서 제2권 「배우지 못한 자 경」 2(S12:62) §6과 제5권 「나무토막 비유 경」(S48:39) §9에도 나타난다. S12:62에 해당하는 주석서는 이렇게 설명한다.
"아래에 있는 나무토막(adho-araṇī)은 감각토대(vatthu, 감각장소)와 같고, 위에 있는 나무토막은 대상(ārammaṇa)과 같고, 맞대어 비비는 것(saṅ-ghaṭṭana)은 감각접촉(phassa)과 같고, 열이 생긴 것(usmā-dhātu)은 느낌(vedanā)과 같다."(SA.ii.101)

제2장 한적한 곳에 감 품

Rahogata-vagga

한적한 곳에 감 경(S36:11)

Rahogata-sutta

2. 그때 어떤 비구가 세존을 뵈러 갔다. 가서는 세존께 절을 올리고 한 곁에 앉았다. 한 곁에 앉은 그 비구는 세존께 이렇게 여쭈었다.

3. "세존이시여, 제가 한적한 곳에 가서 홀로 앉아 있는 중에 이런 생각이 들었습니다.

'세존께서 세 가지 느낌을 설하셨으니 즐거운 느낌, 괴로운 느낌, 괴롭지도 즐겁지도 않은 느낌이다. 세존께서는 이러한 세 가지 느낌을 설하셨다. 그런데 세존께서는 또 느껴진 것은 무엇이든지 괴로움에 속한다고 설하셨다.'라고. 세존이시여, 여기서 '느껴진 것은 무엇이든지 괴로움에 속한다.'라는 것은 무엇을 두고 하신 말씀입니까?"

4. "장하고 장하구나, 비구여. 비구여, 나는 세 가지 느낌을 가르쳤다. 즐거운 느낌, 괴로운 느낌, 괴롭지도 즐겁지도 않은 느낌, 이 셋을 나는 가르쳤다.

또 한편으로 비구여, 나는 '느껴진 것은 무엇이든지 괴로운 것이다.'라고 가르쳤다. 그런데 이 뒤의 말은 모든 형성된 것들[諸行]의 무상함을 두고 한 말이었다. 내가 그렇게 말한 것은 모든 형성된 것들은 부서지기 마련인 법이며 사라지기 마련인 법이며 탐욕이 빛바래기 마련인 법이며 [217] 소멸하기 마련인 법이기 때문이다. '느껴진 것은 무엇이든지 괴로운 것이다.'라고 한 것은 바로 이것을 두고 한 말이니라."[368]

5. "비구여, 나는 더 나아가서 형성된 것들[行]이 차례로 소멸함에 대해서도 가르쳤다.[369] 초선을 증득한 자에게는 말이 소멸한다. 제2선을 증득한 자에게는 일으킨 생각과 지속적인 고찰이 소멸한다. 제3선을 증득한 자에게는 희열이 소멸한다. 제4선을 증득한 자에게는 들숨날숨이 소멸한다. 공무변처를 증득한 자에게는 물질의 인식이 소멸한다. 식무변처를 증득한 자에게는 공무변처의 인식이 소멸한다. 무소유처를 증득한 자에게는 식무변처의 인식이 소멸한다. 비상비비상처를 증득한 자에게는 무소유처의 인식이 소멸한다. 상수멸(想受滅, 인식과 느낌의 그침)[370]을 증득한 자에게는 인식과 느낌이 소멸한다. 번뇌가 다한 비구에게는 탐욕[貪]이 소멸하고, 성냄[瞋]이 소멸하고, 어리석음[癡]이 소멸한다."

6. "비구여, 다시 더 나아가서 나는 형성된 것들이 차례로 가라앉음[371]에 대해서도 가르쳤다. 초선을 증득한 자에게는 말이 가라앉

---

368) "'형성된 것들의 무상함(saṅkhārānaṁ yeva aniccataṁ)'이란 것은 바로 느낌(vedanā)들의 무상함을 뜻하고, 이 무상함(aniccatā)이란 것은 바로 죽음(maraṇa)을 뜻한다. 죽음을 능가하는 괴로움이란 없다는 것을 말씀하시기 위해서 '모든 느낌은 괴로움이다.'라고 설하시는 것이다."(SA.iii.78)
주석서의 이런 설명은 큰 설득력은 없어 보인다. 느낌은 무상하고 그래서 견실한 행복과 안은함을 가져다주지 못하기 때문에 괴로움인 것이다.
느낌에 대한 비슷한 가르침이 본서 제2권 「깔라라 경」(S12:32/ii.53) §11과 『맛지마 니까야』 「업의 분석 경」(M136/iii.208) §6에도 나타난다.

369) "'형성된 것들[行]이 차례로 소멸함[次第滅, anupubba-saṅkhārānaṁ ni-rodha)'은 '나는 느낌들의 소멸만을 가르친 것이 아니라 이들 [다른] 법들의 소멸도 가르친다.'는 것을 보여주시기 위해서 설하시는 것이다."(SA.iii.78)

370) '상수멸(saññā-vedayita-nirodha)'에 대한 자세한 논의는 본서 「까마부 경」 2(S41:6) §§6~13까지와 본서 제2권 「일곱 요소 경」(S14:11) §5의 주해를 참조할 것.

는다. 제2선을 증득한 자에게는 일으킨 생각과 지속적인 고찰이 가라앉는다. 제3선을 증득한 자에게는 희열이 가라앉는다. 제4선을 증득한 자에게는 들숨날숨이 가라앉는다. 공무변처를 증득한 자에게는 물질의 인식이 가라앉는다. 식무변처를 증득한 자에게는 공무변처의 인식이 가라앉는다. 무소유처를 증득한 자에게는 식무변처의 인식이 가라앉는다. 비상비비상처를 증득한 자에게는 무소유처의 인식이 가라앉는다. 상수멸(想受滅)을 증득한 자에게는 인식과 느낌이 가라앉는다. 번뇌가 다한 비구에게는 탐욕[貪]이 가라앉고, 성냄[瞋]이 가라앉고, 어리석음[癡]이 가라앉는다."

7. "비구여, 여섯 가지 고요함372)이 있다. 초선을 증득한 자에게는 말이 고요해진다. 제2선을 증득한 자에게는 일으킨 생각과 지속적인 고찰이 고요해진다. 제3선을 증득한 자에게는 희열이 고요해진다. 제4선을 증득한 자에게는 들숨날숨이 고요해진다. [218] 상수멸을 증득한 자에게는 인식과 느낌이 고요해진다. 번뇌가 다한 비구에게는 탐욕[貪]이 고요해지고, 성냄[瞋]이 고요해지고, 어리석음[癡]이 고요해진다."

허공 경1(S36:12)

Ākāsa-sutta

---

371) "'가라앉음(vūpasama)'과 [아래 §7의] '고요함(passaddhi)'은 이러한 형태의 가르침을 통해서 깨달을 수 있는(bujjhanaka) 사람들의 성향(ajjhāsaya)에 따라 설하신 것이다."(SA.iii.78~79)

372) 여기서 '고요함'은 passaddhi를 옮긴 것이다. 이 단어는 칠각지의 다섯 번째인 '고요함의 깨달음의 구성요소[輕安覺支, passaddhi-sambojjhaṅga]'로도 나타나고 있다. 여기에 대해서는 본서 「몸 경」(S46:2) §15의 주해들을 참조할 것.

3. "비구들이여, 예를 들면 허공에는 갖가지 바람이 불고 있다. 동에서 불어오는 바람, 서에서 불어오는 바람, 북에서 불어오는 바람, 남에서 불어오는 바람, 먼지 섞인 바람, 먼지 없는 바람, 더운 바람, 찬 바람, 부드러운 바람, 거센 바람들이다.

비구들이여, 그와 같이 이 몸속에서도 갖가지 느낌들이 일어난다. 즐거운 느낌들이 일어나기도 하고 괴로운 느낌들이 일어나기도 하며 괴롭지도 즐겁지도 않은 느낌들이 일어나기도 한다."

4. "저 위의 허공에는 온갖 바람들이 불고 있어,
동에서 오는가 하면 서에서도 오고,
북에서 오는가 하면 또 남에서도 불어닥치도다. {1}

먼지 섞인 바람이 있는가 하면
그렇지 않은 것도 있고
찬 바람인가 하면 더운 것도 있으며
거센 바람인가 하면 부드러운 바람도 불고 —
가지가지로 바람이 불고 있도다. {2}

그와 같이 여기 이 몸속에서도
가지가지로 느낌이 일어나나니,
즐거운 느낌들, 괴로운 느낌들,
괴롭지도 즐겁지도 않은 느낌들이라. {3}

그러나 비구가 열심이어서 분명히 살피어
다시 태어남의 기반을 허물기에 열심이라면
마침내 모든 느낌을 철저하게 아는
현자(賢者)가 되리니. {4}

그는 느낌을 두루 통찰함으로써
바로 이 생에서 번뇌가 멸진하여,
몸이 무너질 때엔 법에 확고히 주하며
헤아림으로는 미치지 못할
지혜의 달인일지니." {5}

허공 경2(S36:13)

3. "비구들이여, [219] 허공에는 가지각색의 바람이 불고 있다. 동에서, 서에서, 북에서, 남에서 불어오는 바람, 먼지 섞인 바람, 먼지 없는 바람, 더운 바람, 찬 바람, 부드러운 바람, 거센 바람들이다.

마찬가지로 비구들이여, 이 몸속에서도 가지각색의 느낌이 일어난다. 즐거운 느낌들이 일어나기도 하고 괴로운 느낌들이 일어나기도 하며 괴롭지도 즐겁지도 않은 느낌들이 일어나기도 한다."373)

객사(客舍) **경**(S36:14)
Āgāra-sutta

3. "비구들이여, 객사에는 동에서 온 사람들이 묵기도 하고, 서에서 온 사람들이 묵기도 하며, 북에서 온 사람들이 묵기도 하고, 남에서 온 사람들이 묵기도 한다. 끄샤뜨리야 사람들이 와서 묵기도 하고, 바라문들이 와서 묵기도 하며, 와이샤(평민)들이 와서 묵기도 하고, 수드라들이 와서 묵기도 한다."

4. "비구들이여, 그와 같이 이 몸에도 여러 종류의 느낌이 일어난다. 즐거운 느낌들이 일어나기도 하고, 괴로운 느낌들이 일어나기

373) 본경은 앞의 「허공 경」1(S36:12)에서 게송을 제외한 부분과 같다.

도 하고, 괴롭지도 즐겁지도 않은 느낌들이 일어나기도 한다.

세속적인 즐거운 느낌이 일어나기도 하고, 세속적인 괴로운 느낌이 일어나기도 하며, 세속적인 괴롭지도 즐겁지도 않은 느낌이 일어나기도 한다. 비세속적인[374] 즐거운 느낌이 일어나기도 하고, 비세속적인 괴로운 느낌이 일어나기도 하며, 비세속적인 괴롭지도 즐겁지도 않은 느낌이 일어나기도 한다."[375]

아난다 경1(S36:15)[376]

Ānanda-sutta

2. 그때 아난다 존자가 세존께 다가갔다. 가서는 세존께 절을 올리고 한 곁에 앉았다. 한 곁에 앉은 아난다 존자는 세존께 이렇게 여쭈었다.

3. "세존이시여, 어떤 것이 느낌입니까? 어떤 것이 느낌의 일어

---

374) "'비세속적(nirāmisā)'이란 것은 출가 생활에 바탕을 둔 것을 말한다."(DA.iii.775)

375) "'세속적인 즐거운 느낌(sāmisā sukhā)'이란 세속적인 감각적 욕망과 관계된(kām-āmisa-paṭisaṁyuttā) 느낌이다. '비세속적인 즐거운 느낌(nirāmisā sukhā)'이란 초선 등과 위빳사나와 계속해서 생각함[隨念, anussati]을 통해서 일어난 느낌이다. '세속적인 괴로운 느낌(sāmisā dukkhā)'이란 세속적인 감각적 욕망과 관계된 느낌이다. '비세속적인 괴로운 느낌(nirāmisā dukkhā)'이란 위없는 해탈(anuttara vimokkha, 아라한됨을 뜻함 – SAṬ)을 발원한 자에게 발원(piha)을 조건으로 생긴 정신적인 괴로운 느낌이다. '세속적인 괴롭지도 즐겁지도 않은 느낌(sāmisā adukkham-asukhā)'이란 감각적 욕망과 관계된 느낌이다. '비세속적인 괴롭지도 즐겁지도 않은 느낌(nirāmisā adukkhamasukhā)'이란 제4선을 통해서 생긴 괴롭지도 즐겁지도 않은 느낌이다."(SA.iii.79)
본서 「백팔 방편 경」(S36:22) §9도 참조할 것.

376) Ee: Santakaṁ(자신에 속함) 대신에 Be와 Se의 Ānanda를 경제목으로 택했다.

남입니까? 어떤 것이 느낌의 소멸입니까? [220] 어떤 것이 느낌의 소멸로 인도하는 도닦음입니까? 어떤 것이 느낌의 달콤함이며 위험함이며 벗어남입니까?"

4. "아난다여, 세 가지 느낌이 있나니 즐거운 느낌, 괴로운 느낌, 괴롭지도 즐겁지도 않은 느낌이다. 이를 일러 느낌이라 한다. 감각접촉이 일어나면 느낌이 일어나고 감각접촉이 소멸하면 느낌이 소멸한다.

여덟 가지 구성요소를 가진 성스러운 도[八支聖道=팔정도]가 느낌의 소멸로 인도하는 도닦음이니 그것은 바른 견해, 바른 사유, 바른 말, 바른 행위, 바른 생계, 바른 정진, 바른 마음챙김, 바른 삼매이다.

느낌으로 인해서 육체적 즐거움과 정신적 즐거움이 생기나니, 이것이 느낌의 달콤함이다. 느낌은 무상하고 괴롭고 변하기 마련이니, 이것이 느낌의 위험함이다. 느낌에 대한 욕탐을 길들이고 욕탐을 제거하면, 이것이 느낌으로부터 벗어남이다."

5. "아난다여, 나는 더 나아가서 형성된 것들[行]이 차례로 소멸함에 대해서도 가르쳤다. 초선을 증득한 자에게는 말이 소멸한다. 제2선을 증득한 자에게는 일으킨 생각과 지속적인 고찰이 소멸한다. 제3선을 증득한 자에게는 희열이 소멸한다. 제4선을 증득한 자에게는 들숨날숨이 소멸한다. 공무변처를 증득한 자에게는 물질의 인식이 소멸한다. 식무변처를 증득한 자에게는 공무변처의 인식이 소멸한다. 무소유처를 증득한 자에게는 식무변처의 인식이 소멸한다. 비상비비상처를 증득한 자에게는 무소유처의 인식이 소멸한다. 상수멸(想受滅)을 증득한 자에게는 인식과 느낌이 소멸한다. 번뇌가 다한 비구에게는 탐욕[貪]이 소멸하고, 성냄[瞋]이 소멸하고, 어리석음[癡]이

소멸한다."

6. "아난다여, 다시 더 나아가서 나는 형성된 것들이 차례로 가라앉음에 대해서도 가르쳤다. 초선을 증득한 자에게는 말이 가라앉는다. 제2선을 증득한 자에게는 일으킨 생각과 지속적인 고찰이 가라앉는다. 제3선을 증득한 자에게는 희열이 가라앉는다. 제4선을 증득한 자에게는 들숨날숨이 가라앉는다. 공무변처를 증득한 자에게는 물질의 인식이 가라앉는다. 식무변처를 증득한 자에게는 공무변처의 인식이 가라앉는다. 무소유처를 증득한 자에게는 식무변처의 인식이 가라앉는다. 비상비비상처를 증득한 자에게는 무소유처의 인식이 가라앉는다. 상수멸(想受滅)을 증득한 자에게는 인식과 느낌이 가라앉는다. 번뇌가 다한 비구에게는 탐욕[貪]이 가라앉고, 성냄[瞋]이 가라앉고, 어리석음[癡]이 가라앉는다."

7. "아난다여, 다시 더 나아가서 나는 형성된 것들이 차례로 고요해짐에 대해서도 가르쳤다. 초선을 증득한 자에게는 말이 고요해진다. 제2선을 증득한 자에게는 일으킨 생각과 지속적인 고찰이 고요해진다. 제3선을 증득한 자에게는 희열이 고요해진다. 제4선을 증득한 자에게는 들숨날숨이 고요해진다. 공무변처를 증득한 자에게는 물질의 인식이 고요해진다. 식무변처를 증득한 자에게는 공무변처의 인식이 고요해진다. 무소유처를 증득한 자에게는 식무변처의 인식이 고요해진다. 비상비비상처를 증득한 자에게는 무소유처의 인식이 고요해진다. 상수멸(想受滅)을 증득한 자에게는 인식과 느낌이 고요해진다. [221] 번뇌가 다한 비구에게는 탐욕[貪]이 고요해지고, 성냄[瞋]이 고요해지고, 어리석음[癡]이 고요해진다."

아난다 경2(S36:16)

2. 그때 아난다 존자가 세존께 다가갔다. 가서는 세존께 절을 올리고 한 곁에 앉았다. 한 곁에 앉은 아난다 존자에게 세존께서는 이렇게 말씀하셨다.

3. "아난다여, 어떤 것이 느낌인가? 어떤 것이 느낌의 일어남인가? 어떤 것이 느낌의 소멸인가? 어떤 것이 느낌의 소멸로 인도하는 도닦음인가? 어떤 것이 느낌의 달콤함이며 위험함이며 벗어남인가?"

"세존이시여, 저희들의 법은 세존을 근원으로 하며, 세존을 길잡이로 하며, 세존을 귀의처로 합니다. 세존이시여, 세존께서 방금 말씀하신 이 뜻을 [친히] 밝혀주신다면 참으로 감사하겠습니다. 세존으로부터 듣고 비구들은 그것을 잘 호지할 것입니다."

"아난다여, 그렇다면 이제 들어라. 듣고 마음에 잘 새겨라. 나는 설할 것이다."

"그렇게 하겠습니다, 세존이시여."라고 아난다 존자는 세존께 응답했다.

4. 세존께서는 이렇게 말씀하셨다.

"아난다여, 세 가지 느낌이 있나니 즐거운 느낌, 괴로운 느낌, 괴롭지도 즐겁지도 않은 느낌이다. 이를 일러 느낌이라 한다. 감각접촉이 일어나면 느낌이 일어나고 감각접촉이 소멸하면 느낌이 소멸한다.

… <이하 앞의 「아난다 경」1(S36:15)과 동일함.> …

많은 비구 경1(S36:17)

Sambahulabhikkhu-sutta

2. 그때 많은 비구들이 세존께 다가갔다. 가서는 세존께 절을 올리고 한 곁에 앉았다. 한 곁에 앉은 그 비구들은 세존께 이렇게 여쭈었다.

3. "세존이시여, 어떤 것이 느낌입니까? 어떤 것이 느낌의 일어남입니까? 어떤 것이 느낌의 소멸입니까? 어떤 것이 느낌의 소멸로 인도하는 도닦음입니까? 어떤 것이 느낌의 달콤함이며 위험함이며 벗어남입니까?" [222]

… <이하 앞의 「아난다 경」1(S36:15)과 동일함.> …

많은 비구 경2(S36:18)

2. 그때 많은 비구들이 세존께 다가갔다. 가서는 세존께 절을 올리고 한 곁에 앉았다. [223] 한 곁에 앉은 그 비구들에게 세존께서는 이렇게 말씀하셨다.

… <이하 앞의 「아난다 경」2(S36:16)와 동일함.> …

빤짜깡가 경(S36:19)[377]

Pañcakaṅga-sutta

2. 그때 빤짜깡가 목수[378]가 우다이 존자[379]에게 다가갔다. 가

---

377) 본경은 『맛지마 니까야』 「많은 느낌 경」(Bahuvedanīya Sutta, M59)과 동일함.

378) 빤짜깡가 목수(Pañcakaṅga thapati)는 사왓티의 도목수(vaḍḍhakī-jeṭṭha-ka)였다고 한다.(SA.iii.79) 주석서에 의하면 그는 까뀌(vāsīpharasu)와 끌(nikhādana)과 자(daṇḍa)와 망치(muggara)와 먹줄(kāḷa-sutta)의 다섯 가지 연장을 사용하는데 능했기 때문에 빤짜까(pañcaka, 다섯) 연장

서는 우다이 존자에게 절을 올리고 한 곁에 앉았다. 한 곁에 앉은 빤짜깡가 목수는 우다이 존자에게 이렇게 말했다.

3. "우다이 존자시여, 세존께서는 몇 가지 느낌을 설하셨습니까?"
"목수여, 세존께서는 세 가지 느낌을 설하셨으니 즐거운 느낌, 괴로운 느낌, 괴롭지도 즐겁지도 않은 느낌입니다. 세존께서는 이러한 세 가지 느낌을 설하셨습니다."

4. 이렇게 말하자 빤짜깡가 목수는 우다이 존자에게 이렇게 말했다.
"우다이 존자시여, 세존께서는 세 가지 느낌을 설하지 않으셨습니다. 세존께서는 두 가지 느낌을 설하셨습니다. 그것은 즐거운 느낌과 괴로운 느낌입니다. 존자시여, 괴롭지도 즐겁지도 않은 느낌은 평화롭고 수승한 즐거움이라고 세존께서는 말씀하셨습니다."

5. 두 번째로 빤짜깡가 목수는 우다이 존자에게 이렇게 말했다.
··· [224] ···

6. 세 번째로 빤짜깡가 목수는 우다이 존자에게 이렇게 말했다.

(aṅga)을 가진 자라 불리게 되었다고 한다.(*Ibid*)

379) "우다이(Udāyī)라 이름하는 세 분의 장로가 있는데 랄루다이(Lāḷudāyī), 깔루다이(Kāḷudāyī), 마하우다이(Mahāudāyī)이다. 여기서는 마하우다이 존자를 두고 한 말이다."(DA.iii.903)
이 마하우다이 존자는 빤디따 우다이(Paṇḍita-udāyī) 존자라고도 주석서에 나타나는데 그만큼 그는 지혜롭고 현명한 분(paṇḍita)이었다고 한다. 본경에 해당하는 주석서는 본경의 우다이 존자는 빤디따 우다이 장로(Paṇḍita-udāyi-tthera)라고 밝히고 있으며(SA.iii.79; MA.iii.114), 복주서는 랄루다이 존자가 아니라고 강조하고 있다.
그는 부처님 고향인 까삘라왓투의 바라문 가문 출신이었다고 하며 부처님께서 고향을 방문하셨을 때 그분 부처님의 덕성을 흠모하여 출가하였다고 한다. 그는 뒤에 아라한이 되었다.(ThigA.iii.7)

"우다이 존자시여, 세존께서는 몇 가지 느낌을 설하셨습니까?"

"목수여, 세존께서는 세 가지 느낌을 설하셨으니 즐거운 느낌, 괴로운 느낌, 괴롭지도 즐겁지도 않은 느낌입니다. 세존께서는 이러한 세 가지 느낌을 설하셨습니다."

7. 이렇게 말하자 빤짜깡가 목수는 우다이 존자에게 이렇게 말했다.

"우다이 존자시여, 세존께서는 세 가지 느낌을 설하지 않으셨습니다. 세존께서는 두 가지 느낌을 설하셨습니다. 그것은 즐거운 느낌과 괴로운 느낌입니다. 존자시여, 괴롭지도 즐겁지도 않은 느낌은 평화롭고 수승한 즐거움이라고 세존께서는 말씀하셨습니다."

8. 그러나 우다이 존자는 빤짜깡가 목수를 설복시킬 수 없었고, 빤짜깡가 목수도 우다이 존자를 설득시킬 수가 없었다.

9. 아난다 존자가 우다이 존자와 빤짜깡가 목수 사이에 있었던 이 논쟁 얘기를 듣게 되었다.

그러자 아난다 존자는 세존께 다가갔다. 가서는 세존께 절을 올리고 한 곁에 앉았다. 한 곁에 앉은 아난다 존자는 우다이 존자와 빤짜깡가 목수 사이에 있었던 논쟁의 전말을 세존께 아뢰었다.

10. [세존께서는 말씀하셨다.]

"아난다여, 빤짜깡가 목수가 동의하지는 않았지만 우다이 비구의 주장은 옳았다. 마찬가지로 우다이 비구가 동의하지는 않았지만 빤짜깡가 목수의 주장 또한 옳았다. 나는 방편에 따라 느낌들을 두 가지로 설했고, 느낌들을 세 가지로 설했으며, 다섯 가지로, 여섯 가지로, 열여덟 가지로, 서른여섯 가지로, [225] 때로는 백여덟 가지로 설

하기도 했다. 아난다여, 이와 같이 나는 방편에 따라서 여러 가지로 법을 설했다.380)

아난다여, 이처럼 나는 법을 방편에 따라 다르게 설했는데, 이렇듯 제각기 잘 설해지고 잘 말해진 법에 동의하지 않고 수긍하지 않고 받아들이지 않는 사람들이 있을 것이다. 그들은 논쟁을 하고 말다툼을 하고 언쟁하면서 입의 칼로 서로를 찌르면서 머물 것이다.

아난다여, 이처럼 나는 방편에 따라 법을 설했는데, 제각기 잘 설해지고 잘 말해진 법에 동의하고 수긍하고 아주 흡족해하며 잘 받아들이는 사람들이 있을 것이다. 그들은 화합하고 정중하며 논쟁하지 않고 물과 우유가 섞인 것 같고 우정 어린 눈으로 서로를 바라보며 머물 것이다."

11. "아난다여, 다섯 가닥의 감각적 욕망들이 있다. 무엇이 다섯인가?

눈으로 인식되는 형색들이 있으니, 원하고 좋아하고 마음에 들고 사랑스럽고 감각적 욕망을 짝하고 매혹적인 것들이다. 귀로 인식되는 소리들이 있으니, … 코로 인식되는 냄새들이 있으니, … 혀로 인식되는 맛들이 있으니, … 몸으로 인식되는 감촉들이 있으니, 원하고 좋아하고 마음에 들고 사랑스럽고 감각적 욕망을 짝하고 매혹적인 것들이다.

아난다여, 이것을 일러 다섯 가닥의 감각적 욕망이라 한다. 아난다여, 이 다섯 가닥의 감각적 욕망을 의지하여 일어나는[緣而生] 육체적 즐거움과 정신적 즐거움을 감각적 욕망의 즐거움이라 부른다."

12. "아난다여, 그런데 만일 어떤 자들이 말하기를 이것이 중생

---

380) 본서 「백팔 방편 경」(S36:22)을 참조할 것.

들이 경험할 수 있는 최상의 육체적 즐거움이요 정신적 즐거움이라 한다면, 나는 그에 동의하지 않는다. 그것은 무슨 이유 때문인가? 아난다여, 이것을 능가하는 한결 수승한 다른 즐거움이 있기 때문이다. 아난다여, 그러면 무엇이 이 즐거움을 능가하는 한결 수승한 다른 즐거움인가?

아난다여, 여기 비구는 감각적 욕망들을 완전히 떨쳐버리고 해로운 법[不善法]들을 떨쳐버린 뒤, 일으킨 생각[尋]과 지속적인 고찰[伺]이 있고, 떨쳐버렸음에서 생긴 희열[喜]과 행복[樂]이 있는 초선에 들어 머문다.

아난다여, 이것이 참으로 앞의 즐거움을 능가하는 한결 수승한 또 다른 즐거움이다."

13. "아난다여, [226] 그런데 만일 어떤 자들이 말하기를 이것이 중생들이 경험할 수 있는 최상의 육체적 즐거움이요 정신적 즐거움이라 한다면, 나는 그에 동의하지 않는다. 그것은 무슨 이유 때문인가? 아난다여, 이것을 능가하는 한결 수승한 다른 즐거움이 있기 때문이다. 아난다여, 그러면 무엇이 이 즐거움을 능가하는 한결 수승한 다른 즐거움인가?

아난다여, 여기 비구는 일으킨 생각과 지속적인 고찰을 가라앉혔기 때문에 [더 이상 존재하지 않으며], 자기 내면의 것이고, 확신이 있으며, 마음의 단일한 상태이고, 일으킨 생각과 지속적인 고찰은 없고, 삼매에서 생긴 희열과 행복이 있는 제2선에 들어 머문다.

아난다여, 이것이 참으로 앞의 즐거움을 능가하는 한결 수승한 또 다른 즐거움이다.

14. "아난다여, 그런데 만일 어떤 자들이 말하기를 이것이 중생

들이 경험할 수 있는 최상의 육체적 즐거움이요 정신적 즐거움이라 한다면, 나는 그에 동의하지 않는다. 그것은 무슨 이유 때문인가? 아난다여, 이것을 능가하는 한결 수승한 다른 즐거움이 있기 때문이다. 아난다여, 그러면 무엇이 이 즐거움을 능가하는 한결 수승한 다른 즐거움인가?

아난다여, 여기 비구는 희열이 빛바랬기 때문에 평온하게 머물고, 마음챙기고 알아차리며 몸으로 행복을 경험한다. 이 [禪 때문에] '평온하고 마음챙기며 행복하게 머문다.'고 성자들이 묘사하는 제3선에 들어 머문다.

아난다여, 이것이 참으로 앞의 즐거움을 능가하는 한결 수승한 또 다른 즐거움이다."

15. "아난다여, 그런데 만일 어떤 자들이 말하기를 이것이 중생들이 경험할 수 있는 최상의 육체적 즐거움이요 정신적 즐거움이라 한다면, 나는 그에 동의하지 않는다. 그것은 무슨 이유 때문인가? 아난다여, 이것을 능가하는 한결 수승한 다른 즐거움이 있기 때문이다. 아난다여, 그러면 무엇이 이 즐거움을 능가하는 한결 수승한 다른 즐거움인가?

아난다여, 여기 비구는 행복도 버리고 괴로움도 버리고, 아울러 그 이전에 이미 기쁨과 슬픔이 소멸되었으므로 괴롭지도 즐겁지도 않으며, 평온으로 인해 마음챙김이 청정한[捨念淸淨] 제4선에 들어 머문다.[381]

아난다여, 이것이 참으로 앞의 즐거움을 능가하는 한결 수승한 또 다른 즐거움이다."[382]

---

381) 이상 §§12~17에 나타나는 네 가지 禪의 구성요소에 대한 간략한 설명은 본서 제6권 「동쪽으로 흐름 경」(S53:1~12) §8의 주해를 참조할 것.

382) "여기서 제4선부터가 괴롭지도 즐겁지도 않은 느낌이다. 그러나 이것은 고요

16. "아난다여, 그런데 만일 어떤 자들이 말하기를 이것이 중생들이 경험할 수 있는 최상의 육체적 즐거움이요 정신적 즐거움이라 한다면, [227] 나는 그에 동의하지 않는다. 그것은 무슨 이유 때문인가? 아난다여, 이것을 능가하는 한결 수승한 다른 즐거움이 있기 때문이다. 아난다여, 그러면 무엇이 이 즐거움을 능가하는 한결 수승한 다른 즐거움인가?

아난다여, 여기 비구는 물질에 대한 인식을 완전히 초월하고 부딪힘의 인식을 소멸하고 갖가지 인식을 마음에 잡도리하지 않기 때문에 '무한한 허공'이라고 하면서 공무변처에 들어 머문다.

아난다여, 이것이 참으로 앞의 즐거움을 능가하는 한결 수승한 또 다른 즐거움이다."

17. "아난다여, 그런데 만일 어떤 자들이 말하기를 이것이 중생들이 경험할 수 있는 최상의 육체적 즐거움이요 정신적 즐거움이라 한다면, 나는 그에 동의하지 않는다. 그것은 무슨 이유 때문인가? 아난다여, 이것을 능가하는 한결 수승한 다른 즐거움이 있기 때문이다. 아난다여, 그러면 무엇이 이 즐거움을 능가하는 한결 수승한 다른 즐거움인가?

아난다여, 여기 비구는 공무변처를 완전히 초월하여 '무한한 알음알이'라고 하면서 식무변처에 들어 머문다.

아난다여, 이것이 참으로 앞의 즐거움을 능가하는 한결 수승한 또 다른 즐거움이다."

18. "아난다여, 그런데 만일 어떤 자들이 말하기를 이것이 중생

하다는 뜻(sant-aṭṭha)과 수승하다는 뜻(paṇīt-aṭṭha)에서 즐거움(sukha, 행복)이라 불린다."(SA.iii.80)

들이 경험할 수 있는 최상의 육체적 즐거움이요 정신적 즐거움이라 한다면, 나는 그에 동의하지 않는다. 그것은 무슨 이유 때문인가? 아난다여, 이것을 능가하는 한결 수승한 다른 즐거움이 있기 때문이다. 아난다여, 그러면 무엇이 이 즐거움을 능가하는 한결 수승한 다른 즐거움인가?

아난다여, 여기 비구는 식무변처를 완전히 초월하여 '아무것도 없다.'라고 하면서 무소유처에 들어 머문다.

아난다여, 이것이 참으로 앞의 즐거움을 능가하는 한결 수승한 또 다른 즐거움이다."

19. "아난다여, 그런데 만일 어떤 자들이 말하기를 이것이 중생들이 경험할 수 있는 최상의 육체적 즐거움이요 정신적 즐거움이라 한다면, 나는 그에 동의하지 않는다. 그것은 무슨 이유 때문인가? 아난다여, 이것을 능가하는 한결 수승한 다른 즐거움이 있기 때문이다. 아난다여, 그러면 무엇이 이 즐거움을 능가하는 한결 수승한 다른 즐거움인가?

아난다여, 여기 비구는 무소유처를 완전히 초월하여 비상비비상처에 들어 머문다. [228]

아난다여, 이것이 참으로 앞의 즐거움을 능가하는 한결 수승한 또 다른 즐거움이다."

20. "아난다여, 그런데 만일 어떤 자들이 말하기를 이것이 중생들이 경험할 수 있는 최상의 육체적 즐거움이요 정신적 즐거움이라 한다면, 나는 그에 동의하지 않는다. 그것은 무슨 이유 때문인가? 아난다여, 이것을 능가하는 한결 수승한 다른 즐거움이 있기 때문이다. 아난다여, 그러면 무엇이 이 즐거움을 능가하는 한결 수승한 다른 즐

거움인가?

아난다여, 여기 비구는 일체 비상비비상처를 완전히 초월하여 상수멸(想受滅)에 들어 머문다.

아난다여, 이것이 참으로 앞의 즐거움을 능가하는 한결 수승한 또 다른 즐거움이다."

21. 그런데 아난다여, 다른 외도 유행승들이 이렇게 말하는 경우가 있을 것이다.

'사문 고따마는 인식과 느낌의 소멸을 설한다. 그리고서는 그것을 다시 즐거움이라고 말하고 있다. 그런 것이 도대체 어디에 있으며, 어떻게 그것이 가능하단 말인가?'라고.383)

아난다여, 이와 같이 말하는 다른 외도 유행승들에게는 이렇게 말해줘야 한다.

'도반들이여, 세존께서는 즐거운 느낌만을 즐거움이라고 말씀하신 것은 아닙니다. 오히려 여래는 즐거움이면 그것은 언제 어디서 얻어지건 간에 즐거움이라고 천명하십니다.'라고."384)

---

383) "'소멸(norodha)'은 느껴지지 않은 즐거움(avedayita-sukha)이기 때문에 즐거움이 된다. 다섯 가닥의 감각적 욕망(pañca-kāma-guṇa)과 여덟 가지 증득(aṭṭha-samāpatti)을 통해서 생긴 즐거움은 느껴진 즐거움(vedayita-sukha)이지만 소멸은 느껴지지 않은 즐거움이기 때문이다. 느껴진 즐거움이든 느껴지지 않은 즐거움이든 괴로움이 없는 상태(niddukkha-bhāva)라 불리는 즐거움이라는 뜻에서 전적인 즐거움(ekanta-sukha)이 되는 것이다." (SA.iii.80)
sukha는 즐거움으로도 옮길 수 있지만 행복이라고도 옮길 수 있다. 역자는 본서 전체에서 sukha를 즐거움으로도 옮기고 행복으로도 옮긴다. 본경에서의 소멸은 즐거움이라기보다는 행복이라 옮기는 것이 더 적당할 것이다. 상수멸이나 열반이나 아라한과와 같은 이러한 행복은 전적인 행복(ekanta-sukha)이고 지극한 행복(adhika-sukha, SA.ii.381)이고 열반의 행복(nib-bāna-sukha, SA.i.328)이며, 본서 제1권 「믿음 경」(S1:36) {120}에서는 궁극적인 행복[至福, parama-sukha]이라 부르고 있다.

비구 경(S36:20)

Bhikkhu-sutta

3. "비구들이여, 나는 방편에 따라 느낌들을 두 가지로 설했고, 세 가지로도 설했으며, 다섯 가지로, 여섯 가지로, 열여덟 가지로, 서른여섯 가지로, 때로는 백여덟 가지로 설하기도 했다.

비구들이여, 이처럼 나는 법을 방편에 따라 다르게 설했는데, 이렇듯 제각기 잘 설해지고 잘 말해진 법에 동의하지 않고 수긍하지 않고 받아들이지 않는 사람들이 있을 것이다. 그들은 [229] 논쟁을 하고 말다툼을 하고 언쟁하면서 입의 칼로 서로를 찌르면서 머물 것이다.

비구들이여, 이처럼 나는 방편에 따라 법을 설했는데, 제각기 잘 설해지고 잘 말해진 법에 동의하고, 수긍하고, 아주 흡족해하며 잘 받아들이는 사람들이 있을 것이다. 그들은 화합하고 정중하며 논쟁하지 않고 물과 우유가 섞인 것 같고 우정 어린 눈으로 서로를 바라보며 머물 것이다."

… <이하 앞의 「빤짜깡가 경」(S36:19)과 동일함.> …

제2장 한적한 곳에 감 품이 끝났다.

두 번째 품에 포함된 경들의 목록은 다음과 같다.

① 한적한 곳에 감, 두 가지 ②~③ 허공 ④ 객사(客舍),
두 가지 ⑤~⑥ 아난다, 두 가지 ⑦~⑧ 많은 비구 ⑨ 빤짜깡가 ⑩ 비구다.

---

384) "느껴진 즐거움이든 느껴지지 않은 즐거움이든 간에 그것이 괴로움이 없는 상태(niddukkha-bhāva)이면 여래께서는 그것을 모두 즐거움(행복)에 포함시켜서 말씀하셨다는 뜻이다. 본경에서 세존께서는 멸진정(nirodha-sam-āpatti)을 으뜸(sīsa)으로 삼으셔서 아라한됨을 정점으로 하여 제도되어야 할 사람(neyya-puggala)에게 [법을] 설하셨다."(SA.iii.80)

제3장 백팔 방편 품

Aṭṭhasatapariyāya-vagga

시와까 경(S36:21)

Sīvaka-sutta

1. 이와 같이 나는 들었다. 한때 [230] 세존께서는 왕사성에서 대나무 숲의 다람쥐 보호구역에 머무셨다.

2. 그때 몰리야시와까 유행승385)이 세존께 다가갔다. 가서는 세존과 함께 환담을 나누었다. 유쾌하고 기억할 만한 이야기로 서로 담소를 하고서 한 곁에 앉았다. 한 곁에 앉은 몰리야시와까 유행승은 세존께 이렇게 여쭈었다.

3. "고따마 존자시여, 어떤 사문 · 바라문들은 이런 주장과 이런 견해를 가지고 있습니다. '사람이 즐거운 느낌이나 괴로운 느낌이나 괴롭지도 즐겁지도 않은 느낌을 경험하는 것은 모두 전생의 행위에 기인한 것386)이다.'라고. 여기에 대해서 고따마 존자께서는 어떻게

---

385) "몰리야시와까 유행승(Moliyasīvaka paribbājaka)의 이름은 시와까이다. 그러나 그는 상투(cūḷā)를 틀고 있었기 때문에 몰리야시와까라 불린다."(SA.iii.81)
몰리(moḷi/moli)는 상투를 뜻하는 단어이다.

386) '전생의 행위에 기인한 것'은 pubbe katahetu를 옮긴 것이다. 이것은 '전생의 행위에 기인한 것이라는 교설(pubba-kata-hetu-vādā)'로 정리된다. 『맛지마 니까야』「데와다하 경」(M101/ii.214~213) §2 에 의하면 자이나교(Nigaṇṭha)가 여기에 해당된다고 하며, 『앙굿따라 니까야』「외도의 주장 경」(A3:61/i.173~174) §1에서는 세 가지 '[업]지음 없음(akiriya, 도덕부정론)'에 대한 교설 가운데 하나로 언급되고 있다.([업]지음 없음에 대해서는 『앙굿따라 니까야』 제2권「소나까야나 경」(A4:233) §1의 주해를 참

말씀하십니까?"

4. "시와까여, 어떤 느낌들은 담즙(膽汁) 때문에 생긴 것이니, 이런 일이 일어난다는 것은 누구나 스스로 알 수 있고 세상에서도 사실로 인정되고 있다. 시와까여, 그런데도 여기에 대해서 어떤 사문·바라문들은 '사람이 즐거운 느낌이나 괴로운 느낌이나 괴롭지도 즐겁지도 않은 느낌을 경험하는 것은 모두 전생의 행위에 기인한 것이다.'라는 그런 주장과 그런 견해를 가지고 있다. 그렇게 되면, 자신이 스스로 경험해서 알고 있는 것과 어긋나고, 세상에서 인정하는 사실과도 어긋나기 때문에, 나는 그들 사문·바라문들이 잘못되었다고 설한다."387)

5. "시와까여, 어떤 느낌들은 점액(粘液) 때문에 생긴 것이니 …"

6. "시와까여, 어떤 느낌들은 바람[風] 때문에 생긴 것이니 …"

7. "시와까여, 어떤 느낌들은 그 세 가지가 겹쳐서 생긴 것이니 …"

8. "시와까여, 어떤 느낌들은 계절의 변화에 의해서 생긴 것이니 …"

9. "시와까여, 어떤 느낌들은 예기치 못한 충격에 의해서 생긴 것이니 …"

조할 것.) 이 두 경에서 세존께서는 각각 다른 각도에서 '전생의 행위에 기인한 것'을 설명하고 계시므로 참조할 것.

387) 여기서 세존께서는 느낌(vedanā)을 괴로운 느낌(dukkha-vedanā)이라는 좁은 의미로만 사용하고 계신다.
본경에 나타나는 '담즙(膽汁, pitta)'과 '점액(粘液, semha)'과 '바람[風, vāta]'은 인도의학 즉 아유르베다(Ayurveda)에서 체질이나 기질의 토대가 된다고 여기는 세 가지 원인이 되는 물질(dosa)이다.

10. "시와까여, 어떤 느낌들은 상해(傷害)에 의해서 생긴 것이니, …"388)

11. "시와까여, [231] 어떤 느낌들은 업의 익음[業異熟]에 의해서 생긴 것이니389) 이런 일이 일어난다는 것은 누구나 스스로 알 수 있고 세상에서도 사실로 인정되고 있다. 시와까여, 그런데도 여기에 대해서 어떤 사문·바라문들은 '사람이 즐거운 느낌이나 괴로운 느낌이나 괴롭지도 즐겁지도 않은 느낌을 경험하는 것은 모두 전생의 행위에 기인한 것이다.'라는 그런 주장과 그런 견해를 가지고 있다. 그렇게 되면, 자신이 스스로 경험해서 알고 있는 것과 어긋나고, 세상에서 인정하는 사실과도 어긋나기 때문에, 나는 그들 사문·바라문들이 잘못되었다고 설한다."390)

---

388) 여기서 '세 가지가 겹쳐서 생긴 것'은 sannipātikāni를, '예기치 못한 충격에 의해서 생긴 것'은 visama-parihārajāni를, '상해(傷害)에 의해서 생긴 것'은 opakkamikāni를 주석서를 참조해서 옮긴 것이다.

389) "여기서 '업의 익음[業異熟]에 의해서 생긴 느낌들(kamma-vipākajāni vedayitāni)'은 전적으로 업의 익음에 의해서 생긴 것만을 말한다. … 앞의 일곱 가지 원인들에 의해서 생긴 것들은 비록 업이 잠재적인 원인으로 작용하였다 할지라도 업의 익음에 의해서 생긴 느낌들에서 제외한다."(SA.iii.82)
아비담마에 의하면 모든 육체적인 고통은 업의 과보[業異熟, kamma-vipāka]로 생긴 것이라고 분류한다. 그렇다고 해서 모든 육체적인 고통이 전적으로 업의 과보로만 생긴 것이라는 뜻은 아니다. 업은 더 생생하고 명백한 인과관계의 그물망을 통해서 과보를 생산하기 때문이다.(아래 주해 참조)

390) 여기서 보듯이 세존께서는 병이 생기는 원인으로 담즙부터 업의 익음까지 모두 8가지를 들고 계신다. 그리고 이 8가지는 '개인의 경험(sāmaṁ veditabba)'과 '세상에서 인정하는 사실(lokassa sacca = sammata)'이라고 말씀하신다. 그리고 이를 통해서 '온갖 종류의 느낌을 경험하는 것은 모두 전생의 행위에 기인한 것(pubbe kata-hetu)'이라는 일부 사문·바라문들의 주장을 잘못된 것이라고 논파하고 계신다.
물론 여기서 보듯이 세존께서는 이전에 지은 업이 병이 생기는 하나의 원인이라는 사실을 부정하지는 않으신다. 그리고 이것은 '전생의 행위에 기인한

12. 이렇게 말씀하시자 몰리야시와까 유행승은 세존께 이렇게 말씀드렸다.

"경이롭습니다, 고따마 존자시여. 경이롭습니다, 고따마 존자시여. 마치 넘어진 자를 일으켜 세우시듯, 덮여 있는 것을 걷어내 보이시듯, [방향을] 잃어버린 자에게 길을 가리켜 주시듯, 눈 있는 자 형색을 보라고 어둠 속에서 등불을 비춰 주시듯, 고따마 존자께서는 여러 가지 방편으로 법을 설해 주셨습니다. 저는 이제 고따마 존자께 귀의하옵고 법과 비구 승가에 귀의합니다. 고따마 존자께서는 저를 청신사로 받아주소서. 오늘부터 목숨이 붙어 있는 그날까지 귀의하옵니다."

13. "담즙, 점액, 바람, 겹침, 계절,
충격, 상해, 그리고 업이숙이 여덟 번째이다."391)

것(pubbe kata-hetu)'이라는 그들의 주장과 같거나 유사해 보인다. 그러나 분명한 것은 업의 익음[業異熟]이라는 이 여덟 번째의 원인은 신통지에 의해서만 알아지는 것이기 때문에 담즙 등의 7가지 괴로움의 직접적인 원인에 대한 간접적인 원인이 된다고 밖에는 말할 수 없다. 그러므로 업의 익음은 괴로움의 발생에 충분조건이 아닌 필요조건일 뿐이며, 그것도 다른 여러 조건들과 결합하여 일어나는 것일 뿐이라고 이해해야 할 것이다.

391) 본경은 세상의 인습적 표현(loka-vohāra)의 측면에서 설한 것이라고 주석서는 설명하고 있다.(SA.ii.82)
여기에 대해서 복주서는 이렇게 설명을 덧붙이고 있다.
"세상에서 [느낌은] 담즙 등에 의해서 생기는 것이라고 인정되기 때문이다. 육체를 토대로 하여 일어나는 느낌들이 업에서 생긴 것(kamma-nibbattā)이라는 것을 인정한다 하더라도 이러한 세상의 인습적인 표현은 현재의 조건을 통해서 생긴 것이기 때문에(paccuppanna-paccaya-vasena) 이것을 받아들여서 대론자의 주장을 논파하셨다(paravāda-paṭisedha kata)."(SAṬ.iii.74)

백팔 방편 경(S36:22)

Aṭṭhasatapariyāya-sutta

2. "비구들이여, [느낌에 대한] 백팔 방편 법문을 설하리라. … <S35:23 §3> …

3. "비구들이여, 무엇이 백팔 방편 법문인가?

나는 방편에 따라 느낌들을 두 가지로 설했고, 느낌들을 세 가지로도 설했으며, 다섯 가지로, 여섯 가지로, 열여덟 가지로, 서른여섯 가지로, 때로는 백여덟 가지로 설하기도 했다.

비구들이여, 이와 같이 나는 방편에 따라서 여러 가지로 법을 설했다."

4. "비구들이여, 그러면 어떤 것이 두 가지 느낌인가?

육체적인 느낌과 정신적인 느낌이다.

비구들이여, 이를 일러 두 가지 느낌이라 한다."

5. "비구들이여, [232] 그러면 어떤 것이 세 가지 느낌인가?

즐거운 느낌, 괴로운 느낌, 괴롭지도 즐겁지도 않은 느낌이다.

비구들이여, 이를 일러 세 가지 느낌이라 한다."

6. "비구들이여, 그러면 어떤 것이 다섯 가지 느낌인가?

육체적 즐거움의 기능[樂根], 육체적 괴로움의 기능[苦根], 정신적 즐거움의 기능[喜根], 정신적 괴로움의 기능[憂根], 평온의 기능[捨根]이다.[392]

비구들이여, 이를 일러 다섯 가지 느낌이라 한다."

---

392) 이 다섯 가지는 본서 제5권 「기능 상윳따」(S48)의 「간단한 설명 경」 등(S48:31~40)에 상세히 설명되어 있다. 그곳의 주해들을 참조할 것.

7. "비구들이여, 그러면 어떤 것이 여섯 가지 느낌인가?

눈의 감각접촉에서 생긴 느낌, 귀의 감각접촉에서 생긴 느낌, 코의 감각접촉에서 생긴 느낌, 혀의 감각접촉에서 생긴 느낌, 몸의 감각접촉에서 생긴 느낌, 마노의 감각접촉에서 생긴 느낌이다.

비구들이여, 이를 일러 여섯 가지 느낌이라 한다."

8. "비구들이여, 그러면 어떤 것이 열여덟 가지 느낌인가?

정신적 즐거움을 수반하는 여섯 가지 추구, 정신적 괴로움을 수반하는 여섯 가지 추구, 평온을 수반하는 여섯 가지 추구이다.[393]

비구들이여, 이를 일러 열여덟 가지 느낌이라 한다."

9. "비구들이여, 그러면 어떤 것이 서른여섯 가지 느낌인가?

세속생활에 바탕을 둔 여섯 가지 정신적 즐거움, 출가생활에 바탕을 둔 여섯 가지 정신적 즐거움, 세속생활에 바탕을 둔 여섯 가지 정신적 괴로움, 출가생활에 바탕을 둔 여섯 가지 정신적 괴로움, 세속생활에 바탕을 둔 여섯 가지 평온, 출가생활에 바탕을 둔 여섯 가지 평온이다.[394]

비구들이여, 이를 일러 서른여섯 가지 느낌이라 한다."

10. "비구들이여, 그러면 어떤 것이 백여덟 가지 느낌인가?

---

393) '추구'는 upavicāra를 옮긴 것이다. 이것은 고찰[伺]로 옮기고 있는 vicāra에 접두어 'upa-(~위에)'가 붙은 것이므로 '고찰'로 옮길 수 있지만 여기서는 느낌의 문맥에 나타나고 있어서 추구로 옮겼다.
『맛지마 니까야』「육처 분석 경」(M137/iii.216~217) §8과 「요소 분석 경」(M140) §10에 의하면 여기서 여섯 가지 추구는 형색, 소리, 냄새, 맛, 감촉, 법에 대한 추구이다. 그래서 모두 18가지 추구가 된다.

394) 『맛지마 니까야』「육처 분석 경」(M137/iii.217~219) §§9~15에는 이들의 내용이 상세하게 분류되어 나타난다.

과거의 서른여섯 가지 느낌, 미래의 서른여섯 가지 느낌, 현재의 서른여섯 가지 느낌이다.

비구들이여, 이를 일러 백여덟 가지 느낌이라 한다."

11. "비구들이여, 이것이 백팔 방편 법문이다."

어떤 비구 경(S36:23)

Aññatarabhikkhu-sutta

2. 그때 어떤 비구가 세존께 다가갔다. 가서는 세존께 절을 올리고 한 곁에 앉았다. 한 곁에 앉은 그 비구는 세존께 이렇게 여쭈었다.

3. "세존이시여, 어떤 것이 느낌입니까? 어떤 것이 느낌의 일어남입니까? 어떤 것이 느낌의 일어남으로 인도하는 길입니까? 어떤 것이 느낌의 소멸입니까? 어떤 것이 느낌의 소멸로 인도하는 도닦음입니까? 어떤 것이 느낌의 달콤함이며 위험함이며 벗어남입니까?"

4. "비구여, [233] 세 가지 느낌이 있나니 즐거운 느낌, 괴로운 느낌, 괴롭지도 즐겁지도 않은 느낌이다. 이를 일러 느낌이라 한다. 감각접촉이 일어나면 느낌이 일어난다. 갈애가 느낌의 일어남으로 인도하는 길이다. 감각접촉이 소멸하면 느낌이 소멸한다.

여덟 가지 구성요소를 가진 성스러운 도[八支聖道=팔정도]가 느낌의 소멸로 인도하는 도닦음이니, 그것은 바른 견해, 바른 사유, 바른 말, 바른 행위, 바른 생계, 바른 정진, 바른 마음챙김, 바른 삼매이다.

느낌으로 인해서 육체적 즐거움과 정신적 즐거움이 생기나니, 이것이 느낌의 달콤함이다. 느낌은 무상하고 괴롭고 변하기 마련이니,

이것이 느낌의 위험함이다. 느낌에 대한 욕탐을 길들이고 욕탐을 제거하면, 이것이 느낌으로부터 벗어남이다."

이전 경(S36:24)

Pubba-sutta[395]

3. "비구들이여, 내가 깨닫기 전, 아직 완전한 깨달음을 성취하지 못한 보살이었을 때 이런 생각이 들었다.

어떤 것이 느낌인가? 어떤 것이 느낌의 일어남인가? 어떤 것이 느낌의 일어남으로 인도하는 길인가? 어떤 것이 느낌의 소멸인가? 어떤 것이 느낌의 소멸로 인도하는 도닦음인가? 어떤 것이 느낌의 달콤함이며 위험함이며 벗어남인가?"

[234] … <이하 앞의 「어떤 비구 경」(S36:23)과 동일함.> …

지혜 경(S36:25)

Ñāṇa-sutta

4. "비구들이여, 나에게는 '이것이 느낌이다.'라는, 전에 들어보지 못한 법들에 대한 눈[眼]이 생겼다. 지혜[智]가 생겼다. 통찰지[慧]가 생겼다. 명지[明]가 생겼다. 광명[光]이 생겼다."[396]

---

395) Ee에는 본경과 다음 경이 하나의 경으로 편집되어 있다. 그러나 Be와 Se와 보디 스님 등에는 모두 독립된 두 개의 경으로 편집되어 있어서 역자도 이를 따라 두 개의 경으로 옮겼다.

396) 이 정형구는 본서 제2권 「위빳시 경」 등(S12:4~10) §16과 §29(12연기에 대해)와, 「도시 경」(S12:65) §6과 §9(12연기에 대해)와, 제5권 「전에 들어보지 못함 경」(S47:31) §3 등(사념처에 대해)과, 제6권 「지혜 경」(S51:9) §3 등(4정근에 대해)과, 「초전법륜 경」(S56:11) §9 등(사성제에 대해)과, 「여래 경」(S56:12) §3 등(사성제에 대해)에도 나타난다.

5. "나에게는 '이것이 느낌의 일어남이다.'라는, 전에 들어 보지 못한 법들에 대한 눈[眼]이 생겼다. 지혜[智]가 생겼다. 통찰지[慧]가 생겼다. 명지[明]가 생겼다. 광명[光]이 생겼다."

6. "나에게는 '이것이 느낌의 일어남으로 인도하는 길이다.'라는, 전에 들어 보지 못한 법들에 대한 눈[眼]이 생겼다. 지혜[智]가 생겼다. 통찰지[慧]가 생겼다. 명지[明]가 생겼다. 광명[光]이 생겼다."

7. "나에게는 '이것이 느낌의 소멸이다.'라는, 전에 들어 보지 못한 법들에 대한 눈[眼]이 생겼다. 지혜[智]가 생겼다. 통찰지[慧]가 생겼다. 명지[明]가 생겼다. 광명[光]이 생겼다."

8. "나에게는 '이것이 느낌의 소멸로 인도하는 도닦음이다.'라는, 전에 들어 보지 못한 법들에 대한 눈[眼]이 생겼다. 지혜[智]가 생겼다. 통찰지[慧]가 생겼다. 명지[明]가 생겼다. 광명[光]이 생겼다."

9. "나에게는 '이것이 느낌의 달콤함이다.'라는, 전에 들어 보지 못한 법들에 대한 눈[眼]이 생겼다. 지혜[智]가 생겼다. 통찰지[慧]가 생겼다. 명지[明]가 생겼다. 광명[光]이 생겼다."

10. "나에게는 '이것이 느낌의 위험함이다.'라는, 전에 들어 보지 못한 법들에 대한 눈[眼]이 생겼다. 지혜[智]가 생겼다. 통찰지[慧]가 생겼다. 명지[明]가 생겼다. 광명[光]이 생겼다."

여기서 눈[眼], 지혜[智], 통찰지[慧], 명지[明], 광명[光]은 각각 cakkhu, ñāṇa, vijjā, paññā, āloka를 옮긴 것이다. 눈 등은 모두 지혜의 동의어(ñāṇa-vevacana)이고 명지는 꿰뚫음(paṭivedha)의 뜻이라고 한다.(SA.ii.21)

11. “나에게는 ‘이것이 느낌에서 벗어남이다.’라는, 전에 들어 보지 못한 법들에 대한 눈[眼]이 생겼다. 지혜[智]가 생겼다. 통찰지[慧]가 생겼다. 명지[明]가 생겼다. 광명[光]이 생겼다.”

많은 비구 경(S36:26)

Sambahulabhikkhu-sutta

2. 그때 많은 비구들이 세존을 뵈러 갔다. 가서는 세존께 절을 올리고 한 곁에 앉았다. 한 곁에 앉은 그 비구들은 세존께 이렇게 여쭈었다.

3. “세존이시여, 어떤 것이 느낌입니까? 어떤 것이 느낌의 일어남입니까? 어떤 것이 느낌의 일어남으로 인도하는 길입니까? 어떤 것이 느낌의 소멸입니까? 어떤 것이 느낌의 소멸로 인도하는 도닦음입니까? 어떤 것이 느낌의 달콤함이며 위험함이며 벗어남입니까?”

… <이하 앞의 「어떤 비구 경」(S36:23)과 동일함.> …

사문·바라문 경1(S36:27)

Samaṇabrāhmaṇa-sutta

3. “비구들이여, 세 가지 느낌이 있다. 무엇이 셋인가?
즐거운 느낌, 괴로운 느낌, 괴롭지도 즐겁지도 않은 느낌이다.”

4. “비구들이여, 참으로 어떤 사문이든 바라문이든 이 세 가지 느낌의 달콤함과 위험함과 벗어남397)을 있는 그대로 꿰뚫어 알지 못

---

397) 모든 세 판본(Ee, Be, Se)에는 일어남(samudaya)과 사라짐(atthaṅgama)과 달콤함(assāda)과 위험(ādīnava)과 벗어남(nissaraṇa)의 다섯이 언급

하는 자들은 그 누구든지, 사문들 가운데서는 사문이라 불릴 수 없고 바라문들 가운데서는 바라문이라 불릴 수 없다. 그 존자들은 사문 생활의 결실이나 바라문 생활의 결실을 지금·여기에서 스스로 최상의 지혜로 알고 실현하여 드러내지 못한다."

5. "비구들이여, 그러나 참으로 어떤 사문이든 바라문이든 이 세 가지 느낌의 달콤함과 위험함과 벗어남을 있는 그대로 꿰뚫어 아는 자들은 그 누구든지, 사문들 가운데서는 사문이라 불릴 만하고 바라문들 가운데서는 바라문이라 불릴 만하다. 그 존자들은 사문 생활의 결실이나 바라문 생활의 결실을 지금·여기에서 스스로 최상의 지혜로 알고 실현하여 드러낸다."

사문·바라문 경2(S36:28)

3. "비구들이여, [235] 세 가지 느낌이 있다. 무엇이 셋인가? 즐거운 느낌, 괴로운 느낌, 괴롭지도 즐겁지도 않은 느낌이다."

4. "비구들이여, 참으로 어떤 사문이든 바라문이든 이 세 가지 느낌의 일어남과 사라짐과 달콤함과 위험함과 벗어남을 있는 그대로 꿰뚫어 알지 못하는 자들은 그 누구든지, 사문들 가운데서는 사문이라 불릴 수 없고 바라문들 가운데서는 바라문이라 불릴 수 없다. 그 존자들은 사문 생활의 결실이나 바라문 생활의 결실을 지금·여기에

되고 있다. 그러나 이렇게 되면 다음 경 즉 S36:28과 내용이 완전히 같아져 버린다. 그래서 역자는 보디 스님의 제언을 따라서 본경은 달콤함과 위험과 벗어남 셋만을 포함하는 것으로 옮겼다. 본서 제2권 「사문·바라문 경」 1/2(S14:37~38)와 제3권 「사문 경」 1/2(S22:107~108)에도 이렇게 구분되어 나타나고 있다. 그러므로 이러한 경들이 이렇게 구분해서 옮기는 것에 대한 결정적인 근거가 된다.

서 스스로 최상의 지혜로 알고 실현하여 드러내지 못한다."

5. "비구들이여, 그러나 참으로 어떤 사문이든 바라문이든 이 세 가지 느낌의 일어남과 사라짐과 달콤함과 위험함과 벗어남을 있는 그대로 꿰뚫어 아는 자들은 그 누구든지, 사문들 가운데서는 사문이라 불릴 만하고 바라문들 가운데서는 바라문이라 불릴 만하다. 그 존자들은 사문 생활의 결실이나 바라문 생활의 결실을 지금 · 여기에서 스스로 최상의 지혜로 알고 실현하여 드러낸다."

사문 · 바라문 경3(S36:29)

3. "비구들이여, 참으로 어떤 사문이든 바라문이든 느낌들을 꿰뚫어 알지 못하고 느낌들의 일어남을 꿰뚫어 알지 못하고 느낌들의 소멸을 꿰뚫어 알지 못하고 느낌들의 소멸로 인도하는 도닦음을 꿰뚫어 알지 못하는 자들은 그 누구든지, 사문들 가운데서는 사문이라 불릴 수 없고 바라문들 가운데서는 바라문이라 불릴 수 없다. 그 존자들은 사문 생활의 결실이나 바라문 생활의 결실을 지금 · 여기에서 스스로 최상의 지혜로 알고 실현하여 드러내지 못한다."

4. "비구들이여, 그러나 참으로 어떤 사문이든 바라문이든 느낌들을 꿰뚫어 알고 느낌들의 일어남을 꿰뚫어 알고 느낌들의 소멸을 꿰뚫어 알고 느낌들의 소멸로 인도하는 도닦음을 꿰뚫어 아는 자들은 그 누구든지, 사문들 가운데서는 사문이라 불릴 만하고 바라문들 가운데서는 바라문이라 불릴 만하다. 그 존자들은 사문 생활의 결실이나 바라문 생활의 결실을 지금 · 여기에서 스스로 최상의 지혜로 알고 실현하여 드러낸다."

간단한 경(S36:30)

Suddhika-sutta

3. "비구들이여, 세 가지 느낌이 있다. 무엇이 셋인가? 즐거운 느낌, 괴로운 느낌, 괴롭지도 즐겁지도 않은 느낌이다. 비구들이여, 이러한 세 가지 느낌이 있다."398)

출세간 경(S36:31)

Nirāmisa-sutta

3. "비구들이여, 세간적 희열[喜]이 있고, 출세간적 희열이 있으며, 출세간보다 더 큰 출세간적 희열이 있다.399) 세간적 행복[樂]이 있고, 출세간적 행복이 있으며, 출세간보다 더 큰 출세간적 행복이 있다. 세간적 평온[捨]이 있고, 출세간적 평온이 있으며, 출세간보다 더 큰 출세간적 평온이 있다. 세간적 해탈이 있고, 출세간적 해탈이 있으며, 출세간보다 더 큰 출세간적 해탈이 있다."

4. "비구들이여, 그러면 어떤 것이 세간적 희열인가?

비구들이여, 눈으로 인식되는 형색들이 있으니, 원하고 좋아하고 마음에 들고 사랑스럽고 감각적 욕망을 짝하고 매혹적인 것들이다. 귀로 인식되는 소리들이 있으니, … 코로 인식되는 냄새들이 있으니,

---

398) Ee에는 본경이 다음 경의 서문에 해당하는 것으로 편집되어 하나의 경으로 묶여서 나타난다. 그러나 Be와 Se에는 각각 다른 경으로 편집되어 있으며 역자는 이를 따랐다.

399) 여기서 '세간적'과 '출세간적'과 '출세간보다 더 큰 출세간적'은 각각 sāmisā와 nirāmisā와 nirāmisā nirāmisatarā를 옮긴 것이다. āmisa는 형용사 āma(날것의)에서 파생된 것인데 문자적으로는 날고기(*raw meat*)를 뜻한다. 이것에다 각각 접두어 'sa-(함께)'와 'nir-(없음)'를 붙여서 sāmisa와 nirāmisa가 된 것이다. 여기서는 모두 희열(pīti)을 수식하는 형용사로 쓰이고 있다.

… 혀로 인식되는 맛들이 있으니, … 몸으로 인식되는 감촉들이 있으니, 원하고 좋아하고 마음에 들고 사랑스럽고 감각적 욕망을 짝하고 매혹적인 것들이다. 비구들이여, 이를 일러 다섯 가닥의 감각적 욕망이라 한다.

비구들이여, 이 다섯 가닥의 감각적 욕망에 의지하여 일어나는[緣而生] 희열을 세간적 희열이라 한다."

5. "비구들이여, [236] 그러면 어떤 것이 출세간적 희열인가?

비구들이여, 여기 비구는 감각적 욕망들을 완전히 떨쳐버리고 해로운 법[不善法]들을 떨쳐버린 뒤, 일으킨 생각[尋]과 지속적인 고찰[伺]이 있고, 떨쳐버렸음에서 생긴 희열[喜]과 행복[樂]이 있는 초선에 들어 머문다.

비구들이여, 여기 비구는 일으킨 생각과 지속적인 고찰을 가라앉혔기 때문에 [더 이상 존재하지 않으며], 자기 내면의 것이고, 확신이 있으며, 마음의 단일한 상태이고, 일으킨 생각과 지속적인 고찰은 없고, 삼매에서 생긴 희열과 행복이 있는 제2선(二禪)에 들어 머문다.

비구들이여, 이를 일러 출세간적 희열이라 한다."

6. "비구들이여, 그러면 어떤 것이 출세간보다 더 큰 출세간적 희열인가?

비구들이여, 여기 번뇌 다한 비구가 있어, 탐욕으로부터 완전히 벗어난 자신의 마음을 관찰하고, 성냄으로부터 완전히 벗어난 자신의 마음을 관찰하고, 어리석음으로부터 완전히 벗어난 자신의 마음을 관찰할 때 희열이 생겨난다.

비구들이여, 이를 일러 출세간보다 더 큰 출세간적 희열이라 한다."400)

7. "비구들이여, 그러면 어떤 것이 세간적 행복인가?

비구들이여, 눈으로 인식되는 형색들이 있으니, 원하고 좋아하고 마음에 들고 사랑스럽고 감각적 욕망을 짝하고 매혹적인 것들이다. 귀로 인식되는 소리들이 있으니, … 코로 인식되는 냄새들이 있으니, … 혀로 인식되는 맛들이 있으니, … 몸으로 인식되는 감촉들이 있으니, 원하고 좋아하고 마음에 들고 사랑스럽고 감각적 욕망을 짝하고 매혹적인 것들이다. 비구들이여, 이를 일러 다섯 가닥의 감각적 욕망이라 한다.

비구들이여, 이 다섯 가닥의 감각적 욕망에 의지하여 일어나는 즐거움을 세간적 행복이라 한다."

8. "비구들이여, 어떤 것이 출세간적 행복인가?

비구들이여, 여기 비구는 감각적 욕망들을 완전히 떨쳐버리고 해로운 법[不善法]들을 떨쳐버린 뒤, 일으킨 생각[尋]과 지속적인 고찰[伺]이 있고, 떨쳐버렸음에서 생긴 희열[喜]과 행복[樂]이 있는 초선(初禪)에 들어 머문다.

비구들이여, 여기 비구는 일으킨 생각과 지속적인 고찰을 가라앉혔기 때문에 [더 이상 존재하지 않으며], 자기 내면의 것이고, 확신이 있으며, 마음의 단일한 상태이고, 일으킨 생각과 지속적인 고찰은 없고, 삼매에서 생긴 희열과 행복이 있는 제2선에 들어 머문다.

비구들이여, 여기 비구는 희열이 빛바랬기 때문에 평온하게 머물고, 마음챙기고 알아차리며 몸으로 행복을 경험한다. 이 [禪 때문에] '평온하고 마음챙기며 행복하게 머문다.'라고 성자들이 묘사하는 제3

---

400) "'출세간보다 더 큰 출세간적 희열(nirāmisā nirāmisatarā pīti)'이란 [네 가지] 선(禪)의 희열(jhāna-pīti)보다 더 큰 출세간적 희열을 말한다."(SA. iii.84)

선에 들어 머문다.

비구들이여, 이를 일러 출세간적 행복이라 한다."

9. "비구들이여, 그러면 어떤 것이 출세간보다 더 큰 출세간적 행복인가?

비구들이여, 여기 번뇌 다한 비구가 있어, 탐욕으로부터 완전히 벗어난 자신의 마음을 관찰하고, 성냄으로부터 완전히 벗어난 [237] 자신의 마음을 관찰하고, 어리석음으로부터 완전히 벗어난 자신의 마음을 관찰할 때 육체적 행복(즐거움)과 정신적 행복이 생겨난다.

비구들이여, 이를 일러 출세간보다 더 큰 출세간적 행복이라 한다."

10. "비구들이여, 그러면 어떤 것이 세간적 평온인가?

비구들이여, 눈으로 인식되는 형색들이 있으니, 원하고 좋아하고 마음에 들고 사랑스럽고 감각적 욕망을 짝하고 매혹적인 것들이다. 귀로 인식되는 소리들이 있으니, … 코로 인식되는 냄새들이 있으니, … 혀로 인식되는 맛들이 있으니, … 몸으로 인식되는 감촉들이 있으니, 원하고 좋아하고 마음에 들고 사랑스럽고 감각적 욕망을 짝하고 매혹적인 것들이다. 비구들이여, 이를 일러 다섯 가닥의 감각적 욕망이라 한다.

비구들이여, 이 다섯 가닥의 감각적 욕망에 의지하여 일어나는 평온을 세간적 평온이라 한다."

11. "비구들이여, 그러면 어떤 것이 출세간적 평온인가?

비구들이여, 여기 비구는 행복도 버리고 괴로움도 버리고, 아울러 그 이전에 이미 기쁨과 슬픔이 소멸되었으므로 괴롭지도 즐겁지도 않으며, 평온으로 인해 마음챙김이 청정한[捨念淸淨] 제4선에 들어 머문다.

비구들이여, 이를 일러 출세간적 평온이라 한다."

12. "비구들이여, 그러면 어떤 것이 출세간보다 더 큰 출세간적 평온인가?

비구들이여, 여기 번뇌 다한 비구가 있어, 탐욕으로부터 완전히 벗어난 자신의 마음을 관찰하고, 성냄으로부터 완전히 벗어난 자신의 마음을 관찰하고, 어리석음으로부터 완전히 벗어난 자신의 마음을 관찰할 때 평온이 생겨난다.

비구들이여, 이를 일러 출세간보다 더 큰 출세간적 평온이라 한다."

13. "비구들이여, 그러면 어떤 것이 세간적 해탈인가?

물질[色]과 관련된 해탈을 세간적 해탈이라 한다."401)

14. "비구들이여, 그러면 어떤 것이 출세간적 해탈인가?

무색(無色)과 관련된 해탈을 출세간적 해탈이라 한다."

15. "비구들이여, 그러면 어떤 것이 출세간보다 더 큰 출세간적 해탈인가?

비구들이여, 여기 번뇌 다한 비구가 있어, 탐욕으로부터 완전히 벗어난 자신의 마음을 관찰하고, 성냄으로부터 완전히 벗어난 자신의 마음을 관찰하고, 어리석음으로부터 완전히 벗어난 자신의 마음을 관찰할 때 해탈이 생겨난다.

비구들이여, 이를 일러 출세간보다 더 큰 출세간적 해탈이라 한다."

---

401) 앞에서 출세간적 희열, 행복, 평온으로 네 가지 선(禪) 즉 색계 4선을 들었다. 그런데 해탈과 관계된 본문에서는 이러한 색계선을 세간적 해탈이라고 언급하고 있다. 그러므로 이것은 앞의 설명들과 모순되는 것처럼 보인다. 그런데 주석서는 여기서 이러한 해탈을 세간적인 것이라 부르는 이유를 그것의 대상(ārammaṇa)이 물질이라는 세간적인 것이기 때문이라고(rūpa-āmisa-vaseneva sāmiso nāma) 설명하고 있다.(SA.iii.85)

제3장 백팔 방편 품이 끝났다.

세 번째 품에 포함된 경들의 목록은 다음과 같다. [238]

① 시와까 ② 백팔 방편 ③ 어떤 비구
④ 이전 ⑤ 지혜 ⑥ 많은 비구
세 가지 ⑦~⑨ 사문·바라문
⑩ 간단한 ⑪ 출세간이다.

느낌 상윳따(S36)가 끝났다.

제37주제

여인 상윳따(S37)

제37주제(S37)

여인 상윳따

Mātugāma-saṁyutta

제1장 첫 번째 반복 품

Pathamapeyyala-vagga

마음에 들고 마음에 들지 않음 경1(S37:1)

Manāpāmanāpa-sutta

1. 이와 같이 나는 들었다. 한때 세존께서는 사왓티에서 제따 숲의 아나타삔디까 원림(급고독원)에 머무셨다. …

3. "비구들이여, 다섯 가지 요소를 갖춘 여인은 전적으로 남자의 마음에 들지 않는다. 무엇이 다섯인가?

아름답지 않다. 재물이 없다. 계행이 없다. 게으르다. 아이를 낳지 못한다.

비구들이여, 이러한 다섯 가지 요소를 갖춘 여인은 전적으로 남자의 마음에 들지 않는다."

4. "비구들이여, 다섯 가지 요소를 갖춘 여인은 전적으로 남자의 마음에 든다. 무엇이 다섯인가?

아름답다. 재물이 있다. 계행을 갖추었다. 부지런하다. 아이를 낳을 수 있다.

비구들이여, 이러한 다섯 가지 요소를 갖춘 여인은 전적으로 남자의 마음에 든다."

마음에 들고 마음에 들지 않음 경2(S37:2)

3. "비구들이여, 다섯 가지 요소를 갖춘 남자는 전적으로 여인의 마음에 들지 않는다. 무엇이 다섯인가?

못생겼다. 재물이 없다. 계행이 없다. 게으르다. 아이를 가질 수 없다.

비구들이여, 이러한 [239] 다섯 가지 요소를 갖춘 남자는 전적으로 여인의 마음에 들지 않는다."

4. "비구들이여, 다섯 가지 요소를 갖춘 남자는 전적으로 여인의 마음에 든다. 무엇이 다섯인가?

잘생겼다. 재물이 있다. 계행을 갖추었다. 부지런하다. 아이를 가질 수 있다.

비구들이여, 이러한 다섯 가지 요소를 갖춘 남자는 전적으로 여인의 마음에 든다."

특별함 경(S37:3)

Āveṇika-sutta

3. "비구들이여, 남자들과는 달리 여인들만 겪는 다섯 가지 특별한 괴로움이 있다. 무엇이 다섯인가?"

4. "비구들이여, 여기 여인은 어리더라도 자신의 집안 식구들과 떨어져 남편의 집에 가서 살아야 한다. 비구들이여, 이것이 남자들과는 달리 여인들만 겪는 첫 번째 특별한 괴로움이다."

5. "비구들이여, 여기 여인은 월경을 한다. 비구들이여, 이것이

남자들과는 달리 여인들만 겪는 두 번째 특별한 괴로움이다.”

6. “비구들이여, 여기 여인은 임신을 한다. 비구들이여, 이것이 남자들과는 달리 여인들만 겪는 세 번째 특별한 괴로움이다.”

7. “비구들이여, 여기 여인은 출산을 한다. 비구들이여, 이것이 남자들과는 달리 여인들만 겪는 네 번째 특별한 괴로움이다.”

8. “비구들이여, 여기 여인은 남자를 시중든다. 비구들이여, 이것이 남자들과는 달리 여인들만 겪는 다섯 번째 특별한 괴로움이다.”

9. “비구들이여, 남자들과는 달리 여인들만 겪는 이러한 다섯 가지 특별한 괴로움이 있다.”

세 가지 법 경(S37:4)
Tīhidhammehi-sutta

3. “비구들이여, [240] 세 가지 법을 가진 여인은 몸이 무너져 죽은 뒤에 처참한 곳, 불행한 곳, 파멸처, 지옥에 태어난다. 무엇이 셋인가?

비구들이여, 여기 여인은 오전에 인색함의 때에 사로잡힌 마음으로 집에 머문다. 낮에는 질투의 때에 사로잡힌 마음으로 집에 머문다. 저녁에는 감각적 욕망의 때에 사로잡힌 마음으로 집에 머문다.

비구들이여, 이러한 세 가지 법을 가진 여인은 몸이 무너져 죽은 뒤에 처참한 곳, 불행한 곳, 파멸처, 지옥에 태어난다.”

아누룻다에 관계된 경들 – 어두운 면

분노 경(S37:5)[402]

Kodhana-sutta

2. 그때 아누룻다 존자[403]가 세존께 다가갔다. 가서는 세존께 절을 올린 뒤 한 곁에 앉았다. 한 곁에 앉은 아누룻다 존자는 세존께 이렇게 여쭈었다.

3. "세존이시여, 여기 저는 인간을 넘어선 청정한 하늘눈[天眼]으로 여인들이 몸이 무너져 죽은 뒤에 처참한 곳[苦界], 불행한 곳[惡處], 파멸처, 지옥에 태어나는 것을 봅니다. 세존이시여, 어떠한 법들을 가진 여인이 몸이 무너져 죽은 뒤에 처참한 곳, 불행한 곳, 파멸처, 지옥에 태어납니까?"

---

402) 본경과 비슷한 설정을 하고 있는 경으로는 『앙굿따라 니까야』 「아누룻다 경」1(A3:127)을 들 수 있다.

403) 아누룻다 존자(āyasmā Anuruddha)는 부처님의 사촌이고 사꺄의 아미또다나(Amitodāna)의 아들이다. 성도 후에 까삘라왓투를 방문하신 부처님을 따라서 사꺄의 아누삐야(Anupiya)에서 밧디야(Bhaddiya), 아난다(Ānan-da), 바구(Bhagu), 낌빌라(Kimbila), 데와닷따(Devadatta) 같은 왕자와 이발사 우빨리(Upāli)를 비롯한 많은 사꺄의 청년들과 함께 출가하였다.(Vin.ii.180; AA.i.108; DhpA.i.133; iv.127)

존자는 『앙굿따라 니까야』 「하나의 모음」(A1:14:1-5)에서 "천안을 가진 자(dibba-cakkhuka)들 가운데 으뜸"이라고 언급되듯이 우리에게 천안제일로 알려진 분이다. 그는 부처님께 대한 한없는 신뢰를 가진 분이었으며 부처님 입멸 후 마하깟사빠 존자가 당도할 때까지 승가를 통솔하였던 분이다. 아누룻다 존자의 일화는 여러 경에 전해 온다. Hecker, "Anuruddha: Master of the Divine Eye" in Nyanaponika and Hecker, *Great Disciples of the Buddha*, pp. 185~210을 참조할 것.

한편 본서 제1권 「아누룻다 경」(S9:6)도 존자와 천상의 여인과의 대화를 담고 있다.

4. "아누룻다여, 다섯 가지 법을 가진 [241] 여인은 몸이 무너져 죽은 뒤에 처참한 곳, 불행한 곳, 파멸처, 지옥에 태어난다. 무엇이 다섯인가?

믿음이 없다. 양심이 없다. 수치심이 없다. 분노한다. 통찰지가 없다.

아누룻다여, 이러한 다섯 가지 법을 가진 여인은 몸이 무너져 죽은 뒤에 처참한 곳, 불행한 곳, 파멸처, 지옥에 태어난다."

원한 경 등(S37:6~13)

Upanāhī-sūtāadi

4. "아누룻다여, 다섯 가지 법을 가진 여인은 몸이 무너져 죽은 뒤에 처참한 곳, 불행한 곳, 파멸처, 지옥에 태어난다. 무엇이 다섯인가?

믿음이 없다. 양심이 없다. 수치심이 없다. 원한을 품었다. 통찰지가 없다.(S37:6) …

믿음이 없다. 양심이 없다. 수치심이 없다. 질투한다. 통찰지가 없다.(S37:7) …

믿음이 없다. 양심이 없다. 수치심이 없다. 인색하다. 통찰지가 없다.(S37:8) …

믿음이 없다. 양심이 없다. 수치심이 없다. 음란하다. 통찰지가 없다.(S37:9) [242] …

믿음이 없다. 양심이 없다. 수치심이 없다. 계를 지키지 않는다. 통찰지가 없다.(S37:10) …

믿음이 없다. 양심이 없다. 수치심이 없다. 적게 배웠다. 통찰지가 없다.(S37:11) …

믿음이 없다. 양심이 없다. 수치심이 없다. 게으르다. 통찰지가 없다.(S37:12) …

믿음이 없다. 양심이 없다. 수치심이 없다. 마음챙김을 놓아버렸다. 통찰지가 없다.(S37:13) [243]

아누룻다여, 이러한 다섯 가지 법을 가진 여인은 몸이 무너져 죽은 뒤에 처참한 곳, 불행한 곳, 파멸처, 지옥에 태어난다."

오계 경(S37:14)

Pañcavera-sutta

4. "아누룻다여, 다섯 가지 법을 가진 여인은 몸이 무너져 죽은 뒤에 처참한 곳, 불행한 곳, 파멸처, 지옥에 태어난다. 무엇이 다섯인가?

생명을 죽인다. 주지 않은 것을 가진다. 삿된 음행을 한다. 거짓말을 한다. 방일의 근본이 되는 술과 중독성 물질을 섭취한다.

아누룻다여, 이러한 다섯 가지 법을 가진 여인은 몸이 무너져 죽은 뒤에 처참한 곳, 불행한 곳, 파멸처, 지옥에 태어난다."

제1장 첫 번째 반복 품이 끝났다.

첫 번째 품에 포함된 경들의 목록은 다음과 같다.

두 가지 ①~② 마음에 듦 ③ 특별함
④ 세 가지 법 ⑤ 분노 ⑥ 원한 ⑦ 질투 ⑧ 인색
⑨ 음란 ⑩ 계를 지키지 않음 ⑪ 적게 배움
⑫ 게으름 ⑬ 마음챙김을 놓아버림 ⑭ 오계이다.

제2장 두 번째 반복 품

Dutiyapeyyala-vagga

아누룻다에 관계된 경들 – 밝은 면

분노 없음 경(S37:15)

Akodhana-sutta

2. 그때 아누룻다 존자가 세존께 다가갔다. 가서는 세존께 절을 올린 뒤 한 곁에 앉았다. 한 곁에 앉은 아나룻다 존자는 세존께 이렇게 여쭈었다.

3. "세존이시여, 여기 저는 인간을 넘어선 청정한 하늘눈[天眼]으로 여인들이 몸이 무너져 죽은 뒤에 좋은 곳[善處], 천상에 태어나는 것을 봅니다. 세존이시여, 어떠한 법들을 가진 여인이 몸이 무너져 죽은 뒤에 좋은 곳[善處], 천상에 태어납니까?"

4. "아누룻다여, 다섯 가지 법을 가진 여인은 몸이 무너져 죽은 뒤에 좋은 곳[善處], 천상에 태어난다. 무엇이 다섯인가?

믿음이 있다. 양심이 있다. 수치심이 있다. 분노하지 않는다. 통찰지가 있다.

아누룻다여, 이러한 다섯 가지 법을 가진 [244] 여인은 몸이 무너져 죽은 뒤에 좋은 곳[善處], 천상에 태어난다."

원한 없음 경 등(S37:16~23)

Anupanāhī-suttādi

4\. "아누룻다여, 다섯 가지 법을 가진 여인은 몸이 무너져 죽은 뒤에 좋은 곳[善處], 천상에 태어난다. 무엇이 다섯인가?

믿음이 있다. 양심이 있다. 수치심이 있다. 원한을 품지 않는다. 통찰지가 있다.(S37:16) …

믿음이 있다. 양심이 있다. 수치심이 있다. 질투하지 않는다. 통찰지가 있다.(S37:17) …

믿음이 있다. 양심이 있다. 수치심이 있다. 인색하지 않다. 통찰지가 있다.(S37:18) …

믿음이 있다. 양심이 있다. 수치심이 있다. 음란하지 않다. 통찰지가 있다.(S37:19) …

믿음이 있다. 양심이 있다. 수치심이 있다. 계를 지킨다. 통찰지가 있다.(S37:20) …

믿음이 있다. 양심이 있다. 수치심이 있다. 많이 배웠다. 통찰지가 있다.(S37:21) …

믿음이 있다. 양심이 있다. 수치심이 있다. 정진한다. 통찰지가 있다.(S37:22) …

믿음이 있다. 양심이 있다. 수치심이 있다. 마음챙김을 확립한다. [245] 통찰지가 있다.(S37:23)

아누룻다여, 이러한 다섯 가지 법을 가진 여인은 몸이 무너져 죽은 뒤에 좋은 곳[善處], 천상에 태어난다."

오계 경(S37:24)

Pañcasīla-sutta

4. "아누룻다여, 다섯 가지 법을 가진 여인은 몸이 무너져 죽은 뒤에 좋은 곳[善處], 천상에 태어난다. 무엇이 다섯인가?

생명을 죽이는 것을 멀리 여읜다. 주지 않은 것을 가지는 것을 멀리 여읜다. 삿된 음행을 멀리 여읜다. 거짓말을 멀리 여읜다. 방일의 근본이 되는 술과 중독성 물질을 멀리 여읜다.

아누룻다여, 이러한 다섯 가지 법을 가진 여인은 몸이 무너져 죽은 뒤에 좋은 곳[善處], 천상에 태어난다."

제2장 두 번째 반복 품이 끝났다.

두 번째 품에 포함된 경들의 목록은 다음과 같다.

① 분노 없음 ② 원한 없음 ③ 질투 없음
④ 인색하지 않음 ⑤ 음란하지 않음
⑥ 계를 지킴 ⑦ 많이 배움 ⑧ 정진
⑨ 마음챙김을 확립함 ⑩ 오계이다.

제3장 힘 품

Bala-vagga

무외 경(S37:25)

Visāradā-sutta

3. "비구들이여, [246] 다섯 가지 여인의 힘이 있다. 무엇이 다섯인가?

아름다움의 힘, 재물의 힘, 친지의 힘, 아들의 힘, 계행의 힘이다.

비구들이여, 이러한 다섯 가지 여인의 힘이 있다. 비구들이여, 이러한 다섯 가지 힘을 갖춘 여인은 두려움 없이[無畏] 재가에 거주한다."

이끎 경(S37:26)

Pasayha-sutta

3. "비구들이여, 다섯 가지 여인의 힘이 있다. 무엇이 다섯인가?

아름다움의 힘, 재물의 힘, 친지의 힘, 아들의 힘, 계행의 힘이다.

비구들이여, 이러한 다섯 가지 여인의 힘이 있다. 비구들이여, 이러한 다섯 가지 힘을 갖춘 여인은 남편을 잘 이끌면서 재가에 거주한다."

통제 경(S37:27)

Abhibhūyya-sutta

3. "비구들이여, 다섯 가지 여인의 힘이 있다. 무엇이 다섯인가?

아름다움의 힘, 재물의 힘, 친지의 힘, 아들의 힘, 계행의 힘이다.

비구들이여, 이러한 다섯 가지 여인의 힘이 있다. 비구들이여, 이러한 다섯 가지 힘을 갖춘 여인은 남편을 잘 통제하면서 재가에 거주한다."

하나 경(S37:28)

Eka-sutta

3. "비구들이여, 하나의 힘을 갖춘 남자는 여인을 잘 제압하면서 산다. 어떤 것이 하나인가?

바로 권위(issariya)의 힘이다."

4. "비구들이여, 권위의 힘에 제압된 여인에게 아름다움의 힘, 재물의 힘, 친지의 힘, 아들의 힘, 계행의 힘은 아무런 의지처가 되지 못한다."

측면 경(S37:29)

Aṅga-sutta

3. "비구들이여, [247] 다섯 가지 여인의 힘이 있다. 무엇이 다섯인가?

아름다움의 힘, 재물의 힘, 친지의 힘, 아들의 힘, 계행의 힘이다."

4. "비구들이여, 아름다움의 힘을 갖췄지만 재물의 힘을 갖추지 못한 여인은 이런 측면에서 완전하지 못하다. 그러나 아름다움의 힘도 갖추고 재물의 힘도 갖춘 여인은 이런 측면에서 완전하다.

비구들이여, 아름다움의 힘도 갖추고 재물의 힘도 갖췄지만 친지의 힘을 갖추지 못한 여인은 이런 측면에서 완전하지 못하다. 그러나 아름다움의 힘도 갖추고 재물의 힘도 갖추고 친지의 힘도 갖춘 여인은 이런 측면에서 완전하다.

비구들이여, 아름다움의 힘도 갖추고 재물의 힘도 갖추고 친지의 힘도 갖췄지만 아들의 힘을 갖추지 못한 여인은 이런 측면에서 완전하지 못하다. 그러나 아름다움의 힘도 갖추고 재물의 힘도 갖추고 친지의 힘도 갖추고 아들의 힘도 갖춘 여인은 이런 측면에서 완전하다.

비구들이여, 아름다움의 힘도 갖추고 재물의 힘도 갖추고 친지의 힘도 갖추고 아들의 힘도 갖췄지만 계행의 힘을 갖추지 못한 여인은 이런 측면에서 완전하지 못하다. 그러나 아름다움의 힘도 갖추고 재물의 힘도 갖추고 친지의 힘도 갖추고 아들의 힘도 갖추고 계행의 힘도 갖춘 여인은 이런 측면에서 완전하다."

5. "비구들이여, 이러한 다섯 가지 여인의 힘이 있다."

쫓아냄 경(S37:30)
Nāsenti-sutta

3. "비구들이여, 다섯 가지 여인의 힘이 있다. 무엇이 다섯인가? 아름다움의 힘, 재물의 힘, 친지의 힘, 아들의 힘, 계행의 힘이다."

4. "비구들이여, [248] 아름다움의 힘을 갖췄지만 계행의 힘을 갖추지 못한 여인은 쫓겨나서 가족들과 함께 살지 못한다.404)

비구들이여, 아름다움의 힘을 갖추고 재물의 힘도 갖췄지만 계행의 힘을 갖추지 못한 여인은 쫓겨나서 가족들과 함께 살지 못한다.

---

404) '쫓겨나서 가족들과 함께 살지 못한다.'는 nāsenteva naṁ kule na vāsenti를 옮긴 것이다. 주석서는 그 시대상황을 이렇게 설명하고 있다.
"'계행이 나쁘고 행실이 망가졌고 간음을 한 여인이로구나.'라고 하면서 사람들은 그녀의 목을 거머쥐고 쫓아내어버린다. 그들은 자기 집에 그녀를 살지 못하게 한다."(SA.iii.87)

비구들이여, 아름다움의 힘을 갖추고 재물의 힘도 갖추고 친지의 힘도 갖췄지만 계행의 힘을 갖추지 못한 여인은 쫓겨나서 가족들과 함께 살지 못한다.

비구들이여, 아름다움의 힘을 갖추고 재물의 힘도 갖추고 친지의 힘도 갖추고 아들의 힘도 갖췄지만 계행의 힘을 갖추지 못한 여인은 쫓겨나서 가족들과 함께 살지 못한다."

5. "비구들이여, 계행의 힘을 갖췄지만 아름다움의 힘을 갖추지 못한 여인은 쫓겨나지 않고 가족들과 함께 산다.405)

비구들이여, 계행의 힘을 갖췄지만 아름다움의 힘을 갖추지 못하고 재물의 힘도 갖추지 못한 여인은 쫓겨나지 않고 가족들과 함께 산다.

비구들이여, 계행의 힘을 갖췄지만 아름다움의 힘을 갖추지 못하고 재물의 힘도 갖추지 못하고 친지의 힘도 갖추지 못한 여인은 쫓겨나지 않고 가족들과 함께 산다.

비구들이여, 계행의 힘을 갖췄지만 아름다움의 힘을 갖추지 못하고 재물의 힘도 갖추지 못하고 친지의 힘도 갖추지 못하고 아들의 힘도 갖추지 못한 여인은 쫓겨나지 않고 가족들과 함께 산다."

6. "비구들이여, 이러한 다섯 가지 여인의 힘이 있다."

---

405) '쫓겨나지 않고 가족들과 함께 산다.'는 vāsenteva naṁ kule na nāsenti를 옮긴 것이다. 주석서는 이렇게 설명하고 있다.
"'아름다움이나 재물 등이 무슨 소용이 있는가. 이 여인은 청정하고 바른 행실을 구족하고 있다.'라고 안 뒤에 친척들은 그녀를 가족들과 함께 살게 하고 쫓아내지 않는다."(SA.iii.87)

원인 경(S37:31)

Hetu-sutta

3. "비구들이여, 다섯 가지 여인의 힘이 있다. 무엇이 다섯인가? 아름다움의 힘, 재물의 힘, 친지의 힘, 아들의 힘, 계행의 힘이다."

4. "비구들이여, 여인은 아름다움의 힘과 재물의 힘과 친지의 힘과 아들의 힘을 원인으로 해서 몸이 무너져 죽은 뒤에 좋은 곳[善處], 천상에 태어나는 것이 아니다.

비구들이여, 여인은 계행의 힘을 원인으로 해서 몸이 무너져 죽은 뒤에 좋은 곳[善處], 천상에 태어난다."

5. "비구들이여, 이러한 다섯 가지 여인의 힘이 있다."

경우 경(S37:32)

Ṭhāna-sutta

3. "비구들이여, [249] 공덕을 짓지 않은 여인이 얻기 힘든 다섯 가지 경우가 있다. 무엇이 다섯인가?"

비구들이여, '나는 적당한 가문에 태어날 것이다.'라는 것이 공덕을 짓지 않은 여인이 얻기 힘든 첫 번째 경우이다.

비구들이여, '나는 적당한 가문에 태어나서 적당한 가문으로 시집갈 것이다.'라는 것이 공덕을 짓지 않은 여인이 얻기 힘든 두 번째 경우이다.

비구들이여, '나는 적당한 가문에 태어나 적당한 가문으로 시집가서 첩들이 없이[406] 가정을 꾸릴 것이다.'라는 것이 공덕을 짓지 않은

406) '첩들이 없이'는 asapatti를 옮긴 것이다. 사회적으로 영향력이 많은 남자가 그 시대에 둘째 부인이나 첩을 두지 않는 것은 흔치 않은 일이었다. 특히 정

여인이 얻기 힘든 세 번째 경우이다.

비구들이여, '나는 적당한 가문에 태어나 적당한 가문으로 시집가서 첩들이 없이 가정을 꾸리고 아들들을 낳을 것이다.'라는 것이 공덕을 짓지 않은 여인이 얻기 힘든 네 번째 경우이다.

비구들이여, '나는 적당한 가문에 태어나 적당한 가문으로 시집가서 첩들이 없이 가정을 꾸리고 아들들을 낳고 남편을 잘 통제하면서 살 것이다.'라는 것이 공덕을 짓지 않은 여인이 얻기 힘든 다섯 번째 경우이다.

비구들이여, 공덕을 짓지 않은 여인이 얻기 힘든 이러한 다섯 가지 경우가 있다."

4. "비구들이여, 공덕을 지은 여인이 쉽게 얻을 수 있는 다섯 가지 경우가 있다. 무엇이 다섯인가?

비구들이여, '나는 적당한 가문에 태어날 것이다.'라는 것이 공덕을 지은 여인이 쉽게 얻을 수 있는 첫 번째 경우이다.

비구들이여, '나는 적당한 가문에 태어나서 적당한 가문으로 시집갈 것이다.'라는 것이 공덕을 지은 여인이 쉽게 얻을 수 있는 두 번째 경우이다.

비구들이여, '나는 적당한 가문에 태어나 적당한 가문으로 시집가서 첩들이 없이 가정을 꾸릴 것이다.'라는 것이 공덕을 지은 여인이 쉽게 얻을 수 있는 세 번째 경우이다.

비구들이여, '나는 적당한 가문에 태어나 적당한 가문으로 시집가서 첩들이 없이 가정을 꾸리고 아들들을 낳을 것이다.'라는 것이 공덕을 지은 여인이 쉽게 얻을 수 있는 네 번째 경우이다.

실부인이 아이를 낳지 못할 경우에는 더욱 그러하였을 것이다. Singh, *Life in North-Eastern India*, pp. 38~41을 참조할 것.

비구들이여, [250] '나는 적당한 가문에 태어나 적당한 가문으로 시집가서 첩들이 없이 가정을 꾸리고 아들들을 낳고 남편을 잘 통제하면서 살 것이다.'라는 것이 공덕을 지은 여인이 쉽게 얻을 수 있는 다섯 번째 경우이다.

비구들이여, 공덕을 지은 여인이 쉽게 얻을 수 있는 이러한 다섯 가지 경우가 있다."

무외 경(S37:33)

Visāradā-sutta

3. "비구들이여, 다섯 가지 힘을 갖춘 여인은 두려움 없이[無畏] 재가에 거주한다. 무엇이 다섯인가?

생명을 죽이는 것을 멀리 여읜다. 주지 않은 것을 가지는 것을 멀리 여읜다. 삿된 음행을 멀리 여읜다. 거짓말을 멀리 여읜다. 방일의 근본이 되는 술과 중독성 물질을 멀리 여읜다.

비구들이여, 이러한 다섯 가지 힘을 갖춘 여인은 두려움 없이[無畏] 재가에 거주한다."

증장 경(S37:34)

Vaḍḍhi-sutta

3. "비구들이여, 다섯 가지 증장으로 향상하는 성스러운 여제자는 성스럽게 향상하나니, 그녀는 가장 중요한 것을 얻고 더 나은 것을 얻는다. 무엇이 다섯인가?

신심이 증장한다. 계가 증장한다. 배움이 증장한다. 베풂이 증장한다. 통찰지가 증장한다.

비구들이여, 이러한 다섯 가지 증장으로 향상하는 성스러운 여제자는 성스럽게 향상하나니, 그녀는 가장 중요한 것을 얻고 더 나은 것을 얻는다."

4. "여기서 믿음과 계가 증장하고
통찰지와 보시와 배움이 증장하는
이와 같은 계행을 갖춘 청신녀들은
바로 여기서 자신에게 가장 중요한 것을 얻으리."

제3장 힘 품이 끝났다. [251]

세 번째 품에 포함된 경들의 목록은 다음과 같다.

① 무외 ② 이끎 ③ 통제
④ 하나 ⑤ 측면
⑥ 쫓아냄 ⑦ 원인 ⑧ 경우
⑨ 무외 ⑩ 증장 — 이러한 열 가지이다.

여인 상윳따(S37)가 끝났다.

第38주제

잠부카다까 상윳따(S38)

제38주제(S38)

잠부카다까 상윳따

Jambukhādaka-saṁyutta

열반 경(S38:1)

Nibbāna-sutta

1. 이와 같이 나는 들었다. 한때 사리뿟따 존자는 마가다에서 날라까가마까407)에 머물렀다.

2. 그때 잠부카다까 유행승408)이 사리뿟따 존자에게 다가갔다. 가서는 사리뿟따 존자와 함께 환담을 나누었다. 유쾌하고 기억할 만한 이야기로 서로 담소를 한 뒤 한 곁에 앉았다. 한 곁에 앉은 잠부카다까 유행승은 사리뿟따 존자에게 이렇게 말했다.

---

407) 날라까가마까(Nālaka-gāmaka) 혹은 날라까 마을은 사리뿟따 존자가 태어난 마을 이름이다. 『디가 니까야 주석서』(DA.ii.549)와 본서 제5권 「쭌다 경」(S47:13)과 주석서에 의하면 사리뿟따 존자는 이 날라까가마까에 있는 그의 고향집에 가서 어머니를 불교에 귀의하게 하고, 옛날 자기 방에서 세존보다 먼저 반열반(般涅槃)하였다고 한다. 그리고 이곳은 사리뿟따 존자 생전에도 그와 인연이 많았던 곳인데 특히 본 「잠부카다까 상윳따」(S38)의 모든 경들과, 다음의 「사만다까 상윳따」(S39)의 첫 번째 경을 제외한 모든 경들은 사리뿟따 존자가 이곳 날라까가마까에서 설한 경들이다.

408) "잠부카다까 유행승(Jambukhādaka paribbājaka)은 사리뿟따 존자의 조카(bhāgineyya)였으며 그는 옷을 입는 유행승(channa-paribbājaka)이었다." (SA.iii.88) 문자적으로는 잠부카다까는 잠부 열매를 먹는 자라는 뜻이다.
주석서와 복주서에 의하면 유행승에도 옷을 입는 유행승(channa-paribbājaka)과 옷을 입지 않는 유행승(nagga-paribbājaka)이 있었으며 옷을 입지 않는 유행승을 나체수행자(acela)라 부른다.(DA.ii.349; DAṬ.i.472, 등)

3. "도반 사리뿟따여, '열반, 열반'이라고들 합니다. 도반이여, 도대체 어떤 것이 열반입니까?"

"도반이여, 탐욕의 멸진, 성냄의 멸진, 어리석음의 멸진 — 이를 일러 열반이라 합니다."409)

4. "도반이여, 그러면 이러한 열반을 실현하기 위한 도가 있고 도닦음이 있습니까?"

"도반이여, 이러한 열반을 실현하기 위한 도가 있고 도닦음이 있습니다."

"도반이여, [252] 그러면 어떤 것이 이러한 열반을 실현하기 위한 도이고 어떤 것이 도닦음입니까?"

"도반이여, 그것은 바로 여덟 가지 구성요소로 된 성스러운 도[八支聖道=팔정도]이니, 바른 견해, 바른 사유, 바른 말, 바른 행위, 바른 생계, 바른 정진, 바른 마음챙김, 바른 삼매입니다.

도반이여, 이것이 열반을 실현하기 위한 도이고 이것이 도닦음입니다."

5. "도반 사리뿟따여, 열반을 실현하기 위한 이러한 도는 참으로 경사로운 것이고 이러한 도닦음은 참으로 경사로운 것입니다. 참으로 그대들은 방일하지 말아야겠습니다."

---

409) 열반에 대한 자세한 설명과 논의는 『청정도론』 XVI.67~74에 12가지로 나타나고 있다. 이러한 주석서적인 논의를 종합하면 열반은 출세간도를 체험하는 순간(magga-kkhaṇa)에 체득되는 조건 지워지지 않은 상태(asaṅkhata)를 뜻한다. 이러한 조건 지워지지 않은 상태를 체득하는 순간에 번뇌가 멸진하기(kilesa-kkhaya) 때문에 열반은 '탐욕의 멸진, 성냄의 멸진, 어리석음의 멸진'이라 불리는 것이지, 단순히 탐·진·치가 없는 상태로 쇠약해지고 무기력해진 것이 열반은 아니다.(SA.iii.88 참조)

아라한됨 경(S38:2)

Arahatta-sutta

3. "도반 사리뿟따여, '아라한됨, 아라한됨'이라고들 합니다. 도반이여, 도대체 어떤 것이 아라한됨입니까?"

"도반이여, 탐욕의 멸진, 성냄의 멸진, 어리석음의 멸진 — 이를 일러 아라한됨이라 합니다."

4. "도반이여, 그러면 이러한 아라한됨을 실현하기 위한 도가 있고 도닦음이 있습니까?"

"도반이여, 이러한 아라한됨을 실현하기 위한 도가 있고 도닦음이 있습니다."

"도반이여, 그러면 어떤 것이 이러한 아라한됨을 실현하기 위한 도이고 어떤 것이 도닦음입니까?"

"도반이여, 그것은 바로 여덟 가지 구성요소로 된 성스러운 도[八支聖道]이니, 바른 견해, 바른 사유, 바른 말, 바른 행위, 바른 생계, 바른 정진, 바른 마음챙김, 바른 삼매입니다.

도반이여, 이것이 아라한됨을 실현하기 위한 도이고 이것이 도닦음입니다."

5. "도반 사리뿟따여, 아라한됨을 실현하기 위한 이러한 도는 참으로 경사로운 것이고 이러한 도닦음은 참으로 경사로운 것입니다. 참으로 그대들은 방일하지 말아야겠습니다."

설법자 경(S38:3)

Dhammavādi-sutta

3. "도반 사리뿟따여, 누가 이 세상에서 법을 설하는 자들이며, 누가 이 세상에서 잘 도닦는 자들이며 누가 이 세상에서 잘 가신 분들[善逝]입니까?"410)

"도반이여, 이 세상에서 탐욕을 제거하기 위해서 법을 설하고 [253] 성냄을 제거하기 위해서 법을 설하고 어리석음을 제거하기 위해서 법을 설하는 자들이 이 세상에서 법을 설하는 자들입니다.

도반이여, 이 세상에서 탐욕을 제거하기 위해서 도를 닦고 성냄을 제거하기 위해서 도를 닦고 어리석음을 제거하기 위해서 도를 닦는 자들이 이 세상에서 잘 도닦는 자들입니다.

도반이여, 이 세상에서 탐욕을 … 성냄을 … 어리석음을 제거하였고 그 뿌리를 잘랐고 줄기만 남은 야자수처럼 만들었고 존재하지 않게 하였고 미래에 다시는 일어나지 않게끔 한 분들이 이 세상에서 잘 가신 분들[善逝]입니다.

4. "도반이여, 그러면 이러한 탐욕과 성냄과 어리석음을 제거하기 위한 도가 있고 도닦음이 있습니까?"

"도반이여, 이러한 탐욕과 성냄과 어리석음을 제거하기 위한 도가 있고 도닦음이 있습니다."

"도반이여, 그러면 어떤 것이 이러한 탐욕과 성냄과 어리석음을 제거하기 위한 도이고 어떤 것이 도닦음입니까?"

---

410) 비슷한 논의가 『앙굿따라 니까야』 제1권 「아지와까 경」(A3:72)에도 나타나고 있다.
일반적으로 '잘 가신 분[善逝, sugata]'은 여래십호의 하나로 나타나지만 본 경에서처럼 복수로 나타날 때는 모든 아라한들을 지칭한다.

"도반이여, 그것은 바로 여덟 가지 구성요소로 된 성스러운 도[八支聖道]이니, 바른 견해, 바른 사유, 바른 말, 바른 행위, 바른 생계, 바른 정진, 바른 마음챙김, 바른 삼매입니다.

도반이여, 이것이 탐욕과 성냄과 어리석음을 제거하기 위한 도이고 이것이 도닦음입니다."

5. "도반 사리뿟따여, 탐욕과 성냄과 어리석음을 제거하기 위한 이러한 도는 참으로 경사로운 것이고 이러한 도닦음은 참으로 경사로운 것입니다. 참으로 그대들은 방일하지 말아야겠습니다."

무슨 목적 경(S38:4)

Kimatthiya-sutta

3. "도반 사리뿟따여, 무슨 목적을 위해서 사문 고따마 아래서 청정범행을 닦습니까?"

"도반이여, 괴로움을 철저히 알기 위해서 우리는 세존 아래서 청정범행을 닦습니다."

4. "도반이여, 그러면 이러한 괴로움을 철저히 알기 위한 도가 있고 도닦음이 있습니까?"

"도반이여, 이러한 괴로움을 철저히 알기 위한 도가 있고 도닦음이 있습니다."

"도반이여, 그러면 어떤 것이 이러한 괴로움을 철저히 알기 위한 도이고 어떤 것이 도닦음입니까?"

"도반이여, [254] 그것은 바로 여덟 가지 구성요소로 된 성스러운 도[八支聖道]이니, 바른 견해, 바른 사유, 바른 말, 바른 행위, 바른 생계, 바른 정진, 바른 마음챙김, 바른 삼매입니다.

도반이여, 이것이 괴로움을 철저히 알기 위한 도이고 이것이 도닦음입니다."

5. "도반 사리뿟따여, 괴로움을 철저히 알기 위한 이러한 도는 참으로 경사로운 것이고 이러한 도닦음은 참으로 경사로운 것입니다. 참으로 그대들은 방일하지 말아야겠습니다."

안식(安息) **경**(S38:5)

Assāsa-sutta

3. "도반 사리뿟따여, '안식을 얻었다, 안식을 얻었다.'라고들 합니다. 도반이여, 도대체 어떤 것이 안식을 얻은 것입니까?"411)

"도반이여, 비구가 여섯 가지 감각접촉의 장소의 일어남과 사라짐과 달콤함과 위험함과 벗어남을 있는 그대로 꿰뚫어 아는 것이 안식을 얻은 것입니다."

4. "도반이여, 그러면 이러한 안식을 실현하기 위한 도가 있고 도닦음이 있습니까?"

"도반이여, 이러한 안식을 실현하기 위한 도가 있고 도닦음이 있습니다."

"도반이여, 그러면 어떤 것이 이러한 안식을 실현하기 위한 도이고 어떤 것이 도닦음입니까?"

"도반이여, 그것은 바로 여덟 가지 구성요소로 된 성스러운 도[八支聖道]이니, 바른 견해, 바른 사유, 바른 말, 바른 행위, 바른 생계, 바

---

411) 본경에 나타나는 '안식을 얻음'은 assāsa-patta를 옮긴 것이고 다음 경의 '최상의 안식을 얻음'은 paramassāsa-patta를 옮긴 것이다. 그리고 본경에 나타나는 정형구는 유학(sekha)의 정형구이고 다음 경에 나타나는 정형구는 무학(asekha)의 정형구이다.

른 정진, 바른 마음챙김, 바른 삼매입니다.

도반이여, 이것이 안식을 실현하기 위한 도이고 이것이 도닦음입니다."

5. "도반 사리뿟따여, 안식을 실현하기 위한 이러한 도는 참으로 경사로운 것이고 이러한 도닦음은 참으로 경사로운 것입니다. 참으로 그대들은 방일하지 말아야겠습니다."

최상의 안식(安息) **경**(S38:6)

Paramassāsa-sutta

3. "도반 사리뿟따여, '최상의 안식을 얻었다, 최상의 안식을 얻었다.'라고들 합니다. 도반이여, 도대체 어떤 것이 최상의 안식을 얻은 것입니까?"

"도반이여, 비구가 여섯 가지 감각접촉의 장소의 [255] 일어남과 사라짐과 달콤함과 위험함과 벗어남을 있는 그대로 분명하게 안 뒤 취착 없이 해탈하는 것이 최상의 안식을 얻은 것입니다."

4. "도반이여, 그러면 이러한 최상의 안식을 실현하기 위한 도가 있고 도닦음이 있습니까?"

"도반이여, 이러한 최상의 안식을 실현하기 위한 도가 있고 도닦음이 있습니다."

"도반이여, 그러면 어떤 것이 이러한 최상의 안식을 실현하기 위한 도이고 어떤 것이 도닦음입니까?"

"도반이여, 그것은 바로 여덟 가지 구성요소로 된 성스러운 도[八支聖道]이니, 바른 견해, 바른 사유, 바른 말, 바른 행위, 바른 생계, 바른 정진, 바른 마음챙김, 바른 삼매입니다.

도반이여, 이것이 최상의 안식을 실현하기 위한 도이고 이것이 도닦음입니다."

5. "도반 사리뿟따여, 최상의 안식을 실현하기 위한 이러한 도는 참으로 경사로운 것이고 이러한 도닦음은 참으로 경사로운 것입니다. 참으로 그대들은 방일하지 말아야겠습니다."

느낌 경(S38:7)
Vedanā-sutta

3. "도반 사리뿟따여, '느낌, 느낌'이라고들 합니다. 도반이여, 도대체 어떤 것이 느낌입니까?"

"도반이여, 세 가지 느낌이 있습니다. 그것은 즐거운 느낌, 괴로운 느낌, 괴롭지도 즐겁지도 않은 느낌입니다.

도반이여, 이러한 세 가지 느낌이 있습니다."

4. "도반이여, 그러면 이러한 느낌을 철저하게 알기 위한 도가 있고 도닦음이 있습니까?"

"도반이여, 이러한 느낌을 철저하게 알기 위한 도가 있고 도닦음이 있습니다."

"도반이여, 그러면 어떤 것이 이러한 느낌을 철저하게 알기 위한 도이고 어떤 것이 도닦음입니까?"

"도반이여, 그것은 바로 여덟 가지 구성요소로 된 성스러운 도[八支聖道]이니, 바른 견해, 바른 사유, 바른 말, 바른 행위, 바른 생계, 바른 정진, 바른 마음챙김, 바른 삼매입니다.

도반이여, 이것이 느낌을 철저하게 알기 위한 도이고 이것이 도닦음입니다."

5. "도반 사리뿟따여, 느낌을 철저하게 알기 위한 이러한 도는 참으로 경사로운 것이고 이러한 도닦음은 참으로 경사로운 것입니다. 참으로 그대들은 방일하지 말아야겠습니다."

번뇌 경(S38:8)
Āsavā-sutta

3. "도반 사리뿟따여, [256] '번뇌, 번뇌'라고들 합니다. 도반이여, 도대체 어떤 것이 번뇌입니까?"

"도반이여, 세 가지 번뇌가 있습니다.

그것은 감각적 욕망의 번뇌, 존재의 번뇌, 무명의 번뇌입니다.

도반이여, 이러한 세 가지 번뇌가 있습니다."

4. "도반이여, 그러면 이러한 번뇌를 제거하기 위한 도가 있고 도닦음이 있습니까?"

"도반이여, 이러한 번뇌를 제거하기 위한 도가 있고 도닦음이 있습니다."

"도반이여, 그러면 어떤 것이 이러한 번뇌를 제거하기 위한 도이고 어떤 것이 도닦음입니까?"

"도반이여, 그것은 바로 여덟 가지 구성요소로 된 성스러운 도[八支聖道]이니, 바른 견해, 바른 사유, 바른 말, 바른 행위, 바른 생계, 바른 정진, 바른 마음챙김, 바른 삼매입니다.

도반이여, 이것이 번뇌를 제거하기 위한 도이고 이것이 도닦음입니다."

5. "도반 사리뿟따여, 번뇌를 제거하기 위한 이러한 도는 참으

로 경사로운 것이고 이러한 도닦음은 참으로 경사로운 것입니다. 참으로 그대들은 방일하지 말아야겠습니다."

무명 경(S38:9)

Avijjā-sutta

3. "도반 사리뿟따여, '무명, 무명'이라고들 합니다. 도반이여, 도대체 어떤 것이 무명입니까?"

"도반이여, 괴로움에 대한 무지, 괴로움의 일어남에 대한 무지, 괴로움의 소멸에 대한 무지, 괴로움의 소멸로 인도하는 도닦음에 대한 무지 — 이를 일러 무명이라 합니다."

4. "도반이여, 그러면 이러한 무명을 제거하기 위한 도가 있고 도닦음이 있습니까?"

"도반이여, 이러한 무명을 제거하기 위한 도가 있고 도닦음이 있습니다."

"도반이여, 그러면 어떤 것이 이러한 무명을 제거하기 위한 도이고 어떤 것이 도닦음입니까?"

"도반이여, 그것은 바로 여덟 가지 구성요소로 된 성스러운 도[八支聖道]이니, 바른 견해, 바른 사유, 바른 말, 바른 행위, 바른 생계, 바른 정진, 바른 마음챙김, 바른 삼매입니다.

도반이여, 이것이 무명을 제거하기 위한 도이고 이것이 도닦음입니다."

5. "도반 사리뿟따여, 무명을 제거하기 위한 이러한 도는 참으로 경사로운 것이고 이러한 도닦음은 참으로 경사로운 것입니다. [257] 참으로 그대들은 방일하지 말아야겠습니다."

갈애 경(S38:10)
Taṇhā-sutta

3. "도반 사리뿟따여, '갈애, 갈애'라고들 합니다. 도반이여, 도대체 어떤 것이 갈애입니까?"

"도반이여, 세 가지 갈애가 있습니다.

그것은 감각적 욕망에 대한 갈애[欲愛], 존재에 대한 갈애[有愛], 비존재에 대한 갈애[無有愛]입니다.

도반이여, 이러한 세 가지 갈애가 있습니다."

4. "도반이여, 그러면 이러한 갈애를 제거하기 위한 도가 있고 도닦음이 있습니까?"

"도반이여, 이러한 갈애를 제거하기 위한 도가 있고 도닦음이 있습니다."

"도반이여, 그러면 어떤 것이 이러한 갈애를 제거하기 위한 도이고 어떤 것이 도닦음입니까?"

"도반이여, 그것은 바로 여덟 가지 구성요소로 된 성스러운 도[八支聖道]이니, 바른 견해, 바른 사유, 바른 말, 바른 행위, 바른 생계, 바른 정진, 바른 마음챙김, 바른 삼매입니다.

도반이여, 이것이 갈애를 제거하기 위한 도이고 이것이 도닦음입니다."

5. "도반 사리뿟따여, 갈애를 제거하기 위한 이러한 도는 참으로 경사로운 것이고 이러한 도닦음은 참으로 경사로운 것입니다. 참으로 그대들은 방일하지 말아야겠습니다."

폭류 경(S38:11)

Ogha-sutta

3. "도반 사리뿟따여, '폭류, 폭류'라고들 합니다. 도반이여, 도대체 어떤 것이 폭류입니까?"

"도반이여, 네 가지 폭류가 있습니다.

그것은 감각적 욕망의 폭류, 존재의 폭류, 견해의 폭류, 무명의 폭류입니다.

도반이여, 이러한 네 가지 폭류가 있습니다."

4. "도반이여, 그러면 이러한 폭류를 제거하기 위한 도가 있고 도닦음이 있습니까?"

"도반이여, 이러한 폭류를 제거하기 위한 도가 있고 도닦음이 있습니다."

"도반이여, 그러면 어떤 것이 이러한 폭류를 제거하기 위한 도이고 어떤 것이 도닦음입니까?"

"도반이여, 그것은 바로 여덟 가지 구성요소로 된 성스러운 도[八支聖道]이니, 바른 견해, 바른 사유, 바른 말, 바른 행위, 바른 생계, 바른 정진, 바른 마음챙김, [258] 바른 삼매입니다.

도반이여, 이것이 폭류를 제거하기 위한 도이고 이것이 도닦음입니다."

5. "도반 사리뿟따여, 폭류를 제거하기 위한 이러한 도는 참으로 경사로운 것이고 이러한 도닦음은 참으로 경사로운 것입니다. 참으로 그대들은 방일하지 말아야겠습니다."

취착 경(S38:12)

Upādāna-sutta

3. "도반 사리뿟따여, '취착, 취착'이라고들 합니다. 도반이여, 도대체 어떤 것이 취착입니까?"

"도반이여, 네 가지 취착이 있습니다.

그것은 감각적 욕망에 대한 취착, 견해에 대한 취착, 계율과 의례 의식에 대한 취착, 자아의 교리에 대한 취착입니다.

도반이여, 이러한 네 가지 취착이 있습니다."

4. "도반이여, 그러면 이러한 취착을 제거하기 위한 도가 있고 도닦음이 있습니까?"

"도반이여, 이러한 취착을 제거하기 위한 도가 있고 도닦음이 있습니다."

"도반이여, 그러면 어떤 것이 이러한 취착을 제거하기 위한 도이고 어떤 것이 도닦음입니까?"

"도반이여, 그것은 바로 여덟 가지 구성요소로 된 성스러운 도[八支聖道]이니, 바른 견해, 바른 사유, 바른 말, 바른 행위, 바른 생계, 바른 정진, 바른 마음챙김, 바른 삼매입니다.

도반이여, 이것이 취착을 제거하기 위한 도이고 이것이 도닦음입니다."

5. "도반 사리뿟따여, 취착을 제거하기 위한 이러한 도는 참으로 경사로운 것이고 이러한 도닦음은 참으로 경사로운 것입니다. 참으로 그대들은 방일하지 말아야겠습니다."

존재 경(S38:13)

Upādāna-sutta

3. "도반 사리뿟따여, '존재, 존재'라고들 합니다. 도반이여, 도대체 어떤 것이 존재입니까?"

"도반이여, 세 가지 존재가 있습니다.

그것은 욕계의 존재, 색계의 존재, 무색계의 존재입니다.

도반이여, 이러한 세 가지 존재가 있습니다."

4. "도반이여, 그러면 이러한 존재를 철저하게 알기 위한 도가 있고 도닦음이 있습니까?"

"도반이여, 이러한 존재를 철저하게 알기 위한 도가 있고 도닦음이 있습니다."

"도반이여, 그러면 어떤 것이 이러한 존재를 철저하게 알기 위한 도이고 어떤 것이 도닦음입니까?"

"도반이여, [259] 그것은 바로 여덟 가지 구성요소로 된 성스러운 도[八支聖道]이니, 바른 견해, 바른 사유, 바른 말, 바른 행위, 바른 생계, 바른 정진, 바른 마음챙김, 바른 삼매입니다.

도반이여, 이것이 존재를 철저하게 알기 위한 도이고 이것이 도닦음입니다."

5. "도반 사리뿟따여, 존재를 철저하게 알기 위한 이러한 도는 참으로 경사로운 것이고 이러한 도닦음은 참으로 경사로운 것입니다. 참으로 그대들은 방일하지 말아야겠습니다."

괴로움 경(S38:14)

Dukkha-sutta

3. "도반 사리뿟따여, '괴로움, 괴로움'이라고들 합니다. 도반이여, 도대체 어떤 것이 괴로움입니까?"

"도반이여, 세 가지 괴로움의 성질[苦性]이 있습니다.

그것은 고통스런 괴로움의 성질[苦苦性], 형성된 괴로움의 성질[行苦性], 변화에 기인한 괴로움의 성질[壞苦性]입니다.

도반이여, 이러한 세 가지 괴로움의 성질이 있습니다."412)

4. "도반이여, 그러면 이러한 괴로움을 철저하게 알기 위한 도가 있고 도닦음이 있습니까?"

"도반이여, 이러한 괴로움을 철저하게 알기 위한 도가 있고 도닦음이 있습니다."

"도반이여, 그러면 어떤 것이 이러한 괴로움을 철저하게 알기 위한 도이고 어떤 것이 도닦음입니까?"

"도반이여, 그것은 바로 여덟 가지 구성요소로 된 성스러운 도[八支聖道]이니, 바른 견해, 바른 사유, 바른 말, 바른 행위, 바른 생계, 바른 정진, 바른 마음챙김, 바른 삼매입니다.

도반이여, 이것이 괴로움을 철저하게 알기 위한 도이고 이것이 도닦음입니다."

---

412) 이 세 가지는 『청정도론』 XVI:35에 다음과 같이 설명되어 나타나고 있다. "① 육체적이고 정신적인 괴로운 느낌은 고유성질로서도, 이름에 따라서도 괴롭기 때문에 고통스러운 괴로움[苦苦]이라 한다. ② 즐거운 느낌은 그것이 변할 때 괴로운 느낌이 일어날 원인이 되기 때문에 변화에 기인한 괴로움[壞苦]이라 한다. ③ 평온한 느낌과 나머지 삼계에 속하는 상카라들[行]은 일어나고 사라짐에 압박되기 때문에 형성된 괴로움[行苦]이라 한다."

5. "도반 사리뿟따여, 괴로움을 철저하게 알기 위한 이러한 도는 참으로 경사로운 것이고 이러한 도닦음은 참으로 경사로운 것입니다. 참으로 그대들은 방일하지 말아야겠습니다."

자기 존재 경(S38:15)

Sakkāya-sutta

3. "도반 사리뿟따여, '자기 존재, 자기 존재'413)라고들 합니다. 도반이여, 도대체 어떤 것이 자기 존재입니까?"

"도반이여, 취착의 [대상이 되는] 다섯 가지 무더기[五取蘊]가 자기 존재라고 세존께서는 말씀하셨습니다.

그것은 취착의 [대상이 되는] 물질의 무더기, 취착의 [대상이 되는] 느낌의 무더기, 취착의 [대상이 되는] 인식의 무더기, 취착의 [대상이 되는] 심리현상들의 무더기, [260] 취착의 [대상이 되는] 알음알이의 무더기입니다.

도반이여, 이러한 취착의 [대상이 되는] 다섯 가지 무더기가 자기 존재라고 세존께서는 말씀하셨습니다."

4. "도반이여, 그러면 이러한 자기 존재를 철저하게 알기 위한 도가 있고 도닦음이 있습니까?"

---

413) '자기 존재'는 sakkāya(有身)를 옮긴 것이다. 본서에서는 문맥에 따라 sak-kāya를 '자기 존재 있음[有身]'으로도 옮기고(본서 제1권 「아누룻다 경」(S9:6) {774}와 주해 참조) 본경에서처럼 '자기 존재'로도 옮기고 있다.(본서 제3권 「사자 경」(S22:78) §5의 주해 참조)
한편 주석서에 나타나는 atta-bhāva는 문맥에 따라 자기 존재, 몸, 자기 몸, 자신, 개인적 존재 등으로 옮기고 있다. 예를 들면 본서 제1권 「셀라 경」(S5:9) {548}의 주해 등에서는 '자기 존재'로, 제2권 「벼락 경」(S17:6) §3의 주해에서는 '개인적 존재'로, 「뼈 경」(S19:1) §2의 주해에서는 '몸'으로 옮겼다.

"도반이여, 이러한 자기 존재를 철저하게 알기 위한 도가 있고 도닦음이 있습니다."

"도반이여, 그러면 어떤 것이 이러한 자기 존재를 철저하게 알기 위한 도이고 어떤 것이 도닦음입니까?"

"도반이여, 그것은 바로 여덟 가지 구성요소로 된 성스러운 도[八支聖道]이니, 바른 견해, 바른 사유, 바른 말, 바른 행위, 바른 생계, 바른 정진, 바른 마음챙김, 바른 삼매입니다.

도반이여, 이것이 자기 존재를 철저하게 알기 위한 도이고 이것이 도닦음입니다."

5. "도반 사리뿟따여, 자기 존재를 철저하게 알기 위한 이러한 도는 참으로 경사로운 것이고 이러한 도닦음은 참으로 경사로운 것입니다. 참으로 그대들은 방일하지 말아야겠습니다."

행하기 어려움 경(S38:16)

Dukkāra-sutta

3. "도반 사리뿟따여, 이 법과 율에서 참으로 행하기 어려운 것이 무엇입니까?"

"도반이여, 출가가 이 법과 율에서 참으로 행하기 어려운 것입니다."

4. "도반이여, 그런데 출가한 자에게 행하기 어려운 것은 무엇입니까?"

"도반이여, [출가를] 기뻐함414)이 출가한 자에게 행하기 어려운

---

414) "'기뻐함(abhirati)'이란 출가[출가를 실행함(pabbajita-paṭipatti) - SAṬ.iii.80]를 유감스럽게 생각하지 않음(pabbajjāya anukkaṇṭhanatā)을 말한다."(SA.iii.89)

것입니다."

"도반이여, 그런데 [출가를] 기뻐하는 자에게 행하기 어려운 것은 무엇입니까?"

"도반이여, [출세간]법에 이르게 하는 법을 닦는 것이 [출가를] 기뻐하는 자에게 행하기 어려운 것입니다."

5. "도반이여, 그런데 [출세간]법에 이르게 하는 법을 닦는 비구가 아라한이 되는데 오래 걸립니까?"

"도반이여, 오래 걸리지 않습니다."[415]

잠부카다까 상윳따(S38)가 끝났다.

여기에 포함된 경들의 목록은 다음과 같다.

① 열반 ② 아라한됨 [161] ③ 설법자 ④ 무슨 목적
⑤ 안식(安息) ⑥ 최상의 안식(安息) ⑦ 느낌
⑧ 번뇌 ⑨ 무명 ⑩ 갈애 ⑪ 폭류 ⑫ 취착 ⑬ 존재
⑭ 괴로움 ⑮ 자기 존재 ⑯ 행하기 어려움이다.

---

415) 주석서(SA.iii.89)는 여기에 대한 대답으로 『맛지마 니까야』 「보디 왕자경」(M85/ii.96) §§59~60에 나타나는, "저녁에 들으면 아침에 특별함을 얻게 되고 아침에 들으면 저녁에 특별함을 얻게 될 것이다."라는 가르침을 인용하고 있다.

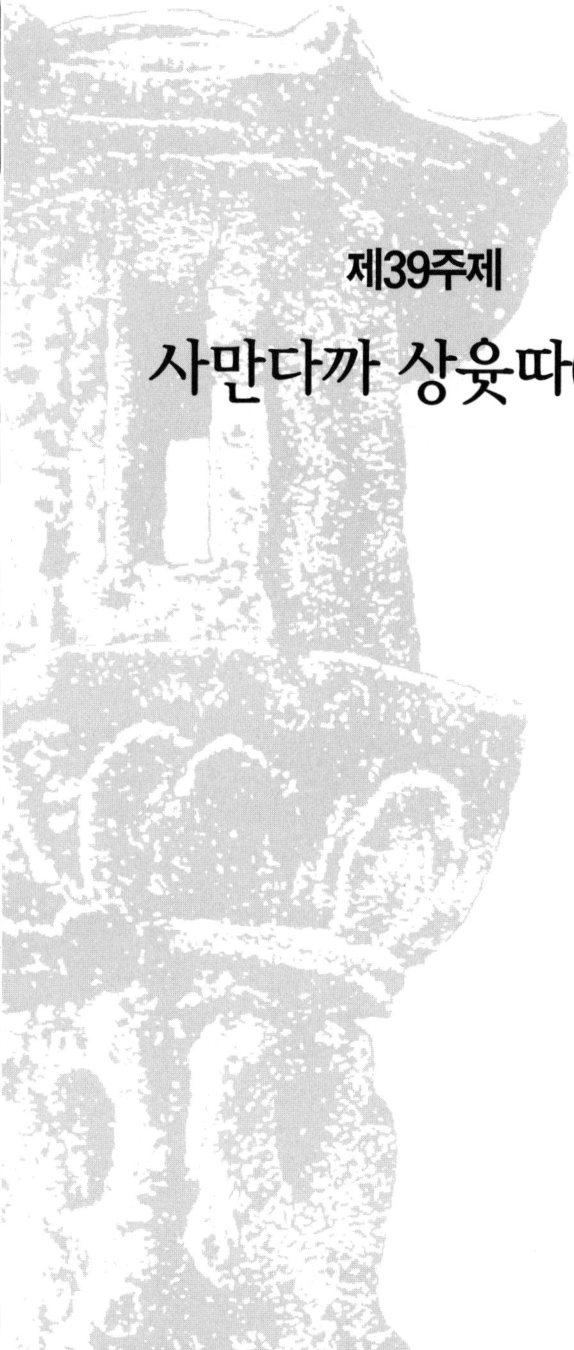

제39주제

사만다까 상윳따(S39)

제39주제(S39)

사만다까 상윳따

Sāmaṇḍaka-saṁyutta

열반 경 등(S39:1~16)

Nibbāna-suttādi

1. 이와 같이 나는 들었다. 한때 사리뿟따 존자는 왓지에서 욱까쩰라에 머물렀다.

2. 그때 사만다까 유행승[416]이 사리뿟따 존자에게 다가갔다. 가서는 사리뿟따 존자와 함께 환담을 나누었다. 유쾌하고 기억할 만한 이야기로 서로 담소를 한 뒤 한 곁에 앉았다. 한 곁에 앉은 사만다까 유행승은 사리뿟따 존자에게 이렇게 말했다.

3. "도반 사리뿟따여, '열반, 열반'이라고들 합니다. 도반이여, 도대체 어떤 것이 열반입니까?"

"도반이여, 탐욕의 멸진, 성냄의 멸진, 어리석음의 멸진 — 이를 일러 열반이라 합니다."

4. "도반이여, 그러면 이러한 열반을 실현하기 위한 도가 있고 도닦음이 있습니까?"

---

416) 사만다까 유행승(Sāmaṇḍaka paribbājaka)에 대한 언급은 주석서에 나타나지 않는다. 『앙굿따라 니까야』 「행복 경」 1/2(A10:65~66)도 사리뿟따와 사만다까 유행승(이 두 개의 경에서는 사만다까니 유행승으로 나타남)의 대화로 구성되어 있다.

"도반이여, 이러한 열반을 실현하기 위한 도가 있고 도닦음이 있습니다."

"도반이여, [262] 그러면 어떤 것이 이러한 열반을 실현하기 위한 도이고 어떤 것이 도닦음입니까?"

"도반이여, 그것은 바로 여덟 가지 구성요소로 된 성스러운 도[八支聖道]이니, 바른 견해, 바른 사유, 바른 말, 바른 행위, 바른 생계, 바른 정진, 바른 마음챙김, 바른 삼매입니다.

도반이여, 이것이 열반을 실현하기 위한 도이고 이것이 도닦음입니다."

5. "도반 사리뿟따여, 열반을 실현하기 위한 이러한 도는 참으로 경사로운 것이고 이러한 도닦음은 참으로 경사로운 것입니다. 참으로 그대들은 방일하지 말아야겠습니다."

<이하 본 상윳따의 「아라한됨 경」(S39:2)부터 「행하기 어려움 경」(S39:16)까지는 각각 앞의 「잠부카다까 상윳따」(S38)의 「아라한됨 경」(S38:2)부터 「행하기 어려움 경」(S38:16)까지와 꼭 같은 내용을 담고 있다. 그래서 여러 판본에도 이 부분은 생략하여 편집하고 있다. 역자도 이를 따라 번역을 생략한다.>

사만다까 상윳따(S39)가 끝났다.

<여기에 포함된 경들의 목록은 앞의 「잠부카다까 상윳따」(S38)와 같다.>

제40주제

목갈라나 상윳따(S40)

제40주제(S40)

목갈라나 상윳따

Moggalāna-saṁyutta

초선(初禪) **경**(S40:1)

Paṭhamajhāna-sutta

1. 이와 같이 나는 들었다. 한때 마하목갈라나 존자417)는 사왓티에서 제따 숲의 아나타삔디까 원림(급고독원)에 머물렀다.418)

2. 거기서 [263] 마하목갈라나 존자는 "비구들이여."라고 비구

---

417) 마하목갈라나(Mahā-Moggallāna) 존자는 라자가하의 꼴리따 마을(Kolita-gāma)의 바라문 가문에서 태어났으며 마을 이름을 따서 꼴리따라 불리었다. 어머니의 이름이 목갈리(Moggalī 혹은 Moggalinī)였기 때문에 목갈라나로 불리게 되었다. 어릴 적부터 사리뿟따 존자와 절친한 친구였으며 같이 산자야 벨랏티뿟따 문하에서 수학하다가 사리뿟따 존자와 함께 부처님의 제자가 되었으며(AA.i.148 이하), 사리뿟따 존자와 함께 부처님의 두 상수제자(agga sāvaka-yuga)로 불린다.(본서 제3권 「떨쳐버렸음 경」(S28:1) §1의 사리뿟따 존자 주해 참조) 존자는 『앙굿따라 니까야』 「하나의 모음」 (A1:14:1-3)에서 "신통을 가진 자(iddhi-manta)들 가운데서 마하목갈라나(대목련)가 으뜸"이라고 칭송되고 있다. 북방에서도 마하목갈라나 존자는 신통제일이라 불린다.
한편 『앙굿따라 니까야』 제4권 「졸고 있음 경」(A7:58)은 목갈라나 존자가 아라한과를 증득한 인연을 담고 있다. 그리고 Hecker, "Mahāmoggallāna: Master of Psychic Powers," in Nyanaponika and Hecker, *Great Disciples of the Buddha*, pp. 78~83도 참조할 것.

418) 본경을 포함한 아래 아홉 개의 경(S40:1~9)은 목갈라나 존자가 비구계를 받은 직후부터 아라한과를 증득하기 까지 칠일 동안에 체험한 아홉 가지 삼매의 증득을 담고 있다. 여기서 아홉은 초선부터 제4선까지의 색계삼매와 공무변처부터 비상비비상처까지의 무색계삼매와 표상 없는 마음의 삼매의 아홉이다.

들을 불렀다. "도반이시여."라고 비구들은 마하목갈라나 존자에게 응답했다. 마하목갈라나 존자는 이렇게 말했다.

3. "도반들이여, 여기 내가 한적한 곳에 가서 홀로 앉아 있는 중에 이런 생각이 들었습니다.

'초선, 초선이라고 한다. 그런데 도대체 어떤 것이 초선인가?'라고."

4. "도반들이여, 그런 내게 이런 생각이 들었습니다.

'여기 비구는 감각적 욕망들을 완전히 떨쳐버리고 해로운 법[不善法]들을 떨쳐버린 뒤, 일으킨 생각[尋]과 지속적인 고찰[伺]이 있고, 떨쳐버렸음에서 생긴 희열[喜]과 행복[樂]이 있는 초선(初禪)에 들어 머문다. 이를 일러 초선이라 한다.'

도반들이여, 그래서 나는 감각적 욕망들을 완전히 떨쳐버리고 해로운 법[不善法]들을 떨쳐버린 뒤, 일으킨 생각[尋]과 지속적인 고찰[伺]이 있고, 떨쳐버렸음에서 생긴 희열[喜]과 행복[樂]이 있는 초선(初禪)에 들어 머물렀습니다. 도반들이여, 그런 내가 이와 같이 머물고 있었을 때 감각적 욕망이 함께한 인식과 마음에 잡도리함이 몰려들었습니다."419)

5. "도반들이여, 그때 세존께서 신통으로 다가오셔서 이렇게 말씀하셨습니다.

'목갈라나여, 목갈라나여, 초선에 대해서 방일하지 말라. 바라문이여, 초선에 마음을 안주시켜라. 초선에 마음을 하나로 만들어라. 초선에 마음이 삼매에 들게 하라.'

---

419) "'감각적 욕망이 함께한(kāma-sahagatā)'이란 다섯 가지 장애[五蓋]와 함께한(pañca-nīvaraṇa-sahagatā)이라는 뜻이다. 초선에서 출정한 자에게 다섯 가지 장애가 계속해서(santata) 생기기 때문이다."(SA.iii.89)

도반들이여, 그래서 그 뒤에 다시 나는 감각적 욕망들을 완전히 떨쳐버리고 해로운 법[不善法]들을 떨쳐버린 뒤, 일으킨 생각[尋]과 지속적인 고찰[伺]이 있고, 떨쳐버렸음에서 생긴 희열[喜]과 행복[樂]이 있는 초선(初禪)에 들어 머물렀습니다."

6. "도반들이여, 바르게 말하는 자가 말하기를 '그는 스승의 보호를 받아서 큰 신통의 지혜를 얻은 제자이다.'420)라고 하는 것은 바로 나를 두고 하는 말입니다."

제2선 경(S40:2)
Dutiyajhāna-sutta

3. "도반들이여, 여기 내가 한적한 곳에 가서 홀로 앉아 있는 중에 이런 생각이 들었습니다. '제2선, 제2선이라고 한다. 그런데 도대체 어떤 것이 제2선인가?'라고."421)

4. "도반들이여, 그런 내게 이런 생각이 들었습니다.
'여기 비구는 일으킨 생각과 지속적인 고찰을 [264] 가라앉혔기 때문에 [더 이상 존재하지 않으며], 자기 내면의 것이고, 확신이 있으며, 마음의 단일한 상태이고, 일으킨 생각과 지속적인 고찰은 없고, 삼매에서 생긴 희열과 행복이 있는 제2선(二禪)에 들어 머문다. 이를 일러 제2선이라 한다.'

---

420) '큰 신통을 얻은 제자(sāvako mahābhiññatam patto)'는 목갈라나 존자를 지칭하는 것이다. 본서 제6권 「목갈라나 경」(S51:14) §3과 「목갈라나 경」(S51:31) §§5~10 등에서 목갈라나 존자는 신통변화(iddhi-vidha)를 나투는 힘을 가진 것으로 묘사되고 있다.

421) 본서 제2권 「꼴리따 경」(S21:1) §4에서 목갈라나 존자는 제2선을 '성스러운 침묵(ariya tuṇhībhāva)'이라 부르고 있다.

도반들이여, 그래서 나는 일으킨 생각과 지속적인 고찰을 가라앉혔기 때문에 [더 이상 존재하지 않으며], 자기 내면의 것이고, 확신이 있으며, 마음의 단일한 상태이고, 일으킨 생각과 지속적인 고찰은 없고, 삼매에서 생긴 희열과 행복이 있는 제2선(二禪)에 들어 머물렀습니다. 도반들이여, 그런 내가 이와 같이 머물고 있었을 때 일으킨 생각이 함께한 인식과 마음에 잡도리함이 몰려들었습니다."

5. "도반들이여, 그때 세존께서 신통으로 다가오셔서 이렇게 말씀하셨습니다.

'목갈라나여, 목갈라나여, 제2선에 대해서 방일하지 말라. 바라문이여, 제2선에 마음을 안주시켜라. 제2선에 마음을 하나로 만들어라. 제3선에 마음이 삼매에 들게 하라.'

도반들이여, 그래서 그 뒤에 다시 나는 일으킨 생각과 지속적인 고찰을 가라앉혔기 때문에 [더 이상 존재하지 않으며], 자기 내면의 것이고, 확신이 있으며, 마음의 단일한 상태이고, 일으킨 생각과 지속적인 고찰은 없고, 삼매에서 생긴 희열과 행복이 있는 제2선(二禪)에 들어 머물렀습니다."

6. "도반들이여, 바르게 말하는 자가 말하기를 '그는 스승의 보호를 받아서 큰 신통의 지혜를 얻은 제자이다.'라고 하는 것은 바로 나를 두고 하는 말입니다."

제3선 경(S40:3)

Tatiyajhāna-sutta

3. "도반들이여, 여기 내가 한적한 곳에 가서 홀로 앉아 있는 중에 이런 생각이 들었습니다. '제3선, 제3선이라고 한다. 그런데 도

대체 어떤 것이 제3선인가?'라고."

4. "도반들이여, 그런 내게 이런 생각이 들었습니다.

'여기 비구는 희열이 빛바랬기 때문에 평온하게 머물고, 마음챙기고 알아차리며 몸으로 행복을 경험한다. 이 [禪 때문에] '평온하고 마음챙기며 행복하게 머문다.'라고 성자들이 묘사하는 제3선(三禪)에 들어 머문다. 이를 일러 제3선이라 한다.'

도반들이여, 그래서 나는 희열이 빛바랬기 때문에 평온하게 머물고, 마음챙기고 알아차리며 몸으로 행복을 경험하였습니다. 이 [禪 때문에] '평온하고 마음챙기며 행복하게 머문다.'라고 성자들이 묘사하는 제3선(三禪)에 들어 머물렀습니다. 도반들이여, 그런 내가 이와 같이 머물고 있었을 때 희열이 함께한 인식과 마음에 잡도리함이 몰려들었습니다."

5. "도반들이여, [265] 그때 세존께서 신통으로 다가오셔서 이렇게 말씀하셨습니다.

'목갈라나여, 목갈라나여, 제3선에 대해서 방일하지 말라. 바라문이여, 제3선에 마음을 안주시켜라. 제3선에 마음을 하나로 만들어라. 제3선에 마음이 삼매에 들게 하라.'

도반들이여, 그래서 그 뒤에 다시 나는 희열이 빛바랬기 때문에 평온하게 머물고, 마음챙기고 알아차리며 몸으로 행복을 경험하였습니다. 이 [禪 때문에] '평온하고 마음챙기며 행복하게 머문다.'라고 성자들이 묘사하는 제3선(三禪)에 들어 머물렀습니다."

6. "도반들이여, 바르게 말하는 자가 말하기를 '그는 스승의 보호를 받아서 큰 신통의 지혜를 얻은 제자이다.'라고 하는 것은 바로 나를 두고 하는 말입니다."

제4선 경(S40:4)

Catutthajhāna-sutta

3. "도반들이여, 여기 내가 한적한 곳에 가서 홀로 앉아 있는 중에 이런 생각이 들었습니다. '제4선, 제4선이라고 한다. 그런데 도대체 어떤 것이 제4선인가?'라고."

4. "도반들이여, 그런 내게 이런 생각이 들었습니다.

'여기 비구는 행복도 버리고 괴로움도 버리고, 아울러 그 이전에 이미 기쁨과 슬픔이 소멸되었으므로 괴롭지도 즐겁지도 않으며, 평온으로 인해 마음챙김이 청정한[捨念淸淨] 제4선(四禪)에 들어 머문다. 이를 일러 제4선이라 한다.'

도반들이여, 그래서 나는 행복도 버리고 괴로움도 버리고, 아울러 그 이전에 이미 기쁨과 슬픔이 소멸되었으므로 괴롭지도 즐겁지도 않으며, 평온으로 인해 마음챙김이 청정한[捨念淸淨] 제4선(四禪)에 들어 머물렀습니다. 도반들이여, 그런 내가 이와 같이 머물고 있었을 때 행복이 함께한 인식과 마음에 잡도리함이 몰려들었습니다."

5. "도반들이여, 그때 세존께서 신통으로 다가오셔서 이렇게 말씀하셨습니다.

'목갈라나여, 목갈라나여, 제4선에 대해서 방일하지 말라. 바라문이여, 제4선에 마음을 안주시켜라. 제4선에 마음을 하나로 만들어라. 제4선에 마음이 삼매에 들게 하라.'

도반들이여, 그래서 그 뒤에 다시 나는 행복도 버리고 괴로움도 버리고, 아울러 그 이전에 이미 기쁨과 슬픔이 [266] 소멸되었으므로 괴롭지도 즐겁지도 않으며, 평온으로 인해 마음챙김이 청정한[捨念淸淨]

제4선(四禪)에 들어 머물렀습니다."

6. "도반들이여, 바르게 말하는 자가 말하기를 '그는 스승의 보호를 받아서 큰 신통의 지혜를 얻은 제자이다.'라고 하는 것은 바로 나를 두고 하는 말입니다."

공무변처 경(S40:5)

Ākāsānañcāyatana-sutta

3. "도반들이여, 여기 내가 한적한 곳에 가서 홀로 앉아 있는 중에 이런 생각이 들었습니다. '공무변처, 공무변처라고 한다. 그런데 도대체 어떤 것이 공무변처인가?'라고."

4. "도반들이여, 그런 내게 이런 생각이 들었습니다.

'여기 비구는 물질에 대한 인식을 완전히 초월하고 부딪힘의 인식을 소멸하고 갖가지 인식을 마음에 잡도리하지 않기 때문에 '무한한 허공'이라고 하면서 공무변처에 들어 머문다. 이를 일러 공무변처라 한다.'

도반들이여, 그래서 나는 물질에 대한 인식을 완전히 초월하고 부딪힘의 인식을 소멸하고 갖가지 인식을 마음에 잡도리하지 않기 때문에 '무한한 허공'이라고 하면서 공무변처에 들어 머물렀습니다. 도반들이여, 그런 내가 이와 같이 머물고 있었을 때 물질에 대한 인식과 마음에 잡도리함이 몰려들었습니다."

5. "도반들이여, 그때 세존께서 신통으로 다가오셔서 이렇게 말씀하셨습니다.

'목갈라나여, 목갈라나여, 공무변처에 대해서 방일하지 말라. 바라문이여, 공무변처에 마음을 안주시켜라. 공무변처에 마음을 하나로 만들어라. 공무변처에 마음이 삼매에 들게 하라.'

도반들이여, 그래서 그 뒤에 다시 나는 물질에 대한 인식을 완전히 초월하고 부딪힘의 인식을 소멸하고 갖가지 인식을 마음에 잡도리하지 않기 때문에 '무한한 허공'이라고 하면서 공무변처에 들어 머물렀습니다."

6. "도반들이여, 바르게 말하는 자가 말하기를 '그는 스승의 보호를 받아서 큰 신통의 지혜를 얻은 제자이다.'라고 하는 것은 바로 나를 두고 하는 말입니다."

식무변처 경(S40:6)

Viññāṇañcāyatana-sutta

3. "도반들이여, 여기 내가 한적한 곳에 가서 홀로 앉아 있는 중에 이런 생각이 들었습니다. '식무변처, 식무변처라고 한다. 그런데 도대체 어떤 것이 식무변처인가?'라고."

4. "도반들이여, [267] 그런 내게 이런 생각이 들었습니다.

'여기 비구는 공무변처를 완전히 초월하여 '무한한 알음알이'라고 하면서 식무변처에 들어 머문다. 이를 일러 식무변처라 한다.'

도반들이여, 그래서 나는 공무변처를 완전히 초월하여 '무한한 알음알이'라고 하면서 식무변처에 들어 머물렀습니다. 도반들이여, 그런 내가 이와 같이 머물고 있었을 때 공무변처에 대한 인식과 마음에 잡도리함이 몰려들었습니다."

5. "도반들이여, 그때 세존께서 신통으로 다가오셔서 이렇게 말

씀하셨습니다.

'목갈라나여, 목갈라나여, 식무변처에 대해서 방일하지 말라. 바라문이여, 식무변처에 마음을 안주시켜라. 식무변처에 마음을 하나로 만들어라. 식무변처에 마음이 삼매에 들게 하라.'

도반들이여, 그래서 그 뒤에 다시 나는 공무변처를 완전히 초월하여 '무한한 알음알이'라고 하면서 식무변처에 들어 머물렀습니다."

6. 도반들이여, 바르게 말하는 자가 말하기를 '그는 스승의 보호를 받아서 큰 신통의 지혜를 얻은 제자이다.'라고 하는 것은 바로 나를 두고 하는 말입니다."

무소유처 경(S40:7)

Ākiñcaññāyatana-sutta

3. "도반들이여, 여기 내가 한적한 곳에 가서 홀로 앉아 있는 중에 이런 생각이 들었습니다. '무소유처, 무소유처라고 한다. 그런데 도대체 어떤 것이 무소유처인가?'라고."

4. "도반들이여, 그런 내게 이런 생각이 들었습니다.

'여기 비구는 식무변처를 완전히 초월하여 '아무것도 없다.'라고 하면서 무소유처에 들어 머문다. 이를 일러 무소유처라 한다.'

도반들이여, 그래서 나는 식무변처를 완전히 초월하여 '아무것도 없다.'라고 하면서 무소유처에 들어 머물렀습니다. 도반들이여, 그런 내가 이와 같이 머물고 있었을 때 식무변처에 대한 인식과 마음에 잡도리함이 몰려들었습니다."

5. "도반들이여, 그때 세존께서 신통으로 다가오셔서 이렇게 말

씀하셨습니다.

'목갈라나여, 목갈라나여, 무소유처에 대해서 방일하지 말라. 바라문이여, 무소유처에 마음을 안주시켜라. [268] 무소유처에 마음을 하나로 만들어라. 무소유처에 마음이 삼매에 들게 하라.'

도반들이여, 그래서 그 뒤에 나는 식무변처를 완전히 초월하여 '아무것도 없다.'라고 하면서 무소유처에 들어 머물렀습니다."

6. "도반들이여, 바르게 말하는 자가 말하기를 '그는 스승의 보호를 받아서 큰 신통의 지혜를 얻은 제자이다.'라고 하는 것은 바로 나를 두고 하는 말입니다."

비상비비상처 경(S40:8)

Nevasaññānāsaññāyatana-sutta

3. "도반들이여, 여기 내가 한적한 곳에 가서 홀로 앉아 있는 중에 이런 생각이 들었습니다. '비상비비상처, 비상비비상처라고 한다. 그런데 도대체 어떤 것이 비상비비상처인가?'라고."

4. "도반들이여, 그런 내게 이런 생각이 들었습니다.

'여기 비구는 무소유처를 완전히 초월하여 비상비비상처에 들어 머문다. 이를 일러 비상비비상처라 한다.'

도반들이여, 그래서 나는 무소유처를 완전히 초월하여 비상비비상처에 들어 머물렀습니다. 도반들이여, 그런 내가 이와 같이 머물고 있었을 때 무소유처에 대한 인식과 마음에 잡도리함이 몰려들었습니다."

5. "도반들이여, 그때 세존께서 신통으로 다가오셔서 이렇게 말

씀하셨습니다.

'목갈라나여, 목갈라나여, 비상비비상처에 대해서 방일하지 말라. 바라문이여, 비상비비상처에 마음을 안주시켜라. 비상비비상처에 마음을 하나로 만들어라. 비상비비상처에 마음이 삼매에 들게 하라.'

도반들이여, 그래서 그 뒤에 다시 나는 무소유처를 완전히 초월하여 비상비비상처에 들어 머물렀습니다."

6. "도반들이여, 바르게 말하는 자가 말하기를 '그는 스승의 보호를 받아서 큰 신통의 지혜를 얻은 제자이다.'라고 하는 것은 바로 나를 두고 하는 말입니다."

표상 없음 경(S40:9)

Animitta-sutta

3. "도반들이여, 여기 내가 한적한 곳에 가서 홀로 앉아 있는 중에 이런 생각이 들었습니다. '표상[422] 없는 마음의 삼매, 표상 없는 마음의 삼매라고 한다. 그런데 도대체 어떤 것이 표상 없는 마음의 삼매인가?'[423]라고."

---

422) '표상(nimitta)'의 의미에 대해서는 본서 제3권 「할릿디까니 경」 1(S22:3) §6의 주해를 참조할 것.

423) "'표상 없는 마음의 삼매(혹은 표상 없음을 통한 마음의 삼매, animittā ceto-samādhi)'란 영원하다는 표상(nicca-nimitta) 등을 제거한 뒤에 생긴 위빳사나와 함께한 삼매(vipassanā-samādhi)를 두고 한 말이다."(SA.iii.90)
"깊은 위빳사나와 함께한 이 삼매는 영원하다는 표상 등이 없기 때문에 표상이 없는 마음의 삼매라 한 것이다."(AAṬ.iii.177)
여기서 '영원하다는 표상 등'이란 무상과 고와 무아와 반대되는 영원함[常]과 즐거움[樂]과 자아[我]에 대한 표상을 말한다. 위빳사나는 유위법들의 무상·고·무아를 통찰하는 것이므로 위빳사나와 함께한 삼매에는 이러한 표상이 있을 수가 없다.

4. "도반들이여, 그런 내게 [269] 이런 생각이 들었습니다.

'여기 비구는 모든 표상들424)을 마음에 잡도리하지 않아서 표상 없는 마음의 삼매에 들어 머문다. 이를 일러 표상 없는 마음의 삼매라 한다.'

도반들이여, 그래서 나는 모든 표상들을 마음에 잡도리하지 않아서 표상 없는 마음의 삼매에 들어 머물렀습니다. 도반들이여, 그런

한편 니까야에서 표상 없는 마음의 삼매는 본경과 『맛지마 니까야』「짧은 공 경」(M121) §10과 『디가 니까야』「대반열반경」(16) §2.25와 『앙굿따라 니까야』「띳사 경」(A7:53) §9에 나타나고 있는데, 「짧은 공 경」(M121) §10에서도 본경처럼 네 가지 무색계선 다음에 언급되고 있다. 이러한 사실을 볼 때 표상 없는 마음의 삼매는 여덟 가지 증득[等至, samāpatti]으로 표현되는 사마타 수행과는 다른 것임이 분명하다. 그래서 주석서는 위빳사나와 함께한 삼매라고 설명하고 있는 것이다.

그런데 이러한 '위빳사나와 함께한 삼매'는 주석서나 복주서에 나타나는 '찰나삼매(khaṇika-samādhi)'와 같은 것이다. 본서 제5권 「살라 경」(S47:4) §4에 나타나는 '하나에 몰입됨(ekodi-bhūta)'을 주석서는 찰나삼매라고 설명하고 있으며(SA.iii.200, S47:4 §4의 주해 참조), 『맛지마 니까야 복주서』는 "찰나삼매가 없이는 위빳사나는 있을 수 없기 때문이다.(na hi khaṇika-samādhiṁ vinā vipassanā sambhavati)"(MAṬ.i.182) 등으로 설명하고 있기 때문이다.

찰나삼매에 대해서는 『청정도론』 VIII.232에 대한 주해와 『아비담마 길라잡이』 9장 §29의 해설을 참조할 것.

한편 본서 「고닷따 경」(S41:7/iv.297) §3에는 표상 없는 마음의 해탈(animittā cetovimutti)이 언급되고 있으며, 「공한 삼매 경」(S43:4) §3에는 '표상 없는 삼매[無相三昧, animitta samādhi]'가 무위에 이르는 길(asaṅkhata-gāmi magga)로 언급되고 있기도 하다.

표상 없는 삼매에 대해서는 Harvey, "Signless Meditation in Pāli Buddhism."도 참조할 것. 그리고 아래 「공한 삼매 경」(S43:4) §3의 주해도 참조할 것.

424) "'모든 표상(sabba-nimittā)'이란 모든 것에 대한 영원하다는 표상 등(nicca-nimittādi)을 말한다. '표상 없는 마음의 삼매(animitta ceto-samādhi)'란 깊은 위빳사나와 함께한 삼매(balava-vipassanā-samādhi)를 뜻한다." (AA.iv.40)

내가 이와 같이 머물고 있었을 때 표상을 기억하는 알음알이가 생겼습니다."[425]

5. "도반들이여, 그때 세존께서 신통으로 다가오셔서 이렇게 말씀하셨습니다.

'목갈라나여, 목갈라나여, 표상 없는 마음의 삼매에 대해서 방일하지 말라. 바라문이여, 표상 없는 마음의 삼매에 마음을 안주시켜라. 표상 없는 마음의 삼매에 마음을 하나로 만들어라. 표상 없는 마음의 삼매에 마음이 삼매에 들게 하라.'

도반들이여, 그래서 그 뒤에 다시 나는 모든 표상들을 마음에 잡도리하지 않아서 표상 없는 마음의 삼매에 들어 머물렀습니다."[426]

6. "도반들이여, 바르게 말하는 자가 말하기를 '그는 스승의 보호를 받아서 큰 신통의 지혜를 얻은 제자이다.'라고 하는 것은 바로

---

425) "'표상을 기억하는 알음알이가 생겼다(nimittānusari viññāṇaṁ hoti).'고 했다. 이것은 위빳사나와 함께한 삼매에 머물 때 위빳사나의 지혜(vipassanā-ñāṇa)가 날카롭고 강렬하게 움직일 때에(vahamāne) 생긴다. 마치 어떤 사람이 날카로운 도끼(tikhiṇa pharasu)로 나무를 자르면서 '참으로 나의 도끼는 잘 움직이고 있구나.'라고 매 순간마다 도끼날을 쳐다보면서 자르게 되면 그의 자르는 작업을 완수할 수가 없는 것과 같다. 그와 같이 장로도 위빳사나를 하면서 '참으로 나의 지혜는 참 잘 움직이고 있구나.'라고 하면서 그것을 좋아함(nikanti)이 생겼다. 그러자 그의 위빳사나의 작업(vipassanā-kicca)은 성취될 수가 없었다. 이것을 두고 '표상을 기억하는 알음알이가 생겼다.'고 표현한 것이다."(SA.iii.90)

426) "모든 영원함[常]과 즐거움[樂]과 자아[我]라는 표상(nicca-sukha-atta-nimitta)을 마음에 잡도리하지 않고, 표상이 없으며 출현으로 인도하는 위빳사나와 함께하였으며(vuṭṭhāna-gāmini-vipassanā-sampayutta) 열반을 대상으로 하는(nibbānārammaṇa) 마음의 삼매가 더 높은 도와 과의 삼매(upari-magga-phala-samādhi)에 들어 머물렀다는 뜻이다."(SA.iii.90)
출현으로 인도하는 위빳사나에 대해서는 『청정도론』 XXI.83~134와 『아비담마 길라잡이』 제9장 §34의 해설을 참조할 것.

나를 두고 하는 말입니다."

삭까 경(S40:10)
Sakka-sutta

1. 이와 같이 나는 들었다. 한때 마하목갈라나 존자는 사왓티에서 제따 숲의 아나타삔디까 원림(급고독원)에 머물렀다.

2. 그때 마하목갈라나 존자는 마치 힘센 사람이 구부렸던 팔을 펴고 폈던 팔을 구부리는 것처럼 제따 숲에서 사라져서 삼십삼천의 신들 앞에 나타났다.

(i)

3. 그때 신들의 왕 삭까가 오백 명의 신들과 함께 마하목갈라나 존자에게 다가갔다. [270] 가서는 목갈라나 존자에게 절을 올리고 한 곁에 섰다. 한 곁에 선 신들의 왕 삭까에게 마하목갈라나 존자는 이렇게 말했다.

"신들의 왕이여, 부처님께 귀의하는 것은 참으로 장한 일입니다. 신들의 왕이여, 부처님께 귀의한 인연으로 여기 어떤 중생들은 몸이 무너져 죽은 뒤에 좋은 곳[善處], 천상에 태어납니다. 신들의 왕이여, 법에 귀의하는 것은 참으로 장한 일입니다. 신들의 왕이여, 법에 귀의한 인연으로 여기 어떤 중생들은 몸이 무너져 죽은 뒤에 좋은 곳[善處], 천상에 태어납니다. 신들의 왕이여, 승가에 귀의하는 것은 참으로 장한 일입니다. 신들의 왕이여, 승가에 귀의한 인연으로 여기 어떤 중생들은 몸이 무너져 죽은 뒤에 좋은 곳[善處], 천상에 태어납니다."

"목갈라나 존자여, 부처님께 귀의하는 것은 참으로 장한 일입니다. …

목갈라나 존자여, 법에 귀의하는 것은 참으로 장한 일입니다. …

목갈라나 존자여, 승가에 귀의하는 것은 참으로 장한 일입니다. 목갈라나 존자여, 승가에 귀의한 인연으로 여기 어떤 중생들은 몸이 무너져 죽은 뒤에 좋은 곳[善處], 천상에 태어납니다."

4. 그러자 신들의 왕 삭까는 육백 명의 신들과 함께 …

5. 칠백 명의 신들과 함께 …

6. 팔백 명의 신들과 함께 …

7. 팔만 명의 신들과 함께427) 마하목갈라나 존자에게 다가갔다. 가서는 목갈라나 존자에게 절을 올리고 한 곁에 섰다. [271] 한 곁에 선 신들의 왕 삭까에게 마하목갈라나 존자는 이렇게 말했다.

"신들의 왕이여, 부처님께 귀의하는 것은 참으로 장한 일입니다. 신들의 왕이여, 부처님께 귀의한 인연으로 여기 어떤 중생들은 몸이 무너져 죽은 뒤에 좋은 곳[善處], 천상에 태어납니다. 신들의 왕이여, 법에 귀의하는 것은 참으로 장한 일입니다. 신들의 왕이여, 법에 귀의한 인연으로 여기 어떤 중생들은 몸이 무너져 죽은 뒤에 좋은 곳[善處], 천상에 태어납니다. 신들의 왕이여, 승가에 귀의하는 것은 참으로 장한 일입니다. 신들의 왕이여, 승가에 귀의한 인연으로 여기 어떤 중생들은 몸이 무너져 죽은 뒤에 좋은 곳[善處], 천상에 태어납니다."

"목갈라나 존자여, 부처님께 귀의하는 것은 참으로 장한 일입니다. …

목갈라나 존자여, 법에 귀의하는 것은 참으로 장한 일입니다. …

---

427) '팔만 명의 신들과 함께'는 Ee: asītiyā devatāsatehi saddhiṁ(팔천 명의 신들과 함께) 대신에 Be, Se: asītiyā devatāsahassehi saddhiṁ로 읽어서 옮긴 것이다.

목갈라나 존자여, 승가에 귀의하는 것은 참으로 장한 일입니다. 목갈라나 존자여, 승가에 귀의한 인연으로 여기 어떤 중생들은 몸이 무너져 죽은 뒤에 좋은 곳[善處], 천상에 태어납니다."

(ii)

8. 그때 신들의 왕 삭까는 오백 명의 신들과 함께 마하목갈라나 존자에게 다가갔다. 가서는 목갈라나 존자에게 절을 올리고 한 곁에 섰다. 한 곁에 선 신들의 왕 삭까에게 마하목갈라나 존자는 이렇게 말했다.

"신들의 왕이여, '이런 [이유로] 그분 세존께서는 아라한[應供]이시며, 완전히 깨달은 분[正等覺]이시며, 명지와 실천을 구족한 분[明行足]이시며, 피안으로 잘 가신 분[善逝]이시며, 세간을 잘 알고 계신 분[世間解]이시며, 가장 높은 분[無上士]이시며, 사람을 잘 길들이는 분[調御丈夫]이시며, 하늘과 인간의 스승[天人師]이시며, 깨달은 분[佛]이시며, 세존(世尊)이시다.'라고 부처님께 흔들림 없는 청정한 믿음[428]을 지니는 것은 참으로 장한 일입니다. 신들의 왕이여, 부처님께 흔들림 없는 청정한 믿음을 지닌 인연으로 여기 어떤 중생들은 몸이 무너져 죽은 뒤에 좋은 곳[善處], 천상에 태어납니다.

신들의 왕이여, [272] '법은 세존에 의해서 잘 설해졌고, 스스로 보아 알 수 있고, 시간이 걸리지 않고, 와서 보라는 것이고, 향상으로

---

428) '흔들림 없는 청정한 믿음'은 avecca-pasāda를 옮긴 것이다. 여기서 '흔들림 없는'으로 옮긴 avecca는 Sk. avetya에 해당하고 이것은 동사 aveti (ava+√i, *to go*)에서 파생된 절대분사로 '깊이 들어간, 충분히 이해한' 등의 뜻이다. 중국에서는 Sk. avetya-prasāda를 淨信, 信知, 證淨으로 옮겼다.
본 문단에 나타나는 불·법·승에 귀의하는 정형구는 『청정도론』 VII.2~100에 상세하게 설명되어 나타난다.

인도하고, 지자들이 각자 알아야 하는 것이다.'라고 법에 흔들림 없는 청정한 믿음을 지니는 것은 참으로 장한 일입니다. 신들의 왕이여, 법에 흔들림 없는 청정한 믿음을 지닌 인연으로 여기 어떤 중생들은 몸이 무너져 죽은 뒤에 좋은 곳[善處], 천상에 태어납니다.

신들의 왕이여, '세존의 제자들의 승가는 잘 도를 닦고, 세존의 제자들의 승가는 바르게 도를 닦고, 세존의 제자들의 승가는 참되게 도를 닦고, 세존의 제자들의 승가는 합당하게 도를 닦으니, 곧 네 쌍의 인간들이요[四雙] 여덟 단계에 있는 사람들[八輩]이시다. 이러한 세존의 제자들의 승가는 공양받아 마땅하고, 선사받아 마땅하고, 보시받아 마땅하고, 합장받아 마땅하며, 세상의 위없는 복밭[福田]이시다.' 라고 승가에 흔들림 없는 청정한 믿음을 지니는 것은 참으로 장한 일입니다. 신들의 왕이여, 승가에 흔들림 없는 청정한 믿음을 지닌 인연으로 여기 어떤 중생들은 몸이 무너져 죽은 뒤에 좋은 곳[善處], 천상에 태어납니다.

신들의 왕이여, 성자들이 좋아하며[429] 훼손되지 않았고 뚫어지지 않았고 오점이 없고 얼룩이 없고 벗어나게 하고 지자들이 찬탄하고 [성취한 것에] 들러붙지 않고 삼매에 도움이 되는 계를 구족하는 것은 참으로 장한 일입니다. 신들의 왕이여, 성자들이 좋아하는 계를 구족한 인연으로 여기 어떤 중생들은 몸이 무너져 죽은 뒤에 좋은 곳[善處], 천상에 태어납니다."[430]

---

429) "'성자들이 좋아하는 것들(ariya-kanta)'이란 오계(pañca sīlā)를 말한다. 이것은 성자들(ariyā)이 다른 생에 태어나서 조차도(bhavantara-gatā pi) 버리지 않고 좋아하고(kanta) 사랑하는(piya) 것이기 때문에 성자들이 좋아하는 것들이라 부른다."(SA.ii.74)
본문에 나타나는 용어들은 『청정도론』 VII.104에서 설명되고 있으므로 참조할 것.

430) 이상 본 문단에 나타나는 불·법·승에 대한 흔들림 없는 믿음과 계를 지님

9. "목갈라나 존자여, '이런 [이유로] 그분 세존께서는 아라한[應供]이시며, 완전히 깨달은 분[正等覺]이시며, 명지와 실천을 구족한 분[明行足]이시며, 피안으로 잘 가신 분[善逝]이시며, 세간을 잘 알고 계신 분[世間解]이시며, 가장 높은 분[無上士]이시며, 사람을 잘 길들이는 분[調御丈夫]이시며, 하늘과 인간의 스승[天人師]이시며, 깨달은 분[佛]이시며, 세존(世尊)이시다.'라고 부처님께 흔들림 없는 청정한 믿음을 지니는 것은 참으로 장한 일입니다. 목갈라나 존자여, 부처님께 흔들림 없는 청정한 믿음을 지닌 인연으로 여기 어떤 중생들은 몸이 무너져 죽은 뒤에 좋은 곳[善處], 천상에 태어납니다.

목갈라나 존자여, '법은 세존에 의해서 잘 설해졌고, 스스로 보아 알 수 있고, 시간이 걸리지 않고, 와서 보라는 것이고, 향상으로 인도하고, 지자들이 각자 알아야 하는 것이다.'라고 법에 흔들림 없는 청정한 믿음을 지니는 것은 참으로 장한 일입니다. 목갈라나 존자여, 법에 흔들림 없는 청정한 믿음을 지닌 인연으로 여기 어떤 중생들은 몸이 무너져 죽은 뒤에 좋은 곳[善處], 천상에 태어납니다.

목갈라나 존자여, '세존의 제자들의 승가는 잘 도를 닦고, 세존의 제자들의 승가는 바르게 도를 닦고, 세존의 제자들의 승가는 참되게

의 이 넷은 본서 제2권 「다섯 가지 증오와 두려움 경」 1(S12:41) §5에서는 '예류도의 구성요소(sotāpattiyaṅga)' 혹은 '예류[과]를 얻은 자의 구성요소'로 나타나고 있다. 그리고 본서 제6권 「예류 상윳따」(S55)의 「전륜성왕 경」(S55:1) §5 이하 등의 여러 경들에서도 꼭 같이 '예류[과]를 얻은 자의 구성요소'로 나타나고 있다. 여기에 대한 설명은 본서 제2권 「다섯 가지 증오와 두려움 경」 1(S12: 41) §5의 주해와 제6권 해제 §7-(2)를 참조할 것.

그리고 『디가 니까야』 「제석문경」(帝釋問經, D21 §2.10/ii.288)에 의하면 신들의 왕 삭까는 세존의 설법을 듣고 '일어나는 법은 그 무엇이건 모두 소멸하기 마련인 법이다[集法卽滅法].'라는 티 없고 때가 없는 법의 눈이 생겨서 예류자가 되었다.

도를 닦고, 세존의 제자들의 승가는 합당하게 도를 닦으니, 곧 네 쌍의 인간들이요[四雙] 여덟 단계에 있는 사람들[八輩]이시다. 이러한 세존의 제자들의 승가는 공양받아 마땅하고, 선사받아 마땅하고, 보시받아 마땅하고, 합장받아 마땅하며, 세상의 [273] 위없는 복밭[福田]이시다.'라고 승가에 흔들림 없는 청정한 믿음을 지니는 것은 참으로 장한 일입니다. 목갈라나 존자여, 승가에 흔들림 없는 청정한 믿음을 지닌 인연으로 여기 어떤 중생들은 몸이 무너져 죽은 뒤에 좋은 곳[善處], 천상에 태어납니다.

목갈라나 존자여, 성자들이 좋아하며 훼손되지 않았고 뚫어지지 않았고 오점이 없고 얼룩이 없고 벗어나게 하고 지자들이 찬탄하고 [성취한 것에] 들러붙지 않고 삼매에 도움이 되는 계를 구족하는 것은 참으로 장한 일입니다. 목갈라나 존자여, 성자들이 좋아하는 계를 구족한 인연으로 여기 어떤 중생들은 몸이 무너져 죽은 뒤에 좋은 곳[善處], 천상에 태어납니다."

10. 그러자 신들의 왕 삭까는 육백 명의 신들과 함께 …

11. 칠백 명의 신들과 함께 …

12. 팔백 명의 신들과 함께 …

13. 팔만 명의 신들과 함께 마하목갈라나 존자에게 다가갔다. 가서는 목갈라나 존자에게 절을 올리고 한 곁에 섰다. 한 곁에 선 신들의 왕 삭까에게 마하목갈라나 존자는 이렇게 말했다.

"신들의 왕이여, '이런 [이유로] 그분 세존께서는 아라한[應供]이시며, 완전히 깨달은 분[正等覺]이시며, 명지와 실천을 구족한 분[明行足]이시며, 피안으로 잘 가신 분[善逝]이시며, 세간을 잘 알고 계신 분[世

間解]이시며, 가장 높은 분[無上士]이시며, 사람을 잘 길들이는 분[調御丈夫]이시며, 하늘과 인간의 스승[天人師]이시며, 깨달은 분[佛]이시며, 세존(世尊)이시다.'라고 부처님께 흔들림 없는 청정한 믿음을 지니는 것은 참으로 장한 일입니다. 신들의 왕이여, 부처님께 흔들림 없는 청정한 믿음을 지닌 인연으로 여기 어떤 중생들은 몸이 무너져 죽은 뒤에 좋은 곳[善處], 천상에 태어납니다.

신들의 왕이여, '법은 세존에 의해서 잘 설해졌고, 스스로 보아 알 수 있고, 시간이 걸리지 않고, 와서 보라는 것이고, 향상으로 인도하고, 지자들이 각자 알아야 하는 것이다.'라고 법에 흔들림 없는 청정한 믿음을 지니는 것은 참으로 장한 일입니다. 신들의 왕이여, 법에 흔들림 없는 청정한 믿음을 지닌 인연으로 여기 어떤 중생들은 몸이 무너져 죽은 뒤에 좋은 곳[善處], 천상에 태어납니다.

신들의 왕이여, '세존의 제자들의 승가는 잘 도를 닦고, 세존의 제자들의 승가는 바르게 도를 닦고, 세존의 제자들의 승가는 참되게 도를 닦고, 세존의 제자들의 승가는 합당하게 도를 닦으니, 곧 네 쌍의 인간들이요[四雙] 여덟 단계에 있는 사람들[八輩]이시다. 이러한 세존의 제자들의 승가는 공양받아 마땅하고, 선사받아 마땅하고, 보시받아 마땅하고, 합장받아 마땅하며, 세상의 위없는 복밭[福田]이시다.'라고 승가에 흔들림 없는 청정한 믿음을 지니는 것은 참으로 장한 일입니다. 신들의 왕이여, 승가에 흔들림 없는 청정한 믿음을 지닌 인연으로 여기 어떤 중생들은 몸이 무너져 죽은 뒤에 좋은 곳[善處], 천상에 [274] 태어납니다.

신들의 왕이여, 성자들이 좋아하며 훼손되지 않았고 뚫어지지 않았고 오점이 없고 얼룩이 없고 벗어나게 하고 지자들이 찬탄하고 [성취한 것에] 들러붙지 않고 삼매에 도움이 되는 계를 구족하는 것은 참으로 장한 일입니다. 신들의 왕이여, 성자들이 좋아하는 계를 구족한 인연으로 여기 어떤 중생들은 몸이 무너져 죽은 뒤에 좋은 곳[善處], 천상에 태어납니다."

14. "목갈라나 존자여, '이런 [이유로] 그분 세존께서는 아라한[應供]이시며, 완전히 깨달은 분[正等覺]이시며, 명지와 실천을 구족한 분[明行足]이시며, 피안으로 잘 가신 분[善逝]이시며, 세간을 잘 알고 계신 분[世間解]이시며, 가장 높은 분[無上士]이시며, 사람을 잘 길들이는 분[調御丈夫]이시며, 하늘과 인간의 스승[天人師]이시며, 깨달은 분[佛]이시며, 세존(世尊)이시다.'라고 부처님께 흔들림 없는 청정한 믿음을 지니는 것은 참으로 장한 일입니다. …

목갈라나 존자여, … 법에 흔들림 없는 청정한 믿음을 지니는 것은 참으로 장한 일입니다. …

목갈라나 존자여, … 승가에 흔들림 없는 청정한 믿음을 지니는 것은 참으로 장한 일입니다. …

목갈라나 존자여, 성자들이 좋아하며 훼손되지 않았고 뚫어지지 않았고 오점이 없고 얼룩이 없고 벗어나게 하고 지자들이 찬탄하고 [성취한 것에] 들러붙지 않고 삼매에 도움이 되는 계를 구족하는 것은 …참으로 장한 일입니다. 목갈라나 존자여, 성자들이 좋아하는 계를 구족한 인연으로 여기 어떤 중생들은 몸이 무너져 죽은 뒤에 좋은 곳[善處], 천상에 태어납니다."

(iii)

15. 그때 신들의 왕 삭까가 오백 명의 신들과 함께 마하목갈라나 존자에게 다가갔다. 가서는 목갈라나 존자에게 절을 올리고 한 곁에 섰다. 한 곁에 선 신들의 왕 삭까에게 마하목갈라나 존자는 이렇게

말했다.

"신들의 왕이여, 부처님께 귀의하는 것은 참으로 장한 일입니다. 신들의 왕이여, 부처님께 귀의한 인연으로 여기 어떤 중생들은 몸이 무너져 죽은 뒤에 [275] 좋은 곳[善處], 천상에 태어납니다. 신들의 왕이여, 그들은 열 가지 측면에서 다른 신들을 능가합니다. 그것은 하늘의 수명, 하늘의 용모, 하늘의 행복, 하늘의 명성, 하늘의 권위, 하늘의 형색, 하늘의 소리, 하늘의 향기, 하늘의 맛, 하늘의 감촉입니다.

신들의 왕이여, 법에 귀의하는 것은 참으로 장한 일입니다. …

신들의 왕이여, 승가에 귀의하는 것은 참으로 장한 일입니다. 신들의 왕이여, 승가에 귀의한 인연으로 여기 어떤 중생들은 몸이 무너져 죽은 뒤에 좋은 곳[善處], 천상에 태어납니다. 신들의 왕이여, 그들은 열 가지 측면에서 다른 신들을 능가합니다. 그것은 하늘의 수명, 하늘의 용모, 하늘의 행복, 하늘의 명성, 하늘의 권위, 하늘의 형색, 하늘의 소리, 하늘의 향기, 하늘의 맛, 하늘의 감촉입니다."

16. "목갈라나 존자여, 부처님께 귀의하는 것은 참으로 장한 일입니다. …

목갈라나 존자여, 법에 귀의하는 것은 참으로 장한 일입니다. …

목갈라나 존자여, 승가에 귀의하는 것은 참으로 장한 일입니다. 목갈라나 존자여, 승가에 귀의한 인연으로 여기 어떤 중생들은 몸이 무너져 죽은 뒤에 좋은 곳[善處], 천상에 태어납니다. 목갈라나 존자여, 그들은 열 가지 측면에서 다른 신들을 능가합니다. 그것은 하늘의 수명, 하늘의 용모, 하늘의 행복, 하늘의 명성, 하늘의 권위, 하늘의 형색, 하늘의 소리, 하늘의 향기, 하늘의 맛, 하늘의 감촉입니다."

17. 그러자 신들의 왕 삭까는 육백 명의 신들과 함께 …

18. 칠백 명의 신들과 함께 …

19. 팔백 명의 [276] 신들과 함께 …

20. 팔만 명의 신들과 함께 마하목갈라나 존자에게 다가갔다. 가서는 목갈라나 존자에게 절을 올리고 한 곁에 섰다. 한 곁에 선 신들의 왕 삭까에게 마하목갈라나 존자는 이렇게 말했다.

"신들의 왕이여, 부처님께 귀의하는 것은 참으로 장한 일입니다. 신들의 왕이여, 부처님께 귀의한 인연으로 여기 어떤 중생들은 몸이 무너져 죽은 뒤에 좋은 곳[善處], 천상에 태어납니다. 신들의 왕이여, 그들은 열 가지 측면에서 다른 신들을 능가합니다. 그것은 하늘의 수명, 하늘의 용모, 하늘의 행복, 하늘의 명성, 하늘의 권위, 하늘의 형색, 하늘의 소리, 하늘의 향기, 하늘의 맛, 하늘의 감촉입니다.

신들의 왕이여, 법에 귀의하는 것은 참으로 장한 일입니다. 법에 귀의한 인연으로 여기 어떤 중생들은 몸이 무너져 죽은 뒤에 좋은 곳[善處], 천상에 태어납니다. 신들의 왕이여, 그들은 열 가지 측면에서 다른 신들을 능가합니다. 그것은 하늘의 수명, 하늘의 용모, 하늘의 행복, 하늘의 명성, 하늘의 권위, 하늘의 형색, 하늘의 소리, 하늘의 향기, 하늘의 맛, 하늘의 감촉입니다.

신들의 왕이여, 승가에 귀의하는 것은 참으로 장한 일입니다. 신들의 왕이여, 승가에 귀의한 인연으로 여기 어떤 중생들은 몸이 무너져 죽은 뒤에 좋은 곳[善處], 천상에 태어납니다. 신들의 왕이여, 그들은 열 가지 측면에서 다른 신들을 능가합니다. 그것은 하늘의 수명, 하늘의 용모, 하늘의 행복, 하늘의 명성, 하늘의 권위, 하늘의 형색, 하늘의 소리, 하늘의 향기, 하늘의 맛, 하늘의 감촉입니다."

21. "목갈라나 존자여, 부처님께 귀의하는 것은 참으로 장한 일입니다. …

목갈라나 존자여, 법에 귀의하는 것은 참으로 장한 일입니다. …

목갈라나 존자여, 승가에 귀의하는 것은 참으로 장한 일입니다. 목갈라나 존자여, 승가에 귀의한 인연으로 여기 어떤 중생들은 몸이 무너져 죽은 뒤에 좋은 곳[善處], 천상에 태어납니다. 목갈라나 존자여, 그들은 열 가지 측면에서 다른 신들을 능가합니다. 그것은 하늘의 수명, 하늘의 용모, 하늘의 행복, 하늘의 명성, 하늘의 권위, 하늘의 형색, 하늘의 소리, 하늘의 향기, 하늘의 맛, 하늘의 감촉입니다."

(iv)

22. 그때 신들의 왕 삭까는 오백 명의 신들과 함께 마하목갈라나 존자에게 다가갔다. 가서는 목갈라나 존자에게 절을 올리고 한 곁에 섰다. [277] 한 곁에 선 신들의 왕 삭까에게 마하목갈라나 존자는 이렇게 말했다.

"신들의 왕이여, '이런 [이유로] 그분 세존께서는 아라한[應供]이시며, 완전히 깨달은 분[正等覺]이시며, 명지와 실천을 구족한 분[明行足]이시며, 피안으로 잘 가신 분[善逝]이시며, 세간을 잘 알고 계신 분[世間解]이시며, 가장 높은 분[無上士]이시며, 사람을 잘 길들이는 분[調御丈夫]이시며, 하늘과 인간의 스승[天人師]이시며, 깨달은 분[佛]이시며, 세존(世尊)이시다.'라고 부처님께 흔들림 없는 청정한 믿음을 지니는 것은 참으로 장한 일입니다. 신들의 왕이여, 부처님께 흔들림 없는 청정한 믿음을 지닌 인연으로 여기 어떤 중생들은 몸이 무너져 죽은 뒤에 좋은 곳[善處], 천상에 태어납니다. 신들의 왕이여, 그들은 열 가지 측면에서 다른 신들을 능가합니다. 그것은 하늘의 수명, 하늘의 용모, 하늘의 행복, 하늘의 명성, 하늘의 권위, 하늘의 형색, 하늘의 소리, 하늘의 향기, 하늘의 맛, 하늘의 감촉입니다.

신들의 왕이여, '법은 세존에 의해서 잘 설해졌고, 스스로 보아 알 수 있고, 시간이 걸리지 않고, 와서 보라는 것이고, 향상으로 인도하고, 지자들이 각자 알아야 하는 것이다.'라고 법에 흔들림 없는 청정한 믿음을 지니는 것은 참으로 장한 일입니다. 신들의 왕이여, 법에 흔들림 없는 청정한 믿음을 지닌 인연으로 여기 어떤 중생들은 몸이 무너져 죽은 뒤에 좋은 곳[善處], 천상에 태어납니다. 신들의 왕이여, 그들은 열 가지 측면에서 다른 신들을 능가합니다. 그것은 하늘의 수명, 하늘의 용모, 하늘의 행복, 하늘의 명성, 하늘의 권위, 하늘의 형색, 하늘의 소리, 하늘의 향기, 하늘의 맛, 하늘의 감촉입니다.

신들의 왕이여, '세존의 제자들의 승가는 잘 도를 닦고, 세존의 제자들의 승가는 바르게 도를 닦고, 세존의 제자들의 승가는 참되게 도를 닦고, 세존의 제자들의 승가는 합당하게 도를 닦으니, 곧 네 쌍의 인간들이요[四雙] 여덟 단계에 있는 사람들[八輩]이시다. 이러한 세존의 제자들의 승가는 공양받아 마땅하고, 선사받아 마땅하고, 보시받아 마땅하고, 합장받아 마땅하며, 세상의 위없는 복밭[福田]이시다.'라고 승가에 흔들림 없는 청정한 믿음을 지니는 것은 참으로 장한 일입니다. 신들의 왕이여, 승가에 흔들림 없는 청정한 믿음을 지닌 인연으로 여기 어떤 중생들은 몸이 무너져 죽은 뒤에 좋은 곳[善處], 천상에 태어납니다. 신들의 왕이여, 그들은 열 가지 측면에서 다른 신들을 능가합니다. 그것은 하늘의 수명, 하늘의 용모, 하늘의 행복, 하늘의 명성, 하늘의 권위, 하늘의 형색, 하늘의 소리, 하늘의 향기, 하늘의 맛, 하늘의 감촉입니다.

신들의 왕이여, 성자들이 좋아하며 훼손되지 않았고 뚫어지지 않았고 오점이 없고 얼룩이 없고 벗어나게 하고 지자들이 찬탄하고 [성취한 것에] 들러붙지 않고 삼매에 도움이 되는 계를 구족하는 것은 참으로 장한 일입니다. 신들의 왕이여, 성자들이 좋아하는 계를 구족한 인연으로 여기 어떤 중생들은 몸이 무너져 죽은 뒤에 좋은 곳[善處], 천상에 태어납니다. 신들의 왕이여, 그들은 열 가지 측면에서 다른 신들을 능가합니다. 그것은 하늘의 수명, 하늘의 용모, 하늘의 행복, 하늘의 명성, 하늘의 권위, 하늘의 형색, 하늘의 소리, 하늘의 향기, 하늘의 맛, 하늘의 감촉입니다."

23. "목갈라나 존자여, '이런 [이유로] 그분 세존께서는 아라한[應供]이시며, 완전히 깨달은 분[正等覺]이시며, 명지와 실천을 구족한 분[明行足]이시며, 피안으로 잘 가신 분[善逝]이시며, 세간을 잘 알고 계신 분[世間解]이시며, 가장 높은 분[無上士]이시며, 사람을 잘 길들이는 분[調御丈夫]이시며, 하늘과 인간의 스승[天人師]이시며, 깨달은 분[佛]이시며, 세존(世尊)이시다.'라고 부처님께 흔들림 없는 청정한 믿음을 지니는 것은 참으로 장한 일입니다. …

목갈라나 존자여, … 법에 흔들림 없는 청정한 믿음을 지니는 것은 참으로 장한 일입니다. …

목갈라나 존자여, … 승가에 흔들림 없는 청정한 믿음을 지니는 것은 참으로 장한 일입니다. … [278] …

목갈라나 존자여, 성자들이 좋아하며 훼손되지 않았고 뚫어지지 않았고 오점이 없고 얼룩이 없고 벗어나게 하고 지자들이 찬탄하고 [성취한 것에] 들러붙지 않고 삼매에 도움이 되는 계를 구족하는 것은 참으로 장한 일입니다. 목갈라나 존자여, 성자들이 좋아하는 계를 구족한 인연으로 여기 어떤 중생들은 몸이 무너져 죽은 뒤에 좋은 곳[善處], 천상에 태어납니다. 목갈라나 존자여, 그들은 열 가지 측면에서 다른 신들을 능가합니다. 그것은 하늘의 수명, 하늘의 용모, 하늘의 행복, 하늘의 명성, 하늘의 권위, 하늘의 형색, 하늘의 소리, 하늘의 향기, 하늘의 맛, 하늘의 감촉입니다."

24. 그러자 신들의 왕 삭까는 육백 명의 신들과 함께 …

25. 칠백 명의 신들과 함께 …

26. 팔백 명의 신들과 함께 …

27. 팔만 명의 신들과 함께 마하목갈라나 존자에게 다가갔다. 가서는 목갈라나 존자에게 절을 올리고 한 곁에 섰다. 한 곁에 선 신들의 왕 삭까에게 마하목갈라나 존자는 이렇게 말했다.

"신들의 왕이여, '이런 [이유로] 그분 세존께서는 아라한[應供]이시며, 완전히 깨달은 분[正等覺]이시며, 명지와 실천을 구족한 분[明行足]이시며, 피안으로 잘 가신 분[善逝]이시며, 세간을 잘 알고 계신 분[世間解]이시며, 가장 높은 분[無上士]이시며, 사람을 잘 길들이는 분[調御丈夫]이시며, 하늘과 인간의 스승[天人師]이시며, 깨달은 분[佛]이시며, 세존(世尊)이시다.'라고 부처님께 흔들림 없는 청정한 믿음을 지니는 것은 참으로 장한 일입니다. 신들의 왕이여, 부처님께 흔들림 없는 청정한 믿음을 지닌 인연으로 여기 어떤 중생들은 몸이 무너져 죽은 뒤에 좋은 곳[善處], 천상에 태어납니다. 신들의 왕이여, 그들은 열 가지 측면에서 다른 신들을 능가합니다. 그것은 하늘의 수명, 하늘의 용모, 하늘의 행복, 하늘의 명성, 하늘의 권위, 하늘의 형색, 하늘의 소리, 하늘의 향기, 하늘의 맛, 하늘의 감촉입니다.

신들의 왕이여, '법은 세존에 의해서 잘 설해졌고, [279] 스스로 보아 알 수 있고, 시간이 걸리지 않고, 와서 보라는 것이고, 향상으로 인도하고, 지자들이 각자 알아야 하는 것이다.'라고 법에 흔들림 없는 청정한 믿음을 지니는 것은 참으로 장한 일입니다. 신들의 왕이여, 법에 흔들림 없는 청정한 믿음을 지닌 인연으로 여기 어떤 중생들은 몸이 무너져 죽은 뒤에 좋은 곳[善處], 천상에 태어납니다. 신들의 왕이여, 그들은 열 가지 측면에서 다른 신들을 능가합니다. 그것은 하늘의 수명, 하늘의 용모, 하늘의 행복, 하늘의 명성, 하늘의 권위, 하늘의 형색, 하늘의 소리, 하늘의 향기, 하늘의 맛, 하늘의 감촉입니다.

신들의 왕이여, '세존의 제자들의 승가는 잘 도를 닦고, 세존의 제자들의 승가는 바르게 도를 닦고, 세존의 제자들의 승가는 참되게 도를 닦고, 세존의 제자들의 승가는 합당하게 도를 닦으니, 곧 네 쌍의 인간들이요[四雙] 여덟 단계에 있는 사람들[八輩]이시다. 이러한 세존의 제자들의 승가는 공양받아 마땅하고, 선사받아 마땅하고, 보시받아 마땅하고, 합장받아 마땅하며, 세상의 위없는 복밭[福田]이시다.'라고 승가에 흔들림 없는 청정한 믿음을 지니는 것은 참으로 장한 일입니다. 신들의 왕이여, 승가에 흔들림 없는 청정한 믿음을 지닌 인연으로 여기 어떤 중생들은 몸이 무너져 죽은 뒤에 좋은 곳[善處], 천상에 태어납니다. 신들의 왕이여, 그들은 열 가지 측면에서 다른 신들을 능가합니다. 그것은 하늘의 수명, 하늘의 용모, 하늘의 행복, 하늘의 명성, 하늘의 권위, 하늘의 형색, 하늘의 소리, 하늘의 향기, 하늘의 맛, 하늘의 감촉입니다.

신들의 왕이여, 성자들이 좋아하며 훼손되지 않았고 뚫어지지 않았고 오점이 없고 얼룩이 없고 벗어나게 하고 지자들이 찬탄하고 [성취한 것에] 들러붙지 않고 삼매에 도움이 되는 계를 구족하는 것은 참으로 장한 일입니다. 신들의 왕이여, 성자들이 좋아하는 계를 구족한 인연으로 여기 어떤 중생들은 몸이 무너져 죽은 뒤에 좋은 곳

[善處], 천상에 태어납니다. 신들의 왕이여, 그들은 열 가지 측면에서 다른 신들을 능가합니다. 그것은 하늘의 수명, 하늘의 용모, 하늘의 행복, 하늘의 명성, 하늘의 권위, 하늘의 형색, 하늘의 소리, 하늘의 향기, 하늘의 맛, 하늘의 감촉입니다."

28. "목갈라나 존자여, '이런 [이유로] 그분 세존께서는 아라한[應供]이시며, 완전히 깨달은 분[正等覺]이시며, 명지와 실천을 구족한 분[明行足]이시며, 피안으로 잘 가신 분[善逝]이시며, 세간을 잘 알고 계신 분[世間解]이시며, 가장 높은 분[無上士]이시며, 사람을 잘 길들이는 분[調御丈夫]이시며, 하늘과 인간의 스승[天人師]이시며, 깨달은 분[佛]이시며, 세존(世尊)이시다.'라고 부처님께 흔들림 없는 청정한 믿음을 지니는 것은 참으로 장한 일입니다. …

목갈라나 존자여, … 법에 흔들림 없는 청정한 믿음을 지니는 것은 참으로 장한 일입니다. … [280] …

목갈라나 존자여, … 승가에 흔들림 없는 청정한 믿음을 지니는 것은 참으로 장한 일입니다. …

목갈라나 존자여, 성자들이 좋아하며 훼손되지 않았고 뚫어지지 않았고 오점이 없고 얼룩이 없고 벗어나게 하고 지자들이 찬탄하고 [성취한 것에] 들러붙지 않고 삼매에 도움이 되는 계를 구족하는 것은 참으로 장한 일입니다. 목갈라나 존자여, 성자들이 좋아하는 계를 구족한 인연으로 여기 어떤 중생들은 몸이 무너져 죽은 뒤에 좋은 곳[善處], 천상에 태어납니다. 목갈라나 존자여, 그들은 열 가지 측면에서 다른 신들을 능가합니다. 그것은 하늘의 수명, 하늘의 용모, 하늘의 행복, 하늘의 명성, 하늘의 권위, 하늘의 형색, 하늘의 소리, 하늘의 향기, 하늘의 맛, 하늘의 감촉입니다."

짠다나 경(S40:11)

Candana-sutta

그때 신의 아들 짠다나가 [오백 명의 신들과 함께] 마하목갈라나 존자에게 다가갔다. …

그때 신의 아들 수야마가 [오백 명의 신들과 함께] 마하목갈라나 존자에게 다가갔다. …

그때 신의 아들 산뚜시따가 [오백 명의 신들과 함께] 마하목갈라나 존자에게 다가갔다. …

그때 신의 아들 수님미따가 [오백 명의 신들과 함께] 마하목갈라나 존자에게 다가갔다. …

그때 신의 아들 와사왓띠가 [오백 명의 신들과 함께] 마하목갈라나 존자에게 다가갔다. …

<이 각각에 앞의 「삭까 경」(S40:10)의 전 내용이 적용되어야 함.>[431]

---

431) Ee, Be, Se에 모두 본경은 이처럼 축약되어서 나타나고 있다. 내용상 본경은 다섯 개의 경으로 즉 S40:11~15로 편집되어도 무방하겠지만 Ee, Be, Se에는 모두 하나의 경으로 편집되어 있어서 역자도 이를 따랐다.
여기서 수야마(Suyāma)와 산뚜시따(Santusita)와 수님미따(Sunimmita)와 와사왓띠(Vasavatti)는 각각 야마천, 도솔천, 화락천, 타화자재천을 관장하는 신이다.
한편 짠다나(Candana)는 본서 제1권 「짠다나 경」(S2:15)에도 나타나고 있다. 그리고 『디가 니까야』 「대회경」(D20) §11에는 사대왕천의 약카로 나타나고 있으며, 「아따나띠야 경」(D32) §10에는 '약카들과 큰 약카들과 약카들의 장군들과 대장군들'로 언급되고 있는 40명의 신들 가운데 인드라와 함께 포함되어 나타나기도 한다. 그러므로 이 짠다나는 사대왕천의 유력한 신으로 보는 것이 문맥상 타당하다. 왜냐하면 삭까(인드라)가 삼십삼천을 관장하는 신이므로 짠다나가 사대왕천에 속하는 신이 되어야 S40:10~11에서 여섯 욕계 천상(육욕천)을 관장하는 신들이 모두 불・법・승 삼보에 귀의하고 삼보에 청정한 믿음을 가지고 계를 구족하는 것을 찬탄하는 것으로 되기 때문이다.

목갈라나 상윳따(S40)가 끝났다. [281]

여기에 포함된 경들의 목록은 다음과 같다.

① 초선(初禪) ② 제2선 ③ 제3선
④ 제4선 ⑤ 공무변처 ⑥ 식무변처
⑦ 무소유처 ⑧ 비상비비상처
⑨ 표상 없음 ⑩ 삭까 ⑪ 짠다나이다.

제41주제

찟따 상윳따(S41)

제41주제(S41)

찟따 상윳따

Citta-saṁyutta

족쇄 경(S41:1)

Saṁyojana-sutta

1. 이와 같이 나는 들었다. 한때 많은 장로 비구들이 맛치까산다에서 망고 원림432)에 머물렀다.

2. 그 무렵 많은 장로 비구들은 공양을 마치고 걸식에서 돌아와서 원형천막에 함께 모여 앉아 이런 이야기를 하고 있었다.

3. "도반들이여, 족쇄와 족쇄가 되는 법들이라는 이 법들은 뜻도 다르고 문자도 다릅니까? 아니면 뜻은 하나이고 문자만 다릅니까?"

거기서 어떤 장로 비구들은 이렇게 설명했다.

"도반들이여, 족쇄와 족쇄가 되는 법들이라는 이 법들은 뜻도 다르고 문자도 다릅니다."

다른 장로 비구들은 이렇게 설명했다.

"도반들이여, 족쇄와 족쇄가 되는 법들이라는 이 법들은 뜻은 하나이고 문자만 다릅니다."

4. 그 무렵 찟따 장자433)가 어떤 일 때문에 미가빠타까434)에

---

432) 아래 주해를 참조할 것.

433) 찟따 장자(Citta gahapati)는 마가다(DPPN은 까시(Kāsi, 바라나시)라고 적고 있음)에 있는 맛치까산다라는 도시(Macchikāsaṇḍa-nagara)의 상인

도착했다. [282] 찟따 장자는 이렇게 들었다.

'많은 장로 비구들이 맛치까산다에서 망고 원림에 머물렀다. 그들은 공양을 마치고 걸식에서 돌아와서 원형천막에 함께 모여 앉아 '도반들이여, 족쇄와 족쇄가 되는 법들이라는 이 법들은 뜻도 다르고 문자도 다릅니까? 아니면 뜻은 하나이고 문자만 다릅니까?'라는 이야기를 하고 있었다. 거기서 어떤 장로 비구들은 '도반들이여, 족쇄와 족쇄가 되는 법들이라는 이 법들은 뜻도 다르고 문자도 다릅니다.'라고 설명했고, 다른 장로 비구들은 '도반들이여, 족쇄와 족쇄가 되는 법들이라는 이 법들은 뜻은 하나이고 문자만 다릅니다.'라고 설명했다.'라고.

5. 그러자 찟따 장자는 장로 비구들에게 다가갔다. 가서는 장로 비구들에게 절을 올리고 한 곁에 앉았다. 한 곁에 앉은 찟따 장자는

이었다.(본경의 주석서는 맛치까산다가 밀림(vana-saṇḍa)의 이름이라고 설명하고 있음. – SA.iii.91) 그가 태어나는 날 여러 가지(citta) 꽃비가 흩날렸다고 해서 붙인 이름이라 한다. 그는 오비구 가운데 한 분인 마하나마 장로(삭까의 왕인 마하나마가 아님)를 뵙고 자신의 망고 원림(Ambāṭak-ārāma)에 정사를 짓고 머물게 하였으며 마하나마 장로로부터 법을 듣고 불환과를 얻었다. 그 후 많은 비구들이 망고 원림을 방문하여 그의 환대를 받았다.(AA.i.385~386)

『앙굿따라 니까야』「하나의 모음」(A1:14:6-3)에서 세존께서는 찟따 장자를 "법을 설하는 [재가]자(dhamma-kathika)들 가운데서 으뜸"이라고 언급하고 계시며 『앙굿따라 니까야』 제1권 「발원 경」 3(A2:12:3)과 제2권 「포부 경」(A4:176) §3에서 본받아야 할 대표적인 남자 신도로 거명되고 있다.

그가 여러 장로 비구들과 나눈 대화가 본 「찟따 상윳따」(S41)에 전해 오는데 여기에 포함되어 있는 경들은 왜 부처님께서 그를 두고 법을 설하는 재가자들 가운데서 으뜸이라고 칭찬하셨는지를 보여주는 좋은 보기가 된다.

Hecker, "Shorter Lives of the Disciples," in Nyanaponika and Hecker, *Great Disciples of the Buddha*, pp. 365~372도 참조할 것.

434) 주석서에 의하면 미가빠타까(Migapathaka)는 망고 원림 바로 뒤에 있는 찟따 장자 소유의 마을(bhoga-gāma)이라고 한다.(SA.iii.91)

장로 비구들에게 이렇게 말했다.

"존자들이시여, 많은 장로 비구들이 … 다른 장로 비구들은 '도반들이여, 족쇄와 족쇄가 되는 법들이라는 이 법들은 뜻은 하나이고 문자만 다릅니다.'라고 설명했다는 것이 사실입니까?"

"그렇습니다, 장자여."

6. "존자들이시여, 족쇄와 족쇄가 되는 법들이라는 이 법들은 뜻도 다르고 문자도 다릅니다. 존자들이시여, 그렇다면 이제 비유를 하나 들겠습니다. 이 비유를 통해서 여기서 어떤 지혜로운 사람들은 [제가 하려는] 말의 뜻을 잘 이해할 것입니다.

존자들이시여, 예를 들면 검은 황소와 흰 황소가 [283] 하나의 멍에나 기구에 묶여 있다 합시다.[435] 그런데 이것을 보고 말하기를 '검은 황소는 흰 황소의 족쇄고 흰 황소는 검은 황소의 족쇄다.'라고 한다면 이것은 바르게 말한 것입니까?"

"그렇지 않습니다, 장자여. 장자여, 검은 황소는 흰 황소의 족쇄가 아니고 흰 황소는 검은 황소의 족쇄가 아닙니다. 이 둘은 하나의 멍에나 기구에 묶여 있을 뿐입니다."

7. "존자들이시여, 그와 같이 눈이 형색들의 족쇄도 아니고 형색들이 눈의 족쇄도 아닙니다. 이 둘을 반연하여 거기서 일어나는 욕탐이 바로 족쇄입니다. 귀가 소리들의 … 코가 냄새들의 … 혀가 맛들의 … 몸이 감촉들의 … 마노가 법들의 족쇄도 아니고 법들이 마노의 족쇄도 아닙니다. 이 둘을 반연하여 거기서 일어나는 욕탐이 바로 족쇄입니다."

---

435) 같은 비유와 적용이 본서 「꼿티따 경」(S35:232) §5에도 나타나고 있다.

8. "장자여, 그대는 심오한 부처님의 말씀에 정통한 통찰지의 눈[慧眼]을 가졌으니 이것은 참으로 그대에게 이득입니다. 이것은 참으로 그대에게 큰 이득입니다."

이시닷따 경1(S41:2)
Isidatta-sutta

1. 이와 같이 나는 들었다. 한때 많은 장로 비구들이 맛치까산다에서 망고 원림에 머물렀다.

2. 그때 찟따 장자가 장로 비구들에게 다가갔다. 가서는 장로 비구들에게 절을 올리고 한 곁에 앉았다. 한 곁에 앉은 찟따 장자는 장로 비구들에게 이렇게 말했다.

3. "존자들이시여, 장로들께서는 내일 저의 공양을 허락하여 주십시오."

장로 비구들은 침묵으로 허락하였다. [284]

그러자 찟따 장자는 장로 비구들이 허락한 것을 알고서 자리에서 일어나 장로 비구들에게 절을 올리고 오른쪽으로 [세 번] 돌아 [경의를 표한] 뒤에 물러갔다.

4. 그때 장로 비구들은 그 밤이 지나자 오전에 옷매무새를 가다듬고 발우와 가사를 수하고 찟따 장자의 거처로 갔다. 가서는 마련된 자리에 앉았다. 그때 찟따 장자가 장로 비구들에게 다가갔다. 가서는 장로 비구들에게 절을 올리고 한 곁에 앉았다. 한 곁에 앉은 찟따 장자는 가장 연장인 존자에게 이렇게 말했다.

"장로 존자시여, '요소들의 다양함, 요소들의 다양함'이라고들 합니다. 도대체 어떤 것이 요소들의 다양함이라고 세존께서는 말씀하셨습니까?"[436]

이렇게 말하자 가장 연장인 존자는 침묵하고 있었다.

5. 두 번째로 … 세 번째로 찟따 장자는 장로 비구들에게 이렇게 말했다.

"장로 존자시여, '요소들의 다양함, 요소들의 다양함'이라고들 합니다. 도대체 어떤 것이 요소들의 다양함이라고 세존께서는 말씀하셨습니까?"

세 번째에도 가장 연장인 존자는 침묵하고 있었다.[437]

6. 그 무렵 이시닷따 존자[438]가 그 비구 승가 가운데서 가장 신참이었다. 이시닷따 존자는 가장 연장인 존자에게 이렇게 말했다.

"장로 존자시여, 제가 찟따 장자의 이 질문에 대해서 설명을 하고자 합니다."

"도반 이시닷따여, 그대가 찟따 장자의 질문에 대해서 설명을 하

---

436) 이 문제는 본서 「고시따 경」(S35:129) §3에서도 제기되었다. 그러나 아래 §7에서 제시된 이 문제에 대한 대답은 본서 제2권 「요소[界] 경」(S14:1) §4와 가깝다.

437) 주석서에 의하면 그는 답을 알고 있었지만 확신할 수 없었기 때문에(avisāradattā) 침묵하고 있었다고 한다.(SA.iii.91) 그러나 주석서의 이러한 설명은 본경의 후반부에 나타나는 그의 고백에 비추어보면 크게 신뢰할 수는 없어 보인다.

438) 이시닷따 존자(āyasmā Isidatta)의 게송이 『장로게』(Thag.17) {120}으로 전해 온다. 『장로게 주석서』(ThagA.i.248)에 의하면 찟따 장자는 그때 아직 재가자였으면서 서로 만나 보지는 못한 도반(아래 S41:3 §11 참조)이었던 이시닷따 청신사에게 불·법·승을 칭송하는 편지를 보냈다고 한다. 이시닷따는 삼보에 청정한 믿음이 생겨서 마하깟짜나(Mahākaccāna) 존자 문하에 출가하였으며, 오래지 않아서 육신통을 구족한 아라한이 되었다고 한다.

시오."

7. "장자여, [285] 그대는 '장로 존자시여, '요소들의 다양함, 요소들의 다양함'이라고들 합니다. 도대체 어떤 것이 요소들의 다양함이라고 세존께서는 말씀하셨습니까?'라고 질문을 하셨습니까?"

"그렇습니다, 존자시여."

"장자여, 세존께서는 요소들의 다양함에 대해서 '눈의 요소, 형색의 요소, 눈의 알음알이의 요소, … 마노의 요소, 법의 요소, 마노의 알음알이의 요소'로 말씀하셨습니다.

장자여, 세존께서는 이렇게 요소들의 다양함에 대해서 말씀하셨습니다."

8. 그때 찟따 장자는 이시닷따 존자의 말을 기뻐하고 감사드린 뒤 장로 비구들에게 딱딱하고 부드러운 여러 맛난 음식을 손수 대접하고 드시게 했다. 그러자 장로 비구들은 공양을 마치고 발우에서 손을 떼고439) 자리에서 일어나서 나갔다.

그때 가장 연장인 존자가 이시닷따 존자에게 이렇게 말했다.

"도반 이시닷따여, 그대에게 이 질문에 대한 답이 떠오르다니 장합니다. 나에게는 그 질문에 대한 답이 떠오르지 않았습니다. 도반 이시닷따여, 그러니 다음에도 이러한 질문이 있으면 그대가 그것에 대답을 하시오."

---

439) '발우에서 손을 떼고(onīta-patta-pāṇino) 자리에서 일어나서 나갔다.'를 주석서는 다음과 같이 구체적으로 설명하고 있다.
"손에서 발우를 빼내어 그것을 씻어서(pāṇito apanītapattā dhovitvā) 발우집에 넣은 뒤에(thavikāya osāpetvā) 발우를 어깨에 걸고(aṁse laggita-pattā) 나갔다는 뜻이다."(SA.iii.92)
여기에 대해서는 본서 「웨라핫짜니 경」(S35:133) §6의 주해도 참조할 것.

이시닷따 경2(S41:3)

1. 이와 같이 나는 들었다. 한때 많은 장로 비구들이 맛치까산다에서 망고 원림에 머물렀다.

2. 그때 찟따 장자가 장로 비구들에게 다가갔다. 가서는 장로 비구들에게 절을 올리고 한 곁에 앉았다. 한 곁에 앉은 찟따 장자는 장로 비구들에게 이렇게 말했다.

3. "존자들이시여, 장로들께서는 내일 저의 공양을 허락하여 주십시오." … [286] …

4. 한 곁에 앉은 찟따 장자는 가장 연장인 존자에게 이렇게 말했다.

"장로 존자시여, 이 세상에는 '세상은 영원하다.'라거나, '세상은 영원하지 않다.'라거나, '세상은 유한하다.'라거나, '세상은 무한하다.'라거나, '생명과 몸은 같은 것이다.'라거나, '생명과 몸은 다른 것이다.'라거나, '여래는 사후에도 존재한다.'라거나, '여래는 사후에 존재하지 않는다.'라거나 '여래는 사후에 존재하기도 하고 존재하지 않기도 한다.'라거나, '여래는 사후에 존재하는 것도 아니고 존재하지 않는 것도 아니다.'라는 여러 가지 견해들이 생깁니다. 장로 존자시여, 이러한 견해들과 『디가 니까야』 「범망경」(D1)에서 말씀하신 62가지 견해들은 무엇이 있을 때 존재하고 무엇이 없으면 존재하지 않습니까?"

이렇게 말하자 가장 연장인 존자는 침묵하고 있었다.

5. 두 번째로 … 세 번째로 찟따 장자는 장로 비구들에게 이렇게 말했다.

"장로 존자시여, 이 세상에는 '세상은 영원하다.'라거나, … '여래는 사후에 존재하는 것도 아니고 존재하지 않는 것도 아니다.'라는 여러 가지 견해들이 생깁니다. 장로 존자시여, 이러한 견해들과 「범망경」(D1)에서 말씀하신 62가지 견해들은 무엇이 있을 때 존재하고 무엇이 없으면 존재하지 않습니까?"

세 번째에도 가장 연장인 존자는 침묵하고 있었다.

6. 그 무렵 이시닷따 존자가 그 비구 승가 가운데서 가장 신참이었다. 이시닷따 존자는 가장 연장인 존자에게 이렇게 말했다.

"장로 존자시여, 제가 찟따 장자의 이 질문에 대해서 설명을 하고자 합니다."

"도반 이시닷따여, 그대가 찟따 장자의 질문에 대해서 설명을 하시오."

7. "장자여, [287] 그대는 '장로 존자시여, 이 세상에는 '세상은 영원하다.'라거나, … '여래는 사후에 존재하는 것도 아니고 존재하지 않는 것도 아니다.'라는 여러 가지 견해들이 생깁니다. 장로 존자시여, 이러한 견해들과 「범망경」(D1)에서 말씀하신 62가지 견해들은 무엇이 있을 때 존재하고 무엇이 없으면 존재하지 않습니까?'라고 질문을 하셨습니까?"

"그렇습니다, 존자시여."

8. "장자여, 이 세상에는 '세상은 영원하다.'라거나, … '여래는 사후에 존재하는 것도 아니고 존재하지 않는 것도 아니다.'라는 여러 가지 견해들이 생깁니다. 장자여, 이러한 견해들과 「범망경」(D1)에서 말씀하신 62가지 견해들은 [불변하는] 자신이 존재한다는 견해[有身見]가 있을 때 존재하고 [불변하는] 자신이 존재한다는 견해가 없

으면 존재하지 않습니다."

9. "존자시여, 그러면 [불변하는] 자신이 존재한다는 견해[有身見]는 어떻게 해서 존재합니까?"

"장자여, 여기 배우지 못한 범부는 성자들을 친견하지 못하고 성스러운 법에 능숙하지 못하고 성스러운 법에 인도되지 못하고 참된 사람들을 친견하지 못하고 참된 사람의 법에 능숙하지 못하여 물질을 자아라고 관찰하고, 물질을 가진 것이 자아라고 관찰하고, 물질이 자아 안에 있다고 관찰하고, 물질 안에 자아가 있다고 관찰합니다. 그는 느낌을 … 인식을 … 심리현상들을 … 알음알이를 자아라고 관찰하고, 알음알이를 가진 것이 자아라고 관찰하고, 알음알이가 자아 안에 있다고 관찰하고, 알음알이 안에 자아가 있다고 관찰합니다.

장자여, 이렇게 해서 [불변하는] 자신이 존재한다는 견해는 존재합니다."

10. "존자시여, 그러면 [불변하는] 자신이 존재한다는 견해[有身見]는 어떻게 해서 존재하지 않습니까?"

"장자여, 여기 잘 배운 성스러운 제자는 성자들을 친견하고 성스러운 법에 능숙하고 성스러운 법에 인도되고 참된 사람들을 친견하고 참된 사람의 법에 능숙하여 물질을 자아라고 관찰하지 않고, 물질을 가진 것이 자아라고 관찰하지 않고, 물질이 자아 안에 있다고 관찰하지 않고, 물질 안에 자아가 있다고 관찰하지 않습니다. 그는 느낌을 … 인식을 … 심리현상들을 … 알음알이를 자아라고 관찰하지 않고, 알음알이를 가진 것이 자아라고 관찰하지 않고, 알음알이가 자아 안에 있다고 관찰하지 않고, 알음알이 안에 자아가 있다고 관찰하지 않습니다.

장자여, 이렇게 해서 [불변하는] 자신이 존재한다는 견해는 존재하지 않습니다."

11. "존자시여, [288] 이시닷따 스님은 어디서 오셨습니까?"

"장자여, 나는 아완띠440)에서 왔습니다."

"존자시여, 아완띠에는 이시닷따라는 선남자가 있습니다. 그는 아직 서로 만나 보지는 못한 저희의 도반인데 출가했다고 합니다. 그 존자님을 뵌 적이 있습니까?"

"그렇습니다, 장자여."

"존자시여, 그러면 지금 그 존자께서는 어디에 머물고 계십니까?"

이렇게 말하자 이시닷따 존자는 침묵했다.

"존자시여, 스님께서 바로 그 이시닷따이십니까?"

"그렇습니다, 장자여."

"존자시여, 이시닷따 스님께서는 맛치까산다의 이 멋진 망고 원림에서 기쁘게 지내십시오. 저는 이시닷따 스님께 의복과 탁발음식과 거처와 병구완을 위한 약품으로 성심을 다해 잘 보필하겠습니다."

"감사한 말씀입니다, 장자여."

12. 그때 찟따 장자는 이시닷따 존자의 말을 기뻐하고 감사드린 뒤 장로 비구들에게 딱딱하고 부드러운 여러 맛난 음식을 손수 대접하고 드시게 했다. 그러자 장로 비구들은 공양을 마치고 발우에서 손을 떼고 자리에서 일어나서 나갔다.

그때 가장 연장인 존자가 이시닷따 존자에게 이렇게 말했다.

"도반 이시닷따여, 그대에게 이 질문에 대한 답이 떠오르다니 장

---

440) 아완띠(Avanti)는 옛 인도 중원의 16국 가운데 하나였다. 본서 제3권 「할릿디까니 경」 1(S22:3) §1의 주해를 참조할 것.

합니다. 나에게는 그 질문에 대한 답이 떠오르지 않았습니다. 도반 이시닷따여, 그러니 다음에도 이러한 질문이 있으면 그대가 그것에 대답을 하십시오."

13. 그때 이시닷따 존자는 거처를 정돈하고 발우와 가사를 수하고 맛치까산다를 떠났다. 그는 맛치까산다를 떠난 뒤 다시는 거기로 돌아가지 않았다.441)

마하까의 기적 경(S41:4)

Mahakapāṭihāriya-sutta

1. 이와 같이 나는 들었다. 한때 많은 장로 비구들이 맛치까산다에서 망고 원림에 머물렀다.

2. 그때 [289] 찟따 장자가 장로 비구들에게 다가갔다. 가서는 장로 비구들에게 절을 올리고 한 곁에 앉았다. 한 곁에 앉은 찟따 장자는 장로 비구들에게 이렇게 말했다.

3. "존자들이시여, 장로들께서는 내일 저의 공양을 허락하여 주십시오." …

4. 그때 장로 비구들은 그 밤이 지나자 오전에 옷매무새를 가다듬고 발우와 가사를 수하고 찟따 장자의 거처로 갔다. 가서는 마련된 자리에 앉았다.

그때 찟따 장자는 장로 비구들에게 버터를 넣은 우유죽을 손수 대

441) 주석서와 복주서는 이 이유에 대해서 아무 설명을 하지 않고 있다. 아마 그는 명성과 이익과 환대에 대한 위험을 보고 철저하게 익명으로 사는 것을 선호하였기 때문일 것이다.

접하고 드시게 했다. 그러자 장로 비구들은 공양을 마치고 발우에서 손을 떼고 자리에서 일어나서 나갔다.

그때 찟따 장자는 '남은 것은 모두 버리시오.'라고 말한 뒤 장로 비구들의 뒤를 따라갔다.

5. 그 무렵 찌는 듯한442) 더위가 계속되고 있었다. 그 장로 비구들은 그 더위에다 음식까지 먹었기 때문에 마치 몸이 녹아내리는 듯이 걸어가고 있었다. 그 무렵 마하까 존자443)가 그 비구 승가 가운데서 가장 신참이었다. 마하까 존자는 가장 연장인 존자에게 이렇게 말했다.

"장로 존자시여, 시원한 바람이 불고 구름이 덮개처럼 드리우고 이따금 비가 내리면 참으로 좋겠습니다."

"도반 마하까여, 그렇습니다. 시원한 바람이 불고 구름이 덮개처럼 드리우고 이따금 비가 내리면 참으로 좋겠습니다."

그러자 마하까 존자는 시원한 바람이 불고 구름이 덮개처럼 드리우고 이따금 비가 내리는 그러한 신통을 [290] 나투었다.

그때 찟따 장자에게 이런 생각이 들었다.

'저것이 이 비구 승가 가운데서 가장 신참인 비구의 신통의 행이구나.'

6. 그때 마하까 존자는 원림에 도착하자 가장 연장인 존자에게

---

442) '찌는 듯한'으로 옮긴 원어는 Ee, Se: kuṭṭhitaṁ이고 Be: kutthitaṁ이다. 이 단어는 삼장에서 부처님 말씀으로만 보존되어 있는 것(tepiṭake buddha-vacane asambhinnapadaṁ)이라고 주석서는 언급하고 있는데, 아래에는 뜨거운 모래가 있고 위에는 태양이 있어서 아주 험난한 것(atitikhiṇa)을 뜻한다고 설명하고 있다.(SA.iii.92)

443) 주석서와 복주서는 마하까 존자(āyasmā Mahaka)에 대한 설명을 하지 않고 있다.

이렇게 말했다.

"장로 존자시여, 이 정도 하면 되었습니까?"

"도반 마하까여, 그 정도 했으면 충분히 되었습니다. 도반 마하까여, 그 정도 제공했으면 충분합니다."

7. 그때 장로 비구들은 승방으로 들어갔고 마하까 존자도 승방으로 들어갔다.

그러자 찟따 장자는 마하까 존자에게 다가갔다. 가서는 마하까 존자에게 절을 올리고 한 곁에 앉았다. 한 곁에 앉은 찟따 장자는 마하까 존자에게 이렇게 말했다.

"존자시여, 마하까 스님께서는 제게 인간을 능가하는 신통변화를 보여주시면 감사하겠습니다."

"장자여, 그렇다면 그대는 그대의 윗옷을 마루 위에다 놓고 그 위에다 풀 더미를 펴놓으십시오."

"알겠습니다, 존자시여."라고 찟따 장자는 대답한 뒤 윗옷을 마루 위에다 놓고 그 위에다 풀 더미를 펴놓았다.

8. 그때 마하까 존자는 승방으로 들어가서 문의 빗장을 걸어 잠그고 신통을 나투었는데 불이 열쇠구멍과 빗장 안으로부터 나와서 풀 더미를 태웠지만 윗옷을 태우지는 않았다.444)

그러자 찟따 장자는 윗옷을 턴 뒤 놀라서 털이 곤두선 채로 한 곁에 서 있었다.

9. 그때 마하까 존자는 승방으로부터 나와서 찟따 장자에게 이렇게 말했다.

---

444) 이 부분은 『청정도론』 XII.85에서 숨기는 신통(apākaṭa-pāṭihāriya)의 보기로 인용이 되어 나타난다.

"장자여, 이 정도 하면 되었습니까?"

"마하까 존자시여, [291] 그 정도 했으면 충분히 되었습니다. 마하까 존자시여, 그 정도 제공했으면 충분합니다. 존자시여, 마하까 스님께서는 맛치까산다의 이 멋진 망고 원림에서 기쁘게 지내십시오. 저는 마하까 스님께 의복과 탁발음식과 거처와 병구완을 위한 약품으로 성심을 다해 잘 보필하겠습니다."

"감사한 말씀입니다, 장자여."

10. 그때 마하까 존자는 거처를 정돈하고 발우와 가사를 수하고 맛치까산다를 떠났다. 그는 맛치까산다를 떠난 뒤 다시는 거기로 돌아가지 않았다.

까마부 경1(S41:5)

Kāmabhū-sutta

1. 이와 같이 나는 들었다. 한때 까마부 존자445)는 맛치까산다에서 망고 원림에 머물렀다.

2. 그때 찟따 장자가 까마부 존자에게 다가갔다. 가서는 까마부 존자에게 절을 올리고 한 곁에 앉았다. 한 곁에 앉은 찟따 장자에게 까마부 존자는 이렇게 말했다.

3. "장자여, 이런 말이 있습니다.

'흠집 없는 바퀴와 흰 차일을 가졌으며
하나의 바퀴살을 가진 수레가 구르나니

---

445) 주석서와 복주서는 까마부 존자(āyasmā Kāmabhū)에 대한 설명을 하지 않고 있다. 본경과 다음 경에서 보듯이 그는 뛰어난 통찰지를 가진 자였음이 분명하다. 본서 「까마부 경」(S35:233)도 참조할 것.

근심 없고 흐름을 끊었으며
속박 없이 오는 저것을 보라.'446)

장자여, 이렇게 간략하게 말씀하신 뜻을 그대는 어떻게 자세하게 봅니까?"

"존자시여, 그런데 이것은 세존께서 말씀하신 것입니까?"

"그렇습니다, 장자여."

"존자시여, 그렇다면 제가 그 뜻을 숙고할 수 있도록 잠시 말미를 주십시오."

4. 그때 찟따 장자는 잠시 침묵한 뒤 까마부 존자에게 이렇게 말했다. [292]

"존자시여, 흠집이 없다는 것은 계행을 두고 한 말입니다. 흰 차일

---

446) 본 게송은 『쿳다까 니까야』의 『자설경』(Ud.76)에서 아라한인 라꾼따까 밧디야(Lakuṇṭaka Bhaddiya, 본서 제2권 「라꾼따까 밧디야 경」(S21:6) §2의 주해 참조) 존자에 관해서 설하신 것으로 나타나고 있다. 게송에 나타나는 모든 술어는 문자적으로는 마차에 해당하지만 비유적으로는 아라한에 해당한다. 자세한 설명은 『자설경 주석서』(UdA.370~371)에 나타난다. 자세한 것은 Masefield, *The Udāna Commentary*, 2:959~961을 참조할 것. 이것을 요약하면 다음과 같다.
흠집(ela)이란 결점(dosa)을 뜻한다. 결점이 없는 것이 '흠집 없음(nela)'이다. 마차는 '흠집 없는 바퀴(nelaṅga)'에 비유되는데 마차에서 가장 중요한 부분인 그것의 바퀴(aṅga)가 흠집이 없기 때문이다. 이 비유는 아라한과의 계(sīla)를 뜻한다. '차일(pachāda)'은 마차 위에 펼친 양털 옷감인데 '흰 차일(seta-pachāda)'은 지극히 청정한 아라한과의 해탈을 뜻한다. '근심 없음(anīgha)'이란 번뇌의 동요(parikhobha)가 없음을 뜻하는데 그 마차는 흔들림(khobha)이 없기 때문이다.
'흐름을 끊음(chinna-sota)'이라고 한 것은, 보통의 마차는 굴대와 바퀴통에 계속해서 기름이 흐르지만 이 마차는 36가지 갈애의 흐름이 완전히 제거되었기 때문에 그런 흐름이 끊어진 것이다. '속박 없음(abandhana)'이라는 것은, 보통의 마차는 차축 등에 의해서 흔들리는 것을 막기 위해서 많은 묶음들을 가지고 있지만 이 마차에는 모든 속박들 즉 족쇄(saṁyojana)들이 완전히 제거되었다. 그래서 속박이 없다고 한 것이다.

이란 해탈을 두고 한 말입니다. 하나의 바퀴살이란 마음챙김을 두고 한 말입니다. 구른다는 것은 나아가고 물러가는 것을 두고 한 말입니다. 마차란 네 가지 근본물질[四大]로 이루어졌으며, 부모에게서 생겨났고, 밥과 죽으로 집적되었으며, 무상하고 파괴되고 분쇄되고 해체되고 분해되기 마련인 이 몸을 두고 한 말입니다.

존자시여, 탐욕은 근심입니다. 성냄은 근심입니다. 어리석음은 근심입니다. 번뇌 다한 비구는 이것들을 제거하였고 그 뿌리를 잘랐고 줄기만 남은 야자수처럼 만들었고 존재하지 않게 하였고 미래에 다시는 일어나지 않게끔 하였습니다. 그러므로 번뇌 다한 비구는 근심이 없다고 말해집니다.

오는 것은 아라한을 두고 한 말입니다. 흐름이란 갈애를 두고 한 말입니다. 번뇌 다한 비구는 이것을 제거하였고 그 뿌리를 잘랐고 줄기만 남은 야자수처럼 만들었고 존재하지 않게 하였고 미래에 다시는 일어나지 않게끔 하였습니다. 그러므로 번뇌 다한 비구는 흐름을 끊었다고 말해집니다.

존자시여, 탐욕은 속박입니다. 성냄은 속박입니다. 어리석음은 속박입니다. 번뇌 다한 비구는 이것들을 제거하였고 그 뿌리를 잘랐고 줄기만 남은 야자수처럼 만들었고 존재하지 않게 하였고 미래에 다시는 일어나지 않게끔 하였습니다. 그러므로 번뇌 다한 비구는 속박이 없다고 말해집니다."

5. "존자시여, 세존께서는 이렇게 말씀하셨습니다.

'흠집 없는 바퀴와 흰 차일을 가졌으며
하나의 바퀴살을 가진 수레가 구르나니
근심 없고 흐름을 잘랐으며

속박 없이 오는 저것을 보라.'

존자시여, 세존께서 이렇게 간략하게 말씀하신 뜻을 저는 이렇게 자세하게 봅니다."

6. "장자여, 그대는 심오한 부처님의 말씀에 정통한 통찰지의 눈[慧眼]을 가졌으니 이것은 참으로 그대에게 이득입니다. 이것은 참으로 그대에게 큰 이득입니다."

까마부 경2(S41:6)

1. 이와 같이 나는 들었다. 한때 [293] 까마부 존자는 맛치까산다에서 망고 원림에 머물렀다.

2. 그때 찟따 장자가 까마부 존자에게 다가갔다. 가서는 까마부 존자에게 절을 올리고 한 곁에 앉았다. 한 곁에 앉은 찟따 장자는 까마부 존자에게 이렇게 말했다.

3. "존자시여, 얼마나 많은 작용들[行]이 있습니까?"447)

"장자여, 세 가지 작용들이 있으니 몸의 작용[身行], 말의 작용[口行], 마음의 작용[心行]입니다."448)

---

447) 본경의 내용은 『맛지마 니까야』 「긴 방등경」(M43)과 「짧은 방등경」(M44)에도 나타난다. 본경의 S.iv.293,7~294,10은 M.i.301,17~302,5와 일치하고 S.iv.294,11~24는 M.i.296,11~23과 일치하고, S.iv.294,26~295,21은 M.i.302,6~27과 일치한다. 그러나 마지막 질문과 대답, 즉 본경 §13은 M43과 M44에는 나타나지 않는다.
주석서에 의하면 찟따 장자는 [불환자 – SAṬ]의 소멸의 경지(nirodha)에 머물곤 하였기 때문에 그는 까마부 존자에게 소멸의 토대가 되는 행위들(nirodha-pādakā saṅkhārā)에 대해서 질문하였다고 한다.(SA.iii.93) 아래 §6의 주해도 참조할 것.

448) 몸의 작용[身行], 말의 작용[口行], 마음의 작용[心行]은 각각 kāya-saṅ-

"감사합니다, 존자시여."라고 찟따 장자는 까마부 존자의 말을 기뻐하고 감사드린 뒤 까마부 존자에게 계속해서 질문을 하였다.

4. "존자시여, 그러면 얼마나 많은 몸의 작용이 있고, 얼마나 많은 말의 작용이 있고, 얼마나 많은 마음의 작용이 있습니까?"

"장자여, 들숨날숨은 몸의 작용이고, 일으킨 생각[尋]과 지속적인 고찰[伺]은 말의 작용이고, 느낌과 인식은 마음의 작용입니다."

"감사합니다, 존자시여."라고 찟따 장자는 까마부 존자의 말을 기뻐하고 감사드린 뒤 까마부 존자에게 계속해서 질문을 하였다.

5. "존자시여, 그러면 왜 들숨날숨은 몸의 작용입니까? 왜 일으킨 생각[尋]과 지속적인 고찰[伺]은 말의 작용입니까? 왜 느낌과 인식은 마음의 작용입니까?"

"장자여, 들숨날숨은 몸에 속하는 것이고 이런 법들은 몸에 묶여 있습니다. 그래서 들숨날숨은 몸의 작용입니다. 장자여, 먼저 생각을 일으키고 지속적으로 고찰하고 뒤에 말을 터뜨립니다. 그래서 일으킨 생각과 지속적인 고찰은 말의 작용입니다. 느낌과 인식은 마음에 속하는 것이고 이런 법들은 마음에 묶여 있습니다. 그래서 느낌과 인식은 마음의 작용입니다."

---

khāra, vacī-saṅkhāra, citta-saṅkhāra를 옮긴 것인데 이것은 연기의 정형구의 두 번째인 의도적 행위[行]의 내용이기도 하다.(본서 제2권 「분석 경」(S12:2) §14와 주해 참조) 몸의 작용과 마음의 작용은 수동의 의미를 내포하고 있는데 몸에 의해서 형성된(saṅkharīyati) 작용과 마음에 의해서 형성된 작용이라는 뜻이다. 그러나 말의 작용은 능동의 의미로 말을 형성하는(saṅkharoti) 작용이라는 의미이다.

본서 제2권 「분석 경」(S12:2) §14 등 연기의 가르침과 관계된 곳에서는 saṅkhāra를 의도적 행위로 옮겼고 본경처럼 몸(신)과 말(구)과 마음(심, 의)의 삼행(三行)의 문맥 등에서는 작용으로 옮기고 있다. 그 이유에 대해서는 본서 제3권 「앗사지 경」(S22:88) §7의 주해를 참조할 것.

"감사합니다, 존자시여." …

6. "존자시여, 그러면 어떻게 상수멸(想受滅, 인식과 느낌의 그침)에 듭니까?"449)

"장자여, 비구가 상수멸에 들 때 '나는 상수멸에 들 것이다.'라거나, '나는 상수멸에 들고 있다.'라거나, '나는 상수멸에 [이미] 들었다.'라는 [생각이] 나지 않습니다. [294] 그렇지만 [상수멸에 들기] 전에 그렇게 마음을 닦은 것이 그를 그대로 인도하는 것입니다."450)

"감사합니다, 존자시여." …

7. "존자시여, 그러면 비구가 상수멸에 들 때 어떤 법들이 먼저 소멸합니까? 몸의 작용들입니까, 아니면 말의 작용들입니까, 아니면 마음의 작용들입니까?"

"장자여, 비구가 상수멸에 들 때 먼저 말의 작용들이 소멸하고 그 다음이 몸의 작용들이고 그 다음이 마음의 작용들입니다."451)

---

449) 찟따 장자의 질문은 상수멸(想受滅, saññā-vedayita-nirodha) 혹은 멸진정(滅盡定, nirodha-samāpatti)에 관한 것이다. 이 경지에 들면 마음과 모든 심리현상들이 소멸되는데, 8단계의 삼매(초선부터 제4선까지와 공무변처부터 비상비비상처까지)에 능통한 불환자와 아라한만이 이 경지에 들 수 있다고 한다. 여기에 대해서는 『청정도론』 XXIII.16~52에 상세히 설명되어 있으며, 『아비담마 길라잡이』 제9장 §§42~44에 잘 정리되어 나타난다. 본서 제2권 「일곱 요소 경」(S14:11) §5의 주해도 참조할 것.
주석서에 의하면 찟따 장자는 까마부 존자가 이 경지에 익숙한 지 알아보기 위해서 이 질문을 했다고 한다.(SA.iii.94)

450) "즉 멸진정(nirodha-samāpatti)에 들기 전에 [멸진정에 들어 있는] 기간을 한정할 때에(addhāna-paricchedа-kāle) '나는 이 정도의 시간동안 마음이 없게 될 것이다.'라고 기간을 한정하는 마음(addhāna-paricchedа citta)을 닦는 것(bhāvita)을 말한다."(SA.iii.94)

451) 즉, 말의 작용(일으킨 생각과 지속적인 고찰)은 제2선에 들 때 소멸되고, 몸의 작용(들숨과 날숨)은 제4선에 들 때 소멸되고, 마음의 작용(느낌과 인식)은 상수멸(멸진정)에 들 때 소멸된다.(SA.iii.94~95 참조)

"감사합니다, 존자시여." …

8. "존자시여, 그러면 죽어서 임종한 사람과 상수멸에 든 비구의 차이점은 무엇입니까?"

"장자여, 죽어서 임종한 사람은 몸의 작용이 소멸하고 가라앉아버렸고 말의 작용이 소멸하고 가라앉아버렸고 마음의 작용이 소멸하고 가라앉아버렸으며, 목숨이 다했고 온기도 다해버렸고 감각기능들이 완전히 부서져버렸습니다. 장자여, 그러나 상수멸에 든 비구는 몸의 작용이 소멸하고 가라앉아버렸고 말의 작용이 소멸하고 가라앉아버렸고 마음의 작용이 소멸하고 가라앉아버렸지만 목숨은 다하지 않았고 온기도 다하지 않았고 감각기능들은 맑고 깨끗합니다.[452] 장자여, 이것이 죽어서 임종한 사람과 상수멸에 든 비구의 차이점입니다."

"감사합니다, 존자시여." …

9. "존지시여, 그러면 어떻게 상수멸에서 출정합니까?"

"장자여, 비구가 상수멸에서 출정할 때 '나는 상수멸에서 출정할 것이다.'라거나, '나는 상수멸에서 출정하고 있다.'라거나, '나는 상수멸에서 [이미] 출정하였다.'라는 [생각이] 나지 않습니다. 그렇지만 [상수멸에 들기] 전에 그렇게 마음을 닦은 것이 그를 그대로 인도하는 것입니다."[453]

---

452) "'감각기능들은 맑고 깨끗하다(indriyāni vippasannāni).'고 하였다. 감각기능들이 작용하고 있으며(kiriyamaya-pavatta) 외부의 대상(bahiddhārammaṇa)들이 감성(pasāda)에 와서 부딪힐 때는 감각기능들은 피곤하다(kilamanti). 마치 사거리에 매달아 둔 거울(ādāsa)처럼 바람에 날리는 먼지(rajo)들이 그곳에 부딪히는 것과 같다. 그러나 상자나 궤짝 등에 넣어 둔 거울이 그 안에서 빛나는 것처럼 멸진정에 든 비구의 다섯 가지 감성들은 멸진의 가운데서(anto-nirodhe) 아주 빛난다(virocanti). 그래서 감각기능들은 맑고 깨끗하다고 한 것이다."(SA.iii.95)

"감사합니다, 존자시여." [295] …

10. "존자시여, 그러면 비구가 상수멸에서 출정할 때 어떤 법들이 먼저 일어납니까? 몸의 작용들입니까, 아니면 말의 작용들입니까, 아니면 마음의 작용들입니까?"

"장자여, 비구가 상수멸에서 출정할 때 먼저 마음의 작용들이 일어나고 그 다음이 몸의 작용들이고 그 다음이 말의 작용들입니다."454)

"감사합니다, 존자시여." …

11. "존자시여, 그러면 상수멸로부터 출정하는 비구는 얼마나 많은 감각접촉[觸]과 닿게 됩니까?"

"장자여, 상수멸로부터 출정하는 비구는 세 가지 감각접촉과 닿게 됩니다. 그것은 공한 감각접촉과 표상 없는 감각접촉과 원함 없는 감각접촉입니다."455)

---

453) "멸진정에 들기 전에 [멸진정에 들어 있는] 기간을 한정할 때에 '나는 이 정도의 시간동안 마음이 없게 되었다가 그 다음에 마음이 있게(sacittaka) 될 것이다.'라고 기간을 한정하는 마음을 닦는 것을 말한다."(SA.iii.95)

454) "멸진정으로부터 출정할(vuṭṭhahanta) 때에는 과의 증득의 마음(phala-samāpatti-citta)이 제일 처음 일어난다. 이러한 마음과 함께 일어나는 인식(saññā)과 느낌(vedanā)을 두고 마음의 작용이 첫 번째 일어난다고 한 것이다. 그다음에 바왕가의 마음(bhavaṅga)이 일어날 때 몸의 작용(들숨과 날숨)이 일어난다. … 그 후에 일상적인 행위를 할 때 말의 작용이 회복이 되는데 일으킨 생각과 지속적인 고찰(vitakka-vicāra)이 말을 생기게 하는 것이다."(SA.iii.96~97)

455) 여기서 '공한 감각접촉'과 '표상 없는 감각접촉'과 '원함 없는 감각접촉'은 각각 suññata-phassa와 animitta-phassa와 appaṇihita-phassa를 옮긴 것이다. 이 셋은 『청정도론』 XXI.70 이하와 『아비담마 길라잡이』 제9장 §26과 §35이하에서 중요하게 다루고 있는 공한 해탈과 표상 없는 해탈과 원함 없는 해탈과 관계가 있다. 주석서는 이렇게 설명하고 있다.
"이 세 가지 감각접촉은 자신의 공덕(saguṇa)과 대상(ārammaṇa)에 따라서 설명해야 한다.

"감사합니다, 존자시여." …

12. "존자시여, 그러면 상수멸로부터 출정하는 비구의 마음은 무엇으로 기울고 무엇에 기대고 무엇을 향합니까?"

"장자여, 상수멸로부터 출정하는 비구의 마음은 멀리 여읨으로 기울고 멀리 여읨에 기대고 멀리 여읨을 향합니다."456)

"감사합니다, 존자시여."라고 찟따 장자는 까마부 존자의 말을 기뻐하고 감사드린 뒤 까마부 존자에게 계속해서 질문을 하였다.

13. "존자시여, 그러면 상수멸을 증득하기 위해서는 얼마나 많은 법들의 큰 도움이 있어야 합니까?"

"장자여, 그대는 처음에 질문했어야 할 것을 뒤에 질문했습니다. 그렇지만 나는 설명하겠습니다. 장자여, 상수멸을 증득하기 위해서는 두 가지 법의 큰 도움이 있어야 합니다. 그것은 바로 사마타와 위빳사나입니다."457)

---

① 자신의 공덕에 따라서: 과의 증득(phala-samāpatti)은 공함(suññatā)이라 불린다. 그래서 함께 생긴 감각접촉(sahajāta-phassa)도 공한 감각접촉이라 불린다. 표상 없음과 원함 없음(animitta-appaṇihita)도 같은 방법으로 설명된다.

② 대상에 따라서: 열반은 탐욕 등이 공하기 때문에 공함이라 불리고, 탐욕의 표상이 없기 때문에 표상 없음이요, 탐욕과 성냄과 어리석음을 원하는 것이 없기 때문에 원함 없음이라 불린다. 공한 열반을 대상으로 삼아서 일어난 과의 증득과 함께하는 감각접촉(uppanna-phala-samāpatti-samphassa)도 공함이라 불린다. 표상 없음과 원함 없음도 같은 방법으로 설명된다." (SA.iii.97)

여기서 말하는 과의 증득(phala-samāpatti)이란 마음이 열반이라는 궁극적 행복을 직접 경험하는 특별한 삼매의 체득을 뜻한다. 이것은 예류, 일래, 불환, 아라한의 네 경지에 상응하여 네 가지이다. 여기에 대해서는 『청정도론』 XXIII.3~15를 참조할 것.

456) "'멀리 여읨(viveka)'은 바로 열반이다. 그의 마음은 이러한 멀리 여읨으로 기울고 기대고 향한다."(SA.iii.97~98)

고닷따 경(S41:7)

Godatta-sutta

1. 이와 같이 나는 들었다. 한때 고닷따 존자458)는 맛치까산다에서 망고 원림에 머물렀다.

2. 그때 [296] 찟따 장자가 고닷따 존자에게 다가갔다. 가서는 고닷따 존자에게 절을 올리고 한 곁에 앉았다. 한 곁에 앉은 찟따 장자에게 고닷따 존자는 이렇게 말했다.459)

3. "장자여, 무량한 마음의 해탈과 무소유의 마음의 해탈과 공한 마음의 해탈과 표상 없는 마음의 해탈이라는 이러한 법들은 뜻도 다르고 문자도 다릅니까? 아니면 뜻은 하나이고 문자만 다릅니까?"460)

---

457) 상수멸은 먼저 사마타를 통해서 색계 삼매(초선부터 제4선까지)와 무색계 삼매(공무변처부터 비상비비상처까지)에 들어야 하고, 그 뒤에 위빳사나를 통해서 이러한 경지가 무상·고·무아임을 통찰해야 하기 때문이다. 이러한 과정은 『청정도론』 XXIII.31~43에 잘 설명되어 있다.

458) 본경에 해당하는 주석서와 복주서에는 고닷따 존자(āyasmā Godatta)에 대한 설명이 나타나지 않는다. 『장로게』(Thag) {659~672}가 고닷따 존자의 게송으로 나타나는데 보디 스님은 본경의 고닷따 존자와 같은 고닷따로 간주하고 있다.
『장로게 주석서』에 의하면 고닷따 존자는 사왓티의 대상(隊商)의 집안(sattha-vāha-kula)에 태어났는데 아버지의 뒤를 이어 500대의 수레(sakaṭa)로 짐을 날라다 주는 일을 하였다고 한다. 그러다가 소가 사람소리로 말하는 것을 듣고 발심하여 출가하여 아라한이 되었다고 한다.(ThagA. ii.276)

459) 이하 본경의 대화는 『맛지마 니까야』 「긴 방등경」(M43/i.297~298) §§30~37에서 사리뿟따 존자와 마하꼿티따 존자의 대화로도 나타나고 있다.

460) "여기서 문자가 서로 다른 것은 분명하다. 뜻으로 보면, '무량한 마음의 해탈(appamāṇā cetovimutti)'은 경지(bhūmantara)로는 고귀한(mahaggatā) 색계에 속하고(rūpāvacarā) 대상(ārammaṇa)으로는 중생과 개념(satta-paṇṇatti)을 대상으로 가진다.

4. "존자시여, 여기에 하나의 방법이 있어서 이 방법에 의하면 이 법들은 뜻도 다르고 문자도 다릅니다. 그리고 다른 방법이 있어서 이 방법에 의하면 이 법들은 뜻은 하나이고 문자만 다릅니다."

5. "존자시여, 그러면 어떤 방법이 있어서 그 방법에 의하면 이 법들은 뜻도 다르고 문자도 다릅니까?

존자시여, 여기 비구는 자애가 함께한 마음으로 한 방향을 가득 채우면서 머뭅니다. 그처럼 두 번째 방향을, 그처럼 세 번째 방향을, 그처럼 네 번째 방향을 가득 채우면서 머뭅니다. 이와 같이 위로, 아래로, 주위로, 모든 곳에서 모두를 자신처럼 여기고, 충만하고 광대하고 무량하고 원한 없고 악의 없고 자애가 함께한 마음으로 모든 세상을 가득 채우고 머뭅니다.

연민이 함께한 마음으로 … 더불어 기뻐함이 함께한 마음으로 … 평온이 함께한 마음으로 한 방향을 가득 채우면서 머뭅니다. 그처럼 두 번째 방향을, 그처럼 세 번째 방향을, 그처럼 네 번째 방향을 가득 채우면서 머뭅니다. 이와 같이 위로, 아래로, 주위로, 모든 곳에서 모두를 자신처럼 여기고, 충만하고 광대하고 무량하고 원한 없고 악의 없고 평온이 함께한 마음으로 모든 세상을 가득 채우고 머뭅니다.

존자시여, 이를 일러 무량한 마음의 해탈이라 합니다."461)

'무소유(ākiñcaññā)의 마음의 해탈'은 경지로는 고귀한 무색계에 속하고(arūpāvacarā) 대상으로는 존재하지 않는 것(navattabba)을 대상으로 가진다.

'공한(suññatā) 마음의 해탈'은 경지로는 욕계에 속하고(kāmāvacarā) 대상으로는 형성된 것(saṅkhāra)들을 대상으로 가진다. 여기서 공함은 위빳사나와 동의어이다.

'표상 없는(animittā) 마음의 해탈'은 경지로는 출세간에 속하고(lokuttarā) 대상으로는 열반(nibbāna)을 대상으로 가진다."(SA.iii.98)

6. "존자시여, 그러면 어떤 것이 무소유의 마음의 해탈입니까?
존자시여, 여기 비구는 식무변처를 완전히 초월하여 '아무것도 없다.'라고 하면서 무소유처에 들어 머뭅니다.
존자시여, 이를 일러 무소유의 마음의 해탈이라 합니다."462)

7. "존자시여, 그러면 어떤 것이 공한 마음의 해탈입니까?
여기 비구는 숲으로 가거나 나무 아래로 가거나 빈집으로 가서 '이것은 자아나 [297] 자아에 속하는 것이 공하다.'라고 숙고합니다.
존자시여, 이를 일러 공한 마음의 해탈이라 합니다."463)

8. "존자시여, 그러면 어떤 것이 표상 없는 마음의 해탈입니까?
존자시여, 여기 비구는 모든 표상들을 마음에 잡도리하지 않아서 표상 없는 마음의 삼매에 들어 머뭅니다.

---

461) "'무량한 마음의 해탈(appamāṇā cetovimutti)'에는 12가지가 있으니, 그것은 네 가지 거룩한 마음가짐[四梵住, cattāro brahma-vihārā]과 네 가지 도(magga)와 네 가지 과(phala)이다. 이 가운데 거룩한 마음가짐은 [일체 중생을 향해서] 퍼져나가는 것이 무량하기 때문에(pharaṇa-appamāṇa-tā) 무량하고, 도와 과는 양을 재게 하는 원인이 되는(pamāṇa-kāraka) 오염원(kilesa)들이 존재하지 않음에 의해서 무량하기 때문에 무량하다." (SA.iii.98)

462) "'무소유의 마음의 해탈(ākiñcaññā cetovimutti)'에는 9가지가 있으니, 그것은 무소유처(ākiñcaññ-āyatana)와 [네 가지]도와 [네 가지] 과이다. 이 가운데 무소유처는 어떤 것(kiñcana, 방해물, 아래 §12의 주해 참조)도 대상으로 가지지 않기 때문에 무소유라 불린다. 도와 과는 어떠한 괴롭히고 방해하는 오염원(maddana-palibundhana-kilesa)들도 존재하지 않기 때문에 무소유이며, 열반도 무소유이기 때문이다."(SA.iii.99)

463) 주석서는 '공한 마음의 해탈(suññatā cetovimutti)'에 대해서는 설명을 달지 않고 있다. 그러나 앞의 주해들을 참조해서 설명하자면 공한 마음의 해탈은 제법무아를 통찰하는 위빳사나에 기반을 한 삼매와 네 가지 도와 네 가지 과의 9가지가 여기에 속한다고 할 수 있다.

존자시여, 이를 일러 표상 없는 마음의 해탈이라 합니다."464)

9. "존자시여, 이런 방법이 있어서 이 방법에 의하면 이 법들은 뜻도 다르고 문자도 다릅니다."

10. "존자시여, 그러면 어떤 방법이 있어서 그 방법에 의하면 이 법들은 뜻은 하나이고 문자만 다릅니까?"

11. "존자시여, 탐욕은 한계를 짓는 것이고 성냄은 한계를 짓는 것이고 어리석음은 한계를 짓는 것입니다.465) 번뇌 다한 비구는 이 것들을 제거하였고 그 뿌리를 잘랐고 줄기만 남은 야자수처럼 만들었고 존재하지 않게 하였고 미래에 다시는 일어나지 않게끔 하였습니다. 존자시여, 어떠한 무량한 마음의 해탈이 있더라도 확고부동한

---

464) "'표상 없는 마음의 해탈(animittā cetovimutti)'에는 13가지가 있으니, 그것은 한 가지 위빳사나와 네 가지 무색의 증득(āruppā)과 네 가지 도와 네 가지 과이다. 이 가운데 위빳사나는 영원하다는 표상(nicca-nimitta)과 행복하다는 표상(sukha-nimitta)과 자아라는 표상(atta-nimitta)을 제거하기(ugghāṭeti) 때문에 표상 없음이라 부른다. 네 가지 무색의 증득은 물질의 표상(rūpa-nimitta)이 존재하지 않기 때문에 표상 없음이라 부른다. 도와 과는 표상의 원인이 되는 오염원들이 존재하지 않기 때문에 표상 없음이며 열반도 표상 없음이다."(SA.iii.99)

465) "'탐욕은 한계를 짓는 것이고(rāga pamāṇa-karaṇa)'라는 등으로 말했다. 예를 들면 산기슭에 썩은 나뭇잎들이 쌓여 있는 물이 있는데 검은 색으로 변해 있어서 쳐다보면 100 길이나 되는 깊은 곳(byāma-sata-gambhīra)으로 보인다. 그러나 실제로 나무 막대기나 밧줄로 재어보면(minanta) 등짝 정도에만 차는 정도(piṭṭhi-pād-ottharaṇa-matta) 밖에는 되지 않는 것과 같다.
그와 같이 탐욕 등이 생겨나지 않을 때까지는 그 사람이 예류자인지 일래자인지 불환자인지 그의 경지를 알아 볼 수가 없다. 그러나 일단 그 사람에게서 탐욕 등이 생겨나면 그때는 그가 탐하는지 성내는지 어리석은지를 알아 볼 수 있다. 이렇게 하여 '아무개는 이런 사람이야.'라고 그 사람에 대한 양(pamāṇa)을 재어서 보여줄 수 있게 된다. 그래서 탐욕은 한계를 짓는 것'이라고 한 것이다."(SA.iii.98)

마음의 해탈이 그 가운데서 으뜸이라고 일컬어집니다.466) 그런데 이 확고부동한 마음의 해탈은 탐욕이 공하고 성냄이 공하고 어리석음이 공합니다."

12. "존자시여, 탐욕은 무엇이 있는 것이고 성냄은 무엇이 있는 것이고 어리석음은 무엇이 있는 것입니다.467) 번뇌 다한 비구는 이것들을 제거하였고 그 뿌리를 잘랐고 줄기만 남은 야자수처럼 만들었고 존재하지 않게 하였고 미래에 다시는 일어나지 않게끔 하였습니다. 존자시여, 어떠한 무소유의 마음의 해탈이 있더라도 확고부동한 마음의 해탈이 그 가운데서 으뜸이라고 일컬어집니다. 그런데 이 확고부동한 마음의 해탈은 탐욕이 공하고 성냄이 공하고 어리석음이 공합니다."

13. "존자시여, 탐욕은 표상을 만드는 것이고 성냄은 표상을 만드는 것이고 어리석음은 표상을 만드는 것입니다.468) 번뇌 다한 비

---

466) "'확고부동한 마음의 해탈(akuppā cetovimutti)'이란 아라한과의 마음의 해탈(arahatta-phala-ceto-vimutti)이다. 이것은 모든 해탈 가운데 가장 수승하기 때문에(sabba-jeṭṭhikā) '으뜸이라고 일컬어진다(aggam akkhā-yati).'고 한 것이다."(SA.iii.98)

467) '무엇이 있는 것'은 kiñcana를 옮긴 것이다. 주석서는 이것을 동사 kiñcati에서 파생된 것으로 설명하고 있는데 뭉개다(maddati)와 방해하다(pali-bundhati)로 해석하고 있다. 그래서 kiñcana를 막고 뭉개는 방해물(madda-na)로 해석하고 있다.(SA.iii.99)
그리고 kiñcati라는 동사는 니까야에는 쓰이지 않는다. kiñcana는 kiṁ+cana로 분석되며 단순히 '그 무엇'을 뜻한다. 빠알리에서 이 단어는 방해가 되는 그 무엇이라는 뜻이다. 이 의미에 대해서는 『맛지마 니까야』 「부동에 적합함 경」(M106/ii.263~264) §8을 참조할 것.

468) "탐욕이 일어날 때 '이 사람은 탐욕을 가졌다.'라고 인식하게 하는 표상(sañjānana-nimitta)을 만들면서 생기기 때문에 '표상을 만드는 것(nimitta-karaṇa)'이라 불린다. 성냄과 어리석음도 마찬가지다."(SA.iii.99)
한편 탐욕은 아름다운 표상(subha-nimitta)을 일어나게 하는 원인이 되고

구는 이것들을 제거하였고 그 뿌리를 잘랐고 줄기만 남은 야자수처럼 만들었고 존재하지 않게 하였고 미래에 다시는 일어나지 않게끔 하였습니다. 존자시여, 어떠한 표상 없는 마음의 해탈이 있더라도 확고부동한 마음의 해탈이 그 가운데서 으뜸이라고 일컬어집니다. 그런데 이 확고부동한 마음의 해탈은 탐욕이 공하고 성냄이 공하고 어리석음이 공합니다."

14. "존자시여, 이런 방법이 있어서 이 방법에 의하면 이 법들은 뜻은 하나이고 문자만 다릅니다."469)

15. "장자여, 그대는 심오한 부처님의 말씀에 정통한 통찰지의 눈[慧眼]을 가졌으니 이것은 참으로 그대에게 이득입니다. 이것은 참으로 그대에게 큰 이득입니다."470)

니간타 나따뿟따 경(S41:8)

Nigaṇṭhanāṭaputta-sutta

2. 그 무렵 니간타 나따뿟따471)가 많은 니간타 회중과 함께 맛

(AA.i.32 참조), 성냄은 적의의 표상(paṭigha-nimitta)을 일어나게 하는 원인이 되고, 어리석음은 영원함[常]과 즐거움[樂]과 자아[我]에 대한 표상의 원인이 된다고 할 수 있다.

469) "그런데 왜 여기서는 공한 마음의 해탈은 언급되지 않는가? '탐욕이 공하고' 등의 말을 통해서 이미 모든 곳에서 포함되었기(anupaviṭṭha) 때문이다. 그래서 따로(visuṁ) 언급하지 않았다."(SA.iii.99)

470) 본 문단은 Ee에는 나타나지 않지만 Be와 Se에는 나타난다.

471) 니간타 나따뿟따(Nigaṇṭha Nāṭaputta)는 자이나교의 창시자인 마하위라(Mahāvīra)와 동일인이다. 그는 빠알리 삼장의 여러 곳에서 언급되고 있지만(특히 『맛지마 니까야』 「우빨리 경」(M56)) 그가 세존과 조우한 기록은 남아있지 않다. 그의 제자들은 니간타(Nigaṇṭha, 매듭을 푼 자)들로 불려지고 있다.

치까산다에 [298] 도착했다. 찟따 장자는 니간타 나따뿟따가 많은 니간타 회중과 함께 맛치까산다에 도착했다고 들었다. 그때 찟따 장자는 많은 청신사들과 함께 니간타 나따뿟따에게 다가갔다.472) 가서는

학자에 따라서는 이 둘은 다르다고 하는 자들도 있지만 초기불전에 나타나는 니간타들과 자이나교에 대한 설명이 자이나교의 가르침과 같다는 점에서 같은 인물임이 분명하다. 예를 들면 『맛지마 니까야』 「우빨리 경」(M56) §3에서 니간타는 몽둥이(daṇḍa)라는 표현에 익숙하다고 그의 제자 디가따빳시(Dīghatapassi)가 부처님께 말씀드리는데 여러 자이나 문헌 특히 최초기 자이나 문헌인 『아야랑가 숫따』(Āyaraṅga-sutta, Āyaro, Sk. Ācary-aṅga-sutta)에 몽둥이(daṇḍa)를 금하는 구절이 많이 나타난다.

니간타(nigaṇṭha, Sk. nirgrantha)는 nis(*without*)+√granth(*to bind*)에서 파생된 명사로 문자 그대로 '묶임 혹은 집착으로부터 풀려난 자'라는 뜻이다. 니간타 나따뿟따의 제자들을 통칭하여 니간타들이라 한다. 『디가 니까야』 「사문과경」(D2) §2.28에서 그들은 네 가지 제어로 단속하는 자(cātu-yāma-saṁvara)들이라고 요약되는데 이런 제어를 통해서 묶임(gaṇṭha, 간타)으로부터 풀려나기 때문에 니간타(묶임이 없는 자)라 불린다.

니간타 나따뿟따는 와르다마나(Vardhamāna)라고도 알려졌으며 나따(Nāta)는 웨살리에 사는 종족의 이름이라 한다. 『숫따니빠따 주석서』(SnA.ii.423)에서는 그의 아버지 이름이라고 한다. 자이나교의 설명에 따르면 그의 아버지는 싯다르타(Siddhartha)이고 끄샤뜨리야 계급이며 어머니는 뜨리샬라라고 한다.(Barua, 372) 초기불전들(M.ii.31; A.i.220; M.i.92; M.ii.214 등)을 통해서 사람들이 그를 두고 지와 견(ñāṇa-dassana)을 가진 자로 인정하고 있었음을 알 수 있으며, 이는 자이나 경들에서도 한결같이 강조하고 있다. 육사외도 가운데서 불교 문헌에 가장 많이 나타나는 자들이 니간타들이다. 그의 제자들인 닝까 나따뿟따(Niṅka Nātaputta, S.i.66), 디가 따빳시(Dīgha Tapassī, M56/i.373), 아시반다까뿟따(Asibandhaka-putta, S.iv.317.), 아바야 왕자(Abhayarājakumāra, M58/i.392.), 시하(Sīha, A.iv.180.) 등이 부처님과 만나서 대화하는 일화가 초기불전에 나타나며, 특히 그의 신도인 우빨리 장자(Upāli gahapati)가 부처님의 신도가 된 것은 잘 알려져 있다.(M56/i.373).

472) "그런데 불환자이며 교단에서 잘 알려진 성스러운 제자인 찟따 장자가 왜 이러한 삿된 나체수행자인 니간타에게 다가갔는가? 비난을 피하기 위해서(upavāda-mocanattha), 그리고 그를 논파하기 위해서(vād-āropanattha)이다. 니간타들은 사문 고따마의 제자들은 뻣뻣하여 다른 누구도 친절하게 환영하지 않는다고 비난한다. 그래서 그런 비난으로부터 벗어나기 위해서, 그리고 그를 논파하기 위해서 그에게 다가간 것이다."(SA.iii.100)

니간타 나따뿟따와 함께 환담을 나누었다. 유쾌하고 기억할 만한 이야기로 서로 담소를 나누고 한 곁에 앉았다. 한 곁에 앉은 찟따 장자에게 니간타 나따뿟따는 이렇게 말했다.

3. "장자여, 그대는 사문 고따마가 '일으킨 생각이 없고 지속적인 고찰이 없는 삼매가 있다. 일으킨 생각과 지속적인 고찰의 소멸은 존재한다.'473)라고 하는 것을 믿습니까?"

"존자시여, 저는 세존께서 '일으킨 생각이 없고 지속적인 고찰이 없는 삼매가 있다. 일으킨 생각과 지속적인 고찰의 소멸은 존재한다.'라고 하신 것을 믿음으로 다가가지 않습니다."474)

4. 이렇게 말하자 니간타 나따뿟따는 의기양양하게 자신의 회중을 둘러본 뒤 이렇게 말했다.

"존자들은 찟따 장자의 올곧음을 보시오. 찟따 장자는 참으로 정직합니다. 찟따 장자는 남을 현혹시키지 않습니다. 일으킨 생각과 지속적인 고찰을 소멸시킬 수 있다고 생각하는 사람은 마치 그물로 바람을 잡으려고 생각하는 것과 같습니다. 일으킨 생각과 지속적인 고찰을 소멸시킬 수 있다고 생각하는 사람은 강가 강의 흐름을 자신의 주먹으로 막으려고 생각하는 것과 같습니다."

5. "존자시여, 이를 어떻게 생각하십니까? 지혜와 믿음 가운데

---

473) 이것은 아래 §5에서 언급하듯이 제2선을 뜻한다.

474) '믿음으로 다가가지 않습니다.'는 na saddhāya gacchāmi를 옮긴 것이다. 다음 §5에서 보듯이 찟따 장자는 이러한 삼매의 경지를 단지 믿음으로 받아들이는 것이 아니라 스스로 체득하여 알고 본다는 것을 강조하기 위해서 이렇게 말하고 있다. 그러나 니간타 나따뿟따는 찟따 장자가 생각과 사유가 없는 삼매의 경지를 부정하는 것으로 받아들여서 의기양양하고 있다. 이러한 믿음과 체득에 대한 재담은 본서 제5권 「동 꽃타까 경」(S48:44) §4의 사리뿟따 존자의 말에도 나타나고 있다.

서 어떤 것이 더 수승합니까?"

"장자여, 믿음보다는 지혜가 더 수승합니다."

"존자시여, 저는 원하기만 하면 감각적 욕망들을 완전히 떨쳐버리고 해로운 법[不善法]들을 떨쳐버린 뒤, 일으킨 생각[尋]과 지속적인 고찰[伺]이 있고, 떨쳐버렸음에서 생긴 희열[喜]과 행복[樂]이 있는 초선(初禪)에 들어 [299] 머뭅니다.

존자시여, 저는 원하기만 하면 일으킨 생각과 지속적인 고찰을 가라앉혔기 때문에 [더 이상 존재하지 않으며], 자기 내면의 것이고, 확신이 있으며, 마음의 단일한 상태이고, 일으킨 생각과 지속적인 고찰은 없고, 삼매에서 생긴 희열과 행복이 있는 제2선(二禪)에 들어 머뭅니다.

존자시여, 저는 원하기만 하면 희열이 빛바랬기 때문에 평온하게 머물고, 마음챙기고 알아차리며 몸으로 행복을 경험하고, 이 [禪 때문에] '평온하고 마음챙기며 행복하게 머문다.'라고 성자들이 묘사하는 제3선(三禪)에 들어 머뭅니다.

존자시여, 저는 원하기만 하면 행복도 버리고 괴로움도 버리고, 아울러 그 이전에 이미 기쁨과 슬픔이 소멸되었으므로 괴롭지도 즐겁지도 않으며, 평온으로 인해 마음챙김이 청정한[捨念淸淨] 제4선(四禪)에 들어 머뭅니다.

존자시여, 저는 참으로 이와 같이 알고 이와 같이 봅니다. 그러므로 '일으킨 생각이 없고 지속적인 고찰이 없는 삼매가 있다. 일으킨 생각과 지속적인 고찰의 소멸은 존재한다.'라고 하는 것에 대해서 제가 어떤 사문이나 바라문에게 믿음으로 다가가겠습니까?"

6. 이렇게 말하자 니간타 나따뿟따는 자신의 회중을 곁눈질로 둘러본 뒤 이렇게 말했다.

"존자들은 찟따 장자의 올곧지 못함을 보시오. 찟따 장자는 참으로 교활합니다. 찟따 장자는 남을 현혹시킵니다."

7. "존자시여, 조금 전에 존자께서는 '존자들은 찟따 장자의 올곧음을 보시오. 찟따 장자는 참으로 정직합니다. 찟따 장자는 남을 현혹시키지 않습니다.'라고 말씀하신 것을 우리는 알고 있습니다. 그런데 지금은 다시 '존자들은 찟따 장자의 올곧지 못함을 보시오. 찟따 장자는 참으로 교활합니다. 찟따 장자는 남을 현혹시킵니다.'라고 하신 것을 우리는 알고 있습니다. 존자시여, 만일 당신의 첫 번째 말씀이 진실이라면 나중 것은 거짓입니다. 존자시여, 만일 당신의 첫 번째 말씀이 거짓이라면 나중 것은 진실입니다.

존자시여, 그리고 열 가지 법다운 질문이 있습니다. 만일 이것의 뜻을 아신다면 니간타의 회중과 더불어 제게 대꾸를 하실 것입니다.[475)]

하나에 대한 질문과 하나에 대한 개요와 하나에 대한 설명이 있고,
둘에 대한 질문과 둘에 대한 개요와 둘에 대한 설명이 있고,
셋에 대한 질문과 셋에 대한 개요와 셋에 대한 설명이 있고,
넷에 대한 질문과 넷에 대한 개요와 넷에 대한 설명이 있고,
다섯에 대한 질문과 다섯에 대한 개요와 다섯에 대한 설명이 있고,

---

475) "'니간타의 회중과 더불어 제게 대꾸를 하실 것입니다(atha mam paṭihare-yyāsi saddhiṁ nigaṇṭhaparisāya).'라고 한 것은, '만일 다음 질문들의 뜻을 안다면 그대는 그대의 회중과 더불어 나에게 다가올 것입니다(abhi-gaccheyyāsi). 그대는 나의 문지기 가까이에 와서(patīhārassa me santi-kaṁ āgantvā) 그대가 나에게 온 사실을 알릴 것입니다.'라는 뜻이다."(SA. iii.100)
즉 주석서는 '대꾸하다(paṭiharati)'를 다가오다(abhigacchati)로 설명하고, 문지기(paṭihāra, MW, *s.v.* prati-√hṛ > pratihāra)와 연결 짓고 있다.
한편 『맛지마 니까야』의 「데와다하 경」(M101/ii.220) §15에는 saha-dhammikaṁ vāda-paṭihāraṁ이라는 표현이 나타나는데 이것은 '법다운 교설에 대한 답변'으로 옮길 수 있다. 여기서 paṭihāra는 paṭiharati의 명사인데 답변을 뜻한다. 이런 것을 참조하여 paṭiharati를 '대꾸하다'로 옮겼다.

여섯에 대한 질문과 여섯에 대한 개요와 여섯에 대한 설명이 있고,
일곱에 대한 질문과 일곱에 대한 개요와 일곱에 대한 설명이 있고,
여덟에 대한 질문과 [300] 여덟에 대한 개요와 여덟에 대한 설명이 있고,
아홉에 대한 질문과 아홉에 대한 개요와 아홉에 대한 설명이 있고,
열에 대한 질문과 열에 대한 개요와 열에 대한 설명이 있습니다."476)

8. 그러나 찟따 장자는 니간타 나따뿟따에게 이 열 가지 법다운 질문을 [실제로] 묻지는 않고 자리에서 일어나서 나왔다.477)

나체수행자 깟사빠 경(S41:9)

Acelakassapa-sutta

2. 그 무렵 나체수행자 깟사빠478)가 맛치까산다에 도착했다.

---

476) 주석서는 이 열 가지는『앙굿따라 니까야』「큰 질문 경」1(A10:27)에 나타나고 있는 열 가지 교리문답과 같다고 설명하고 있다.(SA.iii.100)
그런데 실제로 찟따 장자가 열 가지 질문을 제기하였는지(그래서 경을 편집한 자가 이처럼 축약을 하였는지) 아니면 이러한 질문의 틀만을 제기하였는지는 분명하지 않다. 아래 주해를 참조할 것.

477) '질문을 [실제로] 묻지는 않고'는 Se, Be: pañhe āpucchitvā 대신에 Ee: pañhe apucchitvā로 읽어서 옮긴 것이다.
문맥상 볼 때 니간타 나따뿟따가 찟따 장자의 도전에 응하지 않았기 때문에 찟따 장자는 위의 질문의 틀만을 제기한 뒤에 실제로 10가지 질문을 하지 않고 자리를 떠난 것으로 이해하는 것이 좋을 듯하다.

478) 초기불전에는 세 곳에 나체수행자 깟사빠(acela Kassapa)가 나타나고 있는데『디가 니까야』「깟사빠 사자후경」(D8)과 본서 제2권「나체수행자 깟사빠 경」(S12:17)과 본경이다.「깟사빠 사자후 경」(D8)에서 나체수행자 깟사빠는 고행(tapa)에 대해서 세존과 토론을 한 뒤에 출가하여 아라한이 되었으며, 본서 제2권「나체수행자 깟사빠 경」(S12:17)의 나체수행자 깟사빠는 세존과 괴로움(dukkha)에 대해서 대화를 나누고 세존 문하로 출가하여 아라한이 되었다. 본경의 깟사빠는 찟따 장자의 친구였는데 찟따 장자와 대화를 나누고 세존 문하로 출가하여 역시 아라한이 되었다. 본경의 나

그는 재가에 있을 때 찟따 장자의 오랜 친구였다. 찟따 장자는 재가에 있었을 때 자신의 오랜 친구였던 나체수행자 깟사빠가 맛치까산다에 도착했다고 들었다. 그때 찟따 장자는 나체수행자 깟사빠에게 다가갔다. 가서는 나체수행자 깟사빠와 함께 환담을 나누었다. 유쾌하고 기억할 만한 이야기로 서로 담소를 나누고 한 곁에 앉았다. 한 곁에 앉은 찟따 장자는 나체수행자 깟사빠에게 이렇게 말했다.

3. "깟사빠 존자시여, 당신은 출가한 지 얼마나 되었습니까?"

"장자여, 내가 출가한 지 30년이 되었습니다."

"존자시여, 그러면 당신은 이 30년 동안에 인간의 법을 초월하고 성자들에게 적합한, 지와 견의 특별함479)을 증득하여 편안하게 머무

체수행자 깟사빠를 위시한 이 세 사람이 동일인물인지는 알 수 없다. DPPN은 『디가 니까야』의 나체수행자 깟사빠와 본서 제2권 S12:17의 나체수행자 깟사빠는 동일 인물일 가능성이 있다고 적고 있다.

479) '인간의 법을 초월하고 성자들에게 적합한, 지와 견의 특별함'은 Ee: koci uttarimanussadhammo alam ariyañāṇadassanaviseso 대신에 Se, Be: koci uttari manussadhammā alamariyañāṇadassanaviseso로 읽어서 옮겼다. Ee의 M65; A1:5:5; A5:51 등에는 이렇게 나타난다.
여기서 manussadhammā는 탈격(*Ablative*) 단수로 uttari에 걸리며, 이것은 다시 alamariyañāṇadassanaviseso와 동격이다. 그래서 이 전체가 목적격으로 쓰일 때는 uttariṁ manussadhammā alamariyañāṇadassana-visesaṁ(M65; A5:51)으로 나타난다. 그런데 『율장』(Vin.iii.91)에서는 이 전체를 두 개의 독립된 합성어로 간주하여 manussadhammā를 주격 복수로 취급하고 있다.
주석서는 이 의미를 다음과 같이 설명하고 있다.
"'인간의 법을 초월했고(uttari manussadhammā)'라는 것은 열 가지 유익한 업의 길[十善業道, dasa-kusala-kammapatha]이라 불리는 인간의 법을 초월했다는 뜻이다. 이 열 가지 법은 이것을 갖추도록 고무하는 다른 자가 없어도 무기(武器)의 중간겁(satthantara-kappa, D21 §21의 주해 참조)이 끝날 때 급박함이 생긴 인간들이 스스로 갖추게 되기 때문에 인간의 법이라 한다. 여기서 인간의 법을 초월한 것은 禪과 위빳사나와 도(道, magga)와 과(果, phala)라고 알아야 한다."(DA.i.58)
"'성자들에게 적합한, 지와 견의 특별함(alam-ariya-ñāṇa-dassana-visesa)'

르십니까?"

"장자여, 나는 이 30년 동안에 인간의 법을 초월하고 성자들에게 적합한, 지와 견의 특별함을 그 어떤 것도 증득하지 못했고 편안하게 머무르지도 못합니다. 단지 나체로 살고 머리를 깎고 자리를 터는 불자(拂子)480)를 가지고 있을 뿐입니다."

4. 이렇게 말하자 찟따 장자는 나체수행자 깟사빠에게 이렇게 말했다.

"경이롭습니다, 존자시여. 놀랍습니다, 존자시여. 얼마나 법이 잘 설해졌으면481) 30년 동안에 [301] 인간의 법을 초월하고 성자들에게 적합한, 지와 견의 특별함을 그 어떤 것도 증득하지 못했고 편안하게 머무르지도 못하며, 단지 나체로 살고 머리를 깎고 자리를 터는 불자(拂子)를 가지고 있을 뿐이라니요!"

5. "장자여, 그러면 그대는 얼마나 오랫동안 재가신도로 있었습니까?"

이란 성자들에게 적합하거나(yutta) 성자가 되기에 충분한 지와 견이라 불리는 특별함이다. 천안(天眼)의 지혜, 위빳사나의 지혜, 도의 지혜, 과의 지혜, 반조의 지혜가 지와 견의 동의어이다."(AA.i.58)
위빳사나의 지혜 등에 대해서는 『아비담마 길라잡이』 9장 §25 이하를 참조할 것. 본경에 해당하는 주석서(SA.iii.101)에도 인간의 법을 초월한 것으로 열 가지 유익한 업의 길[十善業道]을 들고 있으며, 성자들에게 적합한 지와 견의 특별함도 비슷하게 설명하고 있다.

480) '불자(拂子)'는 pavāḷa-nipphoṭanā를 옮긴 것이다. 주석서에 의하면 이것은 공작의 깃털(mora-piñcha)로 만든 먼지 털이인데 땅에 앉을 때 그곳에 붙어 있는 잔모래나 먼지를 털어내기 위한 것이다.(SA.iii.101) 우리에게 불자(拂子)로 알려져 있어서 이렇게 옮겼다.

481) '얼마나 법이 잘 설해졌으면'은 dhammassa svākhyātatā를 옮긴 것이다. 이것은 찟따 장자가 부처님의 법이 잘 설해진 것을 칭송하는 것으로도 해석할 수 있고, 나체수행자들의 법을 풍자적으로 혹평하는 것으로도 해석할 수 있다.

"존자시여, 제가 재가신도가 된 지도 30년이 되었습니다."

"장자여, 그러면 그대는 이 30년 동안에 인간의 법을 초월하고 성자들에게 적합한, 지와 견의 특별함을 증득하여 편안하게 머무릅니까?"

"존자시여, 어찌 그렇지 않겠습니까? 존자시여, 저는 원하기만 하면 감각적 욕망들을 완전히 떨쳐버리고 해로운 법[不善法]들을 떨쳐버린 뒤, … 초선(初禪)에 들어 머뭅니다.

존자시여, 저는 원하기만 하면 일으킨 생각과 지속적인 고찰을 가라앉혔기 때문에 … 제2선(二禪)에 들어 머뭅니다.

존자시여, 저는 원하기만 하면 희열이 빛바랬기 때문에 … 제3선(三禪)에 들어 머뭅니다.

존자시여, 저는 원하기만 하면 행복도 버리고 괴로움도 버리고, … 제4선(四禪)에 들어 머뭅니다.

존자시여, 만일 제가 세존보다 먼저 죽는다면 세존께서 저를 두고 '찟따 장자에게는 이 세상으로 다시 돌아오게 될 그런 족쇄가 남아 있지 않다.'라고 설명하시는 것은 경이로운 일이 아닙니다."482)

6. 이렇게 말하자 나체수행자 깟사빠는 찟따 장자에게 이렇게 말했다.

"경이롭습니다, 장자여. 놀랍습니다, 장자여. 얼마나 법이 잘 설해졌으면 흰 옷을 입는 재가자가 인간의 법을 초월하고 성자들에게 적합한, 지와 견의 특별함을 증득할 수 있고 편안하게 머무를 수 있다니요! [302] 장자여, 나는 이 법과 율에 출가하고자 합니다. 구족계를

---

482) 이것은 그가 불환자(不還者, anāgāmi)라는 것을 뜻한다. 불환자는 유정들을 욕계에 묶어 두는 다섯 가지 낮은 단계의 족쇄들[下分結]을 부순 자들이다. 10가지 족쇄(saṁyojana)에 대해서는 본서 제1권 「얼마나 끊음 경」(S1:5) {8}의 주해를 참조하고, 낮은 단계의 족쇄에 대해서는 본서 제5권 「낮은 단계의 족쇄 경」(S45:179)을 참조할 것.

받고자 합니다."

7. 그러자 찟따 장자는 나체수행자 깟사빠를 데리고 장로 비구들에게로 갔다. 가서는 장로 비구들에게 이렇게 말했다.

"존자들이시여, 이 나체수행자 깟사빠는 재가에 있었을 때 저의 오랜 친구였습니다. 장로들께서는 이 사람을 출가시켜주십시오. 구족계를 주십시오. 제가 이 사람을 의복과 탁발음식과 거처와 병구완을 위한 약품으로 성심을 다해 잘 보필하겠습니다."

8. 나체수행자 깟사빠는 이 법과 율에 출가하였고 구족계를 받았다. 구족계를 받은 지 얼마 되지 않아서 깟사빠 존자는 혼자 은둔하여 방일하지 않고 열심히, 스스로 독려하며 지냈다. 그는 오래지 않아 좋은 가문의 아들들이 집에서 나와 출가하는 목적인 그 위없는 청정범행의 완성을 지금·여기에서 스스로 최상의 지혜로 알고 실현하고 구족하여 머물렀다. '태어남은 다했다. 청정범행은 성취되었다. 할 일을 다 해 마쳤다. 다시는 어떤 존재로도 돌아오지 않을 것이다.' 라고 최상의 지혜로 알았다.

9. 깟사빠 존자는 아라한들 중의 한 분이 되었다.

병문안 경(S41:10)
Gilānadassana-sutta

2. 그 무렵 찟따 장자는 중병에 걸려 아픔과 고통에 시달리고 있었다. 그때 많은 원림의 신들과 숲의 신들과 나무의 신들과 약용식물과 고목에 거주하는 신들이 모여들어 함께 와서 찟따 장자에게 이렇게 말했다.

3. "장자여, 그대는 '나는 미래세에 전륜성왕이 되리라.'라는 염원을 가지십시오."

이렇게 말하자 찟따 장자는 그 원림의 신들과 숲의 신들과 나무의 신들과 약용식물과 고목에 거주하는 신들에게 이렇게 말했다.

"그것도 역시 무상하고, 그것도 역시 견고하지 않고, 그것도 역시 버리고 가야 하는 것입니다."

4. 이렇게 말하자 찟따 장자의 친구와 동료와 가족과 친척들은 [303] 찟따 장자에게 이렇게 말했다.

"주인님, 마음챙김을 확립하십시오. 쓸데없는 말을 하지 마십시오."

"그런데 내가 무슨 말을 했기에 그대들은 나에게 '주인님, 마음챙김을 확립하십시오. 쓸데없는 말을 하지 마십시오.'라고 하는거요?"

"주인님, 당신은 '그것도 역시 무상하고, 그것도 역시 견고하지 않고, 그것도 역시 버리고 가야 하는 것입니다.'라고 말씀하셨습니다."

"그것은 원림의 신들과 숲의 신들과 나무의 신들과 약용식물과 고목에 거주하는 신들이 '장자여, 그대는 '나는 미래세에 전륜성왕이 되리라.'라는 염원을 가지십시오.'라고 말했기 때문이오. 그래서 나는 '그것도 역시 무상하고, 그것도 역시 견고하지 않고, 그것도 역시 버리고 가야 하는 것입니다.'라고 말한 것이오."

5. "주인님, 그러면 원림의 신들과 숲의 신들과 나무의 신들과 약용식물과 고목에 거주하는 신들은 무슨 이로움을 관찰하기 때문에 '장자여, 그대는 '나는 미래세에 전륜성왕이 되리라.'라는 염원을 가지십시오.'라고 말했습니까?"

"그 신들에게는 이런 생각이 들었기 때문이오. '이 찟따 장자는 계행을 구족하고 선한 성품을 가졌다. 그러므로 만일 그가 '나는 미래세에 전륜성왕이 되리라.'라는 염원을 가지면 그는 계행을 구족하였고 그의 마음의 염원이 청정하기 때문에 성취가 될 것이다. 그러면 정의롭고 법다운 이 왕은 법다운 공양물을 계속해서 [우리들에게] 보시할 것이기 때문이다.'483)라고. 원림의 신들과 숲의 신들과 나무의 신들과 약용식물과 고목에 거주하는 신들은 이러한 이로움을 관찰하기 때문에 '장자여, 그대는 '나는 미래세에 전륜성왕이 되리라.' 라는 염원을 가지십시오.'라고 말한 것이오. 거기에 대해서 나는 '그것도 역시 무상하고, 그것도 역시 견고하지 않고, 그것도 역시 버리고 가야 하는 것입니다.'라고 말한 것이오."

6. "주인님, 그러면 저희들에게도 교계를 해 주십시오."

"그렇다면 그대들은 이와 같이 공부지어야 하오. [304]

'우리는 '이런 [이유로] 그분 세존께서는 아라한[應供]이시며, 완전히 깨달은 분[正等覺]이시며, 명지와 실천이 구족한 분[明行足]이시며, 피안으로 잘 가신 분[善逝]이시며, 세간을 잘 알고 계신 분[世間解]이시며, 가장 높은 분[無上士]이시며, 사람을 잘 길들이는 분[調御丈夫]이시며, 하늘과 인간의 스승[天人師]이시며, 깨달은 분[佛]이시며, 세존(世尊)이시다.'라고 부처님께 흔들림 없는 청정한 믿음을 구족한 자들이 될 것입니다.

우리는 '법은 세존에 의해서 잘 설해졌고, 스스로 보아 알 수 있고, 시간이 걸리지 않고, 와서 보라는 것이고, 향상으로 인도하고, 지자

483) '정의롭고 법다운 왕은 법다운 공양물을 계속해서 보시할 것이기 때문이다.'는 보디 스님의 제언을 따라서 Ee: dhammiko dhammikam phalam anusarissati와 Be: dhammiko dhammikaṁ phalaṁ anupassati 대신에 Se: dhammiko dhammarājā dhammikaṁ baliṁ anuppadassati로 읽어서 옮겼다. dhamma-rājā는 법왕(법의 왕)으로 옮기지 않고 법다운 왕으로 옮겼다. 법왕(법의 왕)은 부처님에게만 적용되기 때문이다.

들이 각자 알아야 하는 것이다.'라고 법에 흔들림 없는 청정한 믿음을 구족한 자들이 될 것입니다.

우리는 '세존의 제자들의 승가는 잘 도를 닦고, 세존의 제자들의 승가는 바르게 도를 닦고, 세존의 제자들의 승가는 참되게 도를 닦고, 세존의 제자들의 승가는 합당하게 도를 닦으니, 곧 네 쌍의 인간들이요[四雙] 여덟 단계에 있는 사람들[八輩]이시다. 이러한 세존의 제자들의 승가는 공양받아 마땅하고, 선사받아 마땅하고, 보시받아 마땅하고, 합장받아 마땅하며, 세상의 위없는 복밭[福田]이시다.'라고 승가에 흔들림 없는 청정한 믿음을 구족한 자들이 될 것입니다.

우리는 집안에 있는 보시할 수 있는 물건은 무엇이든 모두 혼자 두고 사용하지 않고 계행을 구족하고 선한 성품을 가진 분들과 함께 나누어가질 것입니다.'라고.

그대들은 이와 같이 공부지어야 하오."

7. 그때 찟따 장자는 친구와 동료와 가족과 친척들을 부처님과 법과 승가에 청정한 믿음을 가지게 하고 보시하도록 격려한 뒤[484] 임종하였다.

찟따 상윳따(S41)가 끝났다.

여기에 포함된 경들의 목록은 다음과 같다.

① 족쇄, 두 가지 ②~③ 이시닷따 ④ 마하까의 기적
두 가지 ⑤~⑥ 까마부 ⑦ 고닷따
⑧ 니간타 나따뿟따 ⑨ 나체수행자 깟사빠 ⑩ 병문안이다.

---

484) '승가에 청정한 믿음을 가지게 하고 보시하도록 격려한 뒤'는 Be, Se: saṅghe ca cāge ca samādapetvā(승가와 보시에 대해서 격려한 뒤) 대신에 Ee: saṅghe ca pasādetvā cāge ca samādapetvā로 읽어서 옮겼다.

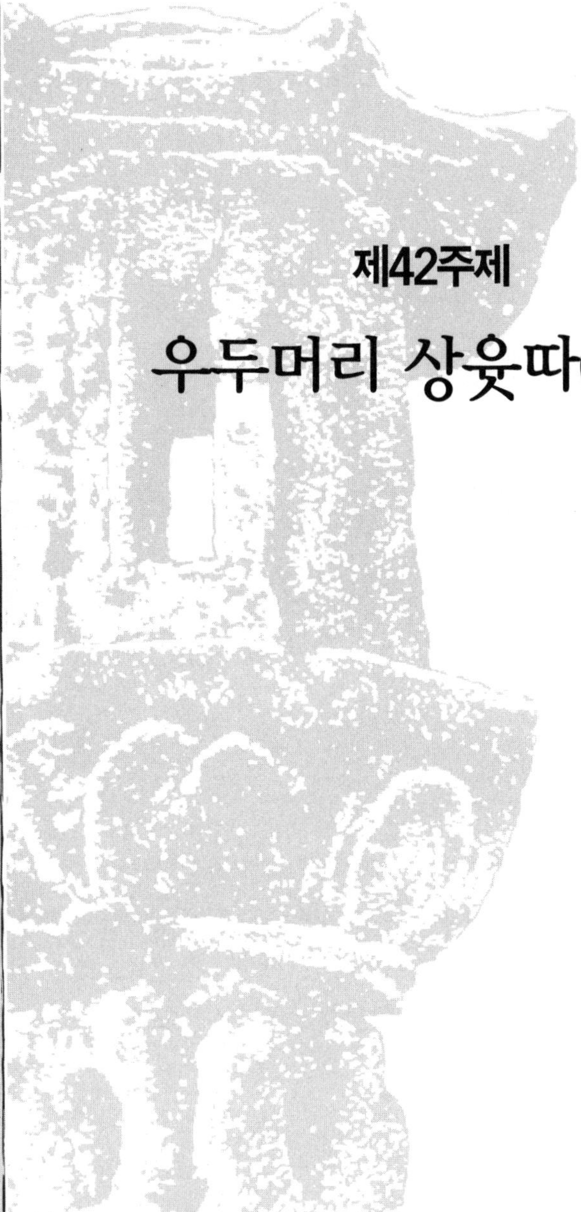

제42주제

우두머리 상윷따(S42)

제42주제(S42)

우두머리 상윳따

Gāmaṇi-saṁyutta

짠다 경(S42:1)

Caṇḍa-sutta

1. 이와 같이 나는 들었다. [305] 한때 세존께서는 사왓티에서 제따 숲의 아나타삔디까 원림(급고독원)에 머무셨다.

2. 그때 짠다 촌장485)이 세존께 다가갔다. 가서는 세존께 절을 올리고 한 곁에 앉았다. 한 곁에 앉은 짠다 촌장은 세존께 이렇게 여쭈었다.

3. "세존이시여, 무슨 원인과 무슨 조건 때문에 여기 어떤 사람은 사나운 자(짠다)라는 명칭을 얻게 되고 어떤 사람은 온화한 자486)라는 명칭을 얻게 됩니까?"

4. "촌장이여, 여기 어떤 사람은 탐욕을 없애지 못했다. 탐욕을 없애지 못했기 때문에 남들이 그에게 분노한다. 남들이 그에게 분노하면 그도 분노를 드러낸다. 그러면 그는 사나운 자라는 명칭을 얻게

---

485) "짠다(사나운) 촌장(Caṇḍa gāmaṇi)은 법을 결집한 장로(dhamma-saṅgāhaka-tthera)들이 사나운 자(caṇḍa)라고 그 이름을 붙여준 어떤 촌장이다."(SA.iii.102)

486) '온화한 자'는 Be, Se: sorata, Ee: sūrata를 옮긴 것이다. 여기에 대해서는 본서 제1권 「궁술 경」(S3:24) {435}에 대한 주해와 「까시 바라드와자 경」(S7:11) {664}에 대한 주해를 참조할 것.

된다. 그는 성냄을 없애지 못했다. 성냄을 없애지 못했기 때문에 남들이 그에게 분노한다. 남들이 그에게 분노하면 그도 분노를 드러낸다. 그러면 그는 사나운 자라는 명칭을 얻게 된다. 그는 어리석음을 없애지 못했다. 어리석음을 없애지 못했기 때문에 남들이 그에게 분노한다. 남들이 그에게 분노하면 그도 분노를 드러낸다. 그러면 그는 사나운 자라는 명칭을 얻게 된다.

촌장이여, 이런 원인과 이런 조건 때문에 여기 어떤 사람은 사나운 자(짠다)라는 명칭을 얻게 된다."

5. "촌장이여, 여기 어떤 사람은 탐욕을 없앴다. 탐욕을 없앴기 때문에 남들이 그에게 분노하지 않는다. 남들이 그에게 분노하지 않으면 그도 분노를 드러내지 않는다. 그러면 그는 온화한 자라는 명칭을 얻게 된다. 그는 성냄을 없앴다. 성냄을 없앴기 때문에 남들이 그에게 분노하지 않는다. 남들이 그에게 분노하지 않으면 그도 분노를 드러내지 않는다. 그러면 그는 온화한 자라는 명칭을 얻게 된다. 그는 어리석음을 없앴다. 어리석음을 없앴기 때문에 남들이 그에게 분노하지 않는다. 남들이 그에게 분노하지 않으면 그도 분노를 드러내지 않는다. 그러면 그는 온화한 자라는 명칭을 얻게 된다.

촌장이여, 이런 원인과 이런 조건 때문에 여기 어떤 사람은 온화한 자라는 명칭을 얻게 된다."

6. 이렇게 [306] 말씀하시자 짠다 촌장은 세존께 이렇게 말씀드렸다.

"경이롭습니다, 세존이시여. 경이롭습니다, 세존이시여. 마치 넘어진 자를 일으켜 세우시듯, 덮여 있는 것을 걷어내 보이시듯, [방향을] 잃어버린 자에게 길을 가리켜 주시듯, 눈 있는 자 형색을 보라고 어둠 속에서 등불을 비춰 주시듯, 세존께서는 여러 가지 방편으로 법을 설해 주셨습니다. 저는 이제 세존께 귀의하옵고 법과 비구 승가에 귀의합니다. 세존께서는 저를 재가신자로 받아주소서. 오늘부터 목숨이 붙어 있는 그날까지 귀의하옵니다."

딸라뿌따 경(S42:2)

Tālapuṭa-sutta

1. 이와 같이 나는 들었다. 한때 세존께서는 라자가하에서 대나무 숲의 다람쥐 보호구역에 머무셨다.

2. 그때 연극단장 딸라뿌따[487]가 세존께 다가갔다. 가서는 세존께 절을 올리고 한 곁에 앉았다. 한 곁에 앉은 연극단장 딸라뿌따는 세존께 이렇게 여쭈었다.

3. "세존이시여, 스승들의 전통을 이어온 이전의 배우들이 말하기를 '무대에서나 집회장에서 진실이나 거짓으로[488] 대중을 웃기고 즐겁게 하는 배우는 몸이 무너져 죽은 뒤에 파안대소하는 신들의 동료로 태어난다.'라고 하는 것을 저는 들은 적이 있습니다. 여기에 대해서 세존께서는 어떻게 말씀하십니까?"

---

487) 문자적으로 딸라뿌따(tāla-puṭa)는 야자 잎으로 만든 상자를 뜻한다. 주석서에 의하면 연극단장 딸라뿌따(Tālapuṭa naṭagāmaṇi)는 그의 얼굴 색깔이 익어서 막 떨어진 야자열매(tāla-pakka)처럼 맑았기(vippasanna) 때문에 이런 이름이 붙여졌다고 한다. 그는 많은 배우를 거느린 연극단의 단장이었으며 전 인도(sakala-jambudīpa)에서 유명하였다고 한다.(SA.iii.102) 그는 본경에서 보듯이 출가하여 아라한이 되었다. 도덕적인 진지함을 담고 있는 그의 게송이 『장로게』(Thag.97) {1091~1145}로 나타나고 있다.

488) '진실이나 거짓으로'는 saccālikena를 옮긴 것이다. 주석서는 이 단어를 saccena ca alikena ca로 즉 병렬복합어[相違釋, dvandva]로 분석하고 있어서(SA.iii.103) 이렇게 옮겼다.

"그만 하라, 단장이여. 그쯤에서 멈추어라. 여기에 대해서 내게 묻지 마라."

4. 두 번째로 …

5. 세 번째로 연극단장 딸라뿌따는 세존께 이렇게 여쭈었다.

"세존이시여, 스승들의 전통을 이어온 이전의 배우들이 말하기를 '무대에서나 집회장에서 진실이나 거짓으로 대중을 웃기고 즐겁게 하는 사람은 [307] 몸이 무너져 죽은 뒤에 파안대소하는 신들의 동료로 태어난다.'라고 하는 것을 저는 들은 적이 있습니다. 여기에 대해서 세존께서는 어떻게 말씀하십니까?"

"참으로 내가 '그만 하라, 단장이여. 그쯤에서 멈추어라. 여기에 대해서 내게 묻지 마라.'라고 그대에게 말했건만 통하지 않는구나. 그렇지만 이제 그대에게 설명하리라."

6. "단장이여, 배우는 무대에서나 집회장에서 애욕을 여의지 못하고 애욕의 폭류에 묶여 있는 중생들의 애욕을 자극하는 것들을 공연하여 그들이 더욱더 애욕에 물들게 만든다. 단장이여, 배우는 무대에서나 집회장에서 성냄을 여의지 못하고 성냄의 폭류에 묶여 있는 중생들의 성냄을 자극하는 것들을 공연하여 그들이 더욱더 성내도록 만든다. 단장이여, 배우는 무대에서나 집회장에서 어리석음을 여의지 못하고 어리석음의 폭류에 묶여 있는 중생들의 어리석음을 자극하는 것들을 공연하여 그들이 더욱더 어리석도록 만든다. 그는 스스로도 도취하고 방일하고 남들도 도취하게 하고 방일하게 만든 뒤 몸이 무너져 죽은 뒤에 파안대소하는 지옥489)에 태어난다."

---

489) "'파안대소하는 지옥(pahāsa nāma niraya)'이라고 하였다. 그런데 파안대소라는 이름을 가진 지옥이 따로(visuṁ) 있는 것은 아니다. 이것은 무간지

7. "그리고 만일 그가 '무대에서나 집회장에서 진실이나 거짓으로 대중을 웃기고 즐겁게 하는 배우는 몸이 무너져 죽은 뒤에 파안대소하는 신들의 동료로 태어난다.'라는 견해를 가졌다면 그것은 그릇된 견해이다. 단장이여, 그릇된 견해를 가진 자는 두 가지 태어날 곳[行處] 가운데 하나로 갈 것이라고 나는 말하나니, 그것은 지옥이거나 축생의 모태이다."490)

8. 이와 같이 말씀하시자 연극단장 딸라뿌따는 울면서 눈물을 흘렸다.

[세존께서는 말씀하셨다.]

"단장이여, 참으로 내가 '그만 하라, 단장이여. 그쯤에서 멈추어라. 여기에 대해서 내게 묻지 마라.'라고 그대에게 말하지 않았던가?"

[연극단장은 말했다.]

"세존이시여, 저는 세존께서 그렇게 말씀하셨기 때문에 우는 것이 아닙니다. 세존이시여, 단지 제가 '무대에서나 집회장에서 진실이나 거짓으로 [308] 대중을 웃기고 즐겁게 하는 배우는 몸이 무너져 죽은 뒤에 파안대소하는 신들의 동료로 태어난다.'라고 말한, 스승들의 전통을 이어온 이전의 배우들에게 속임을 당하고 기만당하고 현혹되었기 때문에 [우는 것입니다.]"

9. "경이롭습니다, 세존이시여. 경이롭습니다, 세존이시여. 마치 넘어진 자를 일으켜 세우시듯, 덮여 있는 것을 걷어내 보이시듯,

---

옥(Avīci)의 한 부분에 속한다. 이곳에서는 춤추고 노래하는 자들이 배우로 분장한 자(naṭa-vesa)를 붙잡아서 고문하는데 이것을 두고 한 말이다." (SA.iii.103)

490) 『맛지마 니까야』 「견서계경」(犬誓戒經, M57/i.387~389) §3과 §5에도 본문과 같은 문단이 나타난다.

[방향을] 잃어버린 자에게 길을 가리켜 주시듯, 눈 있는 자 형색을 보라고 어둠 속에서 등불을 비춰 주시듯, 세존께서는 여러 가지 방편으로 법을 설해 주셨습니다. 저는 이제 세존께 귀의하옵고 법과 비구 승가에 귀의합니다. 세존이시여, 저는 세존의 곁에 출가하고자 합니다. 저는 구족계를 받고자 합니다."

10. 참으로 연극단장 딸라뿌따는 세존의 곁에서 출가하였고 구족계를 받았다. 구족계를 받은 지 얼마 되지 않아서 딸라뿌따 존자는 혼자 은둔하여 방일하지 않고 열심히, 스스로 독려하며 지냈다. … 다시는 어떤 존재로도 돌아오지 않을 것이라고 최상의 지혜로 알았다.

11. 딸라뿌따 존자는 아라한들 중의 한 분이 되었다.

요다지와 경(S42:3)

Yodhājīva-sutta

2. 그때 용병 대장 요다지와[491]가 세존께 다가갔다. 가서는 세존께 절을 올리고 한 곁에 앉았다. 한 곁에 앉은 용병 대장 요다지와는 세존께 이렇게 여쭈었다.

3. "세존이시여, 스승들의 전통을 이어온 이전의 무사들이 말하기를 '전쟁에서 도전하고 분투하는 무사가 다른 무사들에게 죽어서 임종을 맞게 되면 그는 몸이 무너져 죽은 뒤에 패전군이라는 신[492]

491) 주석서는 요다지와(Yodhajīva)를 전투를 통해서 생계를 유지하는 자(yuddhena jīvikaṁ kappanako) 즉 용병(傭兵)으로 설명하고 있다. 이 이름도 법을 결집한 장로(dhamma-saṅgāhaka-tthera)들이 붙인 것이라고 한다.(SA.iii.103)

492) '패전군이라는 신'은 Ee, Se: sarañjitānaṁ devānaṁ 대신에 Be: parajitānaṁ devānaṁ으로 읽어서 옮긴 것이다.

들의 동료로 태어난다.'라고 하는 것을 저는 들은 적이 있습니다. 여기에 대해서 세존께서는 어떻게 말씀하십니까?"

"그만 하라, 용병 대장이여. 그쯤에서 멈추어라. 여기에 대해서 내게 묻지 마라."

4. 두 번째로 …

5. 세 번째로 용병 대장 요다지와는 세존께 이렇게 여쭈었다.

"세존이시여, 스승들의 전통을 이어온 이전의 무사들이 말하기를 '전쟁에서 도전하고 분투하는 무사가 다른 무사들에게 죽어서 임종을 맞게 되면 그는 몸이 무너져 죽은 뒤에 패전군이라는 신들의 동료로 태어난다.'라고 하는 것을 저는 들은 적이 있습니다. 여기에 대해서 세존께서는 어떻게 말씀하십니까?"

"참으로 [309] 내가 '그만 하라, 용병 대장이여. 그쯤에서 멈추어라. 여기에 대해서 내게 묻지 마라.'고 그대에게 말했건만 통하지 않는구나. 그렇지만 이제 그대에게 설명하리라."

6. "용병 대장이여, 전쟁에서 도전하고 분투하는 용병의 마음은 '이 중생들을 죽여 버리리라, 베어 버리리라, 잘라버리리라, 파멸시켜 버리리라, 전멸시켜버리리라.'라는 생각으로 이미 저열하게 되었고 타락했고 삿된 염원을 가지게 되었다. 전쟁에서 도전하고 분투하는 이러한 그를 다른 무사들이 죽이고 임종을 맞게 하면 그는 몸이 무너져 죽은 뒤에 패전군이라는 지옥493)에 태어난다.

---

493) 여기서도 주석서는 패전군이라는 지옥(parajitā nāma nirayā)이 따로 있는 것은 아니며 무간지옥(Avīci)의 한 부분에 속한다고 설명하고 있다. 이곳에 사는 중생들은 전쟁에서 싸우는 군인의 모습으로 고통을 받고 있다고 한다."(SA.iii.103~104)

그리고 만일 그가 '전쟁에서 도전하고 분투하는 무사가 다른 무사들에게 죽어서 임종을 맞게 되면 그는 몸이 무너져 죽은 뒤에 패전군이라는 신들의 동료로 태어난다.'라는 견해를 가졌다면 그것은 그릇된 견해이다. 용병 대장이여, 그릇된 견해를 가진 자는 두 가지 태어날 곳[行處] 가운데 하나로 갈 것이라고 나는 말하나니, 그것은 지옥이거나 축생의 모태이다."

7. 이와 같이 말씀하시자 용병 대장 요다지와는 울면서 눈물을 흘렸다.

[세존께서는 말씀하셨다.]

"용병 대장이여, 참으로 내가 '그만 하라, 용병 대장이여. 그쯤에서 멈추어라. 여기에 대해서 내게 묻지 마라.'고 그대에게 말하지 않았던가?"

[용병 대장은 말했다.]

"세존이시여, 저는 세존께서 그렇게 말씀하셨기 때문에 우는 것이 아닙니다. 세존이시여, 단지 제가 '전쟁에서 도전하고 분투하는 무사가 다른 무사들에게 죽어서 임종을 맞게 되면 그는 몸이 무너져 죽은 뒤에 패전군이라는 신들의 동료로 태어난다.'라고 말한, 스승들의 전통을 이어온 이전의 무사들에게 속임을 당하고 기만당하고 현혹되었기 때문에 [우는 것입니다.]"

8. "경이롭습니다, 세존이시여. 경이롭습니다, 세존이시여. 마치 넘어진 자를 일으켜 세우시듯, 덮여 있는 것을 걷어내 보이시듯, [방향을] 잃어버린 자에게 길을 가리켜 주시듯, 눈 있는 자 형색을 보라고 어둠 속에서 등불을 비춰 주시듯, 세존께서는 여러 가지 방편으로 법을 설해 주셨습니다. 저는 이제 세존께 귀의하옵고 법과 비구

승가에 귀의합니다. 세존께서는 저를 재가신자로 받아주소서. 오늘부터 목숨이 붙어 있는 그날까지 귀의하옵니다."

핫타로하 경(S42:4)

Hatthāroha-sutta

2. 그때 [310] 코끼리 부대 대장 핫타로하가 세존께 다가갔다. …

<본경은 앞의 「요다지와 경」(S42:3) 가운데 용병 대장 요다지와 대신에 코끼리 부대 대장 핫타로하(문자적으로 '코끼리 타는 자'라는 뜻)가 나타나는 것만 다르고 나머지는 모두 「요다지와 경」(S42:3)과 같다.>

앗사로하 경(S42:5)

Assāroha-sutta

2. 그때 기마 부대 대장 앗사로하가 세존께 다가갔다. … [311] …

<본경은 앞의 「요다지와 경」(S42:3) 가운데서 '용병 대장 요다지와' 대신에 기마 부대 대장 앗사로하(문자적으로 '말 타는 자'라는 뜻)가 나타나는 것만 다르고 나머지는 모두 「요다지와 경」(S42:3)과 같다.>

아시반다까뿟따 경(S42:6)

Asibandhakaputta-sutta

1. 이와 같이 나는 들었다. 한때 세존께서는 날란다에서 빠와리까의 망고 숲에 머무셨다.

2. 그때 [312] 아시반다까뿟따 촌장이 세존께 다가갔다. 가서는 세존께 절을 올리고 한 곁에 앉았다. 한 곁에 앉은 아시반다까뿟따 촌장은 세존께 이렇게 여쭈었다.

3. "세존이시여, 서쪽 지방에 사는 바라문들은 물병을 가지고 다니고 세왈라 수초로 만든 화환을 두르고 물속에 들어가고 불 지피는 헌공을 하는 자들입니다. 그런데 그들은 죽어서 임종한 사람을 위로 인도한다고 하고 잘 다스린다고 하고 천상에 가게 한다고 합니다.494) 세존이시여, 그런데 세존 · 아라한 · 정등각자께서는 모든 세상 [사람들]이 몸이 무너져 죽은 뒤에 좋은 곳[善處], 천상에 태어나게 하실 수 있습니까?"

4. "촌장이여, 그렇다면 이제 그대에게 다시 물어보리니 그대가 옳다고 생각하는 대로 설명해보라.

촌장이여, 이를 어떻게 생각하는가? 여기 어떤 사람은 생명을 죽이고, 주지 않은 것을 가지고, 삿된 음행을 하고, 거짓말을 하고, 중상모략을 하고, 욕설을 하고, 잡담을 하고, 간탐하고, 마음이 악의로 가득 차 있고, 그릇된 견해를 가지고 있다.

그런데 수많은 군중이 함께 그에게로 모여들어 기도를 올리고 찬미가를 암송하고 합장한 채 그의 주위를 돌며 예배하면서 '이 사람은 몸이 무너져 죽은 뒤에 좋은 곳[善處], 천상에 태어나소서.'라고 한다

---

494) '위로 인도한다.'와 '잘 다스린다.'와 '천상에 가게 한다.'는 각각 uyyāpenti와 saññāpenti와 saggaṁ okkāmenti를 옮긴 것이다. 주석서는 앞의 둘을 각각 upari yāpenti(위로 가게 하다)와 sammā ñāpenti(바르게 지도하다)로 설명한 뒤, 천상에 가게 한다를 "그들은 그를 에워싸고 '그대여, 범천의 세상(brahma-loka)으로 가시오. 그대여, 범천의 세상으로 가시오.'라고 하면서 그를 천상에 들어가게 한다(pavesenti)."라고 설명하고 있다.(SA.iii. 104)

하자. 촌장이여, 이를 어떻게 생각하는가? 그러면 그 사람은 수많은 군중이 기도를 올리고 찬미가를 암송하고 합장한 채 그의 주위를 돌며 예배한 것을 원인으로 해서 몸이 무너져 죽은 뒤에 좋은 곳[善處], 천상에 태어나겠는가?"

"그렇지 않습니다, 세존이시여."

5. "촌장이여, 예를 들면 어떤 사람이 크고 넓은 바윗덩이를 깊은 물속으로 던진다 하자. 그런데 수많은 군중이 함께 그 곳으로 모여들어 기도를 올리고 찬미가를 암송하고 합장한 채 그 주위를 돌며 예배하면서 '올라오소서, 큰 바윗덩이시여. 떠오르소서, [313] 큰 바윗덩이시여. 뭍으로 나오소서, 큰 바윗덩이시여.'라고 한다 하자. 촌장이여, 이를 어떻게 생각하는가? 그러면 그 크고 넓은 바윗덩이는 수많은 군중이 기도를 올리고 찬미가를 암송하고 합장한 채 그 주위를 돌며 예배한 것을 원인으로 해서 올라오고 떠오르고 뭍으로 나오겠는가?"

"그렇지 않습니다, 세존이시여."

"촌장이여, 그와 같이 여기 어떤 자는 생명을 죽이고, 주지 않은 것을 가지고, 삿된 음행을 하고, 거짓말을 하고, 중상모략을 하고, 욕설을 하고, 잡담을 하고, 간탐하고, 마음이 악의로 가득 차 있고, 그릇된 견해를 가지고 있다.

그런데 수많은 군중이 함께 그에게로 모여들어 기도를 올리고 찬미가를 암송하고 합장한 채 그의 주위를 돌며 예배하면서 '이 사람은 몸이 무너져 죽은 뒤에 좋은 곳[善處], 천상에 태어나소서.'라고 한다 하더라도 그 사람은 몸이 무너져 죽은 뒤에 처참한 곳, 불행한 곳, 파멸처, 지옥에 태어날 것이다."

6. "촌장이여, 이를 어떻게 생각하는가? 여기 어떤 사람은 생명

을 죽이는 것을 멀리 여의고, 주지 않은 것을 가지는 것을 멀리 여의고, 삿된 음행을 멀리 여의고, 거짓말을 멀리 여의고, 중상모략을 멀리 여의고, 욕설을 멀리 여의고, 잡담을 멀리 여의고, 간탐하지 않고, 마음에 악의가 없고, 바른 견해를 가지고 있다.

그런데 수많은 군중이 함께 그에게로 모여들어 기도를 올리고 찬미가를 암송하고 합장한 채 그의 주위를 돌며 예배하면서 '이 사람은 몸이 무너져 죽은 뒤에 처참한 곳, 불행한 곳, 파멸처, 지옥에 태어나소서.'라고 한다 하자. 촌장이여, 이를 어떻게 생각하는가? 그러면 그 사람은 수많은 군중이 기도를 올리고 찬미가를 암송하고 합장한 채 그의 주위를 돌며 예배한 것을 원인으로 해서 몸이 무너져 죽은 뒤에 처참한 곳, 불행한 곳, 파멸처, 지옥에 태어나겠는가?"

"그렇지 않습니다, 세존이시여."

7. "촌장이여, 예를 들면 어떤 사람이 버터 단지나 참기름 단지를 가지고 깊은 물속으로 들어가서 그것을 깬다 하자. 그러면 단지의 파편이나 조각은 아래로 가라앉을 것이고 버터나 참기름은 위로 떠오를 것이다. [314] 그런데 수많은 군중이 함께 그 곳으로 모여들어 기도를 올리고 찬미가를 암송하고 합장한 채 그 주위를 돌며 예배하면서 '내려가소서, 버터와 참기름이시여. 가라앉으소서, 버터와 참기름이시여. 아래로 내려가소서, 버터와 참기름이시여.'라고 한다 하자. 촌장이여, 이를 어떻게 생각하는가? 그러면 그 버터나 참기름은 수많은 군중이 기도를 올리고 찬미가를 암송하고 합장한 채 그 주위를 돌며 예배한 것을 원인으로 해서 내려가고 가라앉고 아래로 내려가겠는가?"

"그렇지 않습니다, 세존이시여."

"촌장이여, 그와 같이 여기 어떤 사람은 생명을 죽이는 것을 멀리 여의고, 주지 않은 것을 가지는 것을 멀리 여의고, 삿된 음행을 멀리 여의고, 거짓말을 멀리 여의고, 중상모략을 멀리 여의고, 욕설을 멀리 여의고, 잡담을 멀리 여의고, 간탐하지 않고, 마음에 악의가 없고, 바른 견해를 가지고 있다.

그런데 수많은 군중이 함께 그에게로 모여들어 기도를 올리고 찬미가를 암송하고 합장한 채 그의 주위를 돌며 예배하면서 '이 사람은 몸이 무너져 죽은 뒤에 처참한 곳, 불행한 곳, 파멸처, 지옥에 태어나소서.'라고 한다 하더라도 그 사람은 몸이 무너져 죽은 뒤에 좋은 곳[善處], 천상에 태어날 것이다."

8. 이와 같이 말씀하시자 아시반다까뿟따 촌장은 세존께 이렇게 말씀드렸다.

"경이롭습니다, 세존이시여. 경이롭습니다, 세존이시여. 마치 넘어진 자를 일으켜 세우시듯, … 세존께서는 저를 재가신자로 받아주소서. 오늘부터 목숨이 붙어 있는 그날까지 귀의하옵니다."

들판 비유 경(S42:7)

Khettūpama-sutta

1. 이와 같이 나는 들었다. 한때 세존께서는 날란다에서 빠와리까의 망고 숲에 머무셨다.

2. 그때 아시반다까뿟따 촌장이 세존께 다가갔다. 가서는 세존께 절을 올리고 한 곁에 앉았다. 한 곁에 앉은 아시반다까뿟따 촌장은 세존께 이렇게 여쭈었다.

3. "세존이시여, 참으로 세존께서는 일체 생명의 이익을 위하고

연민하며 머무십니까?”

“그러하노라, 촌장이여. 여래는 일체 생명의 이익을 위하고 연민하며 머무른다.”

“세존이시여, 그런데 왜 세존께서는 어떤 때는 자상하게 법을 설하시고 어떤 때는 자상하게 법을 설하지 않으십니까?”

4. “촌장이여, [315] 그렇다면 이제 그대에게 다시 물어보리니 그대가 옳다고 생각하는 대로 설명해보라.

촌장이여, 이를 어떻게 생각하는가? 여기 농사짓는 장자에게 세 가지 들판이 있는데 하나는 기름진 들판이고 하나는 중간쯤 가는 들판이고 하나는 거칠고 척박하고 삭막하고 황폐한 땅이라 하자. 촌장이여, 이를 어떻게 생각하는가? 농사짓는 장자가 씨앗을 뿌리고자 한다면 먼저 어디에다 뿌리겠는가? 기름진 들판인가, 중간쯤 가는 들판인가, 거칠고 척박하고 삭막하고 황폐한 땅인가?”

“세존이시여, 농사짓는 장자가 씨앗을 뿌리고자 한다면 그는 먼저 기름진 들판에 씨앗을 뿌릴 것입니다. 그런 뒤에 중간쯤 가는 들판에다 뿌릴 것입니다. 그런 뒤에 거칠고 척박하고 삭막하고 황폐한 땅에다 뿌리기도 하고 뿌리지 않기도 할 것입니다. 그것은 무슨 이유 때문입니까? 적어도 거기서 나는 것을 소여물로는 사용할 수 있기 때문입니다.”

5. “촌장이여, 비구와 비구니들은 저 기름진 들판에 비유된다. 나는 그들에게 법을 설하나니 시작도 훌륭하고 중간도 훌륭하고 끝도 훌륭한 [법을 설하고], 의미와 표현을 구족하여 [법을 설하여], 더할 나위 없이 완벽하고 지극히 청정한 범행(梵行)을 드러낸다. 그것은 무슨 이유 때문인가? 촌장이여, 이들은 나를 섬으로 삼고 나를 의

지처로 삼고 나를 피난처로 삼고 나를 귀의처로 삼아 머물기 때문이다."

6. "존장이여, 청신사와 청신녀들은 저 중간쯤 가는 들판에 비유된다. 나는 그들에게 법을 설하나니 시작도 훌륭하고 중간도 훌륭하고 끝도 훌륭한 [법을 설하고], 의미와 표현을 구족하여 [법을 설하여], 더할 나위 없이 완벽하고 지극히 청정한 범행(梵行)을 드러낸다. 그것은 무슨 이유 때문인가? 존장이여, 이들은 나를 섬으로 삼고 나를 의지처로 삼고 나를 피난처로 삼고 나를 귀의처로 삼아 머물기 때문이다."

7. "존장이여, 외도인 사문과 바라문과 유행승들은 저 저급한 들판이어서 [316] 거칠고 척박하고 삭막하고 황폐한 땅에 비유된다. 나는 그들에게 법을 설하나니 시작도 훌륭하고 중간도 훌륭하고 끝도 훌륭한 [법을 설하고], 의미와 표현을 구족하여 [법을 설하여], 더할 나위 없이 완벽하고 지극히 청정한 범행(梵行)을 드러낸다. 그것은 무슨 이유 때문인가? 존장이여, 그들이 단 한 구절이라도 이것을 이해하면 그들에게는 오랜 세월 이익과 행복이 있기 때문이다."

8. "존장이여, 예를 들면 사람에게 세 개의 물 항아리가 있는 것과 같다. 하나의 물 항아리는 깨어지지 않아서 물이 새어나오지 않고 흘러나오지 않으며 하나의 물 항아리는 깨어지지는 않았지만 물이 새어나오고 흘러나오며 하나의 물 항아리는 깨어져서 물이 새어나오고 흘러나온다 하자. 존장이여, 이를 어떻게 생각하는가? 사람이 물을 채우고자 한다면 먼저 어디다가 채우겠는가? 깨어지지 않아서 물이 새어나오지 않고 흘러나오지 않는 물 항아리인가, 깨어지지는 않았지만 물이 새어나오고 흘러나오는 물 항아리인가, 깨어져서

물이 새어나오고 흘러나오는 물 항아리인가?"

"세존이시여, 사람이 물을 채우고자 한다면 먼저 깨어지지 않아서 물이 새어나오지 않고 흘러나오지 않는 물 항아리를 채울 것입니다. 그런 뒤에 깨어지지는 않았지만 물이 새어나오고 흘러나오는 물 항아리를 채울 것입니다. 그런 뒤에 깨어져서 물이 새어나오고 흘러나오는 물 항아리를 채우기도 하고 채우지 않기도 할 것입니다. 그것은 무슨 이유 때문입니까? 적어도 그것을 그릇 씻는 물로는 사용할 수 있기 때문입니다."

9. "존장이여, 비구와 비구니들은 저 깨어지지 않아서 물이 새어나오지 않고 흘러나오지 않는 물 항아리에 비유된다. 나는 그들에게 법을 설하나니 시작도 훌륭하고 중간도 훌륭하고 끝도 훌륭한 [법을 설하고], 의미와 표현을 구족하여 [법을 설하여], 더할 나위 없이 완벽하고 지극히 청정한 범행(梵行)을 드러낸다. 그것은 무슨 이유 때문인가? 존장이여, 이들은 나를 섬으로 삼고 나를 의지처로 삼고 나를 피난처로 삼고 나를 귀의처로 삼아 머물기 때문이다."

10. "존장이여, 청신사와 청신녀들은 저 깨어지지는 않았지만 물이 새어나오고 흘러나오는 물 항아리에 비유된다. [317] 나는 그들에게 법을 설하나니 시작도 훌륭하고 중간도 훌륭하고 끝도 훌륭한 [법을 설하고], 의미와 표현을 구족하여 [법을 설하여], 더할 나위 없이 완벽하고 지극히 청정한 범행(梵行)을 드러낸다. 그것은 무슨 이유 때문인가? 존장이여, 이들은 나를 섬으로 삼고 나를 의지처로 삼고 나를 피난처로 삼고 나를 귀의처로 삼아 머물기 때문이다."

11. "존장이여, 외도인 사문과 바라문과 유행승들은 저 깨어져서 물이 새어나오고 흘러나오는 물 항아리에 비유된다. 나는 그들에게

법을 설하나니 시작도 훌륭하고 중간도 훌륭하고 끝도 훌륭한 [법을 설하고], 의미와 표현을 구족하여 [법을 설하여], 더할 나위 없이 완벽하고 지극히 청정한 범행(梵行)을 드러낸다. 그것은 무슨 이유 때문인가? 촌장이여, 그들이 단 한 구절이라도 이것을 이해하면 그들에게는 오랜 세월 이익과 행복이 있기 때문이다."

12. 이와 같이 말씀하시자 아시반다까뿟따 촌장은 세존께 이렇게 말씀드렸다.

"경이롭습니다, 세존이시여. 경이롭습니다, 세존이시여. 마치 넘어진 자를 일으켜 세우시듯, … 세존께서는 저를 재가신자로 받아주소서. 오늘부터 목숨이 붙어 있는 그날까지 귀의하옵니다."

소라고둥 불기 경(S42:8)

Saṅkhadhama-sutta

1. 이와 같이 나는 들었다. 한때 세존께서는 날란다에서 빠와리까의 망고 숲에 머무셨다.

2. 그때 니간타의 제자인 아시반다까뿟따 촌장이 세존께 다가갔다. 가서는 세존께 절을 올리고 한 곁에 앉았다. 한 곁에 앉은 아시반다까뿟따 촌장에게 세존께서는 이렇게 말씀하셨다.

3. "촌장이여, 니간타 나따뿟따[495]는 제자들에게 어떻게 법을 설하는가?"

4. "세존이시여, 니간타 나따뿟따는 이렇게 제자들에게 법을 설

495) 니간타 나따뿟따(Nigaṇṭha Nātaputta)에 대해서는 본서 「니간타 나따뿟따 경」(S41:8) §2의 주해를 참조할 것.

합니다.

'생명을 죽이는 자는 누구든지 악처에 떨어질 것이고 지옥에 떨어질 것이다. 주지 않은 것을 가지는 자는 누구든지 악처에 떨어질 것이고 지옥에 떨어질 것이다. 삿된 음행을 하는 자는 누구든지 악처에 떨어질 것이고 지옥에 떨어질 것이다. 거짓말을 하는 자는 누구든지 악처에 떨어질 것이고 지옥에 떨어질 것이다. 그가 많이 머무는 그대로 그는 [다음 생으로] 인도될 것이다.'라고.

세존이시여, 니간타 나따뿟따는 이렇게 제자들에게 법을 설합니다."

"촌장이여, 그런데 만일 '그가 많이 머무는 그대로 [318] 그는 [다음 생으로] 인도될 것이다.'라고 한다면, 이러한 니간타 나따뿟따의 말에 의하면 누구도 악처에 떨어지지 않을 것이고 지옥에 떨어지지 않을 것이다."

5. "촌장이여, 이를 어떻게 생각하는가? 생명을 죽이는 사람을 예로 들면, 낮이나 밤에 그가 생명을 죽이는 경우가 더 많은가, 아니면 그가 생명을 죽이지 않는 경우가 더 많은가? 어떤 경우가 더 많은가?"

"세존이시여, 생명을 죽이는 사람을 예로 들면, 낮이나 밤에 그가 생명을 죽이는 경우가 훨씬 더 적습니다. 그가 생명을 죽이지 않는 경우가 훨씬 더 많습니다."

"촌장이여, 그러므로 만일 '그가 많이 머무는 그대로 그는 [다음 생으로] 인도될 것이다.'라고 한다면, 이러한 니간타 나따뿟따의 말에 의하면 누구도 악처에 떨어지지 않을 것이고 지옥에 떨어지지 않을 것이다."

6~8. "촌장이여, 이를 어떻게 생각하는가? 주지 않은 것을 가지는

사람을 예로 들면, … 삿된 음행을 하는 사람을 예로 들면, … [319] … 거짓말을 하는 사람을 예로 들면, 낮이나 밤에 그가 거짓말을 하는 경우가 더 많은가, 아니면 그가 거짓말을 하지 않는 경우가 더 많은가? 어떤 경우가 더 많은가?"

"세존이시여, 거짓말을 하는 사람을 예로 들면, 낮이나 밤에 그가 거짓말을 하는 경우가 훨씬 더 적습니다. 그가 거짓말을 하지 않는 경우가 훨씬 더 많습니다."

"촌장이여, 그러므로 만일 '그가 많이 머무는 그대로 그는 [다음 생으로] 인도될 것이다.'라고 한다면, 이러한 니간타 나따뿟따의 말에 의하면 누구도 악처에 떨어지지 않을 것이고 지옥에 떨어지지 않을 것이다."

9. "촌장이여, 여기 어떤 스승은 이런 주장과 이런 견해를 가졌다. '생명을 죽이는 자는 누구든지 악처에 떨어질 것이고 지옥에 떨어질 것이다. 주지 않은 것을 가지는 자는 누구든지 악처에 떨어질 것이고 지옥에 떨어질 것이다. 삿된 음행을 하는 자는 누구든지 악처에 떨어질 것이고 지옥에 떨어질 것이다. 거짓말을 하는 자는 누구든지 악처에 떨어질 것이고 지옥에 떨어질 것이다.'라고. 촌장이여, 그런데 제자가 이 스승에 아주 깊은 믿음을 가지고 있다."

10. "그에게 이런 생각이 든다. '우리의 스승께서는 '생명을 죽이는 자는 누구든지 악처에 떨어질 것이고 지옥에 떨어질 것이다.'라는 이런 주장과 이런 견해를 가지셨다. 그런데 나는 생명을 죽였다. 그러므로 나도 악처에 떨어질 것이고 지옥에 떨어질 것이다.'라고. 그는 이러한 견해를 얻어 지니고 있다. 촌장이여, 만일 그가 이런 견해를 제거하지 않고 이런 마음을 제거하지 않고 이런 견해를 포기하지

않고 죽으면, 마치 누가 그를 데려가서 놓는 것처럼 [반드시] 지옥에 떨어질 것이다.496)

'우리의 스승께서는 '주지 않은 것을 가지는 자는 누구든지 악처에 떨어질 것이고 지옥에 떨어질 것이다.'라는 …

'삿된 음행을 하는 자는 [320] 누구든지 악처에 떨어질 것이고 지옥에 떨어질 것이다.'라는 …

'거짓말을 하는 자는 누구든지 악처에 떨어질 것이고 지옥에 떨어질 것이다.'라는 이런 주장과 이런 견해를 가지셨다. 그런데 나는 거짓말을 했다. 그러므로 나도 악처에 떨어질 것이고 지옥에 떨어질 것이다.'라고. 그는 이러한 견해를 얻어 지니고 있다. 촌장이여, 만일 그가 이런 견해를 제거하지 않고 이런 마음을 제거하지 않고 이런 견해를 포기하지 않고 죽으면, 마치 누가 그를 데려가서 놓는 것처럼 [반드시] 지옥에 떨어질 것이다."

11. "촌장이여, 여기 여래가 이 세상에 출현한다. 그는 아라한[應供]이며, 완전히 깨달은 분[正等覺]이며, 명지와 실천이 구족한 분[明行足]이며, 피안으로 잘 가신 분[善逝]이며, 세상을 잘 알고 계신 분[世間解]이며, 가장 높은 분[無上士]이며, 사람을 잘 길들이는 분[調御丈夫]이며, 하늘과 인간의 스승[天人師]이며, 깨달은 분[佛]이며, 세존(世尊)

---

496) "'마치 누가 그를 데려가서 놓는 것처럼 [반드시] 지옥에 떨어진다(yathā-bhataṁ nikkhitto evaṁ niraye).'는 것은 마치 지옥지기들이 [죄지은 자를] 인도해 와서(āharitvā, ānetvā) 지옥에 가두는 것처럼 반드시 지옥에 떨어진다는 의미라고 알아야 한다(yathā nirayapālehi āharitvā niraye ṭhapito, evaṁ niraye ṭhapitoyevāti veditabbo)."(MA.ii.32. *Cf* AA.i.56; ii.163.)

역자는 Ee: yathā hataṁ 대신에 Be, Se: yathābhataṁ으로 읽었다. 같은 Ee이지만 『앙굿따라 니까야』와 『맛지마 니까야』에는 모두 yathābhataṁ으로 나타나고 있다.

이다.

그는 여러 가지 방법으로 생명을 죽이는 것을 책망하고 비난하며 '생명을 죽이는 것을 멀리 여의라.'고 말한다. 주지 않은 것을 가지는 것을 책망하고 비난하며 '주지 않은 것을 가지는 것을 멀리 여의라.' 고 말한다. 삿된 음행을 책망하고 비난하며 '삿된 음행을 멀리 여의라.'고 말한다. 거짓말하는 것을 책망하고 비난하며 '거짓말을 멀리 여의라.'고 말한다."

12. "촌장이여, 그런데 제자가 이런 스승에 아주 깊은 믿음을 가지고 있다. 그는 이와 같이 숙고한다. '세존께서는 여러 가지 방법으로 생명을 죽이는 것을 책망하시고 비난하시며 '생명을 죽이는 것을 멀리 여의라.'고 말씀하신다. 그런데 나는 이런저런 정도까지는 생명을 죽였다. 그것은 옳지 않았으며 좋지 않은 것이었다. 그래서 나는 그것에 대해서 후회하고 있지만 그러한 나쁜 업을 짓지 않을 수는 없을 것이다.'라고. 그는 이와 같이 숙고한 뒤에 생명을 죽이는 것을 버리고 미래에 생명을 죽이는 것을 멀리 여읜다. 그는 이렇게 해서 이 나쁜 업을 버린다. 그는 이렇게 해서 이 나쁜 업을 넘어선다.

13. '세존께서는 여러 가지 방법으로 주지 않은 것을 가지는 것을 … [321] …

14. '세존께서는 여러 가지 방법으로 삿된 음행을 하는 것을 …

15. '세존께서는 여러 가지 방법으로 거짓말을 책망하시고 비난하시며 '거짓말을 멀리 여의라.'고 말씀하신다. 그런데 나는 이런 저런 정도까지는 거짓말을 하였다. 그것은 옳지 않았으며 좋지 않은 것이었다. 그래서 나는 그것에 대해서 뉘우치고 있지만 그러한 나쁜 업

을 짓지 않을 수는 없을 것이다.'라고. 그는 이와 같이 숙고한 뒤에 거짓말을 버리고 미래에 거짓말 하는 것을 멀리 여읜다. 그는 이렇게 해서 이 나쁜 업을 버린다.497) 그는 이렇게 해서 이 나쁜 업을 넘어선다."

16. "그는 생명을 죽이는 것을 버리고 생명을 죽이는 것을 멀리 여읜다. 그는 주지 않은 것을 가지는 것을 버리고 주지 않은 것을 가지는 것을 멀리 여읜다. 그는 삿된 음행을 버리고 삿된 음행을 멀리 여읜다. 그는 거짓말을 버리고 거짓말을 멀리 여읜다. 그는 중상모략을 버리고 중상모략을 멀리 여읜다. 그는 욕설을 버리고 욕설을 멀리 여읜다. 그는 잡담을 버리고 잡담을 멀리 여읜다. 그는 간탐을 버리고 간탐하지 않는다. 그는 악의를 [322] 버리고 악의 없는 마음을 가진다. 그는 삿된 견해를 버리고 바른 견해를 가진다.

촌장이여, 이런 그는 이와 같이 탐욕이 없고 악의가 없고 현혹됨이 없으며, 분명히 알아차리고 마음챙기며, 자애가 함께한 마음으로 한 방향을 가득 채우면서 머문다. 그처럼 두 번째 방향을, 그처럼 세 번째 방향을, 그처럼 네 번째 방향을 가득 채우면서 머문다. 이와 같이 위로, 아래로, 주위로, 모든 곳에서 모두를 자신처럼 여기고, 충만하고 광대하고 무량하고 원한 없고 악의 없고 자애가 함께한 마음으로 모든 세상을 가득 채우고 머문다."

17. "예를 들면 고둥을 부는 자가 힘이 세면 별 어려움 없이 사방에서 다 들을 수 있게 하는 것과 같다. 촌장이여, 그와 마찬가지로 이처럼 자애를 통한 마음의 해탈498)을 많이 공부지은 자에게, 제한

---

497) '그는 이렇게 해서 이 나쁜 업을 버린다.'는 evametassa pāpassa kammassa pahānaṁ hoti를 옮긴 것인데, 이 문장은 Ee에는 나타나지 않고 Be와 Se에만 나타나고 있다.

된 [욕계의] 업499)은 어떠한 것도 여기에는 남아 있지 않고 여기에는 머물러 있지 않는다.500)

498) "'자애를 통한 마음의 해탈(mettā cetovimutti)'이라고 하였다. 만일 단지 자애(mettā)라고만 말하면 그것은 근접삼매(upacāra)도 되고 본삼매(appana)도 된다. 그러나 마음의 해탈(ceto-vimutti)이라고 말씀하셨기 때문에 이것은 본삼매만을 뜻한다."(SA.iii.105)

499) '제한된 업(pamāṇa-kata kamma)'이란 욕계에 속하는 것(kāmāvacara)을 말한다. 무량한 업(appamāṇa-kata kamma)은 색계에 속하나니(rūpa-avacara) 이것은 제한을 넘어서서 한정적이거나 제한이 없거나 [모든] 방향에 가득 채움(odhisaka-anodhisaka-disā-pharaṇa)을 통해서 증장시킨 뒤에 닦기 때문에 무량한 것(appamāṇa-kata)이라 불린다."(SA.iii.105)
한정적인 것(odhisaka) 등을 비롯한 더 자세한 것은 『청정도론』 IX.49~58을 참조할 것.
한편 『디가 니까야 주석서』는 "제한된(pamāṇa-kata) 업을 짓는 것을 욕계라 부른다. 무량한(appamāṇa-kata) 업을 짓는 것을 색계와 무색계라 부른다."(DA.ii.406)라고 설명하고 있다. 그래서 '제한된 [욕계의] 업'이라고 풀어서 옮겼다.
한편 『청정도론』과 『아비담마 길라잡이』에서는 욕계의 마음을 제한된(paritta) 마음이라 하고 색계와 무색계의 마음을 고귀한(mahaggata) 마음이라 부른다. 욕계의 마음은 그 힘이나 지배력이 제한되어 있기 때문에 제한된(paritta) 마음이라 하고(DhsA.44) 색계와 무색계의 마음은 장애가 제거되었기 때문에 고귀하고, 고귀한 禪에 의해서 얻어졌기 때문에 고귀하다고(VṬ) 설명한다. 『아비담마 길라잡이』 제1장 §3의 해설과 §25의 해설 1을 참조할 것.

500) '여기에는 남아 있지 않고 여기에는 머물러 있지 않는다.'는 na taṁ tatra-avasissati, na taṁ tatrāvatiṭṭhati를 옮긴 것이다.
욕계의 업은 제한되어 있고 색계와 무색계의 업은 제한되어 있지 않다. 그러므로 네 가지 거룩한 마음가짐[四梵住, brahma-vihāra]은 색계 혹은 무색계의 삼매의 경지에 속하는 제한되어 있지 않은 무량한 마음이라는 말이다. 그래서 주석서나 아비담마나 대승에서는 이를 사무량심(四無量心, appa-mañña)이라 부른다. 사무량심을 닦는 삼매에 대한 상세한 설명은 『청정도론』 IX장 전체를 참조할 것.
한편 본경의 주석서는 이렇게 덧붙이고 있다.
"욕계의 업(kāmāvacara-kamma)은 색계와 무색계의 업(rūpa-arūpa-avacara-kamma)에 배회하거나(ohīyati) 머무르지(tiṭṭhati) 못한다. 무슨 말인가? 욕계의 업은 색계와 무색계의 업을 방해하거나(antarā laggituṁ)

촌장이여, 이런 그는 이와 같이 탐욕이 없고 악의가 없고 현혹됨이 없으며, 분명히 알아차리고 마음챙기며, 연민이 함께한 마음으로 … 더불어 기뻐함이 함께한 마음으로 … 평온이 함께한 마음으로 한 방향을 가득 채우면서 머문다. 그처럼 두 번째 방향을, 그처럼 세 번째 방향을, 그처럼 네 번째 방향을 가득 채우면서 머문다. 이와 같이 위로, 아래로, 주위로, 모든 곳에서 모두를 자신처럼 여기고, 충만하고 광대하고 무량하고 원한 없고 악의 없고 평온이 함께한 마음으로 모든 세상을 가득 채우고 머문다."

18. "예를 들면 고둥을 부는 자가 힘이 세면 별 어려움 없이 사방에서 다 들을 수 있게 하는 것과 같다. 촌장이여, 그와 마찬가지로 이처럼 평온을 통한 마음의 해탈을 닦은 자에게, 제한된 [욕계의] 업은 어떠한 것도 여기에는 남아 있지 않고 여기에는 머물러 있지 않는다."

19. 이와 같이 말씀하시자 아시반다까뿟따 촌장은 세존께 이렇게 말씀드렸다.

"경이롭습니다, 세존이시여. 경이롭습니다, 세존이시여. 마치 넘어진 자를 일으켜 세우시듯, … 세존께서는 저를 재가신자로 받아주소서. 오늘부터 목숨이 붙어 있는 그날까지 귀의하옵니다."

그것을 지배하고 억누른 뒤(pharitvā pariyādiyitvā) 자신의 [과보를 생산할] 기회(attano okāsa)를 갖지 못한다는 말이다. 반대로, 마치 큰 폭류(mahogha)가 작은 개울물(paritta udaka)을 범람시켜 버리듯이 색계와 무색계 업은 욕계의 업을 지배하고 억누른 뒤 자신의 [과보를 생산할] 기회를 만든다. 그것은 [욕계의 업이] 자신의 과보를 생산하는 것을 막은 뒤에(paṭibāhitvā) 스스로 범천의 세상에 재생하게끔 한다(brahma-sahabyataṁ upaneti)."(SA.iii.105~106)

가문 경(S42:9)

Kula-sutta

1. 이와 같이 나는 들었다. 한때 세존께서는 고귀한 비구 승가와 함께 꼬살라 [지방]에서 유행(遊行)하시다가 날란다에 도착하셨다. [323] 세존께서는 거기 날란다에서 빠와리까의 망고 숲에 머무셨다.

2. 그 무렵 날란다에는 흉년이 들어 식량이 부족하고 농작물은 하얗게 타들어가 지푸라기로 변해버렸다.501) 그 무렵 니간타 나따뿟따가 많은 니간타 회중과 함께 날란다에 머물고 있었다.

그때 니간타의 제자인 아시반다까뿟따 촌장이 니간타 나따뿟따에게 다가갔다. 가서는 니간타 나따뿟따에게 절을 올리고 한 곁에 앉았

---

501) '날란다에는 흉년이 들어 식량이 부족하고 농작물은 하얗게 타들어가 지푸라기로 변해버렸다.'는 Nālandā dubbhikkhā hoti duhitikā setaṭṭikā salākāvuttā로 읽어서 옮긴 것이다. 보디 스님도 von Hinüber의 제언에 따라 이렇게 읽고 있는데 역자도 이를 따른 것이다. 그런데 Ee, Be, Se뿐만 아니라 대부분의 필사본이 duhitikā 대신에 dvihitikā로, setaṭṭikā 대신에 setaṭṭhikā로 읽고 있다. setaṭṭikā/setaṭṭhikā는 흉년을 묘사하고 있는 『율장』(Vin.ii.256)과 『앙굿따라 니까야』 「부자 경」(A3:56) §2와 「고따미 경」(A8:51/iv.278~279) §9에도 나타난다.
주석서는 dvihitikā/duhitikā를 du-īhiti 혹은 du-ihiti(먹고 살기 어려운)로 설명하는데(SA.iii.106, SA.iii.64), 어원으로 보면 이것은 du-hita에서 파생된 것이다. 본서 「류트 비유 경」(S35:246) §3에서는 duhitika를 '결핍된 도정'으로 옮겼는데 여기에 대해서는 그곳 §3의 주해를 참조할 것.
그리고 본경에 해당하는 주석서는 setaṭṭhikā를 "사람들이 죽어서 여기저기에 흩어져 있는 흰 뼈들(tattha tattha matamanussānaṁ vippakiṇṇāni setāni aṭṭhikāni)"(SA.iii.106)로 정의하고 있다. 그런데 『앙굿따라 니까야』 「고따미 경」(A8:51/iv.278~279) §9와 그곳의 주석서는 이것을 곡물의 병(rogajāti)이라고 설명하고 있다.(AA.iii.237) 그래서 거기서는 '벼멸구'로 의역을 하였다. 어원으로 보면 이 단어는 seta-aṭṭi-ka로 분석되며 여기서 seta는 흰색을 뜻하는 형용사고, aṭṭi는 √ard/ṛd(*to stir, to be scattered*)에서 파생된 명사로 고통이나 성가심이나 병을 뜻한다. 그래서 여기서는 '하얗게 타들어가'로 옮겼다. 보디 스님은 "*the white disease*"라고 옮기고 있다.

다. 한 곁에 앉은 아시반다까뿟따 촌장에게 니간타 나따뿟따는 이렇게 말했다.

3. "오시오, 촌장이여. 그대는 사문 고따마의 교설을 논파하시오. 그러면 '아시반다까뿟따 촌장은 이처럼 크나큰 능력을 가졌고 이처럼 크나큰 위력을 가진 사문 고따마의 교설을 논파했습니다.'라는 좋은 명성이 생길 것이오."

"존자시여, 그런데 제가 어떻게 이처럼 크나큰 능력을 가졌고 이처럼 크나큰 위력을 가진 사문 고따마의 교설을 논파한단 말입니까?"

4. "오시오, 촌장이여. 그대는 사문 고따마에게 다가가시오. 가서는 사문 고따마에게 '세존이시여, 세존께서는 가문을 동정하는 것을 칭송하시고 보호하는 것을 칭송하시고 연민하는 것을 칭송하십니까?'라고 말하시오.

촌장이여, 만일 사문 고따마가 이렇게 질문을 받아서 설명하기를 '그렇습니다, 촌장이여. 여래는 여러 가지 방법으로 가문을 동정하는 것을 칭송하고 보호하는 것을 칭송하고 연민하는 것을 칭송합니다.'라고 하면, 그에게 이렇게 말해야 하오.

'세존이시여, 그러면 왜 세존께서는 이렇게 흉년이 들어 식량이 부족하고 농작물은 하얗게 타들어가 지푸라기로 변해버린 시기에 많은 비구 승가와 함께 유행을 하십니까? 세존께서는 가문들을 파괴하기 위해서 도닦으십니다. 세존께서는 가문들의 재앙을 위해서 도닦으십니다. 세존께서는 가문들의 파멸을 위해서 도닦으십니다.'라고.

촌장이여, 이런 양극단을 가진 그대의 질문을 받으면 사문 고따마는 그것을 뱉을 수도 없고 삼킬 수도 없을 것이오." [324]

5. "알겠습니다, 존자시여."라고 아시반다까뿟따 촌장은 니간타 나따뿟따에게 대답한 뒤 자리에서 일어나 니간타 나따뿟따에게 절을 올리고 오른쪽으로 [세 번] 돌아 [경의를 표한] 뒤에 세존께 다가갔다. 가서는 세존께 절을 올리고 한 곁에 앉았다. 한 곁에 앉은 아시반다까뿟따까 촌장은 세존께 이렇게 여쭈었다.

6. "세존이시여, 세존께서는 가문을 동정하는 것을 칭송하시고 보호하는 것을 칭송하시고 연민하는 것을 칭송하십니까?"

"그러하다, 촌장이여. 여래는 여러 가지 방법으로 가문을 동정하는 것을 칭송하고 보호하는 것을 칭송하고 연민하는 것을 칭송한다."

"세존이시여, 그러면 왜 세존께서는 이렇게 흉년이 들어 식량이 부족하고 농작물은 하얗게 타들어가 지푸라기로 변해버린 시기에 많은 비구 승가와 함께 유행을 하십니까? 세존께서는 가문들을 파괴하기 위해서 도닦으십니다. 세존께서는 가문들의 재앙을 위해서 도닦으십니다. 세존께서는 가문들의 파멸을 위해서 도닦으십니다."

7. "촌장이여, 내가 지난 91겁을 기억해 보건데 전에 어떤 가문도 단지 요리된 탁발음식을 공양한 것만으로 파멸된 가문을 나는 알지 못한다. 오히려 부유하고 많은 재물과 재산과 풍부한 금은과 풍부한 재물과 재산과 풍부한 가산과 곡식을 가진 가문들은 모두 보시와 진실과 제어를 통해서 그렇게 된 것이다."[502)]

8. "촌장이여, 여덟 가지 원인과 여덟 가지 조건 때문에 가문들은 파멸한다.

---

502) '제어를 통해서 그렇게 된 것이다.'는 Be: sāmañña-sambhūtāni 대신에 Ee, Se: saññamasambhūtāni로 읽어서 옮긴 것이다. 주석서는 단지 sesa-sīlaṁ(나머지 계)이라고만 설명하고 있다.(SA.iii.107)

왕 때문에 가문들은 파멸한다. 도둑 때문에 가문들은 파멸한다. 불 때문에 가문들은 파멸한다. 물 때문에 가문들은 파멸한다. 비밀리에 보관해둔 것을 찾아내지 못한다.[503] 사업을 잘못하여 실패한다. 재물을 [325] 낭비하고 허비하고 탕진하는 사치꾼이 가문 안에서 생긴다. 무상한 것이 여덟 번째이다.

촌장이여, 이러한 여덟 가지 원인과 여덟 가지 조건 때문에 가문들은 파멸한다."

9. "촌장이여, 이러한 여덟 가지 원인과 여덟 가지 조건이 따로 있는데도 불구하고 누가 나에게 말하기를 '세존께서는 가문들을 파괴하기 위해서 도닦으십니다. 세존께서는 가문들의 재앙을 위해서 도닦으십니다. 세존께서는 가문들의 파멸을 위해서 도닦으십니다.'라고 한다 하자. 촌장이여, 만일 그가 이런 견해를 제거하지 않고 이런 마음을 제거하지 않고 이런 견해를 포기하지 않고 죽으면, 마치 누가 그를 데려가서 놓는 것처럼 [반드시] 지옥에 떨어질 것이다."

10. 이와 같이 말씀하시자 아시반다까뿟따 촌장은 세존께 이렇게 말씀드렸다.

"경이롭습니다, 세존이시여. 경이롭습니다, 세존이시여. 마치 넘어진 자를 일으켜 세우시듯, … 세존께서는 저를 재가신자로 받아주소서. 오늘부터 목숨이 붙어 있는 그날까지 귀의하옵니다."

---

503) '비밀리에 보관해둔 것을 찾아내지 못한다.'도 Be: nihitaṁ vā ṭhānā vigacchanti 대신에 Ee, Se: nihitaṁ vā nādhigacchanti로 읽어서 옮겼다.

마니쭐라까 경(S42:10)

Maṇiculaka-sutta

1. 이와 같이 나는 들었다. 한때 세존께서는 라자가하에서 대나무 숲의 다람쥐 보호구역에 머무셨다.

2. 그 무렵 왕의 대신들이 왕궁에서 함께 모여 앉아 이런 이야기를 하고 있었다.

"석가족 후예인 [부처님]의 제자[504]인 사문들에게는 금과 은이 허락된다. 석가족 후예인 [부처님]의 제자인 사문들은 금과 은을 인정한다. 석가족 후예인 [부처님]의 제자인 사문들은 금과 은을 받는다."

3. 그 무렵 마니쭐라까 촌장이 그 회중에 앉아 있었다. 마니쭐라까 촌장은 그 회중에게 이렇게 말했다.

"석가족 후예인 [부처님]의 제자인 사문들에게는 금과 은은 허락되지 않습니다. 석가족 후예인 [부처님]의 제자인 사문들은 금과 은을 인정하지 않습니다. 석가족 후예인 [부처님]의 제자인 사문들은 금과 은을 받지 않습니다. 석가족 후예인 [부처님]의 제자인 사문들은 보석과 금을 내려놓았습니다. 석가족 후예인 [부처님]의 제자인 사문들은 금과 은을 사용하지 않습니다."[505]

---

504) '석가족 후예인 [부처님]의 제자(sakya-puttiya)'에 대해서는 본서 제2권 「자칼 경」1(S20:11) §3의 주해를 참조할 것.

505) 이 조항은 『비구계본』(Bhikkhu-pāṭimokkha)의 '압수하는 단타죄(Nissaggiya-pācittiya, 單墮罪)'의 30개의 계목 가운데 18번째로 포함되어 있다.(Vin.iii.236~239; Vin.i.245 참조) 본경은 『율장』(Vin.ii.296~297)에서 비구들이 금과 은을 받는 것을 금하는 증거로 인용되고 있다.
『율장』(Vin.iii.238)에 의하면 은에는 은이나 구리나 나무나 랙(*lac*)이나 교환의 매개체로 사용되는 도구(화폐)도 모두 포함되고 있다. 『율장 주석서』(VinA.iii.690)는 여기에 뼈, 짐승 가죽, 과일, 씨앗 등도 포함시키고 있다. 그러므로 금이나 은은 모든 종류의 화폐를 뜻한다. 이것을 받으면 그것

마니쭐라까 촌장은 그 회중을 납득시킬 수 있었다.

4. 그러자 마니쭐라까 촌장은 세존께 다가갔다. 가서는 세존께 절을 올리고 한 곁에 앉았다. [326] 한 곁에 앉은 마니쭐라까 촌장은 세존께 이렇게 말씀드렸다.

"세존이시여, 여기 왕의 대신들이 왕궁에서 함께 모여 앉아 '석가족 후예인 [부처님]의 제자인 사문들에게는 금과 은이 허락된다. 석가족 후예인 [부처님]의 제자인 사문들은 금과 은을 인정한다. 석가족 후예인 [부처님]의 제자인 사문들은 금과 은을 받는다.'라는 이런 이야기를 하고 있었습니다.

세존이시여, 그때 저는 그 회중에게 이렇게 말했습니다.

'석가족 후예인 [부처님]의 제자인 사문들에게는 금과 은은 허락되지 않습니다. 석가족 후예인 [부처님]의 제자인 사문들은 금과 은을 인정하지 않습니다. 석가족 후예인 [부처님]의 제자인 사문들은 금과 은을 받지 않습니다. 석가족 후예인 [부처님]의 제자인 사문들은 보석과 금을 내려놓았습니다. 석가족 후예인 [부처님]의 제자인 사문들은 금과 은을 사용하지 않습니다.'라고. 세존이시여, 그래서 저는 그 회중을 납득시킬 수 있었습니다."

5. "세존이시여, 그런데 이렇게 설명하면 세존께서 말씀하신 대로 말한 것입니까? 세존을 거짓으로 헐뜯지 않고 세존께서 설하신 것을 반복한 것입니까? [세존께서 설하셨다고 전해진 이것을 반복하더라도] 어떤 동료수행자도 나쁜 견해에 빠져 비난의 조건을 만나지 않겠습니까?"

"분명하다, 촌장이여. 그대가 그렇게 설명한 것은 내가 말한 대로

은 압수하는 단타죄에 속하게 된다.

말한 것이다. 나를 거짓으로 헐뜯지 않고 내가 설한 것을 반복한 것이다. [내가 설했다고 전해진 이것을 반복하더라도] 어떤 동료수행자도 나쁜 견해에 빠져 비난의 조건을 만나지 않는다."

6. "촌장이여, 왜냐하면 석가족 후예인 [부처님]의 제자인 사문들에게는 금과 은은 허락되지 않기 때문이다. 석가족 후예인 [부처님]의 제자인 사문들은 금과 은을 인정하지 않기 때문이다. 석가족 후예인 [부처님]의 제자인 사문들은 금과 은을 받지 않기 때문이다. 석가족 후예인 [부처님]의 제자인 사문들은 보석과 금을 내려놓았기 때문이다. 석가족 후예인 [부처님]의 제자인 사문들은 금과 은을 사용하지 않기 때문이다.

촌장이여, 금과 은을 허락하는 것은 다섯 가닥의 감각적 욕망들을 허락하는 것이다. 촌장이여, 다섯 가닥의 감각적 욕망들을 허락하는 것은 결코 사문의 법이 아니며, 결코 석가족 후예인 [부처님]의 제자들의 법이 아니라고 그대는 분명하게 받아 지녀야 한다."

7. "촌장이여, 나아가서 나는 이렇게 말하노니, 짚은 짚을 원하는 자가 찾기 마련이고 목재는 목재를 원하는 자가 찾기 마련이며 수레는 수레를 원하는 자가 찾기 마련이고 사람은 [327] 사람을 원하는 자가 찾기 마련이다. 촌장이여, 그러나 어떤 방편으로도 금과 은은 인정되어서도 안되고 찾아서도 안된다고 나는 말한다."

바드라까 경(S42:11)

Bhadraka-sutta

1. 이와 같이 나는 들었다. 한때 세존께서는 말라에서 우루웰라깝빠라는 말라들의 성읍에 머무셨다.506)

2. 그때 바드라까 촌장이 세존께 다가갔다. 가서는 세존께 절을 올리고 한 곁에 앉았다. 한 곁에 앉은 바드라까 촌장은 세존께 이렇게 말씀드렸다.

3. "세존이시여, 세존께서 제게 괴로움의 일어남과 소멸에 대해서 설해 주시면 감사하겠습니다."

"촌장이여, 만일 내가 '과거에는 이런 것이 있었다.'라고 과거에 관하여 괴로움의 일어남과 소멸을 설하면 그대에게는 의심과 혼란이 생길 것이다. 촌장이여, 만일 내가 '미래에는 이런 것이 있을 것이다.' 라고 미래에 관하여 괴로움의 일어남과 소멸을 설하면 그대에게는 의심과 혼란이 생길 것이다. 촌장이여, 나도 바로 여기에 앉아 있고 그대도 바로 여기에 앉아 있다. 그러므로 바로 여기에 앉아 있는 그대에게 괴로움의 일어남과 소멸을 설하리라. 이제 그것을 들어라. 듣고 마음에 잘 새겨라. 나는 설할 것이다."

"그렇게 하겠습니다, 세존이시여."라고 바드라까 촌장은 세존께

---

506) 말라(Malla)는 인도 중원의 16개 국 가운데 하나이다. 부처님 시대에는 빠와(Pāvā)와 꾸시나라(Kusinārā)의 두 부분으로 나누어져 있었는데 각각 빠와의 말라족은 빠웨이야까말라(Pāveyyaka-Malla)라 불리었고 꾸시나라의 말라들은 꼬시나라까(Kosinārakа)라 불리었다. 이미 「대반열반경」(D16)에서 빠와의 말라들이 꾸시나라로 전령을 보내어서 부처님의 사리를 나누어 줄 것을 청한 데서도 이 둘은 다른 나라였음을 알 수 있다. 부처님께서 쭌다의 마지막 공양을 드신 곳도 바로 이 빠와였다. 이 두 곳 외에도 초기불전에서는 보가나가라(Bhoganagara)와 아누삐야(Anupiyā)와 본경에 나타나는 우루웰라깝빠(Uruvelakappa)가 언급되고 있다.
말라는 왓지족처럼 공화국 체제를 유지했으며, 말라의 수장들이 돌아가면서 정치를 했고, 그런 의무가 없을 때는 상업에 종사했다.(DA.ii.569) 부처님께서는 말라의 꾸시나라에서 입멸하셨고, 니간타 나따뿟따는 말라의 빠와에서 입멸하였다. 적지 않은 말라족에 속하는 사람들이 경들에 언급되고 있다. 릿차위와 말라는 같이 와싯타(Vasiṭṭha) 족성을 가졌다. 그래서 그들은 같이 와셋타(Vāseṭṭha)라고 경에서 호칭된다.

대답했다.

세존께서는 이렇게 말씀하셨다.

4. "촌장이여, 이를 어떻게 생각하는가? 그대에게는 이 우루웰라깝빠에 사는 어떤 사람들이 사형을 당하거나 구속되거나 벌금을 물거나 비난을 받으면 그대에게 근심·탄식·육체적 고통·정신적 고통·절망을 일어나게 하는 그런 사람들이 있는가?"

"세존이시여, 제게는 이 우루웰라깝빠에 사는 어떤 사람들이 [328] 사형을 당하거나 구속되거나 벌금을 물거나 비난을 받으면 그것이 제게 근심·탄식·육체적 고통·정신적 고통·절망을 일어나게 하는 그런 사람들이 있습니다."

5. "촌장이여, 그러면 그대에게는 이 우루웰라깝빠에 사는 어떤 사람들이 사형을 당하거나 구속되거나 벌금을 물거나 비난을 받더라도 그대에게 근심·탄식·육체적 고통·정신적 고통·절망을 일어나게 하지 않는 그런 사람들이 있는가?"

"세존이시여, 제게는 이 우루웰라깝빠에 사는 어떤 사람들이 사형을 당하거나 구속되거나 벌금을 물거나 비난을 받더라도 그것이 제게 근심·탄식·육체적 고통·정신적 고통·절망을 일어나게 하지 않는 그런 사람들이 있습니다."

6. "촌장이여, 그러면 무슨 이유와 무슨 조건 때문에 이 우루웰라깝빠에서 어떤 사람들이 사형을 당하거나 구속되거나 벌금을 물거나 비난을 받으면 그대에게 근심·탄식·육체적 고통·정신적 고통·절망을 일어나게 하는가? 그리고 무슨 이유와 무슨 조건 때문에 이 우루웰라깝빠에서 어떤 사람들이 사형을 당하거나 구속되거나 벌금을 물거나 비난을 받더라도 그대에게 근심·탄식·육체적 고통·

정신적 고통·절망을 일어나게 하지 않는가?"

"세존이시여, 이 우루웰라깝빠에서 어떤 사람들이 사형을 당하거나 구속되거나 벌금을 물거나 비난을 받으면 제게 근심·탄식·육체적 고통·정신적 고통·절망을 일어나게 하는 것은 제가 그들에게 욕탐이 있기 때문입니다. 그러나 이 우루웰라깝빠에서 어떤 사람들이 사형을 당하거나 구속되거나 벌금을 물거나 비난을 받더라도 제게 근심·탄식·육체적 고통·정신적 고통·절망을 일어나게 하지 않는 것은 제가 그들에게 욕탐이 없기 때문입니다."

"촌장이여, 현재에서 보여지고, 이해되고, 시간이 걸리지 않고 얻어지고,[507] 깊이 들어갈 수 있는 이러한 방법은 과거와 미래에도 그대로 적용하라.

'과거에 일어났던 괴로움은 무엇이든지 모두 욕구를 뿌리로 하고 욕구를 근원으로 한다. 참으로 욕구는 괴로움의 뿌리이기 때문이다. 미래에 일어날 괴로움은 무엇이든지 모두 욕구를 뿌리로 하고 욕구를 근원으로 한다. 참으로 욕구는 괴로움의 뿌리이기 때문이다.'라고."

7. "경이롭습니다, 세존이시여. 놀랍습니다, 세존이시여. 세존께서는 참으로 '일어나는 괴로움은 무엇이든지 [329] 모두 욕구를 뿌리로 하고 욕구를 근원으로 한다. 참으로 욕구는 괴로움의 뿌리이기 때문이다.'라는 이런 금언을 말씀하셨습니다.[508]

세존이시여, 제게는 찌라와시라는 아이가 있는데 저의 집 밖에서

---

507) '시간이 걸리지 않고 얻어지고'는 akālikena pattena를 옮긴 것인데 주석서는 alālikena(시간이 걸리지 않고)가 pattena(얻어지고)를 수식하는 형용사로 설명하고 있다.(SA.iii.108)

508) 촌장은 세존께서 과거와 미래에 적용시켜서 말씀하신 구문을 일반화시키는 기지를 발휘하고 있다.

머물고 있습니다. 세존이시여, 저는 아침에 일어나면 사람을 불러 '여보게, 가서 찌라와시가 어떻게 지내는지 알아보게.'라고 시킵니다. 그래서 그 사람이 돌아올 때까지 저는 '찌라와시가 아프지는 않아야 할 텐데.'라고 하면서 안절부절 못합니다."

8. "촌장이여, 이를 어떻게 생각하는가? 만일 그대의 아들 찌라와시가 사형을 당하거나 구속되거나 벌금을 물거나 비난을 받으면 그대에게 근심·탄식·육체적 고통·정신적 고통·절망이 일어나겠는가?"

"세존이시여, 저의 아들 찌라와시가 사형을 당하거나 구속되거나 벌금을 물거나 비난을 받으면 그것은 저의 생명이 만신창이 되어버린 것인데 어찌 제게 근심·탄식·육체적 고통·정신적 고통·절망이 일어나지 않겠습니까?"

"촌장이여, 이러한 방법으로 그대는 '괴로움은 무엇이든지 모두 욕구를 뿌리로 하고 욕구를 근원으로 한다. 참으로 욕구는 괴로움의 뿌리이기 때문이다.'라고 알아야 한다."

9. "촌장이여, 이를 어떻게 생각하는가? 찌라와시의 어머니가 보이지 않고 그녀의 목소리가 들리지 않는데도 그녀에 대한 그대의 열망과 애욕과 애정이 있는가?"

"그렇지 않습니다, 세존이시여."

"촌장이여, 그렇다면 그대가 찌라와시의 어머니를 보고 그녀의 목소리를 들어야 그녀에 대한 그대의 열망와 애욕과 애정이 생기는가?"

"그렇습니다, 세존이시여."

"촌장이여, 이를 어떻게 생각하는가? 만일 찌라와시의 어머니가 사형을 당하거나 구속되거나 벌금을 물거나 비난을 받으면 그대에게 근심·탄식·육체적 고통·정신적 고통·절망이 일어나겠는가?"

"세존이시여, [330] 찌라와시의 어머니가 사형을 당하거나 구속되거나 벌금을 물거나 비난을 받으면 그것은 저의 생명이 만신창이 되어버린 것인데 어찌 제게 근심·탄식·육체적 고통·정신적 고통·절망이 일어나지 않겠습니까?"

10. "촌장이여, 이러한 방법으로 그대는 '괴로움은 무엇이든지 모두 욕구를 뿌리로 하고 욕구를 근원으로 한다. 참으로 욕구는 괴로움의 뿌리이기 때문이다.'라고 알아야 한다."

라시야 경(S42:12)

Rāsiya-sutta

2. 그때 라시야 촌장이 세존께 다가갔다. 가서는 세존께 절을 올리고 한 곁에 앉았다. 한 곁에 앉은 라시야 촌장은 세존께 이렇게 여쭈었다.

3. "세존이시여, 저는 '사문 고따마는 모든 고행을 비난하고, 난행고행의 삶을 사는 고행자를 전적으로 힐난하고 비방한다.'라고 이렇게 들었습니다. 세존이시여, '사문 고따마는 모든 고행을 비난하고, 난행고행의 삶을 사는 고행자를 전적으로 힐난하고 비방한다.'라고 이렇게 말하는 자들은 세존께서 말씀하신 대로 말한 것입니까? 세존을 거짓으로 헐뜯지 않고 세존께서 설하신 것을 반복한 것입니까? [세존께서 설하셨다고 전해진 이것을 반복하더라도] 어떤 동료수행자도 나쁜 견해에 빠져 비난의 조건을 만나지 않겠습니까?"

"촌장이여, '사문 고따마는 모든 고행을 비난하고, 난행고행의 삶을 사는 고행자를 전적으로 힐난하고 비방한다.'라고 말하는 자들은 내가 말한 대로 말한 것이 아니다. 그들은 나를 거짓으로 헐뜯는 것이다."

(i)

4. "존장이여, 출가자가 가까이하지 않아야 할 두 가지 극단이 있다. 그것은 저열하고 촌스럽고[509] 범속하고 성스럽지 못하고 이익을 주지 못하는 감각적 욕망들에 대한 쾌락의 탐닉에 몰두하는 것과, 괴롭고 성스럽지 못하고 이익을 주지 못하는 자기 학대에 몰두하는 것이다. 촌장이여, 이러한 두 가지 극단을 의지하지 않고 여래는 중도(中道)[510]를 완전하게 깨달았나니 [331] [이 중도는] 안목을 만들고[511] 지혜를 만들며, 고요함과 최상의 지혜와 바른 깨달음과 열반으로 인도한다."

5. "촌장이여, 그러면 어떤 것이 여래가 완전하게 깨달았으며, 안목을 만들고 지혜를 만들며, 고요함과 최상의 지혜와 바른 깨달음과 열반으로 인도하는 중도인가? 그것은 바로 여덟 가지 구성요소로 된 성스러운 도[八支聖道 = 팔정도]이니, 바른 견해, 바른 사유, 바른 말, 바른 행위, 바른 생계, 바른 정진, 바른 마음챙김, 바른 삼매이다.

촌장이여, 이것이 바로 여래가 완전하게 깨달았으며, 안목을 만들

---

509) '촌스러운'으로 옮긴 원어는 gamma이다. 이 단어는 마을이나 시골을 뜻하는 gāma의 곡용으로 '마을에 속하는, 시골에 속하는'이란 뜻이다. 원어의 의미를 살려서 '촌스러운'으로 옮겼다.

510) 여기서 '중도(中道)'는 majjhimā paṭipadā를 옮긴 것이다. 아래 §5에서 보듯이 여기서 중도는 팔정도를 뜻한다. 중도에 대해서는 본서 제2권 「깟짜나곳따 경」(S12:15) §6의 주해와 제6권 해제 §5-(2)를 참조할 것.

511) '안목을 만들고'는 cakkhu-karaṇī를 옮긴 것인데 '눈을 만들고'로 직역할 수 있다. 보디 스님도 *which gives rise to vision*으로 옮겼다.

고 지혜를 만들며, 고요함과 최상의 지혜와 바른 깨달음과 열반으로 인도하는 중도이다."512)

(ii)

6. "촌장이여, 세상에는 세 부류의 감각적 욕망을 즐기는 자가 있다. 무엇이 셋인가?513)

(1) 촌장이여, 여기 감각적 욕망을 즐기는 어떤 자는 부당한 방법으로 폭력을 써서 재산을 모으고, 부당한 방법으로 폭력을 써서 재산을 모은 뒤 자신을 행복하게 하지 않고, 만족하게 하지 않고, 나누어 가

---

512) (i)번 문단 즉 §§4~5는 부처님의 최초의 설법을 담고 있는 본서 제6권 「초전법륜 경」(S56:11) §§3~4에도 나타나고 있다. 주석서는 다음과 같이 설명하고 있다.
"그러면 여기서 왜 '감각적 욕망들에 대한 쾌락의 탐닉에 몰두하는 것(kāma-sukhallika-anuyoga)'을 말씀하시고, 왜 '자기 학대에 몰두하는 것(atta-kilamatha-anuyoga)'을 말씀하시고, 왜 '중도(majjhimā paṭipadā)'를 말씀하시는가? [(ii)~(iii)에서] 감각적 욕망을 즐기는 자(kāma-bhogi)들을 보여주시기 위해서 감각적 욕망들에 대한 쾌락의 탐닉에 몰두하는 것을 말씀하시고, [(iv)~(v)에서] 고행에 빠진 자(tapa-nissitaka)들을 보여주시기 위해서 자기 학대에 몰두하는 것을 말씀하시고, [(vii)에서] 세 가지 풀려남의 토대(nijjara-vatthu)를 보여주시기 위해서 중도를 설하신 것이다.
그러면 이러한 것들을 보여주시는 목적(payojana)이 무엇인가? 두 가지 극단(dve antā)을 제거하고 중도를 통해서 바른 깨달음(sammā-sambodhi)을 증득하신 여래께서는 모든 감각적 욕망을 즐기는 자들이나 고행자들을 비판하시지도(garahati) 않고 칭찬하시지도(pasaṁsati) 않는다. 그분은 비판할 사람들을 비판하시고 칭찬할 사람들을 칭찬하신다. 이것이 그 목적이라고 알아야 한다."(SA.iii.108~109)

513) 이 셋은 ① 어떤 방법으로 재산을 모았는가 ② 자신의 이익을 위해서 사용하는가 아닌가 ③ 남의 이익을 위해서 사용하는가 아닌가 이다. 이 세 가지 기준 모두에 긍정적인 사람은 다시 그 재산에 집착하는가 아닌가로 분류하고 있다.
한편 이하 본경에서 셋으로 분류되어 나타나는 II와 III의 각각 열 가지는 『앙굿따라 니까야』 「감각적 욕망을 즐기는 자 경」(A10:91)에도 꼭 같이 나타나고 있다.

지지 않고, 공덕을 짓지 않는다."

(2) "촌장이여, 그런데 여기 감각적 욕망을 즐기는 어떤 자는 부당한 방법으로 폭력을 써서 재산을 모으고, 부당한 방법으로 폭력을 써서 재산을 모은 뒤 자신을 행복하게 하고, 만족하게 하지만, 나누어 가지지 않고, 공덕을 짓지 않는다."

(3) "촌장이여, 그런데 여기 감각적 욕망을 즐기는 어떤 자는 부당한 방법으로 폭력을 써서 재산을 모으고, 부당한 방법으로 폭력을 써서 재산을 모은 뒤 자신을 행복하게 하고, 만족하게 하고, 나누어 가지고, 공덕을 짓는다."

(4) "촌장이여, 그런데 여기 감각적 욕망을 즐기는 어떤 자는 정당한 방법과 부당한 방법으로 폭력을 쓰기도 하고 폭력을 쓰지 않기도 하여 재산을 모으고, 정당한 방법과 부당한 방법으로 폭력을 쓰기도 하고 폭력을 쓰지 않기도 하여 재산을 모은 뒤 [332] 자신을 행복하게 하지 않고, 만족하게 하지 않고, 나누어 가지지 않고, 공덕을 짓지 않는다."

(5) "촌장이여, 그런데 여기 감각적 욕망을 즐기는 어떤 자는 정당한 방법과 부당한 방법으로 폭력을 쓰기도 하고 폭력을 쓰지 않기도 하여 재산을 모으고, 정당한 방법과 부당한 방법으로 폭력을 쓰기도 하고 폭력을 쓰지 않기도 하여 재산을 모은 뒤 자신을 행복하게 하고, 만족하게 하지만, 나누어 가지지 않고, 공덕을 짓지 않는다."

(6) "촌장이여, 그런데 여기 감각적 욕망을 즐기는 어떤 자는 정당한 방법과 부당한 방법으로 폭력을 쓰기도 하고 폭력을 쓰지 않기도 하여 재산을 모으고, 정당한 방법과 부당한 방법으로 폭력을 쓰기도

하고 폭력을 쓰지 않기도 하여 재산을 모은 뒤 자신을 행복하게 하고, 만족하게 하고, 나누어 가지고, 공덕을 짓는다."

(7) "촌장이여, 그런데 여기 감각적 욕망을 즐기는 어떤 자는 정당한 방법으로 폭력을 쓰지 않고 재산을 모으고, 정당한 방법으로 폭력을 쓰지 않고 재산을 모은 뒤 자신을 행복하게 하지 않고, 만족하게 하지 않고, 나누어 가지지 않고, 공덕을 짓지 않는다."

(8) "촌장이여, 그런데 여기 감각적 욕망을 즐기는 어떤 자는 정당한 방법으로 폭력을 쓰지 않고 재산을 모으고, 정당한 방법으로 폭력을 쓰지 않고 재산을 모은 뒤 자신을 행복하게 하고, 만족하게 하지만, 나누어 가지지 않고, 공덕을 짓지 않는다."

(9) "촌장이여, 그런데 여기 감각적 욕망을 즐기는 어떤 자는 정당한 방법으로 폭력을 쓰지 않고 재산을 모으고, 정당한 방법으로 폭력을 쓰지 않고 재산을 모은 뒤 자신을 행복하게 하고, 만족하게 하고, 나누어 가지고, 공덕을 짓는다. 그러나 그는 재산에 묶이고, 홀리고, 집착하며, 위험함을 보지 못하고, 벗어남을 통찰하지 못하면서 사용한다."

(10) "촌장이여, 그런데 여기 감각적 욕망을 즐기는 어떤 자는 정당한 방법으로 폭력을 쓰지 않고 재산을 모으고, 정당한 방법으로 폭력을 쓰지 않고 재산을 모은 뒤 [333] 자신을 행복하게 하고, 만족하게 하고, 나누어 가지고, 공덕을 짓는다. 그리고 재산에 묶이지 않고, 홀리지 않고, 집착하지 않으며, 위험함을 보고, 벗어남을 통찰하면서 사용한다."

(iii)

7. (1) "촌장이여, 감각적 욕망을 즐기는 자들 가운데서, 부당한 방법으로 폭력을 써서 재산을 모으고, 부당한 방법과 폭력을 써서 재산을 모은 뒤 자신을 행복하게 하지 않고, 만족하게 하지 않고, 나누어 가지지 않고, 공덕을 짓지 않는 자는 세 가지 이유로 비난받는다.

그러면 어떤 세 가지 이유로 비난받는가? 그는 부당한 방법으로 폭력을 써서 재산을 모은다. 이것이 비난받는 첫 번째 이유다. 그는 자신을 행복하게 하지 않고, 만족하게 하지 않는다. 이것이 비난받는 두 번째 이유다. 그는 나누어 가지지 않고, 공덕을 짓지 않는다. 이것이 비난받는 세 번째 이유다.

촌장이여, 이 경우에 감각적 욕망을 즐기는 이 사람은 이러한 세 가지 이유로 비난받는다."

(2) "촌장이여, 감각적 욕망을 즐기는 자들 가운데서, 부당한 방법으로 폭력을 써서 재산을 모으고, 부당한 방법으로 폭력을 써서 재산을 모은 뒤 자신을 행복하게 하고, 만족하게 하지만, 나누어 가지지 않고, 공덕을 짓지 않는 자는 두 가지 이유로 비난받고, 한 가지 이유로 칭송받는다.

그러면 어떤 두 가지 이유로 비난받는가? 그는 부당한 방법으로 폭력을 써서 재산을 모은다. 이것이 비난받는 첫 번째 이유다. 그는 나누어 가지지 않고, 공덕을 짓지 않는다. 이것이 비난받는 두 번째 이유다. 어떤 한 가지 이유로 칭송받는가? 그는 자신을 행복하게 하고, 만족하게 한다. 이것이 칭송받는 한 가지 이유다.

촌장이여, 이 경우에 감각적 욕망을 즐기는 자는 이러한 두 가지 이유로 비난받고, 한 가지 이유로 칭송받는다."

(3) "촌장이여, 감각적 욕망을 즐기는 자들 가운데서, 부당한 방법으로 폭력을 써서 재산을 모으고, 부당한 방법으로 폭력을 써서 재산을 모은 뒤 [334] 자신을 행복하게 하고, 만족하게 하고, 나누어 가지고, 공덕을 짓는 자는 한 가지 이유로 비난받고, 두 가지 이유로 칭송받는다.

그러면 어떤 한 가지 이유로 비난받는가? 그는 부당한 방법으로 폭력을 써서 재산을 모은다. 이것이 비난받는 한 가지 이유다. 어떤 두 가지 이유로 칭송받는가? 그는 자신을 행복하게 하고, 만족하게 한다. 이것이 칭송받는 첫 번째 이유다. 그는 나누어 가지고, 공덕을 짓는다. 이것이 칭송받는 두 번째 이유다.

촌장이여, 이 경우에 감각적 욕망을 즐기는 자는 이러한 한 가지 이유로 비난받고, 두 가지 이유로 칭송받는다."

(4) "촌장이여, 감각적 욕망을 즐기는 자들 가운데서, 정당한 방법과 부당한 방법으로 폭력을 쓰기도 하고 폭력을 쓰지 않기도 하여 재산을 모으고, 정당한 방법과 부당한 방법으로 폭력을 쓰기도 하고 폭력을 쓰지 않기도 하여 재산을 모은 뒤 자신을 행복하게 하지 않고, 만족하게 하지 않고, 나누어 가지지 않고, 공덕을 짓지 않는 자는 한 가지 이유로 칭송받고, 세 가지 이유로 비난받는다.

그러면 어떤 한 가지 이유로 칭송받는가? 그는 정당한 방법으로 폭력을 쓰지 않고 재산을 모은다. 이것이 칭송받는 한 가지 이유다. 어떤 세 가지 이유로 비난받는가? 그는 부당한 방법으로 폭력을 써서 재산을 모은다. 이것이 비난받는 첫 번째 이유다. 그는 자신을 행복하게 하지 않고, 만족하게 하지 않는다. 이것이 비난받는 두 번째 이유다. 그는 나누어 가지지 않고, 공덕을 짓지 않는다. 이것이 비난받는 세 번째 이유다.

촌장이여, 이 경우에 감각적 욕망을 즐기는 자는 이러한 한 가지 이유로 칭송받고, 세 가지 이유로 비난받는다.”

(5) “촌장이여, 감각적 욕망을 즐기는 자들 가운데서, 정당한 방법과 부당한 방법으로 폭력을 쓰기도 하고 폭력을 쓰지 않기도 하여 재산을 모으고, 정당한 방법과 부당한 방법으로 폭력을 쓰기도 하고 폭력을 쓰지 않기도 하여 재산을 모은 뒤 자신을 행복하게 하고, 만족하게 하지만, 나누어 가지지 않고, 공덕을 짓지 않는 자는 두 가지 이유로 칭송받고, 두 가지 이유로 비난받는다.

그러면 어떤 두 가지 이유로 칭송받는가? 그는 정당한 방법으로 폭력을 쓰지 않고 재산을 모은다. 이것이 칭송받는 첫 번째 이유다. 그는 자신을 행복하게 하고, 만족하게 한다. 이것이 칭송받는 두 번째 이유다. 어떤 두 가지 이유로 비난받는가? 그는 부당한 방법으로 폭력을 써서 재산을 모은다. 이것이 비난받는 첫 번째 이유다. 그는 나누어 가지지 않고, 공덕을 짓지 않는다. [335] 이것이 비난받는 두 번째 이유다.

촌장이여, 이 경우에 감각적 욕망을 즐기는 자는 이러한 두 가지 이유로 칭송받고, 두 가지 이유로 비난받는다.”

(6) “촌장이여, 감각적 욕망을 즐기는 자들 가운데서, 정당한 방법과 부당한 방법으로 폭력을 쓰기도 하고 폭력을 쓰지 않기도 하여 재산을 모으고, 정당한 방법과 부당한 방법으로 폭력을 쓰기도 하고 폭력을 쓰지 않기도 하여 재산을 모은 뒤 자신을 행복하게 하고, 만족하게 하고, 나누어 가지고, 공덕을 짓는 자는 세 가지 이유로 칭송받고, 한 가지 이유로 비난받는다.

그러면 어떤 세 가지 이유로 칭송받는가? 그는 정당한 방법으로 폭력을 쓰지 않고 재산을 모은다. 이것이 칭송받는 첫 번째 이유다. 그는 자신을 행복하게 하고, 만족하게 한다. 이것이 칭송받는 두 번째 이유다. 그는 나누어 가지고, 공덕을 짓는다. 이것이 칭송받는 세 번째 이유다. 어떤 한 가지 이유로 비난받는가? 그는 부당한 방법으로 폭력을 써서 재산을 모은다. 이것이 비난받는 한 가지 이유다.

존장이여, 이 경우에 감각적 욕망을 즐기는 자는 이러한 세 가지 이유로 칭송받고, 한 가지 이유로 비난받는다."

(7) "존장이여, 감각적 욕망을 즐기는 자들 가운데서, 정당한 방법으로 폭력을 쓰지 않고 재산을 모으고, 정당한 방법으로 폭력을 쓰지 않고 재산을 모은 뒤 자신을 행복하게 하지 않고, 만족하게 하지 않고, 나누어 가지지 않고, 공덕을 짓지 않는 자는 한 가지 이유로 칭송받고, 두 가지 이유로 비난받는다.

그러면 어떤 한 가지 이유로 칭송받는가? 그는 정당한 방법으로 폭력을 쓰지 않고 재산을 모은다. 이것이 칭송받는 한 가지 이유다. 어떤 두 가지 이유로 비난받는가? 그는 자신을 행복하게 하지 않고, 만족하게 하지 않는다. 이것이 비난받는 첫 번째 이유다. 그는 나누어 가지지 않고, 공덕을 짓지 않는다. 이것이 비난받는 두 번째 이유다.

존장이여, 이 경우에 감각적 욕망을 즐기는 자는 이러한 한 가지 이유로 칭송받고, 두 가지 이유로 비난받는다."

(8) "존장이여, [336] 감각적 욕망을 즐기는 자들 가운데서, 정당한 방법으로 폭력을 쓰지 않고 재산을 모으고, 정당한 방법으로 폭력을 쓰지 않고 재산을 모은 뒤 자신을 행복하게 하고, 만족하게 하지만, 나누어 가지지 않고, 공덕을 짓지 않는 자는 두 가지 이유로 칭송받고, 한 가지 이유로 비난받는다.

그러면 어떤 두 가지 이유로 칭송받는가? 그는 정당한 방법으로 폭력을 쓰지 않고 재산을 모은다. 이것이 칭송받는 첫 번째 이유다. 그는 자신을 행복하게 하고, 만족하게 한다. 이것이 칭송받는 두 번째 이유다. 어떤 한 가지 이유로 비난받는가? 그는 나누어 가지지 않고, 공덕을 짓지 않는다. 이것이 비난받는 한 가지 이유다.

존장이여, 이 경우에 감각적 욕망을 즐기는 자는 이러한 두 가지 이유로 칭송받고, 한 가지 이유로 비난받는다."

(9) "존장이여, 감각적 욕망을 즐기는 자들 가운데서, 정당한 방법으로 폭력을 쓰지 않고 재산을 모으고, 정당한 방법으로 폭력을 쓰지 않고 재산을 모은 뒤 자신을 행복하게 하고, 만족하게 하고, 나누어 가지고, 공덕을 짓지만, 재산에 묶이고, 홀리고, 집착하며, 위험함을 보지 못하고, 벗어남을 통찰하지 못하면서 사용하는 자는 세 가지 이유로 칭송받고, 한 가지 이유로 비난받는다.

그러면 어떤 세 가지 이유로 칭송받는가? 그는 정당한 방법으로 폭력을 쓰지 않고 재산을 모은다. 이것이 칭송받는 첫 번째 이유다. 그는 자신을 행복하게 하고, 만족하게 한다. 이것이 칭송받는 두 번째 이유다. 그는 나누어 가지고, 공덕을 짓는다. 이것이 칭송받는 세 번째 이유다. 어떤 한 가지 이유로 비난받는가? 그는 재산에 묶이고, 홀리고, 집착하며, 위험함을 보지 못하고, 벗어남을 통찰하지 못하면서 사용한다. 이것이 비난받는 한 가지 이유다.

존장이여, 이 경우에 감각적 욕망을 즐기는 자는 이러한 세 가지 이유로 칭송받고, 한 가지 이유로 비난받는다."

(10) "존장이여, 감각적 욕망을 즐기는 자들 가운데서, 정당한 방법으로 폭력을 쓰지 않고 재산을 모으고, 정당한 방법으로 폭력을 쓰지

않고 재산을 모은 뒤 자신을 행복하게 하고, 만족하게 하고, 나누어 가지고, 공덕을 지으며, [337] 재산에 묶이지 않고, 홀리지 않고, 집착하지 않으며, 위험함을 보고, 벗어남을 통찰하면서 사용하는 자는 네 가지 이유로 칭송받는다.

그러면 어떤 네 가지 이유로 칭송받는가? 그는 정당한 방법으로 폭력을 쓰지 않고 재산을 모은다. 이것이 칭송받는 첫 번째 이유다. 그는 자신을 행복하게 하고, 만족하게 한다. 이것이 칭송받는 두 번째 이유다. 그는 나누어 가지고, 공덕을 짓는다. 이것이 칭송받는 세 번째 이유다. 그는 재산에 묶이지 않고, 홀리지 않고, 집착하지 않으며, 위험함을 보고, 벗어남을 통찰하면서 사용한다. 이것이 칭송받는 네 번째 이유다.

촌장이여, 이 경우에 감각적 욕망을 즐기는 자는 이러한 네 가지 이유로 칭송받는다."

(iv)

8. "촌장이여, 세상에는 세 부류의 난행고행의 삶을 사는 고행자가 있다. 무엇이 셋인가?

(1) 촌장이여, 여기 난행고행의 삶을 사는 어떤 고행자는 믿음으로 집에서 나와 출가하였다. 그는 '아마 나는 유익한 법[善法]을 증득할 것이다. 아마 나는 인간의 법을 초월하고 성자들에게 적합한, 지와 견의 특별함514)을 실현할 것이다.'라고 생각하면서 자신을 괴롭히고

514) '인간의 법을 초월하고 성자들에게 적합한, 지와 견의 특별함(koci uttari manussa-dhammā alam-ariya-ñāṇadassana-viseso)'에 대해서는 본서 「나체수행자 깟사빠 경」(S41:9) §3의 주해를 참조할 것.
여기서 '유익한 법[善法, kusala-dhamma]'은 '인간의 법을 초월하고 성자들에게 적합한, 지와 견의 특별함(uttari manussa-dhammā alam-ariya-

학대한다. 그러나 그는 유익한 법[善法]을 증득하지도 못하고 인간의 법을 초월하고 성자들에게 적합한, 지와 견의 특별함도 실현하지 못한다."

(2) "촌장이여, 그런데 여기 난행고행의 삶을 사는 어떤 고행자는 믿음으로 집에서 나와 출가하였다. 그는 '아마 나는 유익한 법[善法]을 증득할 것이다. 아마 나는 인간의 법을 초월하고 성자들에게 적합한, 지와 견의 특별함을 실현할 것이다.'라고 생각하면서 자신을 괴롭히고 학대한다. 그는 유익한 법[善法]을 증득하지만 인간의 법을 초월하고 성자들에게 적합한, 지와 견의 특별함은 실현하지 못한다."

(3) "촌장이여, [338] 그런데 여기 난행고행의 삶을 사는 어떤 고행자는 믿음으로 집에서 나와 출가하였다. 그는 '아마 나는 유익한 법[善法]을 증득할 것이다. 아마 나는 인간의 법을 초월하고 성자들에게 적합한, 지와 견의 특별함을 실현할 것이다.'라고 생각하면서 자신을 괴롭히고 학대한다. 그는 유익한 법[善法]도 증득하고 인간의 법을 초월하고 성자들에게 적합한, 지와 견의 특별함도 실현한다."

(v)

9. (1) "촌장이여, 난행고행의 삶을 사는 고행자들 가운데서 자신을 괴롭히고 학대하여 유익한 법[善法]을 증득하지도 못하고 인간의 법을 초월하고 성자들에게 적합한, 지와 견의 특별함을 실현하지도 못하는 자는 세 가지 이유로 비난받는다.

ñāṇa-dassana-visesa)'보다는 낮은 것일 수밖에 없다. 전자를 증득한다고 해서 반드시 후자가 수반되는 것은 아니기 때문이다. 그리고 전자에는 단순한 도덕적 행위와 일반적인 마음의 유익한 상태도 포함되지만 후자에는 네 가지 禪(jhāna)과 무색계의 증득(공무변처부터 비상비비상처까지)과 신통지(abhiññā, 육신통)와 출세간도와 과만이 포함되기 때문이다.

그러면 어떤 세 가지 이유로 비난받는가? 그는 자신을 괴롭히고 학대한다. 이것이 비난받는 첫 번째 이유다. 그는 유익한 법[善法]을 증득하지 못했다. 이것이 비난받는 두 번째 이유다. 그는 인간의 법을 초월하고 성자들에게 적합한, 지와 견의 특별함을 실현하지 못했다. 이것이 비난받는 세 번째 이유다.

촌장이여, 이 경우에 난행고행의 삶을 사는 고행자는 이러한 세 가지 이유로 비난받는다."

(2) "촌장이여, 난행고행의 삶을 사는 고행자들 가운데서 자신을 괴롭히고 학대하여 유익한 법[善法]은 증득하지만 인간의 법을 초월하고 성자들에게 적합한, 지와 견의 특별함을 실현하지 못하는 자는 두 가지 이유로 비난받고, 한 가지 이유로 칭송받는다.

그러면 어떤 두 가지 이유로 비난받는가? 그는 자신을 괴롭히고 학대한다. 이것이 비난받는 첫 번째 이유다. 그는 인간의 법을 초월하고 성자들에게 적합한, 지와 견의 특별함을 실현하지 못했다. 이것이 비난받는 두 번째 이유다. 어떤 한 가지 이유로 칭송받는가? 그는 유익한 법[善法]을 증득했다. 이것이 칭송받는 한 가지 이유다.

촌장이여, 이 경우에 난행고행의 삶을 사는 고행자는 이러한 두 가지 이유로 비난받고, 이러한 한 가지 이유로 칭송받는다."

(3) "촌장이여, [339] 난행고행의 삶을 사는 고행자들 가운데서 자신을 괴롭히고 학대하여 유익한 법[善法]도 증득하고 인간의 법을 초월하고 성자들에게 적합한, 지와 견의 특별함도 실현한 자는 한 가지 이유로 비난받고, 두 가지 이유로 칭송받는다.

그러면 어떤 한 가지 이유로 비난받는가? 그는 자신을 괴롭히고 학대한다. 이것이 비난받는 한 가지 이유다. 어떤 두 가지 이유로 칭송받는가? 그는 유익한 법[善法]을 증득했다. 이것이 칭송받는 첫 번째 이유다. 그는 인간의 법을 초월하고 성자들에게 적합한, 지와 견의 특별함을 실현했다. 이것이 칭송받는 두 번째 이유다.

촌장이여, 이 경우에 난행고행의 삶을 사는 고행자는 이러한 한 가지 이유로 비난받고, 이러한 두 가지 이유로 칭송받는다."

(vi)

10. "촌장이여, 스스로 보아 알 수 있는 세 가지 풀려남[515]이 있나니, 그것은 시간이 걸리지 않고, 와서 보라는 것이고, 향상으로 인도하고, 지자들이 각자 알아야 하는 것이다. 무엇이 셋인가?

---

515) '스스로 보아 알 수 있는 세 가지 풀려남'은 tisso sandiṭṭhikā nijjarā를 옮긴 것이다. '풀려남(nijjarā)'은 자이나교의 전문술어인데 부처님께서 차용하신 것이다. 본서 제1권 「여러 외도 경」(S2:30) §4의 주해에서 밝혔듯이 자이나교의 공의파(空衣派, Digambara)와 백의파(白衣派, Śvetāmbara)에서 다 같이 경으로 인정하는 유일한 문헌이며 그만큼 중요하게 취급하는 『땃뜨와아르타 아디가마 수뜨라』(Tattvārthādhigāma-sūtra)에 의하면 자이나 교리는 다음의 7가지 명제로 함축된다.
① jīva(지와, 영혼) ② ajīva(아지와, 비영혼, 물질) ③ āsrava(아스라와, 영혼이 물질로 흘러듦) ④ bandha(반다, 영혼이 거기에 묶임) ⑤ saṁvāra(삼와라, 제어, 단속 — 영혼이 물질에 속박되는 것을 제어하는 것으로 그 방법으로는 고행을 중시함) ⑥ nirjarā(니르자라, 풀려남 — 영혼이 물질의 속박에서 풀려남) ⑦ mokṣa(목샤, 해탈)가 그것이다. 이 가운데 여섯 번째 명제가 바로 풀려남이다.
자이나교에서 쓰이는 nijjarā의 의미는 『맛지마 니까야』 「괴로움 덩어리 경」(M14/i.93) §§17~19와 「데와다하 경」(M101/ii.214) §2 이하에 나타나고 있다. 그것은 sabbaṁ dukkhaṁ nijjiṇṇaṁ bhavissati(일체 괴로움이 풀려나게 될 것이다. – M14 §17 등)로 요약된다. 여기에 대해서 세존께서는 「데와다하 경」(M101/ii.223~225) §§22~29에서 불교적인 접근 방법을 제시하신다. 그리고 세존께서는 『앙굿따라 니까야』 「니간타 경」(A3:74)에서 계의 구족과 삼매의 구족과 모든 번뇌가 멸진함의 셋이야말로 진정한 풀려남이라고 설하고 계시며, 『맛지마 니까야』 「위대한 사십 가지 경」(M117/iii.76)에서는 20가지로 풀려남을 설하신다.

(1) 욕망에 빠진 자는 욕망 때문에 자기를 해치는 생각을 하고 타인을 해치는 생각을 하고 둘 모두를 해치는 생각을 한다. 욕망을 버렸을 때 그는 자기를 해치는 생각을 하지 않고 타인을 해치는 생각을 하지 않고 둘 모두를 해치는 생각을 하지 않는다. [이처럼] 풀려남은 스스로 보아 알 수 있고, 시간이 걸리지 않고, 와서 보라는 것이고, 향상으로 인도하고, 지자들이 각자 알아야 하는 것이다."

(2) "성내는 자는 성냄 때문에 자기를 해치는 생각을 하고 타인을 해치는 생각을 하고 둘 모두를 해치는 생각을 한다. 성냄을 버렸을 때 그는 자기를 해치는 생각을 하지 않고 타인을 해치는 생각을 하지 않고 둘 모두를 해치는 생각을 하지 않는다. [340] [이처럼] 풀려남은 스스로 보아 알 수 있고, 시간이 걸리지 않고, 와서 보라는 것이고, 향상으로 인도하고, 지자들이 각자 알아야 하는 것이다."

(3) "어리석은 자는 어리석음 때문에 자기를 해치는 생각을 하고 타인을 해치는 생각을 하고 둘 모두를 해치는 생각을 한다. 어리석음을 버렸을 때 그는 자기를 해치는 생각을 하지 않고 타인을 해치는 생각을 하지 않고 둘 모두를 해치는 생각을 하지 않는다. [이처럼] 풀려남은 스스로 보아 알 수 있고, 시간이 걸리지 않고, 와서 보라는 것이고, 향상으로 인도하고, 지자들이 각자 알아야 하는 것이다."

11. 이와 같이 말씀하시자 라시야 촌장은 세존께 이렇게 말씀드렸다.

"경이롭습니다, 세존이시여. 경이롭습니다, 세존이시여. 마치 넘어진 자를 일으켜 세우시듯, … 세존께서는 저를 재가신자로 받아주소서. 오늘부터 목숨이 붙어 있는 그날까지 귀의하옵니다."

빠딸리야 경(S42:13)

Pāṭaliya-sutta

1. 이와 같이 나는 들었다. 한때 세존께서는 꼴리야[516]에서 웃

516) 꼴리야(Koḷiya/Koliya)는 로히니(Rohiṇi) 강을 사이에 두고 사꺄(Sākya, 석가족)와 인접한 공화국 체제를 유지한 나라였다. 꼴리야의 선조가 사꺄의 여인과 결혼해서 꼴리야 나라를 만들었다고 할 정도로 사꺄와는 형제국이나 다름없는 사이였다고 한다. 라마가마(Rāmagāma)와 데와다하(Devadaha)가 주요 도시였으며 그 외에도 꼴리야의 여러 곳이 초기불전에 언급될 정도로 부처님과 제자들과도 인연이 많은 나라였다.(DPPN)
『디가 니까야』「대반열반경」(D16) §6.24와 §6.27에 의하면 라마가마의 꼴리야들도 부처님의 사리를 가져가서 사리탑(thūpa)을 세웠다고 한다. 이처럼 라마가마(Rāmagāma,「대반열반경」)와 본경의 웃따라(Uttara) 외에도 삿자넬라(Sajjanela,「숩빠와사 경」(A4:57)), 사뿌가(Sāpūga,「사뿌기야 경」(A4:194)), 깍까라빳따(Kakkarapatta,「디가자누 경」(A8:54)), 할릿다와사나(Haliddavasana, 본서 제5권「자애가 함께 함 경」(S46:54)) 등의 꼴리야의 지명이 초기불전에 나타나고 있다.
초기불전에서 데와다하(Devadaha)는 사꺄의 도시로 언급되고 있다.(본서 제3권「데와다하 경」(S22:2) §1 참조) 데와다하는 부처님의 어머니인 마하마야 왕비와 이모이자 계모인 마하빠자빠띠 고따미가 태어난 곳이다. 그런데 이들이 꼴리야 족 출신이라고 하는 것을 볼 때 데와다하는 꼴리야의 도시였지만 후에 사꺄로 편입된 것이 아닌가 추측된다.
한편『앙굿따라 니까야』「사뿌기야 경」(A4:194) 등에서는 꼴리야 사람들을 '호랑이가 다니던 길에 사는 자들'이라 부르고 있다. 이것은 Vyagghapajjā(웨약가빳자)를 풀어서 옮긴 말이다. 여기서 vyaggha는 호랑이를 뜻하고 pajja는 pada(길)에서 파생된 단어이다.
이 웨약가빳자(Vyagghapajjā)는 꼴리야(Koliya)의 수도인 꼴라나가라(Kolanagara)의 다른 이름이면서 동시에 웨약가빳자 즉 꼴라나가라에 사는 사람들을 뜻하기도 한다. 그리고 이것은 꼴리야 족들을 부르는 이름이기도 하다. 꼴리야는 사꺄(석가족)와는 형제국이나 다름이 없었기 때문에 석가족 출신인 아난다 존자가 이런 친근한 호칭을 사용하는 것이라 여겨진다. 주석서는 이렇게 설명하고 있다.
"꼴라나가라(꼴리야의 수도)에는 꼴라 나무들을 가져와서 심었기 때문에 꼴라나가라라 하기도 하고, 호랑이가 다니는 길에다 이 도시를 만들었기 때문에 웨약가빳자(호랑이 길이 있는 곳)라고 하기도 한다. 이러한 두 가지 이름이 있다. 이들의 선조들이 그곳에 살았기 때문에 호랑이 길이 있는 곳에 사는 사람들(Vyagghapajjavāsino) 혹은 웨약가빳자(Vyagghapajjā, 호랑이 길에 사는 자들)라 부른다."(AA.iii.173)

따라라는 꼴리야들의 성읍에 머무셨다.

2. 그때 빠딸리야 촌장이 세존께 다가갔다. 가서는 세존께 절을 올리고 한 곁에 앉았다. 한 곁에 앉은 빠딸리야 촌장은 세존께 이렇게 말씀드렸다.

3. "세존이시여, 저는 '사문 고따마는 요술에 대해서 안다.'517) 라고 이렇게 들었습니다. 세존이시여, '사문 고따마는 요술에 대해서 안다.'라고 이렇게 말하는 자들은 세존께서 말씀하신 대로 말한 것입니까? 세존을 거짓으로 헐뜯지 않고 세존께서 설하신 것을 반복한 것입니까? [세존께서 설하셨다고 전해진 이것을 반복하더라도] 어떤 동료수행자도 나쁜 견해에 빠져 비난의 조건을 만나지 않겠습니까? 저는 세존을 비방하고 싶지 않습니다."

"촌장이여, '사문 고따마는 요술에 대해서 안다.'라고 말하는 자들은 내가 말한 대로 말한 것이다. 그들은 나를 거짓으로 헐뜯지 않고 내가 설한 것을 반복한 것이다. [내가 설했다고 전해진 이것을 반복하더라도] 어떤 동료수행자도 나쁜 견해에 빠져 비난의 조건을 만나

---

517) '사문 고따마는 요술에 대해서 안다.'는 samaṇo gotamo māyaṁ jānāti를 옮긴 것이다. 초기불전의 몇 곳에서 외도들은 세존을 요술쟁이(māyāvi)라고 비난하고 있다.
『맛지마 니까야』 「우빨리 경」(M56/i.375) §8에서 니간타들은 "사문 고따마는 요술쟁이입니다. 그는 개종시키는 요술(āvaṭṭani māyā)을 알아서 다른 외도들을 제자로 개종시킵니다."라고 말하고 있다. 『앙굿따라 니까야』 「밧디야 경」(A4:193)에서도 밧디야는 세존께 "사문 고따마는 요술쟁이다. 그는 개종시키는 요술을 알아서 다른 외도들을 제자로 개종시킨다."는 말이 사실인가를 여쭙는다. 이 경에서 세존께서는 저 유명한 『앙굿따라 니까야』 「깔라마 경」(A3:65)과 같은 내용으로, 어떤 가르침을 듣고 그대로 행해서 나의 탐욕이나 성냄이나 어리석음이 증장한다면 그 가르침은 따르지 말라고 하시고 반대로 해소가 된다면 그런 가르침은 따르라는 내용의 가르침을 설하신다. 세존의 가르침을 들은 밧디야는 "세존의 개종시키는 요술은 축복입니다."라고 하면서 감격하고 있다.

지 않는다."

4. "세존이시여, [341] 저희는 '사문 고따마는 요술에 대해서 안다.'는 것은 사실이라고 저들 사문·바라문들이 [떠들고 다닐 때] 그것을 믿지 않았습니다. 그런데 정말로 사문 고따마께서는 요술쟁이입니까?"

"촌장이여, '나는 요술에 대해서 안다.'고 말하는 자는 '나는 요술쟁이다.'라고 말하는 자가 되어버리는가?"

"그것은 그렇습니다, 세존이시여. 그것은 그렇습니다, 선서시여."

(i)

5. (1) "촌장이여, 이를 어떻게 생각하는가? 촌장이여, 그대는 결발(結髮)을 늘어뜨린 꼴리야의 고용인들518)을 아는가?"

"세존이시여, 저는 결발을 늘어뜨린 꼴리야의 고용인들을 압니다."

"촌장이여, 이를 어떻게 생각하는가? 결발을 늘어뜨린 꼴리야의 고용인들의 임무가 무엇인가?"

"세존이시여, 그들은 꼴리야들에게 침입한 도적을 잡기도 하고 꼴리야들의 전령을 전달하기도 합니다. 세존이시여, 결발을 늘어뜨린 꼴리야의 고용인들의 임무는 바로 이것입니다."

6. "촌장이여, 이를 어떻게 생각하는가? 그대는 결발을 늘어뜨린 꼴리야의 고용인들이 계행을 갖추었다고 아는가, 계행이 나쁘다고 아는가?"

---

518) '결발을 늘어뜨린 고용인들'은 lambacūḷakā bhaṭā를 옮긴 것이다. 주석서와 복주서는 아무런 설명이 없다. 보디 스님은 *hirelings with drooping head-dresses*로 옮기고 있는데, 리즈 데이빗(Rhys Davids)의 Buddhist India, p.21을 참조하여 옮겼다고 밝히고 있다.(보디 스님, 1452쪽 360번 주해) 역자는 이를 따랐다.

"세존이시여, 저는 결발을 늘어뜨린 꼴리야의 고용인들은 계행이 나쁘고 사악한 성질을 가진 자들이라고 압니다. 그들은 이 세상의 계행이 나쁘고 사악한 성질을 가진 자들 가운데 한 무리입니다."

"촌장이여, 만일 누가 말하기를 '빠딸리야 촌장은 결발을 늘어뜨린 꼴리야의 고용인들이 계행이 나쁘고 사악한 성질을 가진 자들이라고 안다. 그러므로 빠딸리야 촌장도 계행이 나쁘고 사악한 성질을 가진 사람이다.'라고 한다면 그는 바르게 말하는 사람으로 말한 것인가?"

"세존이시여, 그렇지 않습니다. 세존이시여, 결발을 늘어뜨린 꼴리야의 고용인들과 저는 엄연히 다릅니다. 결발을 늘어뜨린 꼴리야의 고용인들의 성질과 저의 성질은 엄연히 다릅니다."

7. "촌장이여, [342] 그러므로 그대에 대해서는 이렇게 말할 수 있을 것이다. '빠딸리야 촌장은 결발을 늘어뜨린 꼴리야의 고용인들이 계행이 나쁘고 사악한 성질을 가진 자들이라고 안다. 그러나 빠딸리야 촌장은 계행이 나쁘고 사악한 성질을 가진 사람이 아니다.'라고. 그렇다면 왜 여래에 대해서는 '여래는 요술에 대해서 안다. 그러나 여래는 요술쟁이는 아니다.'라고 이렇게 말할 수 없는가?

촌장이여, 나는 요술에 대해서 꿰뚫어 안다. 그리고 요술의 과보도 꿰뚫어 안다. 그리고 요술쟁이가 그런 행을 하다가 몸이 무너져 죽은 뒤에 처참한 곳, 불행한 곳, 파멸처, 지옥에 태어나는 것도 꿰뚫어 안다."

8. (2) "촌장이여, 나는 생명을 죽이는 것에 대해서 꿰뚫어 안다. 그리고 생명을 죽이는 것의 과보도 꿰뚫어 안다. 그리고 생명을 죽이는 자가 그런 행을 하다가 몸이 무너져 죽은 뒤에 처참한 곳, 불행한 곳, 파멸처, 지옥에 태어나는 것도 꿰뚫어 안다.

촌장이여, 나는 주지 않은 것을 가지는 것에 대해서 …

삿된 음행을 하는 것에 대해서 …

거짓말을 하는 것에 대해서 …

중상모략을 하는 것에 대해서 …

욕설을 하는 것에 대해서 …

잡담을 하는 것에 대해서 …

[343] 간탐하는 것에 대해서 …

마음이 악의로 가득 찬 것에 대해서 …

그릇된 견해를 가진 것에 대해서 꿰뚫어 안다. 그리고 그릇된 견해를 가진 것의 과보도 꿰뚫어 안다. 그리고 그릇된 견해를 가진 자가 그런 행을 하다가 몸이 무너져 죽은 뒤에 처참한 곳, 불행한 곳, 파멸처, 지옥에 태어나는 것도 꿰뚫어 안다.

(ii)

9. "촌장이여, 어떤 사문·바라문들은 이런 주장과 이런 견해를 가지고 있다.

'생명을 죽이는 자는 누구든지 지금·여기[現法]에서 육체적 괴로움과 정신적 괴로움을 겪을 것이다. 주지 않은 것을 가지는 자는 누구든지 지금·여기에서 육체적 괴로움과 정신적 괴로움을 겪을 것이다. 삿된 음행을 하는 자는 누구든지 지금·여기에서 육체적 괴로움과 정신적 괴로움을 겪을 것이다. 거짓말을 하는 자는 누구든지 지금·여기에서 육체적 괴로움과 정신적 괴로움을 겪을 것이다.'라고."

10. (1) "촌장이여, 그런데 여기 어떤 사람은 화환을 두르고 귀걸이를 하고 목욕을 깔끔하게 하고 차림새를 단정히 하고 머리와 수염을 잘 빗고 마치 왕이라도 된 양 여인에 대한 감각적 욕망을 즐기면

서 다니는 것을 본다.

그러면 사람들이 어떤 사람에게 '여보시오, 이 남자는 도대체 무엇을 했길래 화환을 두르고 … 마치 왕이라도 된 양 여인에 대한 감각적 욕망을 즐기면서 다닙니까?'라고 [344] 그에 대해서 묻는다. 그러면 그는 이렇게 대답할 것이다. '이 사람은 왕의 적을 공격하여 목숨을 빼앗아버렸습니다. 그래서 왕은 그가 마음에 들어 보상을 해준 것입니다. 그래서 이 남자는 화환을 두르고 … 마치 왕이라도 된 양 여인에 대한 감각적 욕망을 즐기면서 다니는 것입니다.'라고."

(2) "촌장이여, 그런데 여기 어떤 사람은 단단한 밧줄로 손을 뒤로 한 채 꽁꽁 묶여서 머리가 깎이고 요란한 북소리와 함께 이 골목 저 골목 이 거리 저 거리로 끌려 다니다가 남쪽 문으로 끌려 가서 도시의 남쪽에서 머리가 잘리는 것을 본다.

그러면 사람들이 어떤 사람에게 '여보시오, 이 남자는 도대체 무엇을 했길래 단단한 밧줄로 손을 뒤로 한 채 … 도시의 남쪽에서 머리가 잘리는 것입니까?'라고 그에 대해서 묻는다. 그러면 그는 이렇게 대답할 것이다. '이 사람은 왕이 가장 총애하는 여인이나 남자의 목숨을 빼앗아버렸습니다. 그래서 왕이 그를 붙잡아서 이런 처형을 하는 것입니다.'라고.

촌장이여, 이를 어떻게 생각하는가? 그대는 이런 것을 보았거나 들은 적이 있는가?"

"세존이시여, 저는 보기도 했고 듣기도 했으며 앞으로도 듣게 될 것입니다."

"촌장이여, 그러면 '생명을 죽이는 자는 누구든지 지금・여기에서 육체적 괴로움과 정신적 괴로움을 겪을 것이다.'라는 이런 주장과 이런 견해를 가진 사문・바라문들은 진실을 말한 것인가, 아니면 거짓을 말한 것인가?"

"거짓을 말한 것입니다, 세존이시여."

"그러면 새빨간 거짓말을 하는 자들은 계행을 갖춘 자들인가, 아니면 계행이 나쁜 자들인가?" [345]

"계행이 나쁜 자들입니다, 세존이시여."

"그러면 계행이 나쁘고 사악한 성질을 가진 자들은 그릇된 도를 닦는 자들인가, 아니면 바른 도를 닦는 자들인가?"

"그릇된 도를 닦는 자들입니다, 세존이시여."

"그러면 그릇된 도를 닦는 자들은 바른 견해를 가진 자들인가, 아니면 그릇된 견해를 가진 자들인가?"

"그릇된 견해를 가진 자들입니다, 세존이시여."

"그릇된 견해를 가진 자들에게 청정한 믿음을 가지는 것은 타당한가?"

"그렇지 않습니다, 세존이시여."

(3) "촌장이여, 그런데 여기 어떤 사람은 화환을 두르고 … 즐기면서 다니는 것을 본다.

그러면 사람들이 어떤 사람에게 … 그에 대해서 묻는다. 그러면 그는 이렇게 대답할 것이다. '이 사람은 왕의 적을 공격해서 그의 보물을 훔쳐버렸습니다. 그래서 그가 마음에 들어서 왕이 그에게 보상을 해준 것입니다. …"

(4) "촌장이여, 그런데 여기 어떤 사람은 단단한 밧줄로 손을 뒤로 한 채 … 도시의 남쪽에서 머리가 잘리는 것을 본다.

그러면 사람들이 어떤 사람에게 … 그에 대해서 묻는다. 그러면 그는 이렇게 대답할 것이다. '이 사람은 왕의 적인데 마을이나 숲이나 밀림에서 주지 않은 것을 가지는 도둑질을 하였습니다. 그래서 왕이 그를 붙잡아서 이런 처형을 하는 것입니다.'라고.

촌장이여, 이를 어떻게 생각하는가? 그대는 이런 것을 보았거나 들은 적이 있는가?"

"세존이시여, 저는 보기도 했고 듣기도 했으며 앞으로도 듣게 될 것입니다."

"촌장이여, [346] 그러면 '주지 않은 것을 가지는 자는 누구든지 지금·여기에서 육체적 괴로움과 정신적 괴로움을 겪을 것이다.'라는 이런 주장과 이런 견해를 가진 사문·바라문들은 진실을 말한 것인가, 아니면 거짓을 말한 것인가?"

……

"그릇된 견해를 가진 자들에게 청정한 믿음을 가지는 것은 타당한가?"

"그렇지 않습니다, 세존이시여."

(5) "촌장이여, 그런데 여기 어떤 사람은 화환을 두르고 … 즐기면서 다니는 것을 본다.

그러면 사람들이 어떤 사람에게 … 그에 대해서 묻는다. 그러면 그는 이렇게 대답할 것이다. '이 사람은 왕의 적의 아내들을 겁탈해버렸습니다. 그래서 그가 마음에 들어서 왕이 그에게 보상을 해준 것입니다. …"

(6) "촌장이여, 그런데 여기 어떤 사람은 단단한 밧줄로 손을 뒤로 한 채 … 도시의 남쪽에서 머리가 잘리는 것을 본다.

그러면 사람들이 어떤 사람에게 … 그에 대해서 묻는다. 그러면 그는 이렇게 대답할 것이다. '이 사람은 좋은 가문의 여인들과 처녀들을 겁탈하였습니다. 그래서 왕이 그를 붙잡아서 이런 처형을 하는 것입니다.'라고.

촌장이여, 이를 어떻게 생각하는가? 그대는 이런 것을 보았거나 들은 적이 있는가?"

"세존이시여, 저는 보기도 했고 듣기도 했으며 앞으로도 듣게 될 것입니다."

"촌장이여, 그러면 '삿된 음행을 하는 자는 누구든지 지금 · 여기에서 육체적 괴로움과 정신적 괴로움을 겪을 것이다.'라는 이런 주장과 이런 견해를 가진 사문 · 바라문들은 진실을 말한 것인가, 아니면 거짓을 말한 것인가?"

… …

"그릇된 견해를 가진 자들에게 청정한 믿음을 가지는 것은 타당한가?"

"그렇지 않습니다, 세존이시여."

(7) "촌장이여, [347] 그런데 여기 어떤 사람은 화환을 두르고 … 즐기면서 다니는 것을 본다.

그러면 사람들이 어떤 사람에게 … 그에 대해서 묻는다. 그러면 그는 이렇게 대답할 것이다. '이 사람은 왕에게 거짓말을 하여 즐겁게 해 주었습니다. 그래서 그가 마음에 들어서 왕이 그에게 보상을 해준 것입니다. …"

(8) "촌장이여, 그런데 여기 어떤 사람은 단단한 밧줄로 손을 뒤로 한 채 … 도시의 남쪽에서 머리가 잘리는 것을 본다.

그러면 사람들이 어떤 사람에게 … 그에 대해서 묻는다. 그러면 그는 이렇게 대답할 것이다. '이 사람은 장자나 장자의 아들에게 거짓말을 하였습니다. 그래서 왕이 그를 붙잡아서 이런 처형을 하는 것입니다.'라고.

촌장이여, 이를 어떻게 생각하는가? 그대는 이런 것을 보았거나 들은 적이 있는가?"

"세존이시여, 저는 보기도 했고 듣기도 했으며 앞으로도 듣게 될 것입니다."

"촌장이여, 그러면 '거짓말을 하는 자는 누구든지 지금·여기에서 [348] 육체적 괴로움과 정신적 괴로움을 겪을 것이다.'라는 이런 주장과 이런 견해를 가진 사문·바라문들은 진실을 말한 것인가, 아니면 거짓을 말한 것인가?"

… …

"그릇된 견해를 가진 자들에게 청정한 믿음을 가지는 것은 타당한가?"

"그렇지 않습니다, 세존이시여."

(iii)

11. "경이롭습니다, 세존이시여. 놀랍습니다, 세존이시여. 세존이시여, 제게는 공회당이 있습니다. 거기에는 침상도 있고 의자도 있고 물항아리도 있고 기름등도 있습니다. 저는 제가 힘이 닿는 대로 거기에 머무는 사문이나 바라문과 그것들을 나누어 사용합니다. 세존이시여, 전에 각각 다른 견해를 가지고 각각 다른 신념을 가지고 각각 다른 취향을 가진 네 분의 스승들이 그 공회당에 머물기 위해서 왔습니다."

12. (1) "한 스승은 이런 주장과 이런 견해를 가졌습니다.[519]

'보시도 없고 공물도 없고 제사(헌공)도 없다. 선행과 악행의 업들

519) 본서 제3권 「없음 경」(S24:5) §3과 주해를 참조할 것.

에 대한 열매도 없고 과보도 없다. 이 세상도 없고 저 세상도 없다. 어머니도 없고 아버지도 없다. 화생하는 중생도 없고 이 세상과 저 세상을 스스로 최상의 지혜로 실현하여 선언하는, 덕스럽고 바른 도를 구족한 사문·바라문들도 이 세상에는 없다.'

(2) 한 스승은 이런 주장과 이런 견해를 가졌습니다.

'보시도 있고 [349] 공물도 있고 제사(헌공)도 있다. 선행과 악행의 업들에 대한 열매도 있고 과보도 있다. 이 세상도 있고 저 세상도 있다. 어머니도 있고 아버지도 있다. 화생하는 중생도 있고 이 세상과 저 세상을 스스로 최상의 지혜로 실현하여 선언하는, 덕스럽고 바른 도를 구족한 사문·바라문들도 이 세상에는 있다.'

(3) 한 스승은 이런 주장과 이런 견해를 가졌습니다.520)

'[자기 손으로 직접] 행하고 [명령하여] 행하게 하고 [남의 손 등을] 자르고 자르게 하고 [몽둥이로] 고문하고 고문하게 하고 [재물을 뺏는 등으로] 슬프게 하고 [다른 이들에게 시켜서] 슬퍼하게 하고 억압하고 억압하게 하고 생명을 죽이고 주지 않은 것을 가지고 문을 부수어 도둑질하고 약탈하고 주거침입을 하고 노상강도질을 하고 남의 아내를 범하고 거짓말을 하더라도 그 사람은 죄악을 범한 것이 아니다. 만일 날카로운 원반을 가진 바퀴로 이 땅의 생명들을 모두 하나의 고깃덩어리로 만들고 하나의 고기 무더기로 만들지라도 그로 인해서 어떤 죄악도 없으며 죄악이 생기지도 않는다. 강가 강의 남쪽 기슭에 가서 죽이고 죽게 하고 자르고 자르게 하고 고문하고 고문하게 하더라도 그로 인한 어떤 죄악도 없으며 죄악이 생기지도 않는다. 강가 강의 북쪽 기슭에 가서 보시하고 보시하게 하고 공양하고 공양하게 하더라도 그로 인한 어떤 공덕도 없으며 공덕이 생기지도 않는

---

520) 본서 제3권 「행위 경」(S24:6) §3과 주해들을 참조할 것.

다. 보시하고 자신을 길들이고 제어하고 바른 말을 하더라도 공덕이 없으며 공덕이 생기지도 않는다.'

(4) 한 스승은 이런 주장과 이런 견해를 가졌습니다.

'[자기 손으로 직접] 행하고 [명령하여] 행하게 하고 [남의 손 등을] 자르고 자르게 하고 [몽둥이로] 고문하고 고문하게 하고 [재물을 뺏는 등으로] 슬프게 하고 [다른 이들에게 시켜서] 슬퍼하게 하고 억압하고 억압하게 하고 생명을 죽이고 주지 않은 것을 가지고 문을 부수어 도둑질하고 약탈하고 주거침입을 하고 노상강도질을 하고 [350] 남의 아내를 범하고 거짓말을 하면 그 사람은 죄악을 범한 것이다. 만일 날카로운 원반을 가진 바퀴로 이 땅의 생명들을 모두 하나의 고깃덩어리로 만들고 하나의 고기 무더기로 만들면 그로 인해서 죄악이 있으며 죄악이 생기게 된다. 강가 강의 남쪽 기슭에 가서 죽이고 죽게 하고 자르고 자르게 하고 고문하고 고문하게 하면 그로 인한 죄악이 있으며 죄악이 생기게 된다. 강가 강의 북쪽 기슭에 가서 보시하고 보시하게 하고 공양하고 공양하게 하면 그로 인한 공덕이 있으며 공덕이 생기게 된다. 보시하고 자신을 길들이고 제어하고 바른 말을 하면 공덕이 있으며 공덕이 생기게 된다.'"

13. "세존이시여, 그래서 제게는 도대체 이들 사문·바라문 존자들 가운데서 누가 진실을 말하고 누가 거짓을 말하는지 의문이 있고 의심이 있습니다."

"촌장이여, 그대가 의문을 가지는 것은 당연하고 그대가 의심을 가지는 것은 당연하다. 의문스러운 것에 대해서 그대의 의심이 일어난 것이다."

"세존이시여, 저는 '세존께서는 이런 의심스러운 법을 제거하도록 법을 설해 주실 수 있는 분이시다.'라는 세존께 대한 청정한 믿음이 있습니다."

(iv)

14. "존장이여, 법의 삼매가 있다. 만일 그대가 여기에 대해서 마음의 삼매를 얻는다면 그대는 이런 의심스러운 법을 제거하게 될 것이다.521) 존장이여, 그러면 어떤 것이 법의 삼매인가?

(1) 존장이여, 여기 성스러운 제자는 생명을 죽이는 것을 버리고 생명을 죽이는 것을 멀리 여읜다. 그는 주지 않은 것을 가지는 것을 버리고 주지 않은 것을 가지는 것을 멀리 여읜다. 그는 삿된 음행을 버리고 삿된 음행을 멀리 여읜다. 그는 거짓말을 버리고 [351] 거짓말하는 것을 멀리 여읜다. 그는 중상모략하는 것을 버리고 중상모략하는 것을 멀리 여읜다. 그는 욕설하는 것을 버리고 욕설하는 것을 멀리 여읜다. 그는 잡담하는 것을 버리고 잡담하는 것을 멀리 여읜다. 그는 간탐을 버리고 간탐하지 않는다. 그는 악의를 버리고 악의 없는 마음을 가진다. 그는 삿된 견해를 버리고 바른 견해를 가진다.

존장이여, 이런 그는 이와 같이 탐욕이 없고 악의가 없고 현혹됨이

---

521) '마음의 삼매'는 citta-samādhi를, '법의 삼매'는 dhamma-samādhi를 옮긴 것이다. 주석서는 이 둘의 차이를 다음의 세 가지 측면에서 설명하고 있다.
① 법의 삼매는 10가지 유익한 업의 길[十善業道]의 법(dasa-kusala-kamma-patha-dhammā)이고, 마음의 삼매는 위빳사나와 더불어 네 가지 도(magga, 예류도부터 아라한도까지)이다.
② 아래에서 언급되고 있는 다섯 가지 법들, 즉 환희, 희열, 경안, 행복, 삼매(pāmojja-pīti-passaddhi-sukha-samādhi)는 법의 삼매라 불리고, 마음의 삼매는 여기서도 위빳사나와 더불어 네 가지 도이다.
③ 10가지 유익한 업의 길[十善業道]과 네 가지 거룩한 마음가짐[四梵住, brahma-vihārā]은 법의 삼매이고, 이러한 법의 삼매를 성취한 자에게 생긴 마음이 한 끝에 집중됨[心一境性, cittekaggatā]이 마음의 삼매이다. (SA.iii.110)

없으며, 분명히 알아차리고 마음챙기며, 자애가 함께한 마음으로 한 방향을 가득 채우면서 머문다. 그처럼 두 번째 방향을, 그처럼 세 번째 방향을, 그처럼 네 번째 방향을 가득 채우면서 머문다. 이와 같이 위로, 아래로, 주위로, 모든 곳에서 모두를 자신처럼 여기고, 충만하고 광대하고 무량하고 원한 없고 악의 없고 자애가 함께한 마음으로 모든 세상을 가득 채우고 머문다.

그는 이와 같이 숙고한다. '이 스승은 '보시도 없고 공물도 없고 제사(헌공)도 없다. … 덕스럽고 바른 도를 구족한 사문·바라문들도 이 세상에는 없다.'라는 이런 주장과 이런 견해를 가졌다. 그런데 만일 이 스승님의 말씀이 사실이라 하더라도 그것은 나와는 모순이 되지 않는다.[522] 나는 떠는 자도 굳건한 자도[523] 해치지 않는다. 그러므로 나는 두 가지 면에서 행운의 패[524]를 잡은 것이다. 나는 몸으로

---

522) '나와는 모순이 되지 않는다.'는 apaṇṇakatāya mayhaṁ을 옮긴 것이다. 『맛지마 니까야 주석서』는 apaṇṇaka를 "모순되지 않음(aviruddha), 애매모호하지 않음(advejjhagāmi), 확정적임(ekaṁsa-gāhika)"(MA.iii.116)으로 설명하고 있다.
본경에 해당하는 주석서는 "이러한 도닦음(paṭipadā)은 나로 하여금 잘못이 없는 경지(anaparādhakatā)로 인도할 것이라는 뜻이다."(SA.iii.110)로 설명하고 있다.

523) '떠는 자도 굳건한 자도'는 tasaṁ vā thāvaraṁ vā를 옮긴 것이다. 주석서는 전자를 범부로 후자를 성자로 설명한다. 여기에 대해서는 본서 제1권 「브라흐마데와 경」(S6:3) {568}의 주해를 참조할 것.

524) '행운의 패'는 kaṭa-ggaha를 옮긴 것이다. 주석서는 "승리를 거머쥠(jaya-ggāha)이며, 패하지 않는다는 뜻이다."(MA.iii.117; AA.iii.377; *cf.* SA.iii.110)라고 설명하고 있다. 행운의 패가 들어간 유사한 문장이 『맛지마 니까야』「모순 없음 경」(M60) §12, §28과 「현우경」(M129) §49와 『앙굿따라 니까야』「빚 경」(A6:45)에도 나타나고 있다.
인도의 전통적인 노름은 주사위(akkha, *die*)를 던져서 나오는 패를 가지고 승부를 겨룬다고 한다. 패에는 네 가지가 있다. 가장 좋은 패는 끄르따(kṛta, 빠알리: kaṭa)라고 하며 그 다음은 뜨레따(tretā), 그 다음은 드와빠라(dvāpara)라 하고 가장 나쁜 패는 깔리(kali)라 한다. 그래서 주석서는 깔리의

단속하고 말로 단속하고 마음으로 단속하였다. 그러므로 나는 몸이 무너져 죽은 뒤에 선처, 천상세계에 태어날 것이다.'라고.

[그가 이렇게 숙고하였기 때문에] 그에게는 환희가 생긴다. 환희가 생기면 희열이 생긴다. 마음에 희열이 있는 자의 몸은 경안하다. 몸이 경안한 자는 행복을 경험한다. 행복한 자의 마음은 삼매에 든다.

촌장이여, 이것이 법의 삼매이다. [352] 만일 그대가 여기에 대해서 마음의 삼매를 얻는다면 그대는 이런 의심스러운 법을 제거하게 될 것이다."

(2) "촌장이여, 이런 그는 이와 같이 탐욕이 없고 악의가 없고 현혹됨이 없으며, … 자애가 함께한 마음으로 모든 세상을 가득 채우고 머문다.

그는 이와 같이 숙고한다. '이 스승은 '보시도 있고 공물도 있고 제사(헌공)도 있다. … 덕스럽고 바른 도를 구족한 사문·바라문들도 이 세상에는 있다.'라는 이런 주장과 이런 견해를 가졌다. 그런데 만일 이 스승님의 말씀이 사실이라 하더라도 그것은 나와는 모순이 되지 않는다. … 그러므로 나는 몸이 무너져 죽은 뒤에 선처, 천상세계에 태어날 것이다.'라고.

[그가 이렇게 숙고하였기 때문에] 그에게는 환희가 생긴다. 환희가 생기면 희열이 생긴다. 마음에 희열이 있는 자의 몸은 경안하다. 몸이 경안한 자는 행복을 경험한다. 행복한 자의 마음은 삼매에 든다.

촌장이여, 이것이 법의 삼매이다. 만일 그대가 여기에 대해서 마음의 삼매를 얻는다면 그대는 이런 의심스러운 법을 제거하게 될 것이다."

패(kali-ggaha)를 패배를 거머쥠(parājaya-ggāha, MA.iii.117)이라고 설명하고 있다.

(3) "촌장이여, 이런 그는 이와 같이 탐욕이 없고 악의가 없고 현혹됨이 없으며, … 자애가 함께한 마음으로 모든 세상을 가득 채우고 [353] 머문다.

그는 이와 같이 숙고한다. '이 스승은 '[자기 손으로 직접] 행하고 [명령하여] 행하게 하고 … 보시하고 자신을 길들이고 제어하고 바른 말을 하더라도 공덕이 없으며 공덕이 생기지도 않는다.'라는 이런 주장과 이런 견해를 가졌다. 그런데 만일 이 스승님의 말씀이 사실이라 하더라도 그것은 나와는 모순이 되지 않는다. … 그러므로 나는 몸이 무너져 죽은 뒤에 선처, 천상세계에 태어날 것이다.'라고.

[그가 이렇게 숙고하였기 때문에] 그에게는 환희가 생긴다. 환희가 생기면 희열이 생긴다. 마음에 희열이 있는 자의 몸은 경안하다. 몸이 경안한 자는 행복을 경험한다. 행복한 자의 마음은 삼매에 든다.

촌장이여, 이것이 법의 삼매이다. 만일 그대가 여기에 대해서 마음의 삼매를 얻는다면 그대는 이런 의심스러운 법을 제거하게 될 것이다."

(4) "촌장이여, 이런 그는 이와 같이 탐욕이 없고 악의가 없고 현혹됨이 없으며, … [354] … 자애가 함께한 마음으로 모든 세상을 가득 채우고 머문다.

그는 이와 같이 숙고한다. '이 스승은 '[자기 손으로 직접] 행하고 [명령하여] 행하게 하고 … 보시하고 자신을 길들이고 제어하고 바른 말을 하면 공덕이 있으며 공덕이 생기게 된다.'라는 이런 주장과 이런 견해를 가졌다. 그런데 만일 이 스승님의 말씀이 사실이라 하더라도 그것은 나와는 모순이 되지 않는다. … 그러므로 나는 몸이 무너져 죽은 뒤에 선처, 천상세계에 태어날 것이다.'라고.

[그가 이렇게 숙고하였기 때문에] 그에게는 환희가 생긴다. 환희가 생기면 희열이 생긴다. 마음에 희열이 있는 자의 몸은 경안하다. 몸이 경안한 자는 행복을 경험한다. 행복한 자의 마음은 삼매에 든다.

존장이여, 이것이 법의 삼매이다. 만일 그대가 여기에 대해서 마음의 삼매를 얻는다면 그대는 이런 의심스러운 법을 제거하게 될 것이다."

(v)

15. (1) "존장이여, 이런 그는 이와 같이 탐욕이 없고 악의가 없고 현혹됨이 없으며, 분명히 알아차리고 마음챙기며, [355] 연민이 함께한 마음으로 … 더불어 기뻐함이 함께한 마음으로 … 평온이 함께한 마음으로 한 방향을 가득 채우면서 머문다. 그처럼 두 번째 방향을, 그처럼 세 번째 방향을, 그처럼 네 번째 방향을 가득 채우면서 머문다. 이와 같이 위로, 아래로, 주위로, 모든 곳에서 모두를 자신처럼 여기고, 충만하고 광대하고 무량하고 원한 없고 악의 없고 평온이 함께한 마음으로 모든 세상을 가득 채우고 머문다.

그는 이와 같이 숙고한다. '이 스승은 '보시도 없고 공물도 없고 제사(헌공)도 없다. … 덕스럽고 바른 도를 구족한 사문·바라문들도 이 세상에는 없다.'라는 이런 주장과 이런 견해를 가졌다. 그런데 만일 이 스승님의 말씀이 사실이라 하더라도 그것은 나와는 모순이 되지 않는다. 나는 떠는 자도 굳건한 자도 해치지 않는다. 그러므로 나는 두 가지 면에서 행운의 패를 잡은 것이다. 나는 몸으로 단속하고 말로 단속하고 마음으로 단속하였다. 그러므로 나는 몸이 무너져 죽은 뒤에 선처, 천상세계에 태어날 것이다.'라고.

[그가 이렇게 숙고하였기 때문에] 그에게는 환희가 생긴다. 환희

가 생기면 희열이 생긴다. 마음에 희열이 있는 자의 몸은 경안하다. 몸이 경안한 자는 행복을 경험한다. 행복한 자의 마음은 삼매에 든다.

촌장이여, 이것이 법의 삼매이다. 만일 그대가 여기에 대해서 마음의 삼매를 얻는다면 그대는 이런 의심스러운 법을 제거하게 될 것이다."

(2) "촌장이여, 이런 그는 이와 같이 탐욕이 없고 악의가 없고 현혹됨이 없으며, … 연민이 함께한 마음으로 … 더불어 기뻐함이 함께한 마음으로 … [356] … 평온이 함께한 마음으로 모든 세상을 가득 채우고 머문다.

그는 이와 같이 숙고한다. '이 스승은 '보시도 있고 공물도 있고 제사(헌공)도 있다. … 덕스럽고 바른 도를 구족한 사문·바라문들도 이 세상에는 있다.'라는 이런 주장과 이런 견해를 가졌다. 그런데 만일 이 스승님의 말씀이 사실이라 하더라도 그것은 나와는 모순이 되지 않는다. … 그러므로 나는 몸이 무너져 죽은 뒤에 선처, 천상세계에 태어날 것이다.'라고.

[그가 이렇게 숙고하였기 때문에] 그에게는 환희가 생긴다. 환희가 생기면 희열이 생긴다. 마음에 희열이 있는 자의 몸은 경안하다. 몸이 경안한 자는 행복을 경험한다. 행복한 자의 마음은 삼매에 든다.

촌장이여, 이것이 법의 삼매이다. 만일 그대가 여기에 대해서 마음의 삼매를 얻는다면 그대는 이런 의심스러운 법을 제거하게 될 것이다."

(3) "촌장이여, 이런 그는 이와 같이 탐욕이 없고 악의가 없고 현혹됨이 없으며, … 연민이 함께한 마음으로 … 더불어 기뻐함이 함께한 마음으로 … 평온이 함께한 마음으로 모든 세상을 가득 채우고 머문다.

그는 이와 같이 숙고한다. '이 스승은 '[자기 손으로 직접] 행하고 [명령하여] 행하게 하고 … [357] … 보시하고 자신을 길들이고 제어하고 바른 말을 하더라도 공덕이 없으며 공덕이 생기지도 않는다.'라는 이런 주장과 이런 견해를 가졌다. 그런데 만일 이 스승님의 말씀이 사실이라 하더라도 그것은 나와는 모순이 되지 않는다. … 그러므로 나는 몸이 무너져 죽은 뒤에 선처, 천상세계에 태어날 것이다.'라고.

[그가 이렇게 숙고하였기 때문에] 그에게는 환희가 생긴다. 환희가 생기면 희열이 생긴다. 마음에 희열이 있는 자의 몸은 경안하다. 몸이 경안한 자는 행복을 경험한다. 행복한 자의 마음은 삼매에 든다.

촌장이여, 이것이 법의 삼매이다. 만일 그대가 여기에 대해서 마음의 삼매를 얻는다면 그대는 이런 의심스러운 법을 제거하게 될 것이다."

(4) "촌장이여, 이런 그는 이와 같이 탐욕이 없고 악의가 없고 현혹됨이 없으며, … 연민이 함께한 마음으로 … 더불어 기뻐함이 함께한 마음으로 … 평온이 함께한 마음으로 모든 세상을 가득 채우고 머문다.

그는 이와 같이 숙고한다. '이 스승은 '[자기 손으로 직접] 행하고 [명령하여] 행하게 하고 … [358] … 보시하고 자신을 길들이고 제어하고 바른 말을 하면 공덕이 있으며 공덕이 생기게 된다.'라는 이런 주장과 이런 견해를 가졌다. 그런데 만일 이 스승님의 말씀이 사실이라 하더라도 그것은 나와는 모순이 되지 않는다. … 그러므로 나는 몸이 무너져 죽은 뒤에 선처, 천상세계에 태어날 것이다.'라고.

[그가 이렇게 숙고하였기 때문에] 그에게는 환희가 생긴다. 환희가 생기면 희열이 생긴다. 마음에 희열이 있는 자의 몸은 경안하다. 몸이 경안한 자는 행복을 경험한다. 행복한 자의 마음은 삼매에 든다.

촌장이여, 이것이 법의 삼매이다. 만일 그대가 여기에 대해서 마음의 삼매를 얻는다면 그대는 이런 의심스러운 법을 제거하게 될 것이다."

16. 이와 같이 말씀하시자 빠딸리야 촌장은 세존께 이렇게 말씀드렸다.

"경이롭습니다, 세존이시여. 경이롭습니다, 세존이시여. 마치 넘어진 자를 일으켜 세우시듯, 덮여 있는 것을 걷어내 보이시듯, [방향을] 잃어버린 자에게 길을 가리켜 주시듯, 눈 있는 자 형색을 보라고 어둠 속에서 등불을 비춰 주시듯, 세존께서는 여러 가지 방편으로 법을 설해 주셨습니다. 저는 이제 세존께 귀의하옵고 법과 비구 승가에 귀의합니다. 세존께서는 저를 재가신자로 받아주소서. 오늘부터 목숨이 붙어 있는 그날까지 귀의하옵니다."

우두머리 상윳따(S42)가 끝났다.

여기에 포함된 경들의 목록은 다음과 같다. [359]

① 짠다 ② 딸라뿌따 ③ 요다지와
④ 핫타로하 ⑤ 앗사로하 ⑥ 아시반다까뿟따
⑦ 들판 비유 ⑧ 소라고둥 불기 ⑨ 가문
⑩ 마니쭐라까 ⑪ 바드라까 ⑫ 라시야 ⑬ 빠딸리야이다.

제4권 육처를 위주로 한 가르침에
포함된 상윳따들의 목록은 다음과 같다.

① 육처 ② 느낌 ③ 여인
④ 잠부카다까 ⑤ 사만다까
⑥ 목갈라나 ⑦ 찟따 ⑧ 우두머리
[⑨ 무위 ⑩ 설명하지 않음[無記]이다.][525]

제4권 육처를 위주로 한 가르침이 끝났다.

십력(十力)의 바위산에서 생겨나
열반의 대해를 목적지로 하여
팔정도를 물로 삼아 [흘러가는]
승자의 말씀에 대한 이 강 오래 전해지기를!

dasabalaselappabhavā
nibbānamahāsamuddapariyantā
aṭṭhaṅgamaggasalilā
jinavacananadī ciraṁ vahatu

525) 책의 분량을 맞추기 위해서 「무위 상윳따」(S43)와 「설명하지 않음[無記] 상윳따」(S44)는 본서 제5권에 포함시켰다.

지은이 · 각묵스님

1957년 밀양 생. 1979년 화엄사 도광 스님을 은사로 사미계 수지. 1982년 범어사에서 자운 스님을 계사로 비구계 수지. 7년간 제방 선원에서 안거 후 인도로 유학, 인도 뿌나 대학교(Pune University)에서 10여 년간 산스끄리뜨, 빠알리, 쁘라끄리뜨 수학. 현재 실상사 한주, 초기불전연구원 지도법사

역·저서로「금강경 역해」(2001, 12쇄 2023),「아비담마 길라잡이」(전 2권, 대림 스님과 공역, 2002, 12쇄 2016, 전정판 4쇄 2021),「네 가지 마음챙기는 공부」(2003, 개정판 9쇄 2022),「디가 니까야」(전 3권, 2006, 8쇄 2022),「니까야 강독」(I/II, 2013, 6쇄 2023),「담마상가니」(전 2권, 2016),「초기불교 입문」(2017, 4쇄 2023),「위방가」(전 2권, 2018),「이띠웃따까」(2020),「우다나」(2021)

상윳따니까야

Saṁyutta Nikāya

주제별로 모은 경

제4권 육처를 위주로 한 가르침

2009년 11월 5일 초판1쇄발행
2024년 11월 5일 초판7쇄발행

옮긴 이 | 각묵 스님
펴낸 이 | 대림 스님
펴낸 곳 | 초기불전연구원
경남 김해시 관동로 27번길 5-79
전화 (055)321-8579
홈페이지 | http://tipitaka.or.kr
http://cafe.daum.net/chobul
이 메 일 | chobulwon@gmail.com
등록번호 | 제13-790호(2002.10.9)
계좌번호 | 국민은행 604801-04-141966 차명희
하나은행 205-890015-90404 (구.외환 147-22-00676-4) 차명희
농협 053-12-113756 차명희
우체국 010579-02-062911 차명희

ISBN 978-89-91743-18-2
ISBN 978-89-91743-14-4(전6권)

값 | 30,000원